Erhebung und Verwertu künstlicher Intelligenz zu Lasten des Beschuldigten im Strafprozess

Mathias Schult

Erhebung und Verwertung von Daten künstlicher Intelligenz zu Lasten des Beschuldigten im Strafprozess

Am Beispiel intelligenter Fahrzeuge

Mathias Schult
Juristische Fakultät
Heinrich-Heine-Universität Düsseldorf
Hamburg, Deutschland

Zugl.: Düsseldorf, HHU, Diss., 2024.
Datum der mündlichen Prüfung: 18.03.2024
Erstgutachterin: Prof. Dr. Anne Schneider
Zweitgutachter: Prof. Dr. Helmut Frister
D 61

ISBN 978-3-658-45533-0   ISBN 978-3-658-45534-7 (eBook)
https://doi.org/10.1007/978-3-658-45534-7

Die Deutsche Nationalbibliothek verzeichnet diese Publikation in der Deutschen Nationalbibliografie; detaillierte bibliografische Daten sind im Internet über https://portal.dnb.de abrufbar.

© Der/die Herausgeber bzw. der/die Autor(en), exklusiv lizenziert an Springer Fachmedien Wiesbaden GmbH, ein Teil von Springer Nature 2024

Das Werk einschließlich aller seiner Teile ist urheberrechtlich geschützt. Jede Verwertung, die nicht ausdrücklich vom Urheberrechtsgesetz zugelassen ist, bedarf der vorherigen Zustimmung des Verlags. Das gilt insbesondere für Vervielfältigungen, Bearbeitungen, Übersetzungen, Mikroverfilmungen und die Einspeicherung und Verarbeitung in elektronischen Systemen.
Die Wiedergabe von allgemein beschreibenden Bezeichnungen, Marken, Unternehmensnamen etc. in diesem Werk bedeutet nicht, dass diese frei durch jedermann benutzt werden dürfen. Die Berechtigung zur Benutzung unterliegt, auch ohne gesonderten Hinweis hierzu, den Regeln des Markenrechts. Die Rechte des jeweiligen Zeicheninhabers sind zu beachten.
Der Verlag, die Autoren und die Herausgeber gehen davon aus, dass die Angaben und Informationen in diesem Werk zum Zeitpunkt der Veröffentlichung vollständig und korrekt sind. Weder der Verlag noch die Autoren oder die Herausgeber übernehmen, ausdrücklich oder implizit, Gewähr für den Inhalt des Werkes, etwaige Fehler oder Äußerungen. Der Verlag bleibt im Hinblick auf geografische Zuordnungen und Gebietsbezeichnungen in veröffentlichten Karten und Institutionsadressen neutral.

Springer ist ein Imprint der eingetragenen Gesellschaft Springer Fachmedien Wiesbaden GmbH und ist ein Teil von Springer Nature.
Die Anschrift der Gesellschaft ist: Abraham-Lincoln-Str. 46, 65189 Wiesbaden, Germany

Wenn Sie dieses Produkt entsorgen, geben Sie das Papier bitte zum Recycling.

Vorwort

Diese Arbeit befasst sich mit den Herausforderungen und Implikationen, die die Erhebung und Verarbeitung von Daten durch künstliche Intelligenz zu Lasten des Beschuldigten im deutschen Strafverfahren mit sich bringen. Als mit dieser Arbeit begonnen wurde, war die künstliche Intelligenz noch ein Exot in der allgemeinen Gesellschaft. Lediglich die Fahrzeugindustrie hatte bereits frühzeitig, insbesondere im Rahmen des autonomen Fahrens, das Potenzial der künstlichen Intelligenz entdeckt. Aus diesem Grund werden in dieser Arbeit die Fragestellungen, die sich mit künstlicher Intelligenz ergeben, am Beispiel der intelligenten Fahrzeuge beantwortet. Seit dem Beginn dieser Arbeit hat sich die künstliche Intelligenz rasant weiterentwickelt und ist zunehmend in unseren Alltag eingedrungen. Ein markantes Beispiel hierfür war die Veröffentlichung von ChatGPT durch OpenAI, welche das Thema künstliche Intelligenz breit in das öffentliche Bewusstsein rückte. Das Thema künstliche Intelligenz und Recht ist daher so aktuell wie noch nie und wird die Rechtswissenschaft in den nächsten Jahren und Jahrzehnten noch stark beschäftigen. Mit dieser Arbeit soll ein Grundstein für zukünftige Diskussionen im Schnittfeld von künstlicher Intelligenz und Rechtswissenschaft gelegt werden. Dies ist ein Bereich, der in den kommenden Jahren zweifellos weiter an Bedeutung gewinnen wird.

Mein herzlicher Dank gilt meiner Doktormutter, Frau Professor Dr. Anne Schneider, die stets für mich erreichbar war und durch ihre hilfreichen Ratschläge entscheidend zum Gelingen dieser Arbeit beigetragen hat.

Ebenfalls danke ich Herrn Professor Dr. Helmut Frister für die rasche Zweitbegutachtung.

Ein besonderer Dank gilt all jenen, die mich während meiner Forschungsarbeit unterstützt haben, insbesondere Anne-Kathrin, Nils, Ela, Jenniver, Marianne und meiner Schwester Yvonne, deren unermüdlicher Beistand und Rat für mich unverzichtbar waren.

Hamburg, im März 2024

Inhaltsverzeichnis

Vorwort V

Inhaltsverzeichnis VII

1 Einleitung 1

2 Intelligente Fahrzeuge 7

   2.1 Künstliche Intelligenz 7

      2.1.1 Definition des Begriffs „Künstliche Intelligenz" 9

      2.1.2 Starke und schwache künstliche Intelligenzen 14

      2.1.3 Deep Learning 18

   2.2 Der Einsatz künstlicher Intelligenz in autonomen Fahrzeugen 23

      2.2.1 Autonomes Fahren 25

      2.2.2 Technische Voraussetzungen 34

         2.2.2.1 Sammeln von Informationen 35

            2.2.2.1.1 Interne Fahrzeugparameter 35

            2.2.2.1.2 Externe Fahrzeugparameter 39

               2.2.2.1.2.1 Kameras 39

               2.2.2.1.2.2 LiDAR 40

               2.2.2.1.2.3 Radar 41

               2.2.2.1.2.4 Ultraschall 42

               2.2.2.1.2.5 Zwischenergebnis 43

         2.2.2.2 Bewertung der Informationen 44

         2.2.2.3 Speicherung und Übertragung der Daten 50

            2.2.2.3.1 Kommunikation und Übertragung 52

               2.2.2.3.1.1 Car2i 55

               2.2.2.3.1.2 Car2c 56

               2.2.2.3.1.3 Car2x 57

2.2.2.3.2 Interne Datenspeicherung 59
2.2.2.3.3 Externe Datenspeicherung 62
2.3 Big Data 66
2.3.1 Datenerhebung und Datenverarbeitung 69
2.3.1.1 Pflicht zur Datenerhebung 71
2.3.1.1.1 Speicherpflicht nach dem StVG 71
2.3.1.1.2 eCall-Verordnung 76
2.3.1.1.3 Übermittlung von Verbrauchsdaten 79
2.3.1.1.4 Pflicht zur Black Box 80
2.3.1.1.5 Zwischenergebnis 81
2.3.1.2 Recht zur Datenerhebung 82
2.3.1.2.1 Personenbezogenheit der Daten 84
2.3.1.2.2 Anwendbares Recht 89
2.3.1.2.3 Grundsätze zur Datenverarbeitung 93
2.3.1.2.3.1 Grundsätze der Verarbeitung von personenbezogenen Daten 94
2.3.1.2.3.2 Rechtmäßigkeit der Verarbeitung 99
2.3.1.2.3.3 Zwischenergebnis 112
2.3.1.3 Zwischenergebnis 113
2.3.2 Tatsächliche Zugriffsmöglichkeiten auf Daten intelligenter Fahrzeuge 114
2.3.3 Zwischenergebnis 125
3 Erhebung und Verwertung von Beweismitteln im Strafprozess 127
3.1 Die Beweisverbote im Strafprozess 129
3.1.1 Allgemeine Grundlagen der Beweisverbote 130
3.1.2 Die Beweisverbotstheorien 134

3.1.2.1 Prinzipien zur Herleitung der Beweisverbote 135
3.1.2.2 Beweisverbotstheorien im Einzelnen 141
3.1.2.3 Zwischenergebnis 153
3.2 Das staatliche Strafverfolgungsinteresse 155
 3.2.1 Das übergeordnete Ziel der Strafrechtspflege 161
  3.2.1.1 Schutz des Einzelnen vor dem Staat 163
  3.2.1.2 Wahrheitsermittlung 164
  3.2.1.3 Gerechtigkeit 166
  3.2.1.4 Herstellung des Rechtsfriedens als elementarer Teil des Staates 170
  3.2.1.5 Formalisierte Konfliktverarbeitung aus dem Untermaßverbot 175
 3.2.2 Zwischenergebnis 180
3.3 Betroffene Rechte des Beschuldigten 182
 3.3.1 Fernmeldegeheimnis 183
  3.3.1.1 Zielrichtung und Schutzbereich 184
  3.3.1.2 Möglicher Eingriff bei intelligenten Fahrzeugen 190
  3.3.1.3 Zwischenergebnis 198
 3.3.2 Unverletzlichkeit der Wohnung 199
  3.3.2.1 Zielrichtung und Schutzbereich 200
  3.3.2.2 Möglicher Eingriff bei intelligenten Fahrzeugen 202
  3.3.2.3 Zwischenergebnis 209
 3.3.3 Recht auf informationelle Selbstbestimmung 209
  3.3.3.1 Zielrichtung und Schutzbereich 210
  3.3.3.2 Möglicher Eingriff bei intelligenten Fahrzeugen 214
  3.3.3.3 Zwischenergebnis 216

3.3.4 Recht auf Gewährleistung der Vertraulichkeit und Integrität informationstechnischer Systeme 217

    3.3.4.1 Zielrichtung und Schutzbereich 219

    3.3.4.2 Möglicher Eingriff bei intelligenten Fahrzeugen 227

    3.3.4.3 Zwischenergebnis 232

3.3.5 Eigentumsrecht 233

    3.3.5.1 Zielrichtung und Schutzbereich 234

    3.3.5.2 Möglicher Eingriff bei intelligenten Fahrzeugen 238

    3.3.5.3 Zwischenergebnis 241

3.3.6 Nemo-Tenetur-Grundsatz 241

    3.3.6.1 Zielrichtung und Schutzbereich 244

    3.3.6.2 Möglicher Eingriff bei intelligenten Fahrzeugen 260

    3.3.6.3 Zwischenergebnis 263

3.3.7 Recht auf Mobilität 263

3.3.8 Zwischenergebnis 268

4 Erhebung und Verwertung von Daten künstlicher Intelligenz de lege lata 273

    4.1 Erhebung der Daten 274

        4.1.1 §§ 48 ff. StPO (Zeugenvernehmung) 274

        4.1.2 §§ 1g, 63a Abs. 2 StVG (Datenverarbeitung bei hochautomatisierten Kraftfahrzeugen) 280

        4.1.3 § 100a StPO (Telekommunikationsüberwachung) 283

            4.1.3.1 Rechtliche Voraussetzungen 286

            4.1.3.2 Telekommunikationsüberwachung bei intelligenten Fahrzeugen 289

        4.1.4 § 100b StPO (Onlinedurchsuchung) 292

4.1.4.1 Rechtliche Voraussetzungen 294
4.1.4.2 Onlinedurchsuchung bei intelligenten Fahrzeugen 296
4.1.5 §§ 100c Abs. 1; 100f StPO („Lauschangriff") 301
4.1.6 § 100g StPO i.V.m. § 9 TTDSG und § 175 ff. TKG
(Verkehrsdaten und Vorratsdatenspeicherung) 305
    4.1.6.1 Rechtliche Voraussetzungen 313
    4.1.6.2 Verkehrsdatenerhebung bei intelligenten Fahrzeugen 317
4.1.7 § 100j StPO (Bestandsdatenauskunft) 321
4.1.8 § 100k StPO (Erhebung von Nutzungsdaten bei
Telemediendiensten) 322
4.1.9 §§ 94 ff.; §§ 102 ff. StPO (Durchsuchung, Sicherstellung und
Beschlagnahme) 327
    4.1.9.1 Rechtliche Voraussetzungen 328
    4.1.9.2 Durchsuchung und Sicherstellung bei intelligenten
    Fahrzeugen 331
        4.1.9.2.1 Durchsuchung und Sicherstellung unmittelbar am
        Fahrzeug 331
        4.1.9.2.2 Durchsuchung und Sicherstellung beim
        Fahrzeughersteller 333
        4.1.9.2.3 Durchsicht mittels Fernzugriffs 335
        4.1.9.2.4 Entschlüsselung der sichergestellten Daten 343
        4.1.9.2.5 Zwischenergebnis 347
4.1.10 §§ 161 Abs. 1 S. 1, 163 Abs. 1 StPO
(Ermittlungsgeneralklausel) 349
4.1.11 Zwischenergebnis 351
4.2 Verwertung der Daten 352

4.2.1 Verwertung unrechtmäßig erhobener Daten 353
    4.2.1.1 Formelle Mängel 354
    4.2.1.2 Sachliche Mängel 362
    4.2.1.3 Zwischenergebnis..366
4.2.2 Verwertung rechtmäßig erhobener Daten 367
    4.2.2.1 Verletzung des Kernbereichs privater Lebensgestaltung 368
        4.2.2.1.1 Schutzumfang des Kernbereichs der privaten Lebensgestaltung.. 369
        4.2.2.1.2 Das zweistufige Schutzkonzept des Bundesverfassungsgerichts 371
        4.2.2.1.3 Kernbereichsschutz in der Praxis 374
        4.2.2.1.4 Kernbereichsrelevante Daten bei künstlicher Intelligenz und intelligenten Fahrzeugen 375
        4.2.2.1.5 Zwischenergebnis.. 380
    4.2.2.2 Unbewusste Datengenerierung..380
        4.2.2.2.1 Abgrenzung von bewusst und unbewusst generierten Daten bei intelligenten Fahrzeugen 382
        4.2.2.2.2 Die besondere Sensibilität von unbewusst generierten Daten 385
        4.2.2.2.3 Unbewusst generierte Daten im Rahmen der Abwägung 391
        4.2.2.2.4 Zwischenergebnis.. 396
    4.2.2.3 Verstoß gegen Datenschutzgesetze 397
        4.2.2.3.1 Allgemeines zur Verwertung von rechtswidrig erhobenen Beweismitteln durch Private 398

Inhaltsverzeichnis   XIII

4.2.2.3.2 Bisherige Behandlung von datenschutzrechtlich
problematischen Beweismitteln in Zivilverfahren 402

4.2.2.3.3 Bisherige Behandlung von datenschutzrechtlich
problematischen Beweismitteln im Straf- und
Ordnungswidrigkeitenverfahren 406

4.2.2.3.4 Übertragung auf Daten künstlicher Intelligenz und
intelligenter Fahrzeuge 410

4.2.2.3.4.1 Die Sphärentheorie 412

4.2.2.3.4.2 Daten aus der Intimsphäre 414

4.2.2.3.4.3 Daten außerhalb der Intimsphäre 415

4.2.2.3.5 Zwischenergebnis 423

4.2.2.4 Zwischenergebnis 425

4.3 Abwägungsfragen bei typischen Fallgruppen von Daten intelligenter
Fahrzeuge 426

4.3.1 Standortdaten 429

4.3.1.1 Anfallen von Standortdaten 431

4.3.1.2 Abwägungsfragen bei Standortdaten 433

4.3.1.2.1 Besondere Sensibilität von Standortdaten 433

4.3.1.2.2 Kernbereichsrelevanz von Standortdaten 434

4.3.1.2.3 Unbewusste Generierung von Standortdaten 437

4.3.1.2.4 Datenschutzrechtliche Fragen zu Standortdaten ... 438

4.3.1.2.5 Echtzeitüberwachung von Standortdaten 439

4.3.1.3 Zwischenergebnis 441

4.3.2. Telemetriedaten des Fahrverhaltens 443

4.3.2.1 Anfallen von Telemetriedaten des Fahrverhaltens 443

4.3.2.2 Abwägungsfragen bei Telemetriedaten des
Fahrverhaltens..448
  4.3.2.2.1 Telemetriedaten als bewusst generierte Daten 449
  4.3.2.2.2 Bewusst generierte Telemetriedaten und
  Datenschutz.. 450
  4.3.2.2.3 Der Umgang mit unbewusst generierten
  Telemetriedaten.. 452
  4.3.2.2.4 Die Zukunft der Auswertung von
  Telemetriedaten.. 454
  4.3.2.3 Zwischenergebnis..455
4.3.3 Vitalwerte des Fahrers 456
  4.3.3.1 Anfallen von Vitalwerten..458
    4.3.3.1.1 Vitalwerte als Gesundheitsdaten 458
    4.3.3.1.2 Ausdrückliche Einwilligung zur
    Datenverarbeitung.. 459
    4.3.3.1.3 Zugriffsmöglichkeiten auf die Vitalwerte 462
  4.3.3.2 Abwägungsfragen bei Vitalwerten...463
    4.3.3.2.1 Die Kernbereichsrelevanz von Vitalwerten.......... 464
    4.3.3.2.2 Erhöhter Überwachungsdruck durch Erhebung der
    Vitalwerte... 467
    4.3.3.2.3 Vitalwerte im Bezug zur allgemeinen
    Verkehrssicherheit.. 468
    4.3.3.2.4 Vitalwerte und Disposition des Einzelnen 470
  4.3.3.3 Zwischenergebnis..472
4.3.4 Video- und Audioaufzeichnungen des Fahrzeuges.................................474
  4.3.4.1 Anfallen von Video- und Audioaufzeichnungen............474

4.3.4.2 Abwägungsfragen bei Video- und
Audioaufzeichnungen 477
    4.3.4.2.1 Verwertung der Innenraumaufzeichnung 478
    4.3.4.2.2 Verwertung der Außenkameras 481
    4.3.4.2.3 Zwischenergebnis 485
4.3.5 Daten aus der Kommunikation mit der Umwelt 487
    4.3.5.1 Anfallen von Kommunikationsdaten aus der Umwelt 489
    4.3.5.2 Abwägungsfragen hinsichtlich Kommunikationsdaten aus
    der Umwelt 492
        4.3.5.2.1 Betroffene Rechtsgüter bei ausgehender
        Kommunikation 493
        4.3.5.2.2 Betroffene Rechtsgüter bei eingehender
        Kommunikation 494
        4.3.5.2.3 Datenschutz bei der Kommunikation mit der
        Umwelt 495
        4.3.5.2.4 Missbrauch der Kommunikationsfähigkeit durch
        staatliche Ermittler 499
    4.3.5.3 Zwischenergebnis 500
4.3.6 Zwischenergebnis 502
5 Erhebung und Verwertung von Daten künstlicher Intelligenz de lege
ferenda 505
    5.1 Der Grundsatz der Datenminimierung 507
        5.1.1 „Privacy by Design" 507
        5.1.2 „Privacy by Default" 514
        5.1.3 Zwischenergebnis 517
    5.2 Normiertes datenschutzrechtliches Beweisverwertungsverbot 519

5.2.1 Notwendigkeit eines datenschutzrechtlichen Beweisverbotes .520

5.2.2 Systematische und inhaltliche Ausgestaltung eines normierten
Beweisverwertungsverbots 523

5.2.2.1 Systematische Verortung 523

5.2.2.2 Inhaltliche Ausgestaltung 526

5.2.3 Formulierungsvorschlag eines normierten
Beweisverwertungsverbotes 534

5.3 Zwischenergebnis 535

6 Fazit 537

7 Zusammenfassung in Thesen 541

Literaturverzeichnis 545

Stichwortverzeichnis 603

1 Einleitung

Die künstliche Intelligenz hat Einzug in unseren Alltag gehalten und wird unser tägliches Leben zukünftig noch stärker beeinflussen. Dabei bietet die neue Technologie nicht nur Vorteile, sondern beinhaltet auch erhebliches Gefahrenpotenzial für die Privatsphäre des Einzelnen. Dies hängt maßgeblich damit zusammen, dass die künstliche Intelligenz technisch bedingt viel über ihre Benutzer erfahren und speichern muss. Was für das menschliche Gehirn die Erinnerung ist, ist für die künstliche Intelligenz der Datenspeicher. Dieser ist häufig so umfangreich, dass er als Big Data bezeichnet wird. Die große Datenmenge und die künstliche Intelligenz ergänzen sich dabei jeweils gegenseitig. Einerseits wird die große Anzahl an Daten benötigt, damit die künstliche Intelligenz Muster erkennen und lernen kann.[1] Auf der anderen Seite kann die große Anzahl an Daten häufig auch nur noch durch eine künstliche Intelligenz effektiv gesichtet werden. Dies führt dazu, dass beide Technologien, sowohl Big Data als auch künstliche Intelligenz, in der Praxis nahezu immer gemeinsam auftreten. Durch den enormen Anstieg der Rechenleistung und die immer größere Verfügbarkeit von Daten hat die künstliche Intelligenz in den letzten Jahren in vielen Teilbereichen erhebliche Fortschritte machen können.[2] Die größten Fortschritte machte die Entwicklung der künstlichen Intelligenz im Bereich der intelligenten Fahrzeuge. Gerade die autonomen Fahrzeuge und deren künstliche Intelligenz sind dabei maßgeblich auf umfangreiche Daten aus ihrem Umfeld angewiesen. Daher sollen in dieser Arbeit die Daten intelligenter Fahrzeuge dazu dienen, aufzuzeigen, welche

---

[1] *Meyer*, ZRP 2018, 233 (233).
[2] Vgl. *Jordan/Mitchell*, Science 2015, 255.

© Der/die Autor(en), exklusiv lizenziert an
Springer Fachmedien Wiesbaden GmbH, ein Teil von Springer Nature 2024
M. Schult, *Erhebung und Verwertung von Daten künstlicher Intelligenz zu Lasten des Beschuldigten im Strafprozess*,
https://doi.org/10.1007/978-3-658-45534-7_1

rechtlichen Herausforderungen künstliche Intelligenz an unsere Rechtsordnung stellt.

Die Daten künstlicher Intelligenz wecken dabei nicht nur Begehrlichkeiten der privaten Wirtschaft, sondern auch der Strafverfolgungsbehörden.[3] Gerade bei Daten von intelligenten Fahrzeugen handelt es sich um äußerst sensible Daten, welche in dieser Qualität bisher noch nie zur Verfügung standen. Die Daten eines modernen Fahrzeuges erlauben bereits heute, die letzten Stunden oder gar Tage einer Person vollständig zu rekonstruieren. Die Vision des gläsernen Bürgers wird daher durch die Einführung der künstlichen Intelligenz in unserem Alltag real. Dabei stellt sich die Frage, inwieweit auf diese Daten vom Staat zugegriffen werden darf und an welcher Stelle es gesetzliche Grenzen geben muss.[4] Bereits heute greifen Strafgerichte auf Daten von intelligenten Fahrzeugen zu, um Tatverdächtige durch das Erstellen von Bewegungsprofilen zu überführen.[5]

Der Datenfundus der künstlichen Intelligenz hat eine besondere Bedeutung, welche über die reine Datenverarbeitung, die wir bisher kennen, hinausgeht. Ein Bürger kann sich der Sammlung seiner Daten durch künstliche Intelligenz kaum noch entziehen. Dies ist auch dem Umstand geschuldet, dass die Daten zum größten Teil unbewusst anfallen und weder die Entstehung noch die

---

[3] Vgl. *Blechschmitt*, MMR 2018, 361 (361); *Weichert*, NZV 2017, 507 (513).
[4] Vgl. *Schwichtenberg*, DuD 2015, 378 (380).
[5] Vgl. *Alvares de Souza Soares*, „BMW liefert Gericht Kundendaten für Bewegungsprofil" vom 21.07.2016, https://www.manager-magazin.de/unternehmen/autoindustrie/bmw-autobauer-liefert-gericht-kundendaten-fuer-bewegungsprofil-a-1104050.html zuletzt abgerufen am 21.03.2024.

1 Einleitung

Verarbeitung vom Bürger kontrolliert werden können. Dem Bürger bleibt in vielen Fällen nur der Ausweg, auf die neue Technologie gänzlich zu verzichten. Dies kann jedoch in einer freiheitlichen demokratischen Gesellschaft keine wählbare Option sein, insbesondere wenn es den Bereich der intelligenten Fahrzeuge betrifft. Die Mobilität geht eng mit der Teilhabe an der Gesellschaft einher und ist daher einer der Grundpfeiler der Demokratie. Das Rechtssystem muss sich daher mit der Frage beschäftigen, wie den Menschen die Nutzung dieser Technologie ermöglicht werden kann, ohne dass sie sich zugleich zu vollständig gläsernen Bürgern für den Staat machen.

Welche Gefahren für die Bürgerrechte durch die vollvernetzte Technologie in Kombination mit künstlicher Intelligenz entstehen, zeigt ein Blick in andere Staaten. Beispielsweise ist die Entwicklung in China bereits so weit fortgeschritten, dass der Staat einen „Citizen Score" eingeführt hat, der ein sogenanntes „Social Credit System" darstellt.[6] Ziel des chinesischen Systems ist nach offiziellen Angaben die Förderung der „Mentalität und Ehrlichkeit" seiner Bevölkerung. Die Regierung legt erwünschtes und unerwünschtes Verhalten fest, welches sodann den Score – mittels Berechnungen durch eine künstliche Intelligenz – der einzelnen Bürger festlegt. Erfasst wird dabei nicht nur konkretes Verhalten, sondern beispielsweise auch die Höhe der gezahlten Steuern und die allgemeinen Vermögensverhältnisse.[7]

---

[6] *Sauerbrey*, „Diese Systeme kriechen in unseren Alltag" vom 13.03.2019, https://www.tagesspiegel.de/gesellschaft/social-scoring-diese-systeme-kriechen-in-unseren-alltag/24098020.html zuletzt abgerufen am 21.03.2024.
[7] *Warislohner*, "Dystopia wird Wirklichkeit" vom 09.10.2015, https://netzpolitik.org/2015/dystopia-wird-wirklichkeit-was-ist-dran-an-chinas-social-credit-system/ zuletzt abgerufen am 21.03.2024.

Aber auch in Europa finden Systeme Einsatz, welche die Erkenntnisse aus Big Data in Kombination mit künstlicher Intelligenz nutzen, um für staatliche Stellen bestimmte Vorhersagen zu treffen. In Großbritannien sollen sogenannte „Problemfamilien" durch das Auswerten von Bibliotheksleih- und Parkverhalten in Kombination mit Steuerschulden und Sozialleistungsbezug ermittelt werden.[8] Österreich verwendet entsprechende Daten, um die Erfolgschancen von Arbeitssuchenden auf dem Arbeitsmarkt zu ermitteln und zu entscheiden, bei wem sich Fördermaßnahmen lohnen und bei wem nicht.[9]

Es ist daher bereits jetzt erkennbar, dass die Regierungen mit entsprechenden Systemen experimentieren und bereit sind, die angefallenen Daten auch entsprechend zu verwenden. Im Strafprozess könnte so nicht nur auf das strafrechtliche Vorleben des Beschuldigten zurückgegriffen werden, sondern möglicherweise auch auf sein sonstiges Verhalten in der Gesellschaft. Dabei beschränkt sich die Verwertung dieser Informationen nicht nur auf die Frage der Schuld und der Strafzumessung, sondern kann auch für konkrete Sozialprognosen herangezogen werden. Es zeigt sich somit, dass die neue Technologie bereits heute in vielen Ländern genutzt wird, um Bürger zu überwachen, zu kategorisieren und zum Teil sogar zu sanktionieren.

Auch in Deutschland gibt es bereits erste Tendenzen, diese neuen Informationen im Rahmen von Strafverfahren zu verwenden. Der Einsatz der

---

[8] *Sauerbrey*, „Diese Systeme kriechen in unseren Alltag" vom 13.03.2019, https://www.tagesspiegel.de/gesellschaft/social-scoring-diese-systeme-kriechen-in-unseren-alltag/24098020.html zuletzt abgerufen am 21.03.2024.
[9] *Szigetvari*, "Algorithmus beim AMS" vom 18.10.2018, https://derstandard.at/2000089170237/Algorithmus-bewertet-Arbeitslose-Wie-Experten-den-Vorstoss-sehen zuletzt abgerufen am 21.03.2024.

1 Einleitung

neuen Technologien erlaubt den Ermittlungsbehörden, in einer noch nie dagewesenen Qualität und Quantität in das Privatleben der Bürger vorzudringen. Gerade im Hinblick auf die deutsche Vergangenheit muss diese Entwicklung besonders kritisch betrachtet werden. Im Rahmen eines freiheitlich demokratischen Rechtsstaates darf es keinen uneingeschränkten Zugriff auf die Privatsphäre des Bürgers durch den Staat geben. Bereits dem Potenzial des Missbrauchs dieser neuen Technologie durch den Staat muss daher frühzeitig begegnet werden. Vor diesem Hintergrund sind die bisherigen strafprozessualen Grundsätze und Regelungen bezüglich der neuen Technologie auf den Prüfstand zu stellen.

Der erste Teil der Arbeit widmet sich der Frage, was genau unter künstlicher Intelligenz und intelligenten Fahrzeugen zu verstehen ist, welche Daten anfallen und woraus sich die besondere Sensibilität ergibt (Kapitel 2). Dabei ist ein Schwerpunkt der Untersuchung, welche Daten von den Fahrzeugherstellern heute bereits verpflichtend erhoben werden und welche zusätzlich erhoben werden dürfen. An dieser Stelle wird besonders berücksichtigt, welche datenschutzrechtlichen Regelungen bei Daten intelligenter Fahrzeuge eingehalten werden müssen.

Anschließend wird untersucht, in welcher Form diese sensiblen Daten intelligenter Fahrzeuge als Beweismittel im Strafprozess verwendet werden dürfen (Kapitel 3). Dazu wird in einem ersten Schritt ein genauer Blick auf die Beweisverbote im Strafprozess, der übergeordneten Ziele der Strafrechtspflege und auf das staatliche Strafverfolgungsinteresse gerichtet (Abschnitt 3.1. und 3.2). Sodann wird konkret geprüft, welche Rechte des Beschuldigten als

Gegengewicht zum staatlichen Strafverfolgungsinteresse betroffen sein können, sofern Daten intelligenter Fahrzeuge im Strafprozess verwertet werden sollen (Abschnitt 3.3).

Schließlich wird in einem weiteren Abschnitt der Untersuchung ermittelt, welche Rechtsgrundlagen herangezogen werden können, um die Daten intelligenter Fahrzeuge erheben zu können (Abschnitt 4.1.) und wie diese de lege lata im Strafverfahren verwertet werden können (Abschnitt 4.2). Ausgehend von diesen Ergebnissen wird mittels Exemplifikationsmethode an fünf typischen Fallgruppen von anfallenden Daten intelligenter Fahrzeuge – Standortdaten, Telemetriedaten des Fahrverhaltens, Vitalwerte des Fahrers, Video- und Audioaufzeichnungen des Fahrzeuges und Daten aus der Kommunikation mit der Umwelt – die typischen Abwägungsfragen erörtert und entschieden Abschnitt 4.3).

In einem abschließenden Teil wird sodann erarbeitet, wie die aktuell bestehenden offenen Abwägungsfragen de lege ferenda geregelt werden könnten, um eine höhere Rechtssicherheit bei der Frage der Verwertung von Daten künstlicher Intelligenz im Strafprozess zu erreichen (Kapitel 5). Ziel soll es sein, dass sichergestellt wird, dass die Freiheit des Einzelnen durch den Einsatz künstlicher Intelligenz nicht unverhältnismäßig stark beschränkt wird und zugleich ein Ausgleich zwischen dem Strafverfolgungsinteresse des Staates und den Freiheitsrechten der Bürger hergestellt wird.

2 Intelligente Fahrzeuge

Die Fahrzeuge auf den Straßen haben sich im Laufe der Jahrzehnte von reinen Fortbewegungsmitteln zu rollenden Rechenzentren entwickelt. Zuerst wurde der Fahrer durch die neue Technik immer weiter unterstützt. Neuerdings werden ihm aber auch Schritt für Schritt Aufgaben gänzlich abgenommen.

Gerade diese Autonomie der Fahrzeuge setzt eine stetig weiterentwickelte Technik voraus. Dies gelingt nicht nur durch die Kombination aus altbewährter Fahrzeugingenieurskunst und moderner Informationstechnologie, sondern auch durch den Einsatz von künstlicher Intelligenz und Big Data.

2.1 Künstliche Intelligenz

Künstliche Intelligenz hat in den letzten Jahren schleichend Einzug in unseren Alltag gehalten. In der Zukunft wird sie unser tägliches Leben noch stärker mitgestalten. Dabei tritt uns die künstliche Intelligenz teilweise offen und zum Teil verborgen gegenüber. Ein Beispiel für den offenen Einsatz von künstlicher Intelligenz sind Sprachassistenten oder (Computer-)Spiele. Schon heute können ganze Häuser von Amazons Alexa intelligent gesteuert und Schachweltmeister regelmäßig von Computern mit künstlicher Intelligenz besiegt werden.[10] In vielen Fällen wird die künstliche Intelligenz jedoch von uns völlig unbemerkt eingesetzt. Mediziner nutzen beispielsweise bereits für

---

[10] Vgl. *Fischer*, „Als Deep Blue das Genie Garri Kasparow schlug" vom 11.03.2016, https://blog.zeit.de/schach/als-deep-blue-das-genie-garry-kasparow-schlug/ zuletzt abgerufen am 21.03.2024.

© Der/die Autor(en), exklusiv lizenziert an
Springer Fachmedien Wiesbaden GmbH, ein Teil von Springer Nature 2024
M. Schult, *Erhebung und Verwertung von Daten künstlicher Intelligenz zu Lasten des Beschuldigten im Strafprozess*,
https://doi.org/10.1007/978-3-658-45534-7_2

die Auswertung von Gehirn-PET-Scans im Rahmen der Alzheimerdiagnostik künstliche Intelligenz.[11] Auch in der Palliativmedizin wird künstliche Intelligenz eingesetzt, um den voraussichtlichen Sterbezeitpunkt von unheilbar kranken Krankenhauspatienten vorherzusagen und folglich den besten Zeitpunkt zur Überführung in ein Hospiz festzulegen.[12] In den USA wird künstliche Intelligenz auch in Strafverfahren eingesetzt, um DNA-Mischspuren zu analysieren.[13] In den meisten dieser Fälle wissen die Betroffenen gar nicht, dass sie Kontakt mit einer künstlichen Intelligenz hatten und ihre Daten für eine unbestimmte Zeit in den Datenfundus der künstlichen Intelligenz eingegangen sind.

Die künstliche Intelligenz hat daher – zum großen Teil unbemerkt – bereits festen Einzug in unseren Alltag gefunden. In den nächsten Jahren wird dieser Einfluss noch deutlich stärker werden. Auch die Bundesregierung hat das Potenzial der künstlichen Intelligenz entdeckt und bereits Ende 2018 eine nationale Strategie für künstliche Intelligenz präsentiert und diese Ende 2020 erneuert.[14] Im Koalitionsvertrag 2021 – 2025 von SPD, Bündnis 90 / Die Grünen und FDP wird die künstliche Intelligenz als Schlüsseltechnologie bezeichnet.[15]

---

[11] *Ding/Sohn u. a.*, Radiology 2018, 456.
[12] *Avati/Jung u.a.*, BMC Med Inform Decis Mak 2018, 55.
[13] *Kwong*, Harvard Journal of Law & Technology 2017, 275.
[14] *Bundesregierung*, Strategie Künstlicher Intelligenz der Bundesregierung, 1ff.
[15] Koalitionsvertrag zwischen *SPD, Bündnis 90 / Die Grünen und FDP* vom 24.11.2021, S. 15, https://www.spd.de/fileadmin/Dokumente/Koalitionsvertrag/Koalitionsvertrag_2021-2025.pdf zuletzt abgerufen am 21.03.2024.

2.1 Künstliche Intelligenz

In vielen Fällen ist jedoch gar nicht klar, was tatsächlich unter dem Begriff der künstlichen Intelligenz verstanden wird. Erst seit einigen Jahren wird sich um eine abgrenzbare Definition des Begriffs bemüht. Dabei ist gerade eine klare und eindeutige Definition des Begriffs wünschenswert, um eine ernsthafte Diskussion über die damit einhergehenden Probleme führen zu können. Insbesondere gilt zu beachten, dass nicht jedes technische Gerät, das nach außen hin intelligent erscheint, auch der Kategorie der künstlichen Intelligenz zuzuordnen ist Dies hat zur Folge, dass die hier aufgeworfene Problematik nicht alle technischen Geräte betrifft, sondern nur solche, die tatsächlich künstliche Intelligenz einsetzen. Aus diesem Grund muss in einem ersten Schritt festgelegt werden, was überhaupt unter dem Begriff der künstlichen Intelligenz verstanden werden kann.

2.1.1 Definition des Begriffs „Künstliche Intelligenz"

Sowohl der Begriff als auch das Forschungsfeld der künstlichen Intelligenz haben ihre Geburtsstunde auf der Dartmouth Conference im Jahr 1956.[16] Mit einer klar abgrenzbaren Definition wurde sich jedoch bereits damals schwergetan. Meist beschränkten sich die Versuche auf eine deskriptive Beschreibung, was künstliche Intelligenz sei. Erst in den letzten Jahren häufen sich die Versuche, eine allgemein anerkannte Begriffsbestimmung zu entwickeln.[17]

---

[16] McCarthy/Minsky u. a., AI Magazine 2006, 12.
[17] Vgl. Entschließung des Europäischen Parlaments vom 16. Februar 2017 mit Empfehlungen an die Kommission zu zivilrechtlichen Regelungen im Bereich Robotik (2015/2103(INL)), Einleitung Buchs. C.

Erschwerend kommt im deutschsprachigen Raum hinzu, dass im Rahmen der Übersetzung des englischen Begriffs „artificial intelligence" die doppelte Wortbedeutung des Begriffs verloren gegangen ist. Der Begriff „intelligence" hat im Englischen eine deutlich breitere Bedeutung als die naheliegende direkte Übersetzung des auf dem gleichen Wortstamm basierenden deutschen Wortes „Intelligenz". Während im Deutschen damit ausschließlich die Fähigkeit logischer Verknüpfung gemeint ist, umfasst es in der englischen Sprache auch das Vorliegen einer breiten Wissensbasis und deren statistische Auswertung. Nicht ohne Grund wird der Begriff der „intelligence" im englischen Sprachraum auch für die allgemeine nachrichtendienstliche Aufklärungsarbeit verwendet. Der Begriff findet sich daher sowohl im Namen des US-amerikanischen Auslandsgeheimdienst CIA – Central Intelligence Agency – als auch im britischen Auslandsgeheimdienst MI6 – Military Intelligence, Section 6 – wieder.

Das reine Sammeln und Auswerten von großen Mengen an Informationen kann daher bereits unter den englischen Begriff der „intelligence" fallen. Dies hat zur Folge, dass im englischen Sprachgebrauch bereits viel früher von einer „artificial intelligence" gesprochen wird, als es im deutschen Sprachraum zu erwarten wäre.

Trotz dieser sprachlichen Unterschiede steht ein Nachahmen der menschlichen Intelligenz im Fokus der Forschung und Entwicklung und muss daher auch im Rahmen der Definition ausreichend repräsentiert werden. Aufgrund der doppelten Bedeutung im englischsprachigen Raum muss diesbezüglich jedoch immer im Hinterkopf behalten werden, dass auch die deutsche Übersetzung

2.1 Künstliche Intelligenz

der künstlichen Intelligenz weiter zu begreifen ist als das, was unter der menschlichen Intelligenz verstanden wird.

Die Schwierigkeiten bei der Wortbedeutung sind auch das Hauptproblem, warum es bis heute keine allgemein anerkannte Definition zur künstlichen Intelligenz gibt. Bereits die Frage, was unter der (menschlichen) Intelligenz zu verstehen ist, ist nicht abschließend in der Wissenschaft geklärt.[18]

Die EU-Kommission definiert künstliche Intelligenz dahingehend, dass der Begriff Systeme mit einem „intelligenten" Verhalten bezeichnet, die ihre Umgebung analysieren und mit einem gewissen Grad an Autonomie handeln, um bestimmte Ziele zu erreichen.[19] Diese Definition leidet bereits unter dem Umstand, dass sie auf den schwer greifbaren Begriff der Intelligenz zurückgreift.[20] Letztendlich wird die Definitionsproblematik dadurch nur auf eine tiefere Ebene verlagert.

Die von der EU-Kommission eingesetzte „Hochrangige Expertengruppe für Künstliche Intelligenz" legte dagegen ihrem Entwurf der „Ethik-Leitlinien für eine vertrauenswürdige KI" eine andere Definition zugrunde. Demnach sei unter dem Begriff der künstlichen Intelligenz Folgendes zu verstehen: *"Artificial intelligence (AI) systems are software (and possibly also hardware) systems designed by humans that, given a complex goal, act in the physical or*

---

[18] Vgl. *Bünte*, S. 5.
[19] Vgl. Mitteilung der Kommission an das Europäische Parlament, den Europäischen Rat, den Rat, den Europäischen Wirtschafts- und Sozialausschuss und den Ausschuss der Regionen, Künstliche Intelligenz für Europa, COM(2018) 237 final, 25.4.2018, S. 1.
[20] *Dettling/Krüger*, MMR 2019, 211 (211).

digital dimension by perceiving their environment through data acquisition, interpreting the collected structured or unstructured data, reasoning on the knowledge, or processing the information, derived from this data and deciding the best action(s) to take to achieve the given goal"[21].

Diese Definition verzichtet zwar auf den Begriff der Intelligenz, ist dagegen aber insgesamt sehr eng gefasst. Viele Systeme, die unzweifelhaft als künstliche Intelligenz einzustufen wären, können aus dieser Definition herausfallen. Einerseits ist denkbar, dass der künstlichen Intelligenz kein Ziel gegeben wird, sondern sich diese ihr Ziel selbst setzt.[22] Andererseits erscheint es auch fragwürdig, dass eine künstliche Intelligenz nur dann gegeben sein soll, wenn sie den besten Lösungsvorschlag liefert.[23] Auch einem Menschen würde die Intelligenz nicht abgesprochen werden, nur weil er die zweitbeste Lösung gewählt hat.

Überzeugender ist daher, ein weites Verständnis des Begriffs der künstlichen Intelligenz heranzuziehen. Dies gilt auch in Anbetracht des Umstandes, dass eine deutlich weitere Fassung des Begriffs die Gefahr begründet, dass bereits sehr einfache algorithmische Systeme unter diesen Begriff fallen könnten. Amazon, eines der großen fünf IT-Unternehmen, welches mit am aktivsten am Thema der künstlichen Intelligenz forscht, definiert den Begriff der künstlichen Intelligenz dahingehend, dass es der Bereich der Informatik sei, der sich mit dem Erwerb kognitiver Fähigkeiten beschäftigt, die in der Regel

---

[21] Vgl. *AI HLEG*, S. 6.
[22] *Dettling/Krüger*, MMR 2019, 211 (212).
[23] *Dettling/Krüger*, MMR 2019, 211 (212).

2.1 Künstliche Intelligenz

menschlicher Intelligenz zugeordnet werden.[24] Hierzu zählen Lernen, Problemlösung und Mustererkennung.[25] Somit wird hier eine sehr weite Definition des Begriffes verwendet. Ähnlich wie Amazon definiert eine in der Literatur und Forschung verbreitete Meinung die künstliche Intelligenz in der Weise, dass unter künstlicher Intelligenz jede elektronische Steuerungssoftware zu verstehen ist, die mit Hilfe von Algorithmen selbständig lernen und entscheiden kann.[26]

Gerade die letzte Definition kann dadurch überzeugen, dass sie sich auf den Kern der künstlichen Intelligenz als Definitionsmerkmal beschränkt – und zwar auf das Lernen. Letztendlich geht es nämlich nur darum, die künstliche Intelligenz von Standardsoftware auf Algorithmusbasis zu unterscheiden. Eine trennscharfe Definition ist weder möglich noch zwingend notwendig. Aus diesem Grund überzeugt es, dass gerade die Fähigkeit des selbstständigen Lernens für die Einordnung als künstliche Intelligenz herangezogen wird.

Trotzdem zeigt sich, dass das Finden einer einheitlichen Definition in der Wissenschaft noch nicht abgeschlossen ist. Es zeichnet sich aber bereits jetzt ab, dass jegliche Definition unscharf und insbesondere im Grenzbereich eine konkrete Abgrenzung schwer möglich sein wird. Dies ist bereits dem Umstand

---

[24] *Amazon*, „Was ist künstliche Intelligenz?", https://aws.amazon.com/de/machine-learning/what-is-ai/ zuletzt abgerufen am 21.03.2024; Ähnlich auch *Bitkom e.v./DFKI*, Künstliche Intelligenz: Wirtschaftliche Bedeutung, gesellschaftliche Herausforderung, menschliche Verantwortung, S. 14.
[25] *Amazon*, „Was ist künstliche Intelligenz?", https://aws.amazon.com/de/machine-learning/what-is-ai/ zuletzt abgerufen am 21.03.2024.
[26] *Dettling/Krüger*, MMR 2019, 211 (212); Vgl. auch *Bitkom e.v./DFKI*, Künstliche Intelligenz: Wirtschaftliche Bedeutung, gesellschaftliche Herausforderung, menschliche Verantwortung, S. 29.

geschuldet, dass auch die menschliche Intelligenz – welche letztendlich nachgestellt werden soll – nicht scharf definiert werden kann.[27]

Wie dargestellt, sollte im Zweifel einer breiten Definition der künstlichen Intelligenz gefolgt werden und jegliche Software unter den Begriff fallen, welche selbstständig lernen kann. Intelligente Fahrzeuge nutzen die künstliche Intelligenz insbesondere für das autonome Fahren, und lernen mit jedem gefahrenen Kilometer dazu. Innerhalb des Bereichs der künstlichen Intelligenz kann ferner – insbesondere nach Leistungsfähigkeit der künstlichen Intelligenz – weiter differenziert werden.

2.1.2 Starke und schwache künstliche Intelligenzen

Für eine weitere Schärfung des Begriffs hat sich bereits jetzt die Unterteilung in starke und schwache künstliche Intelligenz durchgesetzt.[28] Dies basiert auf dem Umstand, dass es einerseits künstliche Intelligenz gibt, die umfassend die menschliche Intelligenz nachbildet, und andererseits künstliche Intelligenz existiert, die lediglich in eingeschränkten Bereichen entsprechende Leistungen vollbringen kann.

Eine starke künstliche Intelligenz ist den menschlichen intellektuellen Fähigkeiten vollständig nachempfunden und steht daher der menschlichen Intelligenz gleich oder übertrifft diese sogar. Die starke künstliche Intelligenz agiert nicht nur reaktiv, sondern kann aus eigenem Antrieb flexible

---

[27] Vgl. *Reichwald/Pfisterer*, CR 2016, 208 (111).
[28] Vgl. *Hanssen/Nichele*, arXiv:1904.10239 [cs] 2019, (2).

2.1 Künstliche Intelligenz

Entscheidungen treffen. Systeme mit einer starken künstlichen Intelligenz können ihr Verhalten verändern und über die ursprünglich von den Entwicklern intendierte Funktionalität hinausgehen.[29] Die starke künstliche Intelligenz hat somit die Fähigkeit, „das Lernen zu lernen".[30]

Unter einer schwachen künstlichen Intelligenz wird dagegen die mathematische und informationstechnische Lösung von konkreten Anwendungsproblemen verstanden, wobei die Systeme zur Selbstoptimierung fähig sind.[31] Die Systeme können daher selbst lernen und sich kontinuierlich verbessern. Dazu werden punktuell Aspekte der menschlichen Intelligenz nachgebildet und simuliert. Die künstliche Intelligenz ist jedoch nicht in der Lage, ihr Verhalten vollständig zu verändern und neue eigene Funktionalitäten zu entwickeln. Weder entscheidet die künstliche Intelligenz, wann sie genutzt wird, noch, was das konkrete Ziel ist. Der Mensch steht daher weiterhin immer im Mittelpunkt und gibt die Ziele vor. Die schwache künstliche Intelligenz bleibt ein reines Hilfswerkzeug.[32]

Viele Jahre lang wurde insbesondere an starker künstlicher Intelligenz geforscht. Es bestand die Hoffnung, dass eine allumfassende künstliche Intelligenz entwickelt werden könnte, welche für nahezu alle Aufgaben einsetzbar wäre. Diese „Superintelligenz" wird häufig auch als Singularität bezeichnet.[33] Dabei muss die starke künstliche Intelligenz nach einhelliger

---

[29] Vgl. *Kirn/Müller-Hengstenberg*, MMR 2014, 225 (226).
[30] *Hanssen/Nichele*, arXiv:1904.10239 [cs] 2019, (2).
[31] *Bundesregierung*, Strategie Künstlicher Intelligenz der Bundesregierung, S. 4.
[32] *Arnold/Burchardt u. a.*, S. 2.
[33] Vgl. *Bitkom e.v./DFKI*, Künstliche Intelligenz: Wirtschaftliche Bedeutung, gesellschaftliche Herausforderung, menschliche Verantwortung, S. 16.

Meinung nicht nur selbstständig planen und lernen können, sondern aufgrund logischen Denkens Entscheidungen auch bei Unsicherheit treffen können und insbesondere auch philosophische Fragestellungen diskutieren können.[34] Diese künstliche Intelligenz muss somit in der Lage sein, auf unbekannte Probleme genauso flexibel wie ein Mensch zu reagieren.[35] Dabei muss die starke künstliche Intelligenz mindestens die gleichen intellektuellen Fertigkeiten wie der Mensch haben oder ihn darin sogar übertreffen.[36]

In den letzten Jahren wurde die Forschung an starker künstlicher Intelligenz jedoch mehr und mehr aufgegeben. Dies liegt vor allem daran, dass kaum merkbare Fortschritte erzielt werden konnten. Besonders ist dies auch dem Umstand geschuldet, dass bis zum heutigen Tag die menschliche Intelligenz und insbesondere das menschliche Bewusstsein nicht vollständig erforscht und verstanden worden sind.[37] Für die Erschaffung einer künstlichen Kopie muss jedoch zuerst das zu replizierende Vorbild verstanden worden sein. Aus diesem Grund wird die Entwicklung einer starken künstlichen Intelligenz auch heute weitestgehend als „Science-Fiction" eingestuft.[38]

Daher wurde sich in jüngster Zeit auf die Erforschung schwacher künstlicher Intelligenz konzentriert. In diesem Bereich sind erhebliche Fortschritte in den

---

[34] Vgl. *Bitkom e.v./DFKI*, Künstliche Intelligenz: Wirtschaftliche Bedeutung, gesellschaftliche Herausforderung, menschliche Verantwortung, S. 17.
[35] Vgl. *Arnold/Burchardt u. a.*, S. 2.
[36] *Bundesregierung*, Strategie Künstlicher Intelligenz der Bundesregierung, S. 4.
[37] Vgl. *Arnold/Burchardt u. a.*, S. 3.
[38] Vgl. *Arnold/Burchardt u. a.*, S. 4; *Bitkom e.v./DFKI*, Künstliche Intelligenz: Wirtschaftliche Bedeutung, gesellschaftliche Herausforderung, menschliche Verantwortung, S. 15.

letzten Jahren gelungen. Dank stets steigender Rechenkraft können immer mehr Daten gleichzeitig ausgewertet und analysiert werden. Es wurden hochspezialisierte künstliche Intelligenzen geschaffen, die jeweils für spezifische Aufgabenstellungen optimiert sind.

So hat die künstliche Intelligenz zum Beispiel bei der Übersetzung von Texten Einzug gehalten und sowohl Google Translate als auch die Übersetzungssoftware DeepL nutzen künstliche Intelligenz zum Übersetzen von Texten.[39] Auch Navigationssysteme können uns nicht mehr nur von A nach B navigieren, sondern auch unsere voraussichtliche Ankunftszeit aus dem zu erwartenden Verkehrsaufkommen berechnen und selbst bei unvorhergesehenen Ereignissen Alternativrouten vorschlagen.[40] Durch die rückwirkende Analyse der vorgeschlagenen Alternativen lernt die Software dabei zukünftige Entscheidungen zu treffen und kann zum Teil sogar ohne Kartenmaterial zum Ziel navigieren.[41] Auch Diktiersoftware[42] oder Gesichtserkennungssysteme[43] lernen heutzutage vom Nutzer unbemerkt immer weiter hinzu. Je häufiger ein Nutzer zum Beispiel sein iPhone mittels Gesichtserkennung entsperrt, desto zuverlässiger wird das System und kann

---

[39] Vgl. *Isabelle/Kuhn*, arXiv:1806.02725 [cs] 2018, (7).
[40] Vgl. *Arnold/Burchardt u. a.*, S. 7.
[41] *Mirowski/Grimes u. a.*, Neural Information Processing Systems 2018, S. 2424ff.
[42] *Berger*, „Microsoft Dictate: Freihändig schreiben dank Spracherkennung" vom 22.06.2017, https://www.heise.de/newsticker/meldung/Microsoft-Dictate-Freihaendig-schreiben-dank-Spracherkennung-3751788.html zuletzt abgerufen am 21.03.2024.
[43] *Condliffe*, „Facial Recognition Is Getting Incredibly Powerful—and Ever More Controversial" vom 08.09.2017, https://www.technologyreview.com/f/608832/facial-recognition-is-getting-incredibly-powerful-and-ever-more-controversial/ zuletzt abgerufen am 21.03.2024 .

später seinen Benutzer auch dann erkennen, wenn er beispielsweise eine Sonnenbrille oder Kopfbedeckungen trägt.[44]

Wenn in der heutigen Zeit daher von künstlicher Intelligenz gesprochen wird, ist nahezu immer eine schwache künstliche Intelligenz gemeint. Auch im Bereich des autonomen Fahrens sind ausschließlich Systeme der schwachen künstlichen Intelligenz im Einsatz. Konkret basieren die meisten dieser Systeme auf dem Grundsatz des Deep Learnings.

2.1.3 Deep Learning

Das Deep Learning stellt derzeit die erfolgreichste Art der Implementierung künstlicher Intelligenz dar.[45] Die Technik basiert auf der Grundidee, die menschliche Intelligenz nicht nur im Ergebnis nachzubilden, sondern auch die Funktionsweise des menschlichen Gehirns zum Vorbild zu nehmen. Die künstliche Intelligenz soll durch die zur Verfügung gestellten Daten selbstständig wiederkehrende Muster in unbekannten Daten erkennen, um anschließend Entscheidungen aufgrund bisheriger Erfahrung zu treffen.

Das prominenteste Beispiel für Deep Learning stammt vom Tech-Giganten Google aus dem Jahr 2011. Damals hatte Google ihre künstliche Intelligenz „Google Brain" mit 10 Millionen zufälligen Standbildern aus YouTube-

---

[44] deAgonia, "Apple's Face ID [The iPhone X's facial recognition tech] explained" vom 01.11.2017, https://www.computerworld.com/article/3235140/apples-face-id-the-iphone-xs-facial-recognition-tech-explained.html zuletzt abgerufen am 21.03.2024.
[45] Arnold/Burchardt u. a., S. 3; Tian/Pei u. a., arXiv:1708.08559 [cs] 2017.

2.1 Künstliche Intelligenz

Videos ausgestattet.[46] Es sollte herausgefunden werden, ob die künstliche Intelligenz anschließend selbstständig Gesichter erkennen kann, ohne dass ihr jeweils mitgeteilt wurde, in welchen Bildern sich tatsächlich Gesichter befinden. Es handelt sich hierbei um ein sogenanntes „unsupervised learning".[47] Nach dreitägiger Auswertung der Standbilder war die künstliche Intelligenz in der Lage, mit 81,7%iger Genauigkeit menschliche Gesichter in unbekannten Bildern zu erkennen.[48] Das Kuriose: Die künstliche Intelligenz lernte zugleich mit 74,8%iger Genauigkeit Katzen auf Bildern zu erkennen, was dem hohen Anteil an Katzenvideos auf YouTube geschuldet war.[49]

Konkret bedeutet dies, dass die künstliche Intelligenz selbstständig wiederkehrende Muster in den Standbildern erkannt und diese intelligent kategorisiert hat. Obwohl die künstliche Intelligenz nicht wusste, was gesucht wurde, hat sie automatisch festgestellt, dass immer wiederkehrende Objekte auf den Bildern auftauchen und hat diese selbstständig markiert und kategorisiert.

Ergänzt werden kann das Deep Learning durch „supervised learning".[50] Dabei werden der künstlichen Intelligenz in der Trainingsphase Datensätze zur Verfügung gestellt, die zuvor bereits von einem Menschen kategorisiert wurden. Auf das obige Beispiel bezogen, würde der künstlichen Intelligenz eine Bilderdatenbank zur Verfügung gestellt werden, auf denen die Gesichter

---

[46] *Le/Ranzato u. a.*, ICML'12, 507.
[47] Vgl. *Jordan/Mitchell*, Science 2015, 255 (258).
[48] *Le/Ranzato u. a.*, ICML'12, 507.
[49] *Le/Ranzato u. a.*, ICML'12, 507.
[50] *Jordan/Mitchell*, Science 2015, 255 (257).

bereits markiert wurden. Anhand dieser Vorauswahl würde die künstliche Intelligenz dann lernen, um anschließend auch unbekannte Bilder kategorisieren zu können.

Grundlage des Deep Learnings sind künstliche neuronale Netzwerke. Die ersten künstlichen neuronalen Netzwerke sind bereits in den 60er Jahren entwickelt worden, scheiterten aber an der damals stark begrenzten Rechenkraft.[51] In den letzten Jahren hat sich das Parallel-Computing immer weiter durchgesetzt und ursprünglich für den Computerspielebereich gedachte Grafikkarten führten durch ihre Parallelschaltung, neben dem allgemeinen technischen Fortschritt, zu einer enormen Steigerung der Rechenkraft.[52]

Diese neuronalen Netzwerke sind den Neuronen im menschlichen Gehirn nachempfunden.[53] Das menschliche Gehirn erreicht seine enorme Denkkapazität dadurch, dass externe Reize in einer sehr hohen Anzahl parallel verarbeitet und die einzelnen Nervenzellen flexibel verschaltet werden können.[54]

In einem künstlichen neuronalen Netzwerk werden auf mehreren Ebenen eingehende Informationen ausgewertet, gewichtet und kategorisiert.[55] Während des Prozesses können sich neue Verbindungen der einzelnen Ebenen bilden und sich insbesondere die Gewichtung bestimmter Eigenschaften

---

[51] Vgl. *Schmidhuber*, Neural Networks 2015, 85.
[52] *Jordan/Mitchell*, Science 2015, 255 (257).
[53] *Arnold/Burchardt u. a.*, S. 3.
[54] *Arnold/Burchardt u. a.*, S. 3.
[55] *Li/Cha*, arXiv:1901.02452 [cs] 2019, (14).

verändern. Ähnlich wie sich auch neue Neuronenverbindungen im menschlichen Gehirn im Laufe der Zeit entwickeln, entstehen so auch neue Verbindungen im künstlichen Netzwerk. Mit jedem neuen Dateninput wird das System daher erfahrener und kann präziser bestimmte Muster erkennen.

Um beim obigen Beispiel der Bilderkennung zu bleiben, würde in einem künstlichen neuronalen Netzwerk beispielsweise eine erste Ebene die eingehenden Bilder nach Pixelfarben sortieren. Die nächste Ebene würde bestimmte Kanten erkennen und diese Information an eine dritte Ebene geben, die bereits ganze geometrische Formen (Nase, Mund und so weiter) erkennen kann.[56] Je mehr Gesichter das System in der Vergangenheit bereits erkannt hat, desto besser kann es entscheiden, welche Faktoren wie stark zu gewichten sind. So kann das System zum Beispiel nicht nur lernen, dass menschliche Gesichter nur eine begrenzte Variation an Hautfarben haben, sondern auch, dass ein Gesicht in der Regel zwei Augen und eine Nase hat. Durch die schiere Anzahl an Verbindungen und Interpretationen durch die bereits bekannten Daten ist am Ende jedoch nicht mehr nachvollziehbar, wie das Endergebnis zustande gekommen ist. Was das Netz tatsächlich gelernt hat, bleibt meist selbst den Entwicklern verborgen.[57]

Der Nachteil der neuronalen Netzwerke gegenüber händisch programmierten Systemen war bisher jedoch, dass Unmengen an Daten verarbeitet werden mussten, damit sich die neuronalen Netzwerke ausbilden konnten. Dies bedarf nicht nur massiver Rechenkraft, sondern auch umfangreicher Datensätze.

---

[56] Vgl. zur Funktionsweise auch *Tian/Pei u. a.*, arXiv:1708.08559 [cs] 2017.
[57] *Arnold/Burchardt u. a.*, S. 3.

Beides war bis zur Jahrtausendwende Mangelware. Erst die Verbindung von Big Data[58] – der allumfassenden Sammlung von Daten – mit dem massiven Anstieg an Rechenkraft hat das Deep Learning wieder attraktiv gemacht und führt zum breiten Einsatz in intelligenten Maschinen.[59]

Aufgrund der umfassenden Verfügbarkeit von Daten aus der Umwelt und der heutigen bezahlbaren Rechenkraft auf kleinem Raum ist das Deep Learning mit neuronalen Netzwerken die erste Wahl geworden, wenn es darum geht, schwache künstliche Intelligenz auf Gebieten einzusetzen, auf denen kein explizites Wissen über das zu lösende Problem vorliegt.[60] Unter explizitem Wissen wird die Möglichkeit verstanden, Wissen in formaler Sprache zu übertragen, zum Beispiel in Form von Hand- oder Lehrbüchern.[61]

Dem gegenüber steht implizites Wissen. Unter implizitem Wissen wird das Wissen verstanden, welches einer Person erlaubt, bestimmte Fähigkeiten auszuüben, ohne dass die Person jedoch exakt beschreiben kann, welches Wissen sie genau anwendet.[62] Dies betrifft vor allem die Bereiche der Text-, Sprach- und Bilderkennung. In der Regel kann ein Mensch einer anderen Person nicht erklären, wie er eine Katze von einem Hund unterscheidet. Es handelt sich dabei um eine angelernte Fähigkeit, die dadurch entstanden ist, dass der Mensch aus seiner Erfahrung weiß, wie Hunde und Katzen regelmäßig aussehen.

---

[58] Siehe dazu sogleich Abschnitt 2.2.
[59] *Arnold/Burchardt u. a.*, S. 8.
[60] Vgl. *Arnold/Burchardt u. a.*, S. 3.
[61] *Schreyögg/Geiger*, DBW 2003, 7 (14).
[62] *Schreyögg/Geiger*, DBW 2003, 7 (14).

Auch das Führen von Kraftfahrzeugen stellt einen Fall von implizitem Wissen dar. Die wenigsten Menschen können die physikalischen Regeln hinter dem Führen eines Fahrzeuges erklären. Auch die Faktoren eines vorausschauenden Fahrens können kaum abstrakt erklärt werden. Jeglicher Versuch, vorausschauendes Fahren zu erklären, endet in dem Aufzählen von Beispielen. Dies liegt daran, dass das Führen des Fahrzeuges regelmäßig durch das Beobachten anderer Verkehrsteilnehmer und Erfahrung im Straßenverkehr gelernt wird. Es kann schwer rein theoretisch weitervermittelt werden.

Es handelt sich daher um typisches implizites Wissen, für welches künstliche neuronale Netzwerke und insbesondere das Deep Learning prädestiniert sind. Aus diesem Grund sind Systeme, die auf Deep Learning basieren, auch führend im Bereich des autonomen Fahrens und intelligenter Fahrzeuge.

2.2 Der Einsatz künstlicher Intelligenz in autonomen Fahrzeugen

Bei intelligenten Fahrzeugen muss sich immer bewusst gemacht werden, dass auch diese autonomen Fahrzeuge nichts anderes sind als weiterentwickelte Roboter, die in unserem Alltag im Grunde schon seit Jahrzehnten eingesetzt werden.

Schon seit mehreren Jahren gibt es selbstfahrende intelligente Fahrzeuge in kontrollierten Umgebungen. Das Unternehmen Still hat bereits im Jahr 2010 den Hubmaststapler FM-X14 auf den Markt gebracht. Dieser Stapler kann selbstständig Paletten aufnehmen, sich auf vorgefertigten Pfaden bewegen und die Paletten wieder in ein Regal positionieren. Im Jahr 2016 präsentierte der Hersteller mit dem iGO neo CX 20 ferner ein autonomes Fahrzeug für die Kommissionierung im Lager.[63]

Auch an Flughäfen kommen schienengeführte autonome Transportsysteme zum Einsatz, die Passagiere zwischen den Terminals transportieren.[64] Auch dieser Einsatz erfolgt jedoch nur in kontrollierter Umgebung. Die Schienenführung ist vollständig vom üblichen Publikumsverkehr abgeschottet und zumeist mit hohen Zäunen gesichert.

Ebenfalls als Standard haben sich Autopilot-Systeme in Verkehrsflugzeugen durchgesetzt. Auch dabei kommt heutzutage künstliche Intelligenz zum Einsatz. Es gibt erste Prototypen von Autopiloten, die dauerhaft den menschlichen Piloten beobachten und anschließend in ähnlichen Situationen dessen Verhalten imitieren.[65]

Alle bisherigen Einsatzzwecke haben jedoch eine nahezu vollständig kontrollierte Umgebung gemeinsam, sei es eine abgeschlossene Lagerhalle, ein gesichertes Schienensystem oder aber ein Luftraum, der einerseits von der Luftsicherheit überwacht wird und andererseits auch keine plötzlichen

---

[63] *Kleinschmidt/Wagner*, in: Oppermann/Stender-Vorwachs, Autonomes Fahren. Rechtsfolgen, Rechtsprobleme, technische Grundlagen, S. 7 (15).
[64] *Kleinschmidt/Wagner* in: Oppermann/Stender-Vorwachs, Autonomes Fahren. Rechtsfolgen, Rechtsprobleme, technische Grundlagen, S. 7 (16).
[65] *Baomar/Bentley*, ICUAS 2016, 1023.

2.2 Der Einsatz künstlicher Intelligenz in autonomen Fahrzeugen 25

Hindernisse kennt.[66] Dies unterscheidet sich maßgeblich vom öffentlichen Straßenverkehr, in dem sich autonome Kraftfahrzeuge bewegen müssen. Der Straßenverkehr findet nicht nur im öffentlichen Raum statt, sondern wird zumindest in der Übergangszeit auch mit klassischen Verkehrsteilnehmern geteilt. Die Anforderungen an autonome Kraftfahrzeuge sind daher deutlich erhöht und dementsprechend muss auch die künstliche Intelligenz deutlich größere Leistungen vollbringen.

Gerade die Überwachung der unkontrollierten Umgebung ist die größte Herausforderung bei autonomen Kraftfahrzeugen und kann nur mit dem Sammeln möglichst vieler Parameter aus der Umwelt bewältigt werden. Dies erklärt auch, warum gerade das Thema Big Data solch eine große Rolle bei intelligenten Kraftfahrzeugen spielt.

Dabei beginnt das intelligente Kraftfahrzeug aber nicht erst beim vollständig autonomen Fahren. Die künstliche Intelligenz erbringt ihre Leistung auch bereits heute in Fahrzeugen, die lediglich teilautomatisiert oder hochautomatisiert fahren.

2.2.1 Autonomes Fahren

Häufig wird das Begriffspaar „Intelligent" und „Autonom" bei Kraftfahrzeugen synonym verwendet. Tatsächlich betreffen diese Begriffe jedoch verschiedene Ebenen. Die Autonomie eines Systems bestimmt den

---

[66] Vgl. diesbezüglich auch *Kleinschmidt/Wagner*, in: Oppermann/Stender-Vorwachs, Autonomes Fahren. Rechtsfolgen, Rechtsprobleme, technische Grundlagen, S. 7 (16).

Grad der Eigenständigkeit einer Entscheidung.[67] Die Intelligenz betrifft dagegen die Qualität der möglichen Lösungsalternativen.[68] Denkbar sind daher sowohl intelligente Fahrzeuge, die jedoch nicht eigenständig entscheiden, sondern dem Fahrer lediglich Informationen liefern, als auch autonome Fahrzeuge, die jedoch nur vorgegebene Lösungen in kontrollierten Umgebungen umsetzen. Das tatsächliche autonome Fahren – das sichere fahrerlose Fortbewegen im öffentlichen Straßenverkehr – gelingt dagegen nur, wenn das Fahrzeug sowohl autonom als auch intelligent ist.

Diese Form des autonomen Fahrens bietet erhebliche Vorteile gegenüber dem bisherigen menschlichen Individualverkehr. Viele Fahrer fühlen sich in bestimmten Verkehrssituationen unsicher oder unwohl. Die intelligenten Fahrzeuge können daher bereits heute unliebsame Aufgaben wie das Einparken übernehmen und somit zu einem erheblichen Komfortgewinn beitragen.[69] Auf der höchsten Stufe des autonomen Fahrens können die Fahrzeuge ferner älteren und körperlich eingeschränkten Personen wieder die Mobilität zurückgewähren.[70] Auch wird eine erhebliche Reduktion der Unfallzahlen und der Umweltbelastung erwartet, da intelligente Fahrzeuge ein vorausschauendes und effizienteres Fahren ermöglichen.[71] Die Evolution der letzten 25 Jahre im Bereich der technischen Fahrsicherheit wird daher richtigerweise auch als konsequenter Weg hin zur „Vision Zero" – der

---

[67] *Reichwald/Pfisterer*, CR 2016, 208 (211).
[68] *Reichwald/Pfisterer*, CR 2016, 208 (211).
[69] Vgl. *Lutz*, NJW 2015, 119 (119).
[70] Vgl. *Lutz*, NJW 2015, 119 (119); *Johanning/Mildner*, S. 68.
[71] *Franke*, DAR 2016, 61 (61); *Johanning/Mildner*, S. 68; *Winkle*, in: Maurer/Gerdes/Lenz/Winner, Autonomes Fahren, S. 351 (372ff.)

2.2 Der Einsatz künstlicher Intelligenz in autonomen Fahrzeugen

Reduktion der Verkehrstoten und Schwerverletzten auf null – gesehen.[72] Durch spezielle Logistikoptimierungsverfahren können Fahrzeuge ferner so gelenkt werden, dass Staus verhindert werden und damit die Umweltbelastung gesenkt wird.[73]

Der Wunsch nach autonomen Fortbewegungsmitteln ist dabei nicht neu. Erste Überlieferungen von autonomen Fortbewegungsmitteln gehen bis in das Jahr 130 v. Chr. zurück, nach denen der König der Parther, Phraates II., den Angriff des Seleukidenkönigs Antiochos VII. auf den Gipfeln des Zagrosgebirges mittels eines Feuer und Blitze speienden fliegenden Teppichs abwehrte.[74] Auch später waren viele Fortbewegungsmittel – wie zum Beispiel Pferde – zumindest teilweise autonom und intelligent.

Auch die Automobilindustrie entdeckte schnell die Faszination des autonomen Fahrens. Bereits im Jahr 1939 wurde auf der Weltausstellung in New York City die Idee des selbstfahrenden Automobils im Rahmen der Ausstellung „Futurama" präsentiert.[75] Obwohl die Automobilhersteller im Jahr 1939 noch mit einer Einführung autonomer Systeme im Jahr 1960 rechneten, sollte es doch rund 50 Jahre länger dauern, bevor erste teilautonome Fahrsysteme ihre Serienreife erreichten. Nichtsdestotrotz sind wir von völlig fahrerlosen Fahrzeugen im öffentlichen Straßenverkehr auch heute noch weit entfernt.

---

[72] Vgl. *Jourdan/Matschi*, NZV 2015, 26 (26).
[73] Vgl. *Bretthauer/Schmitt*, ZD 2020, 341 (341).
[74] *Harris*, "Magic Flying Carpets: The Historic Version, Not The Disney Version" vom 08.02.2019, http://curioushistorian.com/magic-flying-carpets-the-historic-version-not-the-disney-version zuletzt abgerufen am 21.03.2024.
[75] *VDA*, Automatisierung, S. 5.

Die Einteilung der unterschiedlichen Stufen des autonomen Fahrens ist dabei nicht einfach. Bis zum heutigen Tag besteht keine Einigkeit darüber, was konkret unter dem Begriff des autonomen Fahrens zu verstehen ist. Insbesondere bereitet die Abgrenzung von Fahrassistenzsystemen, halbautonomem und vollautonomem Fahrens Schwierigkeiten. In der internationalen und nationalen Diskussion hat sich die Einordnung in fünf unterschiedliche Entwicklungsstufen des autonomen Fahrens durchgesetzt (SAE-Stufen).[76] Diese Einstufung soll auch hier zu Grunde gelegt werden.

Auf Stufe 1 und Stufe 2 sind Systeme einzuordnen, die den Fahrer lediglich bei der Führung des Fahrzeuges unterstützen und dauerhaft von dem Fahrzeugführer überwacht werden müssen. Fahrassistenzsysteme der Stufe 1 (Assistiertes Fahren) übernehmen entweder die Längs- oder die Querführung des Fahrzeuges.[77] Beispiele für solche Systeme sind die adaptive Abstands- und Geschwindigkeitsregelung oder der Parkassistent.[78]

Systeme der Stufe 2 (Teilautomatisiertes Fahren) übernehmen gleichzeitig die Kontrolle der Längs- und Querführung des Fahrzeuges.[79] Das System kann das Fahrzeug daher sowohl beschleunigen als auch lenken. Ein Beispiel ist hier der Stauassistent, der nicht nur beschleunigt und abbremst, sondern auch die Spur bis zu einer gewissen Geschwindigkeit hält. Das System benötigt aber weiterhin eine dauerhafte Überwachung durch den Fahrzeugführer. Systeme

---

[76] Vgl. *Gasser/Schmidt u. a.*, Runder Tisch Automatisiertes Fahren, S. 116; *SAE International*, Taxonomy and Definitions for Terms Related to Driving Automation Systems for On-Road Motor Vehicles, S. 19.
[77] *VDA*, Automatisierung, S. 14.
[78] *Lange*, NZV 2017, 345 (346).
[79] *Sander/Hollering*, NStZ 2017, 193 (194).

dieser beiden ersten Stufe sind mittlerweile marktreif und haben eine weite Verbreitung in Serienfahrzeugen gefunden.[80]

Systeme auf Stufe 3 (Hochautomatisiertes Fahren) und Stufe 4 (Vollautomatisiertes Fahren) übernehmen wichtige Fahrfunktionen bereits autonom. Systeme der Stufe 3 können die Längs- und Querführung des Fahrzeuges für eine gewisse Zeit selbstständig übernehmen und bedürfen – anders als bei Systemen der Stufe 2 – keiner dauerhaften Überwachung mehr.[81] Der Fahrer muss jedoch jederzeit in der Lage sein, die Kontrolle über das Fahrzeug zu übernehmen. Das System muss daher sicherstellen, dass es den Fahrer rechtzeitig akustisch wie auch visuell auffordern kann, das Fahrzeug zu übernehmen.

Typische Anwendungsfälle für ein System auf Stufe 3 sind die sogenannten Autobahnassistenten, die allein über mehrere hundert Kilometer auf der Autobahn fahren können.[82] Dabei folgen sie nicht nur automatisch der Fahrspur, sondern passen ihre Geschwindigkeit auch dem Verkehr und möglichen Verkehrsschildern an. Kommen die Systeme an ihre Grenzen, zum Beispiel aufgrund einer unübersichtlichen Baustellensituation oder widrigen Wetterumständen, fordern sie den Fahrer zur Rückübernahme des Fahrzeuges auf.[83] Der Fahrer hat daher zwar nicht dauerhaft das System zu überwachen, muss jedoch jederzeit in der Lage sein, die Steuerung wieder zu übernehmen. Als erster Hersteller weltweit führt Mercedes in der S-Klasse mit dem Drive

---

[80] *Lange*, NZV 2017, 345 (346).
[81] *Singler*, NZV 2017, 353 (353).
[82] *Lange*, NZV 2017, 345 (346).
[83] *Sander/Hollering*, NStZ 2017, 193 (194).

Pilot einen Stauassistenten ein, der keiner dauerhaften Überwachung mehr bedarf.[84]

Die nächsthöhere Stufe, Systeme der Stufe 4, können dagegen in speziell definierten Anwendungsfällen (Straßentyp, Geschwindigkeitsbereich und Umweltbedingungen) vollständig die Kontrolle über das Fahrzeug übernehmen. Der Fahrer muss auf dieser Stufe das System nicht mehr überwachen und auch nicht mehr für eine Übernahme der Steuerung bereit sein.[85] Er kann sich hier anderen Tätigkeiten zuwenden. Sobald das System überraschenderweise den vorgegebenen Rahmen des spezifischen Anwendungsfalles verlässt oder ein unvorhergesehenes Ereignis eintritt, ist das System in der Lage, selbstständig und unter Beachtung der konkreten Verkehrssituation das Fahrzeug sicher zu stoppen und zum Beispiel am Straßenrand abzustellen.[86] Ein Beispiel für Systeme auf Stufe 4 ist das sogenannte Valet Parking.[87] Hier werden Fahrzeuge am Eingang eines Parkhauses in einer sogenannten „Drop-off Area" abgestellt. Anschließend fährt das Fahrzeug selbstständig in das Parkhaus und sucht sich einen freien Stellplatz. Später kann der Kunde sein Fahrzeug per Knopfdruck auf seinem Handy wieder zu einer „Pick-up Area" fahren lassen und dort einsteigen.[88]

---

[84] *Greis*, „Die neue S-Klasse übernimmt im Stau das Lenkrad" vom 29.08.2020, https://www.golem.de/news/autonomes-fahren-die-neue-s-klasse-uebernimmt-im-stau-das-lenkrad-2008-150544.html zuletzt abgerufen am 21.03.2024.
[85] *Johanning/Mildner*, S. 64.
[86] Vgl. *Singler*, NZV 2017, 353 (353).
[87] *Schmid/Wessels*, NZV 2017, 357 (358).
[88] Vgl. *Bosch*, „Parken neu erleben: Mit vernetzten und automatisierten Parklösungen", https://www.bosch-mobility-solutions.com/de/mobility-themen/vernetztes-und-automatisiertes-parken/ zuletzt abgerufen am 21.03.2024.

2.2 Der Einsatz künstlicher Intelligenz in autonomen Fahrzeugen

Mercedes-Benz und Bosch betreiben am Flughafen Stuttgart seit Ende 2022 ein erstes System dieser Art im Serienbetrieb.[89]

Die letzte Stufe, Systeme der Stufe 5 (Fahrerloses Fahren), stellt ein vollständig autonomes Fahren dar. Das System übernimmt die Fahraufgabe vollumfänglich, und zwar bei allen Straßentypen, in allen Geschwindigkeitsbereichen und bei allen Umweltbedingungen. Der Mensch ist lediglich noch Passagier im Fahrzeug und hat häufig nicht einmal mehr die Möglichkeit des Eingriffs. Das Fahrzeug übernimmt die komplette Fahrt vom Start bis zum Ziel.[90]

Gerade Systeme der Stufe 5 bieten das höchste Potenzial für eine Revolution der Mobilität der Gesellschaft. Insbesondere sehr junge oder sehr alte Verkehrsteilnehmer können so eine ganz neue Mobilität erfahren. Erst recht können autonome Fahrzeuge die Teilhabe von Personen mit körperlichen Gebrechen, zum Beispiel Blinden, an der Gesellschaft fördern.[91] Auch eröffnen sich für den Individualverkehr ganz neue Möglichkeiten, da sich die autonomen Fahrzeuge selbstständig zu den Passagieren bewegen können, die gerade ein Transportmittel benötigen.[92] Dies wird eine völlige Umwälzung des öffentlichen Personennahverkehrs bedeuten.

---

[89] *Greis*, „Bosch und Mercedes erhalten Zulassung für Level-4-System" vom 30.11.2022, https://www.golem.de/news/autonomes-einparken-bosch-und-mercedes-erhalten-zulassung-fuer-level-4-system-2211-170142.html zuletzt abgerufen am 21.03.2024.
[90] *Lange*, NZV 2017, 345 (346).
[91] *Meyer*, ZRP 2018, 233 (235).
[92] *Lange*, NZV 2017, 345 (346).

Aktuelle Studien gehen davon aus, dass durch autonome Fahrzeugflotten langfristig die Anzahl an Fahrzeugen in Städten auf weniger als 50 Fahrzeuge pro 1000 Einwohner von derzeit über 500 Fahrzeuge pro 1000 Einwohner reduziert werden kann.[93] Dadurch muss auch die Automobilindustrie umdenken. Die Fahrzeuge werden zukünftig immer weniger dauerhaft übereignet, sondern viel mehr als „Car as a service" angeboten werden müssen.

Bis zur Einführung der Systeme der Stufe 5 werden aber voraussichtlich noch 10 bis 15 Jahre vergehen.[94] Aus diesem Grund wird diese Stufe 5 bisher auch in der Diskussion rund um das autonome Fahren meist ausgeklammert.[95] Auch der Gesetzgeber hat diese Stufe im Rahmen des achten Gesetzes zur Änderung des Straßenverkehrsgesetzes noch nicht geregelt. Auch als im Sommer 2021 das Gesetz zum autonomen Fahren[96] in Kraft getreten ist, wurde diese Stufe 5 ausgeklammert. Dabei ist zu beachten, dass der Gesetzgeber die Begriffe hoch- und vollautomatisierte Fahrzeuge in § 1a StVG, und den Begriff autonome Fahrfunktion in § 1d Abs. 1 StVG nicht im Sinne der zuvor genannten SAE-Stufen verwendet.[97] Wie sich aus der Gesetzesbegründung ergibt, soll der § 1d StVG Rechtssicherheit nur für autonomes Fahren bis zur Stufe 4 bieten.[98]

Die Ausklammerung der Stufe 5 liegt unter anderem auch daran, dass das Wiener Übereinkommen über den Straßenverkehr bisher weiterhin voraussetzt, dass der Fahrer das Fahrzeug jederzeit übersteuern können muss.

---

[93] *Knie/Canzler u.a.*, S. 34.
[94] *Sander/Hollering*, NStZ 2017, 193 (195).
[95] Vgl. *Schmid/Wessels*, NZV 2017, 357 (358).
[96] BGBl. 2021 I, 3108.
[97] Vgl. dazu insbesondere die Ausführungen von *Steege*, SVR 2021, 128 (130).
[98] BT-Drs. 19/27439, S. 16.

Im Wiener Übereinkommen wurde im Jahr 1968 erstmalig eine internationale Standardisierung von Verkehrsregeln vereinbart und seitdem nicht nur von Deutschland[99], sondern von mehr als 80 weiteren Ländern ratifiziert.[100] Während ursprünglich jedes Fahrzeug einen Fahrer nach diesem Übereinkommen benötigte, erlaubt die aktuelle Fassung weitestgehend autonome Fahrzeuge, dennoch muss der Fahrzeugführer jederzeit eingreifen können. Gerade dies wäre bei autonomen Fahrzeugen der Stufe 5 jedoch nicht mehr vorgesehen. Das Weltforum für die Harmonisierung von Fahrzeugvorschriften der Vereinten Nationen ist da bereits weiter und hat mit Wirkung zum 01.01.2021 einen Regulierungsvorschlag verabschiedet, der den Einsatz von autonomen Fahrzeugen ermöglichen soll, ohne dass der Fahrer jederzeit das Fahrgeschehen überwachen muss.[101]

Als Abgrenzung zum autonomen Fahren wird zum Teil auch noch eine Stufe 0 gebildet.[102] Diese Stufe beinhaltet Assistenzsysteme, die dem Fahrer zwar ergänzende Informationen liefern und unterstützend eingreifen, jedoch keine autonome Kontrolle über das Fahrzeug haben. Dazu zählt zum Beispiel das Anti-Blockier-System oder das Elektronische Stabilitätsprogramm. Diese Systeme kommen zumeist ohne künstliche Intelligenz aus und liefern

---

[99] Vgl. BGBl. 1977 II, S. 809, 811.
[100] Vgl. Aktuelle Liste der Teilnehmerstaaten unter: https://treaties.un.org/pages/ViewDetailsIII.aspx?src=TREATY&mtdsg_no=XI-B-19&chapter=11&Temp=mtdsg3&lang=en zuletzt abgerufen am 21.03.2024.
[101] *World Forum for Harmonization of Vehicle Regulations*, Proposal for a new UN Regulation on uniform provisions concerning the approval of vehicles with regards to Automated Lane Keeping System, U.N. ECE. 181st Sess., U.N. DOC ECE/TRANS/WP.29/2020/81.
[102] *SAE International*, Taxonomy and Definitions for Terms Related to Driving Automation Systems for On-Road Motor Vehicles, S. 21.

höchstens Sensordaten, die anschließend von der künstlichen Intelligenz verarbeitet werden.

2.2.2 Technische Voraussetzungen

Wie aufgezeigt, können Fahrzeuge nur dann effektiv autonom fahren, wenn sie über eine ausreichende künstliche Intelligenz verfügen. Diese künstliche Intelligenz braucht für qualifizierte Entscheidungen jedoch ein möglichst umfassendes Informationsbild, insbesondere von ihrer Umgebung. Die künstliche Intelligenz ist dabei nahezu ausschließlich eine Frage der Software. Die künstliche Intelligenz ist für die Erfassung der Umwelt auf die notwendigen technischen Voraussetzungen angewiesen, um diese Daten zu sammeln. Hier spielen insbesondere die Sensordaten des Fahrzeuges eine erhebliche Rolle.

Die technische Ausgangslage entwickelt sich – insbesondere im Bereich der intelligenten Fahrzeuge – stetig weiter. Aufgrund dieses rasanten technischen Fortschritts soll daher hier auch nicht zu sehr ins Detail gegangen werden. Für eine zielgerichtete Diskussion ist es jedoch notwendig, zumindest einen groben Überblick über die technischen Grundlagen moderner Kraftfahrzeuge zu schaffen.

Bei dem Einsatz künstlicher Intelligenz im Rahmen von autonomen Fahrzeugen geht es in erster Linie um die Erfassung der Umwelt, die Bewertung der aktuellen Umgebungssituation und die Entwicklung einer darauf basierenden Entscheidung.[103] Aus diesem Grund sind drei technische Ebenen zu unterscheiden. Die erste Ebene stellt das Sammeln von Informationen aus der Umwelt dar. Die zweite Ebene verknüpft diese Daten und bewertet sie. Auf der letzten Ebene werden dann aufgrund dieser Bewertung Entscheidungen getroffen und entsprechend umgesetzt.

2.2.2.1 Sammeln von Informationen

Eine künstliche Intelligenz kann, genauso wie ein Mensch, eine fundierte Entscheidung nur dann treffen, wenn möglichst umfangreich alle erreichbaren Informationen zur Verfügung stehen. Ein großer Teil dieser Informationen ist statisch und kann schon im Voraus übermittelt werden. Dazu zählt insbesondere aktuelles und hochauflösendes Kartenmaterial. Aber auch die geltenden Verkehrsregeln wie das Rechtsfahrgebot oder die gängigen Vorfahrtsregelungen können schon vorab fest programmiert werden. Die weitaus größere Schwierigkeit ist es, Informationen über die konkrete aktuelle Verkehrssituation zu erlangen. Dazu sammelt das Fahrzeug dauerhaft sowohl Informationen über sich selbst als auch über seine Umgebung.

2.2.2.1.1 Interne Fahrzeugparameter

Daten über das eigene Fahrzeug zu sammeln, stellt meist kein großes Problem dar. Viele Informationen, die dem Fahrer sowieso angezeigt werden müssen, wie Geschwindigkeit, Kilometerstand, Tankfüllung und Ähnliches, können

---

[103] Vgl. *VDA*, Automatisierung, S. 12.

direkt aus der Bordelektronik ausgelesen werden. Dazu zählen auch weitere sogenannte dynamische Zustandsdaten wie Achsenlast, Beschleunigung oder Reifendruck. Auch die Daten aus der On-Board-Diagnose, welche die Schadstoffemissionen überwacht, können Aufschluss über das Fahrverhalten liefern.[104] Aktuelle Fahrzeuge verfügen schon seit einigen Jahren über mehr als achtzig Steuergeräte, die Daten erheben, speichern und verarbeiten.[105]

Sogenannte Inkrementalgeber messen dabei beispielsweise die Drehbewegung der Räder, aus denen sich die gesamte Bewegung des Fahrzeuges ermitteln lässt. Die Beschleunigung und Verzögerung des Fahrzeuges wird dagegen mittels Drehratensensor (Gyroskop) gemessen und stellt ebenfalls heutzutage einen Standard in modernen Fahrzeugen dar. Auch Informationen wie Anzahl der Mitfahrer, Sitzposition und ob sie angeschnallt sind oder nicht, werden erhoben.[106] Diese Informationen werden gesammelt und ausgewertet, um gefährliche Situationen zu erkennen und entsprechende Sicherheitssysteme – zum Beispiel den Gurtstraffer – im Fahrzeug rechtzeitig aktivieren zu können. Hinzu kommen statische Nutzer- und Fahrzeugdaten. Dazu gehören Name und Telefonnummer des Nutzers genauso wie die Fahrzeug-Identifizierungsnummer oder statische Daten wie Länge und Breite des Fahrzeuges.

Auch die Positionsbestimmung ist bereits heute fester Bestandteil vieler Fahrzeuge. Fahrzeuge mit Navigationssystemen nutzen heute ein

---

[104] *Roßnagel*, SVR 2014, 281 (282).
[105] *Lüdemann*, ZD 2015, 247 (247); *Roßnagel*, SVR 2014, 281 (281).
[106] *Mielchen*, SVR 2014, 81 (82).

2.2 Der Einsatz künstlicher Intelligenz in autonomen Fahrzeugen

satellitengestütztes Messsystem. Vielen Nutzern ist lediglich das US-amerikanische GPS-System bekannt. Nahezu alle modernen Handys und Navigationssysteme verlassen sich heutzutage aber nicht mehr nur auf GPS, sondern kombinieren es mit dem europäischen Galileo- und dem russischen GLONASS-System.[107] Im deutschen Sprachgebrauch hat sich jedoch der Begriff GPS pauschal für alle satellitengestützten Messsysteme etabliert.

Während in ländlichen Gegenden die Satellitenortung metergenau erfolgt, verschlechtert sich die Ortungsgenauigkeit in Städten durch die Reflexion in Häuserschluchten erheblich.[108] Auch in Tunneln und Tiefgaragen kann eine Ortung per Satellit nicht erfolgen. Daher eignet sich dieses System allein nicht für das genaue Navigieren durch den Straßenverkehr. Es bildet aber die Ausgangslage für die grundlegende Festlegung der Fahrtroute.

Neben diesen offensichtlichen Daten werden auch eine Vielzahl von vermeintlich unbedeutenden Informationen bereits heutzutage von modernen Kraftfahrzeugen gespeichert. Dazu zählen auch eher unscheinbare Informationen wie beispielsweise die Lautstärke der Musik im Innenraum des Fahrzeuges.[109] Ebenfalls gibt es mittlerweile Techniken, welche eine Innenraumkamera dazu nutzen, die Aufmerksamkeit des Fahrers zu überwachen und Sekundenschlaf festzustellen.[110] Zusätzliche Sensoren im

---

[107] Siehe zum Beispiel die Übersicht unterstützter Navigationsgerät auf der Galileo-Webseite https://www.usegalileo.eu/DE/inner.html#data=road, zuletzt abgerufen am 21.03.2024.
[108] *Otto*, S. 38.
[109] *Lüdemann*, ZD 2015, 247 (248).
[110] *Chellappa/Ezhilarasie*, International Journal of Pure and Applied Mathematics 2017, 503; *Hansen*, DuD 2015, 367 (368).

Lenkrad können weitere medizinische Parameter sammeln, wie Pulsfrequenz oder Handfeuchtigkeit, um die Aufmerksamkeit des Fahrers zu messen.[111]

Zusätzlich werden noch mehrere hundert Parameter direkt aus der Bordelektronik des Fahrzeuges ausgewertet. Das geht vom Ölstand, über den Reifendruck bis hin zum Umstand, welcher Sitzplatz im Fahrzeug besetzt ist. Letzteres ist zum Beispiel für das Aktivieren von Airbags relevant. Dazu gesellen sich Daten aus den Infotainmentsystemen. Dies sind insbesondere Daten von Karten-, Verkehrs- und Wetterdiensten. Aber auch Mautsysteme werden digitaler und Klebevignetten werden immer mehr durch digitale Versionen ersetzt.[112] Den anfallenden Daten in Infotainmentsystemen sind keine Grenzen gesetzt und sie hängen maßgeblich davon ab, welche Funktionen der Hersteller anbietet und der Fahrer nutzt.

Insgesamt lässt sich somit festhalten, dass bereits heute eine Vielzahl an unterschiedlichen internen Fahrzeugparametern erhoben und gespeichert werden. Zum großen Teil wird auf Daten von Sensoren zurückgegriffen, die schon seit Jahrzehnten in den Fahrzeugen verbaut werden, zum Teil werden aber auch neue Sensoren eingesetzt oder Daten aus dem Infotainmentsystem entnommen. Da die Daten selbst im Fahrzeug anfallen, ist deren Registrierung und Auswertung problemlos möglich.

---

[111] Vgl. *Lüdemann*, ZD 2015, 247 (248).
[112] Vgl. beispielsweise für Österreich § 11 Abs. 1 Var. 2 BStMG oder für die Slowakei § 5 Abs. 2 lit. b. Gesetz Nr. 488/2013 über Autobahnvignette und über Änderung bestimmter Gesetze.

2.2.2.1.2 Externe Fahrzeugparameter

Deutlich schwieriger für intelligente Fahrzeuge ist das Ermitteln von externen Fahrzeugparametern, namentlich die Erfassung der Umgebung. Dazu werden unterschiedlichste Sensoren eingesetzt, um ein möglichst umfassendes Bild der Umwelt zu erschaffen.

2.2.2.1.2.1 Kameras

Die wichtigsten Umgebungsinformationen erhält ein menschlicher Fahrzeugführer durch seine Augen. Diese Aufgabe übernehmen Kameras in modernen Fahrzeugen.

Die Kameras werden insbesondere zur Erkennung von Fahrstreifenmarkierungen, Verkehrszeichen, Ampeln und anderen Verkehrsteilnehmern eingesetzt.[113] Dabei werden sowohl einfache Mono- und Stereo-Kameras eingesetzt als auch – insbesondere für Nachtfahrten – Infrarot-Kameras.[114] Die Kameras sind auch die einzigen Sensoren im Fahrzeug, welche Farben erkennen können. Die Leistungsfähigkeit der Kameras erreicht jedoch noch nicht die Qualität des menschlichen Auges. Insbesondere starkes Gegenlicht, spiegelnde Fahrbahnen und sich schnell verändernde Lichtverhältnisse führen die heutigen Kamerasysteme noch an ihre Grenzen.[115]

---

[113] *VDA*, Automatisierung, S. 12.
[114] *VDA*, Automatisierung, S. 13.
[115] *Kleinschmidt/Wagner* in: Oppermann/Stender-Vorwachs, Autonomes Fahren. Rechtsfolgen, Rechtsprobleme, technische Grundlagen, S. 7 (21).

Aber auch Nebel, starker Regen oder Schnee können die Qualität der gelieferten Informationen deutlich verringern. Trotzdem bilden Kameras zum jetzigen Zeitpunkt die wichtigste Informationsquelle für autonome Fahrzeuge.

2.2.2.1.2.2 LiDAR

Die Kameras werden in vielen Fällen durch LiDAR-Systeme ergänzt. Der Begriff LiDAR steht für „Light detection and ranging" und bezeichnet Laser-Systeme, die entweder mittels ultravioletten und infraroten Strahlen oder auch sichtbaren Lichts die Abstände und Relativgeschwindigkeiten zu anderen Objekten messen.[116]

In der Regel handelt es sich um rotierende Lasersysteme, welche die Umgebung zentimetergenau vermessen. Dadurch entstehen sogenannte „Punktwolken", welche eins zu eins die aktuelle Umgebung nachbilden.[117] Damit sind selbst kleinste Hindernisse in der Umgebung zu erkennen.

Die größte Stärke des LiDAR-Systems, dass es selbst kleinste Objekte erkennt, ist zugleich jedoch auch seine größte Schwäche. Durch die Reflektion von Wasser- oder Staubpartikeln in der Luft ist das System bei Schnee, Regen, Nebel oder sandiger Luft nur bedingt einsatzfähig.[118] Auch der Infrarotanteil im natürlichen Sonnenlicht kann die Messgenauigkeit negativ beeinflussen.[119]

---

[116] *VDA*, Automatisierung, S. 13.
[117] *Bijelic/Gruber u. a.*, arXiv:1902.08913 [cs] 2019.
[118] *Bijelic/Gruber u. a.*, arXiv:1902.08913 [cs] 2019.
[119] *Kleinschmidt/Wagner*, in: Oppermann/Stender-Vorwachs, Autonomes Fahren. Rechtsfolgen, Rechtsprobleme, technische Grundlagen, S. 7 (22).

Ferner hat das LiDAR-System nur eine begrenzte Reichweite, was auch dem Umstand geschuldet ist, dass zum Schutz der Umgebung nur mit relativ schwachen Lasern gearbeitet werden kann.[120] Hinzu kommt, dass die LiDAR-Systeme nicht nur relativ groß und schwer sind, sondern auch noch einen erheblichen Kostenfaktor darstellen.

Aus diesem Grund ist der Einsatz von LiDAR-Systemen auch noch kein Standard bei intelligenten Fahrzeugen. Während insbesondere die Tech-Unternehmen wie Google und Waymo auf LiDAR-Systeme setzen, verzichtet Tesla vollständig auf den Einsatz von Lasern in seinen Fahrzeugen. Dadurch fällt es dem System von Tesla insbesondere schwer, helle, stehende Objekte zu identifizieren. Zum Teil wird die fehlende LiDAR-Technik als Ursache für den ersten tödlichen Unfall mit einem Tesla genannt.[121]

2.2.2.1.2.3 Radar

Standard in intelligenten Fahrzeugen sind dagegen Radar-Systeme. Intelligente Fahrzeuge verfügen in der Regel über zwei verschiedene Radarsysteme. Das Fernbereichsradar überwacht vor allem den vorausfahrenden und folgenden Verkehr. Das Nahbereichsradar überwacht dagegen die unmittelbare Umgebung um das Fahrzeug.

---

[120] *Kleinschmidt/Wagner*, in: Oppermann/Stender-Vorwachs, Autonomes Fahren. Rechtsfolgen, Rechtsprobleme, technische Grundlagen, S. 7 (21f.).
[121] *Yadron/Tynan*, "Tesla driver dies in first fatal crash while using autopilot mode" vom 01.07.2016, https://www.theguardian.com/technology/2016/jun/30/tesla-autopilot-death-self-driving-car-elon-musk zuletzt abgerufen am 21.03.2024.

Die Radarsysteme senden in der Regel Millimeterwellen von etwa 4 mm im Frequenzbereich 76-77 GHz.[122] Das Radar wird dabei insbesondere für die Abstandsmessung genutzt. Durch die Zeit, welche die Welle nach der Reflektion zurück zum Fahrzeug benötigt, kann die Entfernung von Objekten gemessen werden. Durch die Auswertung des Dopplereffekts kann auch die Geschwindigkeit von Objekten bestimmt werden.

Die Radarsysteme sind deutlich ungenauer als LiDAR-Systeme, sind dafür aber auch bei schwierigen Wetterbedingungen zuverlässig einsetzbar, da durch die Witterung die Ergebnisse kaum beeinflusst werden.

2.2.2.1.2.4 Ultraschall

Die wohl älteste Technik in Kraftfahrzeugen stellt der Ultraschall dar. Ultraschallsysteme sind mittlerweile in der Form von Parkassistenzsystemen Standard in Neufahrzeugen. In der Stoßstange eingelassen, können Ultraschallsensoren die Entfernung zu nahen Objekten messen. Dabei ist die Entfernung jedoch auf wenige Meter begrenzt und das Ergebnis noch einmal deutlich ungenauer als bei Radar- oder LiDAR-Systemen.[123]

Mittlerweile werden Ultraschallsysteme jedoch nicht nur für die Abstandsmessung beim Parken genutzt, sondern sie messen heutzutage ganze

---

[122] *Kleinschmidt/Wagner*, in: Oppermann/Stender-Vorwachs, Autonomes Fahren. Rechtsfolgen, Rechtsprobleme, technische Grundlagen, S. 7 (22).
[123] Vgl. *Kleinschmidt/Wagner* in: Oppermann/Stender-Vorwachs, Autonomes Fahren. Rechtsfolgen, Rechtsprobleme, technische Grundlagen, S. 7 (22).

2.2 Der Einsatz künstlicher Intelligenz in autonomen Fahrzeugen

Parklücken aus.[124] Ebenfalls wird die Technik bei intelligenten Fahrzeugen dazu genutzt, die auf der Nebenspur fahrenden Fahrzeuge zu erfassen.[125] Das Ultraschallsystem zeigt eindrucksvoll wie auch Sensoren, die bereits aus anderen Gründen seit Jahrzehnten in den Fahrzeugen verbaut werden, nunmehr von intelligenten Fahrzeugen neu interpretiert und genutzt werden können.

2.2.2.1.2.5 Zwischenergebnis

Insgesamt zeigt sich, dass es heute noch keine Patentlösung für die Erfassung der Umgebung gibt. Das größte Problem ist die Anfälligkeit der Systeme für äußere Witterungsbedingungen. Viele Sensoren, die bei optimalen Bedingungen verlässliche Daten liefern, verlieren ihre Messgenauigkeit, sobald Schnee oder Regen einsetzen. Auch sonstige schwierige Bedingungen wie schlechte Lichtverhältnisse oder Nebel – die auch für menschliche Fahrer häufig ein Problem darstellen – führen die Sensoren an ihre Grenzen. Hier ist das menschliche Auge noch deutlich überlegen, wenn es darum geht, sich an schwierige Umweltbedingungen anzupassen.

Besonders problematisch ist, dass die Sensoren nicht nur einfach ausfallen, sondern falsche Werte liefern, die ein erhebliches Sicherheitsrisiko darstellen können. Aus diesem Grund ist zum Teil auch technisch vorgeschrieben, dass die Systeme sich selbst deaktivieren, sobald die Sensoren verschmutzt sind oder unplausible Werte liefern.[126] Somit müssen die intelligenten Fahrzeuge

---

[124] *VDA*, Automatisierung, S. 12.
[125] *VDA*, Automatisierung, S. 12.
[126] Vgl. *Kleinschmidt/Wagner*, in: Oppermann/Stender-Vorwachs, Autonomes Fahren. Rechtsfolgen, Rechtsprobleme, technische Grundlagen, S. 7 (22).

auch darauf vorbereitet sein, dass plötzlich einzelne Sensoren ausfallen. Neben einer Redundanz der einzelnen Sensoren müssen die Fahrzeuge auch in der Lage sein, bei vollständigem Ausfall einzelner Systeme das Fahrzeug noch sicher zum Stehen zu bringen.

Dies ist nur dadurch zu bewerkstelligen, dass die einzelnen Sensordaten gesammelt, kombiniert und bewertet werden. Gerade bei der Bewertung der Daten handelt sich um eine der Hauptaufgaben der künstlichen Intelligenz in intelligenten Fahrzeugen.

2.2.2.2 Bewertung der Informationen

Die Bewertung der Informationen stellt eine der schwierigsten Aufgaben des autonomen Fahrens dar. Dies ist insbesondere deswegen der Fall, da nicht immer klar ist, ob die Werte tatsächlich korrekt ermittelt wurden. Daher müssen die einzelnen Daten als Erstes einen Validierungsprozess durchlaufen.

Die einzelnen Sensoren liefern in bestimmten Frequenzen neue Informationen an den Bordcomputer. Hier werden die Daten zusammengeführt und interpretiert. Dies geschieht unter dem Stichwort Sensorfusion.[127] Die Steuergeräte kommunizieren bereits auf dieser Ebene umfassend miteinander. So werden zum Beispiel die Informationen aus dem elektronischen Stabilitätsprogramm unmittelbar für die Alarmanlagen oder das Kurvenlicht genutzt.[128]

---

[127] *VDA*, Automatisierung, S. 12; *Jourdan/Matschi*, NZV 2015, 26 (26).
[128] *Lüdemann*, ZD 2015, 247 (248).

2.2 Der Einsatz künstlicher Intelligenz in autonomen Fahrzeugen

Die Daten – die im Optimalfall redundant erhoben werden[129] – werden anschließend auf Plausibilität überprüft.[130] Gerade dieser Abgleich unterschiedlicher Informationen sorgt für eine Erhöhung der notwendigen Sicherheit. Erst wenn sich die Daten gegenseitig nicht widersprechen, werden sie für die Steuerung des Fahrzeuges genutzt.[131] Sind lediglich einzelne Werte unplausibel, werden diese verworfen. Bei größeren und anhaltenden Differenzen muss das Fahrzeug dagegen entweder die Kontrolle zurück an den Fahrer übergeben oder sich selbst sicher zum Stehen bringen.

Die Schwierigkeit besteht bereits darin, dass zum Teil die einzelnen Sensordaten allein keine zuverlässigen Informationen liefern können, sondern erst die Kombination dieser Daten eine Bewertung erlauben. Ein Beispiel bildet das Stauende im Nebel.[132] Das Radarsystem kann zwar ein Stauende als Hindernis im Nebel erkennen, jedoch nicht genau identifizieren. Das Kamerasystem kann dagegen zwar die Fahrzeuge als Stauende erkennen, jedoch durch den Nebel erst deutlich verspätet. Durch die Kombination beider Systeme kann sich das Fahrzeug aufgrund der Radarinformationen auf ein Hindernis einstellen und gegebenenfalls bereits die Geschwindigkeit reduzieren, um den Kamerasystemen genügend Zeit zu geben, das Hindernis als Stauende zu identifizieren. Anschließend kann das Fahrzeug sich verkehrsgerecht verhalten, sich ans Stauende einreihen und gegebenenfalls eine Rettungsgasse bilden.

---

[129] Vgl. *Johanning/Mildner*, S. 62.
[130] *Sander/Hollering*, NStZ 2017, 193 (195); *Jourdan/Matschi*, NZV 2015, 26 (26).
[131] *VDA*, Automatisierung, S. 12.
[132] Vgl. *Johanning/Mildner*, S. 62.

Das Herzstück des autonomen Fahrens und auch den größten Kostenfaktor bei der Entwicklung der Fahrzeuge bilden die Algorithmen, die für das Bewerten der Informationen zuständig sind.[133] Die Algorithmen sorgen im ersten Schritt für eine Signalkonversion, also eine Umwandlung der erfassten Außenweltdaten durch die Sensoren in interne Daten.[134] Es folgt die Signalinterpretation, welche diese Daten auswertet und zum Beispiel Objekte erkennt und klassifiziert. Diese Interpretation dient auch bereits der unmittelbaren Fahrzeugführung. Das System folgt zum Beispiel den erkannten Fahrspurmarkierungen und kann so über weite Strecken allein aufgrund dieser Einordnung autonom fahren.

Die größte Herausforderung für die künstliche Intelligenz stellt jedoch die Entscheidungsfindung anhand der Datenlage dar.[135] Dieses Schlüsselsteuergerät wird allgemein als „Perception Module" bezeichnet und wird regelmäßig durch ein künstliches neuronales Netzwerk kontrolliert.[136] Dabei sind insbesondere zwei Bereiche im alltäglichen Straßenverkehr als besondere Problembereiche hervorzuheben.

Einerseits ist es der allgemeine Stadtverkehr mit seinen zahlreichen Besonderheiten. Diese können banal sein, wie ein Umzugswagen oder ein Müllabfuhrwagen, der in zweiter Reihe steht. Hier muss das Fahrzeug autonom entscheiden, ob es den Wagen überholt – was beim Umzugswagen nötig sein

---

[133] *Johanning/Mildner*, S. 64.
[134] *Johanning/Mildner*, S. 64.
[135] Vgl. *Johanning/Mildner*, S. 66.
[136] *Tian/Pei u. a.*, arXiv:1708.08559 [cs] 2017.

2.2 Der Einsatz künstlicher Intelligenz in autonomen Fahrzeugen

wird – oder aber möglicherweise die Weiterfahrt des Hindernisses abwartet – was beim Müllabfuhrwagen häufig angezeigt sein kann. Auch kann es Situationen geben, in denen sich andere Verkehrsteilnehmer uneindeutig verhalten, zum Beispiel Personen, die in der Nähe eines Fußgängerüberganges stehen und wo das System entscheiden muss, ob die Personen den Zebrastreifen wohl nutzen möchten oder lediglich zufällig in der Nähe stehen. Diese Entscheidungen können nur durch eine umfassende Auswertung der aktuellen Datenlage auf Basis bereits in der Vergangenheit erhobener Daten getroffen werden.

Die zweite Schwierigkeit bilden Situationen, in denen eine blitzschnelle Entscheidung getroffen werden muss, auch wenn ein Unfall nicht mehr verhindert werden kann. Der klassische Fall ist die „Dilemma-Situation", in denen das System entscheiden muss, ob es dem Hindernis ausweicht und zwangsläufig einen Unfall mit dem Gegenverkehr verursacht oder aber auf das Hindernis auffahren soll.[137]

Die Qualität der Algorithmen entscheidet neben der Anzahl der verfügbaren Daten maßgeblich darüber, wie qualitativ hochwertig die einzelne Entscheidung getroffen werden kann. Für diese Identifizierung und Einordnung werden heutzutage insbesondere die bereits angesprochenen Deep Learning-Verfahren eingesetzt.[138] Das Fahrzeug merkt sich Objekte und Situationen. Gleichzeitig wird auch gespeichert, wie in der Vergangenheit am besten auf diese Objekte und Situationen reagiert wurde. Das Besondere

---

[137] Vgl. dazu auch *Weber*, NZV 2016, 249.
[138] Vgl. *Arnold/Burchardt u. a.*, S. 6.

hierbei ist, dass das Fahrzeug nicht unendlich viele Situationen auswendiglernt, wie es bisherige Techniken auf Basis von einfachen Algorithmen getan haben, sondern selbstständig Muster und Gemeinsamkeiten erkennt.[139] Dies führt dazu, dass die künstliche Intelligenz zum Beispiel nicht nur die heimische Eiche als Baum erkennt, sondern auch die exotische Palme im Italienurlaub.

Aufgrund dieser Muster trifft die künstliche Intelligenz dann eine konkrete Entscheidung und die Befehle werden an die sogenannten Aktuatoren gesendet. Diese Baueinheiten wandeln elektrische Signale wieder in mechanische Bewegung um und sorgen so beispielsweise für Lenkbewegungen.

Hier zeigt sich erneut eines der Hauptprobleme bezüglich der Daten, die beim Einsatz von künstlicher Intelligenz anfallen. Es sind nicht nur die reinen Ausgangsdaten, die gespeichert werden, sondern auch die Endresultate der Bewertung bilden eigene Daten, die ebenfalls für zukünftige Entscheidungen herangezogen werden. Hinzu kommt eine unüberschaubare Anzahl an Zwischenergebnissen, die im Speicher gehalten wurden.

Der Benutzer der künstlichen Intelligenz – hier der Fahrzeugführer – ist sich dieser Daten nicht nur nicht bewusst, sondern er hat auch keine Kontrolle über diese Daten. Es liegt allein in der Hand der künstlichen Intelligenz, wie sie beispielsweise ein Objekt klassifiziert. Dies stellt gerade dann ein weiteres großes Problem dar, wenn lediglich auf die verarbeiteten Daten zugegriffen

---

[139] *Arnold/Burchardt u. a.*, S. 6.

wird. Es ist nicht erkennbar, aufgrund welcher Kriterien die künstliche Intelligenz die Einordnung getroffen hat.[140]

So kann die künstliche Intelligenz zum Beispiel die Anwesenheit eines Hundes abgespeichert haben, obwohl es sich tatsächlich um eine Katze handelte. Dies kann dadurch entstehen, dass die künstliche Intelligenz bisher Hunde immer daran identifiziert hat, dass sie an einer Leine geführt wurden. Wurde in dieser konkreten Situation jedoch eine Katze an einer Leine geführt, ist an den Enddaten gar nicht erkennbar, dass die Klassifikation nach menschlichen Maßstäben falsch ist. Tatsächlich wird gesagt werden müssen, dass die Klassifizierung als solche sogar funktioniert hat und lediglich die Bezeichnung der Klasse als „Hund" statt „Tier an Leine" fehlerhaft ist. Dadurch, dass der Weg von den Rohdaten zum bewerteten Endergebnis jedoch aufgrund der Komplexität der neuronalen Netzwerke nicht mehr nachvollziehbar ist, kann eine zuverlässige Bewertung dieser Daten nur dann erfolgen, wenn tatsächlich auch die Rohdaten ausgewertet werden.

Dieser Schwäche muss sich – insbesondere, wenn die Daten in einem Strafverfahren verwendet werden sollen – immer bewusst gemacht werden. Die künstliche Intelligenz, selbst wenn sie fehlerfrei funktioniert, unterliegt in weiten Bereichen den gleichen kognitiven Schwierigkeiten wie die menschliche Erinnerung. Genauso wie Menschen aufgrund ihrer bisherigen

---

[140] Vgl. *Knight*, „The Dark Secret at the Heart of AI" vom 11.04.2017, https://www.technologyreview.com/2017/04/11/5113/the-dark-secret-at-the-heart-of-ai/ zuletzt abgerufen am 21.03.2024.

Erfahrungen falsche Schlüsse ziehen können, kann dies auch der künstlichen Intelligenz passieren.

Das Problem bei den Daten der künstlichen Intelligenz erschwert sich dadurch, dass regelmäßig mit Big Data gearbeitet wird und dadurch eine nachträgliche Überprüfung der Rohdaten aufgrund des Umfangs faktisch nicht mehr möglich ist. Einerseits ist es bereits schwierig, in der Vielzahl der Daten den Ursprung der Information zu finden. Andererseits ist es aber auch nahezu gänzlich unmöglich, den Weg der ausgegebenen Daten zur Ursprungsquelle zurückzuverfolgen. Die ausgegebenen Daten können über mehrere hundert oder gar tausend Knotenpunkte im neuronalen Netzwerk gegangen sein und auf dem Weg vielfach verändert worden sein.

Erschwerend kommt zusätzlich hinzu, dass die Rohdaten und Zwischenschritte häufig gar nicht gespeichert oder übertragen werden. In vielen Fällen werden, um Datenvolumen und Bandbreite zu sparen, nur die Endergebnisse übertragen und gespeichert. Hier stellt sich generell die Frage, inwieweit die gesammelten und bewerteten Daten überhaupt von den Fahrzeugen übertragen und dauerhaft gespeichert werden.

2.2.2.3 Speicherung und Übertragung der Daten

Kurzfristig werden nahezu alle Daten im Fahrzeug selbst gespeichert, um sie überhaupt weiterverarbeiten zu können. Dieser flüchtige Speicher verliert seine Informationen jedoch regelmäßig spätestens beim Abstellen des

2.2 Der Einsatz künstlicher Intelligenz in autonomen Fahrzeugen

Fahrzeuges.[141] Für das autonome Fahren und insbesondere das maschinelle Lernen ist jedoch, wie aufgezeigt, eine dauerhafte Speicherung der Daten notwendig.

Schon seit Jahrzehnten wird über die Speicherung von Fahrzeugdaten gestritten.[142] Auf der einen Seite standen die, meist aus der Politik stammenden, Befürworter einer umfangreichen Speicherung für eine spätere Unfallrekonstruktion.[143] Die Unterstützer einer dauerhaften und umfassenden Speicherung erhofften sich teilweise bereits eine Erziehungswirkung und eine Senkung der Unfallzahlen allein durch das Bewusstsein der Fahrer über die Speicherung der Daten.[144] Auf der anderen Seite standen die Verfechter des Rechts auf anonyme und datenfreie Fahrt.[145]

Die Technik hat nunmehr diese alte Diskussion eingeholt und obsolet gemacht. Wie aufgezeigt, ist das autonome Fahren nur durch die Kombination von künstlicher Intelligenz und Big Data zu erreichen. Dies setzt gerade eine dauerhafte Speicherung und Auswertung aller relevanter Daten voraus.

Die Frage der Datenspeicherung verlagert sich daher auf die Frage, inwieweit diese Daten später für andere Zwecke verwendet werden dürfen. Dies betrifft

---

[141] *Roßnagel*, SVR 2014, 281 (282).
[142] Vgl. *Brenner*, NZV 2003, 360 (360).
[143] BT-Drucks. 10/1479, S. 51; *Berz*, NZV 1990, 102 (102); Differenziert *Brenner*, NZV 2003, 360 (365).
[144] Vgl. EU-Kommission (2009): Forschungsprojekt VERONICA II (Vehicle Event Recording based on Intelligent Crash Assessment), EC Contract No. TREN-07-ST-S07.70764, Final Report, 6.10.2009.
[145] Vgl. *Hassemer/Topp*, NZV 1995, 169 (171).

insbesondere auch den Punkt, inwieweit diese Daten im Rahmen eines Strafverfahrens genutzt werden dürfen. Für diese Frage kommt es in erster Linie maßgeblich darauf an, wie und wo diese Daten gespeichert werden.

2.2.2.3.1 Kommunikation und Übertragung

Das autonome Fahren basiert, wie aufgezeigt, primär auf den bordeigenen Sensoren, der dahinterliegenden Software und dem hinterlegten Kartenmaterial. Die Qualität des autonomen Fahrens kann erheblich dadurch gesteigert werden, dass das Fahrzeug mit seiner Außenwelt aktiv kommuniziert. Durch die europaweite Einführung des eCall-Systems verfügen alle neu zugelassenen Fahrzeuge über kommunikationsfähige Schnittstellen und Zugang zum Internet.[146]

Durch die Kommunikation des Fahrzeuges fallen unterschiedliche Daten an, die normativ insbesondere zwischen Inhalts-, Verkehrs-, Nutzungs-, Bestands-, Zugangs- und Standort-Daten unterschieden werden. Inhaltsdaten bezeichnen dabei die Daten, welche den Kerninhalt der Kommunikation beinhalten und ausgetauscht werden sollen. Bei der Telefonie ist dies zum Beispiel das gesprochene Wort, bei einer E-Mail oder einer SMS der Text, einschließlich angefügter Bilder und Dateien.[147] Bei intelligenten Fahrzeugen sind die Werte der einzelnen Sensoren oder das Material der Kameras als Inhaltsdaten zu qualifizieren.

---

[146] *Lüdemann*, ZD 2015, 247 (248).
[147] MüKo-StPO-*Günther*, G10 § 1 Rn. 21.

2.2 Der Einsatz künstlicher Intelligenz in autonomen Fahrzeugen 53

Die Verkehrsdaten sind dagegen in § 3 Nr. 70 TKG legaldefiniert und bezeichnen die Daten, die bei der Erbringung eines Telekommunikationsdienstes erhoben, verarbeitet oder genutzt werden. Die zu erhebenden Verkehrsdaten sind in § 9 Abs. 1 TTDSG abschließend aufgezählt und beinhalten vor allem Informationen, welche Anschlüsse an der Kommunikation beteiligt waren und wann Beginn und Ende der Kommunikation erfolgten. Unter die Verkehrsdaten fallen auch IMSI- und IMEI-Kennungen von mobilen Endgeräten, genauso wie die IP-Adresse des Internetzugangs.[148] Ähnlich wie Verkehrsdaten sind Nutzungsdaten im Sinne des § 2 Abs. 2 Nr. 3 TTDSG anzusehen. Nutzungsdaten sind diejenigen Daten, die für die Ermöglichung der Inanspruchnahme und Abrechnung von Telemedien notwendig sind. Darunter fallen ebenfalls die Merkmale zur Identifizierung des Nutzers sowie Beginn und Ende der Nutzung.

Die Bestandsdaten sind in § 3 Nr. 6 TKG beziehungsweise § 2 Abs. 2 Nr. 2 TTDSG normiert. Bestandsdaten sind demnach die personenbezogenen Daten, welche zur Begründung des Vertragsverhältnisses erhoben wurden. Die Bestandsdaten ermöglichen die Zuordnung der Verkehrsdaten zu einer bestimmten natürlichen Person. Zum Beispiel kann so die Telefonnummer oder IP-Adresse einem bestimmten Anschlussinhaber inklusive Adresse zugeordnet werden. Bei intelligenten Fahrzeugen kann so insbesondere die SIM-Karte, inklusive der zugeordneten IP-Adresse, den hinterlegten Vertragsdaten des Halters zugeordnet werden.

---

[148] BVerfG MMR 2010, 356; BGH MMR 2017, 605; Specht/Mantz-*Kiparski*, § 18 Rn. 32; KK-StPO-*Henrichs/Weingast*, § 100a Rn. 10ff.

Unter Zugangsdaten werden die Daten verstanden, welche den Zugriff auf die weiteren Daten auf einem Endgerät oder einer Cloud ermöglichen. Neben Benutzernamen und Passwörtern für Accounts zählen hierzu auch PIN und PUK bei Mobiltelefonen und SIM-Karten. Schließlich gibt es auch noch Standortdaten. Bei Standortdaten sind zwei Arten zu unterscheiden: einmal die Standortdaten im Sinne des § 13 TTDSG, die beim Netzbetreiber dadurch anfallen, dass sich ein vernetztes Gerät in eine Funkzelle einwählt, und einmal die Standortdaten, die das Gerät selbst mittels Geo-Daten (zum Beispiel GPS) ermittelt und dann überträgt. Teilweise werden auch letztere Daten unter den § 13 TTDSG gefasst.[149] Dies überzeugt jedoch nicht, da Geo-Daten völlig ohne Netzverbindung allein im Endgerät generiert werden. Werden diese Daten sodann übermittelt, zum Beispiel an eine künstliche Intelligenz in der Cloud, handelt es sich dabei richtigerweise um Inhaltsdaten und nicht mehr um Standortdaten im Sinne des § 13 TTDSG.[150] Der Umstand, dass das Gerät zugleich auch zur Telekommunikation genutzt werden kann, macht die generierten Geo-Daten noch nicht zu Standortdaten im Sinne der TTDSG. Intelligente Fahrzeuge generieren regelmäßig beide Arten von Standortdaten. Da durch das eCall-System jedes Fahrzeug eine SIM-Karte haben muss, wählt sich diese auch immer in die nächste Funkzelle ein und generiert so Standortdaten beim jeweiligen Netzbetreiber. Zugleich verfügen die Fahrzeuge aber auch über eingebaute Navigationssysteme, welche auf selbstgenerierte Geo-Daten zurückgreifen.

---

[149] So zur Vorgängernorm § 98 TKG *Pokutnev/Schmid*, CR 2012, 360 (365); *Heun*, CR 2011, 152 (160).
[150] So wohl auch zur Vorgängernorm § 98 TKG *Weichert*, SVR 2014, 201 (206).

2.2 Der Einsatz künstlicher Intelligenz in autonomen Fahrzeugen   55

Diese Daten können grundsätzlich alle anfallen, wenn das Fahrzeug mit seiner Umwelt kommuniziert. Relevant sind dabei insbesondere drei Kommunikationspartner: die Kommunikation mit der festen Infrastruktur (Car2Infrastructure oder Car2i), mit anderen Fahrzeugen (Car2Car oder Car2c) und mit weiteren externen Quellen, wie zum Beispiel Verkehrsleitsystemen oder Parkhäusern (Car2x).

2.2.2.3.1.1 Car2i

Im Rahmen der Car2i-Kommunikation kann die Verkehrsinfrastruktur wichtige Informationen an die einzelnen Fahrzeuge liefern. Zum Beispiel können Ampeln übermitteln, bei welcher Geschwindigkeit eine „grüne Welle" erreicht wird.[151] Die Verkehrsanlagen können aber auch dazu genutzt werden, aktuelle Informationen über die Umgebung mitzuteilen. Dies können Informationen wie aktuelle Umleitungen oder aber auch besondere Witterungsbedingungen wie Glatteis oder Aquaplaning sein. Auch können diese Systeme genutzt werden, um auf herannahende Rettungsfahrzeuge hinzuweisen und so schon einige hundert Meter vor den Einsatzfahrzeugen die nötige Rettungsgasse bilden zu lassen.[152] Solch eine vorauseilende Informationswelle könnte die Dauer der Einsatzfahrten erheblich reduzieren.

Aber auch außerhalb von Ausnahmesituationen werden die Fahrzeuge immer auf tagesaktuelle Informationen über die Straßenführung angewiesen sein, denn es wird ununterbrochen auf den Straßen gebaut und dadurch die

---

[151] *Johanning/Mildner*, S. 66.
[152] *Johanning/Mildner*, S. 16.

Verkehrsführung kurzfristig verändert. Auch alltägliche Ereignisse, wie Unfälle oder Großveranstaltungen, die die aktuelle Verkehrsführung beeinflussen, müssen an die Fahrzeuge kommuniziert werden. Egal wie aktuell das verwendete Kartenmaterial auch sein mag, es wird immer kurzzeitige Änderungen geben, welche das Fahrzeug aus seiner aktuellen Umgebung beziehen muss, ohne dass sich ein Einpflegen in das Kartenmaterial für alle Fahrzeuge lohnt. Immer dann, wenn nur einige wenige Fahrzeuge lokal für eine begrenzte Zeit Informationen benötigen, bietet sich daher der Einsatz von Car2i an.

2.2.2.3.1.2 Car2c

Ebenfalls wichtig wird die Kommunikation zwischen den verschiedenen Fahrzeugen selbst sein. Im Optimalfall vernetzen sich die Fahrzeuge ständig zu neuen lokalen Netzwerken und tauschen so sicherheitsrelevante Informationen über ihre Umgebung aus.[153] So kann zum Beispiel bereits die Information, dass ein vorausfahrendes Fahrzeug stark abbremsen musste, einen wichtigen Hinweis für den nachfolgenden Verkehr darstellen, dass ein Hindernis – wie zum Beispiel ein Wildwechsel – bevorsteht.[154]

Diese Kommunikation beschränkt sich aber nicht nur auf den Austausch von Informationen über die Umwelt, sondern sie kann auch in alltäglichen, komplizierten Verkehrssituationen weiterhelfen. Ein Beispiel ist das gleichzeitige Zufahren von vier Fahrzeugen auf eine unbeschilderte Kreuzung.

---

[153] *Jourdan/Matschi*, NZV 2015, 26 (27).
[154] *Johanning/Mildner*, S. 15.

Während menschliche Fahrer diese Situation in der Regel durch Blickkontakt und mit Handzeichen lösen, müssen die autonomen Fahrzeuge in diesen Situationen untereinander Daten austauschen können, um zu entscheiden, welches Fahrzeug zuerst fahren soll.

Aber auch bei sonstigen alltäglichen Situationen kann es hilfreich sein, wenn Fahrzeuge untereinander kommunizieren können. So kann sich zum Beispiel ein Fahrzeug, welches aus einer schlecht einsehbaren vorfahrtsberechtigten Seitenstraße kommt, schon im Voraus beim Querverkehr ankündigen.[155] Alle Fahrzeuge können sich somit darauf einstellen und möglicherweise bereits frühzeitig die Geschwindigkeit reduzieren.

Es wird also zukünftig einen regen, selbstständigen Austausch zwischen den verschiedenen intelligenten Fahrzeugen geben. Der Passagier registriert im Zweifel gar nicht mehr, dass sein Fahrzeug mit anderen Verkehrsteilnehmern Daten geteilt hat.

2.2.2.3.1.3 Car2x

Ferner können Fahrzeuge auch mit weiteren externen Quellen kommunizieren. Zu denken sei zum Beispiel an eine Kommunikation mit Smartphones von Fußgängern, um deren Position zu bestimmen.[156] Dies kann insbesondere für Systeme zum Verhindern von Kollisionen mit Fußgängern genutzt werden.

---

[155] Vgl. *Johanning/Mildner*, S. 63.
[156] *Wendt*, DZ-Aktuell 2018, 06034; *Schulz/Roßnagel u. a.*, ZD 2012, 510 (511).

Car2x-Nachrichten unterscheiden sich vor allem in zwei Nachrichtentypen: Cooperative Awareness Messages (CAM)[157] und Decentralised Enviromental Notification Messages (DENM)[158]. Die CAM sind Statusnachrichten, die das Fahrzeug an seine unmittelbare Umgebung sendet. Neben der eindeutigen Identifikationsnummer des Fahrzeuges werden auch Fahrzeugtyp, Position, Geschwindigkeit, Fahrtrichtung und Ähnliches übermittelt, damit das Umfeld weiß, wo sich das Fahrzeug befindet und wo es demnächst sein wird.[159] Die CAMs werden in einer Frequenz von bis zu zehn Nachrichten pro Sekunde ausgestrahlt.[160] Die DENM werden dagegen ereignisbezogen ausgesendet, zum Beispiel um Unfälle, Glatteis oder Verkehrsstauungen dem Umfeld mitzuteilen.[161]

Auch wird in der Industrie daran geforscht, dass Fahrzeuge selbstständig Dienstleistungen, wie Tanksäulen und Waschstraßen, nutzen und bezahlen können. Volkswagen hat bereits den sogenannten Digital CarPass angekündigt, der auf der Blockchain-Technologie basiert und so die autonome und digitale Bezahlung durch intelligente Fahrzeuge ermöglicht.[162]

Letztendlich sind hier den Einsatzzwecken kaum Grenzen gesetzt. Das moderne intelligente Fahrzeug kann grundsätzlich mit allen anderen

---

[157] Spezifiziert in ETSI EN 302 637-2 V1.3.2 (2014-11).
[158] Spezifiziert in ETSI EN 302 637-2 V1.2.2 (2014-11).
[159] *BMVI*, S. 36.
[160] *BMVI*, S. 36.
[161] *BMVI*, S. 36.
[162] Vgl. *Volkswagen AG*, „Putting blockchains on the road", https://iota-news.com/putting-blockchains-on-the-road/ zuletzt abgerufen am 21.03.2024.

elektronischen Einrichtungen kommunizieren und so – meist unbemerkt vom Halter oder Fahrer – eine erhebliche Menge an Daten senden und empfangen.

Es stellt sich daher die Frage, wo diese Mengen an Daten von intelligenten Fahrzeugen überhaupt gespeichert und verarbeitet werden.

2.2.2.3.2 Interne Datenspeicherung

Es bietet sich hier unter anderem eine interne Datenspeicherung direkt im Fahrzeug an. Diese interne Datenspeicherung bei intelligenten Fahrzeugen geht deutlich weiter, als es bisherige Unfalldatenspeicher (UDS) oder Event-Data-Recorder (EDR) in klassischen Fahrzeugen tun.

Sogenannte Unfalldatenspeicher werden schon seit Jahren in der Bahn-, Schiff- und Luftfahrt eingesetzt und dort meist als „Black Box" bezeichnet. Es handelt sich in der Regel um klassische Datenspeichertechnik, wie sie auch in modernen Computern im Einsatz ist. Diese Datenspeicher sind in einer besonders geschützten Umgebung. Auf diese Art und Weise wird der Datenspeicher zum einen vor physische Kräfte im Rahmen eines Unfalles, und zum anderen auch vor externer Manipulation geschützt. Die Unfalldatenspeicher verfügen über eigene Sensoren, die eine Kollision registrieren und aufgrund dieses Ereignisses Daten dauerhaft speichern.[163]

---

[163] *Mielchen*, SVR 2014, 81 (82).

Davon abzugrenzen, sind die Event-Data-Recorder. Bei diesen handelt es sich nicht um autarke Systeme, sondern es sind lediglich Speichermedien, die auf bisherige Sensordaten zugreifen und in den einzelnen Steuergeräten des Fahrzeuges integriert sind. Ein Beispiel stellen Airbags in Fahrzeugen dar. Hier zeichnen Event-Data-Recorder jede Auslösung auf und zusätzlich werden Daten wie Aufprallbeschleunigung, Betätigung der Bremse, Blinker oder Status der Scheinwerfer erfasst.[164] In den USA sind auslesbare Event-Data-Recorder mittlerweile in vielen Staaten gesetzlich vorgeschrieben.[165] Da diese Pflicht auch für europäische und asiatische Importfahrzeuge besteht, finden sich diese Event-Data-Recorder heute weltweit standardmäßig in vielen Fahrzeugen.[166] Ab dem 07. Juli 2024 sind Event-Data-Recorder auch in der EU für neuzugelassene Fahrzeuge verpflichtend.[167]

Beide Systeme sind jedoch nicht auf eine dauerhafte und permanente Speicherung von Daten – wie es bei intelligenten Fahrzeugen notwendig ist – ausgelegt. Regelmäßig wird hier eine Ringspeicherung durchgeführt, die dazu führt, dass neuere Daten die älteren Daten immer wieder überschreiben. Nur im Falle eines Auslöseereignisses werden die letzten Sekunden vor dem Unfall dauerhaft gespeichert.[168] In vielen Fällen kann der Fahrer mittels einer

---

[164] *Hansen*, DuD 2015, 367 (368).
[165] *USA Today* "Black boxes' are in 96% of new cars", https://eu.usatoday.com/story/opinion/2013/01/06/black-boxes-cars-edr/1566098/ zuletzt abgerufen am 21.03.2024.
[166] *Schlanstein*, BZV 2016, 201 (204).
[167] Verordnung VO (EU) 2019/2144 ABl. L 325 vom 16.12.2019, S. 1–40.
[168] *Hansen*, DuD 2015, 367 (368).

2.2 Der Einsatz künstlicher Intelligenz in autonomen Fahrzeugen

Funktion die Daten solcher Systeme sogar händisch löschen, sofern die Funktion – wie häufig in Firmenfahrzeugen – nicht gesperrt wurde.[169]

Im Rahmen der Datenspeicherung für autonome Fahrzeuge ist dagegen gerade ein großer Fundus an Daten notwendig. Autonome Fahrzeuge generieren bereits heute bis zu 4 Terabytes an Daten pro Tag, und der Umfang der Daten wird mit dem Voranschreiten der Entwicklung noch deutlich zunehmen.[170] Die Daten im Fahrzeug vorzuhalten, setzt daher eine erhebliche Anzahl an Speichermedien voraus. Dies ist nicht nur finanziell unwirtschaftlich, sondern stellt auch vom Platzbedarf und Gewicht ein erhebliches Problem dar. Insbesondere bei Elektrofahrzeugen belegen bereits die Akkus jeden freien Platz im Fahrzeug. Dazu kommt, dass diese Daten in Bruchteilen von Sekunden analysiert werden müssen und dies erheblicher Rechenkraft bedarf. Dies kann regelmäßig nur in großen externen Rechenzentren erfolgen und nicht mehr im eigenen Fahrzeug.[171] Auch können die Fahrzeuge von den Daten anderer Fahrzeuge nur dann profitieren, wenn diese konzentriert beim Hersteller ausgewertet werden.

Insgesamt ist die interne Speicherung der vollständigen Daten für den Zweck des autonomen Fahrens weder sinnvoll noch wirtschaftlich umsetzbar. Es

---

[169] *Hansen*, DuD 2015, 367 (368).
[170] *Winther*, "For Self-Driving Cars, There's Big Meaning Behind One Big Number: 4 Terabytes" vom 14.04.2017, https://www.businesswire.com/news/home/20170414005225/en/Intel-Editorial-For-Self-Driving-Cars-There´s-Big-Meaning-Behind-One-Big-Number-4-Terabytes zuletzt abgerufen am 21.03.2024.
[171] Vgl. *Lüdemann*, ZD 2015, 247 (249).

werden sicherlich weiterhin erhebliche Daten im Fahrzeug selbst verbleiben, der größte Teil der Inhaltsdaten wird jedoch extern gespeichert werden.

2.2.2.3.3 Externe Datenspeicherung

Aus diesem Grund setzen die Hersteller für den größten Teil der Daten auch auf eine externe Speicherung. Die von den Fahrzeugen gesammelten Daten werden im erheblichen Umfang auf die Cloud-Server der Hersteller hochgeladen.[172] Diese Aufgabe übernehmen eigene elektronische Steuergeräte im Fahrzeug, die je nach Hersteller als CCU („Connectivity Control Unit") oder OCU („Online Connectivity Unit") bezeichnet werden.[173] Diese Einheiten haben eine eingebaute SIM-Karte und übertragen permanent die gesammelten Daten mittels Mobilfunknetz an die Rechenzentren der Hersteller.[174] Insbesondere der weitere Ausbau des 5G-Funknetzes wird dieser Konnektivität noch einmal einen erheblichen technischen Sprung bescheren. Ganz besonders die deutlich geringere Latenz – die Übertragungszeit von Informationen – im 5G-Funknetz spielt für autonome Fahrzeuge eine bedeutende Rolle.

Bereits heute werden erhebliche Mengen an Daten der intelligenten Fahrzeuge in Daten-Clouds der Anbieter hochgeladen. Diese allgemeinen Daten-Clouds haben dabei gleich mehrere Funktionen. Als Erstes dienen die Daten in der Cloud als Lernmaterial der künstlichen Intelligenz des Herstellers. Durch das

---

[172] Vgl. *BMVI*, S. 22; *Sander/Hollering*, NStZ 2017, 193 (195); *Hansen*, DuD 2015, 367 (370).
[173] *Johanning/Mildner*, S. 21.
[174] Vgl. *Johanning/Mildner*, S. 21.

2.2 Der Einsatz künstlicher Intelligenz in autonomen Fahrzeugen

Lernen einer zentralen künstlichen Intelligenz beim Anbieter können alle Fahrzeuge eines Herstellers von den gesammelten Daten profitieren.[175] Alle Fahrzeuge lernen daher aus den Fehlern einzelner Fahrzeuge und können in unbekannten Situationen auf die Erfahrung aus der Cloud zurückgreifen.

Als zweite wichtige Funktion erlaubt diese Cloud einen sogenannten „electronic horizon" (Elektronischen Horizont). Diese Funktion erlaubt es dem Fahrzeug, mehrere Kilometer vorauszuschauen.[176] In einem ersten Schritt greift die Software auf die errechnete Route im Navigationssystem zurück oder die künstliche Intelligenz errechnet selbst die wahrscheinlichste Fahrstrecke des Fahrzeuges.[177] Anschließend werden dem einzelnen Fahrzeug die Informationen mitgeteilt, welche die berechnete Strecke betreffen. Dies umfasst nicht nur das aktuelle Verkehrsaufkommen, sondern auch unerwartete Gefahrensituationen. Die Fahrzeuge können sich so schon mehrere Kilometer im Voraus auf die Gefahren einstellen und gegebenenfalls sogar eine neue Route wählen, um die Gefahrenstelle zu umfahren. Dabei kann die Kommunikation mittels Cloud auch dabei helfen, den umgeleiteten Verkehr besser zu steuern. Statt allen Fahrzeugen eine Umleitungsroute zu empfehlen – wie es heutige Navigationsgeräte tun – kann mittels Cloudinformationen und künstlicher Intelligenz der nachfolgende Verkehr intelligent auf verschiedene umliegende Routen aufgeteilt werden, um Überlastungen einzelner Ausweichstraßen zu verhindern.

---

[175] *Lüdemann*, ZD 2015, 247 (249).
[176] *Jourdan/Matschi*, NZV 2015, 26 (27).
[177] *Ludwig*, Auto Tech Review 2013, 44 (46).

Aber auch für die alltägliche Fahrt kann der „electronic horizon" hilfreiche Informationen liefern. So kann bereits die Geschwindigkeit des Fahrzeuges an erwartete Geschwindigkeitslimitierungen angepasst, die adaptiven Scheinwerfer auf die kommende Straßenführung eingestellt oder ökologischer agiert werden, zum Beispiel wenn bereits absehbar ist, dass hinter dem nächsten Hügel eine rote Ampel zu erwarten ist.[178]

Darüber hinaus wird der Einsatz von zentralisierten Daten-Clouds auch aus sicherheitsrelevanter Sicht unumgänglich sein. Insbesondere bei der Car2c-Kommunikation muss eine Verifizierung der Informationen sichergestellt sein. Es muss verhindert werden, dass durch falsche Informationen Einfluss auf das Fahrverhalten einzelner Fahrzeuge genommen werden kann. Dies kann effektiv nur dadurch sichergestellt werden, dass sich jeder Absender dieser Kommunikation eindeutig verifizieren muss. Im Optimalfall werden die Cloud-Daten in Echtzeit von einer künstlichen Intelligenz überwacht, welche sich widersprechende Daten nach einem Plausibilitätscheck ausfiltert und verwirft.

Neben diesen technischen Aspekten haben die Hersteller auch wirtschaftliche Eigeninteressen an diesen Daten. Der Wert dieser anfallenden Daten kann dabei gar nicht überschätzt werden. Einige der wertvollsten Unternehmen der Welt wie Google oder Facebook haben ihr Kerngeschäft auf der Generierung und Verarbeitung von Daten aufgebaut. Daten sind mittlerweile als eigenes Wirtschaftsgut anerkannt. Die ehemalige Bundeskanzlerin *Angela Merkel*

---

[178] Vgl. *Ludwig*, Auto Tech Review 2013, 44 (45).

bezeichnete Daten daher auch zutreffend als Rohstoffe des 21. Jahrhunderts.[179] Diese Daten werden zum Teil auch bildhaft als „Datenschätze" bezeichnet.[180] Wer die Datenhoheit hat, hat zugleich auch die wirtschaftliche Kontrolle über diese Technologie. Dieser Fundus an Daten ermöglicht es den Anbietern, ihren Kunden gezielt sogenannte „Smart Services" anzubieten. Der Fahrzeugnutzer wird „gläsern" und gerade diese Daten sind für den Bereich Marketing und Vertrieb von hoher Relevanz.[181]

Daher wird neben der technischen Notwendigkeit auch das wirtschaftliche Interesse dazu führen, dass die Hersteller die Daten aus den Fahrzeugen zu sich übertragen und zentral speichern werden. Gerade diese zentrale Speicherung birgt aber die Gefahr des Missbrauchs der Daten. Zugleich ist diese Konzentration der Daten für Ermittlungsbehörden von besonderem Interesse, da der Zugriff dadurch deutlich leichter erfolgen kann als direkt an den einzelnen Fahrzeugen des Betroffenen.

Insgesamt zeigt sich somit, dass die Verbreitung von intelligenten Fahrzeugen mit der Fähigkeit des autonomen Fahrens zu einer gleichzeitigen Verstärkung des Einsatzes von Big Data führen wird. Die intelligenten Fahrzeuge sind mit ihrer künstlichen Intelligenz nicht nur die größten Profiteure der neuen Technologie, sondern zugleich auch die größten Lieferanten des Big Data.

---

[179] *Frankfurter Allgemeine Zeitung,* "Merkel: Daten sind die Rohstoffe des 21. Jahrhunderts" vom 12.03.2016, https://www.faz.net/aktuell/wirtschaft/cebit/vor-der-cebit-merkel-daten-sind-die-rohstoffe-des-21-jahrhunderts-14120493.html zuletzt abgerufen am 21.03.2024.
[180] *Wendt,* DZ-Aktuell 2018, 06034.
[181] Vgl. *Johanning/Mildner,* S. 24.

Gerade aus diesem Grund ist genauer zu betrachten, welche der erhobenen Daten im Einzelnen von den Fahrzeugen erhoben werden müssen und datenschutzrechtlich überhaupt erhoben werden dürfen.

2.3 Big Data

Mehrfach wurde bereits von Big Data gesprochen, ohne dass bisher vertieft der Frage nachgegangen wurde, was unter dem Begriff tatsächlich zu verstehen ist. Wie bereits erwähnt, wird allgemein unter Big Data verstanden, dass es sich um einen Umfang von Daten handelt, der nicht mehr von menschlicher Hand zu sichten und zu beurteilen ist. Dabei wird der Begriff häufig fälschlicherweise allein anhand der Datenmenge definiert. Tatsächlich müssen neben der reinen Datenmenge (Volume) auch noch neue Daten mit hoher Geschwindigkeit anfallen (Velocity), sowie eine Vielzahl von Datentypen und Datenquellen (Variety) gegeben sein, damit von Big Data gesprochen werden kann.[182]

Wie ebenfalls bereits aufgezeigt, besteht das autonome Fahren von intelligenten Fahrzeugen grundsätzlich aus einem Zusammenspiel von künstlicher Intelligenz und dem Sammeln von Daten. Eine künstliche Intelligenz kann nur so gut sein wie die ihr zugrunde liegenden Daten. Ein modernes Fahrzeug generiert daher schon heute mehrere Gigabyte an Daten pro Stunde.[183] Diese Daten werden auch verarbeitet und übertragen. Bei

---

[182] *Bitkom e.v./DFKI*, Künstliche Intelligenz: Wirtschaftliche Bedeutung, gesellschaftliche Herausforderung, menschliche Verantwortung, S. 13.
[183] *Wendt*, DZ-Aktuell 2018, 06034.

2.3 Big Data

autonomen Fahrzeugen sendeten bereits die frühen Prototypen rund 300 Gigabyte Daten pro Stunde an die Hersteller.[184] Insgesamt steigt der Anfall von Daten in allen Bereichen der Gesellschaft kontinuierlich. Es wird erwartet, dass das Datenvolumen auch zukünftig um 50% pro Jahr zunimmt und damit exponentiell wächst.[185] Der Chiphersteller Intel gab bereits im Jahr 2017 rund vier Terabyte an Daten für eineinhalb Stunden autonomes Fahren – das ist die durchschnittliche Zeit, die ein Fahrer pro Tag in seinem Auto verbringt – an.[186]

Die Daten helfen nicht nur, das eigene Produkt zu verbessen, sondern ermöglichen ferner das Erstellen von umfassenden Persönlichkeitsprofilen und damit das gezielte Ansprechen des Nutzers für kommerzielle Zwecke. Heute bieten bereits alle großen Autoversicherer sogenannte Telematik-Versicherungen an, bei denen die Daten der Fahrzeuge übermittelt und ausgewertet werden und anschließend ein entsprechender Rabatt angeboten wird.[187] Auch dies geschieht wieder durch den Einsatz von künstlicher Intelligenz.[188] Dies zeigt eindrucksvoll, dass selbst die ausgewerteten Daten einer künstlichen Intelligenz die neuerliche Grundlage für den Einsatz weiterer künstlicher Intelligenz sein können. Dementsprechend wächst die Anzahl der zugrundeliegenden Daten für das Erstellen eines möglichen Profils erneut.

---

[184] Vgl. *Lüdemann*, ZD 2015, 247 (249).
[185] *Stender-Vorwachs/Steege*, NJOZ 2018, 1361 (1361).
[186] *Winther*, "For Self-Driving Cars, There's Big Meaning Behind One Big Number: 4 Terabytes" vom 14.04.2017, https://www.businesswire.com/news/home/20170414005225/en/Intel-Editorial-For-Self-Driving-Cars-There's-Big-Meaning-Behind-One-Big-Number-4-Terabytes zuletzt abgerufen am 21.03.2024.
[187] Vgl. *Kinast/Kühnl*, NJW 2014, 3057 (3057); *Weichert*, SVR 2014, 241 (245f.).
[188] *Wick*, "Künstliche Intelligenz krempelt die Versicherungsbranche um", Cash 09/2018, S. 42.

Die Besonderheit des Einsatzes von künstlicher Intelligenz bei Kraftfahrzeugen liegt darin, dass aufgrund der notwendigen Mobilität die Fahrzeuge dauerhaft per Funk mit den Cloud-Diensten verbunden sein müssen. Dabei werden nicht nur mit den Standortdaten die wohl sensibelsten persönlichen Daten übertragen, sondern das Auto ist auch so sehr räumlich mit seinem Nutzer verbunden wie kaum ein anderes technisches Gerät.[189]

Darum interessiert sich nicht nur die Wirtschaft für die anfallenden Daten, sondern auch die Strafverfolgungsbehörden haben reges Interesse an diesen Daten, da sie den Fahrer zu einem völlig gläsernen Objekt werden lassen.[190] Mit wenig Aufwand können so die letzten Stunden eines Fahrzeugführers vollständig rekonstruiert werden. Dies ist nicht nur für Delikte in Verbindung mit dem Straßenverkehr, wie unerlaubtes Entfernen vom Unfallort oder Trunkenheitsfahrten, relevant, sondern kann auch bei allen anderen Straftaten helfen festzustellen, an welchem Ort sich ein Fahrzeug befand und wer der Fahrer war.

Im Jahr 2017 erklärte der damalige Bundesinnenminister *Thomas de Maizière* im Zuge der Innenministerkonferenz in Leipzig: *„In der Welt des 21. Jahrhunderts können wir nur mit modernsten Mitteln Verbrechen verfolgen und verhindern. Jede Polizistin, jeder Polizist soll – im Rechtsrahmen –*

---

[189] Vgl. *Weichert*, SVR 2014, 201 (202).
[190] Vgl. *Lüdemann*, ZD 2015, 247 (247); *Blechschmitt*, MMR 2018, 361 (361).

jederzeit und überall Zugriff auf die notwendigen Informationen haben, die er oder sie für die Aufgabe benötigt."[191]

Durch den Einzug der künstlichen Intelligenz in die Mitte der Gesellschaft droht daher der gläserne Bürger. Mag dies auch ein von manchen Strafverfolgern wünschenswerter Zustand sein, widerspricht dies dem Grundsatz der freiheitlich demokratischen Grundordnung. Der Bürger kann seine verfassungsrechtlich garantierte Freiheit nur dann nutzen, wenn er nicht unter einem durchgehenden Überwachungsdruck leidet.[192] Jeder Bürger hat das individuelle Recht auf Verfügung über und Kontrolle von persönlichen Daten.[193]

Diese verfassungsrechtliche Wertung findet ihren Ausdruck auf der einfachgesetzlichen Ebene durch die Bestimmungen des Datenschutzes. Diese reglementieren die Datenerhebung und Datenverarbeitung.

2.3.1 Datenerhebung und Datenverarbeitung

Die Datenschutzgesetze gebieten der grenzenlosen Erhebung von Daten Einhalt. Auch wenn sich die Datenschutzgesetze in erster Linie an die Bürger richten, so sind sie auch für die Frage, auf welche Daten der Staat und seine Ermittlungsbehörden letztendlich zugreifen dürfen, relevant. Denn nur Daten,

---

[191] Zitiert nach *Sächsische Staatskanzlei*, „Innenministerkonferenz in Leipzig" vom 08.12.2017, https://medienservice.sachsen.de/medien/news/215004 zuletzt abgerufen am 21.03.2024.
[192] Vgl. BVerfGE 120, 274.
[193] BVerfGE 65, 1.

die überhaupt erhoben und gespeichert werden dürfen, sind regelmäßig dem staatlichen Zugriff ausgesetzt. Daten, die gar nicht erhoben werden – weil dies gesetzlich untersagt ist –, können schon mangels Erhebung den Behörden nicht zur Verfügung stehen. Bei Daten, die entgegen einem gesetzlichen Verbot erhoben wurden, stellt sich ferner die Frage, inwieweit und unter welchen Umständen die staatlichen Ermittlungsbehörden auf diese zugreifen dürfen.[194]

In den letzten Jahren wurden immer dezidiertere Datenschutzgesetze erlassen. Den größten Einfluss hatte in jüngster Zeit die im Frühjahr 2018 in Kraft getretene Datenschutz-Grundverordnung (DSGVO)[195]. Der (europäische) Gesetzgeber hat erkannt, dass durch die schleichende Digitalisierung des Alltags immer sensiblere Daten anfallen, die eines besonderen Schutzes bedürfen.

Durch diese Digitalisierung besteht aber auch zugleich immer häufiger ein berechtigtes Interesse an der Erhebung und Verarbeitung der Daten. Viele der neuen Technologien, insbesondere im Rahmen von künstlicher Intelligenz, sind, wie aufgezeigt, nur durch die Erhebung und Verarbeitung dieser Daten möglich. Auch kann es überragende Interessen der Allgemeinheit oder einzelner Beteiligter geben, die einen Zugriff auf diese Daten rechtfertigen, zum Beispiel wenn es um haftungsrechtliche Fragen im Rahmen von Unfällen geht.

---

[194] Siehe dazu sogleich Abschnitt 3.1.
[195] Verordnung (EU) 2016/679 ABl. L 119 vom 4.5.2016, S. 1–88.

2.3 Big Data

Dieses grundlegende Spannungsverhältnis ist nicht erst durch den Einsatz von künstlicher Intelligenz entstanden, sondern ist Ausfluss der allgemeinen Digitalisierung in den letzten Jahren. Aus diesem Grund verwundert es nicht, dass auch im Bereich der Kraftfahrzeuge bereits spezielle Gesetze erlassen wurden, die sich mit dem datenschutzrechtlichen Spannungsverhältnis persönlicher Daten in Kraftfahrzeugen beschäftigen.

Der Gesetzgeber hat auf der einen Seite den Herstellern die konkrete Pflicht zum Speichern und Übermitteln bestimmter Daten auferlegt. Auf der anderen Seite hat er jedoch auch die allgemeinen Datenschutzgesetze verschärft, die selbstverständlich auch im Bereich der (intelligenten) Kraftfahrzeuge Geltung haben.

2.3.1.1 Pflicht zur Datenerhebung

Der Gesetzgeber hat den Herstellern von Fahrzeugen Pflichten zur Erhebung von Daten auferlegt. Diese stellen insbesondere datenschutzrechtliche Ermächtigungsgrundlagen dar und sollen vor allem einer möglichen späteren Beweisführung im Rahmen von Unfällen dienen.

2.3.1.1.1 Speicherpflicht nach dem StVG

Die ersten autonomen Fahrzeuge rollen bereits seit einigen Jahren über die deutschen Straßen. Aus diesem Grund sah auch der deutsche Gesetzgeber die Notwendigkeit, entsprechende Regelungen für das autonome Fahren im StVG zu erlassen.

Im Juni 2017 trat die Reform des StVG in Kraft, die das autonome Fahren ermöglichen und fördern sollte.[196] Erstmalig wird darin in § 1a Abs. 1 StVG das hoch- und vollautomatisierte Fahren ausdrücklich für zulässig erklärt. Einschränkend wird in § 1a Abs. 2 Nr. 3 StVG jedoch geregelt, dass der Fahrer weiterhin jederzeit die Möglichkeit der manuellen Übersteuerbarkeit haben muss und das System zu jeder Zeit in der Lage sein muss, den Fahrer rechtzeitig auf eine notwendige Rückübergabe der Fahrzeugführung hinzuweisen. Der § 1d StVG, der im Sommer 2021 in Kraft trat, ermöglicht auch den Einsatz vollständig autonomen Fahrens in festgelegten Betriebsbereichen. Somit sind gesetzlich mittlerweile die Stufen 1 bis 4 des autonomen Fahrens geregelt.[197] Durch diese Reformen wurden auch die internationalen Voraussetzungen aus dem Wiener Übereinkommen in das nationale Recht übertragen.[198]

Ergänzend zur Legalisierung der autonomen Fahrsysteme hat der Gesetzgeber die datenrelevanten § 1g StVG und § 63a StVG geschaffen. Diese Normen sehen eine verpflichtenden Datenspeicher in jedem Fahrzeug mit hoch- oder vollautomatisierten Fahrsystemen vor. Bei jedem Wechsel zwischen manueller und automatisierter Fahrzeugführung müssen die Positions- und Zeitangaben des Satellitennavigationssystems nach § 63a StVG aufgezeichnet werden. Damit soll im Falle eines Unfalls oder einer Systemstörung leichter festgestellt werden, wer zum Zeitpunkt der verantwortliche Fahrzeugführer war.[199] Hier

---

[196] BT-Drs. 18/11776.
[197] Siehe zur Einstufung des autonomen Fahrens Abschnitt 2.2.1.
[198] BT-Drs. 18/9780.
[199] BT-Drs. 18/11776, S. 11.

2.3 Big Data

wird jedoch nicht der konkrete Fahrer protokolliert, sondern lediglich, ob ein Mensch oder die Technik die Kontrolle über das Fahrsystem hatte.[200] Schon hier war sich der Gesetzgeber der Brisanz solcher Daten bewusst. Das System muss ausdrücklich so ausgelegt sein, dass keine Streckenprotokolle erstellt werden können.[201]

Wie diese Daten zu speichern sind, ist nicht ausdrücklich geregelt, kann jedoch gemäß § 63b StVG mittels Rechtsverordnung konkretisiert werden. Diese kann vor allem Art und Weise der Speicherung, Ort der Sicherung, Adressat der Speicherpflicht und Maßnahmen zur Sicherung der gespeicherten Daten betreffen.[202]

Die Daten sind gemäß § 63a Abs. 4 StVG grundsätzlich für sechs Monate zu speichern und dann zu löschen. Ein Unterschreiten dieser Speicherfrist ist nicht zulässig.[203] Ist das Fahrzeug in einen Unfall verwickelt, sind die Daten für drei Jahre zu speichern.

Trotz dieser zum Teil konkreten Vorgaben wird der § 63a StVG teilweise als misslungen angesehen.[204] Der § 63a Abs. 2 S. 1 StVG sieht beispielsweise vor, dass die gespeicherten Daten den Behörden zur Ahndung von Verkehrsverstößen übermittelt werden dürfen. So ist hier aber schon nicht klar, wer überhaupt Adressat der Übermittlungspflicht im Sinne des § 63a Abs. 2

---

[200] BT-Drs. 18/11776, S. 11.
[201] Vgl. BT-Drs. 18/11776, S. 11.
[202] *Lange*, NZV 2017, 345 (351).
[203] BT-Drs. 18/11776, S. 12; *Schmid/Wessels*, NZV 2017, 357 (362).17.07.2024 20:24:00
[204] Vgl. *Wendt*, DZ-Aktuell 2018, 06034; *Schmid/Wessels*, NZV 2017, 357 (364).

StVG ist. Der Fahrzeughalter hat in der Regel gar nicht die faktische Datenhoheit. Werden die Daten auf den Servern der Hersteller gespeichert, hat der Fahrzeughalter sogar schon praktisch gar keinen Zugriff auf diese Daten.[205] Selbst wenn die Daten in einer Black Box im Fahrzeug gespeichert werden, wird der Fahrzeughalter weder bestimmen können, welche Daten dort gespeichert werden, noch welche Daten hier ausgelesen werden können.[206] Aus diesem Grund wird zum Teil auch angenommen, dass ausschließlich der Fahrzeughersteller als Adressat in Betracht kommt.[207]

Bei § 1g Abs. 1 StVG nimmt der Gesetzgeber dagegen ausdrücklich den Halter in die Pflicht, gewisse Daten beim Betrieb eines Kraftfahrzeuges mit autonomer Fahrfunktion zu speichern. Darunter sind Daten wie Positionsdaten, Umwelt- und Wetterbedingungen, Geschwindigkeit oder von extern an das Kraftfahrzeug gesendete Befehle und Informationen. Der Hersteller solcher Fahrzeuge ist gemäß § 1g Abs. 3 StVG dazu verpflichtet sicherzustellen, dass dem Halter die Speicherung dieser Daten technisch möglich ist. Gemäß Anlage I, Anhang 3 zur AFGBV ist geregelt, dass die Daten im Fahrzeug selbst auf einem Datenspeicher gespeichert werden müssen.

Es ist erkennbar, dass der Gesetzgeber bei der Schaffung des § 1g Abs. 3 StVG die offenen und in der Literatur diskutierten Fragen des § 63a Abs. 4 StVG im Blick hatte. Trotzdem wirft auch der § 1g StVG viele offene Fragen auf. So ist bereits bei § 1g StVG nicht klar, wie diese Norm im Verhältnis zu § 63a StVG

---

[205] *Wendt*, DZ-Aktuell 2018, 06034.
[206] *Wendt*, DZ-Aktuell 2018, 06034.
[207] *Schmid/Wessels*, NZV 2017, 357 (359).

2.3 Big Data

steht. Teilweise wird der § 1g StVG als lex specialis für Fahrzeuge der Stufe 4 angesehen, sodass für § 63a StVG nur noch Raum bei Fahrzeugen der Stufe 3 bleiben soll.[208] Auch ist der § 1g StVG zumindest widersprüchlich formuliert, wenn die Norm in § 1g Abs. 1 StVG nach dem Wortlaut eine generelle und anlasslose Speicherung „beim Betrieb" des Kraftfahrzeuges vorsieht. Gleichzeitig zählt der § 1g Abs. 2 StVG jedoch Anlässe auf, bei denen eine Speicherung durchzuführen wäre, womit von einer anlassbezogenen Speicherung auszugehen wäre.[209] Würde man § 1g Abs. 1 StVG als eine anlasslose Speicherpflicht sehen, wäre der § 1g Abs. 2 StVG jedoch überflüssig. Dass auch der Gesetzgeber nur von einer anlassbezogenen Speicherung ausgeht, ergibt sich aus den Schaubildern in Anlage I Teil 3 Abschnitt 13.1 zur AFGBV, welche zum 01.07.2022 in Kraft trat. Für eine reine anlassbezogene Datenspeicherung spricht ebenfalls der Umstand, dass nur so datenschutzrechtliche Grundsätze gewahrt bleiben.[210] Dies zeigt, dass der § 1g StVG an dieser Stelle zumindest redaktionell missglückt ist.[211] Es ist insgesamt jedoch davon auszugehen, dass auch § 1g StVG lediglich eine Datenspeicherung bei einem Anlass im Sinne des § 1g Abs. 2 StVG anordnet.

Ebenfalls ist nicht geregelt, wie lange die Daten überhaupt vom Halter gespeichert werden müssen. In § 1g Abs. 4 und Abs. 6 StVG sind lediglich Höchstspeicherfristen für die Behörden geregelt.[212] Auch ist nicht klar, wie die Übermittlung der Daten zur Behörde erfolgen soll. Insgesamt werden den

---

[208] *Steege*, SVR 2021, 128 (135).
[209] So auch *Steege*, SVR 2022, 161 (167).
[210] *Steege*, SVR 2022, 161 (167).
[211] So auch *Steege*, SVR 2022, 161 (167).
[212] *Steege*, SVR 2021, 128 (135).

neuen Regelungen daher auch in der Literatur zahlreiche Schwächen attestiert und entsprechende Korrekturen gefordert.[213]

Es bleibt daher abzuwarten, inwieweit der Gesetzgeber in Zukunft nachbessert und insbesondere wie in der Praxis die Auswertung dieser Daten erfolgen wird. Die Daten müssen zum aktuellen Zeitpunkt aber, zumindest anlassbezogen, gespeichert werden und stehen grundsätzlich auch den strafrechtlichen Ermittlungsbehörden zur Verfügung.

2.3.1.1.2 eCall-Verordnung

Eine weitere Speicher- und Übertragungspflicht ist durch den sogenannten eCall eingeführt worden. Seit dem 01.04.2018 ist der automatische Notruf gemäß Art. 4 eCall-VO in Neuwagen gesetzlich vorgeschrieben. Im Falle eines Unfalls baut das Fahrzeug selbstständig eine Verbindung zur nächsten Rettungsleitstelle oder – je nach Hersteller – zu einem speziellen Call-Center des Autoherstellers auf.[214] Neben dem Aufbau einer Sprachverbindung werden dem Call-Center oder der Rettungsleitstelle auch Informationen über Fahrzeugmodell, welche Airbags ausgelöst wurden, Zeitpunkt des Unfalls und sowohl Standort als auch Fahrtrichtung des Fahrzeuges automatisch mitgeteilt.[215] Auch weitere Informationen, wie Anzahl der Insassen und

---

[213] *Arzt/Kleemann u.a.*, MMR 2022, 593; *Steege*, SVR 2021, 128 (136) und SVR 2022, 161 (167).
[214] *Johanning/Mildner*, S. 43.
[215] *Johanning/Mildner*, S. 43f.

angelegte Sicherheitsgurte, werden übertragen.[216] Diese werden automatisch – ohne Zutun des Betroffenen – bei einem Unfall an die Notrufzentrale übermittelt.[217]

Im Laufe des Gesetzgebungsverfahrens wurden die datenschützenden Bestimmungen erheblich verschärft.[218] Es handelt sich um ein schlafendes System, welches nur im Falle eines Unfalls aktiv wird. Nach Art. 6 Abs. 4 eCall-VO sind die Hersteller verpflichtet, sicherzustellen, dass keine dauerhafte Verfolgung der Fahrzeuge durch das System möglich ist. Die erhobenen Daten dürfen nach Art. 6 Abs. 2 eCall-VO ausschließlich in Notfallsituationen für den Notruf genutzt werden. Art. 6 Abs. 3 eCall-VO sieht eine Löschung der nicht genutzten Daten vor. Auch dürfen die Daten – wie bisher auch – in den Notrufstellen nur für die Dauer der Rettungsmaßnahmen gespeichert werden.[219]

Heikel ist jedoch, dass das Ziel des Gesetzgebers nicht nur die Einführung eines Notrufsystems war, sondern auch das Etablieren einer technischen Plattform, um Zusatzdienstleistungen anzubieten und dadurch die europäische Informationstechnologie auf den Weltmärkten zu stärken.[220] Das System ist als interoperabel, standardisierte, gesicherte und zugangsoffene Plattform designt und soll allen Anbietern gleichermaßen zur Verfügung stehen.[221]

---

[216] *Lüdemann/Sengstacken*, RDV 2014, 177 (178).
[217] Vgl. *Lüdemann*, ZD 2015, 247 (248).
[218] *Lüdemann/Sengstacken*, RDV 2014, 177 (178).
[219] *Lüdemann/Sengstacken*, RDV 2014, 177 (179).
[220] Vgl. Erwägungsgrund 16 der VO 2015/758 (eCall-VO).
[221] Vgl. Erwägungsgrund 16 der VO 2015/758 (eCall-VO).

Private Zusatzdienste können somit frei über die Plattform des eCall-Systems angeboten werden und die integrierte Hardware nutzen. Die Daten, die im Rahmen dieser privaten Zusatzdienste erhoben werden, fallen nicht unter die strengen Datenschutzbestimmungen der eCall-VO, sondern unterliegen den allgemeinen Datenschutzgesetzen.[222]

Insgesamt wird durch die eCall-Verordnung die Grundlage geschaffen, dass jedes Neufahrzeug in Europa erhebliche Mengen an Daten speichert und diese mittels Mobilfunkzugang übertragen kann. Zugleich bildet die vorgeschriebene technische Ausstattung die Grundlage, dass die Hersteller auch Daten für private Zusatzdienstleistungen erheben und übertragen können.

Den Herstellern wird es somit äußerst einfach gemacht, eine Vielzahl an Daten über die Fahrer ihrer Fahrzeuge zu erheben. Es muss nunmehr nicht einmal mehr zusätzliche und kostenintensive Technologie verbaut werden, da bereits eine gesetzliche Pflicht zum Einbau der notwendigen Hardware besteht. Die hier anfallenden Daten – insbesondere auch die durch die privaten Zusatzdienste erhobenen Daten – können erheblich dazu beitragen, die letzten Stunden, Tage oder gar Wochen eines Fahrzeuges und seiner Fahrzeugführer zu rekonstruieren. Aus diesem Grund sind insbesondere auch diese Daten für Strafverfolgungsbehörden interessant.

---

[222] Vgl. *Lüdemann/Sengstacken*, RDV 2014, 177 (179f.).

2.3.1.1.3 Übermittlung von Verbrauchsdaten

Seit dem 01.01.2021 sind Fahrzeughersteller nicht nur zum Einbau eines On-Board Fuel Consumption Meter (OBFCM) verpflichtet, welches den Kraftstoff- oder Stromverbrauch aufzeichnet, sondern auch zur Speicherung dieser Daten. Seit dem 01.04.2022 werden diese Daten auch an die EU-Kommission übermittelt.[223] Die Hersteller haben jährlich bis zum 01.04. die gespeicherten Daten des Vorjahres zu übermitteln.[224]

Neben dem reinen Kraftstoff- und Stromverbrauch wird auch die Fahrzeug-Identifizierungsnummer und die zurückgelegte Gesamtfahrstrecke übertragen.[225] Die Daten sollen für jedes individuelle Fahrzeug 15 Jahre erhoben und 20 Jahre von der Europäischen Umweltagentur aufbewahrt werden.[226] Die Fahrzeughersteller selbst sollen die Daten dagegen nach der Übertragung wieder löschen müssen.[227]

Ähnlich wie bei der eCall-Verordnung sieht auch die Erhebung der Verbrauchsdaten eine Zweckbindung der Daten vor. Die Fahrzeug-Identifizierungsnummern und die Daten aus dem praktischen Fahrbetrieb dürfen ausschließlich für die anonymisierte Veröffentlichung der

---

[223] Vgl. Art. 12 der Verordnung VO (EU) 2019/631 ABl. L 111/29 vom 25.04.2019.
[224] Vgl. Art. 9 Abs. 3 der Durchführungsverordnung (EU) 2021/392 Abl. L 77/8 vom 05.03.2021.
[225] Vgl. Art. 12 der Verordnung VO (EU) 2019/631 ABl. L 111/29 vom 25.04.2019.
[226] Vgl. Art. 4 und 10 der Durchführungsverordnung (EU) 2021/392 Abl. L 77/8 vom 05.03.2021.
[227] Vgl, Art, 11 Abs. 5 der Durchführungsverordnung (EU) 2021/392 Abl. L 77/8 vom 05.03.2021.

Verbrauchsstatistiken genutzt werden.[228] Eine zweckfremde Verwertung ist ausdrücklich ausgeschlossen worden.

2.3.1.1.4 Pflicht zur Black Box

Die Förderung der Verbreitung von intelligenten Fahrzeugen liegt nicht nur in der Hand der Hersteller und Kunden, sondern auch die Politik hat die großen Vorteile von intelligenten und (teil-)autonomen Fahrzeugen erkannt und zum Teil bereits die Einführung bestimmter Assistenzsysteme für Neuwagen zwingend vorgesehen.

Seit Juli 2022 sind in der europäischen Union Sicherheitseinrichtungen wie intelligente Geschwindigkeitsunterstützung und fortschrittliche Notbrems-Assistenzsysteme in Neufahrzeugen Pflicht.[229] Auch müssen die Fahrzeuge die Wachsamkeit des Fahrers überwachen. Zum Maßnahmenkatalog gilt auch eine ereignisbezogene Datenerfassung, eine sogenannte „Black Box". Ab dem 07. Juli 2024 müssen alle neu zugelassenen Fahrzeuge in der EU mit einer Black Box in Form einer Event-Data-Recorder (EDR)[230] ausgestattet sein. Diese Datenerfassung soll jedoch vollständig anonymisiert erfolgen und den Mitgliedstaaten lediglich zur Analyse der Straßenverkehrssicherheit dienen. Nach den Erwägungsgründen der Verordnung müssen die Daten so gespeichert

---

[228] Vgl, Art, 11 Abs. 4 der Durchführungsverordnung (EU) 2021/392 Abl. L 77/8 vom 05.03.2021.
[229] Verordnung VO (EU) 2019/2144 ABl. L 325 vom 16.12.2019, S. 1–40.
[230] Siehe dazu auch Abschnitt 2.2.2.3.2.

werden, dass eine Identifizierung des Nutzers oder Halters eines bestimmten Fahrzeuges nicht möglich ist.[231]

Insofern ist erfreulich, dass der europäische Gesetzgeber erkannt hat, wie brisant die dadurch erhobenen Daten sind. Obwohl die Informationen – zum Beispiel, ob der Fahrer übermüdet war – strafrechtlich von großem Interesse sein können, hat sich der europäische Gesetzgeber bewusst dafür entschieden, dass diese Daten lediglich anonymisiert verwendet werden dürfen. Er hat sich insofern für die Selbstbelastungsfreiheit und gegen das allgemeine Strafverfolgungsinteresse entschieden.

2.3.1.1.5 Zwischenergebnis

Der Gesetzgeber – insbesondere der europäische Gesetzgeber – hat das Potenzial der neuen Technologie erkannt. Durch die eCall-Verordnung und der verpflichtenden Einführung von Fahrassistenzsystemen wird das Ziel, die Anzahl der Verkehrstoten in der europäischen Union auf null zu reduzieren, weiterverfolgt. Auch zur besseren Kontrolle der Umweltschutzmaßnahmen erhebt die europäische Union nunmehr Verbrauchsdaten aller Fahrzeuge.

Im Rahmen dieser Umsetzung ist auch die Erhebung und Speicherung von Daten ausdrücklich gestattet. Der Gesetzgeber hat hier zugleich aber erkannt, welches Gefahrenpotenzial ein Missbrauch dieser Daten haben kann, und hat daher die Verwertung und Verarbeitung dieser Daten erheblich eingeschränkt.

---

[231] Erwägungsgrund 13 der Verordnung VO (EU) 2019/2144 ABl. L 325 vom 16.12.2019, S. 1–40.

Die Daten, die zwingend von den Automobilherstellern erhoben werden müssen, unterliegen einem besonderen datenrechtlichen Schutz. Sie dürfen ausschließlich zweckgebunden verwendet werden und werden zum Teil schon grundsätzlich nur anonym erhoben.

Diese zwingend zu erhebenden Daten stellen jedoch nur den kleinsten Teil der im Fahrzeug anfallenden Daten dar. Die technischen Plattformen bieten den Fahrzeugherstellern erhebliche Möglichkeiten, weitere Daten zu erheben. Diese unterfallen grundsätzlich nicht mehr den soeben erwähnten strengen Schutzstandards, sondern werden im Rahmen des allgemeinen Datenschutzrechtes erhoben. Diese Daten sind auch für Ermittlungsbehörden von besonderer Relevanz. Dabei ist aber auch dieses Recht auf Datenerhebung den Automobilherstellern nicht uneingeschränkt gestattet.

2.3.1.2 Recht zur Datenerhebung

Die Hersteller haben unterschiedliche Interessen, möglichst viele Daten zu erheben. Die Erhebung erfolgt einerseits, um die künstliche Intelligenz weiter anzulernen und qualitativ zu verbessern, andererseits aber auch aus rein wirtschaftlichen Gründen. Es stellt sich daher die Frage, inwieweit die Hersteller über die Speicherpflicht hinaus noch zusätzliche Daten erheben und verarbeiten dürfen.

Daten unterliegen nicht dem sachenrechtlichen Eigentumsbegriff, sondern haben eine eigene Ordnung, welche den immateriellen Charakter und den

2.3 Big Data

Persönlichkeitsbezug von Daten berücksichtigt.[232] Diese Datenschutzgesetze sollen eine Kommunikation jedoch nicht unterbinden, sondern im Gegenteil diese gerade selbstbestimmt ermöglichen.[233] Die Datenschutzgesetze sind dabei Ausfluss des Grundrechts auf informationelle Selbstbestimmung.[234]

Im Rahmen einer Verwertung von personenbezogenen Daten im Strafprozess kommt es maßgeblich darauf an, ob die Daten unter Berücksichtigung der Datenschutzgesetze erhoben wurden oder nicht. Zwar sind Daten, die unter Missachtung des Datenschutzes erhoben wurden, nicht per se im Strafprozess gesperrt, allerdings ist deren Verwertung im Rahmen einer Abwägung der verletzten Rechte des Beschuldigten mit dem staatlichen Strafverfolgungsinteresse festzustellen.[235]

Nicht alle Daten fallen jedoch unter die Datenschutzgesetze. Zu unterscheiden sind personenbezogene Daten und sonstige Daten. Nur die personenbezogenen Daten haben einen Persönlichkeitsbezug und bedürfen daher gesondertem Schutz. Maßgeblich für die Frage der Zulässigkeit der Datenerhebung ist daher der Umstand, ob es sich bei den generierten Daten der intelligenten Fahrzeuge um personenbezogene oder um sonstige Daten handelt. Während letztere nahezu unbeschränkt erhoben und verwertet werden dürfen, unterfallen personenbezogene Daten den Beschränkungen der Datenschutzgesetze.[236]

---

[232] *Roßnagel*, SVR 2014, 281 (283).
[233] *Roßnagel*, SVR 2014, 281 (283).
[234] Vgl. BVerfGE 65, 1 (42 f.).
[235] HansOLG NStZ 2017, 726; Siehe dazu sogleich auch Abschnitt 3.1 und Abschnitt 4.2.2.3.
[236] Vgl. *Hansen*, DuD 2015, 367 (368).

2.3.1.2.1 Personenbezogenheit der Daten

Der Begriff der personenbezogenen Daten ist in Art. 4 Nr. 1 DSGVO legaldefiniert. Demnach sind personenbezogene Daten alle Informationen, die sich auf eine identifizierte oder identifizierbare natürliche Person beziehen; als identifizierbar wird eine natürliche Person angesehen, die direkt oder indirekt, insbesondere mittels Zuordnung zu einer Kennung wie einem Namen, zu einer Kennnummer, zu Standortdaten, zu einer Online-Kennung oder zu einem oder mehreren besonderen Merkmalen identifiziert werden kann, die Ausdruck der physischen, physiologischen, genetischen, psychischen, wirtschaftlichen, kulturellen oder sozialen Identität dieser natürlichen Person sind. Es ist dabei nicht notwendig, dass die Person mit Namen zu identifizieren ist. Es reicht aus, wenn mithilfe der entsprechenden Informationen eine Person individualisiert werden kann.[237] Die Definition wurde vom EU-Gesetzgeber bewusst weit gefasst.[238]

Wie aufgezeigt, fallen eine Vielzahl an völlig unterschiedlichen Daten bei der Nutzung von intelligenten Fahrzeugen an. Viele Daten, wie zum Beispiel aus den Infotainmentsystemen, sind eng mit dem jeweiligen Nutzer verbunden. Das können banale Angaben sein wie die letzten gehörten Musiksongs, aber auch aufgezeichnete Stimmbefehle oder gar Videos der Innenraumüberwachung. Für Ermittlungsbehörden sind gerade diese Informationen relevant, da diese Informationen bei der Identifizierung des möglichen Fahrers helfen können. Da diese Daten eng mit dem jeweiligen

---

[237] Simitis/Hornung/Spiecker gen. Döhmann-*Karg,* Art. 4 Nr. 1 DSGVO Rn. 48f.
[238] Vgl. *Metzger,* GRUR 2019, 129 (131).

2.3 Big Data

Benutzer verknüpft sind und sich auf eine identifizierbare natürliche Person beziehen, handelt es sich um personenbezogene Daten.

Nicht ganz so eindeutig ist die Personenbezogenheit bei den technischen Daten. Die Informationen beispielsweise über den Reifendruck, den Tankstand oder die Querbeschleunigung betreffen auf den ersten Blick lediglich das Fahrzeug selbst und keine natürliche Person.[239] Es wäre daher naheliegend, zumindest einem Teil dieser Daten die Personenbezogenheit abzusprechen und ihn nicht unter den Schutz der Datenschutzgesetze zu stellen. Bei genauerer Betrachtung zeigt sich jedoch ebenso schnell, dass diese Daten sehr wohl auch etwas über den Halter und/oder Fahrer aussagen können, wodurch sie personenbezogene Daten im Sinne des Art. 4 Nr. 1 DSGVO werden würden.[240]

Dies liegt vor allem daran, dass diese Daten mit anderen persönlichen Daten eng verknüpft sind, wie zum Beispiel der Fahrzeugidentifikationsnummer oder dem Kfz-Kennzeichen, und damit dem Halter oder häufig sogar dem Fahrer zugeordnet werden können.[241] In vielen intelligenten Fahrzeugen erfolgt sogar eine vollständige Anlegung eines Nutzerkontos mit Klardaten des Halters.[242] Der Halter kann in diesem Rahmen auch häufig Unterkonten von regelmäßige Fahrer einrichten, die sich mittels biometrischer Merkmale – wie

---

[239] Vgl. *Kinast/Kühnl*, NJW 2014, 3057 (3058).
[240] So auch *Forgó*, in: Oppermann/Stender-Vorwachs, Autonomes Fahren. Rechtsfolgen, Rechtsprobleme, technische Grundlagen, S. 353 (357); *Buchner*, DuD 2015, 372 (303); *Stender-Vorwachs/Steege*, MMR 2018, 212 (215); *Weichert*, SVR 2014, 201 (204); *Brisch/Müller-te Jung*, CR 2016, 411 (413).
[241] So auch *Haupt*, NZV 2021, 172 (176).
[242] *Hansen*, DuD 2015, 367 (368).

Fingerabdruck oder Gesichtserkennung – identifizieren können.[243] Auch bei der Verwendung der Sprach- und Datenkommunikation fallen identifizierbare persönliche Daten an, die mit den Fahrzeugdaten verknüpft werden können.[244] Einzige Ausnahme stellen rein technische Daten dar, die flüchtig sind, da sie weder im Fahrzeug aufgezeichnet werden noch übertragen werden.[245] Ein Beispiel wäre eine Lambdasonde, welche den Sauerstoffgehalt dauerhaft misst, um das Verhältnis von Verbrennungsluft zu Kraftstoff zu regeln, diesen Wert aber weder speichert noch überträgt.

Bei der Einordnung der Daten als personenbezogen oder nicht kommt es jeweils auf den Zeitpunkt der Erhebung der Daten an.[246] Besteht zu diesem Zeitpunkt die objektive Gefahr, dass die Daten einer Person zugeordnet werden können, sind die Daten als personenbezogene Daten anzusehen.[247] Bei den intelligenten Fahrzeugen können die Daten jederzeit vom Hersteller ausgelesen und ausgewertet werden und zumindest dem Halter oder gar dem aktuellen Fahrer zugewiesen werden. Eine Vielzahl an Daten wird intern im Fahrzeug vorgehalten. Diese sind bereits durch ihren Speicherort konkret einem Fahrzeug und damit einem Halter zuzuordnen. Aber auch Daten, die fremdgespeichert werden, zum Beispiel in einer Cloud, sind grundsätzlich dem Sender zuzuordnen. Lediglich sofern eine vollständige Anonymisierung beim Hersteller erfolgt, sind die Daten ab diesem Zeitpunkt nicht mehr als personenbezogene Daten zu bewerten. Da es aber auf den Zeitpunkt der

---

[243] *Hansen*, DuD 2015, 367 (368).
[244] *Hansen*, DuD 2015, 367 (368).
[245] *Metzger*, GRUR 2019, 129 (131).
[246] *Lüdemann*, ZD 2015, 247 (250).
[247] *Lüdemann*, ZD 2015, 247 (250); *Kinast/Kühnl*, NJW 2014, 3057 (3058).

2.3 Big Data

Erhebung der Daten ankommt – diese Erhebung erfolgt immer intern im Fahrzeug – sind sie zumindest bei der Erhebung als personenbezogen anzusehen. Daher sind alle Daten im Rahmen des intelligenten Fahrens erstmal als personenbezogen im Sinne des Art. 4 Nr. 1 DSGVO einzustufen und unterfallen dem Schutz der Datenschutzgesetze, da zu jeder Zeit ein Bezug zu einer identifizierbaren natürlichen Person besteht.[248]

Es stellt sich ferner die Folgefrage, wem diese persönlichen Daten jeweils zuzuordnen sind. Dies ist insbesondere für die Frage relevant, wer wirksam in die Verarbeitung dieser Daten einwilligen könnte. Sie könnten ausschließlich dem Fahrzeugführer zugeordnet werden oder aber auch dem Fahrzeughalter, selbst wenn er nicht selbst Führer des Fahrzeuges war und die Daten nicht durch sein Verhalten generiert hat. Bei dieser Frage kommt es maßgeblich darauf an, ob die betreffenden Daten auch Auswirkungen auf die rechtliche, wirtschaftliche oder soziale Position des Halters haben können oder sie sich zumindest zur Beschreibung seiner individuellen Verhältnisse eignen.[249] In der Regel wird der Halter zumindest rechtlich und wirtschaftlich durch die erhobenen Daten betroffen sein, da er für das Fahrzeug verschuldensunabhängig haftet. Ist das Fahrzeug des Halters an einem Unfall beteiligt, können beispielsweise die Standortdaten dazu genutzt werden, um nachzuweisen, dass das Fahrzeug am Unfallort war.[250] In diesem Fall haftet der Halter verschuldensunabhängig aus § 7 Abs. 1 StVG. Daher sind auch in

---

[248] So auch *Schlanstein*, BZV 2016, 201 (203); *Wendt*, DZ-Aktuell 2018, 06034; *Lüdemann*, ZD 2015, 247 (249); *Forgó*, in: Oppermann/Stender-Vorwachs, Autonomes Fahren. Rechtsfolgen, Rechtsprobleme, technische Grundlagen, S. 353 (358); *Hansen*, DuD 2015, 367 (368f.); *Weichert*, SVR 2014, 201 (204).
[249] *Schmid/Wessels*, NZV 2017, 357 (359).
[250] Vgl. *Schmid/Wessels*, NZV 2017, 357 (359).

diesem Fall die Daten der fremden Fahrer als personenbezogene Daten des Fahrzeughalters im Sinne des Art. 4 Nr. 1 DSGVO anzusehen.

Auch die technischen Daten, die vermeintlich erst einmal wenig Relevanz aufweisen, sind immer auch dem Halter als personenbezogene Daten zuzuordnen. Für die Personenbezogenheit kommt es nicht auf die Relevanz oder Sensibilität dieser Daten an. Es reicht für die Personenbezogenheit bereits aus, dass die Daten eine Beziehung zu einer identifizierbaren Person haben. Ob die Daten tatsächlich sensibel sind oder für den Dritten, wie die Strafverfolgungsbehörde, von Interesse sind, ist für die Frage der Personenbezogenheit nicht relevant. Das Recht auf informationelle Selbstbestimmung[251], welches durch die Datenschutzgesetze abgesichert werden soll, schützt alle Daten gleichermaßen, da es in der heutigen Zeit keine belanglosen Daten mehr gibt.[252] So können zum Beispiel selbst Motortemperatur oder Ölstand in einem Strafverfahren relevant werden, wenn diese als Indizien für die Nutzung oder auch nur die (mangelnde) Wartung des Fahrzeuges dienen können.

Insgesamt sind die erhobenen Daten im Rahmen der intelligenten Fahrzeuge daher immer als personenbezogene Daten zu sehen, die grundsätzlich den Datenschutzgesetzen unterfallen.[253] Betroffener ist neben dem Fahrer auch immer der Halter. Der datenrechtliche Schutz kann lediglich nachträglich

---

[251] Dazu sogleich mehr unter Abschnitt 3.3.3.
[252] Vgl. BVerfGE 150, 244.
[253] So auch *Metzger*, GRUR 2019, 129 (131); *Forgó*, in: Oppermann/Stender-Vorwachs, Autonomes Fahren. Rechtsfolgen, Rechtsprobleme, technische Grundlagen, S. 353 (358); *Kinast/Kühnl*, NJW 2014, 3057 (3058); *Weichert*, SVR 2014, 201 (204).

entfallen, wenn eine vollständige Anonymisierung der Daten erfolgt.[254] Nicht ausreichend ist eine reine Pseudonymisierung der Daten, da sich die Daten durch das Heranziehen weiterer Informationen weiterhin einer natürlichen Person zuordnen lassen.[255]

2.3.1.2.2 Anwendbares Recht

Fraglich ist jedoch, welche datenschutzrechtlichen Regelungen konkret Anwendung bei der Datenerzeugung und Datenverarbeitung intelligenter Fahrzeuge finden. Neben dem allgemeinen Datenschutz aus dem BDSG und der DSGVO gibt es noch bereichsspezifische Vorschriften, die als lex specialis jeweils Vorrang genießen.

Hier kommen insbesondere die Regelungen des TKG und dem TMG, in Verbindung mit dem TTDSG, in Betracht, die auf das vernetzte Fahren grundsätzlich Anwendung finden.[256] Der Anwendungsbereich dieser Gesetze betrifft aber nur Teile der Daten der intelligenten Fahrzeuge. Dabei zeigt sich sowohl beim TMG als auch beim TKG, dass die Normen aus einer Zeit stammen, in der die aktuelle Entwicklung von künstlicher Intelligenz und Big Data noch nicht absehbar war. Aus diesem Grund sind insbesondere diese Normen bei der Anwendung von neuen Technologien immer teleologisch zu hinterfragen. Der Gesetzgeber hat jedoch Ende 2021 nachgebessert, in dem es das TTDSG geschaffen hat. Im TTDSG hat der Gesetzgeber nun ausdrücklich

---

[254] Vgl. Erwägungsgrund 26 der VO 2016/679 (DSGVO).
[255] Vgl. Erwägungsgrund 28 der VO 2016/679 (DSGVO).
[256] BT-Drs. 18/1362, S. 4; *Weichert*, SVR 2014, 201, 203.

die Auskunftsverfahren von Bestandsdaten (§ 22 TTDSG), bei Passwörtern und anderen Zugangsdaten (§ 23 TTDSG) und Nutzungsdaten (§ 24 TTDSG) geregelt.

Als Telemediendienste im Sinne des § 1 Abs. 1 TMG kommen insbesondere die Infotainment-Angebote der Fahrzeuge in Betracht, die bewusst das Internet in das Fahrzeug holen. Diese Anwendung erscheint unproblematisch. Die intelligenten Fahrzeuge unterscheiden sich in diesem Punkt nicht von sonstigen Entertainment-Systemen. Es kann hier rechtlich keinen Unterschied machen, ob der Fahrer mittels seines Smartphones oder unmittelbar durch das Fahrzeug ins Internet geht.[257] Denn weder fallen durch die Nutzung der Infotainment-Angebote im Fahrzeug überdurchschnittlich viele Daten an, noch erlauben diese einen stärkeren Eingriff in die Privatsphäre als bei vergleichbarer Nutzung von Telemediendiensten.

Anders sieht es jedoch aus, wenn unbewusst Daten übertragen werden. Dies betrifft vor allem die Daten, die im Falle des autonomen Fahrens anfallen. Der Gesetzgeber hatte bei der Schaffung des TMG ausschließlich die bewusste Nutzung von Telemedien vor Augen.[258] Darauf ist auch die komplette Systematik des TMG ausgelegt. Kommuniziert das Fahrzeug daher unbewusst vom Nutzer, ist schon grundsätzlich die Anwendung des TMG ausgeschlossen.[259] In diesen Fällen unterfallen die Daten den strengeren Regelungen des BDSG und der DSGVO. Daraus ergibt sich, dass die hier für

---

[257] So auch *Buchner*, DuD 2015, 372 (374).
[258] Vgl. BT-Drs. 16/3078, S. 13.
[259] So auch *Buchner*, DuD 2015, 372 (374); *Schulz/Roßnagel u. a.*, ZD 2012, 510 (512).

2.3 Big Data

die Ermittlungsbehörden relevanten Daten des autonomen Fahrens vom TMG nicht erfasst werden.

Ähnlich eingeschränkt kann auch nur das TKG Anwendung finden. Das TKG findet Anwendung für Telekommunikationsdienste im Sinne des § 3 Nr. 61 TKG. Telekommunikationsdienste sind demnach in der Regel gegen Entgelt erbrachte Dienste, die ganz oder überwiegend in der Übertragung von Signalen über Telekommunikationsnetze bestehen.

Das TKG findet Anwendung, sobald ein Dienst über das Mobilfunknetz oder eine andere Funktechnologie betrieben wird. Bereits die Optimierung der Routenplanung in Echtzeit über das Mobilfunknetz reicht aus, um einen Dienst im Sinne des TKG darzustellen.[260] Damit würden auch intelligente Fahrzeuge regelmäßig Dienste beinhalten, die dem TKG unterfallen.

Das TMG und TKG schützen dabei in Verbindung mit dem TTDSG jedoch ausschließlich den weniger sensiblen „Transportweg". So sind in diesen Normen primär die Bestandsdaten (§ 21 TTDSG), Verkehrsdaten (§ 9 TTDSG) und Nutzungs- und Abrechnungsdaten (§§ 22ff. TTDSG) vom Gesetz erfasst. Die – zumeist sensibleren – Inhaltsdaten befinden sich dagegen regelmäßig im Bereich des BDSG beziehungsweise der DSGVO.[261]

---

[260] Vgl. *Lüdemann*, ZD 2015, 247 (251).
[261] Vgl. *Weichert*, SVR 2014, 201 (203).

Die konkrete Abgrenzung kann zum Teil schwierig sein. Insbesondere können bei einem Dienst gleichsam das TMG und das TKG betroffen sein.[262] Die konkrete Abgrenzung erfolgt nach dem sogenannten „Schichtmodell", welches auch von den Datenschutzaufsichtsbehörden des Bundes und der Länder zu Grunde gelegt wird.[263] Demnach wird die reine Signalübertragung durch das TKG geschützt. Der Abruf dieser Informationen, zum Beispiel über ein Webportal, stellt dann jedoch einen Telemediendienst im Sinne des TMG dar. Der Inhalt der letztendlich aber ausgelesen werden soll, unterfällt – mangels spezifischer Regelungen im TKG oder TMG — dem BDSG und der DSGVO. Auch mit dem neugeschaffenen TTDSG hat der Gesetzgeber keine Regelungen für Inhaltsdaten geschaffen, sondern ausschließlich für Bestands- und Nutzungsdaten. Lediglich die Standortdaten nach § 13 TTDSG bilden hier eine Ausnahme.[264] Diese stellen nämlich tatsächlich Inhaltsdaten dar. Nach § 3 Nr. 56 TKG und § 13 TTDSG sind hiermit jedoch ausschließlich Standortdaten gemeint, die in einem Telekommunikationsnetz durch ein Endgerät anfallen. Damit sind zwar die ermittelten Standortdaten durch die eingebaute SIM-Karte im Fahrzeug beim Netzbetreiber gemeint, jedoch nicht die Standortdaten, die das Fahrzeug selbst – zum Beispiel durch GPS – generiert und gespeichert hat. Die gesetzgeberische Wertung der besonderen Schutzbedürftigkeit solcher Standortdaten im TKG strahlt jedoch aus und ist bei der entsprechenden Verwertung anderer Standortdaten zu berücksichtigen.[265]

---

[262] Vgl. NK-Telemedien-*Müller-Broich*, § 1 TMG Rn. 4.
[263] Spindler/Schuster-*Eckhardt*, § 91 TKG Rn. 7; *Lüdemann*, ZD 2015, 247 (251); *Schaar*, MMR 2001, 644 (645).
[264] So zum damals noch geltenden § 98 TKG auch *Lüdemann*, ZD 2015, 247 (251) (dort Fn. 62).
[265] *Buchner*, DuD 2015, 372 (375); *Weichert*, SVR 2014, 201 (206f.).

2.3 Big Data

Es zeigt sich somit, dass das TMG und das TKG ausschließlich Anwendung auf Bereiche finden, die nicht das autonome Fahren betreffen. Das TMG und das TKG finden konkret nur in den Bereichen Anwendung, in denen der Benutzer sein Fahrzeug bewusst als Endgerät für den Gang in das Internet nutzt. In diesem Bereich stellen intelligente Fahrzeuge jedoch keinen Spezialfall gegenüber allen anderen technischen Endgeräten dar und sind dementsprechend auch gleich zu behandeln. Die Daten haben keine höhere Sensibilität als zum Beispiel bei einem Mobilfunktelefon. Auch haben diese Daten keinen Bezug zur künstlichen Intelligenz oder zum autonomen Fahren.

Gegenstand der hiesigen Untersuchung sind aber gerade die Daten, welche die künstliche Intelligenz selbstständig und zumeist unbemerkt vom Nutzer generiert und verwertet. Diese sensiblen Inhaltsdaten unterfallen weder dem TKG noch dem TMG in Verbindung mit dem TTDSG, sondern genießen den stärkeren Schutz der DSGVO und des BDSG.

2.3.1.2.3 Grundsätze zur Datenverarbeitung

Daher ist die Frage der Speicherung und Verarbeitung der Daten anhand der DSGVO und des BDSG zu bewerten. Hier kommt insbesondere dem im Datenschutz verankerten Verbotsprinzip erhebliche Bedeutung zu. Demnach ist das Verarbeiten von personenbezogenen Daten grundsätzlich verboten, es sei denn, die Verarbeitung ist durch eine Rechtsgrundlage ausdrücklich gedeckt. Diese Erlaubnis kann entweder aufgrund einer gesetzlichen Grundlage oder einer informierten Einwilligung erfolgen.[266]

2.3.1.2.3.1 Grundsätze der Verarbeitung von personenbezogenen Daten

Die Daten können rechtmäßig erhoben und verarbeitet werden, sofern das Gesetz dies ausdrücklich vorsieht und die Grundsätze der Verarbeitung von personenbezogenen Daten gemäß Art. 5 DSGVO eingehalten werden.

Hinsichtlich der künstlichen Intelligenz stellt insbesondere die Zweckbindung nach Art. 5 Nr. 1 lit. b DSGVO ein Problem dar. Demnach dürfen die Daten nur erhoben und verarbeitet werden, wenn sie für einen festgelegten, eindeutigen und legitimen Zweck erhoben werden. Auch die weitere Verarbeitung darf nur in einer Weise erfolgen, die mit diesem ursprünglichen Zweck zu vereinbaren ist. Sinn und Zweck dieser Zweckbindung ist insbesondere, dass die Daten auch im Falle eines technologischen Fortschrittes verarbeitet werden dürfen, sofern auch die neue Technologie noch vom ursprünglichen Zweck gedeckt ist.[267] Darin ist vor allem die Technologieoffenheit der DSGVO zu erkennen. Das Fortschreiten der technischen Entwicklung soll nicht dadurch ausgebremst werden, dass in der Vergangenheit erhobene Daten nicht mehr verarbeitet werden dürfen, da zum Zeitpunkt der Erhebung der Daten der Betroffene von dieser Technologie noch keine Kenntnis hatte.

---

[266] *Roßnagel*, SVR 2014, 281 (284); *Kinast/Kühnl*, NJW 2014, 3057 (3058).
[267] Paal/Pauly-*Frenzel*, Art. 5 DSGVO Rn. 24.

2.3 Big Data

Der Erhebungszweck der Daten bei intelligenten Fahrzeugen ist grundsätzlich das Ermöglichen des (teil)autonomen Fahrens. Fraglich ist jedoch, ob dieser Zweck tatsächlich eng genug umgrenzt ist, um die Voraussetzungen des Art. 5 Nr. 1 lit. b DSGVO zu erfüllen.

Dabei stellt sich schon grundsätzlich die Frage, ob diese Zweckbindung im Rahmen von Big Data und künstlicher Intelligenz überhaupt mit der Technologie in Einklang zu bringen ist. Der Umstand, dass der Zweck festgelegt und eindeutig sein muss, dient insbesondere dem Transparenzgebot.[268] Es ist bei künstlicher Intelligenz nur schwer vorherzusagen, für welchen späteren konkreten Zweck diese Daten gespeichert werden, da noch gar nicht absehbar ist, für welche Entscheidung die künstliche Intelligenz jemals diese Informationen verwenden wird.

Gerade bei einer künstlichen Intelligenz, die spontan bei unvorhersehbaren und komplexen Alltagshandlungen unterstützen soll, wie zum Beispiel beim (teil)autonomen Fahren, erscheint es fraglich, ob die klare Bestimmung des Zwecks, wie es auch das Bundesverfassungsgericht fordert,[269] noch zeitgemäß ist.[270] Gerade autonome Fahrzeuge werden situationsbedingt spontan Kommunikation mit anderen Verkehrsteilnehmern oder der Infrastruktur aufnehmen, ohne dass zuvor bekannt ist, mit wem zu welchem Zweck ein Datenaustausch stattfinden wird.

---

[268] Paal/Pauly-*Frenzel*, Art. 5 DSGVO Rn. 27.
[269] Vgl. BVerfGE 65, 1.
[270] Vgl. *Roßnagel*, Datenschutz in einem informatisierten Alltag, S. 139.

In vielen Fällen müssen auch Daten erhoben und gespeichert werden, deren Zweck erst im Laufe der weiteren Nutzung der künstlichen Intelligenz bestimmt wird.[271] Bei intelligenten Fahrzeugen kann die Feststellung, dass ein bestimmter Fahrer das Fahrzeug gerade bedient, für völlig unterschiedliche Zwecke eingesetzt werden. Beispielsweise kann sich bereits beim Nähern des Fahrzeuges Sitz und Lenkrad auf die Größe des Fahrers einstellen. Auch das Navigationssystem kann abhängig vom Wochentag und Uhrzeit dem jeweiligen Fahrer den Weg zu seiner individuellen Arbeitsstätte vorschlagen. Auch weitere Anwendungszwecke sind denkbar. So kann zum Beispiel beim Start des Radios der Lieblingssender voreingestellt sein und auch die Standardeinstellung der Klimaanlage kann an die bekannten individuellen Bedürfnisse des Fahrers angepasst werden. Im Falle eines Unfalles können die Daten des Fahrers – beispielsweise seine Körpergröße – auch genutzt werden, um die Effektivität der Airbags und des Gurtstraffungssystems zu erhöhen. Dies sind zum größten Teil Umstände, die beim Erfassen der Daten selbst noch nicht vorhersehbar waren. Diese technologischen Fortschritte sind nur dadurch möglich, dass die künstliche Intelligenz Daten vorhält, deren Bestimmungszweck bei der Erhebung noch nicht ersichtlich ist.

Ein weiteres Problem, welches sich durch dieses Vorhalten der Daten ergibt, ist, dass sich durch die hohe Anzahl an vorgehaltenen Daten und auch der internen Verknüpfung, Bewertung und Kategorisierung häufig gar nicht mehr mit Sicherheit feststellen lassen wird, welche Herkunft die Daten haben und zu

---

[271] Vgl. *Roßnagel*, Datenschutz in einem informatisierten Alltag, S. 141.

2.3 Big Data

welchem Zweck diese konkret erhoben wurden.[272] Daher wird teilweise angenommen, dass eine Eingrenzung des Zwecks mit der gesetzlich geforderten Genauigkeit bei künstlicher Intelligenz schon grundsätzlich nicht möglich sei.[273]

Es ist zwar zutreffend, dass die ursprünglich erhobenen Daten durch die künstliche Intelligenz in einer Art und Weise verarbeitet werden, die zum Zeitpunkt der Erhebung noch nicht feststeht, aber nach dem Sinn und Zweck der Zweckbindung der DSGVO soll durch die Zweckbindung lediglich eine faire und transparente Verarbeitung der Daten erfolgen.[274] Eine Verhinderung von neuen Technologien ist gerade nicht bezweckt; im Gegenteil soll die Verordnung zum wirtschaftlichen und sozialen Fortschritt innerhalb der europäischen Union beitragen.[275]

Aus diesem Grund ist auch nur entscheidend, dass die betroffene Person voraussehen kann, für welche Zwecke ihre Daten verarbeitet werden und welche Gefahren damit verbunden sind.[276] Daher hängt der Grad der Präzision der Zweckbestimmung von den aus der Erhebung der Daten resultierenden Gefahren ab.[277] Solange die Daten innerhalb der künstlichen Intelligenz bleiben und lediglich die spezifische Verarbeitung und das Ergebnis nicht bekannt sind, reicht die allgemeine Zweckbestimmung zum Einsatz des autonomen Fahrens aus. Es ist überzeugend, den Betroffenen lediglich

---

[272] Vgl. *Roßnagel*, Datenschutz in einem informatisierten Alltag, S. 141.
[273] So *Lüdemann*, ZD 2015, 247 (251); *Weichert*, ZD 2013, 251 (256).
[274] Vgl. Erwägungsgrund 39 der VO 2016/679 (DSGVO).
[275] Vgl. Erwägungsgrund 2 der VO 2016/679 (DSGVO).
[276] BeckOK-Datenschutz-*Schantz*, Art. 5 DSGVO Rn. 15.
[277] BeckOK-Datenschutz-*Schantz*, Art. 5 DSGVO Rn. 15.

dahingehend aufklären zu müssen, welche seiner Daten zu welchem Zweck in die künstliche Intelligenz gelangen. Erst wenn die Daten auch außerhalb der reinen Nutzung des Fahrzeuges verwendet werden (zum Beispiel zu Werbezwecken oder statistischen Auswertungen), sind diese Informationen gesondert anzugeben. Selbst wenn berücksichtigt wird, dass die Zweckbestimmung nach der DSGVO eher eng auszulegen ist,[278] ist damit dem Transparenzgebot Genüge getan. Der Nutzer ist dadurch in eine Situation gebracht worden, in der er sich bewusst für oder gegen das Überlassen seiner Daten entscheiden kann. Eine weitere spezifische Zweckbestimmung – insbesondere hinsichtlich des konkreten technischen Ablaufes – würde im Zweifel die Transparenz für den Betroffenen sowohl hinsichtlich des Umfangs als auch der Komplexität lediglich verringern.

Es ist ferner zu bedenken, dass die DSGVO auch gerade im Hinblick auf künstliche Intelligenz und Big Data geschaffen worden ist.[279] Die DSGVO ist ausdrücklich technologieneutral ausgestaltet worden, um auch auf zukünftige Entwicklungen Anwendung zu finden.[280] Der Datenschutz soll nicht das Anbieten datenintensiver Dienstleistungen verhindern, sondern lediglich Ausdruck der Datensparsamkeit sein. Aus diesem Grund ist nach überzeugender Ansicht die zulässige Datenverarbeitung weiter zu ziehen, sofern eine datenintensive Kernleistung – wie das autonome Fahren – Gegenstand der Vertragsbeziehung ist.[281]

---

[278] Vgl. BeckOK-Datenschutz-*Schantz*, Art. 5 DSGVO Rn. 15.
[279] Vgl. *Europäische Kommission,* „Fragen und Antworten – Datenschutzreform" vom 21.12.2015, http://europa.eu/rapid/press-release_MEMO-15-6385_de.htm zuletzt abgerufen am 21.03.2024.
[280] Vgl. Erwägungsgrund 15 der VO 2016/679 (DSGVO).
[281] Vgl. auch schon *Buchner*, DuD 2015, 372 (276).

2.3 Big Data

Im Rahmen von Big Data und künstlicher Intelligenz ist daher der Erhebungszweck – die Informationsbeschaffung für die künstliche Intelligenz – und das Erhebungsziel – hier: das Ermöglichen des autonomen Fahrens – eindeutig bestimmt. Dass der Weg vom Erhebungszweck zum Erhebungsziel nicht im Einzelnen transparent ist, macht den Zweck nicht als insgesamt uneindeutig. Die DSGVO verlangt gerade nicht, dass jeglicher Verarbeitungsschritt schon zum Zeitpunkt der Erhebung feststeht.

Daher sind die Grundsätze der DSGVO auch für künstliche Intelligenz und Big Data anzuwenden. Als Zweckbindung reicht die Angabe des übergeordneten Zwecks, das Ermöglichen des autonomen Fahrens, aus. Da die Kernleistung eine datenintensive Dienstleistung ist, ist der Zweck der Erhebung entsprechend weit auszulegen.

2.3.1.2.3.2 Rechtmäßigkeit der Verarbeitung

Die Datenerhebung muss jedoch auch rechtmäßig erfolgen. Art. 6 DSGVO führt abschließend auf, wann die Verarbeitung von personenbezogenen Daten rechtmäßig ist.

Im hiesigen Fall kommt insbesondere Art. 6 Abs. 1 S. 1 lit. b DSGVO in Betracht. Demnach ist die Verarbeitung rechtmäßig, sofern die Verarbeitung für die Erfüllung eines Vertrages oder für vorvertragliche Maßnahmen mit der betroffenen Person erforderlich ist. Diese Bestimmung normiert die Selbstverständlichkeit, dass, wenn Parteien im Rahmen der Privatautonomie eine Leistung vereinbaren, sie zugleich auch über die dabei notwendige Datenverarbeitung disponieren können.[282] Dieser Grundsatz war nahezu wortgleich bereits in der Vorgängerbestimmung in Art. 7 lit. b DSRL geregelt. Das Ersetzen von „Antrag" durch „Anfrage" in der neuerlichen Fassung beinhaltet keine inhaltliche Änderung, insbesondere, da sich in der englischen Fassung an der Bezeichnung „at the request" nichts geändert hat.[283]

Die Bestimmung in Art. 6 Abs. 1 S. 1 lit. b DSGVO setzt voraus, dass die Datenverarbeitung für die „Erfüllung eines Vertrags" verwendet wird. Dabei ist der Begriff des Vertrags jedoch unionsrechtlich auszulegen, sodass es nicht nur Verträge im Sinne des deutschen BGB meint, sondern auch vertragsähnliche Konstellationen.[284]

Bereits hier besteht jedoch bei intelligenten Fahrzeugen das Problem, dass zwischen dem Benutzer des Fahrzeuges und dem Hersteller der Systeme nicht zwingend eine vertragliche Basis im Sinne des Art. 6 Abs. 1 S. 1 lit. b DSGVO bestehen muss. Das Fahrzeug wird vom Käufer zumeist durch einen Zwischenhändler erworben und nicht direkt vom Hersteller.[285] Die intelligenten Fahrzeuge werden zunehmend aber als „Car as a service" angeboten. Viele Zusatzangebote, insbesondere die Nutzung des Infotainmentsystems und der künstlichen Intelligenz, setzen eine eigene Beziehung zwischen Fahrzeugnutzer und Fahrzeughersteller voraus. Die Fahrzeughersteller verändern daher auch ihre Positionierung auf dem Markt.

---

[282] Vgl. BeckOK-Datenschutz-*Albers/Veit*, Art. 6 DSGVO Rn. 41.
[283] BeckOK-Datenschutz-*Albers/Veit*, Art. 6 DSGVO Rn. 40.
[284] BeckOK-Datenschutz-*Albers/Veit*, Art. 6 DSGVO Rn. 42.
[285] *Wendt*, DZ-Aktuell 2018, 06034.

2.3 Big Data

Waren sie bis vor kurzem noch mit dem Verkauf ihrer Produkte am Ende der Wertschöpfungskette, gibt es nun einen erheblichen Markt in der nachgelagerten Wertschöpfung bei der Nutzung des Fahrzeuges.[286] Sofern die Fahrzeughersteller davon profitieren wollen, müssen sie eine eigene Vertragsbeziehung mit dem Halter eingehen. Sofern weitere Fahrer das Fahrzeug nutzen, müsste sogar mit jedem Fahrer ein eigener Vertrag geschlossen werden.[287] Gegebenenfalls muss ein Vertrag sogar mit allen Mitfahrern, die ebenfalls von der Datenerhebung betroffen sein könnten, geschlossen werden. Die praktische Ausgestaltung, insbesondere wenn nicht nur der Halter mit einbezogen werden soll, stellt sich zurzeit noch als schwierig dar.

Einige Fahrzeughersteller versuchen bereits durch den Kauf des Fahrzeuges beim Händler eine eigene Vertragsbeziehung mit dem Käufer herzustellen. So sehen die allgemeinen Geschäfts- und Nutzungsbedingungen von BMW ConnectedDrive[288] unter Nr. 1.4 AGB vor, dass mit der Bestellung eines BMW-Neuwagens über einen BMW-Vertragshändler zugleich ein Angebot über die Schließung eines BMW ConnectedDrive-Vertrages mit BMW abgegeben wird. Auf den Zugang einer Annahmeerklärung durch BMW verzichtet der Käufer gleichzeitig durch Nr. 1.7 AGB. Wird der Wagen weiterverkauft oder dauerhaft weitergegeben, ist der Käufer nach Nr. 7.2 AGB

---

[286] *Vásquez/Kroschwald*, MMR 2020, 217 (217).
[287] So auch *Wendt*, DZ-Aktuell 2018, 06034.
[288] *BMW*, „Allgemeinen Geschäfts- und Nutzungsbedingungen von BMW ConnectedDrive.". Stand September 2021, abrufbar unter https://www.bmw.de/content/dam/bmw/marketDE/bmw_de/new-vehicles/pdf/01_BMW_TermsConditions_D1_09122021.pdf.asset.1639057464388.pdf zuletzt abgerufen am 21.03.2024.

zur Deaktivierung aller Dienste verpflichtet und eine Übertragung des Vertrages ist nach Nr. 7.1 AGB nur mit Zustimmung von BMW zulässig. Sofern der Käufer selbst den Vertrag beenden möchte, werden die Dienste durch BMW deaktiviert (Nr. 6.1 AGB) und die SIM-Karte im Fahrzeug ausgebaut beziehungsweise deaktiviert (Nr. 1.7 AGB).

BMW versucht durch dieses Vorgehen möglichst umfassend die Verarbeitung von Daten durch Art. 6 DSGVO abzusichern, ohne dass eine gesonderte Einwilligung notwendig ist. Sofern das Vorgehen mittels AGB überhaupt wirksam sein sollte, stellt sich zumindest das Problem, dass viele der erhobenen Daten zwar für den Hersteller nützlich, jedoch nicht zwingend für die Erfüllung notwendig sind.[289] Die reine Nützlichkeit reicht jedoch gerade nicht aus, um die Rechtmäßigkeit nach Art. 6 Abs. 1 S. 1 lit. b DSGVO annehmen zu können.[290] Es bedarf einer umfassenden Abwägung der gegenseitigen Interessen, wobei die Anforderung der Erforderlichkeit weder zu eng noch zu weit verstanden werden darf.[291] Allgemein wird die Verarbeitung erforderlich sein, wenn der Vertrag ohne Verarbeitung der Daten in dem geltend gemachten Umfang nicht erfüllt werden könnte.[292]

Der Vertragszweck ist in der Regel die Nutzung der Infotainmentsysteme bis hin zum autonomen Fahren gestützt durch die künstliche Intelligenz in der Cloud. Das Fahrzeug braucht zum autonomen Fahren zwar Daten aus der

---

[289] Vgl. zur alten Rechtslage schon *Forgó*, in: Oppermann/Stender-Vorwachs, Autonomes Fahren. Rechtsfolgen, Rechtsprobleme, technische Grundlagen, S. 353 (363).
[290] Vgl. *Bretthauer/Schmitt*, ZD 2020, 341 (344).
[291] BeckOK-Datenschutz-*Albers/Veit*, Art. 6 DSGVO Rn. 44.
[292] Paal/Pauly-*Frenzel*, Art.6 DSGVO Rn. 14.

2.3 Big Data

Cloud, muss seine eigenen Daten aber nicht zwingend dauerhaft in der Cloud gespeichert lassen. Es würde letztendlich ausreichen, die gesammelten Informationen des Fahrzeuges der künstlichen Intelligenz nur flüchtig zugänglich zu machen und anschließend die Daten wieder zu verwerfen.

Damit die künstliche Intelligenz aber die richtigen Entscheidungen trifft, muss sie über ausreichend gesammelte Daten aus der Vergangenheit verfügen. Die künstliche Intelligenz greift dazu auf die in der Cloud gespeicherten Daten der Gesamtheit der Fahrzeuge zurück. Hier zeigt sich aber bereits das Dilemma. Auf diese Daten kann die künstliche Intelligenz nur zugreifen, wenn diese auch dauerhaft gespeichert werden und gerade nicht nach der Verarbeitung wieder verworfen werden. Das autonome Fahren kann daher zwar auch erfüllt werden, wenn das eigene Fahrzeug seine Daten nicht für die dauerhafte Speicherung zur Verfügung stellt, dies funktioniert aber nur, wenn zumindest andere Fahrzeuge ausreichend Daten bereitstellen.

Dies führt zur paradoxen Situation, dass jeder einzelne Vertrag auch ohne die erforderliche dauerhafte Verarbeitung der Daten erfüllt werden kann, aber die Gesamtheit der Verträge mangels gespeicherter Daten unerfüllbar wird. Im Rahmen der Beurteilung der Erforderlichkeit im Sinne des Art. 6 Abs. 1 S. 1 lit. b DSGVO ist jedoch gerade auf die Erforderlichkeit der einzelnen Vertragserfüllung abzustellen. Der Anbieter kann sich theoretisch die notwendigen Daten auch anderweitig beschaffen und beispielsweise eine einmal mit anonymen Daten angelernte künstliche Intelligenz einsetzen.

Dies hat zur Folge, dass die Verarbeitung der Daten für die Vertragserfüllung zwar äußerst nützlich und in der Gesamtheit auch notwendig, für die einzelne Vertragserfüllung aber gerade nicht erforderlich ist. Aus diesem Grund kann Art. 6 Abs. 1 S. 1 lit. b DSGVO nicht als Grundlage für die rechtmäßige Erhebung dienen, sofern es um die Nutzung künstlicher Intelligenz bei Fahrzeugen geht.

In Betracht käme daher noch Art. 6 Abs. 1 S. 1 lit. f DSGVO. Diese Norm ist in Form einer Generalklausel ausgestaltet und erlaubt die Verarbeitung der Daten, die zur Wahrung der berechtigten Interessen des Verantwortlichen erforderlich sind, sofern nicht die Interessen der betroffenen Personen überwiegen. Ein berechtigtes Interesse ist weit zu verstehen und kann insbesondere ein Kunden- oder Dienstverhältnis sein.[293] In einer früheren Entwurfsfassung der DSGVO wollte sich die EU-Kommission die Befugnis einräumen, durch delegierte Rechtsakte nähere Regelungen für bestimmte Bereiche und Verarbeitungssituationen im Rahmen des Art. 6 Abs. 1 S. 1 lit. f DSGVO erlassen zu dürfen, dies gelangte jedoch nicht in die Endfassung.[294] Auch die Idee des Parlamentsberichterstatters, einen konkreten Katalog mit Verarbeitungssituationen, die regelmäßig als berechtigtes Interesse zu werten wären, direkt in den Tatbestand des Art. 6 DSGVO aufzunehmen, gelangte nicht in den abgestimmten Parlamentstext.[295] Letztendlich ist nichts mehr

---

[293] Paal/Pauly-*Frenzel*, Art.6 DSGVO Rn. 28.
[294] BeckOK-Datenschutz-*Albers/Veit*, Art. 6 DSGVO Rn. 67.
[295] Art. 6 Abs. 1a, 1b und 1c des Entwurf eines Berichts über den Vorschlag für eine Verordnung des Europäischen Parlaments und des Rates zum Schutz natürlicher Personen bei der Verarbeitung personenbezogener Daten und zum freien Datenverkehr (Datenschutz-Grundverordnung) [COM(2012)0011 – C7 0025/2012 – 2012/0011(COD)] vom 16.1.2013, abrufbar unter

geblieben als der Hinweis in den Erwägungsgründen, dass die vernünftigen Erwartungen der betroffenen Personen zu berücksichtigen sind.[296]

Aus diesem Grund muss das berechtigte Interesse normativ entschieden werden. Es ist daher eine Interessensabwägung zwischen den Interessen der betroffenen Person und dem Interesse an der Verarbeitung vorzunehmen. Dabei sind nicht nur rechtliche Interessen von Bedeutung, sondern auch wirtschaftliche und ideelle Interessen.[297]

Es stehen somit auf der einen Seite die wirtschaftlichen Interessen der Autohersteller an der Weiterentwicklung der künstlichen Intelligenz und dem Anbieten weiterer Serviceleistungen. Dem gegenüber steht aber das schützenswerte Interesse des Betroffenen, seine höchstpersönlichen Daten – insbesondere Standortdaten und sein Fahrverhalten – nicht preisgeben zu müssen. Diese Daten sind äußerst sensibel, da sie die Erstellung eines vollständigen Bewegungsprofils des Betroffenen erlauben.[298] Dieses Profil kann Auskünfte über sensible Gewohnheiten geben, wie zum Beispiel regelmäßige Besuche bei Ärzten oder politischen Einrichtungen.[299] Ferner können dem Fahrer auch finanzielle oder berufliche Nachteile drohen, wenn Kenntnis von seinem möglicherweise verkehrswidrigen Verhalten erlangt wird.[300]

---

https://www.europarl.europa.eu/doceo/document/LIBE-PR-501927_DE.pdf   zuletzt abgerufen am 21.03.2024.
[296] *Albrecht*, CR 2016, 88 (92).
[297] BeckOK-Datenschutz-*Albers/Veit*, Art. 6 DSGVO Rn. 68.
[298] *Kinast/Kühnl*, NJW 2014, 3057 (3059).
[299] Vgl. *Kinast/Kühnl*, NJW 2014, 3057 (3059).
[300] *Kinast/Kühnl*, NJW 2014, 3057 (3059).

Der hier im Raum stehende Datenfundus erlaubt eine vollständige Profilerstellung über den einzelnen Fahrer. Dies betrifft nicht nur das reine Fahren des Fahrzeuges, sondern seine gesamte Lebensgestaltung. Insbesondere durch die Verknüpfung weiterer Daten können so umfassende Bewegungsprofile erstellt werden und daraus entsprechende Schlüsse gezogen werden. Bereits der Abgleich der Standortdaten reicht aus, um Beziehungen zwischen verschiedenen Personen herzustellen.

Durch den Umstand, dass die Datenerhebung dauerhaft und umfassend erfolgt, ist ein vollständiger Einblick in die Lebensgewohnheiten des Betroffenen möglich. Diese allumfassenden Profilbildungen stellen den schwersten Eingriff in das allgemeine Persönlichkeitsrecht des Einzelnen dar und werden europarechtlich umfassend durch Art. 7 und 8 GRCh geschützt. Solch eine tiefgehende Profilbildung kann durch die wirtschaftlichen Interessen des Herstellers nicht gerechtfertigt werden.

Die schutzwürdigen Interessen des Betroffenen am Schutz der Daten überwiegen somit die wirtschaftlichen Interessen der Hersteller an deren Verwertung. Art. 6 Abs. 1 S. 1 lit. f DSGVO kann daher ebenfalls keine taugliche Ermächtigungsnorm sein.[301]

Aufgrund dieses erheblichen Eingriffs in das allgemeine Persönlichkeitsrecht kann der Betroffene nur aktiv durch seine informierte Einwilligung die

---

[301] So ebenfalls bereits zum § 28 BDSG a.F. *Kinast/Kühnl*, NJW 2014, 3057 (3059); *Roßnagel*, NZV 2006, 281 (284).

2.3 Big Data

Erhebung und Verarbeitung der Daten ermöglichen. Die informierte Einwilligung richtet sich nach Art. 6 Abs. 1 S. 1 lit. a DSGVO i.V.m. Art. 7 DSGVO.

Die Einwilligung müsste von jedem Betroffenen eingeholt werden. Dies geschieht zumeist im Rahmen der Kauf- oder Nutzungsverträge. Wie aufgezeigt, besteht eine vertragliche Beziehung zwischen Fahrer und Hersteller meist jedoch nicht. Ausnahmen bilden hier die Versuche von BMW, mittels AGB beim Autokauf unmittelbar eine Vertragsbeziehung zwischen Käufer und Hersteller bezüglich der Infotainmentsysteme zu schließen. In den meisten Fällen steht der Kunde aber beim Kauf eines Fahrzeuges nur mit dem Händler in vertraglichen Beziehungen. Aus diesem Grund wird zum Teil angenommen, dass bei intelligenten Fahrzeugen schon dem Grunde nach nicht auf die Konstruktion der Einwilligung zurückgegriffen werden kann.[302] Diese Ansicht stammt zum größten Teil jedoch noch aus den Zeiten vor dem Inkrafttreten der DSGVO, in der zum Teil höhere formelle Anforderungen an eine wirksame Einwilligung gestellt wurden. In § 4a BDSG a.F. war für die Einwilligung beispielsweise noch die Schriftform vorgesehen. Die DSGVO verzichtet dagegen auf ein Formerfordernis und öffnet daher insbesondere den Weg für eine Einwilligung durch Bestätigung auf dem Touchscreen des Fahrzeuges oder gar konkludent durch das Starten des Motors. Nicht ausreichend ist es jedoch, wenn stillschweigend von einer Zustimmung ausgegangen wird und der Betroffene aktiv erklären muss, nicht einwilligen zu

---

[302] *Forgó*, in: Oppermann/Stender-Vorwachs, Autonomes Fahren. Rechtsfolgen, Rechtsprobleme, technische Grundlagen, S. 353 (361); *Lüdemann*, ZD 2015, 247 (252).

wollen.[303] Praktische Probleme ergeben sich bei der Einwilligung bereits dadurch, dass nicht nur persönliche Daten des Fahrers, sondern auch von allen Mitfahrern erhoben werden, welche ebenfalls zustimmen müssten.[304]

Selbst wenn dieses praktische Problem gelöst werden könnte, stellt die notwendige Freiwilligkeit der Einwilligung nach Art. 7 Abs. 4 DSGVO eine weitere Hürde dar. Die Einwilligung kann nach Art. 4 Nr. 11 DSGVO nur dann als freiwillig angesehen werden, wenn sie in informierter Weise und unmissverständlich bekundet wird. Bei einer Aufforderung in elektronischem Wege – wie es bei intelligenten Fahrzeugen der Fall sein wird – soll zudem die Aufforderung in klarer und knapper Form erfolgen.[305]

Dies bedeutet, dass von einer Freiwilligkeit nur dann gesprochen werden kann, wenn sich die Fahrer bewusst sind, welche Daten generiert werden und was mit diesen Daten geschieht. Nur dann kann der Fahrer nämlich die Tragweite seiner Entscheidung überblicken und informiert einwilligen.[306]

Eine hinreichende Information ist jedoch beim vernetzten Fahren schwierig oder teilweise schlicht unmöglich.[307] Denkbar wäre zwar ein Hinweis beim Start des Fahrzeuges,[308] dies stößt aber schnell an praktische Grenzen. Die von der künstlichen Intelligenz selbstständig erhobenen, bewerteten und

---

[303] BeckOK-Datenschutz-*Albers/Veit*, Art. 6 DSGVO Rn. 38.
[304] *Lüdemann/Sengstacken*, RDV 2014, 177 (180f.).
[305] Vgl. Erwägungsgrund 32 der VO 2016/679 (DSGVO).
[306] Vgl. BeckOK-Datenschutz-*Stemmer*, Art. 7 DSGVO Rn. 55; *Lüdemann/Sengstacken*, RDV 2014, 177 (181).
[307] *Lüdemann*, ZD 2015, 247 (253).
[308] So vorgeschlagen in *VDA*, Datenschutz-Prinzipien, S. 2.

2.3 Big Data

gespeicherten Daten sind selbst für den Hersteller nicht im Voraus umfassend vorherzusehen. In vielen Fällen soll das Fahrzeug gerade selbst entscheiden, in welcher Form die Daten verwendet werden und gegebenenfalls mit wem diese Informationen geteilt werden. Hinzu kommt das Problem, dass es bereits bei klassischen digitalen Plattformen zu einem sogenannten „information overload" kommt, wenn über die Datenverarbeitung informiert wird.[309] Dies bedeutet, dass der Benutzer mit so vielen Informationen überladen wird, dass diese nicht mehr den Zweck des Informierens erfüllen. Die Datenverwendungs- und Cookie-Richtlinie von Facebook entspricht zum Beispiel umgerechnet 14 DIN-A4-Seiten und verweist hinsichtlich des Tochterprodukts WhatsApp auf weitere 13 Seiten AGB und Datenschutzrichtlinien.[310] Die Informationen für den Betroffenen sollen aber gerade klar und knapp erfolgen.[311] Schon bei heutigen klassischen Fahrzeugen klären viele Hersteller die Kunden nicht ausreichend über die Erhebung, Speicherung und Verarbeitung von Daten auf.[312] Häufig finden sich in den umfangreichen AGB der Hersteller vollkommen allgemeine Sätze wie zum Beispiel bei ConnectedDrive von BMW, in denen es heißt: *„Technische Daten werden in regelmäßigen Abständen vom Fahrzeug an BMW übertragen und dort zur Weiterentwicklung von BMW-Produkten ausgewertet."*[313] Es bleibt

---

[309] *Buchner*, DuD 2015, 372 (372); *Stender-Vorwachs/Steege*, MMR 2018, 212 (216); *Franke*, DAR 2016, 61 (65); *Lüdemann/Sengstacken*, RDV 2014, 177 (181); *Kutscha*, ZRP 2010, 112 (113).
[310] *Buchner*, DuD 2015, 372 (372).
[311] Vgl. Erwägungsgrund 32 der VO 2016/679 (DSGVO).
[312] Vgl. *Mielchen*, SVR 2014, 81 (82).
[313] *BMW*, BMW i ConnectedDrive Dienste Informationen/Datenschutz Stand Dezember 2017, Nr. 2 a.; Vgl. auch *Weichert*, SVR 2014, 241 (242).

für den Nutzer völlig unklar, wann welche Daten für welchen Zweck genau übertragen werden.

Dazu kommen weitere praktische Schwierigkeiten. Autonome Fahrzeuge können langfristig auch von minderjährigen Personen verwendet werden. Spätestens wenn die Fahrzeuge Systeme der Stufe 5 beinhalten und sich damit vollständig autonom durch den Straßenverkehr bewegen, gibt es keinen Grund mehr für eine Altersbeschränkung. Art. 8 Abs. 1 DSGVO verlangt für die Datenerhebung jedoch, dass zumindest bei Jugendlichen unter 16 Jahren die Einwilligung der Erziehungsberechtigten eingeholt werden muss. Für einen großen Teil der Nutzergruppe kommt eine Einwilligung daher schon aus diesem Grund nicht in Betracht.

Ein weiteres Problem stellt die jederzeitige Widerruflichkeit der Einwilligung dar. Die intelligenten Fahrzeuge werden eine „eat or die"-Strategie beim Thema Datenschutz verfolgen.[314] Dies bedeutet, dass der Kunde nur die Wahl hat, die verlangten Einwilligungen im vom Hersteller gewünschten Umfang zu erteilen oder vollständig auf die Nutzung von intelligenten Fahrzeugen zu verzichten. Der Kunde kann das Produkt dabei nur nutzen, wenn er uneingeschränkt der Verwertung seiner Daten zustimmt und diese Zustimmung auch dauerhaft aufrechterhält. Eine Verweigerung oder ein Widerruf würde dazu führen, dass das Fahrzeug nicht mehr uneingeschränkt einsetzbar wäre.[315] Die Freiwilligkeit besteht daher nur insoweit, als auf die

---

[314] *Stender-Vorwachs/Steege*, MMR 2018, 212 (215).
[315] *Forgó*, in: Oppermann/Stender-Vorwachs, Autonomes Fahren. Rechtsfolgen, Rechtsprobleme, technische Grundlagen, S. 353 (362).

2.3 Big Data

Nutzung der Fahrzeuge gänzlich verzichtet werden kann. Gerade solch eine Abhängigkeit zwischen Nutzung und Einwilligung in nicht zwingend erforderliche Datenverarbeitung, spricht aber gegen die Freiwilligkeit der Einwilligung.[316]

Aus diesem Grund findet sich in Art. 7 Abs. 4 DSGVO das sogenannte Kopplungsverbot. Eine Einwilligung kann demnach unfreiwillig sein, wenn die Erbringung der Dienstleistung von einer Einwilligung abhängig gemacht wird, die für die Vertragserfüllung nicht erforderlich ist. Wie bereits ausgeführt, ist das umfangreiche Sammeln und Verarbeiten dieser spezifischen Daten zwar für den Hersteller von erheblichem Nutzen, aber für die konkrete Erbringung der Dienstleistung gerade nicht zwingend notwendig.

Bei intelligenten Fahrzeugen kommt erschwerend hinzu, dass die Datenerhebung zum De-facto-Standard in der Automobilbranche geworden ist. Der Nutzer kann daher die Dienstleistung ohne Preisgabe seiner Daten auch regelmäßig nicht von einem anderen Anbieter beziehen. Es kann aus diesem Grund nicht von einer informierten Einwilligung ausgegangen werden, wenn mangels alternativer Angebote keine echte Wahlfreiheit mehr besteht.[317]

Festzuhalten ist daher, dass die informierte Einwilligung beim Thema intelligenter Fahrzeuge an ihre Grenzen stößt. Eine wirksame und umfassende Einwilligung ist beim Einsatz von künstlicher Intelligenz – insbesondere im

---

[316] Vgl. Erwägungsgrund 43 der VO 2016/679 (DSGVO).
[317] So auch *Kinast/Kühnl*, NJW 2014, 3057 (3060).

Rahmen von Kraftfahrzeugen – nach aktueller Rechtslage praktisch nicht einzuholen.

2.3.1.2.3.3 Zwischenergebnis

Es zeigen sich daher erhebliche Schwierigkeiten bei der datenschutzkonformen Erhebung der für die intelligenten Fahrzeuge notwendigen Daten. Aus diesem Grund verwundert es auch nicht, dass den Datenschutzgesetzen zum Teil bescheinigt wird, dass sie der tatsächlichen technischen Entwicklung erheblich hinterherhinken.[318] Bereits bei klassischen Internetdienstleistungen ist eine umfassende Information kaum möglich und wird in der Praxis meist auch nicht rechtskonform umgesetzt.[319] Bei der hohen Komplexität heutiger Datenverarbeitungen ist der Einwilligende kaum mehr in der Lage, die Konsequenzen seiner Entscheidung abzuschätzen.[320] In vielen Fällen reicht es in der Praxis aus, dass der Nutzer ein „Ich akzeptiere die Datenschutzrichtlinien" anklickt. Dies ist aber gerade nicht mit den gesetzlichen Vorgaben in Einklang zu bringen.[321]

Insbesondere das komplexe System der intelligenten Fahrzeuge überfordert die geltenden Datenschutzgesetze, die auf überschaubare Sachverhalte und Regelungen angelegt sind.[322] Intelligente Fahrzeuge erheben eine Vielzahl an

---

[318] Vgl. *Lüdemann/Sengstacken*, RDV 2014, 177 (181); *Weichert*, SVR 2014, 241 (247).
[319] *Buchner*, DuD 2015, 372 (376).
[320] *Lüdemann/Sengstacken*, RDV 2014, 177 (181).
[321] So auch *Buchner*, DuD 2015, 372 (376); Vgl. auch LG Berlin, DuD 2015, 259.
[322] So auch *Lüdemann*, ZD 2015, 247 (250).

2.3 Big Data

Daten für unterschiedliche Anbieter zu unterschiedlichen Zwecken und diese werden – zum Teil auch autonom untereinander – umfangreich übertragen und ausgetauscht. Es ist für den Einzelnen kaum mehr feststellbar, welche Daten von wem, warum und zu welchem Zweck erhoben wurden, denn der Weg, den eine künstliche Intelligenz von den eingehenden Informationen zum Ergebnis nimmt, ist weder eindeutig noch transparent.[323] Wie aufgezeigt, stoßen die Datenschutzgesetze bei diesen komplexen technischen Systemen an ihre Grenzen.

2.3.1.3 Zwischenergebnis

Es zeigt sich somit, dass bei intelligenten Fahrzeugen im erheblichen Umfang Daten erhoben und verarbeitet werden. Die Hersteller von Fahrzeugen, insbesondere von Fahrzeugen mit autonomen Fahrfunktionen, sind zum Teil sogar zur Erhebung bestimmter Daten verpflichtet. Diese Speicherung und Übermittlung dient unter anderem der Sicherheit des Straßenverkehrs[324], der Unfallaufklärung[325] oder aber auch dem Umweltschutz[326].

Darüber hinaus haben die Hersteller aber auch selbst Interesse an einer möglichst umfangreichen Datenerhebung. Diese Daten dienen einerseits dem Anbieten bestimmter Dienstleistungen, andererseits sind die Daten für die

---

[323] *Meyer*, ZRP 2018, 233 (235).
[324] Siehe zum Beispiel die Speicherpflicht nach der eCall-Verordnung in Abschnitt 2.3.1.1.2 oder der Pflicht zur Black Box in Abschnitt 2.3.1.1.4.
[325] Siehe zum Beispiel die Speicherpflicht nach dem StVG in Abschnitt 2.3.1.1.1.
[326] Siehe zum Beispiel die Pflicht zur Übermittlung von Verbrauchsdaten in Abschnitt 2.3.1.1.3.

Hersteller der Fahrzeuge auch für wirtschaftliche Werbezwecke von Interesse. Aufgrund der Personenbezogenheit von nahezu allen in intelligenten Fahrzeugen entstehenden Daten, unterliegen die Daten den strengen Regelungen des BDSG und der DSGVO, deren Anforderungen die Hersteller in vielen Fällen jedoch nicht vollständig gerecht werden.

Für die Ermittlungsbehörden stellen diese gespeicherten Daten einen wertvollen Fundus für mögliche Ermittlungen im Rahmen eines Strafverfahrens dar. Diesbezüglich stellt sich jedoch neben der Erhebung der Daten auch die Frage, wie die Ermittlungsbehörden auf diese Daten auch tatsächlich zugreifen können.

2.3.2 Tatsächliche Zugriffsmöglichkeiten auf Daten intelligenter Fahrzeuge

Für die Frage der tatsächlichen Zugriffsmöglichkeit auf Daten intelligenter Fahrzeuge kommt es maßgeblich auf den Speicherort der Daten an. Diese Speicherung erfolgt bei intelligenten Fahrzeugen sehr unterschiedlich. Demnach unterscheiden sich auch die Zugriffsmöglichkeiten durch die Ermittlungsbehörden auf die Daten der intelligenten Fahrzeuge. Hier stellt sich vor allem die Frage, wie und wo auf die Daten zugegriffen werden soll.

Die Daten können – wie bereits aufgezeigt[327] – grundsätzlich intern oder extern gespeichert werden. Extern kommt insbesondere die Cloud des

---

[327] Siehe Abschnitt 2.2.3.3.2 und Abschnitt 2.2.3.3.3.

2.3 Big Data

Fahrzeugherstellers in Betracht. Dabei müssen die Daten jedoch nicht exklusiv an einem Speicherort liegen. Häufig finden sich Daten, obwohl sie hochgeladen wurden, auch noch lokal im Speicher des Fahrzeugs selbst. Dies betrifft vor allem Daten, welche dem Nutzer regelmäßig selbst angezeigt werden. Zu denken sei hier zum Beispiel an den Kilometerstand. Ferner gibt es Daten, die schon ihrer Natur nach sowohl intern als auch extern gespeichert sein müssen. Dies trifft zum Beispiel auf die eindeutige Identifikationsnummer des Fahrzeuges zu, die das Fahrzeug selbst wissen muss, um sich beim Hersteller anzumelden, zugleich aber auch der Hersteller kennen muss, um das Fahrzeug bei sich zuordnen zu können.

Da alle Daten grundsätzlich an diesen zwei Orten gespeichert sein können, bieten sich beide Orte auch als Zugriffsort für Ermittlungsbehörden an. Ziel des Zugriffs kann daher einerseits die interne Speicherung im Fahrzeug sein und andererseits das Rechenzentrum des Herstellers. Der Zugriff auf die jeweiligen Speicherorte kann wieder jeweils physisch oder per Fernzugriff erfolgen. So ergeben sich grundsätzlich vier Grundkombinationen eines möglichen Zugriffsszenarios.

Das erste Szenario betrifft den offenen oder verdeckten physischen Zugriff auf den internen Speicher des Fahrzeuges. Haben die Ermittlungsbehörden das Fahrzeug vor sich, kann der Zugriff grundsätzlich auf mehrere Arten erfolgen. Einerseits kann über das normaler User-Interface auf die Daten zugegriffen werden, so wie es auch der zugriffsberechtigte Nutzer machen würde. Weitergehende Informationen gibt es ferner, wenn der Speicher mittels „Data link connector" ausgelesen wird. Solch eine Möglichkeit der On-Board-

Diagnose ist sowohl in den USA[328] als auch in der Europäischen Union[329] für Neufahrzeuge seit mehreren Jahren vorgeschrieben. Sollte der Zugriff weder über das User-Interface noch die On-Board-Diagnose möglich sein, können die entsprechenden Speichermedien auch aus dem Fahrzeug ausgebaut und, soweit sie nicht verschlüsselt sind, extern ausgelesen werden.

Neben dem physischen Zugriff kann auch per Fernzugriff auf das Fahrzeug zugegriffen werden. Dies stellt das zweite Zugriffsszenario dar. Da das intelligente Fahrzeug, wie aufgezeigt, zwangsweise vernetzt sein muss, ist es auch – wie jedes vernetzte Gerät – von außen angreifbar. Solch ein Fernzugriff von außen ist bei den meisten Fahrzeugen grundsätzlich nicht oder nur sehr eingeschränkt vom Hersteller vorgesehen und aus Sicherheitsgründen entsprechend restriktiv ausgerichtet. Sofern das Fahrzeug aber eine car2c-, car2i- oder car2x-Kommunikation erlaubt, muss es zwangsweise Kommunikationsinhalte aus der Umgebung aufnehmen und verarbeiten können. Dadurch bieten sich hier auch immer Angriffsmöglichkeiten. Durch entsprechende Sicherheitslücken besteht dadurch die Gefahr, dass schädlicher Code durch das Fahrzeug ausgeführt wird und sodann zum Beispiel ein „Trojaner-Programm" nachgeladen wird, welches anschließend einen kompletten Zugriff auf den Fahrzeugspeicher beziehungsweise sogar auf das gesamte Fahrzeug-IT-System ermöglicht. Denkbar ist sogar die Möglichkeit, dass entsprechender Code durch die fahrzeugeigenen Sensoren, zum Beispiel als Morsezeichen mittels Lichtsignals, eingespielt werden könnte. Es gibt

---

[328] Vgl. https://www.gpo.gov/fdsys/pkg/FR-2003-06-27/pdf/03-14461.pdf zuletzt abgerufen am 21.03.2024.
[329] Vgl. Verordnung (EU) 715/2007 ABl. L 171 vom 29.06.2007, S. 1–16.

2.3 Big Data

keinerlei Hinweis darauf, dass gerade Automobilhersteller sicherere Systeme herstellen sollen als sonstige Tech-Unternehmen.[330] So ist es Sicherheitsforschern im Herbst 2022 gelungen, in die Systeme von etlichen Autoherstellern einzudringen.[331] Die jüngsten Angriffe auf IT-Systeme von intelligenten Fahrzeugen lassen daher eher befürchten, dass gerade die Automobilhersteller beim Thema IT-Sicherheit noch Nachholbedarf haben.[332] Der Gesetzgeber hat den Herstellern daher auch in § 1f Abs. 3 StVG strenge Auflagen und Verpflichtungen zum Nachweis der Absicherung der Fahrzeuge vor Angriffen gegenüber dem Kraftfahrt-Bundesamt auferlegt.

Schließlich kommt auch noch in Betracht, dass der Nutzer selbst dazu gebracht wird, die Spionagesoftware auf seinem IT-System zu installieren, zum Beispiel durch das Vorspielen eines anderen Nutzens. Dieses Vorgehen ist jedoch bei geschlossenen Systemen wie intelligenten Fahrzeugen meist unpraktisch, da auch der Nutzer keine so tiefgehenden Rechte im System hat, dass er selbstständig Software nachinstallieren darf. Aus diesem Grund werden beim Infiltrieren von Fahrzeugen eher externe Angriffe durch das Ausnutzen von Sicherheitslücken vorherrschend sein.

---

[330] So auch *Janovsky/Goger*, RAW 2019, 99 (100).
[331] *Curry*, „Web Hackers vs. The Auto Industry: Critical Vulnerabilities in Ferrari, BMW, Rolls Royce, Porsche, and More" vom 03.01.2023, https://samcurry.net/web-hackers-vs-the-auto-industry/ zuletzt abgerufen am 21.03.2024.
[332] Von 300 Modellen mit Keyless-Go waren laut dem ADAC nur vier Fahrzeuge sicher *ADAC*, „Leichte Beute: Autos und Motorräder mit Keyless" vom 19.08.2019, https://www.adac.de/rund-ums-fahrzeug/ausstattung-technik-zubehoer/assistenzsysteme/keyless/ zuletzt abgerufen am 21.03.2024.

Solche externen Angriffsszenarien auf Fahrzeuge sind jedoch meist nicht trivial. Zwar nutzen nahezu alle Autohersteller für ihre Fahrzeugsoftware gängige Linux-Distributionen,[333] diese sind jedoch so stark modifiziert, dass jegliche Spionagesoftware spezifisch auf den Hersteller und/oder sogar das Fahrzeugmodell angepasst werden müsste. Völlig unrealistisch sind solche Angriffe jedoch nicht. Auch die European Union Agency for Cybersecurity hat sich mit dem Thema bereits beschäftigt und listet in ihrem aktuellen Report insgesamt elf potenzielle Angriffsszenarien auf intelligente Fahrzeuge auf.[334] Auch gab es bereits in der Praxis erfolgreiche Übernahmen von intelligenten Fahrzeugen aus der Ferne.[335] Darüber hinaus setzen auch Autohersteller in neuster Zeit verstärkt auf standardisierte Software. Polestar, ein Tochterunternehmen von Volvo, verwendet im Polestar 2 zum Beispiel „Android Automotive" als Infotainmentsystem, welches weitestgehend kompatibel mit dem Android-Betriebssystem von Google auf Mobiltelefonen ist.[336] Gerade der Einsatz solch standardisierter Software in der Breite macht einen Angriff direkt auf das eingesetzte Betriebssystem effizient.

Diese Art der „Quellenübernahme" hat zugleich den Vorteil, dass nicht nur auf bereits angefallene Daten zugegriffen werden kann, sondern auch in Echtzeit

---

[333] *Vaughan-Nichols*, "Linux is under your hood" vom 11.04.2018, https://www.zdnet.com/article/linux-is-under-your-hood/ zuletzt abgerufen am 21.03.2024.
[334] *European Union Agency for Cybersecurity*, ENISA good practices for the security of smart cars., S. 21ff.
[335] Vgl. *Drozhzhin*, "Tesla Model S wurde aus dem Remote gehackt" vom 20.09.2016, https://www.kaspersky.de/blog/tesla-remote-hack/8739/ zuletzt abgerufen am 21.03.2024.
[336] Vgl. *Polestar*, „Infotainmentsystem" https://www.polestar.com/at/polestar-2/infotainment/ zuletzt abgerufen am 21.03.2024.

2.3 Big Data

neu angefallen Daten abgehört werden können oder gar die Sensoren des Fahrzeuges, insbesondere Kameras und Mikrofone, für die Überwachung des Umfelds aktiv eingesetzt werden können. Mit der weiteren Verbreitung solcher Fahrzeuge werden auch die Bemühungen steigen, entsprechende Sicherheitslücken aufzudecken und Ermittlungsbehörden speziell entwickelte Software anzubieten, die nicht nur gängige Mobiltelefone und Computerbetriebssysteme, sondern auch intelligente Fahrzeuge infiltrieren kann. Bei all diesem Vorgehen ist jedoch darauf zu achten, dass die Beweisechtheit der Daten sichergestellt bleibt und nicht der Verdacht aufkommt, dass bestimmte Daten erst durch die Infiltration entsprechenden Inhalt aufweisen.[337]

Das dritte Zugriffsszenario stellt keinen Angriff auf den internen Speicher des Fahrzeuges dar, sondern erfolgt physisch auf die Daten beim Hersteller. Die Daten werden in Rechenzentren des Herstellers vorgehalten und dort auf entsprechenden Speichermedien verwahrt. Diese Daten sind vor Ort entweder über entsprechende Schnittstellen herunterzuladen oder es kann ein direkter physischer Zugriff auf das Speichermedium erfolgen, zum Beispiel durch die Sicherstellung der relevanten Festplatten. In der Praxis ergeben sich hier jedoch zumeist Probleme. Die Daten sind in modernen Rechenzentren nicht auf einer Festplatte gespeichert, sondern werden aus technischen Gründen auf mehrere Speichermedien – häufig sogar über mehrere Standorte hinweg –

---

[337] Vgl. *Hansen/Pfitzmann*, S. 131 (135).

verteilt.[338] Hier stellt sowohl die Lokalisierung der relevanten Daten als auch die Anzahl an potenziellen Speicherorten ein erhebliches Problem dar.

Als vierte Zugriffsmöglichkeit bietet sich statt dem physischen Zugriff beim Hersteller der Zugang zu diesen Daten mittels Fernzugriff an. Das einfachste Szenario ist hier, dass der jeweils Zugreifende physischen Zugriff auf das Fahrzeug hat und sich wie ein zugriffsberechtigter Nutzer verhält, wenn er auf die Daten im Rechenzentrum des Herstellers zugreift. Dieser Zugriff ist aber auf die Daten beschränkt, die für einen zugriffsberechtigten Fahrzeugbesitzer überhaupt zugänglich sind. Beim größten Teil der Daten in den Rechenzentren der Hersteller ist es jedoch nicht vorgesehen, dass diese Daten wieder in Rohform zurück an den Nutzer gelangen.

Aus diesem Grund bietet sich eine Infiltrierung des Systems direkt mit entsprechender Spionagesoftware beim Hersteller an. Diese kann entweder ebenfalls extern eingeschleust oder physisch vor Ort eingespielt werden. Der große Vorteil dieser Methode ist, dass zugleich Zugriff auf alle bei einem Hersteller hinterlegten Daten erlangt wird. Der erhebliche Nachteil ist jedoch, dass die Rechenzentren regelmäßig nicht nur besonders stark geschützt sind, sondern auch, dass ein Abfluss von größeren Datenströmen meist früher oder später im Netzwerk auffällt. Ferner sind hier zugleich die persönlichen Daten einer Vielzahl unbeteiligter Dritter betroffen, welches zumindest in einem Rechtstaat einer Verhältnismäßigkeitsprüfung nicht standhalten würde.

---

[338] Vgl. *Google*, „Google Rechenzentren – Daten und Sicherheit", https://www.google.com/about/datacenters/inside/data-security/index.html?hl=de zuletzt abgerufen am 21.03.2024.

2.3 Big Data

Insgesamt handelt es sich daher um ein Szenario, welches aufgrund des technischen Aufwandes und des massiven Grundrechtseingriffes für Ermittlungsbehörden regelmäßig nicht in Betracht kommen wird, sondern wenn überhaupt nur im Bereich der internationalen Geheimdienstaufklärung eine Rolle spielen könnte.

Soweit auf Daten in den Rechenzentren der Hersteller zugegriffen werden soll – egal ob physisch oder mittels Fernzugriff – können sich aber auch Probleme aus dem internationalen Recht ergeben. Dies ist immer dann der Fall, wenn sich die Rechenzentren im Ausland befinden.

Sofern ein physischer Zugriff erfolgen soll, ist es selbsterklärend, dass eine Durchsuchung und Sicherstellung im Ausland nur mittels Rechtshilfe des jeweiligen Staates erfolgen kann. Die deutschen Behörden haben keine Befugnis, in fremde Souveränitätsrechte einzugreifen. Diesbezüglich muss, wie bei allen Ermittlungsmaßnahmen im Ausland, der übliche Rechtshilfeweg eingehalten werden. An dieser Stelle nehmen Daten künstlicher Intelligenz keine Sonderrolle ein.

Schwieriger ist die Frage dagegen bei einem Fernzugriff auf Daten in ausländischen Rechenzentren. Konkret stellt sich die Frage, ob ein Zugriff von deutschen Behörden aus Deutschland heraus auf einen Datenträger, der sich im Ausland befindet, ein Eingriff in fremde Souveränitätsrechte darstellt.[339]

---

[339] So wohl die herrschende Ansicht nach *Zerbes/El-Ghazi*, NStZ 2015, 425 (430); *Brodowski/Eisenmenger*, ZD 2014, 119 (122f.); *Beukelmann*, NJW 2012, 2617 (2619); *Bär*, ZIS 2011, 53 (54); *Gercke*, CR 2010, 345 (347); *Obenhaus*, NJW 2010, 651 (654);

Die bisherigen internationalen Vereinbarungen regeln diesen Bereich nur teilweise. Besonders hervorzuheben ist hier das Übereinkommen über Computerkriminalität des Europarates.[340] In diesem Übereinkommen haben sich die Vertragsstaaten in Art. 32 darauf verständigt, dass ein Zugriff ohne Genehmigung nur dann erfolgen darf, wenn die Computerdaten entweder frei und öffentlich zugänglich sind oder der rechtmäßige Verfügungsberechtigte der Datenerhebung freiwillig zustimmt. Daraus kann abgeleitet werden, dass zumindest die Vertragsstaaten davon ausgehen, dass grundsätzlich der Weg über die Rechtshilfe gewählt werden muss. Viele Einzelfragen zu diesem Themenkomplex, insbesondere wie der Fall zu behandeln ist, wenn der Standort der Daten unbekannt ist,[341] sind ungeklärt und zum Teil höchst umstritten.[342] Im Rahmen der hiesigen Betrachtung kann dieses Thema aufgrund seiner Komplexität nicht tiefergehend behandelt werden. Die Daten künstlicher Intelligenz und autonomer Fahrzeuge zeigen hinsichtlich der Frage des Zugriffs auf Daten im Ausland keine speziellen Probleme auf. Es stellen sich bei diesen Daten die gleichen Fragen, wie bei jedem anderen Fernzugriff auf Daten im Ausland auch.

Hinzu kommt, dass bei intelligenten Fahrzeugen ausländische Rechenzentren sowieso eher die Ausnahme darstellen. Insbesondere das autonome Fahren

---

Gaede, StV 2009, 96 (101); KK-StPO-*Henrichs/Weingast*, § 110 StPO Rn. 8a; MüKo-StPO-*Hauschild*, § 110 StPO Rn. 18; anders dagegen *Wicker*, MMR 2013, 765 (768).
[340] Übereinkommens über Computerkriminalität, Sammlung Europäischer Verträge Nr. 185.
[341] Nach *Soiné*, NStZ 2018, 497 (500); *Krause*, Kriminalistik 2014, 213 (215); Meyer-Goßner/Schmitt-*Köhler* § 110 Rn. 7b soll im Zweifel davon ausgegangen werden, dass es sich um inländische Daten handelt.
[342] Vgl. BeckOK-StPO-*Hegmann*, § 110 StPO Rn. 16; KK-StPO-*Henrichs/Weingast*, § 110 StPO Rn. 8aff.

2.3 Big Data

benötigt eine geringe Latenz, um möglichst ohne Verzögerung mit der künstlichen Intelligenz in den Rechenzentren zu kommunizieren. Aus diesem Grund müssen die Fahrzeughersteller ein weltweit umspannendes Rechenzentrennetzwerk aufbauen, damit die Laufwege der Signale möglichst kurzgehalten werden. Gerade Deutschland bietet sich hier als europäischer Standort an, nicht nur für die drei großen deutschen Fahrzeughersteller Volkswagen, Daimler und BMW, sondern aufgrund der hohen Datenschutzstandards und der guten Infrastruktur auch für ausländische Automobilbauer.[343]

Vor diesem Hintergrund sollen die Aspekte des Zugriffs auf ausländische Daten in dieser Arbeit ausgeklammert werden und es soll in der weiteren Betrachtung jeweils davon ausgegangen werden, dass der Zugriff in einem Rechenzentrum in Deutschland erfolgt. Sofern in der Praxis doch auf ausländische Daten künstlicher Intelligenz zugegriffen werden muss, verhalten sich die hier relevanten Daten bei dieser Frage nicht anders als andere Daten im Ausland.

Festzuhalten ist daher, dass es grundsätzlich vier Zugriffsmöglichkeiten der Ermittlungsbehörden auf die inländisch gespeicherten Daten gibt. Diese vier Grundkombinationen des Zugriffs sind jedoch nicht abschließend. Die einzelnen Wege des Zugriffs können zusätzlich kombiniert und in Reihe geschaltet werden. Denkbar wäre zum Beispiel ein physischer Zugriff auf das Rechenzentrum des Herstellers, um sodann per Fernzugriff die komplette Kontrolle über das IT-System des Fahrzeuges zu erhalten. Dies ist

---

[343] Zum Standortvorteil deutscher Rechenzentren siehe *Hintemann*, S. 14f.

unproblematisch möglich, da intelligente Fahrzeuge grundsätzlich neue Software „over the air" erhalten und daher der Hersteller einem speziellen Fahrzeug jederzeit, und unbemerkt vom Nutzer, eine Software aufspielen könnte, welche den Ermittlungsbehörden Zugriff auf dieses Fahrzeug gewährt.

Als weitere Möglichkeit kommt in Betracht, dass nicht auf gespeicherte Daten selbst zugegriffen wird, sondern ausschließlich auf die laufende Kommunikation. Mit einem sogenannten „Man-in-the-Middle-Angriff" schaltet sich der Angreifer zwischen zwei Kommunikationsteilnehmer und hört auf diese Art und Weise den Kommunikationsinhalt mit.[344] Dies kann zum Beispiel auch bei Fahrzeugen mittels IMSI-Catcher erfolgen. Hierbei wird dem intelligenten Fahrzeug vorgetäuscht, dass der IMSI-Catcher ein entsprechender offizieller Funkmast sei und das Fahrzeug daher seine Daten erst an den IMSI-Catcher sendet, der diese dann – gegebenenfalls sogar verändert – an den eigentlichen Empfänger weiterleitet. Nachteil ist hier jedoch, dass einerseits nur die Daten abgefangen werden können, die tatsächlich versendet werden, und andererseits, dass die Kommunikation immer häufiger vollverschlüsselt erfolgt, sodass nur unbrauchbare verschlüsselte Daten abgeleitet werden können.

Welcher Weg des Zugriffs vorzugswürdig ist, kommt immer auf den Einzelfall an. Wichtig ist einerseits, auf welche Daten der Zugriff erfolgen soll und welche technischen Voraussetzungen gegeben sind. Zum Teil wird es auch von der Kooperationsbereitschaft des Herstellers abhängen, wobei auch hier maßgeblich die Frage eine Rolle spielen kann, ob sich der Hersteller,

---

[344] MüKo-StGB-*Graf,* § 202a StGB Rn. 94.

beziehungsweise sein Rechenzentrum, in Deutschland oder zumindest in Europa befindet. Die Frage der tatsächlichen Zugriffsmöglichkeiten ist in einem Rechtsstaat dabei auch immer abhängig von der Frage der rechtlichen Möglichkeiten.

2.3.3 Zwischenergebnis

Es zeigt sich, dass intelligente Fahrzeuge eine hohe Anzahl an Daten speichern, übermitteln und verwerten. Während ein Teil der Speicherung gesetzlich vorgeschrieben ist, sind andere Daten entweder technisch oder wirtschaftlich für den Hersteller von Bedeutung.

Datenschutzrechtlich zeigen sich erhebliche praktische Probleme bei der Verarbeitung dieser Daten. Die heutigen Datenschutzgesetze sind kaum für die schnell voranschreitende technische Entwicklung im Bereich der künstlichen Intelligenz gewappnet. Insgesamt bleibt abzuwarten, wie der Gesetzgeber im datenschutzrechtlichen Bereich auf diese schnelle technologische Entwicklung mit all ihren Problemen reagieren wird. Zum aktuellen Zeitpunkt werden – wie aufgezeigt – ein großer Teil der Daten von künstlicher Intelligenz unter Verstoß gegen die Datenschutzgesetze erhoben und verarbeitet. Diese Verstöße haben auch Auswirkungen auf die Frage, inwieweit diese rechtswidrig erhobenen Daten im Rahmen eines Strafprozesses verwertet werden dürfen. Die DSGVO findet zwar keine Anwendung auf Daten, die von den Strafverfolgungsbehörden selbst verarbeitet werden – dazu gibt es die eigene Richtlinie (EU) 2016/680 –,[345] hinsichtlich der Verwertung von Daten aus privater Quelle – wie hier der Fahrzeughersteller – spielt die Frage der Rechtmäßigkeit der Erhebung der Daten jedoch bei der Frage der Verwertbarkeit im Strafprozess eine erhebliche Rolle.[346]

Ferner ist festzuhalten, dass eine Vielzahl von Daten bei intelligenten Fahrzeugen sowohl im Fahrzeug selbst als auch beim Hersteller anfallen. Für die Ermittlungsbehörden ergeben sich unterschiedliche tatsächliche Zugriffsszenarien auf diese Daten. Die Zugriffsmöglichkeiten haben dabei verschiedene Eingriffsintensitäten, was neben der Beweiserhebung auch eine erhebliche Rolle bei einer späteren Beweisverwertung spielt.

Der Strafprozess steht bei der Frage der Verwertbarkeit von Beweismitteln – insbesondere jener, die rechtswidrig erhoben wurden – immer im Zwiespalt zwischen dem staatlichen Strafverfolgungsinteresse und den verfassungsrechtlich verbürgten Rechten des Beschuldigten. Es ist daher zu prüfen, unter welchen Umständen überhaupt Beweismittel im Strafprozess verwertet werden dürfen und wann ein Beweisverwertungsverbot vorliegen kann.

---

[345] Vgl. Erwägungsgrund 19 der VO 2016/679 (DSGVO).
[346] Siehe dazu eingehend Abschnitt 4.2.2.3.

3 Erhebung und Verwertung von Beweismitteln im Strafprozess

Der reformierte Strafprozess wird vom Prinzip der Erforschung des „wahren" Sachverhalts beherrscht.[347] Das Strafverfahren ist dabei das Bindeglied zwischen dem materiellen Strafrecht und der Entscheidung im konkreten Einzelfall.[348] Die Frage, ob ein materieller Straftatbestand erfüllt ist und welche Strafe für den einzelnen Verstoß angemessen ist, kann das erkennende Gericht nur dann beantworten, wenn es die Wahrheit so gut wie möglich erforscht hat. Das Ergründen der Wahrheit ist somit die Kernaufgabe des Strafprozesses. Das Schuldprinzip, welches seine Wurzeln sowohl im Rechtsstaatsprinzip als auch in der Menschenwürde hat, verpflichtet das Gericht zur bestmöglichen Sachverhaltsaufklärung und entzieht sowohl dem Gesetzgeber als auch den Verfahrensbeteiligten die Möglichkeit, über die strafprozessuale Wahrheit zu disponieren.[349]

Ausfluss dieser Pflicht zur Ermittlung der Wahrheit ist die Amtsermittlungspflicht aus § 244 Abs. 2 StPO. Der Tatrichter ist – unabhängig von Anträgen der Verfahrensbeteiligten – dazu verpflichtet, den verfahrensgegenständlichen Sachverhalt von Amts wegen so weit aufzuklären,

---

[347] Vgl. BVerfGE 133, 168; BGHSt 1, 94; BGHSt 10, 116; BGHSt 23, 176; Meyer-Goßner/Schmitt-*Schmitt*, § 244 Rn. 11; *Eisenberg*, Rn. 1; SSW-StPO-*Sättele*, § 244 Rn. 24.
[348] Vgl. *Hassemer*, FS StA-SH, S. 530.
[349] BVerfGE 133, 168.

© Der/die Autor(en), exklusiv lizenziert an
Springer Fachmedien Wiesbaden GmbH, ein Teil von Springer Nature 2024
M. Schult, *Erhebung und Verwertung von Daten künstlicher Intelligenz zu Lasten des Beschuldigten im Strafprozess*,
https://doi.org/10.1007/978-3-658-45534-7_3

wie es für die konkrete Entscheidung notwendig ist.[350] Anders als im Zivilprozess können die Beteiligten nicht über den Verfahrensgegenstand und die einzubringenden Tatsachen frei disponieren.

Im Strafprozess hat das erkennende Gericht selbstständig und bestmöglich alle be- und entlastenden Beweismöglichkeiten von Amts wegen auszuschöpfen.[351] Zugleich ist jedoch auch anerkannt, dass es keine Wahrheitserforschung um jeden Preis geben darf, da sowohl die Verfahrensvorschriften als auch die Grundrechte der Beteiligten der Wahrheitserforschung Grenzen setzen.[352]

Das erkennende Gericht hat daher zu prüfen, ob dem Beschuldigten mit den strafprozessual zulässigen Möglichkeiten die Tat so weit nachgewiesen werden kann, dass keine vernünftigen Zweifel mehr an der Täterschaft bestehen.[353] Obwohl die Erkenntnisse und Beweismittel, die außerhalb des strafprozessual Zulässigen gewonnen wurden, nicht herangezogen werden dürfen, bedeutet dies jedoch nicht, dass jede Überschreitung der strafprozessualen Grenzen automatisch zu einem Verwertungsverbot führt.[354] In den letzten Jahrzehnten hat die Frage der Beweisverwertung und

---

[350] BGH NJW 1966, 299; BGH NStZ 1984, 210; BGH StV 1990, 98; MüKo-StPO-*Trüg/Habetha*, § 244 StPO Rn. 48; Meyer-Goßner/Schmitt-*Schmitt*, § 244 Rn. 12; *Eisenberg*, Rn. 4; Alsberg-*Dallmeyer*, 1. Kapitel Rn. 8.
[351] BGH NJW 1967, 299; BGH NJW 1989, 3294; BGH NStZ-RR 2002, 145; BGH NStZ-RR 2010, 236; *Eisenberg*, Rn. 11; MüKo-StPO-*Treüg/Habetha*, § 244 StPO Rn. 49.
[352] Vgl. BVerfGE 36, 174; BGH NJW 1960, 158; BGH StV 1992, 212; OLG Koblenz NStZ 2002, 660; OLG Hamm NStZ 2007, 355; *Theile*, NStZ 2012, 666; KK-StPO-*Fischer*, Einl. Rn. 313; LR-*Kühne/Gössel/Lüderssen*, Einl. L. Rn. 9; *Beulke*, StV 1990, 180.
[353] Vgl. BGH NJW 1980, 2423.
[354] Meyer-Goßner/Schmitt-*Schmitt*, Einl. Rn. 55.

Beweisverwertungsverbote zu einer umfassenden Diskussion in der Literatur und eine kaum überschaubare Anzahl von Einzelfallentscheidungen der Oberlandesgerichte und des Bundesgerichtshofes geführt. Aus diesem Grund verwundert es auch nicht, dass die Probleme im Zusammenhang mit den Beweisverwertungsverboten allgemein zu den schwierigsten[355] und zugleich zentralsten[356] Fragen im Strafverfahrensrecht gezählt werden.

3.1 Die Beweisverbote im Strafprozess

Aufgrund der Komplexität des Themenbereiches der Beweisverwertungsverbote sowie der vielen Einzelfragen soll an dieser Stelle zunächst ein Überblick über die systematische Einordnung der Beweisverbote gegeben und sich anschließend auf die für das Thema relevanten Streitfragen konzentriert werden. Ein besonderer Fokus soll hierbei auf der Rechtsprechung der Fachgerichte liegen. Von einer vollständigen Darstellung der Beweisverwertungsverbotstheorien wird aufgrund der Vielzahl der Theorien jedoch abgesehen.

---

[355] Vgl. *Burhoff*, Rn. 1288.
[356] *Neuber*, NStZ 2019, 113 (113); *Hauf*, NStZ 1993, 457 (457); *Kudlich*, FS-Wolter, 995 (997).

3.1.1 Allgemeine Grundlagen der Beweisverbote

Systematisch ist auf der ersten Ebene das Beweisverwertungsverbot von den Beweiserhebungsverboten zu unterscheiden.[357] Da manche Beweismittel schon grundsätzlich nicht erhoben werden dürfen, gibt es Beweiserhebungsverbote. Diese Beweiserhebungsverbote können sich auf Beweisthemen, Beweismittel oder Beweismethoden beziehen.[358] Dem Staat ist es in diesen Fällen untersagt, das Beweismittel überhaupt zu erheben.[359]

Von der Frage, ob Beweise überhaupt erhoben werden dürfen, muss die Frage abgegrenzt werden, ob bereits existierende Beweise – unabhängig davon, ob sie rechtmäßig oder rechtswidrig erhoben wurden – im Strafprozess verwertet werden dürfen. Die Frage der Beweisverwertung stellt sich dabei nicht erst dem Tatrichter, sondern ist bereits im Ermittlungsverfahren von Polizei und Staatsanwaltschaft zu berücksichtigen.[360]

Die Grundlage für die Beweisverwertung in einem strafgerichtlichen Urteil ist die freie Beweiswürdigung aus § 261 StPO.[361] Der Wortlaut des § 261 StPO

---

[357] MüKo-StPO-*Kudlich*, Einl. Rn. 438; MüKo-StPO-*Kölbel/Ibold*, § 160 StPO Rn. 36ff.; KK-StPO-*Tiemann*, § 261 StPO Rn. 149; BeckOK-StPO-*Eschelbach*, § 261 StPO Rn. 30ff.; *Eisenberg*, Rn. 109; *Gössel*, GA 1991, 483 (484); *Heghmanns*, ZIS 2016, 404 (404); *Paul*, NStZ 2013, 489 (490); *Michaelis*, MMR 2020, 586 (588); *Fahl*, NStZ 2021, 261.
[358] Vgl. Meyer-Goßner/Schmitt-*Schmitt*, Einl. Rn. 51; *Eisenberg*, Rn. 337; *Michaelis*, MMR 2020, 586 (588); *Fahl*, NStZ 2021, 261.
[359] KK-StPO-*Krehl*, § 244 StPO Rn. 109; MüKo-StPO-*Kölbel/Ibold*, § 160 StPO Rn. 36ff.; LR-*Kühne/Gössel/Lüderssen*, Einl. L Rn. 16.
[360] *Rogall*, JZ 2008, 818 (822).
[361] BVerfG NJW 2012, 907.

3.1 Die Beweisverbote im Strafprozess

beinhaltet dabei keinen Hinweis darauf, ob rechtswidrig erhobene oder erlangte Daten gar nicht oder nur eingeschränkt verwertet werden dürfen.[362] Die StPO beinhaltet auch sonst keine allgemeinen Regelungen, wann (rechtswidrig) erhobene Beweismittel verwertet werden dürfen und wann nicht. Lediglich in einigen Sonderkonstellationen enthält die StPO sogenannte „normierte Beweisverwertungsverbote". Ein Beispiel hierzu ist § 136a Abs. 3 StPO, der die Verwertung von Beweisen untersagt, welche unter Missachtung des Beweiserhebungsverbots aus § 136a Abs. 1 und 2 StPO erhoben wurden.

Als Abgrenzung zu den normierten Beweisverwertungsverboten werden unter dem Begriff der „nicht normierten Beweisverwertungsverbote" all jene Beweisverwertungsverbote verstanden, welche nicht unmittelbar gesetzlich angeordnet sind.[363] Diese nicht normierten Beweisverwertungsverbote finden ihre Grundlage unmittelbar in der freien Beweiswürdigung gemäß § 261 StPO.[364]

Bei den nicht normierten Beweisverwertungsverboten ist heute allgemein anerkannt, dass zwischen unselbstständigen und selbstständigen Beweisverwertungsverboten unterschieden wird.[365] Die unselbstständigen Beweisverwertungsverbote haben ihre Grundlage in einer rechtswidrigen Beweiserhebung, während die selbstständigen Beweisverwertungsverbote

---

[362] BVerfG NJW 2012, 907; *Hauf*, NStZ 1993, 457 (457).
[363] *Paul*, NStZ 2013, 489 (490); *Michaelis*, MMR 2020, 586 (588f.); *Fahl*, NStZ 2021, 261 (264).
[364] *Rogall*, JZ 2008, 818 (822).
[365] Vgl. MüKo-StPO-*Kölbel/Ibold*, § 160 StPO Rn. 36ff.; *Rogall*, JZ 2008, 818 (822); *Eisenberg*, Rn. 362; *Jäger*, GA 2008, 473 (474); *Michaelis*, MMR 2020, 586 (589); *Fahl*, NStZ 2021, 261 (263).

grundsätzlich rechtmäßig erhobene Beweise betreffen, bei denen sich ein Verwertungsverbot aus der Intensität des Eingriffs oder aus dem Grundgesetz ergeben kann.[366]

Neben der Unverwertbarkeit spricht das Gesetz aber immer häufiger auch von einem Verbot der Verwendung.[367] Die Begrifflichkeit der Verwendung ist dabei aus dem Datenschutzrecht entliehen.[368] Dort regeln die Verwendungsregeln die allgemeine Zweckbindung von Informationen und untersagen eine Verwendung außerhalb dieses vorher definierten Zwecks.[369] Fraglich ist hierbei, ob der Gesetzgeber mit dem Terminus ein vollständiges Verbot der Verwendung der Daten im Strafverfahren bezweckte. Dies hätte, im Gegensatz zum Beweisverwertungsverbot, die Folge, dass es sich um ein Verwertungsverbot mit Fernwirkung handeln würde, und die Daten im Ermittlungsverfahren beispielsweise auch nicht als Spurenansatz für weitere Ermittlungen verwendet werden dürften.[370] Der Bundesgerichtshof hält solch ein weitgehendes Fernwirkungsverbot jedoch für nicht begründbar und stellt die Verwendungsverbote im Ergebnis mit den Verwertungsverboten gleich.[371] Auch das Bundesverfassungsgericht verwendet den Terminus dahingehend, dass die Verwertung im Urteil lediglich ein Sonderfall der Verwendung im

---

[366] Vgl. BVerfGE 34, 238; BGHSt 57, 71; *Jäger*, GA 2008, 473 (483).
[367] Zu finden unter anderem in §§ 100i Abs. 2 S. 2; 160a Abs. 1 S. 2; § 161 Abs. 3 S. 1 StPO oder § 97 Abs. 1 S. 3 InsO.
[368] Im Rahmen der DSGVO ist die Verwendung jedoch nur noch ein Unterfall der Verarbeitung im Sinne des Art. 4 Nr. 2 DSGVO.
[369] Siehe zur Zweckbindung nach der DSGVO auch Abschnitt 2.3.1.2.3.
[370] So vertreten von MüKo-StPO-*Schuhr*, Vor. § 133 StPO Rn. 99; Meyer-Goßner/Schmitt-*Schmitt*, Einl. Rn. 57d; *Rogall*, FS-Kohlmann, 465 (482); *Dencker*, FS-Meyer-Goßner, 237 (243); *Hengstenberg*, S. 44.
[371] BGHSt 54, 69; zustimmend auch *Allgayer*, NStZ 2006, 603 (605f.).

3.1 Die Beweisverbote im Strafprozess

Strafverfahren sei, stellt die Verwendungsverbote den Beweisverwertungsverboten gleich und billigt damit zugleich die Abwägungslösung des Bundesgerichtshofes auch für Verwendungsverbote.[372]

Die Einordnung der Rechtsprechung überzeugt, da nicht erkennbar ist, warum der Gesetzgeber ausgerechnet die hochkomplizierte Verwertungsfrage von Daten beiläufig durch die Wahl eines bestimmten Terminus hätte regeln wollen, anstatt eine eigene Verwendungsverbotsnorm zu schaffen. Ebenfalls hätte ein absolutes Verwendungsverbot zur Folge, dass die Daten auch nicht zu Gunsten des Beschuldigten verwendet werden könnten. Insbesondere in frühen Stadien eines Ermittlungsverfahrens, bei denen Spurenansätze gesucht werden, kann zumeist auch noch keine Einwilligung des Betroffenen eingeholt werden. Da Sinn und Zweck des Datenschutzes aber gerade die maximale Entscheidungshoheit des Betroffenen über seine Daten ist, bietet sich hier viel mehr die bereits etablierte Widerspruchslösung im Rahmen der Abwägungslösung an.[373] Der Literatur ist dahingehend aber zuzustimmen, dass es einen Bedarf an einem weitreichenderen Schutz sensibler Daten gibt, sodass sich hier de lege ferenda ein eigenes datenschutzrechtliches Beweisverwertungsverbot aufdrängt.[374] Nach aktueller Rechtslage ist das Verwendungsverbot jedoch entsprechend der Beweisverwertungsverbote zu behandeln.

---

[372] Vgl. BVerfGE 130, 1; BVerfGK 5, 363.
[373] Siehe dazu sogleich Abschnitt 4.2.2.2.
[374] Siehe dazu sogleich Abschnitt 5.2.

3.1.2 Die Beweisverbotstheorien

Wann genau bei nicht normierten Beweisverwertungsverboten eine Verwertung untersagt sein soll, wird seit jeher äußerst kontrovers in Rechtsprechung und Literatur diskutiert. Die denkbaren Extrempositionen, dass jeder Verstoß gegen Beweiserhebungsregelungen zu einem Beweisverwertungsverbot führt,[375] und die Gegenposition, dass ein Verstoß nie zu einem Beweisverwertungsverbot führt,[376] werden heutzutage nicht mehr vertreten.[377] Das Bundesverfassungsgericht und der Bundesgerichtshof betonen jedoch immer wieder, dass es sich bei Beweisverwertungsverboten schon von Verfassungs wegen um eine begründungsbedürftige Ausnahme handelt und ein solches Verbot nur im Einzelfall aus übergeordneten wichtigen Gründen anzuerkennen sei.[378] Demgegenüber wird in Teilen der Literatur auch der gegensätzliche Ansatz vertreten, dass gerade die Verwertung von rechtswidrig erlangten Beweismitteln einer besonderen Legitimation bedürfe.[379]

Diesem unterschiedlichen Verständnis der Beweisverwertungsverbote liegt auch die Frage zu Grunde, aufgrund welcher Prinzipien überhaupt ein Beweisverwertungsverbot gerechtfertigt sein kann, oder anders gesagt: Aus

---

[375] Vgl. *Beling*, Strafrechtliche Abhandlung 1903, 1 (30); *Henkel*, S. 270; *Dencker*, S. 90.
[376] Vgl. *Glaser*, S. 353.
[377] Vgl. *Hauf*, NStZ 1993, 457 (459) (dort Fn. 40).
[378] BVerfGE 130, 1; BVerfG NJW 2011, 2417; BVerfG, 13.05.2015 - 2 BvR 616/13; BGHSt 56, 127; BGHSt 56, 138; BGH NJW 2015, 2594.
[379] Vgl. *Dallmeyer*, HRRS 09, 429 (431); *Kudlich*, FS-Wolter, 995 (1004); *Lucke*, HRRS 11, 527 (531); *Rogall*, FS-Hanack, 293 (301).

3.1.2.1 Prinzipien zur Herleitung der Beweisverbote

welchem teleologischen Grund existieren Beweisverwertungsverbote und welche Ziele sollen damit erreicht werden?

3.1.2.1 Prinzipien zur Herleitung der Beweisverbote

Ein Prinzip, welches vor allem in früheren Zeiten zur Begründung von Beweisverboten herangezogen wurde, ist der Gedanke, dass unsichere Beweismittel ausgeschlossen werden sollen, um die Wahrheitsfindung nicht zu gefährden.[380] Dieser Ansatz widerspricht jedoch dem Grundsatz der freien Beweiswürdigung.[381] Wie bereits aufgezeigt, findet sich die Grundlage für die Beweisverwertungsverbote in der freien richterlichen Beweiswürdigung gemäß § 261 StPO. Es soll dem Richter nach dem Willen des Gesetzgebers grundsätzlich möglich sein, auf alle verfügbaren Beweismittel zurückzugreifen und selbst zu entscheiden, ob ein Beweismittel sicher oder unsicher ist.[382] Es erscheint auch kaum möglich, abstrakt anhand eines Verstoßes zu ermitteln, ob ein Beweismittel vom Inhalt her sicher oder unsicher ist. Gerade die Entscheidung, ob ein Beweismittel ausreichend sicher ist, um den Beschuldigten der Tat zu überführen, ist nach § 261 StPO ureigenste Aufgabe des Richters. Daher überzeugt dieses Prinzip nicht zur Begründung von Beweisverboten.

---

[380] So zum Beispiel *Schöneborn*, MDR 1971, 713 (715).
[381] *Amelung*, NJW 1991, 2533 (2534).
[382] *Amelung*, NJW 1991, 2533 (2534).

Ein anderes Prinzip, welches zum Teil herangezogen wird, ist der Gedanke der Disziplinierung der Ermittlungsbehörden.[383] Durch die Sanktionierung sollen die Ermittler angehalten werden, die Verfahrensvorschriften einzuhalten. Problematisch ist hier bereits, dass der Allgemeinheit – mit ihrem Strafverfolgungsanspruch[384] – ein möglicherweise entscheidendes Beweismittel genommen wird, nur um die Strafverfolgungsorgane zur Rechtmäßigkeit anzuhalten.[385] Ebenfalls nicht nachvollziehbar ist, warum das staatliche Unrecht durch das Zufügen eines potenziellen neuen Unrechts – das Freisprechen eines Schuldigen mangels Beweisen – gesteigert werden sollte.[386] Solch ein Vorgehen wäre auch verfassungsrechtlich problematisch, da das Bundesverfassungsgericht aus dem Rechtsstaatsprinzip eine effektive Strafrechtspflege[387] fordert und dies gegebenenfalls nicht mehr gegeben wäre, sofern Beweise aufgrund des Sanktionierungsgedankens nicht mehr verwertet werden dürfen.[388]

Die Idee dieser Disziplinierungsfunktion stammt insbesondere aus dem anglo-amerikanischen Rechtsraum und ist auf das deutsche Strafverfahren nicht in vollem Umfang übertragbar. In den anglo-amerikanischen Rechtssystemen agiert die Strafverfolgungsbehörde als parteilicher Ankläger, da Strafverfahren in diesen Systemen – insbesondere im US-amerikanischen System – als rein

---

[383] *Grünwald*, JZ 1966, 489 (499); *Vogl*, StV 1989, 515 (517); *Osmer*, S. 46 ff.; *Baumann*, GA 1959, 34 (36); so wohl auch zu verstehen *Spendel*, NJW 1966, 1102 (1108).
[384] Siehe zum Strafverfolgungsanspruch sogleich Abschnitt 3.2.
[385] *Amelung*, NJW 1991, 2533 (2534).
[386] *Heghmanns*, ZIS 2016, 404 (405).
[387] Siehe dazu sogleich Abschnitt 3.2.
[388] *Amelung*, S. 20.

3.1 Die Beweisverbote im Strafprozess

kontradiktorische Verfahren ausgestaltet sind. Im deutschen reformierten Strafprozess hat der Staatsanwalt dagegen gemäß § 160 Abs. 2 StPO eine Rolle, die ihn schon kraft Gesetzes zur umfassenden Sachverhaltsaufklärung ermahnt. Die Staatsanwaltschaft hat somit auch die entlastenden Umstände zu ermitteln. Dies gilt erst recht für das Gericht, welches eine umfassende Amtsermittlungspflicht aus § 244 Abs. 2 StPO trifft. Die Disziplinierung der Strafverfolgungsbehörden kann daher in Deutschland nur eine äußerst untergeordnete Rolle spielen, da Staatsanwälte und Polizisten in Deutschland als Beamte bereits umfassend disziplinarrechtlich sanktioniert werden können.[389] In den Vereinigten Staaten ist dies deutlich schwieriger, da Staatsanwälte („District Attorneys") dort meist als politische Ämter ausgestaltet sind und auch die Ankläger („Prosecutors") lediglich Angestellte der jeweiligen Staatsanwaltschaft sind und eine deutlich andere Rolle im Ermittlungsverfahren einnehmen als deutsche Staatsanwälte.[390] Dies gilt auch für den größten Teil der Polizeibediensteten („Sheriffs"), welche historisch bedingt häufig ungeschulte Hilfskräfte waren. Die heute auch in den USA existierende disziplinierte Berufspolizei ist zum großen Teil aus der Tradition dieser ursprünglich ungeschulten, gewählten Ordnungshüter gewachsen und gerade diese historische Vergangenheit begründet den Umgang der Justiz mit Fehlern der US-amerikanischen Polizei.[391] Auch dies mag einer der Gründe sein, warum der US-amerikanische Supreme Court davon ausgeht, dass ein Verwertungsverbot der einzig effektive Weg sei, um die Strafverfolger zu

---

[389] *Rogall*, Grundsatzfragen der Beweisverbote, S. 119 (131).
[390] Zu den Standards der „Prosecutors" im US-amerikanischen Rechtssystem Vgl. *American Bar Association*, ABA Standards for Criminal Justice: Prosecutorial Investigations, S. 1 ff.
[391] Vgl. *Nüse*, JR 1966, 281 (284).

disziplinieren.[392] Aufgrund der aufgezeigten grundlegend unterschiedlichen Ausgestaltung der Ermittlungsbehörden kann eine Übertragung dieses Prinzips auf den deutschen Strafprozess nicht überzeugen.[393]

Ein anderer Ansatz ist es, den Sinn und Zweck der Beweisverwertungsverbote primär im Schutz der individuellen Rechte des Betroffenen zu sehen.[394] Das Beweisverwertungsverbot stellt demnach nur einen Folgenbeseitigungsanspruch des Eingriffs in das Informationsbeherrschungsrecht des Bürgers dar.[395] Obwohl dieses Prinzip auf den ersten Blick nachvollziehbar erscheint, ergeben sich auf den zweiten Blick jedoch erhebliche Einschränkungen. Das Ziel des Schutzes individueller Rechte kann durch ein Beweisverwertungsverbot nämlich nur dann erreicht werden, wenn die Rechtsverletzung noch nicht abgeschlossen ist. Haben Ermittlungsbehörden jedoch zum Beispiel im Rahmen einer Hausdurchsuchung keine Rücksicht auf das Inventar genommen und dieses mutwillig beschädigt, so ist das verletzte Eigentumsrecht des Beschuldigten nicht dadurch zu schützen, dass die gefundenen Beweismittel nicht verwertet werden dürfen.[396] Das Inventar wird durch eine Verwertung der Beweismittel nicht weiter beschädigt. Anders sieht es jedoch zum Beispiel bei Informationen aus, die rechtswidrig bei einer Durchsuchung erlangt wurden. Durch die Verwertung solcher Informationen würde die Rechtsgutverletzung weiter vertieft werden. Die Nichtverwertung dieser Informationen wäre daher gerade

---

[392] Siehe zum Beispiel Elkins v. U.S., 364 U.S. 206, 217 (1960).
[393] So auch *Dencker*, S. 53.
[394] So zum Beispiel *Amelung*, S. 24 ff.
[395] *Amelung*, S. 38 ff.
[396] Dies erkennt auch *Amelung*, NJW 1991, 2533 (2534); *Amelung*, S. 45.

3.1 Die Beweisverbote im Strafprozess

die Folgenbeseitigung der rechtswidrigen Erhebung der Daten.[397] Anders als beim beschädigten Inventar, würde die Verwertung der Beweismittel hier eine weitere Vertiefung der Rechtsgutverletzung darstellen. Aus diesem Grund kann dieses Prinzip nur teilweise – und zwar wenn es um Informationen geht – als Grundlage für die Beweisverwertungsverbote herangezogen werden.

Schließlich wird ebenfalls vertreten, dass dem Staat die Legitimation zu Strafen abgesprochen gehört, sofern er selbst Informationen mittels Rechtsbruchs erlangt und verwertet.[398] Dieser Gedanke fußt vor allem auf der Idee der positiven Generalprävention. Der Staat, der sich selbst über Recht und Gesetz stellt, wird nur schwer die Allgemeinheit im Vertrauen auf die strafrechtlichen Normen bestärken können.[399] Aber auch positiv spezialpräventiv betrachtet, kann kaum ein Umdenken beim Verurteilten erwartet werden, wenn der Staat selbst einen offenen Rechtsbruch begeht, um ihn zu sanktionieren.[400] Stattdessen muss der Staat bei schwereren Verstößen die Rechtsstaatlichkeit des Verfahrens dadurch wieder sichtbar herstellen, indem er auf die Verwertung der rechtswidrig erlangten Beweismittel verzichtet.[401]

Diesem letzten Ansatz ist eine erhebliche Bedeutung zuzumessen. Der Staat als gesellschaftliches Konstrukt ist zugleich Abbild der Gesellschaft als Ganzes und hat damit eine beachtliche Vorbildfunktion für den Einzelnen. Nur

---

[397] *Amelung*, NJW 1991, 2533 (2534).
[398] *Osmer*, S. 10 ff.; *Dencker*, S. 59 ff.
[399] *Amelung*, NJW 1991, 2533 (2534).
[400] Kritisch dazu jedoch *Dencker*, S. 57 f.
[401] *Heghmanns*, ZIS 2016, 404 (406).

wenn der Bürger, egal ob Beschuldigter oder lediglich Beobachter eines Strafverfahrens, den Eindruck gewinnt, dass der Staat das Verfahren fair führt und sich an seine eigenen Regeln hält, kann die Saat des Strafverfahrens – das positive Einwirken auf die Bevölkerung – auf fruchtbaren Boden fallen. Die Bedeutsamkeit des Vertrauens des Bürgers in den Rechtsstaat kann dabei an dieser Stelle nicht überschätzt werden. Zugleich darf dieses Prinzip aber auch nicht überreizt werden, wenn das Schwert der Justiz nicht durch permanente Beweisverwertungsverbote völlig stumpf werden soll. Aus diesem Grund kann auch nicht jeder Verstoß die Legitimation zu Strafen vollständig erlöschen lassen. Lediglich Verstöße, die eine gewisse Erheblichkeitsschwelle überschreiten, können nach diesem Prinzip ein Beweisverwertungsverbot rechtfertigen.

Letztendlich lässt sich das Beweisverwertungsverbot daher mit dem modernen Verständnis von dem Verhältnis des Staats zum Bürger begründen. Der Bürger darf – dies verbietet bereits Art. 1 Abs. 1 GG – nicht zum bloßen Objekt herabgewürdigt werden.[402] Die Rechte des Beschuldigten als Subjekt des Strafverfahrens sind im Strafprozess jederzeit zu achten. Insbesondere sind seine verfassungsrechtlich verbürgten Rechte zu schützen und, sofern dies möglich ist, die Folgen der Rechtsverletzung so gut wie möglich zu beseitigen. Die angeführten Prinzipien haben daher unterschiedlich starken Einfluss auf die Frage, warum und wann ein Beweisverbot einzugreifen hat. Die Beweisverwertungsverbote basieren daher auf einem Vielfaktorenansatz.

---

[402] Vgl. BVerfGE 27, 1; BVerfGE 30, 1; BVerfGE 115, 118; Dürig/Herzog/Scholz-*Herdegen*, Art. 1 Abs. 1 GG [Stand: 05/2009] Rn. 36; *Johanna Wolff*, NVwZ 2021, 695 (696);

3.1 Die Beweisverbote im Strafprozess 141

Nach der Frage, warum es Beweisverbote gibt, stellt sich die Frage, in welchem Einzelfall es geboten ist, dass die erlangten Beweise nicht verwertet werden dürfen, und wann der Verstoß lediglich so gering ist, dass das Vertrauen der Allgemeinheit in den Rechtsstaat eher durch die Annahme eines Verwertungsverbotes erschüttert werden würde als durch die Verwertung der Beweise. Diesbezüglich haben sich unterschiedliche Beweisverbotstheorien entwickelt.

3.1.2.2 Beweisverbotstheorien im Einzelnen

Da bereits die grundlegenden Prinzipien bei der Herleitung der Beweisverwertungsverbote heftig umstritten sind, verwundert es nicht, dass sich in Rechtsprechung und Literatur bezüglich der Voraussetzungen, wann ein Beweisverwertungsverbot im Einzelfall anzunehmen ist, noch keine allgemeinverbindlichen Regelungen herauskristallisiert haben.[403] Das Bundesverfassungsgericht hält sich in dieser zentralen Frage des Strafprozessrechts auffällig zurück und konstatierte noch im Jahr 2000, dass *„es feste verfassungsrechtliche Maßstäbe für die Frage, ob und unter welchen Voraussetzungen von Verfassungs wegen ein Beweisverbot im Strafverfahren in Betracht kommt, in der verfassungsgerichtlichen Rechtsprechung noch nicht gibt".*[404] Damit überließ das Bundesverfassungsgericht das Beweisverwertungsproblem zum größten Teil der Rechtsprechung der

---
[403] Vgl. Meyer-Goßner/Schmitt-*Schmitt*, Einl. Rn. 55a.
[404] BVerfG NStZ 2000, 489.

Fachgerichte.[405] Das Bundesverfassungsgericht beschränkt sich auch in neuerer Zeit darauf, die fachgerichtlichen Lösungen lediglich verfassungsrechtlich abzusegnen.[406]

Dabei folgt die Rechtsprechung der Fachgerichte – gemeinsam mit einem Teil der Literatur – der sogenannten Abwägungslehre.[407] In dieser wird je nach Sachlage des Einzelfalles und der Art des Verbotes entschieden, ob die Beweise verwertet werden dürfen oder nicht. Es wird das Interesse des Staates an der Wahrheitsermittlung gegen das Individualinteresse des Bürgers an der Bewahrung seiner Rechtsgüter abgewogen.[408] Grundgedanke der Abwägungslehre ist, dass es im Kern des Strafprozesses darum geht, ein generelles Spannungsverhältnis zwischen Betroffenenrechten und dem legitimen Interesse des Staates an einer effektiven Strafverfolgung aufzulösen.[409]

Die Rechtsprechung stützt sich auf diese Abwägungslehre jedoch nur dann, wenn die Verbotsverletzung den Rechtskreis des Beschuldigten wesentlich berührt (sogenannte „Rechtskreistheorie").[410] Dient das Beweisverbot dagegen

---

[405] *Dallmeyer*, HRRS 2009, 429 (429).
[406] Vgl. BVerfG NJW 2011, 2417; *Dallmeyer*, HRRS 2009, 429 (429).
[407] BVerfG NJW 2014, 532; BGHSt 44, 243; BGHSt 52, 110; BGHSt 61, 266; MüKo-StPO-*Miebach*, § 261 StPO Rn. 139; KK-StPO-*Weingarten*, § 160a StPO Rn. 16; *Rogall*, ZStW 1979, 1 (29 ff.); *Rogall*, Grundsatzfragen der Beweisverbote, S.119 (138); *Kudlich*, FS-Wolter, S. 995 (998); *Hellmann*, Rn. 784; einschränkend *Arloth*, GA 2006, 258 (260).
[408] BGHSt 52, 110; BGH NJW 13, 1827, 1830.
[409] Vgl. *Beulke*, ZStW 1991, 657 (663).
[410] Vgl. BGHSt 11, 213, 215; BGH NStZ 2013, 353; MüKo-StPO-*Knauer/Kudlich*, § 337 StPO Rn. 27f.; *Park*, Rn. 407ff.

3.1 Die Beweisverbote im Strafprozess

ausschließlich dem Schutz des Staates oder Dritter, soll sich der Beschuldigte nicht auf das Beweisverwertungsverbot berufen dürfen.

Heftig umstritten ist dabei bereits die dogmatische Einordnung der Rechtskreistheorie. Zum Teil wird der Rechtskreistheorie bereits die Einordnung als Beweisverbotstheorie abgesprochen.[411] Ob der Rechtskreis des Beschuldigten betroffen sei oder nicht, beträfe nämlich nicht unmittelbar die Frage, ob ein Beweisverwertungsverbot vorliege. Die Frage des Rechtskreises soll vielmehr nur das Rügerecht des Beschuldigten im Rahmen der Revision begründen und wäre damit eine rein revisionsrechtliche Frage.[412]

Diese Einordnung greift jedoch zu kurz. Die Frage der Beweisverbote stellt sich auch Tatgerichten, gegen deren Urteil keine Revision möglich ist, zum Beispiel jenen des Berufungsgerichts nach § 55 Abs. 2 JGG.[413] Würde die Rechtskreistheorie als eine reine Frage des Beruhens nach § 377 StPO betrachtet werden, hätte dies zur Konsequenz, dass es für die Frage des Beweisverwertungsverbots darauf ankäme, ob es das Rechtsmittel der Revision gegen die anstehende Entscheidung gibt. Dies kann offensichtlich nicht ausschlaggebend für die Frage der Beweisverwertung sein. Aus diesem Grund hat jedes Tatgericht – unabhängig von revisionsrechtlichen Fragen – zu entscheiden, ob ein Beweisverwertungsverbot vorliegt und dieses zu beachten.[414] Ein Verfahrensverstoß ist nämlich für die erfolgreiche Revision

---

[411] So zum Beispiel *Rogall*, JZ 2008, 818 (823); anders jedoch MüKo-StPO-*Knauer/Kudlich*, § 337 StPO Rn. 28.
[412] *Rogall*, JZ 2008, 818 (823).
[413] *Dencker*, StV 1995, 231 (233).
[414] *Frisch*, S. 173 (180).

nur eine mögliche notwendige, aber keine hinreichende Bedingung und kann daher auch unabhängig von der Möglichkeit der Revision vorliegen. Damit ist die Frage des Rechtskreises richtigerweise dem Themenkreis der Beweisverwertung zuzurechnen und nicht lediglich als Teil des Revisionsrechts zu sehen.

Das Revisionsrecht und die Beweisverbote bedingen sich in der Praxis jedoch gegenseitig. Es darf bezüglich der Rechtsprechung nicht verkannt werden, dass die primäre Aufgabe der Rechtsprechung die Entscheidung eines konkreten Einzelfalles und nicht die wissenschaftliche Aufarbeitung von juristischen Fragestellungen ist. Aus diesem Grund verwundert es auch nicht, dass gerade die Rechtsprechung häufig nur darauf abzielt, ob ein Beweisverwertungsverbot revisionsrechtlich angreifbar ist.[415] Dies soll aber nicht darüber hinwegtäuschen, dass das Tatgericht im Einzelfall gegebenenfalls auch ein Beweisverwertungsverbot anzunehmen hat, selbst wenn der Rechtskreis des Einzelnen nicht betroffen ist und eine Revision somit nicht erfolgreich wäre.

Gerade dieses Verständnis der Rechtskreistheorie ist wichtig, um auch die vermeintlichen „Ausnahmen", welche die Rechtsprechung macht, richtig einzuordnen. Der Bundesgerichtshof hat zum Beispiel ein Beweisverwertungsverbot in einem Fall angenommen, in dem eine eigentlich nach §§ 53, 53a StPO zeugnisverweigerungsberechtigte Krankenschwester trotz fehlender Entbindung von der Schweigepflicht als Zeugin vernommen wurde, nachdem zuvor durch Gerichtsbeschluss ihre Aussagepflicht

---

[415] Vgl. LR-*Kühne/Gössel/Lüderssen*, Einl. L. Rn. 47.

festgestellt worden war.[416] In diesem Fall wurde das Beweisverwertungsverbot auch für den Mitangeklagten angenommen, der mit dem betroffenen Arzt-Patienten-Verhältnis keine Berührungspunkte hatte.[417] Ähnlich entschied der Bundesgerichtshof in einem Fall, in dem die Ehefrau des Angeklagten die Schweigepflichtentbindung ihres Arztes widerrief und das Gericht trotz dieses Widerrufes dem Arzt als Zeugen unrichtigerweise mitteilte, er sei von der Schweigepflicht noch entbunden.[418] In beiden Fällen wäre der Rechtskreis des jeweiligen (Mit-)Beschuldigten eigentlich nicht betroffen gewesen. Dies zeigt, dass die Rechtskreistheorie nicht als unmittelbare Konkurrenz zur Abwägungslehre verstanden werden darf. Die Rechtskreistheorie ist heutzutage vielmehr als ein Abwägungskriterium im Rahmen der Abwägungslehre zu verstehen.[419]

Ein Teil der Literatur wendet ferner die „Schutzzwecklehre" an, die vereinzelt auch Einzug in die obergerichtliche Rechtsprechung[420] gehalten hat, um sich dem Thema der Beweisverwertungsverbote zu nähern.[421] Die Schutzzwecklehre will den Schutzzweck der verletzten Norm heranziehen, um zu entscheiden, ob ein Beweisverwertungsverbot vorliegt oder nicht.[422] Mit der Schutzzwecklehre sollen möglichst viele Beweisverbotsfragen ohne eine

---

[416] BGH NJW 1985, 2203.
[417] BGH NJW 1985, 2203.
[418] Vgl. BGHSt 42, 73.
[419] So auch *Beulke*, JURA 2008, 653 (655).
[420] Vgl. BGHSt 24, 125.
[421] *Grünwald*, JZ 1966 489; *Rudolphi*, MDR 1970, 93 (97); vorrangig vor der Abwägungslehre auch *Beulke*, JURA 2008, 653 (656).
[422] Vgl. Meyer-Goßner/Schmitt-*Schmitt*, Einl. Rn. 55a; *Beulke*, ZStW 1991, 657 (680).

Abwägung im Einzelfall entschieden werden können. Dies soll vor allem den Vorteil haben, dass sich die Betroffenen auf klare Regeln stützen können.[423]

Im Einzelnen baut die Schutzzwecklehre auf dem Sinn und Zweck der einzelnen Beweisverwertungsverbote auf. Dabei wird das Telos einer Norm ermittelt und festgestellt, welchen Schutz die Norm konkret anstrebt. Bei der Bestimmung des Schutzzweckes der Norm spielen dann die zuvor angesprochenen Prinzipien der Beweisverbote eine erhebliche Rolle. Dient die verletzte Norm zum Beispiel dem Schutz der Wahrheitsfindung, soll das Verbot auf der Gefahr der unrichtigen Urteilsentscheidung basieren.[424] Schützt die Norm dagegen die Rechte des Beschuldigten, ist der Beweis nach Ansicht der Anhänger der Schutzzwecklehre nur verwertbar, wenn dadurch keine weitere Vertiefung der Rechtsverletzung erfolgt.[425]

Die Schutzzwecklehre stößt jedoch in der Praxis schnell an ihre Grenzen. Strafprozessuale Normen verfolgen häufig mehr als einen Schutzzweck, die unterschiedlich verletzt sein können, und daher ist auch die Schutzzwecklehre nicht so eindeutig, wie die Befürworter gerne behaupten.[426] Ebenfalls gibt es viele Normen, bei denen der genaue Schutzzweck bereits umstritten ist.[427] Darüber hinaus kann die Schutzzwecklehre zu unverständlichen Ergebnissen führen. Bei einem weniger schweren Verstoß, der noch nicht endgültig zu einem Schadenseintritt geführt hat, soll das Beweismittel demnach nicht

---

[423] *Beulke*, ZStW 1991, 657 (664).
[424] *Grünwald*, JZ 1966, 489 (493).
[425] *Grünwald*, JZ 1966, 489 (492).
[426] *Rogall*, ZStW 1979, 1 (27).
[427] *Eisenberg*, Rn. 366.

3.1 Die Beweisverbote im Strafprozess

verwertet werden dürfen. Dagegen soll ein Beweismittel bei einem schwereren Verstoß, bei dem der bereits eingetretene Schadenseintritt nicht weiter verfestigt werden kann, verwertbar sein. Solch ein Ergebnis ist wenig nachvollziehbar, wäre aber nach der Schutzzwecklehre konsequent.[428] Denn nach der Schutzzwecklehre droht eine Vertiefung nur dann, wenn der Schaden noch nicht endgültig eingetreten ist. Dieses Ergebnis fordert die Strafverfolgungsbehörden geradezu dazu heraus, möglichst schnell vollendete Tatsachen zu schaffen.[429]

Insgesamt täuscht die Schutzzwecklehre eine Eindeutigkeit vor, welche so nicht gegeben ist. Auch greifen die Anhänger der Schutzzwecklehre letztendlich ebenfalls auf das Kriterium der Abwägung zurück, benennen dies nur anders und wenden dieses nicht auf den konkreten Einzelfall, sondern schon im Rahmen der Bestimmung des Schutzzweckes an. Damit werden die Kritikpunkte an der Abwägung im Einzelfall aber lediglich auf eine höhere Ebene gehievt.

Trotz dieser Schwächen greift die Rechtsprechung ebenfalls vereinzelt auf Argumente aus der Schutzzwecklehre zurück, um die Frage der Beweisverwertung zu klären. Dies ist auch nicht weiter verwunderlich, da die Schutzzwecklehre erhebliche Berührungspunkte mit der Rechtskreistheorie und damit mit der Abwägungslehre hat. Die Schutzzwecklehre wird daher zum Teil auch als „verbesserte Form der Rechtskreistheorie" bezeichnet.[430]

---

[428] So auch *Rogall*, ZStW 1979, 1 (28).
[429] *Amelung*, S. 45.
[430] *Roxin/Schünemann*, § 24 Rn. 25.

Der Bundesgerichtshof hat beispielsweise in einem Fall ein Beweisverwertungsverbot nach den Grundsätzen der Schutzzwecklehre abgelehnt, in dem entgegen § 81a Abs. 1 S. 2 StPO kein Arzt die Blutprobe entnommen hatte.[431] Im konkreten Fall hatte der Polizeibeamte fälschlicherweise angenommen, dass es sich beim Medizinalassistenten um einen Arzt handeln würde. Der Bundesgerichtshof lehnte ein Beweisverwertungsverbot mit der Begründung ab, dass Schutzzweck des § 81a Abs. 1 S. 2 StPO die körperliche Unversehrtheit des Beschuldigten sei, und im zu entscheidenden Fall die Verletzung der körperlichen Unversehrtheit bereits abgeschlossen war.[432] Auch in diesem Fall zeigt sich jedoch die Schwäche der Schutzzwecklehre: Wenn der Fall der Blutentnahme dahingehend abgeändert werden würde, dass der Polizeibeamte vorsätzlich die Blutentnahme durch den Medizinalassistenten durchführen lassen hätte, wird kaum dasselbe Ergebnis vertretbar sein.[433] Dies zeigt wieder, dass auch diese Schutzzweckerwägungen nur ein Baustein im Rahmen einer Gesamtabwägung sein können.

Insgesamt zeigt sich, dass die Rechtsprechung bei der Frage der Beweisverwertungsverbote zuvorderst darum bemüht ist, für bestimmte Fallgruppen eine Einzelfallgerechtigkeit herzustellen, statt eine dogmatisch stringente und insbesondere vorhersehbare allgemeingültige Rechtsprechung zu entwickeln. Daher verwundert es auch nicht, dass die Rechtsprechung bei

---

[431] BGHSt 24, 125.
[432] BGHSt 24, 125.
[433] So auch *Paul*, NStZ 2013, 489.

3.1 Die Beweisverbote im Strafprozess

der Feststellung, ob im Einzelfall ein Beweisverwertungsverbot vorliegt, weiterhin primär auf eine Abwägung des staatlichen Interesses an der Tataufklärung gegen das Individualinteresse des Bürgers an der Bewahrung seiner Rechtsgüter im Einzelfall setzt.[434] Dabei fließen die Grundsätze der Rechtskreistheorie und der Schutzzweck der Normen als Kriterium in die moderne Abwägungslehre ein.

Bei der Bestimmung der konkreten Kriterien für die Abwägungslehre macht es sich die Rechtsprechung aber bis zum heutigen Tag schwer. Die Rechtsprechung zieht sich auf das „staatliche Interesse an der Tataufklärung" als Abwägungskriterium zurück, ohne dies konkret zu definieren oder greifbar zu machen. Stattdessen weicht die Rechtsprechung auch hier auf eher wenig konkretisierte Kriterien bei der Abwägung aus. So soll zum Beispiel entscheidend sein, ob höherwertige Rechtsgüter den Verzicht auf das Beweismittel und Beweisergebnis, mit denen die Überführung des Täters gelingen könnte, unabweislich machen.[435] Wird sich dieses Kriterium näher angeschaut, ist erkennbar, dass dies in nahezu jeder Fallgestaltung der Fall sein wird, da es ausreicht, dass „die Überführung des Täters gelingen könnte".[436] Wenn dies nicht der Fall wäre, wäre die Beweisverwertung schon gar nicht notwendig und es würde sich in der Regel die Frage der Verwertbarkeit gar nicht stellen. An anderer Stelle zielt die Rechtsprechung daher auch auf die

---

[434] Siehe zum Beispiel BGHSt 19, 325; BGHSt 52, 110; BGHSt 61, 266.
[435] BGHSt 27, 355; BGHSt 34, 39; BGHSt 52, 110; Meyer-Goßner/Schmitt-*Schmitt*, Einl. Rn. 55a.
[436] So auch *Burhoff*, Rn. 1294.

Schwere der Tat[437], die Verfügbarkeit weiterer Beweismittel[438] und die Intensität des Tatverdachts[439] ab.

Der Abwägungslehre wird daher auch wenig überraschend seit jeher attestiert, dass sie methodisch kaum fassbar ist und die Ergebnisse mehr oder weniger zufällig generiert werden.[440] Insbesondere wird der Abwägungslehre aus diesem Grund eine gewisse Beliebigkeit vorgeworfen.[441] Der Vorwurf fußt bereits auf der Auswahl der Parameter wie „Tatschwere", „Schutzbedürftigkeit" oder „Intensität der Rechtsverletzung". Es ist schon nicht klar, welche Parameter bei der Abwägung tatsächlich herangezogen werden können und welche nicht. Die Rechtsprechung zieht auch nicht bei jeder Frage alle Kriterien heran, sondern entscheidet jedes Mal aufs Neue, welche Kriterien zu berücksichtigen sind. Selbst bei vergleichbaren Konstellationen werden Kriterien für den einen Fall herangezogen und für den anderen Fall ignoriert.[442] Darüber hinaus stellt sich auch die Frage der „Wertigkeit" der einzelnen Parameter. So ist zum Beispiel unklar, ob ein „mittelschwerer Verstoß" auch eine „mittelschwere Tat" ausgleichen kann oder wie intensiv tatsächlich der Parameter X sein muss, um Parameter Y auszugleichen.[443] Letztendlich ist somit nicht sichergestellt, dass beim Vorliegen der gleichen Parameter tatsächlich immer das gleiche Ergebnis

---

[437] BGHSt 38, 214.
[438] BVerfG NJW 2012, 907.
[439] BVerfG NJW 2012, 907.
[440] *Heghmanns*, ZIS 2016, 404 (407).
[441] *Beulke*, ZStW 1991, 657 (664).
[442] *Jahn,* StraFo 2011, 117 (118).
[443] Vgl. *Heghmanns*, ZIS 2016, 404 (407).

herauskommt.[444] In der Vergangenheit zeigten sich auch die Senate des Bundesgerichtshofs diesbezüglich untereinander uneinig, wenn es um die Frage der Annahme eines konkreten Beweisverwertungsverbots ging und darum, welche Parameter wie stark zu gewichten seien.[445] Dies führt nicht nur zu einer fehlenden Rechtssicherheit, sondern es besteht auch die Gefahr, dass aufgrund der Konzentration auf den konkreten Fall lediglich eine ergebnisorientierte Abwägung erfolgt.[446] Die Kritik kann somit dahingehend zusammengefasst werden, dass die Abwägungslehre zu einem Vorrang der Einzelfallgerechtigkeit vor der Rechtssicherheit führt.[447]

Dieser Kritik ist im Kern zuzustimmen. Dabei liegt das primäre Problem aber nicht in der Unberechenbarkeit der Abwägungslehre als solcher, sondern vielmehr in der Unvorhersehbarkeit der Rechtsprechung. Wie aufgezeigt, ist die Rechtsprechung bei der Abwägungslehre selbst nicht konsequent, sondern greift bei Bedarf auf Rechtssätze der Schutzzwecklehre zurück oder entzieht dem Beschuldigten sein Rügerecht durch das Heranziehen der Rechtskreistheorie, wobei die Rechtsprechung auch hier wieder Ausnahmen macht. Ebenfalls kommt hinzu, dass die Rechtsprechung bei der Abwägung einerseits auf den konkreten Einzelfall abstellt,[448] gleichzeitig aber kein fester Katalog an heranzuziehenden Parametern besteht. Dies bedeutet, dass der gleiche prozessuale Fehler in einem Fall zu einem Verwertungsverbot führen kann und in einem anderen Fall nicht. Dieser Problematik versuchen die

---

[444] *Heghmanns*, ZIS 2016, 404 (404).
[445] Vgl. *Wolter*, FS-BGH, 963 (998 f.).
[446] *Beulke*, JURA 2008, 653 (655).
[447] *Neuber*, NStZ 2019, 113 (113); *Jäger*, GA 2008, 473 (479).
[448] Vgl. BGHSt 38, 214.

Vertreter in der Literatur dahingehend zu begegnen, dass die Anhänger der modernen Abwägungslehre sich nicht auf den Einzelfall konzentrieren, sondern Lösungen für bestimmte Fallgruppen bilden.[449] Insgesamt ist jedoch nicht von der Hand zu weisen, dass die Abwägungslehre – in der Variante der Rechtsprechung – den Eindruck der Beliebigkeit erweckt.

Die allgemeine Kritik verkennt dabei allerdings, dass gerade dieser individuelle Werteeinfluss der Kern des hier im Raum stehenden § 261 StPO ist. Die freie richterliche Beweiswürdigung nimmt schon kraft Gesetzes in Kauf, dass Sachverhalte individuell vom Richter beurteilt werden müssen und daher zu unterschiedlichen Ergebnissen führen. Die Idee hinter der freien richterlichen Beweiswürdigung ist auch das Ziel der Einzelfallgerechtigkeit. Das Verständnis des modernen Strafrechts ist, dass jeder Fall einzigartig ist und dementsprechend auch so behandelt werden sollte. Aus diesem Grund ist es dem reformierten Strafprozess nicht fremd, dass im Rahmen einer Einzelfallabwägung individuelle Entscheidungen getroffen werden. Auch bei der im Strafprozess immer wieder anzuwendenden Verhältnismäßigkeitsprüfung findet eine Abwägung der Interessen statt, ohne dass das Verhältnismäßigkeitsprinzip eine ähnlich starke Ablehnung wie die Abwägungslehre erhält.[450] Die Abwägung ist nicht nur eine übliche juristische Methode, sondern eine allgemein anerkannte Denkmethode.[451]

---

[449] Siehe *Wolter*, FS-BGH, 963 (993 ff.); sowie auch *Rogall*, JZ 1996, 944 (947) und *Rogall*, FS-Hanack, 293 (294 ff.), der insoweit von einer „normativen Fehlerfolgenlehre" spricht.
[450] *Rogall*, FS-Hanack, 293 (296).
[451] *Hubmann*, S. 147.

3.1 Die Beweisverbote im Strafprozess

Trotzdem ist einer Willkür der Rechtsprechung bei der Abwägung vorzubeugen. Die Rechtsprechung behilft sich hier insbesondere mit der Bildung von Fallgruppen, um vergleichbare Fälle möglichst ähnlich zu lösen. Die bereits aufgezeigten alternativen Ansätze, welche in den letzten Jahrzehnten eine vermeintlich einfachere, gerechtere und konsistentere Lösung der Beweisverwertungsproblematik versprochen haben, konnten – wenn überhaupt – nur in ganz speziellen Fällen eine adäquate Lösung anbieten. Letztendlich weichen auch alle anderen Lösungsansätze bei den schwierigen Fragen auf eine Form der Abwägung zurück, selbst wenn diese zum Teil anders bezeichnet wird. Aus diesem Grund ist der Abwägungslehre als Vielfaktorenansatz auch heute noch, trotz aller Unzulänglichkeiten, der Vorzug zu geben.

3.1.2.3 Zwischenergebnis

Zusammenfassend kann festgehalten werden, dass ein Verwertungsverbot immer dann naheliegt, wenn die Abwägung ergibt, dass die verletzte Verfahrensvorschrift gerade dazu bestimmt ist, die Grundlagen der verfahrensrechtlichen Stellung des Beschuldigten zu sichern.[452] Demgegenüber soll eine Verwertung nicht verhindert werden, sofern die Auswirkungen auf das geschützte Interesse unbedeutend sind.[453] Sofern sich ein Beweisverwertungsverbot unmittelbar aus dem Grundgesetz ergibt, ist besonders zu prüfen, ob der unantastbare Kernbereich der privaten Lebensgestaltung betroffen ist, der jeder Einwirkung der öffentlichen Gewalt

---

[452] BGHSt 38, 214; Meyer-Goßner/Schmitt-*Schmitt*, Einl. Rn. 55a.
[453] *Rogall*, FS-Hanack, 293 (308).

entzogen ist.[454] Im Fall einer Betroffenheit des unantastbaren Kernbereichs ist stets von einem Beweisverwertungsverbot auszugehen.[455]

Die rechtsfehlerfreie Anwendung der Abwägungslehre setzt somit voraus, dass in einem ersten Schritt ermittelt wird, welche Rechte jeweils in welcher Intensität betroffen sind. Dabei ist auch zu beachten, ob die Grundrechte versehentlich oder willkürlich von den Ermittlungsbehörden missachtet wurden, da Letzteres die Intensität der Verletzungshandlung erhöhen kann.[456] Sofern nicht der absolute Kernbereich privater Lebensgestaltung betroffen ist, ist der Verstoß gegen das staatliche Interesse an der Tataufklärung abzuwägen. Die Abwägung hat daher für jede zu Verfahrensfehlern vorliegende Fallgestaltung erneut und gesondert zu erfolgen.[457]

Die Abwägung zwischen dem „staatlichen Interesse an der Tataufklärung" und den betroffenen Rechten des Beschuldigten setzt voraus, dass Klarheit darüber besteht, welche Rechte sich in den jeweiligen Waagschalen befinden. Daher muss als Erstes ermittelt werden, was genau unter der Bezeichnung „staatliches Interesse an der Tataufklärung" – allgemeiner wohl: „staatliches Strafverfolgungsinteresse"[458] – verstanden wird. Auf der anderen Seite ist anschließend zu ermitteln, welche möglichen Interessen des Beschuldigten hier im konkreten Fall entgegenstehen könnten.

---

[454] BVerfG NJW 2011, 2417; BVerfG NJW 1973, 891; BVerfGE 35, 202, 220; BGHSt 31, 296, 299; KK-StPO-*Bader*, Vor. § 48 Rn. 37; LR-*Kühne/Gössel/Lüderssen*, Einl. L Rn. 105; *Lucke*, HRRS 2011, 527 (529f.).
[455] Siehe dazu auch Abschnitt 4.2.2.1.
[456] *Neuber*, NStZ 2019, 113 (113).
[457] *Hauf*, NStZ 1993, 457 (461); *Heghmanns*, ZIS 2016, 404 (404).
[458] *Neuber*, NStZ 2019, 113 (113).

3.2 Das staatliche Strafverfolgungsinteresse

Das staatliche Strafverfolgungsinteresse wird in der Rechtsprechung unter verschiedenen Bezeichnungen diskutiert. Überwiegend wird von dem „Interesse an einer effektiven Strafverfolgung" gesprochen.[459] Gelegentlich wird diesbezüglich aber auch von „funktionstüchtiger Rechtspflege"[460], „Effizienz des Strafprozesses"[461] oder schlicht „wirksamer Strafverfolgung"[462] gesprochen, ohne dass inhaltlich eine unterschiedlich bezweckte Bedeutung erkennbar wird. Rechtsprechung und Literatur verwenden in der Diskussion ferner die Bezeichnungen „funktionstüchtig", „effektiv" und „effizient" zumeist als Synonyme, ohne die tatsächlichen Unterschiede in der Bedeutung dieser Begriffe zu berücksichtigen.[463] Aus diesem Grund sollen auch in dieser Arbeit die Begrifflichkeiten so verwendet werden, wie sie in der bisherigen wissenschaftlichen Diskussion Verwendung finden.

Das Argument des Interesses an einer effektiven Strafrechtspflege wird dabei von der Rechtsprechung vor allem immer dann bemüht, wenn – wie bei den Beweisverwertungsverboten – in die Freiheitsrechte der Beschuldigten eingegriffen werden soll. Die Geburtsstunde des Begriffs der effektiven Strafrechtspflege in der Verfassungsrechtsprechung ist auf Sommer 1972 zu

---

[459] BVerfGK 16, 22; BVerfGE 109, 279; BVerfG NJW 2016, 2734; BGHSt 50, 299; BGHSt 61, 221; OLG Koblenz, Beschluss vom 12.06.2017 - 1 OLG 4 Ss 173/15; KG, Beschluss vom 15.05.2007 - 1 Ws 78/07; LG Lüneburg, NStZ-RR 2010, 211.
[460] BVerfGE 33, 367.
[461] BVerfGE 34, 293.
[462] BVerfG StV 2001, 694.
[463] *Patz*, S. 11.

datieren, als der zweite Senat des Bundesverfassungsgerichts den Sozialarbeitern mit vier zu drei Stimmen ein Zeugnisverweigerungsrecht aus beruflichen Gründen versagte, um die „funktionsfähige Strafrechtspflege" aufrecht zu erhalten.[464] Seitdem wird der Begriff von der Rechtsprechung insbesondere immer dann angeführt, wenn es darum geht, liberale Strafrechtsreformen oder Beschuldigtenrechte zu Gunsten der Arbeitskraft der Justiz zurückzudrängen.[465] Auszugsweise sei die Beschränkung des Pressezeugnisverweigerungsrecht auf den redaktionellen Teil,[466] das Verneinen eines Rechtschutzes gegen die Versagung der Akteneinsicht[467] oder die Rechtfertigung der Wiederholungsgefahr als Haftgrund[468] genannt.

Der Aufstieg des Topos der effektiven Strafrechtspflege in der Rechtsprechung des Bundesverfassungsgerichts fand jedoch zwischenzeitlich ein Ende, als 1994 mit *Limbach* als Vorsitzende des Bundesverfassungsgerichts und 2002 mit *Hassemer* als Vorsitzendem des zweiten Senats am Bundesverfassungsgericht zwei Kritiker des Begriffs in herausragende Positionen gelangten. Erst als im Jahr 2005 *Landau,* als für das Strafrecht maßgeblich verantwortlicher Verfassungsrichter, an das Bundesverfassungsgericht berufen wurde, wurde der Begriff wieder revitalisiert.[469]

---

[464] BVerfGE 33, 367.
[465] So bereits *Hassemer*, StV 1982, 275 (275).
[466] BVerfGE 64, 108.
[467] BVerfG NJW 1994, 573.
[468] BVerfGE 35, 185.
[469] Vgl. dazu auch *Sommer*, StraFo 2014, 441 (441ff.).

3.2 Das staatliche Strafverfolgungsinteresse

Seit 2005 findet der Begriff aus diesem Grund wieder vermehrt Verwendung, wobei sich bis zum heutigen Tag die Rechtsprechung und Literatur hinsichtlich einer dogmatischen Verortung des Begriffs äußerst schwertun. Der Bundesgerichtshof bezeichnet die effektive Strafrechtspflege daher auch als ein *„begrifflich unscharfes Verfassungsprinzip"*.[470] Auch das Bundesverfassungsgericht beschränkt sich darauf, dieses Interesse als einen Ausfluss des Rechtsstaatsprinzips und als eine Idee der Gerechtigkeit zu betrachten.[471] Es bestehe laut dem Bundesverfassungsgericht ein allgemeines Interesse an einer wirksamen Verbrechensbekämpfung, einer möglichst vollständigen Wahrheitsermittlung und an der Aufklärung schwerer Straftaten.[472] Dies sei wesentlicher Auftrag eines rechtsstaatlichen Gemeinwesens.[473] Auffällig ist, dass die höchstrichterliche Rechtsprechung den Topos universell und austauschbar für das jeweils gewünschte Ergebnis heranzieht. Besonders beeindruckend zeigt sich dies bei der Rechtsprechung zur Verständigung im Strafprozess, bei welcher der Bundesgerichtshof[474] die Funktionsfähigkeit der Strafrechtspflege als Grund für die Zulässigkeit der Verständigung heranzieht, während das Bundesverfassungsgericht[475] die Funktionsfähigkeit der Strafrechtspflege gerade als Grenze für mögliche Verständigungen ansieht.[476]

---

[470] BGHSt 40, 211.
[471] BVerfGE 38, 105; BVerfGE 44, 353.
[472] BVerfGE 34, 238.
[473] BVerfGE 29, 183.
[474] BGHSt 50, 40.
[475] BVerfGE 133, 168.
[476] *Landau*, NStZ 2015, 665 (670).

Wenig verwunderlich ist daher auch, dass in der fachgerichtlichen Praxis der Grundsatz der effektiven Strafrechtspflege meist auf ein reines Abwägungskriterium gegenüber Maßnahmen der Strafverfolgung reduziert wird.[477] Zum Teil wird das Interesse einer effektiven Strafrechtspflege sogar als „Gegeninteresse" zu den Bürgerrechten bezeichnet.[478] Diese Einschätzung verwundert nicht, wenn sich die Geburtsstunde des Begriffes noch einmal in Erinnerung gerufen wird: Es sollte offensichtlich der Belastung der Justiz durch konfliktgeneigte Formen der Inanspruchnahme von Beschuldigtenrechte etwas entgegengestellt werden.[479] Dabei ist gerade die Achtung der Beschuldigtenrechte und seine Stellung als Verfahrenssubjekt der wesentliche Punkt, der den reformierten Strafprozess vom Inquisitionsprozess unterscheidet.[480] Aus diesem Grund hat sich in der Literatur bereits frühzeitig erhebliche Kritik gegen die Schaffung und Verwendung des Begriffes erhoben.[481]

Entscheidende Bedeutung hat der Topos gerade bei den Beweisverwertungsverboten. So hat das Bundesverfassungsgericht die Verwertung einer DNA-Analyse aufgrund der *„unabweisbaren Bedürfnisse einer wirksamen Strafverfolgung"* zugelassen.[482] Der Bundesgerichtshof erklärte gleichfalls eine Aussage des Beschuldigten, der zuvor mehrmals einen

---

[477] *Landau*, NStZ 2007, 121 (123).
[478] LR-*Kühne/Gössel/Lüderssen*, Einl. I, Rn 13.
[479] *Hassemer*, StV 1982, 275 (275): MüKo-StPO/*Kudlich*, Einl. Rn. 87.
[480] *Zachariä*, S. 69.
[481] Siehe nur *Hassemer*, StV 1982, 275 (275); *Niemöller/Schuppert*, AöR 107 (1982), 387 (398 ff.); *Riehle*, KJ 1980, 316 (316); *Sommer*, StraFo 2014, 441 (441); *Limbach* S. 37.
[482] BVerfG NStZ 1996, 771.

3.2 Das staatliche Strafverfolgungsinteresse

Verteidiger verlangte, dann jedoch freiwillig ohne Verteidiger aussagte, für verwertbar, nach einer Abwägung des öffentlichen Interesses an der Wahrheitsfindung gegen die Beschuldigtenrechte.[483] Auch für den Fall, dass ein Zeuge zuerst wahrheitswidrig behauptet, mit dem Beschuldigten verheiratet zu sein, und sich auf die Unverwertbarkeit seiner Aussage nach § 252 StPO beruft, und später tatsächlich den Beschuldigten ehelicht, hat der Bundesgerichtshof eine Ausnahme des Verwertungsverbots nach § 252 StPO angenommen und zieht das Interesse an einer „effektiven Strafrechtspflege" für diese Entscheidung heran.[484]

Nicht immer obsiegt bei dieser Abwägung jedoch das Interesse an einer effektiven Strafrechtspflege. Bei der Verwertung von heimlich aufgenommenen Tonbandaufnahmen durch Dritte führte das Bundesverfassungsgericht die Notwendigkeit der „wirksamen Rechtspflege" zwar an, sah in der Tat des Beschuldigten aber kein so gewichtiges Unrecht, dass seine Grundrechte zurückzutreten hätten.[485] Der Bundesgerichtshof hatte ferner die Frage der Verwertung eines „Raumgesprächs" zu entscheiden, in der ein Gespräch im Raum mitgehört wurde, nachdem das überwachte Telefon nicht richtig aufgelegt wurde.[486] Das Gericht führt hier zwar die „Bedürfnisse einer wirksamen Strafverfolgung und Verbrechensbekämpfung" der Öffentlichkeit an, da aber der unantastbare Bereich der privaten Lebensgestaltung betroffen war, wurde eine Verwertung verneint.[487] Auch

---

[483] BGHSt 42, 170.
[484] BGHSt 45, 342.
[485] BVerfGE 34, 238.
[486] BGHSt 31, 296.
[487] BGHSt 31, 296.

wenn sich ein verdeckter Ermittler über Jahre das Vertrauen zum schweigenden Beschuldigten aufgebaut hat und ihn dann in einer vernehmungsähnlichen Befragung zu einer Aussage drängt, hat das Interesse an einer „effektiven Strafverfolgung" nach dem Bundesgerichtshof hinter der Selbstbelastungsfreiheit zurückzustecken.[488]

Es zeigt sich somit, dass im Rahmen der Beweisverwertungsverbote die Rechtsprechung das Interesse an einer effektiven Strafrechtspflege zwar häufig heranzieht, jedoch dies nicht immer nutzt, um die Beschuldigtenrechte dahinter zurücktreten zu lassen. Es stellt sich hier jedoch die Frage, welche Bedeutung dieser Begriff dann tatsächlich bei der Abwägung hat. Es entsteht der Eindruck, dass der Begriff häufig nur als rhetorisches Argument gegen die Beschuldigtenrechte – unabhängig vom Ausgang der Abwägung – eingesetzt wird, ohne dass wirklich deutlich wird, was überhaupt darunter zu verstehen ist. Nach Belieben wird dann der einen oder anderen Seite der Vorzug gegeben.

Es ist aber gerade nicht so, dass bisher nicht versucht wurde, dem Begriff einen dogmatischen Unterbau zu geben. Insbesondere wurde das Interesse an einer effektiven Strafrechtspflege nach der Jahrtausendwende immer häufiger im übergeordneten Ziel des Strafverfahrens erblickt.[489] Auch in den darauffolgenden Entscheidungen des Bundesverfassungsgerichts wurde zunehmend die Sicherung des Rechtsfriedens in Gestalt der Strafrechtspflege als eine der wichtigsten Aufgaben des Staates herausgestellt.[490]

---

[488] BGHSt 52, 11.
[489] Vgl. insbesondere *Landau*, NStZ 2007, 121 (124).
[490] Vgl. BVerfGE 123, 267.

Die Begründung des Interesses an einer effektiven Strafrechtspflege ist daher richtigerweise in der elementarsten Frage des Strafrechts zu suchen, nämlich dem übergeordneten Ziel der Strafrechtspflege. Es muss daher zuvorderst versucht werden, das Ziel der Strafrechtspflege zu isolieren, um anschließend zu bestimmen, wann überhaupt von einer Effektivität dieser Strafrechtspflege gesprochen werden kann. Die Messung der Effektivität kann nämlich nur dann erfolgen, wenn überhaupt das gewünschte Ziel hinreichend bestimmt ist.

3.2.1 Das übergeordnete Ziel der Strafrechtspflege

Obwohl es sich bei der Frage des übergeordneten Zieles der Strafrechtspflege, beziehungsweise des Strafverfahrens, um eine absolute Kernfrage des Strafrechts handelt, wird diese Frage in der wissenschaftlichen Diskussion allzu häufig nur beiläufig behandelt. Dies liegt vermutlich auch daran, dass die praktische Relevanz dieser Grundsatzfrage aufgrund der vermeintlich vollständig durchnormierten Prozessordnung gering zu sein scheint.[491] Tatsächlich spielt diese grundlegende Frage aber insbesondere dort eine erhebliche Rolle, wo die Strafprozessordnung wenige Regeln enthält, wie es beispielsweise bei der Frage der Beweisverwertungsverbote der Fall ist.

Die Frage des Zieles der Strafrechtspflege darf dabei nicht mit der Frage des Strafzweckes verwechselt werden.[492] Letztere beantwortet die Frage, warum

---

[491] So *Weigend*, S. 175.
[492] Siehe zu den Strafzwecken beispielsweise MüKo-StGB-*Radtke*, Vor. § 38 StGB Rn. 29ff.

gestraft werden sollte, während Ersteres die Frage beantwortet, warum tatsächlich gestraft wird. Die Frage des Strafzweckes ist daher insbesondere im materiellen Strafrecht anzusiedeln, während die Strafrechtspflege primär eine Frage des Zusammenspiels des materiellen Strafrechts mit dem Strafprozessrecht ist. Letzteres dient aber nur der Durchsetzung der Strafzwecke, sodass die Ziele der Strafrechtspflege zum Teil auf den Strafzwecktheorien basieren. Daraus darf aber nicht der Fehlschluss gezogen werden, dass Ziele der Strafrechtspflege und der Strafzweck kongruent sind.

Sofern die Frage des Zwecks der Strafrechtspflege in der Wissenschaft tatsächlich doch einmal isoliert behandelt wird, wird sich meist mit der Antwort zufriedengegeben, dass die Strafverfolgung der Wahrheitsermittlung und der Gerechtigkeit dienen soll.[493] Die Begriffe Wahrheitsermittlung und Gerechtigkeit bilden ein Wortpaar, welches das Bundesverfassungsgericht auch bei der Schaffung des Begriffs der effektiven Strafrechtspflege bemüht hat. Zum Teil wird dem Strafprozess zusätzlich auch die Aufgabe der Schaffung von Rechtsfrieden[494] oder des Schutzes des Einzelnen vor der staatlichen Übermacht[495] bescheinigt. Dabei handelt es sich bei allen vier angeführten Prinzipien – Schutz des Beschuldigten, Wahrheitsermittlung, Gerechtigkeit und Schaffung von Rechtsfrieden – um sehr schwer zu greifende, idealisierte Prinzipien, bei denen sich auch die Frage stellt, ob das Strafverfahren in der Praxis diesen hohen idealisierten Zielen überhaupt

---

[493] *Beulke/Swoboda*, § 1 Rn. 8; *Rüping/Dornseifer*, JZ 1977, 417 (417); *Gollwitzer*, FS-Kleinknecht, S. 147 (149).
[494] *Beulke/Swoboda* § 1 Rn. 11; *Roxin/Schünemann*, § 1 Rn. 3.
[495] *Ingo Müller*, S. 197; *Roxin/Schünemann*, § 1 Rn. 3.

gerecht werden kann oder ob sich der Zweck des Strafverfahrens letztendlich nicht viel mehr in der reinen formalisierten Konfliktverarbeitung erschöpft.

3.2.1.1 Schutz des Einzelnen vor dem Staat

Sofern angeführt wird, dass die Strafrechtspflege und insbesondere das Strafverfahren den Schutz des Einzelnen vor dem Staat beabsichtigt,[496] wird darin eines der grundlegenden Probleme der gesamten Diskussion des Zieles des Strafrechts erkennbar. Es erfolgt häufig keine klare Trennung zwischen Zweck auf der einen und Mittel der Strafrechtspflege auf der anderen Seite. Bereits denklogisch kann der Schutz des Einzelnen vor dem Staat nicht das Ziel, sondern lediglich ein Mittel der Strafrechtspflege sein.

Dies ergibt sich bereits aus einem einfachen Gedankenspiel: Würde der Staat keine Strafrechtspflege oder Strafverfolgung betreiben, würde kein Bedarf an einem Schutz des Einzelnen vor dem Staat und einer unrechten Verurteilung bestehen.[497] Darum kann schon denklogisch der Schutz des Beschuldigten nicht das Ziel der Strafrechtspflege sein. Denn genauso wenig wie ein Fußballspiel das Ziel verfolgt, die einzelnen Spieler vor unfairen Fouls zu schützen, kann die Strafrechtspflege nicht das Ziel verfolgen, den einzelnen Bürger vor ungerechtfertigter Bestrafung durch den Staat zu schützen.[498] Vielmehr dient lediglich das konkrete Strafverfahrensrecht – als Mittel der Strafrechtspflege – dazu, störungsfrei und unter fairen Bedingungen zu einem

---

[496] *Ingo Müller*, S. 197; *Roxin/Schünemann*, § 1 Rn. 2.
[497] So bereits *Schmidthäuser*, FS-Schmidt, S. 511 (512).
[498] *Weigend*, S. 177.

bestimmten Ziel zu gelangen.[499] Der Schutz des Betroffenen durch das Strafverfahren ist daher nur ein Mittel der Strafrechtspflege, aber niemals das eigentliche Ziel.

3.2.1.2 Wahrheitsermittlung

Ähnliches gilt, soweit die Wahrheitsermittlung als Ziel der Strafrechtspflege angeführt wird.[500] Auch die Wahrheitsermittlung kann immer nur ein Mittel im Strafverfahren sein, aber niemals der endgültige Zweck. Dies zeigt sich bereits dadurch, dass sich die Wahrheitsermittlung im Laufe des Strafverfahrens immer weiter verengt. Während im Rahmen des Ermittlungsverfahrens noch eine meist ergebnisoffene Erforschung des wahren Sachverhalts im Fokus steht, verengt sich dies spätestens im Zwischenverfahren auf die Frage, ob ein hinreichender Tatverdacht gegen den Angeschuldigten besteht.[501] Im eigentlichen Hauptverfahren geht es dann nur noch darum, ob der von der Staatsanwaltschaft angeklagte Sachverhalt dem Angeklagten nachgewiesen werden kann. Es geht also darum, ob es für das erkennende Gericht keine vernünftigen Zweifel mehr an den objektiven und subjektiven Umständen der angeklagten Tat gibt.[502] Die Erforschung der Wahrheit beschränkt sich hier auf die diskutablen, zweifelhaften und aufklärungsbedürftigen Fragen, welche die einschlägige materiellrechtliche Norm aufgrund des konkreten Sachverhalts aufwirft.[503] Noch deutlicher wird

---

[499] *Weigend*, S. 177.
[500] So zum Beispiel *Landau*, NStZ 2015, 665 (669); *Beulke/Swoboda*, § 1 Rn. 8.
[501] MüKo-StPO-*Wenske*, § 203 StPO Rn. 6.
[502] MüKo-StPO-*Bartel*, § 261 StPO Rn. 57ff.
[503] Vgl. *Weigend*, S. 183.

dies im Revisionsrecht: Die Überprüfung beschränkt sich auf reine Rechtsfehler, das Revisionsgericht darf keine eigene Wahrheitsermittlung durchführen und hat die Feststellungen des Instanzgerichts als wahr zu unterstellen, selbst bei Kenntnis ihrer Unwahrheit.[504]

Das gesamte Strafverfahren endet daher konsequenterweise auch nicht mit einer Verlesung eines Tatherganges, sondern mit der Verkündung einer Entscheidung.[505] Dies kann, insbesondere bei einem Freispruch, die Folge haben, dass der wahre Sachverhalt nicht aufgeklärt, sondern lediglich ein falscher Sachverhalt entkräftet wurde. Auch der „in dubio pro reo"-Grundsatz ordnet sich hier ein. Der Zweifelssatz führt zwar nicht dazu, dass zweifelhafte Umstände zu Gunsten des Angeklagten als wahr unterstellt werden, jedoch hindert er das Gericht, für ihn nachteilige Schlüsse aus den zweifelhaften Umständen zu ziehen.[506] Die Wahrheitsermittlung wird daher zu Gunsten des Beschuldigtenschutzes bei Zweifeln zurückgestellt.

Dies alles zeigt, dass die Wahrheitsermittlung an vielen Stellen im Strafverfahren hinter anderen Verfahrensgrundsätzen zurückstecken muss. Insbesondere in den späteren Verfahrensstadien rückt vielmehr die Frage in den Vordergrund, ob mit den strafprozessualen Mitteln die angeklagte Tat nachgewiesen werden kann. Eine darüberhinausgehende Ermittlung der Wahrheit sieht der Strafprozess nicht vor.

---

[504] *Knauer*, FS-Widmaier, S. 291 (304).
[505] *Weigend*, S. 178.
[506] *Volk*, S. 10.

3.2.1.3 Gerechtigkeit

Auch sofern der kaum greifbare Begriff der „Gerechtigkeit" ins Feld geführt wird,[507] kann dies kaum das überzeugende Ziel des Strafverfahrens sein. Es stößt bereits negativ auf, dass der vage Begriff der „effektiven Strafrechtspflege" durch einen ebenso vagen Begriff der „Gerechtigkeit" definiert werden soll.[508] Selbst wenn darüber hinweggesehen würde, dass völlig offen ist, was Gerechtigkeit im Einzelnen sein soll, scheint dieser Grundsatz auch in der Praxis kaum mit den vielen Opportunitätsentscheidungen des Strafprozesses in Einklang zu bringen zu sein. Es wird zum Beispiel kaum von einer ausgleichenden Gerechtigkeit gesprochen werden können, wenn eine Tat im Hinblick auf eine andere schwerere Tat nach § 154 StPO eingestellt wird. Die eigentliche Tat bleibt dadurch völlig ungesühnt. Sinn und Zweck dieser Einstellungsnorm ist die Verfahrensvereinfachung und -beschleunigung.[509] Es handelt sich hier um eine Einstellung rein aus Effizienzgründen.[510] Verfahrensvereinfachungen aus Effizienzgründen finden sich noch an vielen anderen Stellen des Strafverfahrensrechts, wie zum Beispiel bei den Möglichkeiten zur Ablehnung von Beweisanträgen nach § 244 Abs. 3 StPO. Es können nicht nur „offenkundig überflüssige" Beweisanträge und solche, die „für die Entscheidung ohne Bedeutung" sind, abgelehnt werden, sondern auch jene, welche lediglich dem „Zweck der Prozessverschleppung" dienen. An dieser Stelle hat der Gesetzgeber – insoweit zutreffend – erkannt, dass das

---

[507] So zum Beispiel *Landau*, NStZ 2015, 665 (668f.); *Beulke/Swoboda*, § 1 Rn. 8.
[508] *Limbach*, S. 38.
[509] BGH NStZ 1996, 551.
[510] KK-StPO-*Diemer*, StPO § 154 Rn. 1.

3.2 Das staatliche Strafverfolgungsinteresse

Strafverfahren lediglich über endliche Ressourcen verfügt und daher eine gewisse Effizienz des Strafverfahrens gesichert werden muss, auch wenn dies auf Kosten der Findung von Gerechtigkeit erfolgt.

Die Begriffe „Effizienz" und „Gerechtigkeit" widersprechen sich daher schon dem Grunde nach, da eine absolut „gerechte" Entscheidung – was nur eine sein kann, die restlos alle Vorträge vollständig berücksichtigt – theoretisch eine Unendlichkeit von Zeit, Ressourcen und Personal voraussetzt.[511] „Effizienz" beschreibt dagegen das Herbeiführen der bestmöglichen Entscheidung unter Berücksichtigung der endlichen Ressourcen.

An dieser Stelle mag auch erneut an den Hintergrund der Schaffung des Begriffes der „effektiven Strafrechtspflege" erinnert werden, nach dem gerade die begrenzte Arbeitskraft der Justiz geschont werden sollte.[512] Auch das Bundesverfassungsgericht betont immer wieder, dass die Pflicht des Staates zur Ermittlung des wahren Sachverhalts bei unangemessenem Ressourceneinsatz endet.[513] Eine effektive und wirksame Strafrechtspflege muss immer auch effizient sein – oder mit anderen Worten: eine hohe Wirksamkeit bei angemessenem Aufwand haben. Auch hat der Beschuldigte unmittelbar aus Art. 6 Abs. 1 S. 1 EMRK das Recht auf eine Verhandlung innerhalb einer angemessenen Frist. Daher müssen für eine effektive Strafrechtspflege Abstriche bei der Frage der Gerechtigkeit hingenommen

---

[511] *Jahn*, „Konfliktverteidigung" und Inquisitionsmaxime, S. 190.
[512] Vgl. *Hassemer*, StV 1982, 275 (275).
[513] BVerfG NStZ-RR 2015, 117; BVerfG NJW 2015, 150.

werden, um deren Effizienz und damit letztendlich deren Effektivität zu wahren.

Auch sonst erscheint es eher befremdlich, den reformierten Strafprozess als einen Hort der Gerechtigkeit zu glorifizieren, in dem die Beteiligten sich gemeinsam auf den Weg zum Ziel der effizienten Gerechtigkeit machen würden. Das Gegenteil ist der Fall: Der Strafprozess ist von Grund auf konfliktbehaftet.[514] Nur diese Konflikthaftigkeit des Strafprozesses erklärt überhaupt die selbstständige und umfassend mit Rechten ausgestattete Stellung des Strafverteidigers.[515] Die Strafverteidigung ist der Kampf um die Rechte des Beschuldigten im Widerstreit mit den Organen des Staates, die dem Auftrag zur Verfolgung von Straftaten zu genügen haben.[516] Die Strafverteidigung soll als unabhängiges Organ der Rechtspflege die einseitigen Interessen des Beschuldigten vertreten und so zumindest im Ansatz eine Waffengleichheit gegen die staatlichen Ermittlungsbehörden mit ihren im Vergleich dazu nahezu unbegrenzten finanziellen und personellen Mitteln herstellen.[517] Der reformierte Strafprozess fußt daher auf der Idee, dass sich nicht gemeinsam auf die Suche nach der Gerechtigkeit gemacht wird, sondern kontradiktorisch auch einseitige Interessen vertreten werden, um die Entscheidung des Gerichts herbeizuführen. Dies zeigt, dass schon bei der Entstehung des reformierten Strafprozesses das Ziel des Strafverfahrens nicht die rechtsphilosophische Idee der allmächtigen Gerechtigkeit gewesen sein kann.

---

[514] *Hassemer*, StV 1982, 275 (277).
[515] *Hassemer*, StV 1982, 275 (277).
[516] *Dahs*, Rn. 1.
[517] Vgl. BVerfG NJW 2004, 1305.

3.2 Das staatliche Strafverfolgungsinteresse

Hinzu kommt, dass das Strafverfahren lediglich das Bindeglied zwischen materiellem Strafrecht und der Entscheidung im Einzelnen darstellt.[518] Dies bedeutet: Wenn bereits das materielle Strafrecht ungerecht ist, kann das Strafverfahren – egal wie sehr sich die Beteiligten bemühen – niemals zu einer gerechten Entscheidung im Einzelfall führen. Die Frage der Gerechtigkeit findet ihre Grundlagen daher – wenn überhaupt – im materiellen Recht. Auch diese Annahme muss kritisch hinterfragt werden, da das Strafrecht bewusst als das „schärfste Schwert" des Staates ausgestaltet wurde, welches nur als ultima ratio eingesetzt werden soll.[519] Das Strafrecht ist daher schon bewusst fragmentarisch und subsidiär und hat systemimmanente „Strafbarkeitslücken", welche per se schon zu Ungerechtigkeiten führen müssen.

Aber auch in die andere Richtung lässt sich die Frage aufwerfen, ob tatsächlich alle bestehenden Straftatbestände als „gerecht" angesehen werden können. Es stellt sich zum Beispiel die Frage, warum der Inzest nach § 173 StGB strafbar sein sollte, wenn der Beischlaf zwischen Verwandten nicht einmal in Europa staatsübergreifend als pönalisierungswürdig angesehen wird.[520] Der Straftatbestand des Exhibitionismus gemäß § 183 StGB, der nur von Männern begangen werden kann, wirft ebenfalls die Frage der Geschlechtergerechtigkeit auf. Auch die umfassende Diskussion, ob die Pönalisierung von weichen Drogen wie Cannabis, bei denen es bereits an einer

---

[518] Vgl. *Hassemer*, FS StA-SH, S. 530.
[519] *Hefendehl*, JA 2011, 401 (401).
[520] *Hefendehl*, JA 2011, 401 (402).

konkreten Rechtsgutverletzung fehlen könnte,[521] sachgerecht ist, zeigt, dass auch das materielle Strafrecht kein Hort der unumstrittenen Gerechtigkeit darstellt.

3.2.1.4 Herstellung des Rechtsfriedens als elementarer Teil des Staates

Es bleibt schließlich noch die Idee der Herstellung des Rechtsfriedens.[522] Die Pflicht des Staates zur Herstellung des Rechtsfriedens wird zum Teil bereits als notwendige Bedingung für den Staatenbegriff gesehen.[523] Das Strafrecht soll dabei die Spitze der gesellschaftlichen und sozialen Kontrolle bilden, da das Strafrecht in großen Teilen der Bevölkerung mit dem Recht schlechthin gleichgestellt werde.[524]

Das Strafrecht sichere demnach die sozialethischen Standards, auf die sich die Mitglieder der Gemeinschaft als ethische Minima geeinigt haben.[525] Der Staat hat das Gewaltmonopol, um diese ethischen Minima einzuhalten.[526] Dies sei gerade Grundvoraussetzung für den modernen Staat, der neben einer Bevölkerung und einem abgrenzbaren Territorium auch die innere und äußere

---

[521] Vgl. zur umfassenden Diskussion nur MüKo-StGB-*Oğlakcıoğlu*, Vor. § 29 BtMG Rn.1ff.
[522] *Schmidthäuser*, FS-Schmidt, S. 511 (511ff.); *Niemöller/Schuppert*, AöR 107 (1982), 387 (395); *Rieß*, JR 2006, 269 (270); *Beulke/Swoboda*, § 1 Rn. 11; *Eser*, Strafjustiz, S. 434.
[523] *Niemöller/Schuppert*, AöR 107 (1982), 387 (395); *Landau*, NStZ 2011, 537 (544).
[524] LK-*Jescheck* (11. Auflage), Einl. Rn. 2.
[525] *Landau*, NStZ 2013, 194 (198).
[526] *Landau*, NStZ 2007, 121 (126).

3.2 Das staatliche Strafverfolgungsinteresse

Souveränität durch die Staatsgewalt absichern müsse.[527] Nur so könne die als Rechts- und Schicksalsgemeinschaft zusammengefundene Einheit dauerhaft Bestand haben.[528] Souveränität setzte aber nicht nur die theoretische Möglichkeit der Rechtsetzung voraus, sondern es müsse auch die tatsächliche Durchsetzung des Gewaltmonopols möglich sein. Eine Friedens- und Rechtseinheit bestehe nur dort, wo allein eine Institution – der Staat – zur Ausübung physischer Gewalt legitimiert und in der Lage sei.[529] Im Rahmen eines demokratischen Rechtstaates könne sich der Staat nicht allein auf sein faktisches Gewaltmonopol berufen. Die innere Souveränität des Rechtstaates fußt darauf, dass sich das Volk demokratisch eine Rechtsordnung gegeben habe und sich zugleich dieser selbstgegebenen Rechtsordnung unterwerfe.[530]

Solch eine Rechtsordnung könne jedoch nur dann Bestand haben, wenn der gelegentliche Übertritt sanktioniert wird, da jede Verletzung einer Rechtsnorm die öffentliche Sicherheit gefährden soll.[531] Die gesamte Rechtsordnung sei in Frage gestellt, wenn der häufige Übertritt gerade nicht sanktioniert werde. Der rechtstreue Bürger stehe in Konkurrenz zum Normverletzer und würde es als ungerecht empfinden, sofern dem normverletzenden Bürger der erlangte Vorteil nicht wieder abgenommen werden würde.[532]

---

[527] *Niemöller/Schuppert*, AöR 107 (1982), 387 (395).
[528] *Landau*, NStZ 2007, 121 (126).
[529] *Landau*, NStZ 2007, 121 (126).
[530] *Landau*, NStZ 2007, 121 (126).
[531] *Merten*, S. 43.
[532] *Puppe*, FS-Grünwald, S. 469 (478f.).

Die Sanktionierung diene ferner der Bestätigung der Rechtsordnung und sei Ausdruck des Selbsterhaltungswillens der Gemeinschaft.[533] Das Strafrecht soll unerwünschte Handlungen unterbinden und drohe aus diesem Grund Strafe für die Überschreitung bestimmter Regeln an. Während das materielle Strafrecht lenkend wirken soll, diene die Vollstreckung bei Überschreitung der Glaubhaftmachung der Strafandrohung.[534] Die Drohung des materiellen Strafrechts könne nur Wirkung zeigen, wenn die Bevölkerung auch tatsächlich damit rechnen müsse, dass die Missachtung von Strafvorschriften sanktioniert wird. Gerade das Aufrechterhalten dieser Wirkung sei die Pflicht des Staates, da der Rechtsstaat der Gewährung von Frieden, Sicherheit und Freiheit seiner Bevölkerung diene. Der Staat müsse Sorge dafür tragen, dass kein berechtigter Grund der Furcht in der Bevölkerung besteht. Die effektive Strafrechtspflege wäre nach dieser Ansicht daher – anders als eine flüchtige Sichtung der Rechtsprechung den Anschein erwecken könnte – konsequenterweise nicht nur Ausfluss des Rechtsstaatsprinzips oder gar nur ein Abwägungskriterium, sondern sogar unabdingbare Voraussetzung eines demokratischen Rechtsstaates.[535]

Dem Gedanken, die Herstellung des Rechtsfriedens als oberstes Ziel der Strafrechtspflege anzusehen, ist grundsätzlich zuzustimmen. Die Strafrechtspflege dient der Konfliktverarbeitung innerhalb der Gesellschaft und damit auch der Herstellung des Rechtsfriedens. Sofern jedoch die „effektive Strafrechtspflege" als elementarer Baustein des Staates angesehen

---

[533] Vgl. *Schmidthäuser*, FS-Schmidt, S. 511 (516.); *Landau*, NStZ 2007, 121 (127).
[534] *Puppe*, FS-Grünwald, S. 469 (479).
[535] So *Niemöller/Schuppert*, AöR 107 (1982), 387 (395); *Landau*, NStZ 2007, 121 (127); *Landau*, NStZ 2011, 537 (544).

3.2 Das staatliche Strafverfolgungsinteresse

wird, wird die Funktion des Rechtsfriedens überhöht. Damit würde der Strafrechtspflege eine Aufgabe aufgebürdet werden, welche sie in der Praxis nicht einmal im Ansatz erfüllen kann. Stattdessen ist der Sinn und Zweck der Strafrechtspflege, und damit im Endeffekt auch der effektiven Strafrechtspflege, ausschließlich darin zu erblicken, eine formalisierte Konfliktverarbeitung für die schwersten Verstöße der Gesellschaft zu erreichen.[536] So wurde in den letzten Jahrzehnten auch die Ansicht, dass jegliches strafrechtliche Unrecht zwingend zu sühnen sei – wie *Kant*[537] und *Hegel*[538] es noch vertraten –, mehr und mehr zurückgedrängt.[539]

Es mag ferner zwar sein, dass der Staatenbegriff eine innere Souveränität voraussetzt, dies kann aber nur die Notwendigkeit einer Strafrechtspflege begründen, jedoch nicht deren Effektivität bestimmen. Für den Staatenbegriff ist es nämlich gerade nicht notwendig, dass die Staatsgewalt „effektiv" ausgeübt wird, genauso wie das Staatsgebiet keinen bestimmten Umfang oder keine bestimmte Qualität erreichen muss. Es würde bereits ausreichen, wenn der Staat die grundsätzliche Möglichkeit hat, die innere Souveränität auszuüben. Ein Zwang zur Durchsetzung ist dagegen aus dem Staatsbegriff nicht abzuleiten.

Aus diesem Grund wird an dieser Stelle auch zu Recht eingewendet, dass keine Gesellschaft bekannt sei, welche an der Funktionsuntüchtigkeit durch

---

[536] So auch *Hassemer*, StV 1982, 275 (279).
[537] *Kant*, S. 333ff.
[538] *Hegel*, S. 111ff.
[539] *Eser*, ZStW 1992, 361 (377).

alltäglichen Kriminalität zerbrochen wäre.⁵⁴⁰ Stattdessen kennt die Geschichte aber viele Gesellschaften und Strafrechtsordnungen, welche sich durch ein Zuviel an Effektivität gegen Abweichler zu einem terroristischen Unrechtsstaat entwickelt haben.⁵⁴¹ Dies ist auch nicht weiter verwunderlich, bildet die Strafrechtspflege doch lediglich das schärfste Schwert der sozialen Kontrolle.⁵⁴² Der größte Teil der sozialen Kontrolle erfolgt dagegen informell durch Familie, Freunde oder Nachbarn.⁵⁴³ Die Strafrechtspflege bildet in diesem komplexen Gefüge nur einen kleinen Baustein, an deren Effektivität kaum die Existenz des Staates hängen kann.

Somit überzeugt es nicht, dass sich die „effektive Strafrechtspflege" aus der Pflicht der Herstellung des Rechtsfriedens als elementarer Teil des Staates ergeben soll. Insbesondere würde diese Ansicht auch nicht erklären können, ab wann eine Strafrechtspflege überhaupt effektiv ist, und es würde auch die Frage offenbleiben, ob nicht möglicherweise auch eine ineffektive Strafrechtspflege ausreichen könnte, um die innere Souveränität aufrecht zu erhalten. Es gibt unzweifelhaft eine Vielzahl an Ländern, in denen es fraglich erscheint, ob tatsächlich eine effektive Strafrechtspflege betrieben wird, bei denen aber zugleich nicht der Status als Staat in Frage steht.

---

⁵⁴⁰ *Hassemer*, StV 1982, 275 (279).
⁵⁴¹ *Hassemer*, StV 1982, 275 (279).
⁵⁴² *Hefendehl*, JA 2011, 401 (401).
⁵⁴³ Vgl. NK-StGB-*Villmow*, Vor. §§ 38ff. Rn. 1.

3.2.1.5 Formalisierte Konfliktverarbeitung aus dem Untermaßverbot

Das Strafverfolgungsinteresse beziehungsweise das Interesse an einer effektiven Strafrechtspflege zur Herstellung des Rechtsfriedens ist somit, wie aufgezeigt, kein originäres Recht des Staates, sondern leitet sich aus dem Recht des einzelnen Bürgers auf Schutz seiner Rechtsgüter gegenüber dem Staat ab. Der Staat hat die Pflicht, die Grundrechte all seiner Bürger zu schützen und darf ein bestimmtes Untermaß an angemessenem und wirksamem Schutz nicht unterschreiten.[544] Die Strafrechtspflege ist ein Teil dieser Pflicht und erfüllt diese Schutzpflicht in zweierlei Hinsicht. In der einen Richtung führt das formalisierte Verfahren (insbesondere das Strafverfahrensrecht) dazu, dass die Grundrechte des Beschuldigten geschützt werden.[545] In der anderen Richtung verfolgt die Strafrechtspflege aber gerade auch den Schutz der Rechte aller sonstigen Betroffenen und insbesondere des konkret Geschädigten.[546] Der Schutz der Rechtsgüter kann nur dann gewährt werden, wenn die materiellrechtliche Androhung der Strafe im Übertretungsfall auch verhängt wird.[547] Insofern wird auch das Legalitätsprinzip angeführt.[548] Dabei darf aber nicht verkannt werden, dass sich das Legalitätsprinzip an die Ermittlungsbehörden richtet und damit zwar eine Anklage, aber gerade keine Verurteilung durch das Gericht verlangt.[549] Dies zeigt bereits die erhebliche

---

[544] BVerfGE 88, 203.
[545] KK-StPO-*Fischer*, Einl. Rn. 1.
[546] KK-StPO-*Fischer*, Einl. Rn. 1.
[547] Vgl. *Eser*, ZStW 1992, 361 (364).
[548] *Eser*, ZStW 1992, 361 (363).
[549] Vgl. KK-StPO-*Fischer*, Einl. Rn. 200.

Anzahl an Möglichkeiten von Opportunitätsentscheidungen in der Strafprozessordnung. Die Strafrechtspflege muss daher zwar eine möglichst zeitnahe Verfahrenserledigung ermöglichen, dabei muss sie aber zugleich auch die Rechte und Rechtsgüter aller Betroffenen ausreichend schützen.[550]

Vor diesem Hintergrund muss dann auch die bundesverfassungsgerichtliche Rechtsprechung zum Strafverfolgungsinteresse eingeordnet werden. Sofern das Bundesverfassungsgericht verlangt, dass eine wirksame Verbrechensbekämpfung, eine möglichst vollständige Wahrheitsermittlung und eine Aufklärung schwerer Straftaten gegeben ist,[551] kann dies nur so weit verstanden werden, wie die Grundrechte der sonstigen Betroffenen bei einer Missachtung verletzt werden würden. Dies bedeutet konsequenterweise, dass dem Strafverfolgungsinteresse auch lediglich das Gewicht zugeordnet werden kann, welches das Untermaßverbot des staatlichen Schutzauftrages verlangt. Dies beantwortet dann auch die Frage, was unter dem Interesse an einer effektiven Strafrechtspflege verstanden werden kann: Die Strafrechtspflege ist immer dann als (ausreichend) effektiv anzusehen, wenn sie den Mindeststandard des staatlichen Schutzauftrages erfüllt. Dieses Strafverfolgungsinteresse – und nicht die abstrakten Prinzipien wie „die Gerechtigkeit" oder „der Rechtsfrieden" – ist im Einzelfall gegen die betroffenen Rechte des Beschuldigten abzuwägen und es ist zu bestimmen, ob der Mindeststandard des staatlichen Schutzauftrag es verlangt, dass die Rechte des Beschuldigten im konkreten Einzelfall dahinter zurückstecken müssen, um allen betroffenen Grundrechten die maximale Wirksamkeit zukommen lassen

---

[550] *Gollwitzer*, FS-Kleinknecht, S. 147 (151).
[551] BVerfGE 34, 238.

3.2 Das staatliche Strafverfolgungsinteresse

zu können. Der Richter hat daher im Rahmen der Beweiswürdigung nach § 261 StPO das jeweilige Untermaßgebot zu beachten und zu entscheiden, ob ein bestimmtes Beweismittel verwertet werden kann oder nicht. Dabei ergeben sich aber keine starren Grenzen, sondern der Richter hat sich im Korridor zwischen dem Untermaßverbot und dem Übermaßverbot zu bewegen und einen Ausgleich aller Rechte herzustellen. Im Endeffekt handelt es sich hier um nichts anderes als eine Form der praktischen Konkordanz.[552] Das Ziel muss es immer sein, dass die gleichrangigen Rechte aller Betroffenen möglichst gering beeinträchtigt werden und maximalen Schutz entfalten können. Gerade dies ist Sinn und Zweck des reformierten Strafprozesses.

Dieser Ausgleich der widerstreitenden Rechte ist zwingend notwendig, um den bereits angesprochenen Rechtsfrieden zu erreichen. Denn der Rechtsfrieden basiert insbesondere auf dem Vertrauen der Bevölkerung in die Strafrechtspflege. Dies kann aber nur dann gegeben sein, wenn sich das Gericht tatsächlich bemüht hat, die Wahrheit zu ermitteln, um ein „gerechtes" Urteil zu fällen.[553] Gerade diese positive Generalprävention setzt dabei eine strenge Formalisierung des Strafens voraus, da dieser positive Effekt nur erreichbar ist, wenn die Rechte des Beschuldigten im Strafverfahren umfassend gewahrt werden.[554] Der Strafausspruch am Ende des Verfahrens gewinnt vor allem dadurch Rückhalt in der Gesamtgesellschaft, dass dem Beschuldigten umfangreiche Verfahrensrechte für seine Verteidigung zugestanden wurden. Gelingt es dem Staat, dem Beschuldigten trotz seiner

---

[552] So bereits zutreffend angedeutet von *Gollwitzer*, FS-Kleinknecht, S. 147 (152); *Hill*, HStR VI (2. Auflage), § 156 Rn. 43.
[553] Vgl. *Schmidthäuser*, FS-Schmidt, S. 511 (523.).
[554] *Weigend*, S. 216.

umfassenden Rechte der Verteidigung die Schuld nachzuweisen, wird die Rechtsgemeinschaft an dem Schuldspruch deutlich weniger zweifeln, als wenn der Angeklagte in einem einseitigen Schnellverfahren verurteilt worden wäre.[555] Auch darf nicht verkannt werden, dass unter dem Deckmantel der „Effektivität" und „Effizienz" immer die Gefahr des Schnellverfahrens unter der Missachtung der Beschuldigtenrechte droht. Dabei ist gerade der faire Prozess, der auch die Behinderung der Sachaufklärung durch den Angeklagten in einem gewissen Umfang tolerieren muss, Grundlage dafür, dass der Rechtsfrieden eintreten kann und die Strafrechtspflege eine gewisse Effektivität erreicht.[556] Es darf nicht vergessen werden, dass ein Strafverfahren im Endeffekt nichts anderes ist als ein Angriff auf die Rechte des Beschuldigten, in dem seine Grundrechte immer prekär bedroht sind.[557] An dieser Stelle darf auch nicht verkannt werden, dass nicht nur ein öffentliches Interesse an der Aufklärung von Straftaten besteht, sondern auch der Öffentlichkeit daran gelegen ist, dass das Strafverfahren gegen den Beschuldigten prozessordnungsgemäß durchgeführt wird.[558]

Somit bleibt die effektive Strafrechtspflege richtigerweise auch immer ein Gegenpol zu den Freiheitsrechten des Beschuldigten und seinem Anspruch auf ein faires Verfahren.[559] Gerade wenn sich dieser Umstand vor Augen geführt wird, wird deutlich, warum es so gefährlich ist, wenn der Begriff der effektiven Strafrechtspflege als ein Sammelsurium aller zentralen Grundwerte des

---

[555] *Weigend*, S. 216.
[556] *Weigend*, S. 216.
[557] *Hassemer*, StV 1982, 275 (279).
[558] *Riehle*, KJ 1980, 316 (320).
[559] *Niemöller/Schuppert*, AöR 107 (1982), 387 (398).

3.2 Das staatliche Strafverfolgungsinteresse

Strafprozesses angesehen wird. Besonders deutlich wird dies, wenn der Begriff der effektiven Strafrechtspflege als Abwägungsgegengewicht gegen die Freiheitsrechte des Beschuldigten verwendet werden soll. Werden bei der Abwägung alle Grundwerte des Strafprozesses auf eine Waagschale gelegt, so wird es schwer sein, diese mit den Freiheitsrechten des Beschuldigten aufwiegen zu können.[560] Wie soll es ein Recht des Beschuldigten auch mit Schwergewichten wie der Gerechtigkeit und dem Rechtsfrieden aufnehmen?[561]

Sofern daher eine Abwägung erfolgen soll, ist immer der oben aufgeführte eingeschränkte Sinn und Zweck der Strafrechtspflege zu beachten, nämlich die formalisierte Konfliktverarbeitung. Die schwersten gesellschaftlichen Konflikte sollen auf eine Art und Weise verarbeitet werden, dass die Grundrechte aller Betroffenen, inklusive des Täters, möglichst wenig Schaden erleiden.[562] Dies geschieht dadurch, dass der Schutz der Rechtsgüter der Gesellschaft als Untermaß dient und die Freiheitsrechte des Beschuldigten als Übermaß herangezogen werden.

An dieser Stelle schließt sich dann auch der Kreis mit den Beweisverwertungsverboten. Diese müssen sich in dem Korridor zwischen Über- und Untermaß bewegen. Immer dann, wenn der Staat durch die Nichtverwertung eines Beweismittels seine Schutzpflicht verletzen würde, ist die Beweisverwertung trotz des Verstoßes geboten. In der anderen Richtung

---

[560] So bereits *Hassemer*, StV 1982, 275 (277).
[561] *Hassemer*, StV 1982, 275 (277).
[562] *Hassemer*, StV 1982, 275 (278).

bildet das Übermaßverbot die absolute Grenze. Sofern die Rechte des Betroffenen in einem Maße betroffen sind, dass sie einer Abwägung nicht mehr zugänglich sind – zum Beispiel beim absolut geschützten Kernbereich privater Lebensgestaltung – ist zwingend ein Beweisverwertungsverbot anzunehmen. In allen anderen Fällen sind die Rechte jeweils gegeneinander abzuwägen und im Rahmen einer praktischen Konkordanz alle Rechte zur größtmöglichen Entfaltung zu bringen.

3.2.2 Zwischenergebnis

Unter dem Begriff der effektiven Strafrechtspflege ist daher nach der hier vertretenen Ansicht das Einhalten der Schutzpflicht des Staates aus dem Untermaßverbot zu verstehen. Sinn und Zweck der gesamten Strafrechtspflege ist die formalisierte Konfliktverarbeitung der schwersten gesellschaftlichen Grenzüberschreitungen. Dabei ist es oberste Aufgabe des Staates, den Rechten aller betroffenen Personen den maximalen Schutz zukommen zu lassen und insbesondere durch die Konfliktverarbeitung in Form des Strafverfahrens keine weitere unnötige Rechtsverletzung zu verursachen. Dies hat der Richter im Rahmen der Beweiswürdigung nach § 261 StPO zu berücksichtigen und dafür Sorge zu tragen, dass sowohl die Rechte des Beschuldigten als auch das allgemeine Interesse an einer effektiven Strafrechtspflege den bestmöglichen Schutz entfalten können. Nur so kann auch sichergestellt werden, dass das Vertrauen der Allgemeinheit in die Strafrechtspflege nicht dadurch erschüttert wird, dass der Staat sich selbst über seine gesetzten Regeln hinwegsetzt.

3.2 Das staatliche Strafverfolgungsinteresse

Sofern die Rechtsprechung hier weitere Umstände wie „Gerechtigkeit" und „Rechtsfrieden" anführt, sind diese nur insoweit zu berücksichtigen, wie sie auch schon grundsätzlich Bestandteil des Strafverfahrens sind. Eine darüberhinausgehende Bedeutung im Rahmen des Abwägungsvorganges ist abzulehnen. Weitere angeführte Gründe wie „die Verfügbarkeit sonstiger Beweismittel" oder „Stärke des Tatverdachts" können nur insoweit eine Rolle spielen, wie sie den Schutzanspruch der Bevölkerung beeinträchtigen. Sofern weitere gleichwertige Beweismittel verfügbar sind, besteht beispielsweise keine Gefahr, dass durch ein Beweisverwertungsverbot der Staat seine Schutzpflicht verletzen würde, da eine Verurteilung auch auf anderem Wege möglich ist. Das Kriterium der „Schwere der Straftaten" kann ferner insoweit herangezogen werden, als der Schutzanspruch der Allgemeinheit vor schweren Straftaten stärker sein kann als gegenüber Bagatellkriminalität. Hier hat sich der Tatrichter im Korridor zwischen dem Untermaßverbot und dem Übermaßverbot zu bewegen und zu prüfen, inwieweit er allen betroffenen Rechten die größtmögliche Entfaltung ermöglichen kann.

Das Strafverfolgungsinteresse stellt somit das Untermaß für den entscheidenden Richter dar, welches ihn zwingt, die Beweismittel zuzulassen. Der Richter hat bei der Frage der Beweisverwertung gezielt das individuelle Interesse der Bevölkerung an der Strafverfolgung im konkreten Fall den betroffenen Rechten des Beschuldigten gegenüberzustellen. Im Bereich der künstlichen Intelligenz – insbesondere bei intelligenten Fahrzeugen – kommen eine Vielzahl an potenziell betroffenen Rechten des Beschuldigten in Betracht, die dem allgemeinen Strafverfolgungsinteresse entgegenstehen können, und die der Richter im Rahmen seiner Abwägung zu berücksichtigen hat.

3.3 Betroffene Rechte des Beschuldigten

Durch die Erhebung und Verwertung von Beweismitteln können unterschiedliche Rechte des Beschuldigten betroffen sein. Wie aufgezeigt, kann der Zugriff der Ermittlungsbehörden dabei auf unterschiedliche Art und Weise erfolgen.[563] Die Ermittler können entweder direkt auf die Daten im Fahrzeug zugreifen oder auf die Daten abzielen, die das Fahrzeug an einen Dritten, zum Beispiel in die Cloud des Herstellers, übermittelt hat. Der Zugriff auf die Daten, egal ob im Fahrzeug oder bei einem Dritten, kann dabei entweder physisch jeweils vor Ort oder per Fernzugriff über das Internet erfolgen. Sofern Daten übermittelt werden, kommt auch ein unmittelbares Abfangen der Daten auf dem Weg zwischen Sender und Empfänger in Betracht.

So unterschiedlich die verschiedenen Zugriffsszenarien sind, so verschieden sind auch die möglicherweise betroffenen Rechte des Beschuldigten. Dabei ist bei jedem Recht als erstes zu definieren, inwieweit überhaupt die Zielrichtung und der Schutzbereich der Norm ausgestaltet sind, um dann in einem zweiten Schritt zu prüfen, inwieweit in diesen Schutzbereich eingegriffen werden könnte, sofern bei intelligenten Fahrzeugen der Zugriff auf die Daten erfolgen soll. In diesem Rahmen werden typische Zugriffsszenarien erörtert und geprüft, inwieweit diese einen konkreten Eingriff in das jeweilige Recht darstellen könnten.

---

[563] Siehe Abschnitt 2.3.2.

3.3 Betroffene Rechte des Beschuldigten

Das Verständnis über die betroffenen Rechte des Beschuldigten sind sodann Grundlage, um anschließend einerseits festzustellen, mit welchen einfachgesetzlichen Ermächtigungsgrundlagen der Staat die Daten erheben kann,[564] und welche Rechte im Rahmen der Verwertung der Daten im Strafprozess abzuwägen sind.[565]

3.3.1 Fernmeldegeheimnis

Es ist insbesondere ein Eingriff in das Fernmeldegeheimnis gemäß Art. 10 Abs. 1 GG denkbar, sofern Daten aus der laufenden Kommunikation des Fahrzeuges erlangt werden sollen. Trotz des spärlichen Verfassungswortlautes hat sich Art. 10 Abs. 1 GG zu einem der bedeutsamsten Grundrechte in der heutigen technologischen Welt mit einer großen praktischen Bedeutung entwickelt.[566] Dies liegt unter anderem auch an der engen Verbindung mit Art. 1 Abs. 1 GG, denn Art. 10 Abs. 1 GG gewährleistet die freie Entfaltung der Persönlichkeit durch einen privaten, vor den Augen der Öffentlichkeit verborgenen, Austausch von Nachrichten, Gedanken und Meinungen (Informationen) und wahrt damit die Würde des denkenden und freiheitlich handelnden Menschen.[567] Das Fernmeldegeheimnis ist dabei gegenüber neuen technischen Entwicklungen offen und ist nicht auf die heute eingesetzten und bekannten Technologien beschränkt.[568]

---

[564] Siehe zu den Ermächtigungsgrundlagen Abschnitt 4.1.
[565] Siehe zur Verwertung der Daten Abschnitt 4.2.
[566] Vgl. Dürig/Herzog/Scholz-*Durner*, Art. 10 GG [Stand: 04/2020] Rn. 1; BeckOK-GG-*Ogorek*, Art. 10 GG Rn. 34.
[567] BVerfGE 67, 157.
[568] Vgl. BVerfGE 115 166; BeckOK-GG-*Ogorek*, Art. 10 GG Rn. 37.

3.3.1.1 Zielrichtung und Schutzbereich

Das Fernmeldegeheimnis schützt die unkörperliche Übermittlung von Informationen an individuelle Empfänger mittels Telekommunikationsverkehrs.[569] Dabei ist die eingesetzte Technik der unkörperlichen Kommunikation für die Frage des Schutzes irrelevant. Das Fernmeldegeheimnis schützt jegliche Art der unkörperlichen Kommunikation, egal ob per Kabel oder Funk, und unabhängig von der jeweils konkret genutzten Technologie.[570] Dabei ist es auch irrelevant, ob die Kommunikation per Sprache, Text, Bildern oder mittels sonstiger Daten erfolgt.[571] Auch ist es nicht von Bedeutung, ob ein Dritter die Kommunikationsleistung erbringt, oder ob ein privates oder firmeneigenes Digitalnetzwerk verwendet wird.[572]

Das Fernmeldegeheimnis schützt nicht nur den Inhalt der Kommunikation, sondern auch die Umstände von deren Entstehung.[573] Neben der Frage, wer, wann und wie kommuniziert hat, fällt zum Beispiel auch die identifizierbare IP-Adresse in den Schutzbereich des Fernmeldegeheimnisses.[574] Zusätzlich ist der gesamte nachfolgende Informations- und Datenverarbeitungsprozess, der

---

[569] BVerfGE 67, 157; BVerfGE 120, 274; BVerfGE 124, 43; BGHSt 63, 82; MüKo-StPO-*Rückert*, § 100a StPO Rn. 26; Auer-Reinsdorff/Conrad-*Hassemer*, § 43 Rn. 186; Jarass/Pieroth-*Jarass*, Art. 10 GG Rn. 5; Scheurle/Mayen-*Mayen*, § 88 TKG Rn. 7.
[570] Dürig/Herzog/Scholz-*Durner*, Art. 10 GG [Stand: 04/2020] Rn. 107.
[571] BVerfGE 106, 28; BVerfGE 115, 166; BVerfGE 120, 274; BVerfGE 124, 43.
[572] BeckOK-GG-*Ogorek*, Art. 10 GG Rn. 43; Dürig/Herzog/Scholz-*Durner*, Art. 10 GG [Stand: 04/2020] Rn. 107.
[573] BVerfGE 100, 313; MüKo-StPO-*Rückert*, § 100a StPO Rn. 27.
[574] BVerfGE 130, 151; MüKo-StPO-*Rückert*, § 100a StPO Rn. 27.

3.3 Betroffene Rechte des Beschuldigten

sich der Kommunikation anschließt, und der anschließende Gebrauch dieser Informationen, geschützt.[575]

Die Frage, ob auch die Feststellung des Standortes vom Fernmeldegeheimnis geschützt wird, ist umstritten. Insbesondere gilt dies bei der Standortbestimmung mittels IMSI-Catcher[576] Das Bundesverfassungsgericht hat die Betroffenheit des Fernmeldegeheimnisses bei IMSI-Catchern verneint, da die Standortermittlung nicht im Zusammenhang mit einem Kommunikationsvorgang stehe und auch keinen Kommunikationsinhalt betreffe.[577] Diese Entscheidung kann aber, aufgrund der technischen Besonderheiten, nur für IMSI-Catcher und nicht für jegliche technische Standortermittlung gelten. IMSI-Catcher simulieren einen Mobilfunkmast mit einer hohen Feldstärke und sorgen dafür, dass sich in der Nähe befindliche Mobilfunkgeräte in den IMSI-Catcher einwählen.[578] Durch diese Einwahl kann anschließend festgestellt werden, welche SIM-Karten in der Nähe aktiv waren, indem sie anhand ihrer eindeutigen IMSI (International Mobile Subscriber Identity) identifiziert werden. Beim Einsatz der IMSI-Catcher zur Standortbestimmung soll nach dem Bundesverfassungsgericht lediglich das allgemeine Persönlichkeitsrecht betroffen sein.[579] Diese Einordnung ist aber nicht auf die Erfassung anders erlangter Standortdaten zu übertragen. Dies gilt insbesondere für den Fall, wenn GPS-Standortdaten über das Internet übermittelt werden. In diesen Fällen ermittelt nämlich nicht die mithörende

---

[575] BVerfGE 100, 313.
[576] Zur Problematik zu IMSI-Catchern siehe die umfassende Darstellung bei *Nachbaur*, NJW 2007, 335.
[577] BVerfGK 9, 62.
[578] Vgl. *Soiné*, NJW 2010, 596 (601).
[579] BVerfGK 9, 62.

dritte Partei, zum Beispiel der IMSI-Catcher, den Standort selbst, sondern der Standort wird als Kommunikationsinhalt übertragen. Somit liegt in diesem Fall, anders als bei der reinen Einwahl in den IMSI-Catcher, ein Kommunikationsvorgang mit Kommunikationsinhalt vor. Da solch ein Kommunikationsvorgang jedoch vom Fernmeldegeheimnis umfasst ist, kann die Rechtsprechung des Bundesverfassungsgerichts hinsichtlich der IMSI-Catcher nicht auf das Ausspähen von Standorten durch gespeicherte GPS-Daten übertragen werden.

Die Kommunikation ist durch Art. 10 Abs. 1 GG jedoch nur dann geschützt, sofern es sich um Individualkommunikation handelt.[580] Individualkommunikation bedeutet dabei nicht zwangsweise, dass es sich um eine Eins-zu-Eins-Kommunikation handeln muss. Auch geschlossene Chats oder Kommunikationsforen mit mehreren Teilnehmern sind durch Art. 10 Abs. 1 GG geschützt, soweit die einzelnen Kommunikationspartner durch entsprechende Zugangsberechtigungen individualisierbar sind.[581] Diese Einschränkung ist wichtig, da Art. 10 Abs. 1 GG nur die Vertraulichkeit von Geheimnissen schützt. An einem „Geheimnis" fehlt es bei Kommunikationsvorgängen mit der breiten Öffentlichkeit.[582] Die Abgrenzung zwischen Individualkommunikation und öffentlicher Kommunikation kann im Einzelfall schwierig sein.[583] Maßgebliches Indiz ist hierbei, ob zur

---

[580] BVerfGE 67, 157; BVerfGE 120, 274; BVerfGE 124, 43.
[581] Vgl. BVerfGE 120, 274; Dürig/Herzog/Scholz-*Durner*, Art. 10 GG [Stand: 04/2020] Rn. 118.
[582] BeckOK-GG-*Ogorek*, Art. 10 GG Rn. 40; Jarass/Pieroth-*Jarass*, Art. 10 GG Rn. 6.
[583] Vgl. Dürig/Herzog/Scholz-*Durner*, Art. 10 GG [Stand: 04/2020] Rn. 122.

3.3 Betroffene Rechte des Beschuldigten

Überwachung Zugangshindernisse zu überwinden sind.[584] Ist dies der Fall, soll regelmäßig ein individualisierbarer Empfängerkreis vorliegen. Sind die Daten dagegen ohne Überwindung von Zugangshindernissen zu überwachen, kann regelmäßig davon ausgegangen werden, dass diese als öffentlich einzustufen sind.

Eine wichtige Einschränkung bezüglich des Schutzes von Art. 10 Abs. 1 GG erfolgt ferner in zeitlicher Hinsicht. Geschützt ist ausschließlich die Dauer des Kommunikationsvorgangs.[585] Der Schutz des Fernmeldegeheimnisses beginnt mit dem Zeitpunkt, zu dem der Absender die Datei zur Wahrnehmung durch einen individualisierten Adressaten bestimmt hat und somit die Nachricht „aus der Hand gibt".[586] Der Schutz endet nach überwiegender Ansicht zu dem Zeitpunkt, in dem die Nachricht in den Herrschaftsbereich des Empfängers gelangt ist.[587] Das Fernmeldegeheimnis sieht gerade den eigentlichen Kommunikationsvorgang als besonders schützenswert an, da der einzelne Bürger durch die räumliche Distanz der Kommunikation nur schwer eigene Schutzmaßnahmen ergreifen kann.[588] Dies ist nach Abschluss des Kommunikationsvorgangs anders, da sich die Nachricht nun in der Sphäre des Bürgers befindet und er diese, wie jede andere Information, welche er selbst angelegt hat, schützen beziehungsweise löschen kann.[589] Aus diesem Grund

---

[584] Vgl. Dürig/Herzog/Scholz-*Durner*, Art. 10 GG [Stand: 04/2020] Rn. 122; BeckOK-GG-*Ogorek*, Art. 10 GG Rn. 40.1.
[585] Vgl. Dürig/Herzog/Scholz-*Durner*, Art. 10 GG [Stand: 04/2020] Rn. 124; Jarass/Pieroth-*Jarass*, Art. 10 GG Rn. 9; BeckOK-GG-*Ogorek*, Art. 10 GG Rn. 44.
[586] BeckOK-GG-*Ogorek*, Art. 10 GG Rn. 44.
[587] BVerfGE 115, 166; BeckOK-GG-*Ogorek*, Art. 10 GG Rn. 44; Dürig/Herzog/Scholz-*Durner*, Art. 10 GG [Stand: 04/2020] Rn. 97.
[588] BVerfGE 115, 166; *Eckhardt*, DuD 2006, 365 (366).
[589] Vgl. BVerfGE 115, 166.

werden die Daten nach Abschluss der Kommunikation – genauso wie zugestellte Briefe – nur noch vom Recht auf informationelle Selbstbestimmung und gegebenenfalls durch das Wohnungsgrundrecht aus Art. 13 GG geschützt.[590] Das Bundesverfassungsgericht hat diesbezüglich jedoch einen weitergehenden Schutz der angefallenen Daten in speziellen Fällen entwickelt.[591] Das Bundesverfassungsgericht stellte zwar klar, dass die Daten von abgeschlossener Kommunikation nicht mehr dem Schutzbereich des Art. 10 GG unterliegen, jedoch ist im Rahmen von Durchsuchungen und Beschlagnahme die Nähe der Daten zum Schutz des Art. 10 GG und die besondere Schutzbedürftigkeit zu berücksichtigen.[592] Diese schwammige Formulierung führt zu erheblichen Unsicherheiten. So sollen beispielsweise die auf einer SIM-Karte gespeicherten Telekommunikationsdaten, insbesondere Informationen über ein- und ausgehende Anrufe, noch dem Fernmeldegeheimnis unterliegen, auch wenn die eigentliche Kommunikation bereits abgeschlossen ist.[593] Begründet wird dies damit, dass diese Informationen zu den „gegen staatliche Kenntnisnahme abgeschirmten Kommunikationsumständen" gehören.[594]

Insgesamt sind in diesem Bereich viele Einzelfragen bis zum heutigen Tag höchst umstritten. Insbesondere bei E-Mails, die beim Provider gespeichert werden, erfolgen technisch höchst diffizile Unterscheidungen.[595] Das

---

[590] Vgl. BVerfGE 115, 166.
[591] Vgl. BVerfGE 115, 166.
[592] Vgl. BVerfGE 115, 166.
[593] BVerfGK 5, 74.
[594] BVerfGK 5, 74.
[595] Vgl. dazu die umfassende Darstellung bei BeckOK-StPO-*Graf*, § 100a StPO Rn. 51ff.; MüKo-StPO-*Rückert*, § 100a StPO Rn. 96ff. und *Brodowski*, JR 2009, 402 (405).

3.3 Betroffene Rechte des Beschuldigten

Bundesverfassungsgericht hat diesbezüglich jedoch einen umfassenden Schutz der beim Provider gespeicherten E-Mails durch das Fernmeldegeheimnis bestätigt.[596]

In letzter Zeit hat auch das Cloud-Computing immer weiter an Bedeutung gewonnen und entsprechende rechtliche Fragen aufgeworfen. Zum Teil wird den in der Cloud liegenden Daten grundsätzlich der Schutz des Fernmeldegeheimnisses versagt.[597] Dies kann jedoch in dieser Pauschalität nicht überzeugen. Wird die Cloud zur Kommunikation genutzt, zum Beispiel indem für jemand anders Daten hinterlegt werden, so unterscheidet sich diese nicht von der E-Mail-Kommunikation mit einer angehängten Datei.[598] Das Bundesverfassungsgericht hat den Schutz des Art. 10 GG für die Fälle bejaht, in denen der User per Webbrowser seine beim Mailanbieter gespeicherten E-Mails abruft.[599] Diese „Webmails" sind technisch nichts anderes als in der Cloud ausgelagerte Mailclients. Es kann somit diesbezüglich keinen Unterschied machen, ob eine E-Mail oder eine sonstige Datei in einer Cloud liegt. Wird also eine Datei lediglich in der Cloud hinterlegt, um sie einem individuellen Kommunikationspartner zugänglich zu machen, so soll diese Übermittlung richtigerweise unter das Fernmeldegeheimnis fallen.[600] Letztendlich endet der Schutz des Fernmeldegeheimnisses

---

[596] Vgl. BVerfGE 124, 43.
[597] *Pötters/Werkmeister*, JURA 2013, 5 (7).
[598] So auch *Bosesky/Hoffmann u. a.*, DuD 2013, 95 (99); *Schwabenbauer*, AöR 137 (2012), 1 (19 f.).
[599] BVerfGE 124, 43.
[600] BeckOK-GG-*Ogorek*, Art. 10 GG Rn. 41; *Bosesky/Hoffmann u. a.*, DuD 2013, 95 (99).

überzeugenderweise nämlich immer erst dann, wenn die spezifische Gefährdungslage durch die Kommunikation beendet ist.[601]

Eingriffe in den Schutzbereich des Fernmeldegeheimnisses können gerechtfertigt sein, sofern sie auf einer verfassungsmäßigen gesetzlichen Grundlage beruhen und verhältnismäßig sind. Im Rahmen der Strafverfolgung kommen insbesondere die geschaffenen §§ 100a[602], 100b[603] und 100g[604] StPO in Betracht.

3.3.1.2 Möglicher Eingriff bei intelligenten Fahrzeugen

In intelligenten Fahrzeugen spielt das Fernmeldegeheimnis in zwei Bereichen eine besonders große Rolle. Auf der einen Seite teilt das Fahrzeug durchgehend seine Daten mit dem Fahrzeughersteller. Insbesondere werden Daten in die Cloud des Herstellers geladen, um dort die künstliche Intelligenz mit Informationen zu versorgen. Im Gegenzug werden entsprechende Ergebnisse auch von der Cloud zurück an das Fahrzeug übermittelt. Neben dieser reinen Verarbeitung der Daten, werden die Informationen auch zugleich für das weitere Anlernen der künstlichen Intelligenz beim Hersteller genutzt. Es stellt sich vor diesem Hintergrund die Frage, ob es sich tatsächlich um eine geschützte Kommunikation handelt, da es nicht darum geht, Informationen an eine andere Person zu übermitteln, sondern primär darum, selbst Daten – wenn auch möglicherweise durch die künstliche Intelligenz interpretiert –

---

[601] Vgl. BVerfGE 124, 43; *Brodowski*, JR 2009, 402 (405).
[602] Siehe zum Eingriff mittels § 100a StPO auch Abschnitt 4.1.3.
[603] Siehe zum Eingriff mittels § 100b StPO auch Abschnitt 4.1 4.
[604] Siehe zum Eingriff mittels § 100g StPO auch Abschnitt 4.1 6.

3.3 Betroffene Rechte des Beschuldigten

zurückzuerhalten. Es handelt sich somit auf den ersten Blick um eine Kommunikation mit sich selbst und damit um keine Kommunikation, die unter das Fernmeldegeheimnis zu subsumieren wäre. Tatsächlich ist es jedoch so, dass die Rückmeldung der künstlichen Intelligenz des Fahrzeugherstellers nicht identisch mit den hochgeladenen Daten ist. Die künstliche Intelligenz verarbeitet die ankommenden Informationen und sendet ein Ergebnis zurück. Die übermittelten Daten unterscheiden sich daher von den empfangenen Daten. Es werden Daten wie zum Beispiel der Standort und das Ziel übermittelt und die künstliche Intelligenz liefert die für die Strecke relevanten Informationen zurück. Die empfangenen Daten sind daher die Antwort auf die übermittelten Daten und erfüllen daher grundsätzlich die Anforderungen, die im allgemeinen Sprachgebrauch an Kommunikation gestellt werden.

Fraglich ist jedoch, ob hier tatsächlich ein schützenswerter individueller Kommunikationsvorgang vorliegt, da das Fahrzeug selbstständig mit dem Rechenzentrum kommuniziert. Inwieweit auch eine reine Maschine-zu-Maschine-Kommunikation durch das Fernmeldegeheimnis geschützt wird, ist bis zum heutigen Tag äußerst umstritten.[605]

Das herkömmliche Verständnis des Begriffs der Kommunikation setzt einen interpersonalen Informationsaustausch voraus.[606] Es müssen demnach mindestens zwei Personen Informationen austauschen, damit die Übertragung durch Art. 10 GG geschützt ist. Das Bundesverfassungsgericht lässt dagegen

---

[605] Bejahend Schantz/Wolff-*Schantz*, Rn. 178; *Marosi/Skobel*, DÖV 2018, 837; Dreier-*Hermes*, Art. 10 GG Rn. 40; ablehnend dagegen BVerfGK 9, 62; *Günther*, NStZ 2005, 485 (492); differenzierend *Schwabenbauer,* AöR 137 (2012), 1 (11).
[606] *Schwabenbauer,* AöR 137 (2012), 1 (11).

für die Eröffnung des Schutzbereiches auch ausreichen, dass ein Mensch eine Kommunikation mit einer Maschine beginnt.[607] Keine durch Art. 10 Abs. 1 GG geschützte Kommunikation soll jedoch nach Ansicht des Bundesverfassungsgerichts bei der reinen Kommunikation zwischen zwei Maschinen bestehen, wie zum Beispiel beim Einsatz eines IMSI-Catchers und der Mitteilung des Mobilfunktelefons der Betriebsbereitschaft.[608] Diese Entscheidung des Bundesverfassungsgerichts stieß in Teilen der Wissenschaft auf erhebliche Widerrede.[609]

Die Kritik konzentriert sich primär auf die Frage, ob die Annahme einer reinen Maschinenkommunikation tatsächlich nach den Kriterien aus dem IMSI-Catcher-Beschluss erfolgen kann oder ob nicht auch darin eine menschliche Kommunikation zu erkennen sei.[610] Das Bundesverfassungsgericht verneinte bei IMSI-Catchern eine menschlich angestoßene Kommunikation, da das Mobiltelefon im „stand-by"-Modus lediglich seine Empfangsbereitschaft signalisiert.[611] Keine Berücksichtigung fand im Beschluss dagegen der Umstand, dass der Benutzer des Mobiltelefons mit dem Einschalten seines Mobiltelefons in den „stand-by"-Modus möglicherweise bereits selbst die Kommunikationsbereitschaft signalisierte und damit schon den Telekommunikationsvorgang einleitete.[612] Dies hatte zuvor auch bereits der

---

[607] BVerfG NJW 2016, 3508.
[608] Vgl. BVerfGK 9, 62; zustimmend *Schwabenbauer*, AöR 137 (2012), 1 (12); *Günther*, NStZ 2005, 485 (492).
[609] Siehe nur *Nachbaur*, NJW 2007, 335 (337); Schantz/Wolff-*Schantz*, Rn. 178; *Marosi/Skobel*, DÖV 2018, 837.
[610] *Nachbaur*, NJW 2007, 335 (337).
[611] BVerfGK 9, 62.
[612] Vgl. *Marosi/Skobel*, DÖV 2018, 837 (840); *Nachbaur*, NJW 2007, 335 (337).

3.3 Betroffene Rechte des Beschuldigten

Bundesgerichtshof in einer anderen Entscheidung erkannt und nicht nur das unbewusste Raumgespräch bei einem nicht beendeten Telefongespräch, sondern auch jegliche automatisierte Kommunikation der Telefongeräte – inklusive Standortdatenübermittlung – unter den Schutz des Fernmeldegeheimnisses gestellt.[613]

Für die Einordnung neuer Technologien in der bisherigen Rechtsprechung und Diskussion darf auch nicht übersehen werden, dass die technische Entwicklung seit dem IMSI-Beschluss erhebliche Fortschritte gemacht hat und Kommunikation immer häufiger mit der Technik in der Cloud erfolgt.[614] Auch *Schwabenbauer*, der grundsätzlich die reine Kommunikation mit einer Maschine nicht unter Art. 10 Abs. 1 GG geschützt sieht, erkennt zutreffend, dass spätestens wenn die Daten in der Cloud auch Dritten zugänglich gemacht werden sollen, eine interpersonale Kommunikation erfolgen kann.[615] Aufgrund der dadurch entstehenden Abgrenzungsschwierigkeiten plädiert *Schwabenbauer* für eine Zweifelsregelung dahingehend, dass im Zweifel der Schutzbereich des Art. 10 Abs. 1 GG eröffnet sein soll.[616] Noch weiter geht *Hermes*, der ebenfalls grundsätzlich eine individuelle menschliche Kommunikation verlangt, jedoch aufgrund der Abgrenzungsschwierigkeiten dafür plädiert, jegliche Internetkommunikation in den Schutzbereich des Art. 10 Abs. 1 GG einzubeziehen.[617]

---

[613] BGH JR 2004, 345.
[614] Ähnlich auch *Marosi/Skobel*, DÖV 2018, 837 (840).
[615] *Schwabenbauer*, AöR 137 (2012), 1 (19).
[616] *Schwabenbauer*, AöR 137 (2012), 1 (20).
[617] Dreier-*Hermes*, Art. 10 GG Rn. 40; ebenso *Sievers*, S. 130.

Für solch ein weites Verständnis spricht auch der Sinn und Zweck des Fernmeldegeheimnisses. Das Bundesverfassungsgericht konstatierte zum Fernmeldegeheimnis bereits zutreffend, dass mit der Garantie des Fernmeldegeheimnisses auch vermieden werden soll, dass Menschen die Kommunikation unterlassen oder nur in veränderter Form oder Inhalt betreiben, weil sie mit einer Überwachung rechnen.[618] Es soll gerade der demokratisch wichtige Akt der Kommunikation angstfrei erfolgen können, und zwar auch auf dem besonders vulnerablen Transportweg. Gerade wenn der Benutzer aber nicht bewusst zeitnah die Kommunikation anstößt, sondern zeitlich verzögert sein technisches Gerät unabhängig von ihm Daten über das Internet überträgt, sind die Daten besonders verletzlich. Es ergibt daher vor diesem Hintergrund keinen Sinn, gerade diese empfindliche verzögerte Kommunikation aus dem Schutzbereich herauszunehmen.

Bei intelligenten Fahrzeugen kommt hinzu, dass sich die Situation technisch doch deutlich anders darstellt als bei IMSI-Catchern. Hat das Bundesverfassungsgericht dort noch darauf abgestellt, dass das Mobiltelefon lediglich seine Betriebsbereitschaft mitteilt, übertragen intelligente Fahrzeuge Daten, welche vom Fahrer generiert wurden, um aus der Cloud vom Fahrzeughersteller die Ergebnisse der künstlichen Intelligenz zu erhalten. Es kann an diesem Punkt keinen Unterschied machen, ob der Fahrer aktiv die schnellste Route mittels Webbrowser ermittelt, was unproblematisch unter das Fernmeldegeheimnis fallen würde,[619] oder ob sein Fahrzeug selbstständig die schnellste Route abfragt. In beiden Fällen basiert der Anstoß der

---

[618] BVerfGE 100, 313.
[619] Vgl. BVerfG NJW 2016, 3508.

3.3 Betroffene Rechte des Beschuldigten 195

Kommunikation auf dem Verhalten des Fahrers, also dem Starten des Fahrzeuges und der Eingabe des Navigationsziels. Das Fahrzeug führt lediglich während der Fahrt autonom die Routenberechnung für den Fahrer immer wieder durch, um ihm Arbeit abzunehmen. Für die Einstufung einer aktiven Kommunikation kann es daher nicht darauf ankommen, ob der Fahrer die Kommunikation selbst unmittelbar angestoßen hat, oder ob sein Fahrzeug diese aufgrund des vorherigen Verhaltens des Fahrers selbstständig durchführt. Das Fahrzeug führt diesen Kommunikationsvorgang nur deswegen aus, weil der Fahrer zuvor sein Fahrziel angegeben hat. Das Fahrzeug baut die Verbindung somit nicht um seiner selbst willen auf, sondern lediglich als verlängertes technisches Werkzeug des Menschen. Unabhängig von der Frage, ob tatsächlich eine reine Maschine-zu-Maschine-Kommunikation geschützt ist, fällt daher zumindest die Kommunikation wie im hier vorliegenden Fall in den Schutzbereich, da die Maschine zwar die Kommunikation einleitet, jedoch Daten überträgt, welche gerade für diesen späteren Kommunikationsvorgang menschlich generiert wurden.

Die Übertragung der Daten des intelligenten Fahrzeuges betrifft somit das Fernmeldegeheimnis. Geschützt ist dabei sowohl der Hin- als auch der Rückweg der Daten. Auch die Verbindungsdaten, sowohl im Fahrzeug als auch beim Fahrzeughersteller, sind vom Fernmeldegeheimnis abgedeckt, da genauso wie bei einer eingelegten SIM-Karte diese Verbindungsdaten darüber Auskunft geben, wer wann kommuniziert hat. Dies erlaubt letztendlich Rückschlüsse darauf, wie und wann das Fahrzeug genutzt wurde.

Die Daten, egal ob die Rohdaten, die an den Hersteller verschickt werden sollen, oder die Daten, welche vom Hersteller zurückgeliefert werden, sind jedoch nur auf dem reinen Kommunikationsweg durch das Fernmeldegeheimnis geschützt. Die Daten werden regelmäßig in Rohform auch im Fahrzeug selbst gespeichert. Für die Frage, ob die einzelnen Daten durch das Fernmeldegeheimnis geschützt sind, kommt es daher maßgeblich auf die Art und Weise des Zugriffs auf die Daten an. Der Art. 10 Abs. 1 GG soll gerade nur der Gefahr begegnen, die dadurch entsteht, dass die Daten „aus der Hand gegeben" werden. Sofern die Ermittlungsbehörden daher mittels physischen Zugriffs auf den Speicher des Fahrzeuges zugreifen, sind die Daten, selbst wenn sie über das Internet gesendet oder empfangen wurden, nicht vom Fernmeldegeheimnis geschützt. Anders sieht es lediglich dann aus, wenn das Fahrzeug technisch verwanzt wird und jeglicher eingehender und ausgehender Datenstrom abgefangen wird. Denn das Abhören der Telekommunikation am Kommunikationsgerät greift genauso in das Fernmeldegeheimnis ein wie das Abhören des Datenstroms auf dem Weg der Kommunikation, da dies noch zur Einheit des Übermittlungsvorganges gehört.[620]

Neben der Übermittlung der Daten an den Hersteller kommuniziert das Fahrzeug jedoch auch mit seinem Umfeld. Die Kommunikation läuft hier mittels Car2c, Car2i oder Car2x ab.[621] Hier stellt sich jedoch die Frage, ob es sich tatsächlich um eine individuelle Kommunikation handelt oder sich die Mitteilungen an die Öffentlichkeit richten und daher nicht mehr von Art. 10

---

[620] Vgl. BVerfGE 115, 166.
[621] Siehe Abschnitt 2.2.2.3.1.

3.3 Betroffene Rechte des Beschuldigten

Abs. 1 GG geschützt sind.[622] Maßgebliches Indiz für die Abgrenzung zwischen privater individueller Kommunikation und öffentlicher Kommunikation ist die Frage, ob zur Überwachung Zugangshindernisse zu überwinden sind.[623] Bei der Kommunikation mit der Umwelt muss vom Fahrzeug immer sichergestellt sein, dass mit einem vertrauenswürdigen Partner kommuniziert wird. Dies setzt insbesondere eine eindeutige Identifizierung des Partners voraus. Es darf zum Beispiel nicht passieren, dass sich ein unbefugter Dritter als Verkehrsinfrastruktur ausgibt und beispielsweise falsche Informationen über die Ampelschaltung sendet. Es gibt daher bei allen eingesetzten Techniken eine gewisse Beschränkung bezüglich dessen, wer auf welche Art kommunizieren darf.

Dieser Zwang zur Identifizierung stellt aber kein Zugangshindernis im klassischen Sinne dar, welches die Kommunikation individuell erscheinen lässt. Grundsätzlich werden die meisten Informationen an alle Verkehrsteilnehmer in der Umgebung gleichermaßen verteilt. Eine Ampel oder ein Verkehrszeichen wird Informationen an alle Fahrzeuge in der unmittelbaren Nähe verbreiten, da die Daten per se nicht sensibel sind. Auch die einzelnen Fahrzeuge sind in der Regel daran interessiert, dass alle Fahrzeuge in der Nähe, unabhängig von ihrer Berechtigung, die Informationen erhalten. In diesen Fällen liegt daher keine geschützte individuelle Kommunikation vor.

---

[622] Vgl. Dürig/Herzog/Scholz-*Durner*, Art. 10 GG [Stand: 04/2020] Rn. 18.
[623] Vgl. Dürig/Herzog/Scholz-*Durner*, Art. 10 GG [Stand: 04/2020] Rn. 94; BeckOK-GG-*Ogorek*, Art. 10 GG Rn. 40.

Anders könnte lediglich der Fall beurteilt werden, wenn Fahrzeuge ganz gezielt mit anderen Fahrzeugen kommunizieren. Eine denkbare Situation wäre das gleichzeitige Zufahren von vier Fahrzeugen auf eine ungeregelte Kreuzung. Hier wäre es denkbar, dass ein Fahrzeug ausschließlich mit dem aus der eigenen Sicht vorfahrtnachrangigen Fahrzeug kommunizieren möchte, um ihm zu signalisieren, dass auf die eigene Vorfahrt verzichtet wird. Auch hier kann jedoch nicht von einer vertraulichen Kommunikation gesprochen werden, da das Fahrzeug grundsätzlich mit jedem anderen Verkehrsteilnehmer kommunizieren würde, welches links von ihm steht. Auch technisch würde hier die Information in der Regel nicht individuell verbreitet werden, sondern an alle naheliegenden Fahrzeuge gleichermaßen verteilt werden, da die Information des Vorfahrtsverzichts einerseits nicht vertraulich ist und andererseits auch für die anderen Fahrzeuge in der Kreuzung relevant sein kann, dass ein Fahrzeug auf seine Vorfahrt verzichtet hat, damit nicht gleichzeitig mehrere Fahrzeuge auf die Vorfahrt verzichten. Auch die vergleichbare Kommunikation durch einen Menschen – das Durchwinken – hätte keinen vertraulichen Inhalt. Insgesamt ist daher die Kommunikation des Fahrzeuges mit dem eigenen Umfeld nicht durch das Fernmeldegeheimnis geschützt, da es sich nicht um eine Individualkommunikation handelt.

3.3.1.3 Zwischenergebnis

Festzuhalten ist daher, dass nicht alle Daten, die das Fahrzeug nach außen mitteilt, unter das Fernmeldegeheimnis fallen. Insbesondere Daten, die an das unmittelbare Umfeld ausgegeben werden, stellen keine vertrauliche Individualkommunikation dar. Anders sieht es jedoch bei den Daten aus, welche zum Hersteller via Internet übertragen werden. Diese sind selbst dann umfassend geschützt, wenn das Fahrzeug lediglich mit einer künstlichen Intelligenz in der Cloud kommuniziert.

Werden die Daten jedoch nicht während der Kommunikation abgefangen, sondern erst nachdem diese gespeichert sind, greift nicht der Schutz des Fernmeldegeheimnisses. In diesen Fällen können aber sonstige Grundrechte, wie das allgemeine Persönlichkeitsrecht oder die Unverletzlichkeit der Wohnung, betroffen sein.

3.3.2 Unverletzlichkeit der Wohnung

Das Grundgesetz schützt in Art. 13 GG die Unverletzlichkeit der Wohnung. Es handelt sich in seiner Struktur um ein Abwehrrecht zum Schutz der räumlichen Privatsphäre.[624] Nach der Entscheidung des Bundesverfassungsgerichts zur Onlinedurchsuchung im Jahr 2007[625] kam in der Literatur schnell die Diskussion auf, inwieweit ein Infiltrieren von IT-Systemen von Art. 13 GG geschützt sein könnte.[626]

---

[624] BVerfGE 89, 1.
[625] BVerfGE 120, 274.
[626] Vgl. *Rux*, JZ 2007, 285 (292); *Jahn/Kudlich*, JR 2007, 57 (60); *Kutscha*, NJW 2007, 1169 (1169); *Schantz*, KritV 2007, 310 (313ff.); *Hornung*, DuD 2007, 575; *Buermeyer*, HRRS 2007, 329 (332); *Beukelmann*, StraFo 2008, 1; *Beulke/Meininghaus*, StV 2007, 63 (63); *Gercke*, CR 2007, 245 (250); *Schlegel*, GA 2007, 648.

3.3.2.1 Zielrichtung und Schutzbereich

Die Unverletzlichkeit der Wohnung nach Art. 13 GG ist als Abwehrrecht zum Schutz der räumlichen Privatsphäre ausgestaltet.[627] Das Grundrecht untersagt Organen der öffentlichen Gewalt sowohl das Eindringen als auch das Verweilen in einer Wohnung gegen den Willen des Wohnungsinhabers.[628] Ferner gewährt es dem Bürger das Recht auf einen Rückzugsort vor dem Staat.[629]

Als Wohnung ist jeder nicht allgemein zugängliche Raum zu verstehen, welcher – und sei es nur vorübergehend – zur Stätte des Aufenthalts oder Wirkens von Menschen gemacht wird.[630] Der Schutz hat eine enge Verbindung zur Menschenwürde aus Art. 1 Abs. 1 GG.[631] Dabei ist es irrelevant, ob es sich um feststehende, fahrende oder schwimmende Räume handelt.[632] Aufgrund der engen Verbindung mit der Menschenwürde muss die räumliche Privatsphäre des Raumes jedoch nach außen erkennbar sein.[633] Dazu zählen auch Nebenräume wie Keller oder Garagen.[634] Auch umzäunte Vorgärten oder sonstige, dem Zugang der Öffentlichkeit entzogene, Grundstücksbereiche sind

---

[627] Dürig/Herzog/Scholz-*Papier*, Art. 13 [Stand: 03/2014] GG Rn. 1.
[628] BVerfGE 76, 83.
[629] Vgl. BVerfGE 103, 142.
[630] BGHSt 44, 138; BGH NJW 2013, 2787; Dürig/Herzog/Scholz-*Papier*, Art. 13 [Stand: 03/2014] GG Rn. 10; Jarass/Pieroth-*Jarass*, Art. 13 GG Rn. 4.
[631] Vgl. BVerfGE 139, 245.
[632] v. Mangoldt/Klein/Starck-*Gornig*, Art. 13 GG Rn. 18.
[633] BeckOK-GG-*Kluckert*, Art. 13 GG Rn. 2.
[634] Dürig/Herzog/Scholz-*Papier*, Art. 13 [Stand: 03/2014] GG Rn. 10.; BeckOK-GG-*Kluckert*, Art. 13 GG Rn. 2.

3.3 Betroffene Rechte des Beschuldigten

geschützt.[635] Hinsichtlich Kraftfahrzeugen kann in der Regel nicht von Wohnraum gesprochen werden.[636] Kraftfahrzeuge dienen primär der Fortbewegung und nicht der Behausung von Menschen.[637] Ebenfalls fehlt es bei Kraftfahrzeugen zumeist am entsprechenden Zusammenhang mit der Privatsphäre. Zwar beinhalten moderne intelligente Fahrzeuge heute eine Vielzahl an privaten Daten, dies trifft aber gleichermaßen auf viele andere technische Geräte wie Laptops oder Smartphones zu. Anders kann der Fall lediglich bei Wohnwagen oder Campingfahrzeugen sein, sofern diese wie Privaträume genutzt werden.[638]

Sofern in der Literatur darüber gestritten wird, ob das Infiltrieren eines IT-Systems ein Eingriff in das Recht des Art. 13 GG sein kann, kann darüber nur ernsthaft diskutiert werden, sofern sich das IT-System in einem Raum befindet, welcher sich im Schutzbereich des Art. 13 GG befindet.[639] Das Bundesverfassungsgericht lehnt aber selbst für IT-Systeme in diesen geschützten Räumen den Schutz nach Art. 13 GG mit dem Argument ab, dass es für den Zugriff auf jene Systeme und deren Intensität irrelevant ist, wo sich das jeweilige System befindet.[640]

---

[635] Dürig/Herzog/Scholz-*Papier*, Art. 13 [Stand: 03/2014] GG Rn. 11.
[636] Jarass/Pieroth-*Jarass*, Art. 13 GG Rn. 4; BeckOK-GG-*Kluckert*, Art. 13 GG Rn. 2.
[637] BGH NJW 1997, 2189.
[638] MüKo-StPO-*Hauschild*, § 102 StPO, Rn. 21; BeckOK-GG-*Kluckert*, Art. 13 GG Rn. 2.
[639] So zum Beispiel *Kutscha*, NJW 2007, 1169 (1170); *Hornung*, DuD 2007, 575 (578); *Buermeyer*, HRRS 2007, 329 (332); *Hoffmann-Riem*, JZ 2008, 1009 (1012); BeckOK-GG-*Kluckert*, Art. 13 GG Rn. 10
[640] BVerfGE 120, 274.

Das Grundrecht beinhaltet in Art. 13 Abs. 2 bis 7 GG jeweils eigene Schrankenregelungen, welche insbesondere den Konflikt mit anderen Verfassungsgütern regeln.

3.3.2.2 Möglicher Eingriff bei intelligenten Fahrzeugen

Das Kraftfahrzeug als solches unterfällt, wie bereits aufgezeigt, regelmäßig nicht dem Begriff der Wohnung. Das Kraftfahrzeug hat nicht die primäre Aufgabe, Menschen zu behausen. Daran ändert auch der Umstand nichts, dass sich erhebliche Daten aus der Privatsphäre des Einzelnen im Fahrzeug befinden. Einen ähnlichen Fundus an Daten beinhalten heutzutage auch Mobiltelefone oder Laptops. Die Unverletzlichkeit der Wohnung stellt kein Grundrecht dar, welches umfassend alle Daten der Privatsphäre schützen will, sondern schützt ausdrücklich nur die räumliche Privatsphäre.[641] Somit fallen normale Kraftfahrzeuge, seien sie auch noch so intelligent, selbst nicht unter den Begriff der Wohnung im Sinne des Art. 13 GG.

Das Kraftfahrzeug gilt jedoch als eigenes IT-System, welches sich in Räumen befinden kann, welche dem Schutzbereich des Art. 13 GG unterfallen. Dies können insbesondere abgegrenzte Stellplätze, Carports oder Garagen sein. Es ist äußerst umstritten, inwieweit IT-Systeme unter den Schutz des Art. 13 GG fallen, sofern sie sich im geschützten Bereich einer Wohnung befinden.[642]

---

[641] Vgl. BVerfGE 89, 1.
[642] Vgl. *Rux*, JZ 2007, 285 (292); *Jahn/Kudlich*, JR 2007, 57 (60); *Kutscha*, NJW 2007, 1169 (1169); *Schantz*, KritV 2007, 310 (313ff.); *Hornung*, DuD 2007, 575; *Buermeyer*, HRRS 2007, 329 (332); *Beukelmann*, StraFo 2008, 1; *Beulke/Meininghaus*, StV 2007, 63 (63); *Gercke*, CR 2007, 245 (250); *Schlegel*, GA 2007, 648.

Unproblematisch ist der Fall, dass physisch auf ein IT-System in einer Wohnung zugegriffen werden soll. Sofern die Ermittlungsbehörden auf ein Fahrzeug oder einen Computer, der sich in der Wohnung des Beschuldigten befindet, physischen Zugriff erhalten wollen, greift der Schutz des Art. 13 GG, da die Wohnung des Betroffenen betreten werden muss, um an das System zu gelangen. Schwieriger ist die Situation jedoch, wenn auf diese Daten mittels Fernzugriff, insbesondere über das Internet, zugegriffen werden soll.

Hier muss erneut getrennt werden zwischen Daten, die auf dem IT-System selbst lokal gespeichert sind, und Daten, die zwar das IT-System generiert hat, die aber mittlerweile extern in einer Cloud gespeichert wurden. Teilweise wird angenommen, dass auch der reine Online-Cloud-Speicher, unabhängig davon, ob er sich beim Betroffenen oder woanders befindet, von Art. 13 GG geschützt wird, da die Cloud lediglich einen weiteren „virtuellen Raum" der Wohnung bilden würde.[643] Diesem weiten Verständnis des Art. 13 GG muss jedoch entgegengehalten werden, dass dieser „virtuelle Raum" definitorisch schwer greifbar ist und es wenig überzeugt, den meist weltweit verteilten Daten einen lokalen Privatheitsschutz einzuräumen.

Selbst wenn dieser weiten Ansicht gefolgt werden würde, kann dies nur für Cloud-Speicher gelten, die mit einer stationären IT-Infrastruktur in einer Wohnung verknüpft sind. Bei intelligenten Fahrzeugen ist das IT-System jedoch nur zeitweilig und dann auch eher zufällig mit der Wohnung verknüpft und bildet daher schon aus diesem Grund keinen „virtuellen Raum" dieser

---

[643] *Rux*, JZ 2007, 285 (292); *Sieber*, S. 107.

Wohnung. Würde dies anders gesehen werden, hätte es nämlich auch die kaum nachvollziehbare Folge, dass die Cloud des Fahrzeuges eines Hauseigentümers, der sein Fahrzeug regelmäßig in seiner eigenen Garage abstellt, stärker geschützt wäre als der Wohnungsbesitzer, der seinen Wagen, mangels eigener Garage, an der Straße abstellen muss und daher keine Verbindung mit seiner Wohnung herstellt. Aus diesem Grund sind die Daten, die physisch nicht im Fahrzeug selbst gespeichert sind, sondern in der Cloud des Herstellers liegen, nicht von Art. 13 GG geschützt.

Sofern es sich um einen Fernzugriff auf lokal gespeicherte Daten eines IT-Systems handelt, welches sich in von Art. 13 GG geschützten Räumen befindet, ist die Sachlage komplizierter. Zum Teil wird ein umfassender Schutz dieser Daten bejaht.[644] Für ein Einschließen sämtlicher IT-Systeme, die sich in der Wohnung befinden, in den Schutzbereich des Art. 13 GG spricht der Umstand, dass für den physischen Zugriff auf die Daten regelmäßig eine Durchsuchung der Wohnung notwendig wäre.[645] Es dürfe für das Schutzniveau keinen Unterschied machen, ob der Bürger nun eine Nachricht auf Papier in seiner Wohnung speichert oder als Datei auf der Festplatte seines Computers.[646] Lediglich durch die Veränderung der Art und Weise des Zugriffs, physisch oder aus der Ferne, könne sich das Schutzniveau nicht verändern.[647] Es wird zum Teil versucht, dieses Argument damit zu entkräften, dass vorgebracht wird, der Bürger habe sich bereits durch die Verbindung zum

---

[644] *Rux*, JZ 2007, 285 (292); *Jahn/Kudlich*, JR 2007, 57 (60); *Schantz*, KritV 2007, 310 (313ff.); *Hornung*, CR 2008, 299 (301).
[645] *Rux*, JZ 2007, 285 (292).
[646] *Schantz*, KritV 2007, 310 (317).
[647] *Rux*, JZ 2007, 285 (292).

Internet bewusst dem Risiko des externen Zugriffs ausgesetzt.[648] Dies kann jedoch nicht überzeugen, da ansonsten dem Wohnungsbesitzer generell der Schutz des Art. 13 GG mit dem Argument verwehrt werden könnte, dass er ja auch bewusst eine Wohnungstür installiert habe.[649]

Sofern das Bundesverfassungsgericht wiederholt betont, dass das Grundrecht vor dem Betreten und Verweilen in der Wohnung schützt,[650] darf dies jedoch nicht dahingehend missverstanden werden, dass ein Betreten des Wohnraumes zwingend notwendig ist. Wie sich aus Abs. 3 bis 6 des Art. 13 GG ergibt, schützt das Grundrecht nämlich nicht nur vor körperlichem Eindringen in die Wohnung.[651] Das Bundesverfassungsgericht räumt dem Einzelnen grundsätzlich daher auch das Recht ein, in seiner Wohnung „in Ruhe gelassen zu werden".[652] Somit fällt auch das Abhören der Wohnung von außen, zum Beispiel durch ein Fenster mittels Richtmikrofons, in den Schutzbereich des Grundrechts.[653] Aus diesem Grund stellt sich nicht primär die Frage, ob ein Betreten des Wohnraumes notwendig ist, sondern es muss auf den spezifischen raumbezogenen Schutz des Grundrechts geschaut werden.

Beim Fernzugriff kommt es maßgeblich darauf an, was mit diesem Zugriff bezweckt werden soll. Der raumbezogene Schutz ist zumindest dann betroffen, wenn das IT-System genutzt wird, um die umgebende Wohnung zu

---

[648] *Manfred Hofmann*, NStZ 2005, 121 (124).
[649] *Schantz*, KritV 2007, 310 (316); *Schlegel*, GA 2007, 648 (655); *Rux*, JZ 2007, 285 (292).
[650] BVerfGE 76, 83; BVerfGE 89, 1; BVerfG NJW 2018, 2185.
[651] *Sachs/Krings*, JuS 2008, 481 (482).
[652] BVerfGE 103, 142.
[653] BVerfGE 109, 279; *Guttenberg*, NJW 1993, 567 (568).

überwachen. Dies ist zum Beispiel dann der Fall, wenn Daten vom System erhoben werden, welche den Wohnbereich aufzeichnen.[654] Werden daher Sensordaten oder gar Video- oder Tonaufzeichnungen aus dem Fahrzeug abgeleitet, während es sich zum Beispiel in der Garage befindet, ist das Grundrecht aus Art. 13 GG betroffen. Es kann an dieser Stelle keinen Unterschied machen, ob der Staat selbst die Wohnung verwanzt oder auf bereits vorhandene Systeme zurückgreift.[655]

Anders sieht es jedoch aus, wenn lediglich auf stationär gespeicherte Daten des Fahrzeuges zugegriffen wird. Dabei realisiert sich eine Gefahr, die immanent im IT-System angelegt ist und keinen Bezugspunkt zum Standort des IT-Systems hat.[656] Daher kann auch das Argument, dass eine Nachricht auf Papier in der Wohnung dann stärker geschützt wäre als eine gespeicherte Datei auf dem Computer, nicht überzeugen. Sachen, die sich in einer Wohnung befinden, sind nicht ihrer selbst willen stärker geschützt, sondern weil für deren physischen Erlangung in die Wohnung eingedrungen werden muss.[657] Es geht bei der Frage, ob ein Gegenstand innerhalb der Wohnung von Art. 13 GG geschützt wird, somit nicht primär um die örtliche Lage des Gegenstandes, sondern darum, ob der ursprüngliche Bedeutungsinhalt des Grundrechts – der Schutz vor physischer Anwesenheit – betroffen ist.[658] Bei einem Fernzugriff ist dies gerade nicht der Fall, da es dabei vielmehr nicht um die Lage des Gegenstandes geht, sondern um dessen Inhalt, und gerade diese Frage ist dem

---

[654] BVerfGE 120, 274; BeckOK-GG-*Kluckert*, Art. 13 GG Rn. 10.
[655] Siehe dazu insbesondere auch Abschnitt 4.1.5.
[656] Vgl. BVerfGE 120, 274.
[657] *Schlegel*, GA 2007, 648 (657).
[658] *Schlegel*, GA 2007, 648 (657).

3.3 Betroffene Rechte des Beschuldigten

Schutzbereich des Rechts auf informationelle Selbstbestimmung und nicht dem Schutz des Wohnraums zuzurechnen.[659] Der Unterschied zwischen Papier und digitalen Daten liegt daher vielmehr in der freien Replizierbarkeit von Daten aus der Ferne begründet und ist aus diesem Grund ein immanentes Problem von IT-Systemen, welches nicht durch den räumlichen Schutz des Art. 13 GG behoben werden kann. Daten eines IT-Systems sind – anders als physische Gegenstände – in einer Wohnung faktisch nicht besser vor Online-Zugriffen geschützt, als wenn sich das System außerhalb einer Wohnung befinden würde.[660] Daher erscheint es schon im Hinblick auf das tatsächliche Schutzniveau wesensfremd, die Daten unter den Schutz des Art. 13 GG zu stellen.

Daran ändert auch der Umstand nichts, dass betont wird, dass bei einem Fernzugriff ein Agieren von Personen ausgeforscht werden soll, welches sich nicht in der Öffentlichkeit abspielt und daher sehr wohl in die räumliche Privatsphäre fallen würde.[661] Diese Behauptung kann in dieser Pauschalität bereits nicht überzeugen, wie sich insbesondere am Beispiel der intelligenten Fahrzeuge zeigt. Die überwiegende Anzahl der gespeicherten Daten im Fahrzeug betreffen Aufzeichnungen, welche außerhalb der Wohnung gewonnen wurden. Es kann daher gerade nicht davon gesprochen werden, dass zumeist gezielt ein nichtöffentliches Verhalten beim Fernzugriff ausgespäht werden soll. Es kommt hier vielmehr konkret auf die Art der Daten an, auf welche zugegriffen werden soll. Die pauschale Behauptung, in einem IT-

---

[659] *Schlegel*, GA 2007, 648 (657).
[660] Vgl. *Beulke/Meininghaus*, StV 2007, 63 (64).
[661] *Kutscha*, NJW 2007, 1169 (1170).

System befänden sich in erster Linie Daten, die in geschützten privaten Räumen generiert wurden, kann in der Praxis nicht überzeugen.

Insgesamt ist aus diesen Gründen eine grundsätzliche Unterstellung aller IT-Systeme, die sich im Herrschaftsbereich einer Wohnung befinden, unter das Recht auf die Unverletzlichkeit der Wohnung abzulehnen. Der Eingriff in die Privatsphäre des Bürgers steigert sich in diesen Fällen nicht dadurch, dass sich das IT-System zum aktuellen Zugriffszeitpunkt in einer geschützten Wohnung befindet. Die Eingriffsintensität ist vielmehr unabhängig von der Frage, ob sich das IT-System gerade in einer Wohnung befindet oder nicht. Dies gilt zumindest für IT-Systeme, welche nicht fest im Wohnraum installiert sind, wie dies bei intelligenten Fahrzeugen der Fall ist. Die meisten Daten sammelt das Fahrzeug nämlich gerade außerhalb des Wohnraums.

Der besonderen Gefährdungslage von diesen Daten ist stattdessen anders Rechnung zu tragen, insbesondere außerhalb des Verfassungsrechts im Rahmen einer möglichen Abwägung der Verwertbarkeit im Einzelfall, bei der Herkunft und Inhalt der erlangten Dateien mitberücksichtigt werden müssen. Es darf aber nicht die spezifische Gefahr von IT-Systemen in das Grundrecht auf Unverletzbarkeit der Wohnung verlagert werden. Würde der Schutz des Art. 13 GG so weit ausgedehnt werden, würde das gesamte Grundrecht, welches erkennbar die räumliche Privatsphäre schützen möchte, unterspült werden, obwohl es spezifischere Grundrechte gibt, die gerade vor solchen Eingriffen schützen.

3.3.2.3 Zwischenergebnis

Festzuhalten ist daher, dass ein Zugriff über das Internet auf intelligente Fahrzeuge, unabhängig davon, ob sich das Fahrzeug in einer Wohnung befindet oder nicht, von Art. 13 GG nicht erfasst wird. Dies gilt nicht nur für die lokal im Fahrzeug gespeicherten Daten, sondern auch für die Daten in der Cloud. Der Sensibilität solcher Daten ist gegebenenfalls im Rahmen der Abwägung bei anderen Grundrechten Rechnung zu tragen. Lediglich wenn die Sensoren der intelligenten Fahrzeuge gezielt genutzt werden, um den Wohnraum zu überwachen, liegt ein Eingriff in Art. 13 GG vor.

Sofern ein physischer Zugriff auf das Fahrzeug notwendig ist und dazu eine Wohnung, wozu auch eine Garage oder ein Carport zählen kann, betreten werden muss, greift der Schutz aus Art. 13 GG. Befindet sich das Fahrzeug dagegen außerhalb des geschützten Wohnbereiches, greift der Schutz aus Art. 13 GG nicht, da es sich bei einem Kraftfahrzeug nicht um eine „Wohnung" im Sinne des Art. 13 GG handelt.

3.3.3 Recht auf informationelle Selbstbestimmung

Die Daten auf IT-Systemen haben häufig einen sehr persönlichen Bezug zum jeweiligen Nutzer des Systems. Die Daten fallen daher gegebenenfalls unter das Recht auf informationelle Selbstbestimmung. Dabei handelt es sich um einen Ausfluss des allgemeinen Persönlichkeitsrechts aus Art. 2 Abs. 1 i.V.m. Art. 1 Abs. 1 GG. Das Bundesverfassungsgericht hat das Recht der informationellen Selbstbestimmung erstmalig im Jahr 1983 im

Volkszählungsurteil entwickelt.[662] Es handelt sich dabei um kein eigenes Grundrecht, sondern lediglich um eine Fortentwicklung aus dem allgemeinen Persönlichkeitsrecht.[663] Europarechtlich findet sich der Schutz personenbezogener Daten in Art. 8 GRCh und Art. 16 AEUV. Insbesondere aus Art. 8 GRCh sind unmittelbar die verfassungsrechtlichen Grundprinzipien zum Datenschutz zu entnehmen.[664]

3.3.3.1 Zielrichtung und Schutzbereich

Das allgemeine Persönlichkeitsrecht schützt Elemente der Persönlichkeit, die nicht schon Gegenstand der besonderen Freiheitsgarantien des Grundgesetzes sind, diesen aber in ihrer konstituierenden Bedeutung für die Persönlichkeit nicht nachstehen.[665] Es handelt sich beim allgemeinen Persönlichkeitsrecht daher um ein lückenschließendes Auffanggrundrecht, welches die engere persönliche Lebenssphäre als Ausfluss der Menschenwürde schützt.[666] Dieser umfassende Schutz ist insbesondere im Hinblick auf moderne Entwicklungen und die mit ihnen verbundenen neuen Gefährdungen für den Schutz der menschlichen Persönlichkeit notwendig.[667] Neben der Privatsphäre schützt das allgemeine Persönlichkeitsrecht auch die soziale Identität.[668] Jeder Einzelne soll über die Darstellung seiner Person gegenüber Dritten selbst bestimmen

---

[662] BVerfGE 65, 1.
[663] Vgl. Dürig/Herzog/Scholz-*Di Fabio*, Art. 2 Abs. 1 GG [Stand: 07/2001] Rn. 128.
[664] Specht/Mantz-*Bretthauer*, § 2 Rn. 24.
[665] BVerfGE 106, 28.
[666] Vgl. BVerfG NJW 2014, 764.
[667] Vgl. BVerfGE 79, 256.
[668] ErfK-*Schmidt*, Art. 2 GG Rn. 38.

3.3 Betroffene Rechte des Beschuldigten

können.[669] Das Bundesverfassungsgericht hat in diesem Zusammenhang im Rahmen des allgemeinen Persönlichkeitsrechts die Sphärentheorie entwickelt.[670] Neben der engsten und am stärksten geschützten Intimsphäre können Eingriffe auch in die Privatsphäre oder Sozialsphäre erfolgen.[671] Die Übergänge der Sphären sind dabei jeweils fließend und der Schutz nimmt ausgehend von der Intimsphäre hin zur Sozialsphäre immer weiter ab.

Die informationelle Selbstbestimmung ist Ausfluss aus diesem Recht der eigenen Darstellung. Jedermann soll grundsätzlich selbst über die Preisgabe und Verwendung seiner persönlichen Daten entscheiden können.[672] Der Begriff der persönlichen Daten im Sinne der informationellen Selbstbestimmung ist dabei identisch mit dem Begriff der personenbezogenen Daten in Art. 4 Nr. 1 DSGVO.[673] Insbesondere soll der Gefahr der vollständigen Überwachung und Registrierung und damit der Gefahr der Anlegung von umfassenden Persönlichkeitsprofilen begegnet werden.[674]

Das Recht auf informationelle Selbstbestimmung schützt nicht nur vor der zwangsweise erfolgten Datenerhebung oder der automatischen Datenverarbeitung, sondern es schützt generell die Entscheidung darüber,

---

[669] BVerfGE 63, 131.
[670] BVerfGE 27, 344; BVerfGE 32, 373; BVerfGE 33, 367; BVerfGE 34, 238; BVerfGE 35, 35; BVerfGE 35, 202; BVerfGE 38, 312; BVerfGE 44, 353; BVerfGE 80, 367; BVerfGE 89, 69; BVerfG NJW 2000, 2189.
[671] Siehe zur Sphärentheorie sogleich Abschnitt 4.2.2.3.4.1.
[672] BVerfGE 141, 186
[673] Vgl. noch zum BDSG BVerfG 65, 1; Dürig/Herzog/Scholz-*Di Fabio*, Art. 2 Abs. 1 GG [Stand: 07/2001] Rn. 175.
[674] BVerfGE 65, 1.

wann und in welchen Grenzen persönliche Daten offenbart werden.[675] Es besteht bei einer systematischen Sammlung von Daten, die häufig völlig unbewusst entstehen, die Gefahr, dass der einzelne Bürger zum bloßen Objekt staatlicher Stellen oder wirtschaftlicher Marketingstrategen wird.[676] Aus diesem Grund besteht ein umfassender Schutz aller personenbezogenen Daten.

Geschützt sind dabei nicht nur Informationen, die bereits ihrer Art nach sensibel sind, sondern alle Daten, die personenbezogen sind.[677] In der modernen elektronischen Datenverarbeitung gibt es keine belanglosen Daten mehr.[678] In den letzten Jahren wurden Daten durch die technologischen Entwicklungen, insbesondere im Bereich Big Data, immer wichtiger. Aus diesem Grund hat das Grundrecht seit dem Volkszählungsurteil[679] aus dem Jahr 1983 noch einmal deutlich an Bedeutung gewonnen.[680]

Das Grundrecht auf informationelle Selbstbestimmung stellt dabei ein Abwehrrecht vor der Pflicht, persönliche Daten zu offenbaren, dar.[681] Es schützt vor jeder Form der Erhebung, Kenntnisnahme, Speicherung, Verwendung, Weitergabe oder Veröffentlichung personenbezogener Daten.[682] Dabei greift die Abwehrfunktion nicht erst bei einer Verletzung des Persönlichkeitsbilds, sondern es reicht bereits eine Gefährdung aus.[683] Damit

---

[675] ErfK-*Schmidt* GG Art. 2 Rn. 42.
[676] Vgl. Dürig/Herzog/Scholz-*Di Fabio*, Art. 2 Abs. 1 GG [Stand: 07/2001] Rn. 173.
[677] BVerfGE 150, 244.
[678] BVerfGE 150, 244.
[679] BVerfGE 65, 1.
[680] So bereits *Kutscha*, ZRP 2010, 112 (114).
[681] ErfK-*Schmidt*, Art. 2 GG Rn. 48.
[682] Dürig/Herzog/Scholz-*Di Fabio*, Art. 2 Abs. 1 GG [Stand: 07/2001] Rn. 176.
[683] Vgl. BVerfGE 118, 168.

3.3 Betroffene Rechte des Beschuldigten

wird dem Problem begegnet, dass gerade bei unbewusst generierten Daten der Betroffene auch ohne einen konkreten Verletzungsnachweis schon einen verfassungsrechtlich verbürgten Anspruch auf Auskunft, Löschung und Berichtigung haben muss.[684] Einige Daten sind von diesem Schutz jedoch ausgenommen. Daten, die sich an jedermann oder einen nicht abgrenzbaren Personenkreis richten, zum Beispiel auf einer öffentlichen Webseite oder einem offenen Chat, unterfallen dem Schutz nicht.[685] Beim Schutz ist dabei auch immer die Zweckbindung der erhobenen Daten zu berücksichtigen. Das Recht auf informationelle Selbstbestimmung schützt den Einzelnen nämlich auch davor, dass seine einmal freigegebenen Daten ohne seine erneute Zustimmung für einen anderen Zweck als ursprünglich vorgesehen verwendet werden.[686]

Über die Abwehrfunktion hinaus hat das Grundrecht auch eine Schutzfunktion.[687] Der Staat hat aktiv dafür Sorge zu tragen, dass die persönlichen Daten des Einzelnen ausreichend geschützt werden.[688] Das Grundrecht strahlt aus diesem Grund auch in das Zivilrecht aus.[689] Dies bedeutet, dass der verfassungsrechtliche Schutz auch zwischen Privatpersonen wirkt.

Letztendlich umfasst der sachliche Schutzbereich daher zusammengefasst die Willensfreiheit, darüber zu bestimmen, in welcher Form persönliche Daten

---

[684] Jandt/Steidl-*Ambrock*, A. II. Rn. 20.
[685] BVerfGE 120, 274.
[686] Jandt/Steidl-*Ambrock*, A. II. Rn. 22.
[687] ErfK-*Schmidt*, Art. 2 GG Rn. 49.
[688] ErfK-*Schmidt*, Art. 2 GG Rn. 49.
[689] *Martini*, JA 2009, 839 (841f.).

erhoben, gespeichert oder verwendet werden dürfen. Dabei ist es irrelevant, welche Daten betroffen sind, solange sie personenbezogen sind. Dieses Recht wird aber nicht schrankenlos gewährt. Sofern nicht der absolut geschützte Kernbereich der Privatsphäre betroffen ist, ist eine Einschränkung des Rechts möglich, sofern das überwiegende Allgemeininteresse dies fordert.[690]

3.3.3.2 Möglicher Eingriff bei intelligenten Fahrzeugen

Im Rahmen von intelligenten Fahrzeugen fallen, wie bereits erörtert,[691] eine Vielzahl an unterschiedlichen personenbezogenen Daten an. Die Fahrzeuge speichern nicht nur alle Sensordaten für eine gewisse Zeit, sondern auch die Ergebnisse der künstlichen Intelligenz und deren Umsetzung. Das Fahrzeug speichert neben den relativen Bewegungsdaten wie Beschleunigung, Bremsung und Lenkbewegungen auch seine absoluten Bewegungsdaten als GPS-Koordinaten. Hinzu kommen umfassende Aufzeichnungen der Kameras, die nicht nur die Umgebung der Fahrzeuge überwachen, sondern immer häufiger auch den Innenraum vollständig audiovisuell erfassen. Teilweise werden sogar automatisiert beim Betätigen der Hupe die letzten zehn Minuten der Kameras dauerhaft gespeichert.[692]

Dabei haben Fahrzeuge als zentrale Fortbewegungsmittel eine wichtige soziale Funktion, sodass deren Benutzung vor flächendeckender und anlassloser

---

[690] BVerfGE 65, 1.
[691] Siehe insbesondere Abschnitt 2.3.
[692] Siehe zum Beispiel bei Tesla https://www.tesla.com/ownersmanual/modely/de_at/GUID-3BCC07CE-5EA2-4F40-99D1-27690898FF3C.html zuletzt abgerufen am 21.03.2024.

3.3 Betroffene Rechte des Beschuldigten

Überwachung besonders zu schützen ist.[693] Dies gilt insbesondere vor dem Hintergrund, dass, wenn der Bürger mit einer dauerhaften Überwachung seiner Bewegung und seines Verhaltens rechnen muss, er versuchen könnte, zu vermeiden, mit seinem Verhalten aufzufallen, und er bereits durch diese Furcht sich selbst in seiner Freiheit beschränkt.[694] Gerade diese Freiheit soll durch das allgemeine Persönlichkeitsrecht geschützt werden.[695]

Genau solch einen Fundus von Daten – wie bei intelligenten Fahrzeugen – hat das Bundesverfassungsgericht vor Augen gehabt, als es das Recht auf informationelle Selbstbestimmung aus dem allgemeinen Persönlichkeitsrecht entwickelt hat. Der Bürger soll die neuen technologischen Entwicklungen nutzen dürfen, ohne Angst haben zu müssen, dass von ihm ein umfassendes Persönlichkeitsprofil erstellt wird.[696]

Die Daten werden dabei nicht nur in seinem Fahrzeug vor Eingriffen geschützt, sondern auch, wenn seine Daten bei Dritten liegen, zum Beispiel beim Autohersteller in der Cloud. Das allgemeine Persönlichkeitsrecht schützt daher umfassend alle personenbezogenen Daten des Fahrzeugführers ohne Ausnahme. Selbst vermeintlich belanglose Daten unterliegen diesem Schutz, sofern sie als personenbezogen anzusehen sind. Wie bereits ausgeführt wurde, sind jedoch bei intelligenten Fahrzeugen alle Daten als personenbezogen anzusehen, da sie jederzeit mit dem Halter oder dem Fahrer in Verbindung

---

[693] Vgl. BVerfGE 120, 378.
[694] Vgl. BVerfGE 65, 1.
[695] BVerfGE 65, 1.
[696] Vgl. BVerfGE 150, 244.

gebracht werden können, sofern keine nachträgliche vollständige Anonymisierung erfolgt ist.[697]

Was das Recht auf informationelle Selbstbestimmung aber nicht schützt, ist das Fahrzeug, beziehungsweise dessen IT-System, als solches. Ausschließlich die sich dort befindenden Daten unterliegen dem Recht auf informationelle Selbstbestimmung.

3.3.3.3 Zwischenergebnis

Alle persönlichen Daten unterliegen somit dem umfassenden Recht auf informationelle Selbstbestimmung. Jeder Bürger soll selbst entscheiden können, was mit seinen Daten passiert. Dabei ist es egal, ob die Daten lokal bei ihm gespeichert sind oder ob diese einem anderen Anbieter zur Verwahrung gegeben wurden. Nicht geschützt sind jedoch die technischen Geräte, welche die Daten generieren. Erst wenn die persönlichen Daten entstanden sind, fallen sie in den Schutzbereich des Rechts auf informationelle Selbstbestimmung. Die IT-Systeme als solche sind damit, zumindest was das Recht auf informationelle Selbstbestimmung betrifft, nicht geschützt.

---

[697] Siehe Abschnitt 2.3.1.2.1.

3.3.4. Recht auf Gewährleistung der Vertraulichkeit und Integrität informationstechnischer Systeme

In vielen Fällen reicht bereits das Eindringen in informationstechnische Systeme aus, um erhebliche Informationen über den Benutzer zu erlangen, ohne dass tatsächlich einzelne persönliche Daten abgegriffen werden müssen. Daher stellte sich die Frage, ob nicht auch die Systeme als solche einem gesonderten verfassungsrechtlich verbürgten Schutz unterstehen müssen.

Im Jahr 2008 hatte sich das Bundesverfassungsgericht mit der Frage der Zulässigkeit von Onlinedurchsuchungen durch Ermittlungsbehörden zu beschäftigen. Bezüglich des Schutzes der Daten erkannte das Bundesverfassungsgericht damals entsprechende Schutzlücken im Grundgesetz.[698] Moderne informationstechnische Systeme sind heute mobil und können erhebliche Daten speichern. Zugleich ist der Schutz aus Art. 10 Abs. 1 GG und Art. 13 GG, wie aufgezeigt, nicht umfassend. Selbst das Recht auf informationelle Selbstbestimmung schützt zwar die einzelnen persönlichen Daten, aber nicht das System, in dem diese anfallen. Es erschien daher auch dem Bundesverfassungsgericht fraglich, inwieweit diese Systeme in einem Umfang, den die Verfassung gebietet, ausreichend geschützt sind. Gerade die modernen informationstechnischen Geräte bieten neue Möglichkeiten der Persönlichkeitsentfaltung und damit auch neue Persönlichkeitsgefährdungen.[699]

---

[698] BVerfGE 120, 274.
[699] BVerfGE 120, 274.

Das Bundesverfassungsgericht hat daher im Jahr 2008 aus dem allgemeinen Persönlichkeitsrecht das eigenständige Grundrecht auf Gewährleistung der Vertraulichkeit und Integrität informationstechnischer Systeme abgeleitet.[700] Im Jahr 2016 hat das Bundesverfassungsgericht dieses Grundrecht in seinem Urteil zum BKA-Gesetz weiter konkretisiert.[701] Dabei ist das Grundrecht auf Gewährleistung der Vertraulichkeit und Integrität informationstechnischer Systeme subsidiär sowohl bezüglich speziellerer Grundrechte wie Art. 10 GG und Art. 13 GG als auch hinsichtlich des Rechts auf informationelle Selbstbestimmung beziehungsweise des allgemeinen Persönlichkeitsrechst.[702]

Die Entwicklung dieses neuen Grundrechts blieb nicht unwidersprochen. In der Literatur erhob sich Widerstand, der keinen Bedarf für ein neues Grundrecht erkannte.[703] Das Bundesverfassungsgericht sah durch das allgemeine Persönlichkeitsrecht lediglich einzelne persönliche Daten geschützt, das Grundrecht auf Gewährleistung der Vertraulichkeit und Integrität informationstechnischer Systeme soll dagegen insbesondere größere Datenbestände in Systemen schützen.[704] Die Kritiker führten dagegen an, dass ein Zugriff auf einen größeren Datenbestand lediglich einen qualitativ größeren Grundrechtseingriff darstelle und daher kein neues Grundrecht

---

[700] BVerfGE 120, 274.
[701] BVerfGE 141, 220.
[702] BVerfGE 124, 43.
[703] So zum Beispiel *Britz*, DÖV 2008, 411 (413); *Eifert*, NVwZ 2008, 521 f.; *Hoeren*, MMR 2008, 365 f.; *Lepsius*, S. 21 (28 ff.); *Sachs/Krings*, JuS 2008, 481; *Volkmann*, DVBl 2008, 590; *Hornung*, CR 2008, 299 (301).
[704] BVerfGE 120, 274.

geschaffen werden müsse.[705] Tatsächlich gehen Zielrichtung und Schutzbereich aber, wie sogleich aufgezeigt wird, weit über den reinen Schutz vor größeren Eingriffen auf die Daten hinaus.

3.3.4.1 Zielrichtung und Schutzbereich

Das gesamte Leben wird mittlerweile von informationstechnischen Systemen bestimmt. Die Systeme sind heutzutage standardmäßig ohne Kenntnis des Benutzers vernetzt, sodass die häufig unbewusst anfallenden Daten nicht nur lokal gespeichert, sondern auch über das Internet übertragen werden. Daher reicht richtigerweise der reine Schutz der lokalen oder übertragenen Daten nicht aus.[706] Stattdessen muss der Schutz auf das gesamte System vorverlagert werden.[707] Bereits das reine Infiltrieren solcher Systeme stellt einen erheblichen Eingriff in die Rechte des Einzelnen dar, weit bevor tatsächlich auf Daten zugegriffen wird.[708] Insbesondere kann sich der Einzelne vor dem Ausspähen, Auswerten oder Manipulieren solcher Daten durch Dritte kaum durch technische Vorkehrungen wirksam schützen.[709]

Generell stellt sich in der heutigen Zeit die Frage, inwieweit dem Bürger überhaupt die Pflicht zum eigenen Schutz seiner Daten auferlegt werden kann. Das Bundesverfassungsgericht begrenzt den Schutz des Art. 10 GG dort, wo die Telekommunikation abgeschlossen ist und sich die Daten nicht mehr von

---

[705] BeckOK-InfoMedienR-*Gersdorf*, Art. 2 GG Rn. 25.
[706] *Sachs/Krings*, JuS 2008, 481 (483).
[707] So auch *Hoffmann-Riem*, JZ 2008, 1009 (1016).
[708] *Hoffmann-Riem*, JZ 2008, 1009 (1016).
[709] ErfK-*Schmidt*, Art. 2 GG Rn. 43.

jenen Daten unterscheiden, welche der Bürger selbst angelegt hat, mit dem Argument, dass dort der Bürger selbst die Chance hat, die Daten zu schützen.[710] Es ist äußerst fraglich, ob diese Abgrenzung bei den heutigen komplexen und komplizierten IT-Systemen noch zweckdienlich ist. Dieses Argument fußt auf der Idee, dass jeder Mensch selbst bestimmen kann, inwieweit er seine Daten schützen möchte oder nicht. Eine freie Entscheidung über das Schutzlevel seiner Daten setzt heutzutage aber nicht nur den notwendigen technischen Sachverstand, sondern auch ein entsprechendes Gefahrenbewusstsein voraus.[711] Gerade bei Daten, wie sie häufig bei der künstlichen Intelligenz auftreten, fehlt dieses Gefahrenbewusstsein in der Breite der Bevölkerung. Aber selbst wenn sowohl das Gefahrenbewusstsein als auch der technische Sachverstand gegeben sind, ist es häufig sehr schwierig, und zum Teil umständlich, die Daten effektiv zu schützen.

Hinzu kommt der Umstand der starken Vernetzung in Zeiten von Big Data, welcher dazu führt, dass neue Gefahren entstehen, welche weit darüber hinausgehen, dass lediglich einzelne Daten, welche möglicherweise durch das Recht auf informationelle Selbstbestimmung geschützt sind, erlangt werden. Verschafft sich ein Dritter Zugriff auf ein informationstechnisches System, braucht es keine weitere Datenerhebungs- oder Datenverarbeitungsmaßnahme, sondern es besteht unmittelbar ein Zugriff auf einen erheblichen Datenbestand.[712] Das Bundesverfassungsgericht hat an dieser Stelle auch die Unterscheidung zwischen bewusst und unbewusst generierten Daten

---

[710] Vgl. BVerfGE 115, 166.
[711] *Hoffmann-Riem*, JZ 2008, 1009 (1016).
[712] BVerfGE 120, 274; *Böckenförde*, JZ 2008, 925 (927).

3.3 Betroffene Rechte des Beschuldigten

erkannt.[713] Das Recht auf informationelle Selbstbestimmung ist primär auf den Schutz bewusst gespeicherter Daten angelegt, moderne IT-Systeme erzeugen aber immer häufiger unbewusst generierte Daten, die gesondert geschützt gehören.[714] Gerade diesbezüglich soll das Recht auf Gewährleistung der Vertraulichkeit und Integrität informationstechnischer Systeme schützen und geht daher über das Recht auf informationelle Selbstbestimmung hinaus. Das Recht auf informationelle Selbstbestimmung wurde vom Bundesverfassungsgericht entwickelt, weil bereits die reine Informationsmacht des Staates die Freiheit und Privatheit des Einzelnen bedrohen kann.[715] Aus diesem Grund muss der grundrechtliche Schutz dieser Güter bereits auf der Informationsebene ansetzen.[716] Eine Ausweitung des Grundrechts der informationellen Selbstbestimmung auf jeglichen staatlichen Umgang mit Informationen würde das Grundrecht überstrapazieren.[717] Dies macht – auch im Hinblick auf die Bedeutung von IT-Systemen in der heutigen Zeit – ein gesondertes Grundrecht nötig. IT-Systeme sind heutzutage für die Persönlichkeitsentwicklung genauso wichtig wie die eigene Wohnung oder die Fernkommunikation.[718]

Geschützt sind durch das Recht auf Gewährleistung der Vertraulichkeit und Integrität informationstechnischer Systeme solche Systeme, welche Daten des Betroffenen in einem Umfang und in einer Vielfalt enthalten können, dass ein

---

[713] Zur Abgrenzung von bewusst zu unbewusst generierten Daten siehe insbesondere Abschnitt 4.2.2.2.1.
[714] Vgl. BVerfGE 120, 274.
[715] *Bäcker*, S. 99 (120).
[716] *Bäcker*, S. 99 (120).
[717] *Bäcker*, S. 99 (121).
[718] So auch *Rux*, JZ 2007, 285 (293).

Zugriff auf das System es ermöglicht, einen Einblick in wesentliche Teile der Lebensgestaltung einer Person zu gewinnen oder ein aussagekräftiges Bild der Persönlichkeit zu erhalten.[719] Technische Systeme, welche dagegen nicht vernetzt sind, sondern nur punktuelle Daten beinhalten, sind stattdessen nur vom Recht auf informationelle Selbstbestimmung geschützt.[720]

Der Schutzbereich ist zweigliedrig aufgebaut. Auf der ersten Ebene wird die „Vertraulichkeit" des Systems geschützt, auf einer zweiten Ebene zusätzlich die „Integrität". Bezüglich der Vertraulichkeit handelt es sich um das Vertrauen auf die Sicherheit der im System gespeicherten Daten.[721] Es wird das Vertrauen darauf geschützt, dass nur berechtigte Personen Zugriff auf die verfügbaren Daten erhalten.[722] Bei vernetzten informationstechnischen Systemen sind alle Daten geschützt, unabhängig davon, ob sie temporär im Arbeitsspeicher gehalten werden oder permanent auf einem Massenspeicher geschrieben sind.

Unter dem Schutz der „Integrität" ist das Vertrauen auf die Unversehrtheit des Systems durch Ausspähung, Überwachung und Manipulation des Systems durch Dritte zu verstehen.[723] Dies bedeutet, dass die inhaltliche Richtigkeit und Vollständigkeit des Systems als solche geschützt werden.[724] Das System soll vor Störungen und Manipulationen geschützt werden, welche den Inhalt

---

[719] BVerfGE 120, 274.
[720] BVerfGE 120, 274.
[721] *Britz*, DÖV 2008, 411 (412).
[722] *Hauser*, S. 112; *Hansen/Pfitzmann*, S. 131 (132).
[723] *Böckenförde*, JZ 2008, 925 (928); *Hoffmann-Riem*, JZ 2008, 1009 (1012).
[724] *Hauser*, S. 116 ff.

3.3 Betroffene Rechte des Beschuldigten

verfälschen, ergänzen oder unterdrücken können.[725] Daher schützt das Grundrecht auch vor dem Einsatz von externer Hardware, um Daten abzuhören. Zu denken sei hier zum Beispiel an Hardware-Keylogger oder die Messung der elektromagnetischen Abstrahlungen von Monitoren oder Tastaturen.[726] Das Grundrecht schützt sowohl vor heimlichen als auch vor offenen Zugriffen.[727] Das Schutzniveau entspricht daher in etwa dem eines Rechts auf Unverletzlichkeit der „virtuellen Wohnung".[728] Es wird bildlich gesprochen ein imaginärer Zaun um das jeweilige IT-System gezogen.[729] Daher ist das Grundrecht auf Gewährleistung der Vertraulichkeit und Integrität informationstechnischer Systeme auch richtigerweise nicht als „Datenschutzgrundrecht", sondern als ein Systemschutz einzuordnen.[730] Der Schutz des Systems als solches steht im Vordergrund des neuen Grundrechtes und grenzt sich so gerade vom Recht auf informationelle Selbstbestimmung ab.

Gerade die Abgrenzung des Grundrechts auf Gewährleistung der Vertraulichkeit und Integrität informationstechnischer Systeme von den anderen Grundrechten kann im Einzelfall schwierig sein. Dabei ist es bezüglich der spezielleren Grundrechte und des allgemeinen Persönlichkeitsrechts subsidiär.[731]

---

[725] Vgl. *Hoffmann-Riem*, JZ 2008, 1009 (1012); *Heinemann*, S. 150 f.
[726] BVerfGE 120, 274.
[727] *Hornung*, CR 2008, 299 (303).
[728] Vgl. *Hauser*, S. 177.; *Michael/Morlok*, Rn. 428.
[729] *Volkmann*, DVBl 2008, 590, 591.
[730] *Hauser*, S. 61 f.
[731] BVerfGE 124, 43.

Bezüglich des Fernmeldegeheimnisses aus Art. 10 GG ist neben dem Abfangen der Daten auf dem Transportweg auch das Abhören direkt an der Quelle („Quellen-TKÜ") geschützt.[732] Steht daher das Abhören der Kommunikation im Vordergrund, greift der Schutz aus Art. 10 GG.[733] Der Schutz des Fernmeldegeheimnisses endet aber, wie aufgezeigt, wenn der Kommunikationsvorgang abgeschlossen ist. Erst wenn der Kommunikationsvorgang beendet ist oder noch nicht begonnen hat, kommt daher das Grundrecht auf Gewährleistung der Vertraulichkeit und Integrität informationstechnischer Systeme in Betracht. Schwierigkeiten bereitet die Abgrenzung bei der Quellenüberwachung aber insbesondere dahingehend, dass bereits eine Infiltrierung vor der eigentlichen Abhörung erfolgt. Der erste Senat des Bundesverfassungsgerichts verlangt bei der Quellen-TKÜ[734], dass durch technische Sicherungen sichergestellt ist, dass sich die Maßnahme nur auf laufende Kommunikation beschränkt.[735] Ferner ist aber auch Voraussetzung, dass durch die Infiltrierung nicht das Integritätsinteresse des Nutzers betroffen ist, was eine Schädigung oder Manipulation des Systems ausschließt.[736] Sofern bereits die Infiltration, und nicht erst das Auslesen der Daten, das IT-System betrifft, ohne dass Art. 10 GG einschlägig ist, muss sich der Eingriff richtigerweise sowohl an Art. 10 GG – was die spätere Abhörung der Kommunikation betrifft – als auch an dem Recht auf Gewährleistung der Vertraulichkeit und Integrität informationstechnischer Systeme – sofern es das vorbereitende Infiltrieren betrifft – messen lassen.[737]

---

[732] BVerfGE 115, 166.
[733] BVerfGE 120, 274.
[734] Siehe zur Quellen-TKÜ insbesondere Abschnitt 4.1.3.
[735] BVerfGE 120, 274.
[736] Vgl. *Hoffmann-Riem*, JZ 2008, 1009 (1022); *Bäcker*, S. 99 (131).
[737] So auch *Bäcker*, S. 99 (131).

3.3 Betroffene Rechte des Beschuldigten

Der Schutz aus Art. 13 GG ist ebenfalls, wie bereits erörtert, nicht umfassend. Die Unverletzlichkeit der Wohnung ist nur dann betroffen, wenn das IT-System infiltriert wird, um per Kameras oder Mikrofonen den Wohnbereich zu überwachen. Der Umstand, dass sich das Gerät lediglich in einer Wohnung befindet, reicht nicht aus.[738] Für das IT-System ist in diesen Fällen sodann das Grundrecht auf Gewährleistung der Vertraulichkeit und Integrität informationstechnischer Systeme zu prüfen.

Das Grundrecht ist insbesondere auch vom Recht auf informationelle Selbstbestimmung abzugrenzen. Dies kann im Einzelfall schwierig sein. Das Bundesverfassungsgericht hatte für das neue Grundrecht vor allem den Fall vor Augen, dass sich ein Angreifer Zugriff auf einen großen Datenbestand verschafft, ohne auf weitere Datenerhebungs- oder Datenverarbeitungsmaßnahmen angewiesen zu sein.[739] Richtigerweise wird hier jedoch zutreffend eingewendet, dass bereits die Erhebung des Datenbestandes als solches ein Eingriff in die informationelle Selbstbestimmung darstellt.[740] Primär ist daher auf die „Integrität" des Gerätes abzustellen, also insbesondere auf einen Angriff, bevor es zum tatsächlichen Datenzugriff kommt. Gerade bei dem Infiltrieren von komplexen Systemen kommt daher das neue Grundrecht zum Zuge.[741] Das Grundrecht stärkt die technischen Schutzmechanismen der IT-Systeme durch verfassungsrechtliche

---

[738] Siehe dazu insbesondere Abschnitt 3.3.2.
[739] BVerfGE 120, 274.
[740] *Hornung*, CR 2008, 299 (301).
[741] Vgl. *Hoffmann-Riem*, JZ 2008, 1009 (1019).

normative Schranken.⁷⁴² Ist dagegen durch den Eingriff nicht das IT-System als solches betroffen, sondern geht es lediglich um einzelne Datenerhebungen, so ist nur das Recht auf informationelle Selbstbestimmung betroffen.⁷⁴³

Das Grundrecht auf Gewährleistung der Vertraulichkeit und Integrität informationstechnischer Systeme schützt somit das IT-System als solches, und zwar unabhängig von der Frage, ob tatsächlich persönliche Daten betroffen sind oder nicht. Der Schutz des Grundrechts geht damit so weit, dass kaum ein Zugriff auf ein informationstechnisches System denkbar ist, welches das Grundrecht nicht betrifft.⁷⁴⁴

Der Schutz wird jedoch nicht schrankenlos gewährt. Eingriffe können gerechtfertigt sein, sofern sie auf einer verfassungsmäßigen gesetzlichen Grundlage beruhen und verhältnismäßig sind. Dabei ist jedoch immer die Intensität des Eingriffes zu berücksichtigen, welche eine Infiltration eines IT-Systems nur bei wichtigen überragenden Rechtsgütern erlaubt.⁷⁴⁵ Das Bundesverfassungsgericht hat in seinen Entscheidungen bisher lediglich Ausführungen zum Eingriff für die Gefahrenabwehr gemacht. Die heimliche Infiltration solcher Systeme müsste von Verfassungs wegen unter einem Richtervorbehalt stehen.⁷⁴⁶ Die Schranken liegen daher ähnlich wie bei Art. 13 GG.⁷⁴⁷ Insbesondere ist der Schutz des absoluten Kernbereichs privater

---

⁷⁴² *Hornung*, CR 2008, 299 (302).
⁷⁴³ BVerfGE 120, 274.
⁷⁴⁴ So auch *Hornung*, CR 2008, 299 (303).
⁷⁴⁵ Vgl. *Hoffmann-Riem*, JZ 2008, 1009 (1020).
⁷⁴⁶ BVerfGE 120, 274.
⁷⁴⁷ Vgl. *Hornung*, CR 2008, 299 (304).

Lebensgestaltung zu berücksichtigen.[748] Zu Eingriffen zum Zwecke der Strafverfolgung verhält sich das Bundesverfassungsgericht bisher noch nicht. Diesbezüglich wird jedoch ein mindestens ebenso strenger Maßstab anzuwenden sein.

3.3.4.2 Möglicher Eingriff bei intelligenten Fahrzeugen

Intelligente Fahrzeuge und autonomes Fahren können ihr volles Potenzial nur im Zusammenspiel mit Big Data entfalten. Das Fahrzeug sammelt, überträgt, generiert und wertet eine Vielzahl an vernetzten Daten aus. Die intelligenten Fahrzeuge fallen daher grundsätzlich unter den Begriff der informationstechnischen Systeme im Sinne des Grundrechtes.

Wichtigste Einschränkung beim Grundrecht auf Gewährleistung der Vertraulichkeit und Integrität informationstechnischer Systeme ist jedoch, dass es sich um ein „eigenes System" handeln muss.[749] Ein „eigenes System" ist immer dann gegeben, wenn der Betroffene davon ausgehen darf, dass er allein oder zusammen mit anderen zur Nutzung berechtigter Personen über das System selbstbestimmt verfügt.[750] Dies kann insbesondere dann fehlen, wenn eine Vielzahl von Berechtigten das System nutzen, zum Beispiel beim sogenannten „Carsharing".[751] In diesen Fällen ist jedoch genauer zu untersuchen, ob nicht möglicherweise die in der Cloud genutzte künstliche Intelligenz als vom Fahrzeug getrenntes „eigenes System" anzusehen ist, da

---

[748] BVerfGE 120, 274.
[749] BVerfGE 120, 274.
[750] BVerfGE 120, 274.
[751] Vgl. *Hornung*, CR 2008, 299 (303).

der Benutzer diesbezüglich regelmäßig selbst einen Nutzungsvertrag abschließt und die cloudbasierte künstliche Intelligenz nicht spezifisch an ein Fahrzeug gebunden sein muss.

Die Eigennutzung eines Systems kann durch das sachenrechtliche Eigentum[752], die tatsächliche Sachherrschaft[753] oder ein vertragliches Nutzungsrecht[754] begründet werden. Der Schutz besteht nach der Entscheidung des Bundesverfassungsgerichts auch ausdrücklich für Systeme, die sich in der Verfügungsgewalt anderer befinden, auf die der Nutzer aber mittels Fernzugriff zugreift.[755]

Aus diesem Grund ist bei intelligenten Fahrzeugen, die nicht schon selbst als „eigenes System" anzusehen sind, da sie einen breiten Nutzerzugriff haben, immer zu prüfen, ob nicht durch die Verwendung der „eigenen Cloud" der grundrechtliche Schutz gewährt wird. Cloudsysteme sind immer dann als „eigene Systeme" zu definieren, wenn die Eigennutzung durch den Grundrechtsträger ermöglicht wird.[756]

Gerade die künstliche Intelligenz bei intelligenten Fahrzeugen basiert auf der Auswertung erheblicher Datenmengen mit einer enormen Rechenleistung. Daher werden bei intelligenten Fahrzeugen die relevantesten Rechenoperationen regelmäßig in speziellen Rechenzentren ausgeführt. Aus

---

[752] *Bäcker*, S. 99 (128).
[753] Vgl. *Hoeren*, MMR 2008, 365, 366
[754] *Böckenförde*, JZ 2008, 925, 929; *Stögmüller*, CR 2008, 435, 436; *Bäcker*, S. 99 (128).
[755] BVerfGE 120, 274.
[756] So auch *Hauser*, S. 112; *Bäcker*, S. 99 (128); *Stögmüller*, CR 2008, 435 (436),

3.3 Betroffene Rechte des Beschuldigten

diesem Grund ist der größte Teil der Daten auch beim „Carsharing" der künstlichen Intelligenz in der Cloud und damit dem Benutzer zuzuordnen und unterfällt dem Schutz des Grundrechts auf Gewährleistung der Vertraulichkeit und Integrität informationstechnischer Systeme. Jeder Nutzer startet hier eine eigene Sitzung mit der künstlichen Intelligenz in der Cloud, auf die nur er als einziger Berechtigter Zugriff hat.[757] Zwar speist sich das Wissen der künstlichen Intelligenz aus der Datenmenge aller vernetzten Fahrzeuge, der einzelne Nutzer selbst kann auf diese Gemeinschaftsdaten aber nicht unmittelbar zugreifen. Jeder Nutzer hat lediglich Zugriff auf seine eigenen gespeicherten Daten und die Resultate der Berechnung der künstlichen Intelligenz. Die Daten, welche die künstliche Intelligenz aber selbst als Wissen vorhält, sind dagegen nicht Gegenstand dieses abgegrenzten Zugriffsraums des einzelnen Benutzers, sondern liegen im Hintergrund beim jeweiligen Betreiber der künstlichen Intelligenz. Die Carsharing-Anbieter nutzen für die Umsetzung speziell angepasste Hard- und Software (ein sogenanntes „Carsharing-Modul"), damit der nächste Nutzer des geteilten Fahrzeuges eine neue Sitzung beginnt und keinen Zugriff auf die Daten des vorherigen Nutzers hat.[758] Die Notwendigkeit der Erhebung und Speicherung dieser Daten liegt bereits darin begründet, dass der Carsharing-Anbieter zum Beispiel die Standortdaten benötigt, um die spätere Abrechnung erstellen zu können. Der Carsharing-Anbieter speichert aber regelmäßig auch weitere Daten, wie die Zugangsdaten, die Fahrzeugposition, die Navigationsdaten, den Tankstand und das Schlosssystem des Fahrzeuges.[759]

---

[757] Vgl. *BMVI*, "Eigentumsordnung für Mobilitätsdaten?", S. 25.
[758] *BMVI*, "Eigentumsordnung für Mobilitätsdaten?", S. 25.
[759] Vgl. *BMVI*, "Eigentumsordnung für Mobilitätsdaten?", S. 25.

Vor diesem Hintergrund sind daher auch die gängigen „Carsharing"-Angebote vom Schutzbereich abgedeckt, sofern es sich um Daten handelt, welche in die Cloud übertragen werden. Zwar ist in diesen Fällen nicht das Fahrzeug als „eigenes System" zu betrachten, jedoch die gestartete Sitzung in der Cloud. Lediglich wenn Daten im geteilten Fahrzeug bleiben und daher in einem System, welches sich fortlaufend mit Daten unterschiedlichster Nutzer speist, wird nicht von einem „eigenen System" auszugehen sein. Je mehr intelligente Fahrzeuge aber Einzug in den Alltag und in die Carsharing-Flotten nehmen, desto stärker wird sich der Fokus weg vom eigentlichen Fahrzeug hin zur weit entfernten künstlichen Intelligenz bewegen.

Wird ein privates intelligentes Fahrzeug nur gelegentlich und mit einer begrenzten Gruppe geteilt, fällt das Fahrzeug als IT-System unproblematisch unter den Schutz des Grundrechts auf Gewährleistung der Vertraulichkeit und Integrität informationstechnischer Systeme. Daran ändert auch der Umstand nichts, dass die primäre Aufgabe des Fahrzeuges die physische Fortbewegung ist. Zur Fortbewegung wird nämlich ein geschlossenes informationstechnisches System genutzt, welches insbesondere große Stücke der Datenverarbeitung vom Benutzer völlig unbewusst durchführt. Das intelligente Fahrzeug verliert daher durch seine Hauptaufgabe der Fortbewegung nicht die Einstufung als IT-System.

Aufgrund des „Black Box"-Charakters der Datenverarbeitung in intelligenten Fahrzeugen kann sich der einzelne Benutzer durch eigene technische Vorkehrungen nicht wirksam vor externer Manipulation schützen. Er muss

3.3 Betroffene Rechte des Beschuldigten

darauf vertrauen, dass das System an sich sicher ist und nicht von außen manipuliert wird. Wie bereits aufgezeigt, sammeln die Fahrzeuge eine Vielzahl an Daten, welche den Kern der persönlichen Lebensführung betreffen.[760] Neben dem persönlichen Fahrverhalten können vor allem die Ortungsdaten des Fahrzeuges nicht nur ein Bewegungsprofil liefern, sondern erlauben ein komplettes Persönlichkeitsprofil des Betroffenen.[761] Hinzu kommen Aufzeichnungen der Sensoren bis hin zu kompletten Videoaufnahmen durch die Kameras. Diese Überwachung betrifft einerseits die umliegende Umgebung, aber immer häufiger auch den Innenraum.[762]

Der Bürger muss bei der Nutzung intelligenter Fahrzeuge darauf vertrauen, dass das System sicher ist und dessen Datenverarbeitung weder manipuliert noch infiltriert wird. Dies ist nicht nur aufgrund der Gefahr der Persönlichkeitsrechtsverletzung durch Sammeln dieser Daten notwendig, sondern auch im Hinblick auf die Fahrsicherheit. Die Manipulation der künstlichen Intelligenz von intelligenten Fahrzeugen, sei es bewusst oder unbewusst und sei es durch die infiltrierte Stelle oder einen Dritten, stellt ein erhebliches Sicherheitsrisiko dar.[763] Das Fahrzeug muss sich darauf verlassen, dass die empfangenen und verarbeiteten Daten manipulationsfrei sind, da ansonsten ein sicheres Fahren im komplexen Straßenverkehr und damit die Gesundheit der Insassen und anderer Verkehrsteilnehmer nicht mehr gewährleistet ist. Das Fahrzeug ist daher als IT-System umfassend geschützt.

---

[760] Siehe Abschnitt 2.3.1.2.1.
[761] Vgl. *Kinast/Kühnl*, NJW 2014, 3057 (3059).
[762] Vgl. *Hansen*, DuD 2015, 367 (368).
[763] Vgl. *Drozhzhin*, "Tesla Model S wurde aus dem Remote gehackt" vom 20.09.2016, https://www.kaspersky.de/blog/tesla-remote-hack/8739/ zuletzt abgerufen am 21.03.2024.

Dies gilt sowohl für die verbaute Recheneinheit im Fahrzeug selbst als auch für die ausgelagerte künstliche Intelligenz im Rechenzentrum des jeweiligen Herstellers.

Aus diesem Grund ist das Grundrecht auf Gewährleistung der Vertraulichkeit und Integrität informationstechnischer Systeme immer betroffen, wenn versucht wird, auf die Daten zuzugreifen, und dabei kein spezielleres Grundrecht betroffen ist. Es ist dabei egal, ob der Zugriff physisch oder per Fernzugriff erfolgt und ob der Zugriff direkt den Speicher des Fahrzeuges oder den ausgelagerten Speicher beim Hersteller betrifft. Selbst wenn die Behörden auf die Daten in dem technisch dafür vorgesehenen Weg zugreifen – zum Beispiel, wenn sie das Interface des Fahrzeuges nutzen – liegt ein Eingriff in das Grundrecht vor.[764] Auch der Kommunikationsweg zwischen Fahrzeug und Cloud ist geschützt, wobei hier zumeist bereits das Fernmeldegeheimnis als spezielleres Grundrecht betroffen sein wird.

3.3.4.3 Zwischenergebnis

Das Grundrecht auf Gewährleistung der Vertraulichkeit und Integrität informationstechnischer Systeme schützt daher umfassend auch intelligente Fahrzeuge. Das neu entwickelte Grundrecht entlastet das Recht der informationellen Selbstbestimmung und steht neben dem Recht auf Unverletzlichkeit der Wohnung und dem Fernmeldegeheimnis.

---

[764] Vgl. *Bäcker*, S. 99 (129).

3.3 Betroffene Rechte des Beschuldigten

Dabei bezieht sich der Schutz nicht nur auf das eigentliche Fahrzeug, sondern auch auf die ausgelagerten Systeme in der Cloud. Der Schutz ist dabei deutlich vorgelagert, bevor es tatsächlich zu einer Persönlichkeitsrechtsverletzung kommt. Das Recht ist jedoch subsidiär gegenüber den spezielleren Grundrechten, inklusive des allgemeinen Persönlichkeitsrechts.

3.3.5 Eigentumsrecht

In Betracht kommt auch eine Verletzung des Eigentumsrechts. Das Eigentumsrecht aus Art. 14 GG schützt alle vermögenswerten Rechtspositionen, die Berechtigten von der Rechtsordnung in der Weise zugeordnet sind, dass sie die damit verbundenen Befugnisse nach eigenverantwortlicher Entscheidung zum privaten Nutzen ausüben dürfen.[765] Dabei unterscheidet sich das Eigentum von anderen Schutzgegenständen dadurch, dass es erst normativ geschaffen werden muss.[766] Es ist gemäß Art. 14 Abs. 1 S. 2 GG Aufgabe des Gesetzgebers festzulegen, was unter Eigentum zu verstehen ist. Der Inhalt des Eigentums ergibt sich aus der Zusammenschau aller zu einem bestimmten Zeitpunkt geltenden, die Eigentümerstellung regelnden gesetzlichen Vorschriften.[767]

---

[765] BVerfGE 115, 97.
[766] Dreier-*Wieland*, Art. 14 GG Rn. 27.
[767] BVerfGE 58, 300.

3.3.5.1 Zielrichtung und Schutzbereich

Eigentum nach Art. 14 GG ist jedes vermögenswerte Recht, das dem Einzelnen von dem Gesetzgeber zur ausschließlichen Nutzung im eigenen Interesse zugewiesen ist.[768] Der verfassungsrechtliche Eigentumsbegriff geht dabei über das Sacheigentum im bürgerlichen Recht hinaus.[769] Es muss sich allerdings um Rechtspositionen handeln, die einem Rechtssubjekt bereits zustehen.[770] Bloße Interessen, Chancen und Verdienstmöglichkeiten werden nicht geschützt.[771] Letztendlich werden durch das Eigentum somit Güter und Objekte der Allgemeinheit entzogen und dem Einzelnen exklusiv zugeordnet.[772]

Fraglich ist dabei, ob auch Daten als solche unter den Schutz des Art. 14 GG fallen können. Daten haben spätestens seit Big Data einen immensen wirtschaftlichen Wert und sind daher heutzutage auch als Wirtschaftsgut anzusehen.[773] Aus diesem Grund verwundert es auch nicht, dass in jüngster Zeit immer wieder darüber diskutiert wird, ob – insbesondere personenbezogene – Daten dem einzelnen als Vermögensgegenstand zugeordnet werden können.[774] Dazu ist es notwendig, dass Daten eigentumsfähig im verfassungsrechtlichen Sinne sind. Über die gemäß § 903 BGB an den Besitz gekoppelte Sachnutzung kann solch eine Einstufung als

---

[768] BVerfGE 78, 58; Jarass/Pieroth-*Jarass,* Art. 14 GG Rn. 5; Dürig/Herzog/Scholz-*Papier/Shirvani,* Art. 14 GG [Stand: 04/2018] Rn. 160.
[769] BVerfGE 95, 267.
[770] BVerfGE 105, 252.
[771] BVerfGE 105, 252
[772] *Determann,* ZD 2018, 503 (504).
[773] Vgl. BGHZ 133, 155.
[774] *Zech,* CR 2015, 137 (137).

eigentumsfähig nicht erfolgen, da es bei Daten bereits an der Sachqualität fehlt.[775] Daten haben ferner einige Wesensmerkmale, welche sie eher als öffentliche Güter kennzeichnet statt als ausschließendes Recht des Einzelnen. Bei Daten bestehen nämlich keine Rivalität, keine Exklusivität und keine Abnutzbarkeit.[776] Dies bedeutet, dass Daten unendlich häufig vervielfältigt werden können, ohne dass andere Nutzer eingeschränkt werden. Die Nutzung von einmal kopierten Daten behindert auch nicht den ursprünglichen Berechtigten der Daten in seiner Nutzung. Für die Annahme des Eigentums ist aber gerade ein solches Ausschließlichkeitsrecht wesentliches Merkmal.[777] Lediglich in einigen Spezialfällen sieht das Gesetz die Möglichkeit des Ausschlusses anderer von der Nutzung erlangter Daten und Informationen vor. Solch ein spezieller Fall liegt zum Beispiel beim Schutz von Geschäftsgeheimnissen nach §§ 4 ff. GeschGehG oder beim Urheberrecht vor. Zumeist fehlt es für einen Schutz der Daten intelligenter Fahrzeuge durch das Urheberrecht jedoch an der nötigen geistigen Schöpfung nach § 69a Abs. 3 S. 1 UrhG, da die Daten in den meisten Fällen automatisch erzeugt werden.

Auch das Datenschutzrecht kann nicht herangezogen werden, um ein ausschließendes vermögenswertes Recht zu begründen. Das Datenschutzrecht gewährt dem Einzelnen lediglich ein absolut wirkendes Abwehrrecht gegen die Erhebung, Verarbeitung und Nutzung seiner persönlichen Daten, es gibt ihm jedoch gerade nicht die Rechtsposition, über seine Daten uneingeschränkt zu herrschen.[778] Insbesondere erlaubt das Datenschutzrecht dem Einzelnen

---

[775] *Zech*, CR 2015, 137, (141f.)
[776] *Zech*, CR 2015, 137 (139).
[777] Vgl. Dürig/Herzog/Scholz-*Papier/Shirvani*, Art. 14 GG [Stand: 04/2018] Rn. 146.
[778] Vgl. BGHZ 181, 328.

nicht die Möglichkeit seine Rechtsposition an einen Dritten zu übertragen. Er kann lediglich darauf verzichten, seine Abwehransprüche geltend zu machen. Eine endgültige Übertragung der Rechte aus dem Datenschutz ist jedoch nicht möglich. De lege lata besteht somit kein Eigentumsrecht an Daten.[779]

Die Forderungen werden aber immer lauter, Daten de lege ferenda über das Eigentumsrecht zu schützen.[780] In neuster Zeit zeichnet sich dahingehend aber ein Paradigmenwechsel ab und es wird immer häufiger kein „Dateneigentum", sondern ein „Datenbesitz" gefordert.[781] Auch die Politik hat sich mit dieser Thematik bereits befasst. So hatte die Koalition des Kabinetts Merkel-IV im Koalitionsvertrag unter anderem vereinbart, dass geprüft werden solle, ob und wie Eigentum an Daten ausgestaltet werden könne.[782] Auf europäischer Ebene zeichnet sich dagegen die Entwicklung auf eine Öffnung des Zugangs zu Daten für Dritte ab. Der Entwurf der Europäischen Kommission zum „Data Act" betont das Ziel der Fairness bei der Verteilung von Daten.[783] Nutzer von Produkten sollen unverzüglich und unentgeltlich Zugang zu von ihnen selbst generierten Daten erlangen. Zugleich sollen für den Nutzer nachteilige Standardvertragsklauseln untersagt werden. Insgesamt zielt der „Data Act"

---

[779] Vgl. *Justizministerkonferenz*, Digitaler Neustart, S. 32; *Wibke Werner*, NJOZ 2019, 1041 (1044); *Michl*, NVwZ 2019, 1631 (1635); *Eichenberger*, VersR 2019, 709 (712f.); *Härtel*, LKV 2019, 49 (59); *Paal/Hennemann*, NJW 2017, 1697 (1697).
[780] So zum Beispiel *Wibke Werner*, NJOZ 2019, 1041 (1044); *Karl-Heinz Fezer*, MMR 2017, 3 (5); *Wandtke*, MMR 2017, 6 (11).
[781] *Hoeren*, MMR 2019, 5 (5); BeckOK-BGB-*Fritzsche*, § 854 BGB Rn. 6.
[782] Koalitionsvertrag zwischen *CDU, CSU und SPD* vom 07.02.2018, abrufbar unter https://www.bundesregierung.de/breg-de/themen/koalitionsvertrag-zwischen-cdu-csu-und-spd-195906 zuletzt abgerufen am 21.03.2024.
[783] Vorschlag für eine Verordnung des Europäischen Parlaments und des Rates über harmonisierte Vorschriften für einen fairen Datenzugang und eine faire Datennutzung (Datengesetz), COM(2022) 68 final, 23.02.2022.

3.3 Betroffene Rechte des Beschuldigten

darauf ab, dass der Nutzer zwar kein mit dem Eigentumsrecht vergleichbares exklusives Recht an seinen Daten erhält, er jedoch umfassend Zugang zu diesen Daten erhalten muss. Darüber hinaus wird die faktische Kontrolle des Datenverarbeiters über die Daten beschränkt, indem er verpflichtet wird, dafür zu sorgen, dass die Daten interoperabel zu anderen Datendiensten sind. Dadurch soll ein Wechsel des Datenverarbeitungsdienstes erleichtert werden. Ein Eigentumsrecht an Daten ist dagegen durch den „Data Act" weder beabsichtigt noch vorgesehen.

Unabhängig von einem nicht gegeben Eigentumsrecht an Daten sind jedoch die Sachen eigentumsrechtlich geschützt, welche diese Daten tragen.[784] Die Datenträger haben dabei die notwendige Sachqualität, um über § 903 BGB eigentumsfähig zu sein. Der Eigentümer des Datenträgers ist dabei nicht nur vor dessen Vernichtung und Löschung geschützt, sondern kann auch den Zugriff zum Datenträger beschränken.[785] Das reine Auslesen und Kopieren der Daten auf dem Datenträger verletzt das Eigentumsrecht aber noch nicht.[786] Zwar kann auch ein faktischer Eingriff in das Eigentumsrecht erfolgen,[787] jedoch muss das Handeln eine gewisse Eingriffsintensität erreichen. Dies ist beim reinen Kopieren in der Regel nicht gegeben.

Sofern die Datenträger oder ganze IT-Systeme sichergestellt oder beschlagnahmt werden, ist dagegen Art. 14 Abs. 1 GG betroffen. Ein Eingriff

---

[784] *Denga*, NJW 2018, 1371 (1372); *Zech*, CR 2015, 137 (142).
[785] *Zech*, CR 2015, 137 (142).
[786] *Determann*, ZD 2018, 503 (505).
[787] Vgl. Sachs-*Wendt*, Art. 14 GG Rn. 52; Dreier-*Wieland*, Art. 14 GG Rn. 102.

kann gemäß Art. 14 Abs. 1 S. 2 GG nur durch Gesetz gerechtfertigt werden. Es handelt sich somit um einen einfachen Gesetzesvorbehalt.

3.3.5.2 Möglicher Eingriff bei intelligenten Fahrzeugen

Sofern daher ein Datenzugriff bei IT-Systemen wie in intelligenten Fahrzeugen erfolgt, kann eine Verletzung des Eigentumsrechts – wenn überhaupt – nur durch den Eingriff in die Integrität des Systems selbst gesehen werden. Das Eigentumsrecht ist in diesen Fällen betroffen, wenn die Funktionalität des Gerätes gestört oder aufgehoben wird. Dies kann nicht nur durch rechtliche Regelungen erfolgen, sondern auch, wie aufgezeigt, durch faktische Eingriffe.[788] Solch ein Eingriff ist vor allem dann gegeben, wenn das IT-System oder die Datenträger physisch sichergestellt werden.[789]

Ferner kann eine Beeinträchtigung des Eigentumsrechts auch dann in Betracht kommen, wenn lediglich Daten vom System heruntergeladen werden und damit das IT-System gegen den Willen des Eigentümers genutzt wird. Dies gilt insbesondere vor dem Hintergrund, dass der Eigentümer das Recht hat, andere und somit auch den Staat von der Nutzung seines Eigentums auszuschließen.[790] Das staatliche Handeln muss jedoch eine gewisse Eingriffsintensität erreichen, damit das Eigentum tatsächlich beeinträchtigt ist. Dies ist beim reinen Zugriff auf das IT-System aus der Ferne – ähnlich wie bei der Durchsuchung einer physischen Sache –[791] abzulehnen. Das System wird durch das Auslesen aus

---
[788] Sachs-*Wendt*, Art. 14 GG Rn. 52; Dreier-*Wieland*, Art. 14 GG Rn. 102.
[789] Vgl. BVerfGK 1, 126.
[790] Vgl. Dürig/Herzog/Scholz-*Papier/Shirvani*, Art. 14 GG [Stand: 04/2018] Rn. 146.
[791] Vgl. BeckOK-PolR NRW-*Thiel*, § 40 PolG NRW Rn. 3.

3.3 Betroffene Rechte des Beschuldigten

der Ferne kaum bis gar nicht beeinträchtigt. Sofern das System durch den Fernzugriff nicht dauerhaft beschädigt wird, erreicht das Herunterladen von Daten somit nicht die notwendige Eingriffsintensität in das Eigentumsrecht.

Fraglich ist jedoch auch, inwieweit das Eigentumsrecht überhaupt noch eine Bedeutung neben dem Grundrecht auf Gewährleistung der Vertraulichkeit und Integrität informationstechnischer Systeme hat. Dabei ist zu beachten, dass Eigentum und Systemschutz auseinanderfallen können, da auch der Nutzer ein Interesse an der Integrität des IT-Systems hat und nicht zwingend nur der Eigentümer. Vergleichbar ist es mit dem Schutz einer vermieteten Wohnung. Auch in diesen Fällen fallen die Rechte aus Art. 14 GG und Art. 13 GG auseinander. Während der Mieter sich nur auf Art. 13 GG berufen kann, steht dem Eigentümer nur das Recht aus Art. 14 GG zu.[792] So ist es auch bei IT-Systemen zwischen dem Grundrecht auf Gewährleistung der Vertraulichkeit und Integrität informationstechnischer Systeme und dem Eigentumsrecht. Art. 14 GG bildet nur den Vermögensschutz des IT-Systems ab, der Persönlichkeitsschutz wird dagegen allein durch das IT-Grundrecht gewährt. Beim Infiltrieren eines IT-Systems ist somit nicht nur die Vermögenssubstanz des Systems beeinträchtigt, sondern auch das Persönlichkeitsrecht des Nutzers. Hier überschneiden sich daher die Schutzbereiche des Art. 14 GG und des Grundrechts auf Gewährleistung der Vertraulichkeit und Integrität informationstechnischer Systeme.[793] Die Grundrechte weisen eine deutlich unterschiedliche Schutzrichtung auf und auch in anderen Fällen lässt das

---
[792] *Hauser*, S. 171.
[793] So auch *Hauser*, S. 172.

Bundesverfassungsgericht das Nebeneinander von allgemeinem Persönlichkeitsrecht und Eigentumsschutz zu.[794]

Bei intelligenten Fahrzeugen ist es sogar regelmäßig der Fall, dass Eigentum und tatsächliche Nutzung auseinanderfallen. Der Leasing-Anteil bei Neuzulassungen von Kraftfahrzeugen lag in den letzten Jahren bei gut 48%.[795] Hinzu kommen die kreditfinanzierten Fahrzeuge, welche regelmäßig bis zur vollständigen Zahlung im Eigentum des Kreditgebers stehen. Ein erheblicher Teil – insbesondere der neueren Fahrzeuge – steht somit nicht im Eigentum des tatsächlichen Nutzers. Sofern teilweise vorgebracht wird, dass bei „geliehenen IT-Systemen" kein Interesse an deren Integrität bestehen würde,[796] ist dies vor diesem Hintergrund nur wenig nachvollziehbar. Regelmäßig hat in diesen Fällen sogar nur der tatsächliche Nutzer ein Interesse an der Integrität des IT-Systems. Das Leasingunternehmen oder der Kreditgeber interessieren sich zumeist nur für den (Sicherungs-)wert des Fahrzeuges. Sofern daher ein IT-System physisch sichergestellt oder durch den Fernzugriff dauerhaft in der Vermögenssubstanz geschädigt wird, steht der Schutz des Eigentumsrechts gleichrangig neben dem Grundrecht auf Gewährleistung der Vertraulichkeit und Integrität informationstechnischer Systeme.

---

[794] Vgl. BVerfGE 67, 100; BverfGE 77, 1; BVerfGE 84, 239.
[795] Vgl. *Bundesverband Deutscher Leasing-Unternehmen*, „Marktbericht 2022", https://jahresbericht.leasingverband.de/leasing-markt-und-umfeld/marktbericht-2022/ zuletzt abgerufen am 21.03.2024.
[796] *Volkmann*, DVBl 2008, 590, (592).

3.3.5.3 Zwischenergebnis

Daten intelligenter Fahrzeuge und künstlicher Intelligenzen sind nicht durch das Eigentumsrecht geschützt. Lediglich das IT-System selbst genießt einen Schutz aus Art. 14 GG, der neben dem Schutz aus dem Grundrecht auf Gewährleistung der Vertraulichkeit und Integrität informationstechnischer Systeme steht. Sofern ein Fernzugriff auf das System erfolgt, fehlt es regelmäßig an der notwendigen Eingriffsintensität. Somit kommt ein Eingriff in Art. 14 GG in der Regel nur dann in Betracht, wenn tatsächlich physisch auf das Fahrzeug beziehungsweise die Datenträger zugegriffen wird und der Träger der Daten sichergestellt oder beschlagnahmt wird.

3.3.6 Nemo-Tenetur-Grundsatz

Der nemo-tenetur-Grundsatz – vollständig: nemo tenetur se ipsum accusare – legt fest, dass niemand bei seiner eigenen Überführung einer Straftat oder Ordnungswidrigkeit[797] mithelfen muss. Es beinhaltet das Recht des Beschuldigten, zu schweigen und sich nicht selbst belasten zu müssen. Dieses Recht des Beschuldigten gehört zu den elementaren und traditionellen Grundsätzen des Strafverfahrens.[798] Dabei sind die Grundlage, Reichweite und Folgen des Grundsatzes äußerst umstritten.

Bereits die Herkunft dieses allgemein anerkannten Grundsatzes ist umstritten. International einfachgesetzlich ist die Selbstbelastungsfreiheit als

---
[797] Zur Ordnungswidrigkeit BVerfG NJW 2002, 1411.
[798] Vgl. *Verrel*, NStZ 1997, 361 (361).

Mindestgarantie in Art. 14 Abs. 3 lit. g IPbpR geregelt. In der deutschen Strafprozessordnung findet sich der Grundsatz in § 136 Abs. 1 S. 2 StPO und § 243 Abs. 5 S. 1 StPO, welche eine ausdrückliche Belehrungspflicht über das Schweigerecht vorsehen und damit die Selbstbelastungsfreiheit als Selbstverständlichkeit voraussetzen.[799]

Nach einhelliger Meinung kommt dem Verbot jedes Zwangs zur Selbstbelastung Grundrechtsrang zu.[800] Die konkrete Herleitung ist jedoch seit Jahrzehnten umstritten und die jeweiligen Ansichten haben sich in unzählige Untermeinungen unterteilt. Es soll sich hier auf die für die konkrete Fragestellung wesentliche Ausführung konzentriert werden.

Das Bundesverfassungsgericht und ein Teil der Literatur sehen die Wurzeln der Selbstbelastungsfreiheit in den materiellen Grundrechten. Teilweise wird der Grundsatz dabei unmittelbar aus der Menschenwürde abgeleitet.[801] Die Menschenwürde sei Quelle dieses Rechts, da der Grundsatz, sich nicht selbst belasten zu müssen, ein Teil des natürlichen Selbsterhaltungstriebs sei und eine Selbstbelastung eine unzumutbare Nötigung des menschlichen Verhaltens darstellen würde.[802] Zum Teil wird der Ursprung jedoch auch im Recht auf informationelle Selbstbestimmung aus Art. 2 Abs. 1 in Verbindung mit Art. 1

---

[799] Vgl. BVerfGE 38, 113; BGH NStZ 2013, 299; MAH Strafverteidigung-*Deckers*, § 45 Rn. 73.
[800] Vgl. OLG Stuttgart NStZ-RR 2014, 123; Dreier-*Dreier*, Art. 1 GG Rn. 139 mwN.
[801] BVerfGE 38, 105; BVerfGE 55, 144; BVerfGE 56, 37; *Eser*, ZStW 1967, 565 (571) dort Fn. 24.
[802] Vgl. *Eberhard Schmidt*, NJW 1969, 1137 (1139).

3.3 Betroffene Rechte des Beschuldigten

Abs. 1 GG und teilweise in Verbindung mit dem Rechtsstaatsprinzip gesehen.[803]

Eine andere Ansicht sieht in der Selbstbelastungsfreiheit dagegen eine verfahrensinterne Verfassungsgarantie. Das Recht solle aus dem Begriff des fairen Verfahrens gemäß Art. 6 Abs. 1 EMRK und der Unschuldsvermutung aus Art. 6 Abs. 2 EMRK abzuleiten sein und zum Kernbereich der Verfahrensfairness gehören.[804] Kern dieser Ansicht ist es, dass der Einzelne durch den Staat nicht in die Konfliktlage gebracht werden soll, dass er sich entweder selbst bezichtigen muss, eine Falschaussage tätigen muss oder sich der Gefahr aussetzt, dass ihn Zwangsmaßnahmen treffen.[805] Der nemo-tenetur-Grundsatz soll einen wesentlichen Beitrag zur „Waffengleichheit" zwischen Anklage und Verteidigung leisten und eine Ausnutzung des regelmäßig bestehenden Machtgefälles zu Gunsten der Anklage zumindest im Kern ausgleichen.[806]

Der Streit über die Herkunft des nemo-tenetur-Grundsatzes kann in Einzelfragen praktische Auswirkungen haben. Dies gilt insbesondere für die Frage, inwieweit dieser Grundsatz einer Abwägung zugänglich ist oder nicht.

---

[803] *Kühl*, JuS 1986, 115 (117); *Esser*, JR 2004, 98; *Mahlstedt*, S. 87f.; *Reiß*, S. 171 ff.; *Rogall*, Beschuldigte, S. 129; *Paeffgen*, S. 70f.; *Nothhelfer*, S. 83; *Bruns*, FS-Schmidt-Leichner, S. 8.
[804] EGMR, EuGRZ 1996, 587; EGMR, 21.12.2000, Heaney u. McGuinness ./. IRL, Nr. 34720/97; EGMR, 8.4.2004, Weh ./. AUT, Nr. 38544/97; MüKo-StPO-*Gaede*, Art. 6 EMRK Rn. 318.
[805] MAH Strafverteidigung-*Eschelbach*, § 31 Rn. 162.
[806] *Kasiske*, JuS 2014, 15 (17).

Für die hiesige Frage muss dieser Streit der Herkunft – wie sogleich aufgezeigt wird – jedoch nicht entschieden werden.

3.3.6.1 Zielrichtung und Schutzbereich

Der nemo-tenetur-Grundsatz gewährt dem Beschuldigten vor allem ein umfassendes Schweigerecht. Er soll nicht gegen seinen Willen zu einem Beweismittel gegen sich selbst gemacht werden. Dies bedeutet auch, dass der Beschuldigte nicht nur ein Recht zu schweigen hat, sondern ihm ein vollumfassendes Schweigen auch nicht zum Nachteil gereicht werden darf.[807] Würde das Schweigen zu seinen Lasten verwertet werden, würde dies einen unzulässigen Aussagezwang auf den Beschuldigten ausüben.[808] Der Beschuldigte muss frei von Zwang eigenverantwortlich entscheiden können, ob und gegebenenfalls inwieweit er im Strafverfahren gegen sich selbst mitwirken möchte.[809] Erzwungene Aussagen unterliegen nach § 136a Abs. 3 StPO einem gesetzlichen Verwertungsverbot. Äußerst umstritten ist jedoch, ob neben der reinen Aussagefreiheit der Grundsatz auch vor jeglicher weiterer Mitwirkung schützt und, wenn ja, bis zu welcher Grenze.

Eine Ansicht unterscheidet zwischen der nicht erzwingbaren aktiven Mitwirkungspflicht und der erzwingbaren passiven Duldungs- und

---

[807] BVerfG NStZ 1995, 555; BGH NStZ 2016, 59; KK-StPO-*Tiemann*, § 261 StPO Rn. 153; *Eisenberg*, Rn. 899.
[808] MAH Strafverteidigung-*Eschelbach*, § 31 Rn. 164.
[809] BVerfG NJW 2013, 1058.

3.3 Betroffene Rechte des Beschuldigten

Verhaltenspflicht.[810] Die Unterscheidung zwischen aktivem Mitwirken und passivem Dulden ist in vielen Fällen schwierig, sodass die Rechtsprechung entsprechende Fallgruppen entwickelt hat. Dies betrifft insbesondere den auch in der hiesigen Arbeit relevanten Fall der Sicherstellung von durch den Beschuldigten selbst angefertigten Beweismitteln. Sofern der Beschuldigte Informationen selbst aktiv erzeugt hat und diese nachträglich ausgewertet werden sollen, soll nach dieser Ansicht kein Fall vorliegen, der dem nemo-tenetur-Grundsatz unterfällt.[811] Dies soll den Hintergrund haben, dass Beweismittel, welche unabhängig vom Willen der betreffenden Person existieren, nicht die geschützte Willensfreiheit tangieren würden. In diesen Fällen würde der aktive Wille des Betroffenen nicht durch Zwang missachtet, sondern es würden lediglich objektive Beweise ausgewertet werden. Dies soll zum Beispiel bei der Verwertung von Daten aus einem Tachographen[812] oder einem Fahrtenbuch[813] der Fall sein. Der Beschuldigte müsse in diesem Fall lediglich die passive Verwertung dieser Daten dulden. Anders soll es nur dann aussehen, wenn der Beschuldigte durch staatlichen Zwang erst zur Erstellung des Beweismittels gezwungen wird.[814]

In die gleiche Richtung gehend, jedoch mit einem anderen Abgrenzungskriterium, möchte *Grünwald* die Abgrenzung dadurch vornehmen, ob die Willensbildung des Beschuldigten durch vis compulsiva –

---

[810] BVerfGE 56, 37; EGMR NJW 2006, 3117; *Reiß*, S. 176; *Dingeldey*, JA 1984, 307 (413); *Rogall*, NStZ 1998, 66 (67f.); MüKo-StPO-*Maier*, § 58 StPO Rn. 42; MüKo-StPO-*Schuhr*, Vor. § 133 StPO Rn. 91f..
[811] Vgl. BVerfG NJW 1982, 568; EGMR NJW 2002, 499.
[812] EGMR NJW 2002, 499.
[813] BVerfG NJW 1982, 568.
[814] *Kölbel*, S. 47.

beziehungsweise dessen Androhung – gebeugt wird oder ob das Mitwirken allein durch körperlichen Zwang mit vis absoluta erzwungen werden kann.[815] Da der nemo-tenetur-Grundsatz nur die Willensfreiheit schützt, sei nach *Grünwald* ein reines Erzwingen durch vis absoluta zulässig und lediglich dort, wo die Willensbildung mittels vis compulsiva gebeugt werden muss, wäre eine Betroffenheit des nemo-tenetur-Grundsatzes gegeben.[816]

Eine weitere Ansicht möchte die Unterscheidung dadurch vornehmen, ob verbales oder nonverbales Verhalten betroffen ist. Nonverbales Verhalten sei aus dem nemo-tenetur-Grundsatz herauszunehmen und immer zulässig erzwingbar.[817] Damit würde der Grundsatz auf ein reines Schweigerecht reduziert werden. Die Befürworter dieser Ansicht führen an, dass eine Unterscheidung zwischen aktiver Mitwirkung und passiver Duldungspflicht bereits an einer klaren Abgrenzbarkeit scheitert.[818] Dagegen sei eine unterschiedliche Behandlung von verbalem und nonverbalem Verhalten gerechtfertigt, da die wörtliche Selbstbezichtigung einen viel intensiveren Persönlichkeitsbezug aufweisen würde als nonverbale, meist mit naturwissenschaftlichen Methoden gewonnene, Messwerte.[819] Ebenfalls entsteht bei nonverbalem Verhalten nicht die Gefahr, dass der Beschuldigte, anders als bei einer erzwungenen Aussage, mit falschen oder irreführenden

---

[815] *Grünwald*, JZ 1981, 423 (428).
[816] *Grünwald*, JZ 1981, 423 (428).
[817] So zum Beispiel *Böse*, GA 2002, 98 (128); *Lorenz*, JZ 1992, 1000 (1006); und zumindest für die Atemalkoholprobe auch *Verrel*, NStZ 1997, 415 (417); *Kasiske*, JuS 2014, 15 (17f.).
[818] Vgl. *Verrel*, S. 226 ff.; *Neumann*, FS-Wolff, S. 374 (377); *Eidam*, S. 135.
[819] *Verrel*, NStZ 1997, 415 (418).

3.3 Betroffene Rechte des Beschuldigten

Angaben den Beweiswert beeinflussen könnte.[820] Zuletzt betonen die Anhänger dieser Ansicht auch die unterschiedliche Unmittelbarkeit und das Gewicht der Selbstbelastungswirkung zwischen verbalem und nonverbalem Beweismaterial.[821] Während ein verbales Geständnis unmittelbar ein eigenes belastendes Beweismittel darstellen würde, müsste nonverbales Verhalten erst analysiert oder interpretiert werden, damit es einen Beweiswert erlangen würde. Als Beispiel soll es sich bei der Abgabe von Atemluft lediglich um eine Stoffprobe handeln und erst durch die naturwissenschaftliche Analyse würde diese Probe überhaupt Beweisrelevanz erhalten.[822] In diesem Zusammenhang müsse auch das unterschiedliche Maß an psychischer Belastung bei erzwungenem verbalen und nonverbalen Handeln beim Beschuldigten berücksichtigt werden.[823] Bei einer eigenen belastenden Aussage muss sich der Beschuldigte selbst als Straftäter darstellen, was regelmäßig eine erhöhte Schmach bedeutet.[824] Im Rahmen der reinen passiven Duldung, zum Beispiel der zwangsweisen Entnahme von Körperproben oder der Beschlagnahme von durch den Beschuldigten hergestellten Daten, wird solch eine möglicherweise demütigende Selbstbezichtigung gerade nicht vom Beschuldigten verlangt.[825] Da daher die Wirkung auf die Entscheidungsfreiheit deutlich geringer ausfällt, würde sich ein unterschiedliches Schutzniveau von verbalem und nonverbalem Verhalten gebieten, so die Argumentation der genannten Ansicht.

---

[820] Vgl. *Verrel*, NStZ 1997, 415 (418)
[821] *Verrel*, NStZ 1997, 415 (418).
[822] *Verrel*, NStZ 1997, 415 (418).
[823] *Verrel*, NStZ 1997, 415 (418f.).
[824] *Puppe*, GA 1978, 289 (304); *Verrel*, NStZ 1997, 415 (419).
[825] So auch *Verrel*, NStZ 1997, 415 (419).

Eine vierte Ansicht hält dagegen jegliche Mitwirkung, und sei es auch nur die passive Duldungspflicht, für nicht erzwingbar, da der nemo-tenetur-Grundsatz weitreichend vor jeglicher Selbstbelastung schützen soll.[826] Auch eine Unterteilung zwischen aktiver Mitwirkungspflicht und passiver Duldungspflicht halten die Anhänger dieser Ansicht für nicht sinnvoll. Diese weisen darauf hin, dass in vielen Fällen die passive Duldungspflicht gerade einen stärkeren Grundrechtseingriff darstellt als die alternative aktive Mitwirkungspflicht. Dies würde zum Beispiel bei dem Einsatz von Atemalkoholmessgeräten gelten. Das Pusten in das Atemalkoholmessgerät stellt unstreitig ein aktives Handeln dar und der Beschuldigte dürfte demnach auch nach der erstgenannten Ansicht dazu nicht gezwungen werden.[827] Anders sieht es jedoch mit dem viel intensiveren Eingriff der Analyse der zwangsweise genommenen Blutprobe nach § 81a Abs. 1 S. 2 StPO aus, welches nach allgemeinem Verständnis eine reine passive Duldungspflicht darstellt.[828] Die Blutprobe stellt aber einen viel stärkeren Eingriff in die Rechte – insbesondere das Recht auf körperliche Unversehrtheit – des Beschuldigten dar, als die Entnahme einer Atemluftprobe. Dies führt nach letzter Ansicht auch zu einem weiteren Problem. Denn wenn den anderen Ansichten gefolgt werden würde, würde der nemo-tenetur-Grundsatz zwar davor schützen, dass eine Aussage mit vis compulsiva erzwungen wird, aber gerade nicht davor, dass eine sonstige passive Duldungspflicht mittels vis absoluta durchgesetzt wird.[829] Dies würde vor dem Hintergrund verwundern, dass vis absoluta regelmäßig

---

[826] *Wolfslast*, NStZ 1987, 103 (103f.); *Sautter*, AcP 1962, 215 (250); wohl auch *Eisenhardt*, S. 170.
[827] Vgl. nur BGH VRS 39, 185; BeckOK-StPO-*Goers*, § 81a StPO Rn. 6.1.
[828] Vgl. BVerfGE 56, 37.
[829] Vgl. *Ransiek/Winsel*, GA 2015, 620 (627).

3.3 Betroffene Rechte des Beschuldigten

einen viel intensiveren Eingriff in die Grundrechte des Beschuldigten darstellen würde als vis compulsiva.[830]

Trotz der zum Teil berechtigten Kritik an der Unterteilung zwischen aktiver Mitwirkung und passiver Duldungspflicht stellt dies nach hiesiger Ansicht die überzeugendste Trennlinie für die Unterscheidung zwischen erzwingbarem und nicht erzwingbarem Mitwirken dar. Dies gilt auch, – insofern ist den kritischen Stimmen zuzustimmen – wenn im Einzelfall eine konkrete Zuordnung Schwierigkeiten bereiten kann. Wie schwierig selbst der Rechtsprechung die Unterscheidung im Einzelfall fällt, zeigt beispielsweise die Beurteilung des Einsatzes von Brechmitteln. Das Erbrechen des Beschuldigten wurde zum Teil als ein aktives Mitwirken gesehen.[831] Mit guten Argumenten könnte im Erbrechen auch eine nicht aktiv gesteuerte körperliche Reaktion – und damit ein reines Dulden – gesehen werden.[832] Das Erbrechen erfolgt nämlich gerade nicht bewusst willensgesteuert, sondern stellt eine normale körperliche Reaktion aufgrund des verabreichten Brechmittels dar. Würde hierin ein aktives Mitwirken gesehen werden, wäre auch die Blutprobe ein aktives Mitwirken, da das Blut nur aufgrund des Herzschlages aus der Vene in die Kanüle fließt. Die Annahme eines aktiven Handelns führt auch an anderer Stelle zu erheblichen Abgrenzungsschwierigkeiten. So ist der Einsatz einer Magenpumpe – insofern wohl unstreitig – kein aktives Handeln, obwohl es eine zum Brechmittel vergleichbare Maßnahme ist. Wird dieser Gedanken weitergeführt, stellt sich sodann die Folgefrage, ob das unfreiwillige Erbrechen

---

[830] Vgl. *Ransiek/Winsel*, GA 2015, 620 (627).
[831] OLG Frankfurt NJW 1997, 1647 (1648); EGMR, Urt. v. 11.07.2006, Jalloh ./. GER, Nr. 54810/00.
[832] So BVerfG StV 2000, 1.

im Rahmen des Einsatzes einer Magenpumpe dann wieder als aktives Erbrechen oder noch als passives Auspumpen angesehen werden müsste.[833] Es zeigt sich daher, dass eine Abgrenzung schwierig sein kann und häufig zu immer weiteren Folgefragen führt.

Es muss daher den Kritikern dieser Ansicht zugestanden werden, dass tatsächlich eine Unterscheidung zwischen aktivem Mitwirken und passivem Dulden gelegentlich äußerst schwierig sein kann. Dem gegenüber muss aber ebenfalls festgehalten werden, dass rein praktische Schwierigkeiten in der Anwendung nicht dazu verleiten dürfen, dogmatische Fragen zu übergehen. Die Rechtsprechung hat täglich mit schwierigen Abgrenzungsfragen zu tun, sodass dies allein nicht ausreichen kann, um die Abgrenzung zwischen aktiver und passiver Pflicht grundsätzlich in Frage zu stellen. Grundsätze mit Verfassungsrang, insbesondere wenn möglicherweise auch die Menschenwürde betroffen ist, stehen nicht unter dem Vorbehalt der Praktikabilität. Aus diesem Grund können Schwierigkeiten bei der praktischen Anwendung nicht per se das Abgrenzungskriterium als untauglich entlarven. Stattdessen müssen ausreichende Fallgruppen gebildet werden, welche eine einheitliche und vorhersehbare Einordnung ermöglichen können.

Sofern die Abgrenzung zwischen aktiver Mitwirkungspflicht und passiver Duldungspflicht ferner mit dem Argument abgelehnt wird, dass das Erzwingen der passiven Duldungspflicht durch vis absoluta schwerwiegender sei als das Erzwingen eines aktiven Mitwirkens mittels vis compulsiva, löst sich dieses Argument mit einem Blick auf den Sinn und Zweck des nemo-tenetur-

---

[833] Vgl. *Ransiek/Winsel*, GA 2015, 620 (629).

3.3 Betroffene Rechte des Beschuldigten

Grundsatzes schnell in Luft auf. Der Grundsatz der Selbstbelastungsfreiheit hat gerade nicht den Sinn und Zweck, vor besonders schweren Eingriffen zu schützen, sondern soll den Beschuldigten aus der Zwangslage befreien, sich gegebenenfalls selbst belasten zu müssen. Dabei geht es nicht darum, Rücksicht auf die Eigensucht des Beschuldigten zu nehmen, sondern es wird das elementare Bedürfnis anerkannt, dass der Beschuldigte seine Schwächen und sein Versagen verbergen darf, um seine Ehre und sein gesellschaftliches Ansehen zu wahren.[834] Denn – dahingehend ist der Ansicht, welche zwischen verbalem und nonverbalem Verhalten differenziert, zuzustimmen – das verbale Einräumen der eigenen Schuld ist in vielen Fällen eine starke gesellschaftliche Demütigung. Gerade vor dieser erzwungenen Demütigung soll der nemo-tenetur-Grundsatz schützen. Der Schutz des Beschuldigten vor der Durchsetzung passiver Duldungspflichten wird dagegen regelmäßig durch andere Grundrechte gewährt. So wird der Bürger vor der zwangsweise genommenen Blutprobe beispielsweise durch das Recht auf körperliche Unversehrtheit geschützt, ein zusätzlicher Schutz durch den nemo-tenetur-Grundsatz ist weder zwingend noch notwendig. Aus diesem Grund ist es gerade konsequent, dass der nemo-tenetur-Grundsatz verstärkt vor Zwangsmaßnahmen auf die Willensfreiheit schützt, die ansonsten regelmäßig nur durch die allgemeine Handlungsfreiheit – und damit entsprechend schwach – begrenzt sind.

An dieser Stelle muss ebenfalls berücksichtigt werden, dass der nemo-tenetur-Grundsatz im rechtsstaatlichen Verständnis gerade ein Gegenentwurf zum im

---

[834] So auch *Puppe*, GA 1978, 289 (299).

Mittelalter vorherrschenden Inquisitionsprozess ist.[835] Konnte im Inquisitionsprozess die Schuldfrage nicht ohne das Mitwirken des Beschuldigten geklärt werden, so wurde dieses Mitwirken zur damaligen Zeit erzwungen.[836] Das Rechtsstaatsprinzip gebietet dagegen im reformierten Strafprozess, dass es allein die Aufgabe des Staates ist, den Beweis der Schuld zu führen und wenn dies nicht gelingt, der Angeklagte im Zweifel freizusprechen ist.[837] Gerade dieser Zwang, der häufig durch Folter ausgeübt wurde, besteht jedoch nicht, wenn der Körper des Beschuldigten oder dessen Spuren lediglich wie jedes andere Augenscheinobjekt für die Beweisführung durch die Strafverfolgungsorgane benötigt wird. In diesen Fällen wird nicht der Wille des Beschuldigten gebrochen, damit er selbst gegen sich Beweis führt, sondern die Rechtsgemeinschaft führt diesen Beweis selbst durch Inaugenscheinnahme der vom Beschuldigten abgesonderten Spuren.[838]

Trotz dieser Ausführungen kann jedoch auch nicht der Ansicht von *Grünwald* gefolgt werden, welche die Abgrenzung zwischen dem Einsatz von vis compulsiva oder vis absoluta vornehmen möchte. Auf der einen Seite ist an dieser Abgrenzung bereits problematisch, dass der Verhältnismäßigkeitsgrundsatz eine Androhung der vis absoluta voraussetzt und bereits durch diese Drohung Einfluss auf die Willensbildung des Beschuldigten genommen wird. Auf der anderen Seite erscheint es aber auch dogmatisch nicht überzeugend, dass die Unterscheidung nicht anhand der

---

[835] Vgl. *Rogall*, Beschuldigte, S. 87ff.; *Reiß*, S. 171.
[836] *Reiß*, S. 177.
[837] *Reiß*, S. 177.
[838] So auch *Reiß*, S. 178.

3.3 Betroffene Rechte des Beschuldigten

Zielsetzung, sondern anhand des Mitteleinsatzes erfolgen soll.[839] Es ist wie aufgezeigt gerade nicht Sinn und Zweck des nemo-tenetur-Grundsatzes vor bestimmten Ermittlungsmitteln zu schützen, sondern die Willensfreiheit zu bewahren.

Vor dem Hintergrund dieser Zielrichtung des nemo-tenetur-Grundsatzes wird auch deutlich, dass gerade die Unterscheidung zwischen der aktiven Mitwirkungspflicht und der passiven Duldungspflicht diesem Ziel – dem Schutz der Willensfreiheit – am nächsten kommt. Es ist somit bei jedem Einzelfall zu schauen, inwieweit der Zwang auf den Beschuldigten die Willensfreiheit der Mitwirkung an der eigenen Überführung betrifft. Daher gibt es keinen Grund, die traditionell gewachsene Unterscheidung zwischen aktiver Mitwirkungspflicht und passiver Duldungspflicht aufzubrechen.[840] Der Umstand, dass die Unterscheidung im Einzelfall Schwierigkeiten bereiten kann, macht dieses Kriterium nicht per se untauglich. Stattdessen hat die Rechtsprechung für eine Vielzahl an Grenzfällen bereits umfassende Anhaltspunkte entwickelt, nach denen die Betroffenheit des Grundsatzes festgestellt werden kann. Somit ist an der Unterscheidung zwischen aktivem Mitwirken und passiver Duldungspflicht festzuhalten.

Ein weiteres Problem im Zusammenhang mit der Frage der Betroffenheit des nemo-tenetur-Grundsatzes ist die Frage, ob bei verdeckten Ermittlungsmaßnahmen ein Verstoß gegen den nemo-tenetur-Grundsatz

---

[839] *Paeffgen*, S. 70.
[840] So auch *Heinrich Amadeus Wolff*, S. 92 ff.; *Eidam*, S. 143f.; *Eckstein*, S. 317; *Rudolf Müller*, EuGRZ 2002, 553 ff.

dahingehend vorliegen kann, dass der Beschuldigte dem Irrtum unterliegt, nicht überwacht zu werden.[841] Dadurch generiert der Beschuldigte möglicherweise Beweismittel gegen sich selbst, da er fälschlicherweise davon ausgeht, dass der Staat davon keine Kenntnis erhält.

Der Bundesgerichtshof hatte in seiner ersten „Hörfallen"-Entscheidung ausgeführt, dass der nemo-tenetur-Grundsatz eng auszulegen sei und der Grundsatz lediglich die Freiheit von Zwang aber nicht die Freiheit von Irrtum garantiert.[842] Sofern der Beschuldigte sich freiwillig aus eigener Veranlassung einer dritten Person offenbart, entlässt er freiwillig die Information in die Außenwelt.[843] Der nemo-tenetur-Grundsatz ist dabei im systematischen Gesamtzusammenhang der Strafprozessordnung zu sehen. Der Beschuldigte soll frei entscheiden können, ob er im Ermittlungsverfahren die an ihn gestellten Fragen beantwortet oder von seinem Schweigerecht Gebrauch machen möchte.[844] Er soll insbesondere davor geschützt werden, dass bei ihm der Eindruck entsteht, er müsse die von staatlicher Seite gestellten Fragen beantworten.[845]

Bei einem Gespräch mit einem Dritten besteht solch eine Gefahr jedoch nicht. Der Beschuldigte wird gerade nicht darüber getäuscht, dass er die Frage beantworten muss, er unterliegt lediglich einem Irrtum dahingehend, dass er

---

[841] *Gerhard Fezer*, NStZ 1996, 289; *Rothfuß*, Strafo 1998, 289; *Bernsmann*, StV 1997, 116; *Derksen*, JR 1997, 163; *Verrel*, NStZ 1997, 415; *Popp*, NStZ 1998, 95; *Engländer*, ZIS 2008, 163 ; *Hartmut Schneider*, JR 1996, 401.
[842] BGHSt 42, 139; so auch zustimmen *Rieß*, NStZ 1996, 502 (505).
[843] BGHSt 42, 139; *Gerhard Fezer*, NStZ 1996, 289.
[844] Vgl. *Gerhard Fezer*, NStZ 1996, 289.
[845] Vgl. *Gerhard Fezer*, NStZ 1996, 289; *Roxin*, NStZ 1995, 465 (466).

3.3 Betroffene Rechte des Beschuldigten

meint, das Gespräch wird nicht vom Staat mitgehört. Solch ein generelles Mitbewusstsein, dass eine Person davon ausgeht, dass seine Handlung nicht staatlich überwacht wird, betrifft jedoch nahezu jegliches privates Handeln.[846] Wäre darin eine relevante Täuschung zu sehen, wäre jegliche verdeckte staatliche Ermittlungsmaßnahme ein Verstoß gegen den nemo-tenetur-Grundsatz.[847] Tatsächlich realisiert sich in diesen Fällen jedoch nur das vom Beschuldigten selbst getragene Risiko, dass er sich einem Dritten offenbart hat.[848] Es kann an dieser Stelle keinen Unterschied machen, ob sich das Risiko dahingehend realisiert, dass der Dritte sein Wissen dem Staat offenbart, oder aber der Staat durch verdeckte Überwachungsmaßnahmen Kenntnis vom Inhalt erlangt. Der Staat erzeugt in diesem Fall gerade nicht aktiv den Irrtum des Beschuldigten, dass keine staatliche Überwachung erfolgt, sondern nutzt diesen lediglich aus.[849] In diesem Fall gibt es kein verfassungsrechtliches Schutzbedürfnis vor einer Selbstbelastung.[850]

Anders kann der Fall nur dann liegen, wenn der Staat selbst eine vernehmungsähnliche Situation schafft, in der durch physischen oder psychischen Druck auf die Aussagefreiheit des Beschuldigten eingewirkt wird.[851] Der Europäische Gerichtshof für Menschenrechte hat das gezielte Einschleusen eines Polizeiinformanten als Zellengenossen, der den

---

[846] *Popp*, NStZ 1998, 95.
[847] Vgl. *Popp*, NStZ 1998, 95; *Eidam*, S: 115f.
[848] Vgl. *Gerhard Fezer*, NStZ 1996, 289.
[849] Vgl. *Popp*, NStZ 1998, 95
[850] So auch *Gerhard Fezer*, NStZ 1996, 289; Meyer-Goßner/Schmitt-*Schmitt* § 136a Rn. 4a; *Eidam*, S: 115f.; Anders dagegen wohl *Bernsmann*, StV1997, 116; *Derksen*, JR 1997, 163 (170).
[851] Vgl. dazu insbesondere *Hilger*, FS-Hanack, 207 (214ff.); *Müssig*, GA 2004, 87 (99ff.); *Sowada*, FS-Geppert, S. 689 (712).

inhaftierten Beschuldigten durch gezieltes Ausfragen belastende Umstände entlockte, als einen Verstoß gegen den nemo-tenetur-Grundsatz angesehen.[852] Nach Ansicht des Europäischen Gerichtshofes für Menschenrechte schütze der nemo-tenetur-Grundsatz nicht nur vor Zwang, sondern auch vor Täuschung, sofern dies die Freiheit aushöhlt, zu entscheiden ob ausgesagt oder geschwiegen werden soll.[853] Im Lichte dieser Rechtsprechung des Europäischen Gerichtshofes für Menschenrechte führte auch wenige Jahre später der Bundesgerichtshof aus, dass ein Verstoß gegen die Selbstbelastungsfreiheit gegeben sei, wenn ein Beschuldigter im Rahmen einer vernehmungsähnlichen Situation beharrlich zu einer Aussage gedrängt wird, obwohl er sich zuvor für das Schweigen entschieden hatte.[854]

Solch eine Drucksituation ist jedoch bei der Erhebung und Verwertung von Daten künstlicher Intelligenz nicht gegeben. Es geht in diesen Fällen lediglich darum, dass der Staat mittels heimlicher Ermittlungsmaßnahmen Daten ausleitet, welche beim Einsatz einer künstlichen Intelligenz entstanden sind. Eine durch den Staat veranlasste vernehmungsähnliche Situation ist dabei nicht gegeben. Die reinen verdeckten Ermittlungsmaßnahmen ohne Herbeiführen einer vernehmungsähnlichen Situation verletzen somit nicht den nemo-tenetur-Grundsatz.[855] Das allgemeine Mitbewusstsein, nicht staatlich überwacht zu werden, wird nicht durch den nemo-tenetur-Grundsatz geschützt.

---

[852] EGMR StV 2003, 257.
[853] EGMR StV 2003, 257.
[854] BGHSt 52, 11.
[855] So auch *Gerhard Fezer*, NStZ 1996, 289; *Verrel*, NStZ 1997, 415 (416); *Rothfuß*, StraFo 1998 289; *Popp*, NStZ 1998, 95 (96); *Engländer*, ZIS 2008, 163 (166); *Meyer*-Goßner/*Schmitt-Schmitt* § 136a Rn. 4a; *Eidam*, S: 112f.; einschränkend wohl zu verstehen *Hartmut Schneider*, JR 1996, 401 (408)

3.3 Betroffene Rechte des Beschuldigten

Sofern im Einzelfall doch ein Verstoß gegen den nemo-tenetur-Grundsatz vorliegt, schließt sich die Frage an, welche Rechtsfolge eine Verletzung der Selbstbelastungsfreiheit nach sich zieht. Insbesondere stellt sich die Frage, ob ein Verstoß immer zu einem Beweisverwertungsverbot führt oder ob der Grundsatz und dessen Folgen einer Abwägung zugänglich sind.

Maßgeblich für die Frage der Rechtsfolge ist, welche Wurzeln der nemo-tenetur-Grundsatz hat. Sofern der Grundsatz unmittelbar aus der Menschenwürde[856] abgeleitet wird, hat dies die Konsequenz, dass der nemo-tenetur-Grundsatz keiner Abwägung mehr zugänglich wäre.[857]

Wird im nemo-tenetur-Grundsatz dagegen ausschließlich eine Verfahrensgarantie aus dem fair-trial-Grundsatz gesehen, wäre eine Abwägung grundsätzlich möglich. Der Europäische Gerichtshof für Menschenrechte, der den nemo-tenetur-Grundsatz lediglich für ein Verfahrensgrundrecht hält, hat sich in den letzten Jahrzehnten schwer damit getan, eine einheitliche Rechtsprechung in dieser Frage zu finden. In der früheren Rechtsprechung schloss der Gerichtshof noch eine Relativierung des nemo-tenetur-Grundsatzes aus und selbst bei besonders schwerwiegenden Straftaten fand der Grundsatz absolute Anwendung.[858] Im Jahr 2002 und 2006 öffnete sich der Europäische Gerichtshof für Menschenrechte dann jedoch

---

[856] BVerfGE 38, 105; BVerfGE 55, 144; BVerfGE 56, 37; *Eser*, ZStW 1967, 565 (571) dort Fn. 24.
[857] Vgl. *v. Freier*, ZStW 2010, 117 (123); *Dannecker*, ZStW 2015, 370 (384); SK-StPO-*Rogall*, Vor. § 133 StPO Rn. 162.
[858] Vgl. EGMR, Urt. v. 17.12.1996, Saunder ./. GBR, Nr. 19187/91; EGMR, Urt. v. 21.12.2000, Heaney u. McGuinness ./. IRL, Nr. 34720/97

einer möglichen Abwägungsdogmatik. Eine Verletzung von Art. 6 Abs. 1 EMRK soll demnach nur dann bei einem Verstoß gegen den nemo-tenetur-Grundsatz vorliegen, wenn das Verfahren insgesamt nicht mehr fair erscheint.[859] Konkret soll es darauf ankommen, ob das gesamte Strafverfahren im Hinblick auf die Abwägung zwischen dem öffentlichen Strafverfolgungsinteresse und dem Interesse des Beschuldigten an der rechtmäßigen Beweisbeschaffung noch als fair angesehen werden kann.[860] Die Rechtsprechung des Europäischen Gerichtshofes für Menschenrechte zieht hier insbesondere Art und Schwere des Zwangs heran und wägt diese mit dem öffentlichen Strafverfolgungsinteresse[861] ab.[862] In einer späteren Entscheidung aus dem Jahr 2009 hat der Gerichtshof dann aber wieder, bezugnehmend auf seine frühere Rechtsprechung, eine Einschränkung des nemo-tenetur-Grundsatzes durch das öffentliche Strafverfolgungsinteresse verneint.[863] Dieser „Schlingerkurs" der Rechtsprechung bei der Frage der Selbstbelastungsfreiheit führte in der Literatur zu erheblicher Kritik.[864]

Richtigerweise ist der nemo-tenetur-Grundsatz jedoch als abwägungsfest anzusehen, und zwar völlig unabhängig von der Frage, ob der Grundsatz primär auf der Menschenwürde fußt oder vorrangig andere Wurzeln hat. Bereits die Systematik des deutschen Strafprozesses verbietet solch eine

---

[859] EGMR, Urt. v. 05.11.2002, Allan ./. GBR, Nr. 48539/99; EGMR, Urt. v. 11.07.2006, Jalloh ./. GER, Nr. 54810/00.
[860] EGMR, Urt. v. 05.11.2002, Allan ./. GBR, Nr. 48539/99; EGMR, Urt. v. 11.07.2006, Jalloh ./. GER, Nr. 54810/00.
[861] Siehe dazu oben kritisch Abschnitt 3.2..
[862] EGMR, Urt. v. 05.11.2002, Allan ./. GBR, Nr. 48539/99; EGMR, Urt. v. 11.07.2006, Jalloh ./. GER, Nr. 54810/00.
[863] EGMR, Urt. v. 21.04.2009, Marttinen / FIN, Nr. 19235/05.
[864] Vgl. nur die umfassende Kritik von *Verrell*, FS-Puppe, S. 1629 (1632f.)

3.3 Betroffene Rechte des Beschuldigten

Abwägung. Grundsätze des Prozessrechtes können schon dem Grunde nach nicht von der Schwere der vorgeworfenen Tat abhängig sein.[865] Zwar erlaubt das deutsche Strafrecht weitergehende Ermittlungseingriffe in Grundrechte bei schweren Straftaten, dabei bezieht es sich aber allein auf Eingriffe in materielle Grundrechte und nicht auf das strafprozessuale Verfahrensrecht oder gar Verteidigungsrecht des Beschuldigten.[866] Auch beim Rückwirkungsverbot oder der Unschuldsvermutung gibt es keinen Unterschied in der Wirksamkeit zwischen Bagatellstrafsachen oder Kapitalverbrechen. Es überzeugt auch insgesamt nicht, warum der nemo-tenetur-Grundsatz bei der Gefahr, sich selbst schwerer Straftaten zu bezichtigen, weniger greifen soll als bei der Gefahr, sich leichten Straftaten zu bezichtigen.[867] Gerade bei schweren Straftaten gebietet es die Anerkennung des Menschen als Subjekt des Strafprozesses, ihm eine möglichst umfassende Mitwirkungsfreiheit zu garantieren. Die enge Verknüpfung mit der Menschenwürde verlangt es daher, die Selbstbelastungsfreiheit absolut zu schützen. Jeglicher Zwang zum aktiven Mitwirken führt daher richtigerweise zwingend zu einem Beweisverwertungsverbot.[868]

---

[865] So auch *Dannecker*, ZStW 2015, 991 (994).
[866] *Dannecker*, ZStW 2015, 991 (994).
[867] So auch *Ransiek/Winsel*, GA 2015, 620 (630).
[868] So auch *v. Freier*, ZStW 2010, 117 (123) dort Fn. 29; *Dannecker*, ZStW 2015, 370 (384); SK-StPO-*Rogall*, Vor. § 133 StPO Rn. 162; *Wolter*, Aspekte einer Strafprozeßreform bis 2007, S. 23f.; *Kasiske*, JuS 2014, 15 (20).

3.3.6.2 Möglicher Eingriff bei intelligenten Fahrzeugen

Nach den vorausgehend erörterten Voraussetzungen des nemo-tenetur-Grundsatzes kann dieser auch beim Zugriff auf Daten intelligenter Fahrzeuge grundsätzlich betroffen sein. Teilweise wird bereits in dem Auslesen und Verwerten der Daten intelligenter Fahrzeuge ein Aushüllen und Unterlaufen des Aussageverweigerungsrechts gesehen.[869] Tatsächlich mag die Auswertung dieser Daten die Selbstbelastungsfreiheit tangieren, jedoch ist, wie aufgezeigt, strikt zu trennen zwischen aktiver Mitwirkungspflicht und passiver Duldungspflicht. Ebenfalls stellt der Umstand, dass die Maßnahme verdeckt erfolgt, noch keine Verletzung des nemo-tenetur-Grundsatzes dar.[870] Es besteht gerade kein absoluter Schutz davor, dass der Staat auch auf Dokumente oder Daten zugreift, welche der Beschuldigte selbst angefertigt hat.[871]

Daran ändert auch der Umstand nichts, dass der Beschuldigte durch sein Verhalten faktisch selbst belastendes Material gegen sich erstellt und dies bereits frühzeitig durch die Übermittlung an den Fahrzeughersteller aus der eigenen Hand gibt.[872] Beweismittel, welche unabhängig vom Willen der betreffenden Person existieren, unterfallen dem Grundsatz gerade nicht.[873] Die Sicherstellung von Daten intelligenter Fahrzeuge unterscheidet sich im äußeren Erscheinen nicht von der Sicherstellung sonstiger Dokumente und

---

[869] *Mielchen*, SVR 2014, 81 (85); *Schwichtenberg*, DuD 2015, 378 (381).
[870] Vgl. *Gerhard Fezer*, NStZ 1996, 289; *Verrel*, NStZ 1997, 415 (416); *Rothfuß*, StraFo 1998 289; *Popp*, NStZ 1998, 95 (96); *Engländer*, ZIS 2008, 163 (166); *Meyer-Goßner/Schmitt-Schmitt* § 136a Rn. 4a; *Eidam*, S: 112f.
[871] Vgl. BVerfG NJW 1982, 568; EGMR NJW 2002, 499.
[872] So auch *Schmid/Wessels*, NZV 2017, 357 (360).
[873] Vgl. BVerfG NJW 1982, 568.

3.3 Betroffene Rechte des Beschuldigten

Daten beim Beschuldigten. Der einzige Unterschied ist hier, dass es sich meist um deutlich sensiblere und umfassendere Daten handelt als in den meisten anderen Fällen. Denn genau so wie ein Tagebuch regelmäßig deutlich intimere Einblicke gewährt als ein Brief an einen Dritten, sind auch die Daten in einem intelligenten Fahrzeug meist sensibler als zum Beispiel die meisten Dokumente auf einem normalen Computer. Dies gilt vor allem für den Fall, dass die Daten vom Benutzer unbewusst generiert[874] wurden, oder aber gar Gespräche im Fahrzeug selbst aufgezeichnet wurden.[875] Dies ist aber in erster Linie eine Frage der Qualität des möglichen Eingriffes und beantwortet nicht die Frage, ob überhaupt der nemo-tenetur-Grundsatz betroffen ist. Daher ist es für die Frage der Betroffenheit des nemo-tenetur-Grundsatzes auch nicht von Relevanz, dass die Daten intelligenter Fahrzeuge besonders sensibel sind und erlauben, einen kompletten Tagesablauf zu rekonstruieren, anders als bei vielen anderen Daten, die im Alltag anfallen.[876] Der nemo-tenetur-Grundsatz schützt sensible wie unsensible Daten gleichermaßen. Auch hochsensible Daten sind daher nicht vom nemo-tenetur-Grundsatz geschützt, sofern sie unabhängig vom Mitwirken des Betroffenen erlangt werden. Es handelt sich bei der Sicherstellung und Auswertung der Daten durch die Ermittlungsbehörden um eine reine Duldungspflicht unabhängig von der Sensibilität der Daten. Betroffen ist hier in der Regel nicht der nemo-tenetur-Grundsatz, sondern lediglich die bereits diskutierten spezielleren Grundrechte.

---

[874] Siehe zur unbewussten Datengenerierung auch sogleich Abschnitt 4.2.2.2.
[875] Siehe zu Gesprächen in Fahrzeugen insbesondere die Abschnitte 4.2.2.1.4 und 4.3.4.2.1.
[876] Dies verkennt *Schwichtenberg*, DuD 2015, 378 (381).

Trotzdem kann der nemo-tenetur-Grundsatz – selbst wenn er nicht unmittelbar selbst betroffen ist – bei diesen Fragen nicht völlig unberücksichtigt bleiben. Im Rahmen einer möglichen Abwägung bezüglich der Verwertung dieser Daten ist bei einem möglichen Verstoß gegen die spezielleren Grundrechte, wie beispielsweise gegen das allgemeine Persönlichkeitsrecht, das Recht auf Gewährleistung der Vertraulichkeit und Integrität informationstechnischer Systeme oder das Fernmeldegeheimnis dem Umstand Rechnung zu tragen, dass die Daten einen erhöhten Schutz aufgrund ihrer Sensibilität bedürfen, da ansonsten der vom nemo-tenetur-Grundsatz bezweckte Schutz vollständig unterlaufen wird. Dieser Schutz ist aber nicht über ein eigenes Recht aus dem nemo-tenetur-Grundsatz zu gewähren, sondern jeweils im spezifisch betroffenen Grundrecht im Rahmen der Abwägung, in der der nemo-tenetur-Grundsatz einstrahlt,[877] zu berücksichtigen.

Eine unmittelbare Betroffenheit des nemo-tenetur-Grundsatzes kann jedoch dann gegeben sein, wenn der Staat nicht selbst auf die Daten zugreifen kann und die Hilfe des Beschuldigten benötigt. In diesen Fällen kann der Beschuldigte nicht zur Mithilfe gezwungen werden. Weder kann er gezwungen werden, den Standort des Fahrzeuges mitzuteilen, noch gegebenenfalls Zugangsdaten für die Cloud oder das Fahrzeug herauszugeben.[878] Dies würde eine aktive Mitwirkungspflicht darstellen, welche vom Grundsatz absolut geschützt ist. Dem Beschuldigten steht hier ein umfassendes Auskunftsverweigerungsrecht zur Verfügung. Aus dem Schweigen des

---

[877] Vgl. *Lorenz*, JZ 1992, 1000 (1006).
[878] Vgl. EGMR, Urt. v. 25.02.1993, Funke ./. FRA, Nr. 10828/84.

Beschuldigten dürfen in diesen Fällen auch keine negativen Schlüsse gezogen werden.[879]

3.3.6.3 Zwischenergebnis

Der Beschuldigte muss daher nicht aktiv mithelfen, den Ermittlungsbehörden Zugriff auf sein Fahrzeug oder seine Daten zu verschaffen. Davor schützt ihn der nemo-tenetur-Grundsatz. Sofern die Ermittlungsbehörden aber selbstständig Zugriff auf diese Daten erlangen, sei es physisch oder über das Internet, ist der nemo-tenetur-Grundsatz nicht betroffen.

Die selbstgenerierten Daten können den Einzelnen zwar häufig stark selbst belasten, aber die Beweismittel existieren unabhängig vom Willen des Beschuldigten. Der Schutz dieser sensiblen Daten muss über andere Grundrechte gewährt werden. Der nemo-tenetur-Grundsatz spielt hier höchstens im Rahmen der Abwägung eine Rolle, indem seine allgemeine Ausstrahlung auf den gesamten Strafprozess als Abwägungskriterium Berücksichtigung finden kann.

3.3.7 Recht auf Mobilität

Fraglich ist, inwieweit der Einzelne auch ein verfassungsrechtlich geschütztes Recht auf Mobilität hat, welches insbesondere durch einen Überwachungsdruck eingeschränkt werden könnte. Es wird zum Teil

---
[879] Vgl. BVerfG NStZ 1995, 555.

vertreten, dass eine Vielzahl von Grundrechten nur dann effektiv ausgeübt werden können, wenn auch die Bewegungsfreiheit geschützt wird, und daher ein eigenes Grundrecht auf Mobilität notwendig sei, und dies induktiv aus den restlichen Grundrechten hergeleitet werden könne.[880] Zum Teil wird im Recht auf Mobilität sogar ein Menschenrecht gesehen.[881]

Ansatzpunkt kann insbesondere das Freizügigkeitsrecht aus Art. 11 Abs. 1 GG sein. Wer das Freizügigkeitsrecht wahrnehmen möchte, müsse ein hohes Maß an Mobilität und Bewegungsfreiheit haben.[882] Auch die effektive Ausübung weiterer Grundrechte bedarf einer möglichst umfassenden Bewegungsfreiheit. So muss der Bürger zur Kirche (Art. 4 Abs. 2 GG), zur Demonstration (Art. 8 GG) zum Arbeitsplatz (Art. 12 Abs. 1 GG) oder zur Schule (Art. 7 GG) gelangen können, ohne vom Staat diesbezüglich behindert zu werden.[883] Aus diesem Grund soll dieses Grundrecht auf Mobilität sogar leistungsrechtlich ausgerichtet sein, sodass der Einzelne nicht nur ein Abwehrrecht gegen Eingriffe in seine Mobilität hat, sondern gegen den Staat auch einen Anspruch darauf haben kann, dass es ihm ermöglicht wird, alle möglichen Fortbewegungsmittel auch tatsächlich nutzen zu dürfen.[884] Das Grundrecht soll demnach jeden berechtigen, ein Fahrzeug zu nutzen und zunächst einmal überallhin und so viel und so schnell zu fahren, wie es das Fahrzeug erlaubt.[885]

---

[880] *Ronellenfitsch*, Recht auf Mobilität, S. 73ff.; *Ronellenfitsch*, DAR 1992, 321 ff.; *Ronellenfitsch*, JöR 1996, 167 (167ff.); So wohl auch zu verstehen *Röthel*, NJW 1999, 63 (66 f.).
[881] *Ronellenfitsch*, JöR 1996, 167 (198ff.).
[882] *Röthel*, NJW 1999, 63 (67).
[883] *Ronellenfitsch*, DAR 1992, 321, (322f.); *Röthel*, NJW 1999, 63 (67); v. Mangoldt/Klein/Starck-*Gusy*, Art. 11 GG Rn. 33.
[884] *Ronellenfitsch*, DAR 1992, 321, (324).
[885] *Ronellenfitsch*, Betrachtung zur Mobilität mit dem Auto, S. 46.

3.3 Betroffene Rechte des Beschuldigten

Überwiegend wird solch eine Ausleitung eines Grundrechts auf Mobilität mit überzeugenden Argumenten abgelehnt.[886] Sofern im Art. 11 Abs. 1 GG von den Befürwortern eines Rechts auf Mobilität auch der Schutz der räumlichen Bewegungsfreiheit gesehen wird, wird bereits die bewusste Wahl des Wortes „Freizügigkeit" statt „Bewegungsfreiheit" durch den Verfassungsgeber ignoriert. Es handelt sich dabei um einen vorkonstitutionellen Rechtsbegriff, der historisch auszulegen ist.[887] Der Begriff wurde bereits in Art. 111 WRV und im Gesetz über die Freizügigkeit vom 01.11.1867 verwendet. Der § 1 Abs. 1 des Gesetzes über die Freizügigkeit normierte, dass jeder Bundesangehörige das Recht hat, sich „an jedem Orte aufzuhalten oder niederzulassen, wo er eine eigene Wohnung oder ein Unterkommen sich zu verschaffen im Stande war, an jedem Orte Grundeigentum aller Art zu erwerben und umherziehend oder an dem Orte des Aufenthalts oder der Niederlassung unter den für Einheimische geltenden gesetzlichen Bestimmungen Gewerbe aller Art zu betreiben". In § 4 des Gesetzes über die Freizügigkeit vom 01.11.1867 war ferner geregelt, dass eine Abweisung des „neu Anziehenden" nur dann erlaubt war, wenn nachgewiesen werden konnte, dass der Anziehende nicht über genügend Mittel verfügte, um den Lebensunterhalt für sich und seine Familie zu sichern. Das Gesetz über die Freizügigkeit von 1867 überdauerte die Weimarer Republik und sogar das Ende des Zweiten Weltkrieges und wurde erst im Jahr 1975 außer Kraft gesetzt.[888] Das Gesetz fand auch in der

---

[886] Vgl. *Ott*, S. 23 (42); *Papier*, DAR 2002, 532 (533); *Sendler*, NJW 1995, 1468 (1468f.); *Koch*, ZfV 1994, 545; *Dörr/Grote/Marauhn-Griegerich*, Kapitel 26 Rn. 55; v. Mangoldt/Klein/Starck-*Gusy*, Art. 11 GG Rn. 33.
[887] Vgl. Dürig/Herzog/Scholz-*Durner*, Art. 11 GG [Stand: 03/2022] Rn. 4.
[888] Durch Art. 287 Nr. 14 des Einführungsgesetzes zum Strafgesetzbuch vom 02.03.1974, BGBl. I 469 (S. 632).

Rechtsprechung der Bundesrepublik noch bis in die 1970er Jahre Anwendung.[889]

Bereits hier wird deutlich, dass unter Freizügigkeit historisch gerade nicht die Bewegungsfreiheit, sondern lediglich ein Aufenthaltsrecht verstanden wurde. Die Bundesangehörigen sollten sich dort aufhalten dürfen, wo sie sich selbst eine Wohnung oder ein Gewerbe verschafft hatten, um den eigenen Lebensunterhalt zu sichern. Die Mitglieder des Norddeutschen Bundes waren aber gerade nicht verpflichtet, sicherzustellen, dass auch jedem Bundangehörigen die Bewegungsfreiheit ermöglicht wurde, in dem sie zum Beispiel für eine ausreichende Lebensgrundlage am gewünschten Ort sorgten.

Es kommt auch ein weiteres Problem hinzu, wenn die Bewegungsfreiheit unter Art. 11 Abs. 1 GG gefasst werden würde. So müssten sich auch simple Bewegungseinschränkungen wie der Platzverweis, das Nachsitzen in der Schule oder das Aufstellen von Verkehrsschildern an den strengen Schranken des Art. 11 Abs. 2 GG messen lassen müssen.[890] Dies ist erkennbar vom historischen Verfassungsgeber nicht gewollt gewesen und auch mit dem Sinn und Zweck des Grundrechts nicht zu vereinbaren.

Dies bedeutet aber nicht, dass den Staat nicht trotzdem eine gewisse Pflicht treffen kann, eine hinreichende Möglichkeit der Mobilität zu garantieren, um die Ausübung verschiedener Grundrechte real zu ermöglichen.[891] Insofern

---

[889] Vgl. BVerwGE 44, 202.
[890] Vgl. Dürig/Herzog/Scholz-*Durner*, Art. 11 GG [Stand: 03/2022] Rn. 86.
[891] So auch *Ott,* S. 23 (47).

3.3 Betroffene Rechte des Beschuldigten

haben die Befürworter eines Grundrechts auf Mobilität Recht, wenn sie anführen, dass eine Vielzahl an Grundrechten nur dann effektiv geschützt werden kann, wenn auch die Bewegungsfreiheit geschützt ist. Dieser Schutz der Bewegungsfreiheit ergibt sich aber nicht aus einem eigenen Grundrecht, sondern ist über die allgemeine Handlungsfreiheit geschützt, welche zusätzlichen Schutz durch die spezifischen Grundrechte erhält, welche die Bewegungsfreiheit im konkreten Einzelfall als Annex schützen. So hat auch das Bundesverfassungsgericht richtigerweise die Anreise zu einer Versammlung unter den abwehrrechtlichen Schutz des Art. 8 Abs. 1 GG gestellt.[892] Auf gleicher Art und Weise ist auch der Weg zur Ausübung sonstiger Grundrechte zu schützen. Wichtig ist jedoch, dass Grundrechte nicht auch automatisch sämtliche tatsächlichen und rechtlichen Voraussetzungen für deren Ausübung – hier die Anreise – mit garantieren, sondern nur in engen Ausnahmefällen der Schutz soweit reicht.[893] Es ist bei dieser Frage insbesondere zu berücksichtigen, dass Freiheitsrechte grundsätzlich keine Leistungsrechte darstellen und daher kein Anspruch auf Leistungen besteht, um sein Freiheitsrecht auch tatsächlich ausüben zu können.[894] Weder gibt es aus Art. 14 GG die Pflicht des Staates, jemandem Eigentum an etwas zu verschaffen, noch gewährt Art. 12 GG das Recht auf Arbeit. Genauso verhält es sich auch mit dem Recht auf Mobilität. Der Gesetzgeber hat einen gewissen Mindeststandard zu garantieren, damit die speziellen Freiheitsrechte nicht ins Leere laufen. So darf der Staat die Anreise zu einer grundsätzlich zulässigen Versammlung nicht vollständig verhindern und auch die Möglichkeit, zur

---

[892] Vgl. BVerfGE 69, 315.
[893] *Koch*, ZfV 1994, 545 (548); v. Mangoldt/Klein/Starck-*Gusy*, Art. 11 GG Rn. 33.
[894] Vgl. v. Mangoldt/Klein/Starck-*Gusy*, Art. 11 GG Rn. 33.

Arbeit oder in die Kirche zu fahren, muss durch den Staat sichergestellt sein. Dieses Recht ergibt sich aber richtigerweise nicht aus einem eigenen Grundrecht aus Mobilität, sondern findet, wie bereits erwähnt, seine Grundzüge zum größten Teil in der allgemeinen Handlungsfreiheit in Verbindung mit dem jeweiligen speziellen Grundrecht.[895] Ein weiterer Schutz der Bewegungsfreiheit ist nicht notwendig. Es gibt keine Notwendigkeit, die reine Fortbewegung zu Freizeitzwecken unter einen weitergehenden Schutz zu stellen, als dies die allgemeine Handlungsfreiheit garantiert.

Festzuhalten bleibt daher, dass es kein gesondertes Grundrecht auf Mobilität gibt. Insofern kann ein Zugriff auf ein intelligentes Fahrzeug solch ein Grundrecht auch nicht verletzen. Sofern durch solch einen Zugriff auf ein Fahrzeug aber andere Grundrechte mitbetroffen sind, zum Beispiel weil das intelligente Fahrzeug als Fortbewegungsmittel für dessen Ausübung benötigt wird, ist das jeweilige Grundrecht oder zumindest die allgemeine Handlungsfreiheit betroffen. Hinsichtlich des reinen Erhebens und Verwertens von Daten ist jedoch gerade solch eine Beschränkung der Bewegungsfreiheit nicht zu erkennen.

3.3.8 Zwischenergebnis

Es zeigt sich, dass beim Zugriff auf Daten von intelligenten Fahrzeugen eine Vielzahl an Rechten des Beschuldigten betroffen sein kann. Dabei kommt es maßgeblich darauf an, auf welche Art und Weise die Ermittlungsbehörden auf

---

[895] So auch *Papier*, DAR 2002, 532 (533).

3.3 Betroffene Rechte des Beschuldigten

die Daten zugreifen. Dies kann einerseits direkt am Fahrzeug erfolgen oder in der Cloud beim Hersteller. Auch die Art des Zugriffs, entweder physisch oder über das Internet, kann für die Frage der betroffenen Rechte eine Rolle spielen.

Intelligente Fahrzeuge kommunizieren heute umfassend mit der Infrastruktur des Herstellers. Insbesondere der Einsatz künstlicher Intelligenz wird meist in Rechenzentren der Fahrzeughersteller und Dienstanbieter ausgelagert. Die Kommunikation zwischen Fahrzeug und Cloud ist dabei weitestgehend vom Fernmeldegeheimnis geschützt.

Die Fahrzeuge und die darin befindlichen Daten unterfallen dem Schutz der Wohnung dagegen nur dann, wenn sich das Fahrzeug unmittelbar in dem Schutzbereich der Wohnung, wie der Garage oder dem Carport, befindet und ein physischer Zugriff erfolgen soll. Eine Ausweitung von Art. 13 GG auf das komplette Fahrzeug, unabhängig von dessen Standort, ist abzulehnen.

Dagegen sind alle Daten im Fahrzeug als sensibel und personenbezogen einzustufen und unterfallen damit dem Schutz des Rechts auf informationelle Selbstbestimmung aus Art. 2 Abs. 1 i.V.m. Art. 1 Abs. 1 GG. Dieser Schutz gilt nicht nur für die Daten im Fahrzeug, sondern auch für die Daten, welche im Rechenzentrum des Herstellers ausgelagert sind. Das Recht auf informationelle Selbstbestimmung schützt aber nur die Daten und nicht das informationstechnische System als solches. Diese informationstechnischen Systeme, zu denen auch intelligente Fahrzeuge gehören, sind jedoch umfassend vom Recht auf Gewährleistung der Vertraulichkeit und Integrität informationstechnischer Systeme geschützt. Das informationstechnische

System selbst ist ferner durch das Eigentumsrecht geschützt, zumindest dann, wenn physisch auf das System zugegriffen wird. Die Daten selbst sind de lege lata jedoch nicht vom Eigentumsrecht geschützt.

Der nemo-tenetur-Grundsatz schützt den Beschuldigten davor, aktiv an seiner möglichen Überführung mitzuwirken. Er kann daher weder zur Bekanntgabe des Standortes seines Fahrzeuges noch zur Herausgabe von Zugangsdaten gezwungen werden. Sofern sich die Ermittlungsbehörden jedoch eigenmächtig Zugang zu den Daten verschaffen, ist der nemo-tenetur-Grundsatz nicht unmittelbar betroffen, auch bei heimlichen Überwachungsmaßnahmen liegt kein Verstoß gegen den nemo-tenetur-Grundsatz vor. Im Rahmen der Abwägung mit den speziellen Grundrechten ist jedoch die Ausstrahlung des nemo-tenetur-Grundsatzes auf das gesamte Strafverfahren zu berücksichtigen und so – insbesondere bei den besonders sensiblen unbewusst generierten Daten – sicherzustellen, dass der Grundsatz – selbst wenn er nicht unmittelbar betroffen ist – nicht vollständig unterspült wird. Der nemo-tenetur-Grundsatz wirkt dann, auch über den Grundsatz des fairen Verfahrens nach Art. 6 Abs. 1 EMRK, verstärkend in die konkrete Abwägungsfrage ein.

Sofern zusätzlich die Möglichkeit eines Rechts auf Mobilität diskutiert wird, ist solch ein Grundrecht abzulehnen. Soweit ein Recht auf Fortbewegung besteht, ist dies lediglich von der allgemeinen Handlungsfreiheit geschützt. Wird die Fortbewegung für die Ausübung sonstiger Grundrechte genutzt, ist dies als Annex zum speziellen Grundrecht geschützt.

3.3 Betroffene Rechte des Beschuldigten

Insgesamt zeigt sich somit, dass der Zugriff auf Daten intelligenter Fahrzeuge unterschiedliche Grundrechte des Beschuldigten betreffen kann. Je nach Art und Weise des Zugriffs sind verschiedene Rechte betroffen. Für jeglichen Zugriff auf diese Daten ist eine Eingriffsermächtigung notwendig, da immer grundrechtliche Positionen eingeschränkt werden. Es stellt sich daher im Folgenden die Frage, welche einfachgesetzlichen Normen den Ermittlungsbehörden den Zugriff auf diese Daten unter Berücksichtigung der Grundrechte des Betroffenen ermöglichen könnten.

4 Erhebung und Verwertung von Daten künstlicher Intelligenz de lege lata

Die Daten künstlicher Intelligenz und intelligenter Fahrzeuge sind – wie im vorherigen Kapitel dargelegt – umfassend verfassungsrechtlich geschützt. Alle Ermittlungsmaßnahmen, welche in die geschützten Rechte anderer eingreifen, benötigen eine besondere gesetzliche Eingriffsermächtigung.[896] Dies gilt somit auch für den Zugriff von Daten künstlicher Intelligenz oder intelligenter Fahrzeuge.

Für die Frage der Ermächtigungsgrundlage ist als Erstes danach zu unterscheiden, auf welche Art und Weise der Datenzugriff erfolgen soll. Der Zugriff kann entweder physisch oder mittels Fernzugriff erfolgen und entweder das Fahrzeug selbst oder die in der Cloud gespeicherten Daten als Ziel haben.[897] Ferner muss unterschieden werden, auf welche Daten zugegriffen werden soll, ob auf Inhalts-, Verkehrs-, Bestands- oder sonstige Daten.[898] Je nach Zugriffsart und Zugriffsziel kommen unterschiedliche Ermächtigungsgrundlagen für die Erhebung und die Verwertung in Betracht.

Dabei ist strikt zwischen der eigentlichen Erhebung, in der Regel durch die Polizei oder Staatsanwaltschaft, und der gerichtlichen Verwertung zu unterscheiden. Zwischen beiden Ebenen besteht kein zwingender Automatismus. Nicht alle Daten, welche rechtswidrig erhoben wurden,

---

[896] BGHSt 42, 139.
[897] Zu den Zugriffsmöglichkeiten siehe Abschnitt 2.3.2.
[898] Zu den unterschiedlichen Datenarten siehe Abschnitt 2.2.2.3.1.

© Der/die Autor(en), exklusiv lizenziert an
Springer Fachmedien Wiesbaden GmbH, ein Teil von Springer Nature 2024
M. Schult, *Erhebung und Verwertung von Daten künstlicher Intelligenz zu Lasten des Beschuldigten im Strafprozess*,
https://doi.org/10.1007/978-3-658-45534-7_4

unterliegen auch zwingend einem Beweisverwertungsverbot.[899] Im Gegenzug können aber auch ordnungsgemäß erhobene Daten unverwertbar sein.[900] Dies ist unter anderem auch darin begründet, dass die tatsächliche Intensität der Grundrechtsrelevanz häufig erst durch den Inhalt der erhobenen Daten entsteht und nicht bereits durch die Maßnahme der Erhebung.

4.1 Erhebung der Daten

Im Folgenden sollen die für die Erhebung in Betracht kommenden Ermächtigungsgrundlagen aufgezeigt und erörtert werden. Sofern sie grundsätzlich eine taugliche Ermächtigungsgrundlage darstellen, werden in einem weiteren Schritt die rechtlichen Voraussetzungen erörtert und sodann dargestellt, wie die konkrete Umsetzung bei intelligenten Fahrzeugen aussehen könnte. Ein Schwerpunkt liegt dabei sowohl auf den typischen praktischen Schwierigkeiten als auch auf den zu erwartenden besonderen Umständen im Rahmen der Verhältnismäßigkeitsprüfung der Norm.

4.1.1 §§ 48 ff. StPO (Zeugenvernehmung)

Der Strengbeweis der Strafprozessordnung sieht neben Sachverständigen, Augenschein und Urkunde auch das Beweismittel des Zeugen vor. Zeugen sind gemäß § 48 Abs. 1 S. 1 StPO zum Erscheinen vor dem Richter verpflichtet und nach § 48 Abs. 1 S. 2 StPO auch grundsätzlich zur Aussage verpflichtet. Die

---

[899] Siehe zur Verwertung unrechtmäßig erhobener Daten sogleich Abschnitt 4.2.1.
[900] Siehe zur Verwertung rechtmäßig erhobener Daten sogleich Abschnitt 4.2.2.

4.1 Erhebung der Daten

Einstufung künstlicher Intelligenz als möglicher Zeuge erscheint im ersten Moment befremdlich, beim genaueren Hinsehen zeigt sich jedoch, dass die Frage der Zeugeneigenschaft künstlicher Intelligenz nicht trivial ist.

Eine Legaldefinition, was das Gesetz unter „Zeugen" versteht, gibt es nicht. Allgemein wird unter einem Zeugen jedoch jemand verstanden, der in einem, nicht gegen ihn selbst gerichteten, Strafverfahren seine Wahrnehmungen über Tatsachen durch Aussage kundgeben soll.[901] In der Literatur wird daraus zum Teil wie selbstverständlich, aber ohne diesen Punkt weiter zu erörtern, geschlossen, dass Zeugen Menschen sein müssen.[902] Auch ein Blick in die StPO kann diese Annahme stärken. § 68 Abs. 1 S. 1 StPO sieht zum Beispiel vor, dass die Vernehmung des Zeugen damit beginnt, dass ein Zeuge über Vornamen, Nachname, Geburtsname, Alter, Berufung und vollständige Anschrift befragt wird. Alles Daten, die in der Regel nur ein Mensch haben kann. Auch die Vereidigung von Zeugen nach § 59 StPO setzt eine gewisse Menschlichkeit voraus.[903] Eine Einschränkung auf menschliche Wesen ist diesbezüglich aber weder selbsterklärend noch notwendig.

Wichtigste Eigenschaft eines Zeugen ist, dass er eigene Wahrnehmungen machen und vor allem diese anschließend aussagen kann. Die Möglichkeit der eigenen Kundgabe der Beweistatsachen grenzt den Zeugen insbesondere vom Augenscheinbeweis ab, bei dem sich das Gericht unmittelbar selbst einen Eindruck über die Beweistatsache verschafft. Ein Beweismittel kann über die

---

[901] RGSt 52, 289; Meyer-Goßner/Schmitt-*Schmitt*, Vor. § 48 Rn. 1; MüKo-StPO-*Maier*, Vor. § 48 StPO Rn. 1.
[902] Vgl. *Eisenberg*, Rn. 1000; *Pfeiffer*, Vor. § 48 Rn. 2.
[903] *Gless/Weigend*, JZ 2021, 612 (613f.).

gleiche Tatsache gleichzeitig sowohl ein potenzieller Zeuge als auch ein potenzielles Augenscheinbeweismittel sein. Kommt es zum Beispiel auf eine bestimmte körperliche Eigenschaft an – beispielsweise ein Muttermal an einer verborgenen Körperstelle –, kann sich das Gericht entweder unmittelbar selbst von der Existenz des Muttermals überzeugen – dann wäre die Person ein Augenscheinbeweismittel – oder aber die Person zeugenschaftlich befragen, ob sie an ihrem eigenen Körper das Muttermal wahrgenommen hat – dann ist die Person ein Zeugenbeweis. Das Gericht hat diesbezüglich freies Ermessen im Rahmen des § 244 Abs. 2 StPO, welches Beweismittel auf welche Art herangezogen werden soll. Der materielle Unmittelbarkeitsgrundsatz aus § 250 StPO trifft lediglich eine Aussage über den Vorrang der Zeugenvernehmung vor der Verlesung des Protokolls einer vorherigen Vernehmung. Eine darüberhinausgehende Rangfolge der Beweismittel gibt es nicht.

Ein Zeuge unterscheidet sich somit von dem Augenscheinbeweis dadurch, dass der Zeuge selbst durch Aussage die Beweistatsachen mitteilt. Der Begriff der Aussage darf in diesem Zusammenhang jedoch nicht zu wörtlich genommen werden. Die Zeugenaussage setzt nicht zwingend eine akustische Äußerung voraus.[904] So können auch taubstumme Personen mittels Gebärdensprache eine Aussage tätigen, wie die Existenz des § 66 Abs. 1 S. 1 StPO, welches hör- oder sprachbehinderten Personen ermöglicht, den Zeugeneid schriftlich oder mittels Dolmetscher abzulegen, belegt. Aus diesem Grund ist es für eine künstliche Intelligenz als Zeuge auch kein Ausschlusskriterium, wenn die künstliche

---

[904] Vgl. BGHSt 43, 63; *Eisenberg*, Rn. 1001; Andere Ansicht offenbar *Gless/Weigend*, JZ 2021, 612 (613f.).

4.1 Erhebung der Daten

Intelligenz sich nicht akustisch äußern kann, sondern zum Beispiel lediglich eine schriftliche Ausgabe auf einem Bildschirm wiedergibt.

Der Zeuge definiert sich ferner dadurch, dass er seine eigenen Wahrnehmungen über Tatsachen kundgibt.[905] Ein Zeuge muss daher in der Lage gewesen sein, eigene Wahrnehmungen über in der Vergangenheit gelegene Vorgänge gemacht zu haben. Dies grenzt den Zeugen vom Sachverständigen ab, der über Wahrnehmungen aussagt, die er erst nachträglich im Auftrag des Gerichts, der Staatsanwaltschaft oder Polizei aufgrund seiner Sachkunde gemacht hat,[906] sowie der Urkunde, welche lediglich fremde Gedankeninhalte transportiert. Beim Zeugenbeweis geht es somit nicht um den eigentlichen Vorgang als solchen, sondern lediglich um die Wahrnehmung des Zeugen hinsichtlich des eigentlichen Vorgangs.[907]

Wie bereits oben dargestellt, verfügt künstliche Intelligenz, insbesondere in intelligenten Fahrzeugen, über eine Vielzahl an Sensoren, welche den eigenen Status und die Umgebung wahrnehmen kann.[908] Dabei sind viele „Sinne" der künstlichen Intelligenz den menschlichen Sinnen nachempfunden und diesen oft sogar überlegen. So kann das Kamerabild eines intelligenten Fahrzeuges durch LiDAR, Radar und Ultraschall ergänzt werden und damit deutlich mehr wahrnehmen als das menschliche Auge. Die Fähigkeit, eigene Wahrnehmungen zu machen, über welche die künstliche Intelligenz später aussagen kann, ist bei intelligenten Fahrzeugen daher grundsätzlich gegeben.

---

[905] MüKo-StPO-*Maier*, Vor. § 48 StPO Rn. 1.
[906] OLG Düsseldorf NStZ-RR 2014, 114.
[907] *Pfeiffer*, Vor. § 48 Rn.1.
[908] Siehe. insbesondere Abschnitt 2.2.2.1.

Die Frage ist jedoch, ob diese Fähigkeit tatsächlich ausreicht, um die Regeln des Zeugenbeweises auf künstliche Intelligenz anzuwenden. Grundsätzlich sind keine erhöhten Anforderungen an die Zeugnisfähigkeit zu stellen, so dass auch psychisch Kranke und Kinder als Zeugen in Betracht kommen.[909] Trotzdem wird eine gewisse Reflexion und kritisches Hinterfragen der eigenen Wahrnehmungen verlangt werden müssen.[910] Es geht beim Zeugen nämlich gerade nicht darum, dass er lediglich als Transportmittel für Informationen dient. Wenn ein Zeuge im Rahmen eines Strafprozesses beispielsweise lediglich schriftliche Aufzeichnungen oder gar eine Videoaufnahme übergibt, so ergibt sich der Beweiswert dieser Aufzeichnungen gerade nicht aus der Zeugenvernehmung, sondern aus der anschließenden Verlesung und/oder Inaugenscheinnahme der übergebenen Beweismittel. Kern der Zeugenaussage ist daher immer eine eigene Interpretation und Bewertung durch den Zeugen; und zwar nicht zum Zeitpunkt, in dem er die Tatsachen erlebt hat, sondern bei jeder Wiedergabe der Zeugenaussage als solcher. Gerade zusätzliche Informationen oder gezielte Fragen der Verfahrensbeteiligten können dazu führen, dass ein Zeuge weitere Informationen liefert oder gemachte Eindrücke nachträglich anders interpretiert und bewertet. In diesem Punkt ist der große Wert der Zeugenaussage zu erblicken.

Die zurzeit zum Einsatz kommenden schwachen Formen von künstlicher Intelligenz,[911] insbesondere in intelligenten Fahrzeugen, haben die Fähigkeit,

---

[909] KK-StPO-*Bader*, Vor. § 48 Rn. 5; *Pfeiffer*, Vor. § 48 Rn.2.
[910] So auch *Gless*, StV 2018, 671 (673).
[911] Zur Unterscheidung von schwacher und starker künstlicher Intelligenz siehe auch Abschnitt 2.1.2.

4.1 Erhebung der Daten

solch eine nachträgliche Reflektion durchzuführen, (noch) nicht. Selbst wenn mit der künstlichen Intelligenz des Fahrzeuges kommuniziert wird, so beschränkt sich die Antwort der künstlichen Intelligenz auf die Herausgabe der gespeicherten Daten; und zwar exakt so, wie diese abgespeichert wurden. Selbst wenn die Daten durch die künstliche Intelligenz selbst bewertet und interpretiert wurden, ist dies bereits zum Ereigniszeitpunkt erfolgt und nicht erst im Rahmen der Herausgabe der Daten bei einer potenziellen Zeugenbefragung. Sofern die künstliche Intelligenz daher zum Beispiel Auskunft über die letzten Fahrziele des Fahrzeuges über den Bildschirm ausgibt, unterscheidet sich diese Ausgabe nicht von einem normalen Computer oder einem Drucker, der gespeicherte Daten ausgibt. Daran ändert auch eine auditive Ausgabe der Informationen nichts. Weder reflektiert noch interpretiert die künstliche Intelligenz die Daten bei der Herausgabe. Die aktuell eingesetzte schwache künstliche Intelligenz ist selbst bei der Erhebung und Verarbeitung der Daten nicht in der Lage, die Daten zu reflektieren, sondern korreliert sie lediglich. Dies unterscheidet die Verarbeitung der gesamten Wahrnehmung durch eine künstliche Intelligenz noch deutlich von der menschlichen Wahrnehmung. Es macht im Ergebnis somit keinen Unterschied, ob die gespeicherten Daten mittels Auslesen der Festplatte mit einem klassischen Computer erfolgt oder eine künstliche Intelligenz als Hilfswerkzeug zur Wiedergabe der gespeicherten Daten genutzt wird. Die ausgegebenen Daten bleiben Augenschein- oder Urkundsbeweise.

Vor diesem Hintergrund sind die Normen der Zeugenbefragung nicht auf künstliche Intelligenz zu übertragen, da es noch an der Fähigkeit der Reflexion und Interpretation der eigenen Aussage fehlt. Diese Einstufung kann jedoch nur eine Momentaufnahme sein. Insbesondere wenn starke künstliche Intelligenz oder sogar eine Singularität[912] in ferner Zukunft zum Einsatz kommt, müsste gegebenenfalls überlegt werden, ob nicht auch künstliche Intelligenz unter den Begriff des Zeugen fallen kann. Es wäre aber auch vorstellbar, dass die künstliche Intelligenz als Beweismittel sui generis einzustufen sein wird.[913] Dies setzt aber voraus, dass die künstliche Intelligenz auch beim Zeitpunkt der Herausgabe der Daten eine eigene Bewertung vornimmt. Dies ist zum jetzigen Zeitpunkt noch nicht der Fall und entsprechend sind die Normen des §§ 48 ff. StPO nicht auf künstliche Intelligenz anzuwenden. Somit können Ermittlungsbehörden auch künstliche Intelligenz nicht nach diesen Normen zeugenschaftlich vorladen oder gar vernehmen.

4.1.2 §§ 1g, 63a Abs. 2 StVG (Datenverarbeitung bei hochautomatisierten Kraftfahrzeugen)

Die Speicherpflicht bei hochautomatisierten Kraftfahrzeugen gemäß § 1g StVG und § 63a Abs. 1 StVG wurde bereits im Rahmen der Datenerhebung der Kraftfahrzeuge erörtert.[914] Der § 1g StVG sieht die Übermittlung der anlassbezogenen[915] gespeicherten Daten an das Kraftfahrt-Bundesamt und der nach Bundes- oder Landesrecht zuständigen Behörden vor, soweit dies erforderlich ist ihre Aufgaben nach § 1g Abs. 4, 5 oder 6 StVG zu erfüllen.

---

[912] Siehe dazu auch Abschnitt 2.1.2.
[913] *Gless/Weigend*, JZ 2021, 612 (615); *Miebach*, NStZ-RR 2022, 1 (2).
[914] Siehe Abschnitt 2.3.1.1.1.
[915] Siehe zur Frage der anlasslosen oder anlassbezogenen Speicherung Abschnitt 2.3.1.1.1.

4.1 Erhebung der Daten

Diese Aufgaben beschränken sich jedoch auf die Überwachung des sicheren Betriebes der Kraftfahrzeuge und der Forschung bezüglich autonomen Fahrens. Zurecht wird hier bereits kritisiert, dass nicht deutlich wird, wann genau eine Übermittlung an die Behörden erforderlich sein soll,[916] eine Übermittlung an Ermittlungsbehörden sieht die Norm jedoch jedenfalls nicht vor. Somit kann der § 1g StVG auch keine Eingriffsermächtigung für den Zugriff auf die gespeicherten Daten im Fahrzeug für strafrechtliche Ermittlungsbehörden darstellen.

Anders sieht es dagegen bei § 63a StVG aus. Mit dem § 63a Abs. 2 StVG hat der Gesetzgeber eine ausdrückliche Spezialnorm geschaffen, um auf die nach § 63a Abs. 1 StVG gespeicherten Daten autonomer Fahrzeuge für die Ahndung von Verkehrsverstößen zuzugreifen. Diese Norm stellt einen datenschutzrechtlichen Erlaubnistatbestand zur Übermittlung von Daten dar.

Die Norm erlaubt dabei jedoch nach dem Wortlaut ausschließlich die Übermittlung nach § 63a Abs. 1 StVG gespeicherter Daten. Dabei handelt es sich nur um die Daten, die beim Wechsel zwischen menschlichem Fahrer und autonomem System anfallen. Diese Daten sollen den Behörden nur dazu dienen, festzustellen, wer im Falle eines Verkehrsverstoßes die Kontrolle über das Fahrzeug hatte: Der Mensch oder die Maschine. Unter einem Verkehrsverstoß sind nach der Gesetzesbegründung sowohl Verkehrsstraftaten als auch Verkehrsordnungswidrigkeiten zu sehen, da der Gesetzgeber die

---

[916] *Haupt,* NZV 2021, 172 (175).

Übermittlung sowohl nach den Regelungen der StPO als auch dem OWiG vorgesehen hat.[917]

Die Norm stellt jedoch keine Herausgabepflicht für den jeweiligen Adressaten[918] dar, sondern ist lediglich ein datenschutzrechtlicher Erlaubnistatbestand zur Übermittlung der gespeicherten Daten.[919] Eine mögliche Herausgabepflicht kann sich lediglich aus den allgemeinen Normen der StPO oder des OWiG ergeben.[920] Es wird demnach hier zwischen der Erlaubnis der Datenübermittlung und der Anforderung der Behörde bezüglich des Datenabrufs unterschieden.[921]

Somit stellt auch § 63a Abs. 2 StVG keine Norm dar, welche der Behörde einen Zugriff auf die gespeicherten Daten ermöglicht. Es erlaubt den Adressaten der Speicherung lediglich, aus datenschutzrechtlicher Sicht die Daten zu speichern und herauszugeben. Eine Pflicht zur Herausgabe gibt es daraus jedoch nicht. Die Behörde benötigt somit weiterhin eine spezielle Ermächtigungsgrundlage, um den Abruf der Daten zu initiieren und den Adressaten zur Herausgabe zu zwingen.

---

[917] BT-Drs. 18/11776, S. 11.
[918] Zur Problematik des Adressaten der Norm siehe Abschnitt 2.3.1.1.1.
[919] *Schmid/Wessels*, NZV 2017, 357 (360).
[920] BT-Drs. 18/11776, S. 11.
[921] Vgl. dazu auch das „Doppeltür-Prinzip" des Bundesverfassungsgerichts in BVerfGE 130, 151.

4.1.3 § 100a StPO (Telekommunikationsüberwachung)

Der § 100a StPO erlaubt die heimliche (Echtzeit-)Überwachung und Aufzeichnung von Telekommunikation. Wie aufgezeigt, übertragen intelligente Fahrzeuge heutzutage umfassende Daten an die Rechenzentren der Fahrzeughersteller.[922] Die Kommunikation erfolgt zumeist über das Mobilfunknetz oder W-LAN. Das technische Vorgehen unterscheidet sich daher grundsätzlich nicht vom Abhören von Mobiltelefonen oder anderen Computersystemen.

Gemäß § 100a Abs. 4 StPO sind die Telekommunikationsanbieter verpflichtet, die Überwachung der Anschlüsse zu ermöglichen und die notwendigen Informationen zur Verfügung zu stellen. Genauere Regelungen trifft hier insbesondere § 170 TKG. Demnach sind die Telekommunikationsanbieter verpflichtet, auf eigene Kosten technische und organisatorische Einrichtungen vorzuhalten, um eine Überwachung ohne Verzögerung umsetzen zu können. Die genauen Anforderungen hat der Gesetzgeber in der Telekommunikations-Überwachungsverordnung (TKÜV) geregelt.

§ 8 TKÜV schreibt vor, dass die Telekommunikationsanbieter einen Übergabepunkt bereitstellen müssen, an dem die Kommunikation ausgeleitet und den Behörden zur Verfügung gestellt wird. In der Regel wird dafür die "Sichere Inter-Netzwerk Architektur" (Sina) genutzt. Sina wurde ursprünglich entwickelt, um eine sichere Kommunikation der Bundesregierung zwischen

---

[922] Siehe dazu Abschnitt 2.2.2.3.3.

Bonn und Berlin zu ermöglichen.[923] Zur Umsetzung binden die Telekommunikationsanbieter eine sogenannte Sina-Box in ihr System ein. Die Einrichtung dieser Boxen erfolgt durch die Bundesnetzagentur als unabhängige Instanz, welche nach Abschluss der Einrichtung selbst aber keinen Zugriff mehr auf die Box hat.[924] Sodann wird die Sina-Box genutzt, um Überwachungskopien der angefallenen Daten über das Sina-Netz an die jeweilige Behörde zu übermitteln. Die Sina-Box ermöglicht den Überwachungsbehörden dabei selbst keinen direkten Zugriff auf die Infrastruktur der Telekommunikationsanbieter, sondern sichert lediglich die Kommunikation der Überwachungskopie ab. Das klassische Abhören erfolgt viel mehr dadurch, dass die unverschlüsselte Kommunikation direkt beim Telekommunikationsanbieter selbst kopiert wird und diese Kopie verschlüsselt an die Ermittlungsbehörden übertragen wird.

Das aufgezeigte Vorgehen ist jedoch nicht möglich, wenn die abzuhörende Kommunikation bereits von den Kommunikationspartnern verschlüsselt wurde. Der Telekommunikationsanbieter kann die Daten nämlich nur so ausleiten und kopieren, wie sie übertragen werden. Die Überwachungskopie würde dann lediglich einen verschlüsselten Datensatz beinhalten, der ohne den richtigen Schlüssel keine brauchbaren Informationen enthalten würde. Die verschlüsselte Kommunikation nimmt in der Praxis immer weiter zu und ist nicht mehr nur der organisierten Kriminalität vorbehalten. Durch die

---

[923] Vgl. *secunet*, „Die Entwicklung der sicheren inter-Netzwerk Architektur SINA", https://www.secunet.com/loesungen/bsi zuletzt abgerufen am 21.03.2024.
[924] Vgl. *secunet*, „FAQ zur E-Mail-/Telekommunikations-Überwachung und SINA", https://www.secunet.com/fileadmin/user_upload/Presse/Backgrounder/FAQ_E-Mail-_und_Telekommunikationsueberwachung_und_SINA.pdf zuletzt abgerufen am 21.03.2024.

4.1 Erhebung der Daten

inzwischen gewaltige Leistungsfähigkeit moderner Informationssysteme hat die Echtzeit-Verschlüsselung kaum mehr Auswirkungen auf die Arbeits- und Übertragungsgeschwindigkeit. Zusätzlich bieten immer mehr Hard- und Softwaresysteme standardmäßig eine Verschlüsselung der Daten an und der Benutzer muss sich nicht mehr selbst um eine möglicherweise komplizierte Verschlüsselungslösung kümmern.

Durch eine verschlüsselte Kommunikation werden nicht nur Ermittlungsbehörden ausgeschlossen, sondern die Daten werden auch vor Angriffen von Cyberkriminellen und vor versehentlicher Kenntnisnahme durch Dritte geschützt. Vor diesem Hintergrund empfiehlt auch das Bundesamt für Sicherheit in der Informationstechnik den Bürgern, die eigene Kommunikation zu verschlüsseln.[925] Die weitere Verbreitung von Verschlüsselungen führt aber ebenfalls dazu, dass es den Ermittlungsbehörden immer häufiger schwerfällt, eine klassische Telekommunikationsüberwachung durchzuführen. Diesbezüglich wird versucht, dem Problem mit der sogenannten Quellen-Telekommunikationsüberwachung (Quellen-TKÜ) zu begegnen.

Die Quellen-TKÜ setzt nicht erst beim Telekommunikationsanbieter an, sondern greift die Kommunikation direkt am Endgerät eines Kommunikationsteilnehmers ab; und zwar bevor diese überhaupt verschlüsselt

---

[925] Vgl. *BSI*, „Empfehlungen – Verschlüsselte Kommunizieren im Internet", https://www.bsi.bund.de/DE/Themen/Verbraucherinnen-und-Verbraucher/Informationen-und-Empfehlungen/Onlinekommunikation/Verschluesselt-kommunizieren/verschluesselt-kommunizieren_node.html zuletzt abgerufen am 21.03.2024.

wurde. Obwohl hier auch der Einsatz von Hardwarelösungen in Betracht kommt, wie zum Beispiel ein Keylogger zwischen Tastatur und IT-System, bietet sich in der Regel eine Softwarelösung in Form eines Trojaners an.[926] Dies gilt insbesondere bei komplexen Systemen wie intelligenten Fahrzeugen, da die Informationen von völlig unterschiedlichen Systemen kommen können und der Zu- und Abfluss von Daten sehr komplex werden kann.[927]

Das Bundesverfassungsgericht hat im Jahr 2016 die präventiven Regelungen zum Einsatz von Trojanern zur Quellen-TKÜ grundsätzlich für verfassungsgemäß erklärt.[928] Das Urteil des Bundesverfassungsgerichts diente sodann auch als Vorbild für die anschließend erlassenen Regelungen in § 100a Abs. 1 S. 2 und 3 StPO sowie § 100a Abs. 5 und 6 StPO. Die Regelungen erlauben sowohl die Quellenüberwachung von laufender als auch abgeschlossener Kommunikation.

4.1.3.1 Rechtliche Voraussetzungen

Die Voraussetzungen für die Anordnung der klassischen Telekommunikationsüberwachung und der Quellen-TKÜ sind grundsätzlich identisch. Die Quellen-TKÜ ist jedoch, aufgrund des intensiveren Grundrechtseingriffes, gegenüber der klassischen TKÜ subsidiär.[929]

---

[926] Vgl. *Rux*, JZ 2007, 285 (286).
[927] Siehe dazu Abschnitt 2.2.2.
[928] BVerfGE 141, 220.
[929] BeckOK-StPO-*Graf*, § 100a Rn. 111; MüKo-StPO-*Rückert*, § 100a StPO Rn. 218.

4.1 Erhebung der Daten

Eine Überwachung der Telekommunikation ist nach § 100a Abs. 1 StPO nur zulässig, wenn bestimmte Tatsachen den Verdacht einer schweren Straftat begründen. Was unter „schwere Straftat" verstanden wird, ist in § 100a Abs. 2 StPO abschließend aufgezählt und beinhaltet neben Kapitalstraftaten wie Mord und Totschlag auch große Teile des Sexualstrafrechts und schwerere Vermögensdelikte. Betroffener der Überwachung kann entweder der Beschuldigte selbst oder eine andere Person sein, bei der aufgrund bestimmter Tatsachen anzunehmen ist, dass sie für den Beschuldigten bestimmte oder von ihm herrührende Mitteilungen entgegennimmt oder weitergibt oder dass der Beschuldigte ihren Anschluss benutzt.

Hinsichtlich des Verdachtsgrades reicht ein bloßer Anfangsverdacht nicht aus.[930] Es ist aber auch weder ein dringender noch ein hinreichender Tatverdacht Voraussetzung.[931] Erforderlich ist, dass aufgrund der Lebenserfahrung oder der kriminalistischen Erfahrung fallbezogen aus Zeugenaussagen, Observationen oder anderen sachlichen Beweisanzeichen auf das Vorliegen einer Katalogtat geschlossen werden kann (sogenannter „qualifizierter Anfangsverdacht").[932] Der Verdacht muss sich auf eine hinreichende Tatsachenbasis gründen und mehr als nur unerheblich sein.[933] Darüber hinaus muss die Anlasstat gemäß § 100a Abs. 1 S. 1 Nr. 2 StPO auch im Einzelfall schwer wiegen. Zuletzt muss auch der Subsidiaritätsgrundsatz nach § 100a Abs. 1 S. 1 Nr. 3 StPO erfüllt sein, nach dem die Erforschung des Sachverhalts oder die Ermittlung des Aufenthaltsortes des Beschuldigten ohne

---

[930] BVerfGE 109, 279.
[931] BVerfGE 109, 279.
[932] BVerfGK 11, 119; MüKo-StPO-*Rückert*, § 100a StPO Rn. 151f.;
[933] BGH StV 2017, 434.

Telekommunikationsüberwachung wesentlich erschwert oder aussichtslos wäre. Zusätzlich ist die allgemeine Verhältnismäßigkeit zu wahren. Sofern bei der Quellen-TKÜ Software auf das Fremdsystem installiert wird, muss nach § 100a Abs. 5 StPO sichergestellt sein, dass die Software ausschließlich die laufende Telekommunikation überwachen kann und nicht weitergehende Befugnisse über das IT-System gewährt.

Die absolute verfassungsmäßige Grenze der Überwachung ist gemäß § 100d StPO dann erreicht, wenn der Kernbereich privater Lebensgestaltung betroffen ist.[934] Sofern tatsächliche Anhaltspunkte für die Annahme vorliegen, dass dieser Kernbereich betroffen sein wird, ist die Maßnahme unzulässig.[935] Werden trotzdem Erkenntnisse aus dem Kernbereich erlangt, ordnet § 100d Abs. 2 StPO ein Verwertungsverbot an.

Die Anordnung der Telekommunikationsüberwachung muss gemäß § 100e StPO schriftlich erfolgten und unterliegt grundsätzlich dem Richtervorbehalt. Bei Gefahr im Verzug kann die Anordnung ausnahmsweise von der Staatsanwaltschaft getroffen werden.

---

[934] Siehe zum Kernbereich privater Lebensgestaltung auch Abschnitt 4.2.2.1.
[935] Genaueres zum Erhebungsverbot aufgrund eines Eindringens in den Kernbereich privater Lebensgestaltung wird aufgrund des Sachzusammenhangs in Abschnitt 4.2.2.1 erörtert.

4.1.3.2 Telekommunikationsüberwachung bei intelligenten Fahrzeugen

Mittels der Telekommunikationsüberwachung und der Quellen-TKÜ können jegliche Telekommunikationsdaten des Fahrzeuges abgefangen und ausgewertet werden, die das Fahrzeug mittels Telekommunikation überträgt. Dies werden in erster Linie die Inhaltsdaten sein. Dabei handelt es sich sowohl um die reinen Rohdaten, welche das Fahrzeug an die künstliche Intelligenz des Fahrzeugherstellers ins Rechenzentrum schickt, als aber auch um die Ergebnisse, welche die künstliche Intelligenz an das Fahrzeug zurückschickt. Die Ermittlungsbehörden erhalten damit umfassenden Zugriff auf alle Daten, welche das Fahrzeug überträgt. Lediglich die Daten, welche das Fahrzeug ausschließlich lokal speichert, können und dürfen über § 100a StPO nicht erhoben werden. Sofern auf Verkehrs- oder Bestandsdaten[936] zugegriffen werden soll, sind die gesonderten Normen in § 100g StPO[937] und § 100j StPO[938] nach dem Grundsatz der Spezialität heranzuziehen. Sofern die rechtlichen Voraussetzungen des § 100a StPO gegeben sind, dürften aber auch nahezu immer die Voraussetzungen bezüglich des Zugriffs auf die Verkehrs- und Bestandsdaten erfüllt sein.

Hinsichtlich der klassischen Telekommunikationsüberwachung unterscheidet sich das Abhören intelligenter Fahrzeuge nicht von dem Abgreifen sonstiger Telekommunikation. Die Übertragung der Daten erfolgt zumeist per

---

[936] Zur Begrifflichkeit siehe Abschnitt 2.2.2.3.1.
[937] Siehe dazu Abschnitt 4.1.6.
[938] Siehe dazu Abschnitt 4.1.7.

Mobilfunknetz oder mittels W-LAN über das Festnetz. Die Daten, die das Fahrzeug sodann meist mit der Cloud des Herstellers austauscht, können ganz normal ausgeleitet werden und an die Überwachungsbehörde übertragen werden. Betroffen ist hier insbesondere das Fernmeldegeheimnis aus Art. 10 GG.[939]

Die Fahrzeughersteller setzen immer mehr auf verschlüsselte Kommunikation. Vor allem bei selbstfahrenden Fahrzeugen sind die übertragenen Daten zumeist sicherheitsrelevant und müssen daher auf dem Transportweg vor Manipulation Dritter geschützt werden. In diesen Fällen bietet sich für die Ermittlungsbehörden die Quellen-TKÜ an, die entweder am Fahrzeug oder im Rechenzentrum des Herstellers ansetzt. Hierzu muss eine spezielle Software in die IT-Systeme eingebracht werden. Dieser Eingriff tangiert zusätzlich das Recht auf Gewährleistung der Vertraulichkeit und Integrität informationstechnischer Systeme.[940]

Zu beachten ist jedoch, dass die Quellen-TKÜ nach § 100a StPO keine Annex-Berechtigung zum Betreten von Wohnungen beinhaltet.[941] Für das Eindringen und Einbringen einer möglichen Überwachungssoftware ist daher, sofern ein Wohnraum betreten werden muss, zwingend eine weitere Ermächtigungsgrundlage notwendig.

---

[939] Siehe Abschnitt 3.3.1.
[940] Siehe Abschnitt 3.3.4.
[941] Meyer-Goßner/Schmitt-*Köhler*, § 100a Rn. 14d; MüKo-StPO-*Rückert*, § 100a StPO Rn. 205; *Kudlich*, StV 2012, 560 (565); *Soiné*, NStZ 2018, 497 (501).

4.1 Erhebung der Daten

Grundsätzlich können mittels Quellen-TKÜ alle Inhaltsdaten des Fahrzeuges betroffen sein. Jegliche Daten, die das Fahrzeug selbst gespeichert hat und die nicht nur lokal vorgehalten werden, können so von den Ermittlungsbehörden abgefangen werden. Da moderne Fahrzeuge nahezu alle Informationen mittlerweile mit dem Hersteller austauschen, führt die Telekommunikationsüberwachung des Fahrzeuges in der Regel zu einem vollständigen Abgreifen aller relevanten Informationen.

In der Praxis haben die Ermittlungsbehörden aber zum Teil mit erheblichen technischen Einschränkungen zu kämpfen. Auf der einen Seite nutzen Fahrzeuge keine Standardsoftware, sondern es handelt sich meist um stark angepasste proprietäre Software. Anders als bei Computern, bei denen Windows von Microsoft einen Marktanteil von rund 85% hat,[942] ist die Software bei intelligenten Fahrzeugen entweder proprietär oder zumindest stark angepasst.[943] Für jeden Fahrzeughersteller, teilweise sogar für jedes Fahrzeugmodell, müsste daher eine entsprechende Abhör-Software entwickelt werden. Auf der anderen Seite stammen die Informationen des Fahrzeuges auch aus einer Vielzahl von unterschiedlichen Steuereinheiten. Die Quellen-TKÜ muss zu einem Zeitpunkt eingreifen, in welchem die Daten noch nicht verschlüsselt sind. Sofern jede einzelne Steuereinheit selbstständig ihre Daten bereits verschlüsselt weitergibt, müsste daher jede einzelne Steuereinheit infiltriert werden. Vor diesem Hintergrund bedeutet das: Je mehr Energie der einzelne Fahrzeughersteller in die Datensicherheit investiert, desto schwieriger

---

[942] Vgl. https://de.statista.com/statistik/daten/studie/828610/umfrage/marktanteile-der-fuehrenden-betriebssystemversionen-weltweit/ zuletzt abgerufen am 21.03.2024.
[943] Siehe auch Abschnitt 2.3.2.

wird eine Überwachung mittels Telekommunikationsüberwachung. Es ist daher in der Zukunft zu erwarten, dass, durch immer höhere Datensicherheitsstandards, die Telekommunikationsüberwachung intelligenter Fahrzeuge immer mehr an Bedeutung verlieren wird. Die Ermittlungsbehörden werden sodann auf andere, meist noch eingriffsintensivere, Maßnahmen zurückgreifen müssen.

Eine weitere wichtige Einschränkung bei der Telekommunikationsüberwachung ist, dass grundsätzlich nur die Daten zur Verfügung stehen, die während der Überwachung anfallen. Daten, die bereits zuvor gespeichert wurden, können nur dann mittels der Telekommunikationsüberwachung abgegriffen werden, sofern diese Daten erneut übertragen – sei es vom Fahrzeug selbst oder vom Hersteller – werden. Selbst wenn das Fahrzeug mit einer Überwachungssoftware für die Quellen-TKÜ ausgestattet wurde, ist ein Eingriff auf Daten, die nicht übertragen werden, unzulässig. Diesbezüglich reicht die Ermächtigungsnorm des § 100a StPO nicht aus und es muss auf eine tiefergehende Norm zurückgegriffen werden wie zum Beispiel die Onlinedurchsuchung nach § 100b StPO.

4.1.4 § 100b StPO (Onlinedurchsuchung)

Die Onlinedurchsuchung erlaubt den Ermittlungsbehörden, IT-Systeme zu infiltrieren und die auf dem System gespeicherten Daten abzugreifen. Viele Jahre gab es Eingriffsermächtigungen für eine Onlinedurchsuchung lediglich für präventive Maßnahmen in den Polizeigesetzen der Länder. Es gab zwar Versuche, die Onlinedurchsuchung im repressiven Strafverfahren über § 100a

4.1 Erhebung der Daten

StPO oder § 102 StPO zu rechtfertigen, der Bundesgerichtshof lehnte diese Überinterpretation der Normen aber zu recht ab.[944] Richtigerweise wies der Bundesgerichtshof darauf hin, dass § 100a StPO lediglich Zugriff auf laufende Kommunikation gestattet und § 102 StPO ausschließlich eine offene Durchsuchung erlaubt.[945] Die Onlinedurchsuchung ist jedoch eine heimliche Maßnahme und stellt gemeinsam mit der akustischen Wohnraumüberwachung die tiefste zugelassene Eingriffsmaßnahme im deutschen Recht dar.[946]

Nachdem das Bundesverfassungsgericht die Regelungen für die präventive Onlinedurchsuchung im BKA-Gesetz für weitestgehend verfassungsgemäß erklärt hat,[947] hat der Gesetzgeber im Jahr 2017 mit dem § 100b StPO eine entsprechende Norm auch im repressiven Bereich erlassen.

Die Onlinedurchsuchung nach § 100b StPO unterscheidet sich hinsichtlich der Methodik nicht von der Quellen-TKÜ nach § 100a StPO, der Unterschied liegt viel mehr im Umfang der zu erhebenden Daten.[948] Während mittels Quellen-TKÜ nach § 100a StPO lediglich die laufende Kommunikation während der Überwachung erhoben werden darf, erlaubt § 100b StPO die vollständige Durchsuchung eines IT-Systems.

---

[944] Vgl. BGH NStZ 2007, 279.
[945] Vgl. BGH NStZ 2007, 279.
[946] *Kochheim*, S. 764.
[947] BVerfGE 141, 220.
[948] Vgl. *Roggan*, StV 2017, 821 (825).

4.1.4.1 Rechtliche Voraussetzungen

Die Onlinedurchsuchung nach § 100b StPO stellt neben dem Großen Lauschangriff gemäß § 100c StPO einen der schwersten Grundrechtseingriffe durch Strafverfolgungsbehörden dar. Entsprechend hoch sind auch die rechtlichen Voraussetzungen für die Anordnung und Durchführung dieser Maßnahme. Der § 100b StPO wurde dabei den Anforderungen des schon länger bestehenden Großen Lauschangriffs nach § 100c Abs. 1 StPO nachempfunden.

Verlangt wird, ebenso wie bei § 100a StPO, ein qualifizierter Anfangsverdacht, der zwar nicht den Grad des hinreichenden oder dringenden Tatverdachts erreichen muss, jedoch müssen bestimmte Tatsachen den Verdacht einer besonders schweren Straftat begründen.[949] Was unter einer besonders schweren Straftat im Sinne des § 100b StPO anzusehen ist, ist abschließend im Katalog des § 100b Abs. 2 StPO ausgeführt und beinhaltet neben Kapitalverbrechen insbesondere Qualifikationen und besonders schwere Fälle aus nahezu allen Bereichen des Strafgesetzbuches.

Das Einordnen einer Straftat in diesem Katalog reicht jedoch nicht aus, sondern die Tat muss nach § 100b Abs. 1 Nr. 2 StPO auch im Einzelfall besonders schwer wiegen. Damit sollen jene Sachverhalte ausscheiden, welche zwar dem Anlasstatenkatalog unterfallen, jedoch mangels hinreichender Schwere im konkreten Einzelfall den mit einer Onlinedurchsuchung

---

[949] Siehe zum „qualifizierten Anfangsverdacht" auch Abschnitt 4.1.3.1.

4.1 Erhebung der Daten

verbundenen schweren Eingriff in den Schutzbereich der Grundrechte nicht zu rechtfertigen vermögen.[950] Schließlich muss nach § 100b Abs. 1 Nr. 3 StPO die Erforschung des Sachverhalts oder die Ermittlung des Aufenthaltsortes des Beschuldigten auf andere Weise wesentlich erschwert oder aussichtslos sein. Zusätzlich zu dieser Subsidiaritätsklausel muss auch die allgemeine Verhältnismäßigkeit beachtet werden.

Die Maßnahme darf sich gemäß § 100b Abs. 3 S. 1 StPO ausschließlich gegen den Beschuldigten selbst richten. Die Zuordnung des Systems erfolgt dabei aber nicht über den Eigentumsbegriff, sondern über die Frage, ob das System zum relevanten Zeitpunkt der Ermittlungen dem Beschuldigten zum Gebrauch zugeordnet werden kann.[951] Sofern IT-Systeme von Dritten infiltriert werden sollen, muss nach § 100b Abs. 3 S. 2 StPO auf Grund bestimmter Tatsachen anzunehmen sein, dass der Beschuldigte das System benutzt und zugleich der Eingriff in das eigene IT-System des Beschuldigten nicht ausreicht, um das Ermittlungsziel zu erreichen. Gemäß §§ 100b Abs. 4 i.V.m. § 100a Abs. 5 und 6 StPO müssen neben einer Protokollierung auch die Veränderungen am IT-System auf das Unerlässliche beschränkt werden und nach der Maßnahme, soweit technisch möglich, automatisiert rückgängig gemacht werden. Auch die Onlinedurchsuchung muss gemäß § 100d StPO so durchgeführt werden, dass der Kernbereich privater Lebensgestaltung möglichst nicht betroffen wird.[952] § 100d Abs. 2 S. 1 StPO ordnet ein Verwertungsverbot für Erkenntnisse aus dem Kernbereich privater Lebensgestaltung an. Der § 100d Abs. 5 S. 1 StPO

---

[950] BeckOK-StPO-*Graf*, § 100b StPO Rn. 17.
[951] KK-StPO-*Heinrichs/Weingast*, § 100b StPO Rn. 12.
[952] Siehe zum Kernbereich privater Lebensgestaltung auch Abschnitt 4.2.2.1.

ordnet an, dass eine Onlinedurchsuchung bei Berufsgeheimnisträgern im Sinne des § 53 StPO unzulässig ist. Sofern die Onlinedurchsuchung zeugnisverweigerungsberechtigte Personen im Sinne des § 52 StPO betrifft, verlangt § 100d Abs. 5 S. 2 StPO bei der Verwertung eine besonders strenge Abwägung. Eine Verwertung darf in diesen Fällen nur dann erfolgen, wenn unter Berücksichtigung der Bedeutung des zugrunde liegenden Vertrauensverhältnisses, die Verwertung nicht außer Verhältnis zum Interesse an der Erforschung des Sachverhalts steht.

Gemäß § 100e Abs. 2 StPO unterliegt die Anordnung dem Richtervorbehalt. Für die Anordnung ist gemäß § 74a Abs. 4 GVG eine spezielle Kammer zuständig, welche nicht mit Strafsachen im Hauptverfahren befasst sein darf.

4.1.4.2 Onlinedurchsuchung bei intelligenten Fahrzeugen

Die Onlinedurchsuchung bei intelligenten Fahrzeugen erlaubt grundsätzlich den Zugriff auf alle Daten, die dieses Fahrzeug jemals erhoben hat und die noch gespeichert sind. Der Zugriff kann dabei sowohl im Fahrzeug selbst als auch im Rechenzentrum des Fahrzeugherstellers erfolgen. Der Zugriff auf das Rechenzentrum darf, aufgrund der Voraussetzung des § 100b Abs. 3 S. 2 Nr. 2 StPO, nachdem informationstechnische Systeme anderer Personen nur infiltriert werden dürfen, wenn der Eingriff in Systeme des Beschuldigten nicht ausreichen, immer nur subsidiär erfolgen.

Während das Fahrzeug, auch wenn es unter Eigentumsvorbehalt steht oder nur geleast wurde, zwar dem Beschuldigten zugeordnet werden kann, trifft dies auf

4.1 Erhebung der Daten

das IT-System des Fahrzeugherstellers in dessen eigenen Rechenzentren nicht zu. Zwar agieren in vielen Fällen die Benutzer in der Cloud in einer eigenen Umgebung (einer sogenannten „Sandbox") und haben keinen Zugriff auf die jeweils anderen Umgebungen, trotzdem muss das Gesamtsystem weiterhin dem Fahrzeughersteller zugerechnet werden. Eine Onlinedurchsuchung auf den Servern in der Cloud ist daher ein Zugriff auf ein IT-System einer anderen Person. Ein Zugriff im Rahmen der Onlinedurchsuchung würde daher regelmäßig an der Subsidiarität aus § 100b Abs. 3 S. 2 Nr. 2 StPO ausscheiden, da die Daten sich in der Regel ebenfalls vollständig im Fahrzeug selbst befinden. In der Praxis ist daher das Infiltrieren des Fahrzeuges selbst von deutlich höherer Relevanz.

Grundsätzlich birgt auch die Onlinedurchsuchung für die Ermittlungsbehörden das Problem der Verschlüsselung der Daten bei intelligenten Fahrzeugen. Anders als bei der Quellen-TKÜ kann und darf die Software der Onlinedurchsuchung aber deutlich tiefer in das IT-System eingreifen. Je nach Ausgestaltung des Sicherheitskonzeptes des Fahrzeuges kann im Rahmen der Onlinedurchsuchung entweder der geheime Schlüssel für die spätere Entschlüsselung abgegriffen werden oder aber zumindest all die Daten abgefangen werden, welche gerade unverschlüsselt vorliegen, da das Fahrzeug selbst auf diese Daten zugreifen muss. Hier kommt es bezüglich der Intensität des Eingriffes maßgeblich auf das technische Können und Geschick der jeweiligen Programmierer und Administratoren der Ermittlungsbehörden im Rahmen der Durchführung der Onlinedurchsuchung an. Allgemeine Datenschutzkonzepte der Fahrzeughersteller – welche eine Telekommunikationsüberwachung in gewissem Umfang erschweren –

versagen zumeist bei Onlinedurchsuchungen, da das System selbst mit den Daten unverschlüsselt arbeiten muss. Die Möglichkeit und der Erfolg der Onlinedurchsuchung steht und fällt daher mit dem Gesamtsicherheitskonzept des jeweiligen Herstellers: Je sicherer das System insgesamt vor Eingriffen Dritter ist, desto schwieriger ist auch das Infiltrieren durch die Ermittlungsbehörden. Dies zeigt das allgemeine Dilemma der Sicherheitsbehörden im Bereich der IT-Sicherheit. Maßnahmen, welche IT-Systeme vor Angriffen durch Cyberkriminelle schützen, erschweren zugleich auch immer den Zugriff der Ermittlungsbehörden auf die entsprechenden IT-Systeme. Nicht ohne Grund fordern immer häufiger Sicherheitsbehörden den Einbau von Hintertüren in die Sicherheitssoftware.[953]

Dies kann aber keine Lösung sein, da es einerseits zu den elementarsten Bürgerrechten des Einzelnen gehört, dass er sich auch vor der Überwachung des Staates schützen darf und andererseits jede Hintertür für die Ermittlungsbehörden auch ein Einfallstor für Kriminelle werden kann.[954] Dies führt zu einem Folgeproblem, welches viel zu häufig übersehen wird: Systeme, welche von den Ermittlungsbehörden infiltriert werden können, haben per Definition bereits eine Sicherheitsschwachstelle und es kann nicht ausgeschlossen werden, dass dieses – grundsätzlich als unsicher einzustufende

---

[953] Vgl. *Holland*, „Angriff auf WhatsApp & Co.: Seehofer will Messenger zur Entschlüsselung zwingen" vom 24.05.2019, https://www.heise.de/newsticker/meldung/Angriff-auf-WhatsApp-Co-Seehofer-will-Messenger-zur-Entschluesselung-zwingen-4431634.html zuletzt abgerufen am 21.03.2024.
[954] Vgl. *Bitkom*, „Positionspapier, Cyber-Sicherheit und Wirtschaftsschutz mit Verschlüsselung. Strafverfolgung und Gefahrenabwehr trotz Verschlüsselung" vom 22.09.2017, https://www.bitkom.org/sites/default/files/file/import/Positionspapier-Crypto-Wars.pdf zuletzt abgerufen am 21.03.2024.

4.1 Erhebung der Daten

System – bereits zuvor von Dritten infiltriert wurde und dort Daten vom Benutzer unbemerkt manipuliert oder hochgeladen wurden.[955] Die Zurechnung von gefundenen Daten zu dem Nutzer ist daher besonders kritisch zu hinterfragen.[956] Insgesamt stellt sich nach einer Onlinedurchsuchung immer die Frage des konkreten Beweiswertes, wenn das System grundsätzlich von außen manipulierbar gewesen ist.

Nach einer erfolgreichen Infiltrierung des Systems haben die Ermittlungsbehörden regelmäßig eine vollständige Kontrolle über das Fahrzeug. Neben der Durchsuchung des Speichers des Fahrzeuges (Onlinedurchsuchung im engeren Sinne) können auch im Livebetrieb alle Aktivitäten des Fahrzeugführers protokolliert werden (Onlinedurchsuchung im weiteren Sinne). Diese Liveüberwachung des Fahrzeuges stellt einen dauerhaften Blick über die Schulter des Nutzers dar und zeigt, wie eingriffsintensiv diese Ermittlungsmaßnahme sein kann.[957] Somit muss auch im Rahmen der Prüfung der Verhältnismäßigkeit immer beachtet werden, dass durch die Onlinedurchsuchung ein vollständiger gläserner Bürger entstehen kann. Das Verhältnismäßigkeitsprinzip gebietet es daher im Rahmen der Onlinedurchsuchung auch, dass immer in Abwägung mit der konkret aufzuklärenden Straftat die Tiefe des Eindringens in das fremde IT-System kritisch geprüft wird. Die Onlinedurchsuchung stellt einen der elementarsten Eingriffe in das Recht auf Vertraulichkeit und Integrität informationstechnischer Systeme dar.

---

[955] *Hansen/Pfitzmann*, S. 131 (136).
[956] *Hansen/Pfitzmann*, S. 131 (136).
[957] *Buermeyer*, Gutachterliche Stellungnahme, S. 5.

Es sind jedoch noch deutlich intensivere Eingriffe als die Protokollierung des Livebetriebes denkbar, und zwar der Livezugriff auf alle Kameras und Mikrofone des Fahrzeuges.[958] Zum Teil wird solch ein Zugriff auf installierte Mikrofone und Kameras im Rahmen einer Onlinedurchsuchung für zulässig gehalten.[959] Argumentiert wird vor allem mit der rechtlichen Möglichkeit, dass die Behörden mehrfach innerhalb kürzester Zeit auf gespeicherte Videodateien zugreifen könnten und so ebenfalls an aktuelles Bildmaterial kommen können.[960] Solch ein weitgehender Zugriff ist aber nach überzeugender Ansicht durch die Onlinedurchsuchung nach § 100b StPO nicht abgedeckt.[961] Dafür spricht bereits der Wortlaut der Norm, der eindeutig davon spricht, dass Daten aus dem IT-System erhoben werden und nicht durch das IT-System.[962] Auch der Vergleich mit dem mehrfachen Zugriff auf gespeicherte Daten kann nicht überzeugen, da in diesen Fällen der Benutzer selbst die Videoaufzeichnung aktiviert haben müsste. Dieser Fall unterscheidet sich erheblich von heimlich aktivierten Mikrofonen und Kameras durch die Ermittlungsbehörden. Sofern das Fahrzeug in einem Bereich steht, welcher dem Wohnraum zugerechnet wird, zum Beispiel in einer Garage, ist bereits dadurch eine mögliche Videoüberwachung grundrechtlich untersagt, da Art. 13 Abs. 3 GG lediglich

---

[958] SSW-StPO-*Eschelbach*, § 100b StPO Rn. 4; *Buermeyer*, Gutachterliche Stellungnahme, S. 15.
[959] KK-StPO-*Heinrichs/Weingast*, § 100b Rn. 5.
[960] KK-StPO-*Heinrichs/Weingast*, § 100b Rn. 5.
[961] So auch MüKo-StPO-*Rückert*, § 100b StPO Rn. 45; *Großmann*, JA 2019, 241 (244); *Roggan*, StV 2017, 821 (826); *Singelnstein/Derin* NJW 2017, 2646 (2647); *Soiné*, NStZ 2018, 497 (502) .
[962] So auch MüKo-StPO-*Rückert*, § 100b StPO Rn. 45; *Roggan*, StV 2017, 821 (826); Meyer-Goßner/Schmitt-*Köhler*, § 100b StPO Rn. 2; *Singelnstein/Derin* NJW 2017, 2646 (2647); *Großmann*, GA 2018, 439 (442 f.).

die akustische, aber nicht die optische, Wohnraumüberwachung erlaubt.[963] Schließlich gäbe es auch ein Problem mit dem Zitiergebot aus Art. 19 Abs. 1 S. 2 GG, da das Einführungsgesetz[964] des § 100b StPO den Art. 13 GG nicht als eingeschränktes Grundrecht aufführt.[965] Selbst wenn der Nutzer daher selbst die Kamera innerhalb seines Wohnraumes aktiviert, dürfen diese Daten aufgrund des absoluten Schutzes des Art. 13 Abs. 3 GG nicht erhoben werden.[966] Solch eine Erhebung verbietet spätestens der Kernbereichsschutz der privaten Lebensgestaltung.[967]

Abgesehen von dieser Einschränkung kann die Onlinedurchsuchung aber die kompletten Daten aus dem Fahrzeug ableiten, und zwar sowohl retrospektiv als auch die in Echtzeit anfallenden Daten. Dies ermöglicht insbesondere bei künstlicher Intelligenz und intelligenten Fahrzeugen einen in dieser Intensität bisher völlig unbekannten Eingriff in das Leben des einzelnen Bürgers. Die Frage, inwiefern dieser umfangreiche Datenfundus auch vollständig im Strafprozess verwertet werden kann, stellt sich sodann bei der Verwertung.[968]

4.1.5 §§ 100c Abs. 1; 100f StPO („Lauschangriff")

Wie bereits angesprochen, verfügen Fahrzeuge über umfangreiche Mikrofone, welche grundsätzlich auch von den Ermittlungsbehörden abgehört werden

---

[963] *Großmann*, JA 2019, 241 (244).
[964] Gesetz zur effektiveren und praxistauglicheren Ausgestaltung des Strafverfahrens vom 17.8.2017, BGBl. I S. 3202.
[965] *Roggan*, StV 2017, 821 (826).
[966] So auch *Roggan*, StV 2017, 821 (826).
[967] Siehe zum Kernbereich privater Lebensgestaltung auch Abschnitt 4.2.2.1.
[968] Siehe dazu sogleich Abschnitt 4.2.

können. Die akustische Überwachung von nichtöffentlich gesprochenen Worten des Beschuldigten unterteilt sich in die Überwachung außerhalb von Wohnraum („kleiner Lauschangriff") gemäß § 100f StPO und die Überwachung von Gesprächen innerhalb von Wohnraum („großer Lauschangriff") gemäß § 100c StPO.

Beide Normen erlauben die Überwachung des nichtöffentlich gesprochenen Wortes „mit technischen Mitteln". Der Gesetzgeber hatte damals vor allem Wanzen und Richtmikrofone vor Augen, hat die Norm aber technologieoffen ausgestaltet.[969] Es stellt sich jedoch die Frage, ob auch die eigenen technischen Geräte des Beschuldigten – hier das intelligente Fahrzeug mit seinen Mikrofonen – von den Ermittlungsbehörden übernommen werden dürfen und ob dies von den §§ 100c Abs. 1, 100f StPO abgedeckt ist.

Der Wortlaut der Norm unterscheidet nicht zwischen technischen Mitteln, welche die Ermittlungsbehörden extern einbringen, und technischen Mitteln, die vor Ort übernommen werden. Daher steht zumindest der Wortlaut einer Anwendung nicht entgegen. Wie bereits angesprochen, hat der Gesetzgeber nämlich grundsätzlich die Norm technologieoffen gestaltet.

Die genetische Auslegung der Norm, konkret das Heranziehen der Gesetzesbegründung, zeigt, dass der Gesetzgeber die Ermittlungsbehörden umfassend mit Annex-Kompetenzen ausstatten wollte und zum Beispiel auch das heimliche Betreten von Wohnungen erlauben wollte.[970] Dies zeigt zwar

---

[969] Vgl. BGHSt 46, 266; MüKo-StPO-*Rückert*, § 100f StPO Rn. 14.
[970] BT-Drs. 13/8651, 13.

4.1 Erhebung der Daten

einerseits, dass der Gesetzgeber ursprünglich davon ausging, dass die Ermittlungsbehörden eigene Abhörvorrichtungen anbringen müssen, zugleich aber auch, dass der Gesetzgeber den Ermittlern umfassende Rechte einräumen wollte. Die genetische Auslegung liefert diesbezüglich daher kein eindeutiges Ergebnis, ob auch Mikrofone des Beschuldigten selbst genutzt werden dürfen. Die teleologische Betrachtung der Norm schließt diese Möglichkeit ebenfalls nicht eindeutig aus. Vor der Schaffung der Normen gab es – insbesondere im Wohnraum – kein Entdeckungsrisiko für das nichtöffentlich gesprochene Wort; gerade solch ein Entdeckungsrisiko wollte der Gesetzgeber mit den neuen Ermittlungsmöglichkeiten aber schaffen.[971] Solch ein Risiko für die Verdächtigen kann sowohl durch externe technische Mittel erreicht werden als auch durch die Übernahme der bereits vorhandenen Mittel der Verdächtigen. Häufig ist letzteres sogar einfacher möglich, insbesondere, wenn sowieso im Rahmen einer Onlinedurchsuchung oder Quellen-TKÜ das System infiltriert werden musste. Die ursprüngliche Intention des Gesetzgebers würde daher für die Zulassung der Übernahme fremder Mikrofone sprechen.

Fraglich ist jedoch, ob auch die Systematik der Normen, insbesondere im Hinblick auf das Umfeld innerhalb der Strafprozessordnung, solch einer extensiven Auslegung des Begriffes „technische Mittel" erlaubt. Der Begriff wird unter anderem nämlich auch in § 100a StPO und § 100b StPO gebraucht. Interessant ist hier, dass diese Normen ganz klar zwischen „technische Mittel" der Ermittlungsbehörden und dem System des Betroffenen unterscheiden. So spricht § 100a Abs. 1 S. 2 StPO zum Beispiel davon, dass „mit technischen Mitteln in von dem Betroffenen genutzte informationstechnische Systeme

---
[971] BT-Drs. 13/8651, 13.

eingegriffen wird". Daraus wird zum Teil geschlossen, dass schon deswegen der Begriff des technischen Mittels nicht ein System des Beschuldigten meinen kann.[972] Hier wird jedoch verkannt, dass auch bei § 100c StPO oder § 100f StPO das naheliegendere Szenario ist, dass das System mit einer Software infiltriert wird und dadurch erst die Mikrofone aktiviert werden. Die eingesetzte Software wäre daher genauso ein „technisches Mittel" wie es die Software bei § 100b StPO wäre. Von der internen Systematik ist es daher kein Unterschied, ob nach dem Eindringen mittels Software eine Audiodatei von der Festplatte heruntergeladen oder eine Aufzeichnung mittels eingebauten Mikrofons gestartet wird. In beiden Fällen wird mit einer externen Software, als technischem Mittel, ein bestehendes System übernommen und dessen Hardware genutzt, um an Informationen zu gelangen.

Problematischer ist jedoch die äußere Systematik der Norm im Umfeld des Verfassungsrechts. Wie aufgezeigt, stellt die Onlinedurchsuchung einen der schwersten Eingriffe der Strafprozessordnung dar.[973] Das Kraftfahrzeug selbst ist in der Regel kein Wohnraum.[974] Solange sich das Fahrzeug nicht in einem Wohnraum befindet, wie in einer Garage oder Carport, würde sich das Abhören daher nach § 100f StPO richten. Die rechtlichen Voraussetzungen des § 100f StPO sind jedoch dem § 100a StPO nachempfunden und verweisen in § 100f Abs. 1 StPO auf den Straftatenkatalog des § 100a StPO. Hier ist bereits erkennbar, dass der Gesetzgeber, und damit letztendlich die demokratischen Parlamente, in der Norm eine verfassungsrechtliche Eingriffsintensität auf

---

[972] *Rüscher*, NStZ 2018, 687 (690).
[973] *Kochheim*, S. 764.
[974] Siehe Abschnitt 3.3.2.1.

4.1 Erhebung der Daten

dem Niveau des § 100a StPO und nicht des § 100b StPO vor Augen hatte. Sofern die Norm aber tatsächlich die Echtzeitüberwachung mit Mikrofonen des übernommenen IT-Systems erlauben würde – etwas was, wie aufgezeigt, nicht einmal § 100b StPO erlaubt –[975], wäre der verfassungsrechtliche Eingriff von der Intensität deutlich näher an § 100b StPO als an § 100a StPO. Dies zeigt, dass der Gesetzgeber bei der Schaffung der Ermächtigungsnormen die hiesige Möglichkeit mit dem tiefen Eingriff in das Grundrecht auf Gewährleistung der Vertraulichkeit und Integrität informationstechnischer Systeme nicht im Blick hatte. Auch ein Ausweichen auf § 100c StPO – möglicherweise in analoger Anwendung – kann nicht überzeugen. Im Rahmen solch eines intensiven Eingriffes in die verfassungsrechtlich verbürgten Rechte ist der Gesetzgeber verpflichtet, spezielle und eindeutige Eingriffsermächtigungen zu schaffen. Eine verfassungskonforme systematische Auslegung kommt daher zum Ergebnis, dass die §§ 100c Abs. 1, 100f StPO keine taugliche Ermächtigungsgrundlage für die akustische Überwachung mittels intelligenter Geräte des Betroffenen darstellen.[976]

4.1.6 § 100g StPO i.V.m. § 9 TTDSG und § 175 ff. TKG (Verkehrsdaten und Vorratsdatenspeicherung)

Nicht immer zielen die Ermittlungsbehörden auf die Inhaltsdaten der Kommunikation des Beschuldigten ab. In vielen Fällen können auch bereits die angefallenen Verkehrsdaten beträchtliche Bedeutung für das weitere Ermittlungsverfahren haben.

---

[975] Siehe Abschnitt 4.1.4.2.
[976] Im Ergebnis ebenso *Rüscher*, NStZ 2018, 687 (690).

Der § 100g StPO erlaubt den Zugriff auf angefallene Verkehrsdaten im Rahmen der Telekommunikation. Verkehrsdaten sind in § 3 Nr. 70 TKG legaldefiniert und bezeichnen die Daten, die bei der Erbringung eines Telekommunikationsdienstes erhoben, verarbeitet oder genutzt werden. Dies sind insbesondere Informationen darüber, wer wann mit wem Kommunikation durchgeführt hat. Auch die verwendete IP-Adresse fällt unter den Begriff der Verkehrsdaten.[977]

Der § 100g Abs. 1 StPO erlaubt den Zugriff auf die Daten beim Provider, die er gemäß § 9 TTDSG für die Zeit der Durchführung der Dienstleistung und Abrechnung gespeichert hat. Der § 100g Abs. 2 StPO erlaubt dagegen Zugriff auf Daten, die im Rahmen der Vorratsdatenspeicherung nach den § 175 ff. TKG vom Provider für längere Zeit gespeichert werden mussten.

Kaum ein anderes rechtliches Instrument hat solch eine lange und schwierige Entstehungsgeschichte hinter sich wie die Vorratsdatenspeicherung. Die Vorratsdatenspeicherung soll die Telekommunikationsanbieter und Internetprovider dazu verpflichten, die anfallenden Verkehrsdaten ihrer Kunden verdachtsunabhängig für einen bestimmten Zeitraum zu speichern, damit Ermittlungsbehörden bei einem später entstehenden Verdacht auf diese Daten zugreifen können.

---

[977] BVerfG MMR 2010, 356; BGH MMR 2017, 605; Specht/Mantz-*Kiparski*, § 18 Rn. 32.

4.1 Erhebung der Daten

Die Geburtsstunde der Vorratsdatenspeicherung innerhalb Europas findet sich in der Richtlinie 2006/24/EG der europäischen Union aus dem Jahr 2006.[978] Diese verpflichtete die EU-Mitgliedstaaten grundsätzlich zur Einführung der Vorratsdatenspeicherung. Der deutsche Gesetzgeber verabschiedete dazu im Jahr 2007 das Gesetz zur Neuregelung der Telekommunikationsüberwachung und anderer verdeckter Ermittlungsmaßnahmen sowie zur Umsetzung der Richtlinie 2006/24/EG,[979] welches zum 01.01.2008 in Kraft trat.

Das Bundesverfassungsgericht erklärte – nach mehr als 34.000 erhobenen Verfassungsbeschwerden[980] – die deutsche Vorschrift zur Vorratsdatenspeicherung im Jahr 2010 für verfassungswidrig und nichtig.[981] Es läge ein Verstoß gegen Art. 10 Abs. 1 GG vor, da weder konkrete Maßnahmen zur Datensicherheit der gespeicherten Daten vorgesehen waren noch die Zugriffsschwelle für die Ermittlungsbehörde ausreichend hoch war.[982] Im Jahr 2014 musste sich dann auch der Europäische Gerichtshof mit der zugrundeliegenden Richtlinie 2006/24/EG beschäftigen und erklärte diese für unvereinbar mit der Charta der Grundrechte der Europäischen Union.[983]

---

[978] Richtlinie (EU) 2006/24/EG des Europäischen Parlaments und des Rates vom 15. März 2016 über die Vorratsspeicherung von Daten, die bei der Bereitstellung öffentlich zugänglicher elektronischer Kommunikationsdienste oder öffentlicher Kommunikationsnetze erzeugt oder verarbeitet werden, und zur Änderung der Richtlinie 2002/58/EG, ABl. L 105/54, 13.04.2006.
[979] BGBl. 2007 I, S. 3198ff.
[980] *Roßnagel*, NJW 2016, 533 (534).
[981] BVerfGE 125, 260.
[982] BVerfGE 125, 260.
[983] EuGH, Urteil vom 08.04.2014, Az. C-293/12, C-594/12 (Digital Rights Ireland).

Der deutsche Gesetzgeber verabschiedete basierend auf diesen Urteilen im Jahr 2014 die heute geltenden Regelungen der Vorratsdatenspeicherung, welche am 18.12.2015 in Kraft traten.[984] Diese führten erneut zu großen Protesten und einer Vielzahl von Verfassungsbeschwerden.[985] Währenddessen bekräftigte der Europäische Gerichtshof im Jahr 2016 erneut, dass eine anlasslose Vorratsdatenspeicherung nicht mit der Charta der Grundrechte der Europäischen Union zu vereinbaren sei.[986]

Nachdem bereits das Oberverwaltungsgericht des Landes Nordrhein-Westfalen im einstweiligen Rechtschutz festgestellt hatte, dass die Verpflichtung des Providers zur Speicherung von Vorratsdaten nach den §§ 113a ff. TKG a.f. (jetzt geregelt in §§ 175 ff. TKG) gegen Unionsrecht verstoße,[987] hat im Jahr 2019 das Bundesverwaltungsgericht als Rechtsmittelinstanz das Verfahren ausgesetzt und dem Europäischen Gerichtshof die Frage der Vereinbarkeit der §§ 113a ff. TKG a.F. (jetzt geregelt in §§ 175 ff. TKG) mit Unionsrecht zur Entscheidung vorgelegt.[988] Aufgrund dieser Entscheidungen der Verwaltungsgerichte hat die Bundesnetzagentur offiziell erklärt, keine Anordnungen und Maßnahmen zur Durchsetzung der Vorratsdatenspeicherungen zu ergreifen und insbesondere keine Bußgeldverfahren gegen Provider einzuleiten, die keine Speicherung vornehmen.[989] Damit war die Vorratsdatenspeicherung faktisch in Deutschland ausgesetzt.

---

[984] BGBl. 2015 I, S. 2218ff.
[985] *Roßnagel*, NJW 2016, 533 (538).
[986] EuGH, Urteil vom 12.12.2016, Az. C-203/15 (Tele2 Sverige).
[987] OVG NRW, Beschluss vom. 22.06.2017, Az. 13 B 238/17.
[988] BVerwG, Beschluss vom 25.09.2019, Az. 6 C 12.18.
[989] KK-StPO-*Heinrichs/Weingast*, § 100g StPO Rn. 1a.

Mit Urteil vom 20.09.2022 hat der Europäische Gerichtshof die deutschen Regelungen zur anlasslosen Vorratsdatenspeicherung für unvereinbar mit dem Unionsrecht erklärt.[990] In seinem Urteil hat der Europäische Gerichtshof aber auch den potenziellen Rahmen für eine Neuregelung abgesteckt. Eine Vorratsdatenspeicherung sei nur bei einer ernsten Bedrohung für die nationale Sicherheit denkbar und auch dann nur begrenzt auf den absolut notwendigen Zeitraum. Ferner sei zum Schutz der nationalen Sicherheit, zur Bekämpfung schwerer Kriminalität und zur Verhütung schwerer Bedrohungen der öffentlichen Sicherheit eine gezielte Vorratsdatenspeicherung für bestimmte Personen oder bestimmte Orte möglich. Der Europäische Gerichtshof konkretisiert in seinem Urteil ferner, dass die widerstreitenden Rechte und berechtigten Interessen miteinander in Einklang zu bringen seien und gerade bei der Bekämpfung von sexuellem Missbrauch von Kindern und Kinderpornografie die IP-Adresse der einzige Anhaltspunkt sein könnte, um die Identität von Personen zu ermitteln. Vor diesem Hintergrund wäre eine anlasslose Vorratsdatenspeicherung bezogen auf die IP-Adresse nicht per se mit dem Unionsrecht unvereinbar, sofern die Speicherung auf den absolut notwendigen Zeitraum begrenzt wird und die zuvor genannten Ziele, die Bekämpfung schwerer Kriminalität, bezweckt werden.

Mit dieser Entscheidung setzt der Europäische Gerichtshof seine bisherige Rechtsprechung zur anlasslosen Vorratsdatenspeicherung fort. Bereits Ende 2020 hat der Europäische Gerichtshof bekräftigt, dass eine anlasslose

---

[990] EuGH, Urteil vom 20.09.2022, Az. Rs. C-793/19, C-794/19 u.a. (SpaceNet und Telekom Deutschland)

Speicherung im Wesentlichen unzulässig sei und nur bei konkreter und erheblicher Gefahr für die öffentliche Sicherheit überhaupt in Betracht kommen könne.[991] Auch in einem Urteil vom Europäischen Gerichtshof Anfang 2021, in dem betont wurde, dass eine Entscheidung eines Gerichtes oder einer ausreichend unabhängigen Behörde vor der Erhebung der Daten notwendig sei, um die Persönlichkeitsrechte und den Datenschutz zu gewähren, festigte das Gericht seine Rechtsprechung.[992] Der Generalanwalt hat daher auch wenig überraschend in seinem Schlussantrag vom 18.11.2021 bezüglich der deutschen Vorratsdatenspeicherung ebenfalls herausgestellt, dass eine anlasslose Vorratsdatenspeicherung, wie sie von Deutschland umgesetzt wurde, nicht mit Unionsrecht vereinbar sei.[993] Schon kurz zuvor, im April 2022, entschied der Europäische Gerichtshof, aufgrund einer Vorlage des irischen Supreme Court, dass eine allgemeine und unterschiedslose Vorratsdatenspeicherung selbst bei der Bekämpfung schwerer Kriminalität nicht mit Unionsrecht vereinbar sei.[994] Lediglich in engen Ausnahmefällen sei eine gezielte Speicherung von Vorratsdaten möglich.[995] Der Europäische Gerichtshof verwies auf seine ständige Rechtsprechung zur Vorratsdatenspeicherung. Danach dürfen in Ausnahmefällen gezielte Daten von einzelnen Personengruppen oder Orte, wie Flughäfen oder Bahnhöfe, zur Bekämpfung schwerer Kriminalität und Verhütung schwerer Bedrohungen der

---

[991] EuGH, Urteil vom 06.10.2020, Az. C-623/17 (Privacy International).
[992] EuGH, Urteil vom 02.03.2021, Az. C-746/18 (Prokuratuur).
[993] Vgl. Pressemitteilung des EuGH Nr. 206/2021 vom 18.11.2021, https://curia.europa.eu/jcms/upload/docs/application/pdf/2021-11/cp210206de.pdf zuletzt abgerufen am 21.03.2024.
[994] EuGH, Urteil vom 05.04.2022, Az. C-140/20 (Commissioner of An Garda Síochána).
[995] EuGH, Urteil vom 05.04.2022, Az. C-140/20 (Commissioner of An Garda Síochána)..

öffentlichen Sicherheit gespeichert werden, wobei die Speicherung dabei zeitlich auf das absolut Notwendige zu begrenzen ist.[996]

Die Vorlageentscheidung des Europäischen Gerichtshof, welche die deutsche Regelung zur Vorratsdatenspeicherung für unionsrechtswidrig erklärt hat, hat keine unmittelbare Auswirkung auf die nationale Rechtslage. Lediglich für die Parteien vor dem Bundesverwaltungsgericht, welches dem Europäischen Gerichtshof die Frage vorgelegt hat, hat das Urteil unmittelbare Wirkung. Das Bundesverwaltungsgericht hat nach der Vorlageentscheidung des Europäischen Gerichtshof in den anhängigen Verfahren die Regelungen zur Vorratsdatenspeicherung für im vollen Umfang unvereinbar mit europäischen Recht und damit für unanwendbar erklärt.[997]

Nunmehr liegt es an dem Gesetzgeber eine Neuregelung zu schaffen, welche mit dem Unionsrecht vereinbar ist. Wie solch eine Neuregelungen aussehen könnte, ist noch unklar, und auch die Bundesregierung ist sich diesbezüglich noch nicht einig. Während sich das Justizministerium eine „Quick Freeze"-Lösung, also das gezielte Einfrieren von angefallenen Daten bestimmter Tatverdächtigen, vorstellen kann,[998] möchte die Innenministerin die vom Europäischen Gerichtshof eingeräumten Spielräume, insbesondere im

---

[996] EuGH, Urteil vom 05.04.2022, Az. C-140/20 (Commissioner of An Garda Síochána)..
[997] BVerwG, Urteil vom 14.08.2023, Az. 6 C 6.22.
[998] Vgl. *Bundesministerium der Justiz*, „Vorratsdatenspeicherung und „Quick-Freeze-Verfahren".
https://www.bmj.de/DE/themen/digitales/digitale_buergerrechte/quick_freeze_artikel.html zuletzt abgerufen am 21.03.2024.

Hinblick auf die Speicherung von IP-Adressen, ausschöpfen.[999] Auf der Herbsttagung der 93. Justizministerkonferenz im November 2022 haben sich die Justizminister mit knapper Mehrheit gegen eine anlasslose Speicherung von Verkehrsdaten und für die Umsetzung des sogenannten „Quick Freeze"-Verfahrens ausgesprochen.[1000] Es ist jedoch noch nicht absehbar, ob und wann mit einer entsprechenden Neuregelung gerechnet werden kann.

Nach der noch geltenden Rechtslage sind die Provider nach dem TKG zwar zur Speicherung weiterhin verpflichtet, werden jedoch, wie bereits erwähnt, bei Nichtbefolgung durch die Bundesnetzagentur nicht sanktioniert. Bereits seit mehreren Jahren haben daher nahezu alle Provider auf eine Speicherung verzichten und Vorratsdaten in der Praxis nicht vorgehalten.[1001] Daher liegen in der Praxis nur die nach § 9 TTDSG gespeicherten Verkehrsdaten vor. Diese Norm erlaubt die Speicherung der Verkehrsdaten, die zur Vertragsdurchführung, insbesondere zu Abrechnungszwecken, anfallen. Da heutzutage Flatrate-Tarife eine minutengenaue Abrechnung überflüssig machen, ist eine Speicherung zu Abrechnungszwecken in der Regel nicht mehr notwendig. Die Rechtsprechung gesteht den Providern aber eine Speicherung nach §§ 9, 12 TTDSG von sieben Tagen zu, um eine Störungsbeseitigung nach

---

[999] Vgl. *Deutschlandfunk*, „Innenministerin Faeser zur Vorratsdatenspeicherung" vom 21.09.2022, https://www.deutschlandfunk.de/bundesinnenministerin-faeser-zur-vorratsdatenspeicherung-100.html zuletzt abgerufen am 21.03.2024.
[1000] Beschluss TOP II.21 „Rechtsprechung zur Vorratsdatenspeicherung ernst nehmen - Gefahrenabwehr- und Ermittlungsinstrumente grundrechtsschonend und verhältnismäßig ausgestalten" der Herbsttagung der 93. Justizministerkonferenz vom 10.11.2022, abrufbar unter https://www.justiz.bayern.de/media/pdf/top_ii.21_-_vorratsdatenspeicherung.pdf zuletzt abgerufen am 21.03.2024.
[1001] *Beukelmann*, NJW-Spezial 2020, 696.

§ 12 TTDSG zu erleichtern.[1002] Eine Speicherung darüber hinaus ist auf Grundlage der § 9 TTDSG bzw. § 12 TTDSG jedoch datenschutzrechtlich unzulässig. In der Regel hängt es daher vom Zufall ab, ob die Ermittlungsbehörden rechtzeitig genug auf diese Daten zugreifen, bevor der Provider die Daten gelöscht hat.[1003]

4.1.6.1 Rechtliche Voraussetzungen

Die rechtlichen Voraussetzungen unterscheiden sich je nachdem, ob auf die Daten nach § 9 TTDSG über § 100g Abs. 1 StPO oder aber auf die Vorratsdaten nach §§ 175 ff. TKG über § 100g Abs. 2 StPO zugegriffen werden soll.

Der § 100g Abs. 1 StPO erlaubt den Zugriff auf Verkehrsdaten, welche die Telekommunikationsanbieter nach § 9 TTDSG zur Vertragsdurchführung beziehungsweise zu Abrechnungszwecken kurzfristig speichern. Für einen Zugriff auf die Daten muss ein qualifizierter Anfangsverdacht[1004] für eine Straftat gegeben sein, welche mittels Telekommunikation begangen wurde oder eine Straftat von auch im Einzelfall erheblicher Bedeutung darstellt. Solche Straftaten von erheblicher Bedeutung können insbesondere jene aus dem Straftatenkatalog des § 100a Abs. 2 StPO sein, jedoch ist der Verweis auf den Straftatenkatalog nicht abschließend. Als Straftat von erheblicher Bedeutung kommen alle Delikte in Betracht, die mindestens dem mittleren

---

[1002] Vgl. zum damals geltenden TKG BGH NJW 2014, 2500.
[1003] KK-StPO-*Heinrichs/Weingast*, § 100g StPO Rn. 4.
[1004] Siehe. zum „qualifizierten Anfangsverdacht" auch Abschnitt 4.1.3.1.

Kriminalitätsbereich zuzurechnen sind, den Rechtsfrieden empfindlich stören und dazu geeignet sind, das Gefühl der Rechtssicherheit der Bevölkerung erheblich zu beeinträchtigen.[1005] Die Straftat muss jeweils auch im Einzelfall von erheblicher Bedeutung sein.

Unabhängig von der erheblichen Bedeutung reicht es nach § 100g Abs. 1 S. 1 Nr. 2 StPO alternativ aus, wenn die Tat mittels Telekommunikation begangen wurde. Es handelt sich dabei um alle Straftaten, bei denen Telefon oder Computer mit Internetanbindung zur Begehung von Straftaten genutzt werden.[1006] Diesem Grundgedanken liegt die kriminalpolitische Erwägung zu Grunde, dass Straftaten mittels Telekommunikation ohne die Erhebung der Verkehrsdaten nicht oder nur schwer aufklärbar wären.[1007] An dieser Stelle muss aber einschränkend beachtet werden, dass es nicht ausreichen kann, wenn das Tatmittel lediglich mit dem Internet verbunden ist. Die Straftat selbst muss mittels Telekommunikation begangen wurde. Dies bedeutet insbesondere bei intelligenten Fahrzeugen, dass reine Straßenverkehrsdelikte nicht unter § 100g Abs. 1 S. 1 Nr. 2 StPO fallen, da diese nicht mittels Telekommunikation begangen werden. Wird das intelligente Fahrzeug dagegen lediglich als Zugang zum Internet genutzt, zum Beispiel um mittels Infotainment-System eine E-Mail zu verschicken, kann dessen Nutzung unter diese Variante fallen.

Der Gesetzgeber hat in § 100g Abs. 1 S. 1 StPO ferner die besondere Berücksichtigung der Verhältnismäßigkeit aufgenommen, indem er festlegt,

---

[1005] Vgl. BVerfGE 109, 279.
[1006] Vgl. BeckOK-StPO-*Bär*, § 100g StPO Rn. 9.
[1007] BT-Drs. 14/7008, 7.

4.1 Erhebung der Daten

dass eine Erhebung nur insoweit zulässig ist, wie dies für die Erforschung des Sachverhalts erforderlich ist und die Erhebung der Daten in einem angemessenen Verhältnis zur Bedeutung der Sache steht. Sofern ein Fall des § 100g Abs. 1 S. 1 Nr. 2 StPO – also der Begehung mittels Telekommunikation – vorliegt, darf eine Erhebung nur erfolgen, soweit die Erforschung des Sachverhalts auf andere Weise aussichtslos wäre.

Neben den Daten, die nach § 9 TTDSG gespeichert wurden, kann unter den Voraussetzungen des § 100g Abs. 2 StPO auch auf die nach §§ 175 ff. TKG gespeicherten Vorratsdaten – sofern die Provider diese gespeichert haben – zugegriffen werden. Ein Zugriff auf die Daten ist trotz der erheblichen Zweifel an der Verfassungsmäßigkeit möglich, da die Norm bis zur Aufhebung weiterhin geltendes Recht darstellt. Die Entscheidung des Europäischen Gerichtshof hat keine Bindungswirkung außerhalb des konkreten Vorlageverfahren.

Es kann dabei auf alle Verkehrsdaten zugegriffen werden, die nach § 9 TTDSG gespeichert wurden. Dies betrifft neben den klassischen Verkehrsdaten auch Standortdaten. Zu beachten ist aber jeweils die Höchstspeicherfrist von zehn Wochen für Verkehrsdaten und vier Wochen für Standortdaten aus § 176 Abs. 1 TKG. Selbst wenn der Provider Daten länger gespeichert hat – möglicherweise sogar unter Missachtung der Löschpflicht aus § 176 Abs. 8 TKG – dürfen die Ermittlungsbehörden auf diese Daten nicht zugreifen.

Der § 100g Abs. 2 StPO ist hinsichtlich der rechtlichen Voraussetzungen ähnlich aufgebaut wie der § 100a StPO und § 100b StPO. Es muss erneut ein qualifizierter Anfangsverdacht[1008] für eine in § 100g Abs. 2 S. 2 StPO genannte Katalogstraftat vorliegen. Der Katalog basiert auf dem Straftatenkatalog des § 100b StPO, ist jedoch noch deutlich um weitere Straftatbestände ergänzt worden. Dies führt zu erheblichen Unstimmigkeiten und Wertungswidersprüchen bei der Auswahl der Katalogstraftaten.[1009] So ist zum Beispiel die räuberische Erpressung nach § 255 StGB aber nicht der Raub nach § 249 StGB vom Straftatkatalog erfasst, was systematisch nicht zu begründen ist. Sofern eine Katalogstraftat vorliegt, muss diese aber auch im Einzelfall besonders schwer wiegen. Ferner ist auch hier die Subsidiaritätsklausel zu beachten, nach der eine Erhebung nur dann gestattet ist, soweit die Erforschung des Sachverhalts oder die Ermittlung des Aufenthaltsortes des Beschuldigten auf andere Weise wesentlich erschwert oder aussichtslos wäre und die Erhebung der Daten in einem angemessenen Verhältnis zur Bedeutung der Sache steht. Aufgrund der klaren Entscheidung des Europäischen Gerichtshofes zur deutschen Vorratsdatenspeicherung und der anschließenden Entscheidung vom Bundesverwaltungsgericht stellt der § 100g Abs. 2 StPO keine relevante Eingriffsermächtigung in Strafverfahren mehr da.

Hinsichtlich der Anordnungskompetenz, sowohl für § 100g Abs. 1 StPO als auch für § 100g Abs. 2 StPO, verweist § 101a Abs. 1 StPO grundsätzlich auf den Inhalt des § 100e StPO. Dies bedeutet, dass die Maßnahmen grundsätzlich einem Richtervorbehalt unterliegen und nur auf Antrag der Staatsanwaltschaft angeordnet werden können. Der § 101a Abs. 1 S. 2 StPO erklärt § 100e Abs. 1 S. 2 StPO für unanwendbar auf Anordnungen nach § 100g Abs. 2 StPO, was

---

[1008] Siehe zum „qualifizierten Anfangsverdacht" auch Abschnitt 4.1.3.1.
[1009] Vgl. BeckOK-StPO-*Bär*, § 100g StPO Rn. 39.

4.1.6.2 Verkehrsdatenerhebung bei intelligenten Fahrzeugen

Intelligente Fahrzeuge sind heutzutage alle mit SIM-Karten ausgestattet. Dies schreibt bereits die ecall-Verordnung zwingend vor.[1010] Zwar wird das ecall-System selbst erst in einem Notfall aktiv, die technische Infrastruktur, inklusive der SIM-Karte, wird aber auch für alle anderen Onlinesysteme verwendet. Dies bedeutet, dass auch durchgehend Verkehrsdaten anfallen, da die SIM-Karte spätestens bei jedem Funkzellenwechsel neu beim Mobilfunknetzbetreiber angemeldet werden muss. Die meisten Verkehrsdaten, die das Fahrzeug generiert, sind kaum von Relevanz. Da es zwischen Fahrzeug und Fahrzeughersteller in der Regel feste Kommunikationspartner gibt, ist die Frage, wer kommuniziert hat, von geringer Bedeutung. Aus den reinen Verkehrsdaten kann daher zumeist nur die zusätzliche Information geschlossen werden, wann das Fahrzeug genutzt wurden.

Interessanter kann dagegen vor allem die Erhebung von Echtzeitstandortdaten nach § 100g Abs. 1 S. 4 StPO sein. Damit ist das Fahrzeug, genauer die eingebaute SIM-Karte, in Echtzeit zu überwachen. Es kann dadurch festgestellt werden, in welcher Funkzelle sich die jeweilige SIM-Karte befindet. Die Größe einer Funkzelle variiert je nach Topografie und Bebauungsdichte. Dementsprechend ist auch eine Ortung nur mit dieser (Un)Genauigkeit

---

[1010] Siehe Abschnitt 2.3.1.1.2.

möglich. Aus diesem Grund wird diese Überwachung in der Praxis zumeist nur zur Plausibilisierung und Verifizierung von zusätzlich erhobenen GPS-Daten genutzt.

Sofern eine Überwachung des Standortes mittels Verkehrsdaten angestrebt wird, können auch inaktive Fahrzeuge – welche somit auch keine Verkehrsdaten erzeugen – jederzeit geortet werden, da die Fahrzeugsysteme sich nahezu nie vollständig abschalten, sondern lediglich in Standby gehen. Dazu bedienen sich die Ermittler einer technischen Besonderheit, mit der von außen das Erzeugen von Verkehrsdaten erzwungen werden kann. Die Ermittlungsbehörden schicken an die jeweilige SIM-Karte eine sogenannte „stille SMS", technisch korrekt als „Short Message Type 0" zu bezeichnen. Dieser Typ von SMS ist in der GSM-Spezifikation 03.40[1011] vorgegeben und verpflichtet das Endgerät, den Empfang der Nachricht zu bestätigen, den Inhalt der Nachricht jedoch sofort zu verwerfen. Dies führt dazu, dass der Nutzer vom Empfang dieser Nachricht keine Kenntnis erhält, zugleich aber das Gerät mit der Funkzelle kommuniziert und dadurch Verkehrsdaten, inklusive Standortdaten, anfallen, welche sodann ausgewertet werden können. Lange Zeit war umstritten, aufgrund welcher Ermächtigungsgrundlage das Versenden dieser „stillen SMS" erfolgte und ob dieses Vorgehen überhaupt zulässig sei.[1012] Insbesondere wurde häufig die Telekommunikationsüberwachung aus

---

[1011] *Etsi*, „GSM-Technical-Specification 03.50 Version 5.3.0: July 1996", S. 49, abrufbar unter https://www.etsi.org/deliver/etsi_gts/03/0340/05.03.00_60/gsmts_0340v050300p.pdf zuletzt abgerufen am 21.03.2024.
[1012] Vgl. *Krüger*, ZJS 2012, 606; *Eisenberg/Singelnstein*, NStZ 2005, 62; *Ruhmannseder*, JA 2007, 47.

4.1 Erhebung der Daten

§ 100a StPO als Ermächtigungsgrundlage für das Versenden herangezogen.[1013] Der Bundesgerichtshof hat sich nunmehr aber auf den Standpunkt gestellt, dass das Verschicken einer „stillen SMS" durch § 100i Abs. 1 Nr. 2 StPO abgedeckt ist.[1014] Das anschließende Abrufen der Verkehrsdaten ist dann über § 100g Abs. 1 StPO möglich. Durch das wiederholte Versenden „stiller SMS" und der gleichzeitigen Auswertung der Verkehrsdaten kann damit die SIM-Karte zumindest funkzellengenau überwacht werden.

Zu beachten ist aber auch hier, dass die Fahrzeughersteller nicht verpflichtet sind, die GSM-Spezifikation einzuhalten. Sofern SIM-Karten fest vom Fahrzeughersteller verbaut werden, so zum Beispiel bei Tesla, sind die verbauten GSM-Modems häufig ausschließlich für den Datenverkehr ausgelegt. Eine Kommunikation mittels Sprache oder SMS scheitert in diesen Fällen bereits daran, dass keine Telefonnummer provisioniert ist und es sich um reine Datenkarten handelt. In diesen Fällen können auch keine „stillen SMS" eingesetzt werden – entweder, weil bereits keine Telefonnummer vorhanden ist, an die die SMS geschickt werden könnte, oder aber, weil das GSM-Modem den Empfang ignoriert, weil es nicht für den Empfang von SMS ausgelegt ist. Insbesondere Hersteller, die Wert auf IT-Sicherheit und Datenschutz legen, werden nur Hardware verbauen, die ausschließlich die zwingend notwendige Kommunikation zulässt, um keine unnötigen Einfallstore für Angreifer zu schaffen.

[1013] Vgl. dazu BeckOK-StPO-*Bär*, § 100g StPO Rn. 28.
[1014] BGHSt 63, 82.

Während im Bereich der Gefahrenabwehr eine Echtzeitüberwachung und der Zugriff auf die kurzfristig gespeicherten Verkehrsdaten nach § 9 TTDSG über § 100g Abs. 1 StPO zweckdienlich erscheint, werden repressive Strafverfolgungsbehörden zumeist erst dann aktiv, wenn diese Daten bereits gelöscht sind. Von daher würde sich die Erhebung in diesen Fällen auf die gespeicherten Vorratsdaten nach §§ 175 ff. TKG, auf die mittels § 100g Abs. 2 StPO zugegriffen werden kann, konzentrieren. Aufgrund der nunmehr ergangenen Urteile hinsichtlich der Rechtswidrigkeit der Vorratsdatenspeicherung ist dieser Weg aber bis zu einer möglichen Neuregelung faktisch versperrt. Dabei wären auch hier sind die Standortdaten von besonderem Interesse, da sich damit insbesondere Anfangsverdachtsgrade erhärten lassen, sofern sich das Fahrzeug des Tatverdächtigen in einer Funkzelle in Tatortnähe befunden hat. Auch ist ein grobes Bewegungsprofil des Fahrzeuges, und damit zumeist auch von dessen regelmäßigen Nutzer, für die letzten vier Wochen erstellbar.

Ein besonderes Augenmerk bei der Erhebung der Standortdaten intelligenter Fahrzeuge mittels Verkehrsdaten gebührt aber der Verhältnismäßigkeit. Die mittels Verkehrsdaten ermittelten Standortdaten des intelligenten Fahrzeuges unterscheiden sich dabei zwar technisch nicht von denen von Mobilfunkgeräten, jedoch ist die Eingriffsintensität trotzdem auf einer deutlich höheren Stufe. Selbst wenn sich der Bürger der Erzeugung der Daten durch sein Fahrzeug bewusst sein sollte, so kann er in vielen Fällen nicht so einfach auf sein Fahrzeug verzichten wie beispielsweise auf das Mitführen seines Mobilfunktelefons. Nicht immer stellen öffentliche Verkehrsmittel nutzbare Alternativen für die Mobilität dar. Dies gilt nicht nur für den Straftäter, der

4.1 Erhebung der Daten 321

einen Wohnungseinbruchdiebstahl schwer mit Fahrrad und U-Bahn realisieren kann, sondern auch für alle anderen Bürger, die sich aus legitimen Gründen einer dauerhaften Überwachung durch den Staat entziehen wollen. Daher ist bereits bei der Frage der Erhebung dieser Daten – und nicht erst bei der Verwertung – zu beachten, dass gerade die Überwachung eines Fahrzeuges eine erhöhte Eingriffsintensität darstellt.[1015]

4.1.7 § 100j StPO (Bestandsdatenauskunft)

Neben Verkehrsdaten können auch die Bestandsdaten das Interesse der Ermittlungsbehörde wecken. Der § 100j StPO erlaubt, die Bestandsdaten von Anschlussinhabern bei geschäftsmäßigen Telekommunikationsdienstanbietern zu erheben. Ob auch die Serviceanbieter der Fahrzeuge – zumeist die Fahrzeughersteller selbst – als Telekommunikationsdienstanbieter anzusehen sind, kann an dieser Stelle offenbleiben, da zumindest den realisierenden Netzwerkprovider solch eine Auskunftspflicht trifft und bei diesem entweder direkt die Daten des Halters oder des Fahrzeugherstellers hinterlegt sind. Spätestens über den Fahrzeughersteller ist sodann der Endnutzer zu ermitteln.

An dieser Stelle muss sich aber der geringe praktische Nutzen von Bestandsdaten bei intelligenten Fahrzeugen bewusst gemacht werden. In der Regel wird eine Erhebung von Bestandsdaten unnötig sein, da jedes Fahrzeug in Deutschland sowieso einem Halter zugeordnet ist. Die Ermittlung des Halters über das Kfz-Kennzeichen oder der Fahrgestellnummer stellt in der

---

[1015] Siehe zur besonderen Sensibilität von Standortdaten insbesondere Abschnitt 4.3.1.2.1.

Regel den einfacheren Weg dar, um an die registrieren Daten zu gelangen. Der Umweg über den Serviceanbieter oder Telekommunikationsanbieter ist daher in der Praxis unnötig.

Sinnvoll in Betracht kommt eine Bestandsdatenauskunft nur dann, wenn ausschließlich eine IP-Adresse bekannt sein sollte. Dies ist dann der Fall, wenn das Fahrzeug als solches noch unbekannt ist, was regelmäßig der Fall sein wird, wenn es sich um Taten handelt, die ausschließlich über das Infotainment-System begangen wurden. Dabei wird das Fahrzeug aber nur wie ein normaler Computer genutzt. Diesbezüglich besteht weder ein Zusammenhang zur Eigenschaft als Fahrzeug noch zur eingesetzten künstlichen Intelligenz. Daher zählen für intelligente Fahrzeuge die exakt gleichen Regelungen und Voraussetzungen, wie für alle anderen Computer auch. Eine besondere Sensibilität aufgrund des Einsatzes von künstlicher Intelligenz besteht nicht, sodass an dieser Stelle auf die Auskunft der Bestandsdaten nicht weiter eingegangen werden soll.

4.1.8 § 100k StPO (Erhebung von Nutzungsdaten bei Telemediendiensten)

In Betracht käme auch eine Erhebung von Nutzungsdaten von Telemediendiensten nach § 100k StPO. Die Staatsanwaltschaft Frankfurt am Main hatte beim Landgericht Gießen beantragt, die Mercedes-Benz AG zu verpflichten, Standortdaten eines PKW in Echtzeit herauszugeben. Konkret handelte es sich um GPS-Standortdaten, welche das Fahrzeug in die Cloud der Mercedes-Benz AG in regelmäßigen Abständen hochlädt, damit der Nutzer

4.1 Erhebung der Daten

diese Daten in seiner Handy-App abrufen kann. Das Landgericht gab dem Gesuch der Staatsanwaltschaft statt und stützte seine Entscheidung auf § 100g Abs. 1 StPO in Verbindung mit § 96 TKG a.f. (nunmehr ähnlich in § 9 TTDSG geregelt).[1016] Die anschließend von der Mercedes-Benz AG eingelegte Beschwerde wurde vom Oberlandesgericht Frankfurt am Main verworfen.[1017] Das Oberlandesgericht Frankfurt am Main erkennt zutreffend[1018], dass § 100g StPO keine Anwendung finden kann, da es sich bei den Standortdaten nicht um Verkehrsdaten handelt.

Das Oberlandesgericht Frankfurt am Main stützt die Anordnung aber auf § 100k StPO, da es davon ausgeht, dass es sich um Nutzungsdaten im Sinne von § 15 TMG a.f.[1019] handelt.[1020] Dabei verkennt das Oberlandesgericht jedoch, was unter Nutzungsdaten zu verstehen ist. Das Gericht führt aus, dass Nutzungsdaten die Daten seien, die erforderlich sind, um die Inanspruchnahme von Telemedien zu ermöglichen und abzurechnen.[1021] Die Inanspruchnahme des Mercedes-me-connect-Dienstes setze die Erhebung von GPS-Daten voraus.[1022] Zentrale Dienste, etwa der Navigation und der Ortung, könnten ohne GPS-Daten nicht angeboten werden, so das Oberlandesgericht.[1023]

[1016] Siehe zu § 100g StPO insbesondere Abschnitt 4.1.6.
[1017] OLG Frankfurt a.M. MMR 2022, 141.
[1018] Siehe dazu auch Abschnitt 4.1.6.
[1019] Der nunmehr wesentlich gleichlautend in § 2 Abs. 2 Nr. 3 TTDSG aufgegangen ist.
[1020] OLG Frankfurt a.M. MMR 2022, 141; ähnlich wohl auch BeckOK-StPO-*Bär*, § 100k StPO Rn. 26.
[1021] OLG Frankfurt a.M. MMR 2022, 141.
[1022] OLG Frankfurt a.M. MMR 2022, 141.
[1023] OLG Frankfurt a.M. MMR 2022, 141.

Das Oberlandesgericht Frankfurt am Main überdehnt hier jedoch die Begrifflichkeit der „Erforderlichkeit". Sowohl der alte § 15 TMG als auch der neue § 2 Abs. 2 Nr. 3 TTDSG machen deutlich, auch durch die nicht erschöpfende Aufzählung von Beispieldaten, dass es nur um Daten geht, die für die Nutzung zwingend erforderlich sind. Daten die dagegen zwar für eine „sinnvolle Nutzung" benötigt werden, unterfallen gerade nicht dem Begriff der Nutzungsdaten, sondern sind in der Regel – stärker geschützte – Inhaltsdaten.[1024] Die Anwendung der Mercedes-Benz AG kann gestartet und genutzt werden, auch wenn keine Standortdaten übertragen werden. Das Fahrzeug selbst ist dann zwar nicht zu orten, jedoch sind alle andere Funktionen der Anwendung zu benutzen. Somit sind die Daten für die Nutzung nicht erforderlich, sondern lediglich sinnvoll.

Diese Unterscheidung, welches das Oberlandesgericht verkennt, ist eine typische Unterscheidung im Datenschutzrecht. Denn auch das Kopplungsverbot nach Art. 7 Abs. 4 DSGVO würde es der Mercedes-Benz AG untersagen, die Nutzung der weiteren Funktionen der App davon abhängig zu machen, dass auch die Standortdaten freigegeben werden. Auch hier ist der Grund, dass die Übermittlung der Standortdaten zwar sinnvoll ist, jedoch gerade keine erforderlichen Daten darstellt.

Die Nutzungsdaten im Sinne des § 2 Abs. 2 Nr. 3 TTDSG sind die Minimaldaten, welche für das Betreiben und Abrechnen notwendig sind. Das sind in der Regel die Identifikation des Nutzers, der Beginn und das Ende der Nutzung und welche Telemedien in Anspruch genommen wurden.

[1024] So auch *Ruppert*, StV Spezial 2022, 66 (72).

Das Oberlandesgericht Frankfurt am Main führt ferner an, dass der Wortlaut des § 100k Abs. 1 S. 2 und 3 StPO dafür sprechen würde, dass GPS-Standortdaten erfasst seien, da dort von „Standortdaten" gesprochen wird.[1025] Hier scheint das Oberlandesgericht die Systematik des Normgeflechtes nicht vollständig durchdrungen zu haben. Der § 100k Abs. 1 StPO verweist bei der Definition von Nutzungsdaten auf die Legaldefinition in § 2 Abs. 2 Nr. 3 TTDSG. Schon aus diesem Grund überzeugt nicht, warum gerade der § 100k Abs. 1 S. 2 und 3 StPO eine Modifikation dieser Legaldefinition beabsichtigten sollte. Tatsächlich meint der § 100 Abs. 1 S. 2 und 3 StPO auch ausschließlich „Standortdaten", die zugleich auch „Nutzungsdaten" sind. Das können zum Beispiel Standortdaten sein, welche zu Abrechnungszwecken genutzt werden, beispielsweise weil es unterschiedliche Preismodelle in unterschiedlichen Ländern gibt. Die Ansicht des Oberlandesgerichts Frankfurt am Main, dass dies eine Modifikation des legaldefinierten Begriffs der „Nutzungsdaten" sein könnte, erscheint auch vor diesem Hintergrund kaum vertretbar.[1026]

Dass das Vorgehen des Oberlandesgerichts Frankfurt am Main nicht überzeugen kann, zeigt sich auch dadurch, dass ansonsten jegliche Inhaltsdaten aus dem strengen Schutz des BDSG und der DSGVO gelöst werden können, in dem der Anbieter eines Telemediendienstes seine Software so programmiert, dass Inhaltsdaten für die sinnvolle Nutzung erforderlich werden. So könnte die Software zum Beispiel die Übermittlung der Aufzeichnungen der Innenraumkamera verlangen. Nach der Logik des

---

[1025] OLG Frankfurt a.M. MMR 2022, 141.
[1026] So auch *Ruppert*, StV Spezial 2022, 66 (72).

Oberlandesgerichts wären diese hoch sensiblen Inhaltsdaten sodann Nutzungsdaten und würden nicht mehr den strengen Regelungen der BDSG und der DSGVO unterliegen. Dies würde den Anbietern von Software ermöglichen, hochsensible Daten als Nutzungsdaten zu definieren und diese Daten nach Belieben – im Rahmen des TMG und TTDSG – zu verwerten.[1027]

Die Annahme einer Anwendbarkeit des § 100k StPO stellt eine Umgehung der strengen Anforderungen des § 100b StPO dar. Es gibt in der Praxis auch diesbezüglich keinen Bedarf, da § 100b StPO auch ein Abgreifen von Inhaltsdaten ermöglicht. Der Umstand, dass die Ermittlungsbehörden mit den vom Gesetzgeber aufgestellten Grundsätzen – welche letztendlich auf den verfassungsrechtlichen Vorgaben fußen – unzufrieden sind, kann eine Umgehung der Norm nicht rechtfertigen.

Der § 100k StPO kann daher nur für Daten Anwendung finden, welche Nutzungsdaten nach der Legaldefinition in § 2 Abs. 2 Nr. 3 TTDSG sind. Diese können sodann, wie bei jedem Telemediendienst, angefragt werden. Besonderheiten gibt es bei Daten künstlicher Intelligenz oder intelligenter Fahrzeuge dann nicht.

[1027] So auch *Ruppert*, StV Spezial 2022, 66 (72).

4.1.9 §§ 94 ff.; §§ 102 ff. StPO (Durchsuchung, Sicherstellung und Beschlagnahme)

Eine der ältesten Eingriffsermächtigungen der Strafprozessordnung ist die Durchsuchung und Sicherstellung. Gemäß § 94 Abs. 1 StPO können Gegenstände, die als Beweismittel für die Untersuchung von Bedeutung sein können, sichergestellt werden. Sofern die Gegenstände nicht freiwillig herausgegeben werden, sind diese gemäß § 94 Abs. 2 StPO zu beschlagnahmen. Unter den Begriff des Gegenstandes im Sinne des § 94 StPO fallen nicht nur körperliche Sachen, sondern auch Daten.[1028] Sofern es die Ermittlungsbehörden daher auf die Sicherstellung von Daten abgesehen haben, umfasst die Sicherstellung sowohl den Datenträger als körperlichen Gegenstand als auch die Daten als solches.[1029]

Die Sicherstellung kann sowohl die Daten, die sich im Fahrzeug selbst befinden, als auch jene Daten, die beim Hersteller gespeichert sind, betreffen. Der Hersteller ist demgemäß nach § 95 StPO zur Herausgabe verpflichtet. Zur Auffindung dieser Beweismittel kann der Beschuldigte sowie seine Räume, inklusive seiner Wohnung, gemäß § 102 StPO durchsucht werden. Bei anderen Personen als dem Beschuldigten kann die Durchsuchung nach § 103 StPO durchgeführt werden.

[1028] BVerfG NJW 2007, 3343; MüKo-StPO-*Hauschild*, § 94 StPO Rn. 13; KK-StPO-*Greven*, § 94 StPO Rn. 4; *Kutzner*, NJW 2005, 2652 (2653); *Singelnstein*, NStZ 2012, 593 (596); *Park*, Rn. 875; anders jedoch *Kemper*, NStZ 2005, 538 (541).
[1029] BVerfG NJW 2007, 3343; *Schlanstein*, BZV 2016, 201 (206); *Blechschmitt*, MMR 2018, 361 (364).

4.1.9.1 Rechtliche Voraussetzungen

Sowohl die Durchsuchung als auch die Sicherstellung haben, je nachdem, ob sie beim Verdächtigen oder Nichtverdächtigen durchgeführt werden, unterschiedliche rechtliche Voraussetzungen. Die Durchsuchung beim Beschuldigten richtet sich nach § 102 StPO. Obwohl insbesondere der Wohnraum in Art. 13 GG gesondert vor einer Durchsuchung geschützt ist, sind die Voraussetzungen der Durchsuchung verhältnismäßig gering. Es reicht ein einfacher Anfangsverdacht gegen den Beschuldigten für die Anordnung der Durchsuchung aus. Es muss daher aufgrund tatsächlicher Anhaltspunkte oder kriminalistischer Erfahrungen angenommen werden können, dass der Beschuldigte als Täter oder Teilnehmer einer Straftat in Betracht kommt.[1030] Zweck der Durchsuchung kann entweder das Ergreifen des Verdächtigen sein oder aber das Auffinden von Beweismitteln. Der Begriff des Beweismittels ist hier jedoch weit zu fassen und umfasst nicht nur beschlagnahmefähige Beweismittel, sondern auch Spuren oder Sachen, aus denen Anhaltspunkte für andere Beweismittel erlangt werden können.[1031]

Sofern nicht bei der verdächtigen Person selbst sondern bei jemand Drittes durchsucht werden soll, findet § 103 StPO Anwendung. Anders als § 102 StPO darf hier nicht nach bisher noch unbekannten Beweismitteln durchsucht

---

[1030] BVerfG NStZ 1982, 430; BGH NStZ 2016, 370; KK-StPO-*Diemer*, § 152 StPO Rn. 7; MüKo-StPO-*Peters*, § 152 StPO Rn. 35; Meyer-Goßner/Schmitt-*Schmitt*, § 152 Rn. 4.
[1031] KK-StPO-*Heinrichs/Weingast*, § 102 StPO Rn. 4; BeckOK-StPO-*Hegmann*, § 102 StPO Rn. 5.

4.1 Erhebung der Daten

werden, sondern es muss nach bestimmten Gegenständen gesucht werden.[1032] Es reicht jedoch aus, wenn das Beweismittel nach der Gattung näher bestimmt ist. Das Beweismittel muss nicht in all seinen Einzelheiten bekannt sein.[1033]

Sofern Papiere oder elektronische Speichermedien gesichtet werden sollen, steht die Durchsicht grundsätzlich der Staatsanwaltschaft nach § 110 Abs. 1 StPO zu. Die Durchsicht soll verhindern, dass der gesamte Datensatz bis zum Abschluss des Verfahrens beschlagnahmt wird.[1034] Die Durchsicht der Datenträger auf verfahrensrelevante Daten ist daher Ausfluss des Verhältnismäßigkeitsgrundsatzes und soll die Intensität des staatlichen Zugriffs abmildern und die Missbrauchsgefahr senken.[1035] Die Durchsicht ist nicht nur für örtlich vorhandene Speichermedien vorgesehen, sondern auch räumlich getrennte Speichermedien können nach § 110 Abs. 3 StPO durchgesehen werden, sofern vom Durchsuchungsort auf diese zugegriffen werden kann.

Die Durchsuchung, egal ob beim Beschuldigten oder bei einem Nichtverdächtigen, muss immer dem Verhältnismäßigkeitsprinzip genügen. Dies gilt für den Fall, dass nach § 103 StPO bei einer nichtverdächtigten Person durchsucht wird, in besondere Maße.[1036] Der Grundsatz der Verhältnismäßigkeit gebietet es auch immer zu prüfen, ob nicht vorher ein Herausgabeverlangen nach § 95 StPO durchzuführen ist. Ferner unterliegt die

---

[1032] BGH NStZ 2002, 215; BeckOK-StPO-*Hegmann*, § 103 StPO Rn. 8; KK-StPO-*Heinrichs/Weingast*, § 103 StPO Rn. 5; MüKo-StPO-*Hauschild*, § 103 StPO Rn. 9.
[1033] BVerfG NJW 2003, 2669; BGH NStZ 2000, 154.
[1034] BVerfGE 113, 29.
[1035] BVerfGE 113, 29.
[1036] Vgl. BVerfG NJW 2016, 1645.

Durchsuchung gemäß § 105 Abs. 1 S.1 StPO grundsätzlich dem Richtervorbehalt. Nur bei Gefahr in Verzug darf die Durchsuchung von der Staatsanwaltschaft und ihren Ermittlungspersonen angeordnet werden.

Sofern Beweismittel während der Durchsuchung entdeckt wurden, können diese nach § 94 Abs. 1 StPO sichergestellt werden. Ausreichend ist, dass das Beweismittel mittelbar oder unmittelbar für die Begehung einer Tat Beweis erbringen kann oder für den Straffolgenausspruch Beweisbedeutung haben kann.[1037] Ein konkreter Tatverdächtiger muss noch nicht bestimmt worden sein, es reicht aus, dass ein Anfangsverdacht dahingehend besteht, dass eine verfolgbare Straftat begangen wurde.[1038] Auch die Sicherstellung muss verhältnismäßig sein. Die amtliche Ingewahrsamnahme muss in einem angemessenen Verhältnis zur Schwere der Tat und zur Stärke des Tatverdachts stehen und für die Ermittlungen notwendig sein.[1039] Der Gewahrsamsinhaber hat die Sache an die Behörde gemäß § 95 StPO herauszugeben. Werden die Gegenstände nicht freiwillig herausgegeben, erfolgt die Sicherstellung durch eine Beschlagnahme nach § 94 Abs. 2 StPO. Die Herausgabepflicht nach § 95 StPO trifft jedoch aufgrund des nemo-tenetur-Grundsatzes nicht den Beschuldigten selbst.[1040] In allen Fällen sind die Beschlagnahmeverbote nach § 97 StPO zu beachten.

Sofern die Sachen beschlagnahmt werden müssen, richtet sich das Verfahren nach § 98 StPO. Die Beschlagnahme kann nur durch ein Gericht und bei

---

[1037] BeckOK-StPO-*Gerhold*, § 94 StPO Rn. 5.
[1038] BVerfG NStZ-RR 2004, 143.
[1039] Vgl. BVerfG NJW 1966, 1603;
[1040] KK-StPO-*Greven*, § 95 StPO Rn. 2

Gefahr in Verzug auch durch die Staatsanwaltschaft und ihre Ermittlungspersonen angeordnet werden. Werden Gegenstände ohne gerichtliche Anordnung beschlagnahmt, soll von den Ermittlungsbehörden gemäß § 98 Abs. 2 S. 1 StPO binnen drei Tage die rechtliche Bestätigung beantragt werden. Unabhängig von dieser Vorschrift kann der Betroffene jederzeit die gerichtliche Entscheidung nach § 98 Abs. 2 S. 2 StPO beantragen.

4.1.9.2 Durchsuchung und Sicherstellung bei intelligenten Fahrzeugen

Bei intelligenten Fahrzeugen kommen grundsätzlich die Beschlagnahme der Daten direkt am Fahrzeug oder im Rechenzentrum der Fahrzeugherstellers in Betracht. Diesbezüglich gilt es besondere Umstände bei der Durchsuchung und Sicherstellung zu berücksichtigen.

4.1.9.2.1 Durchsuchung und Sicherstellung unmittelbar am Fahrzeug

Eine Vielzahl an Daten wird unmittelbar im Fahrzeug gespeichert.[1041] In diesem Fall wird es zumeist angezeigt sein, dass nicht nur die Datenträger, sondern das gesamte Fahrzeug nach § 94 StPO beschlagnahmt wird. Die Beschlagnahme des Fahrzeuges bietet sich einerseits an, da die Datenträger meist fest mit der Bordelektronik verbaut sind, und andererseits, weil häufig das Fahrzeug zum Auslesen der Datenträger benötigt wird. Sofern sich das

---
[1041] Siehe Abschnitt 2.2.3.2.

Fahrzeug auf einem privaten Grundstück, zum Beispiel einer Garage, befindet, ist ein entsprechender Durchsuchungsbeschluss bezüglich des Grundstückes notwendig.[1042] Sollen dagegen tatsächlich nur gezielt die Daten beziehungsweise der Datenträger im Fahrzeug sichergestellt werden, muss ein Durchsuchungsbeschluss für das konkrete Fahrzeug existieren. Im Einzelfall muss der Durchsuchungsbeschluss daher sowohl die Wohnräume, inklusive Nebenräume sowie die Garage, umfassen als auch die Fahrzeuge des Beschuldigten. Je nachdem, ob das Fahrzeug dem Tatverdächtigen zugeordnet werden kann oder nicht, richtet sich die Durchsuchung nach § 102 StPO oder § 103 StPO. Alle Sachen, die im Besitz, Gewahrsam oder Mitgewahrsam des Verdächtigen stehen und sich in seinem Einflussbereich befinden, sind ihm zuzuordnen.[1043] Für die Zuordnung kommt es weder darauf an, ob der Beschuldigte Eigentümer ist, noch, ob er befugt das Fahrzeug nutzt.[1044] Für die Zuordnung entscheidend sind allein die faktischen Verhältnisse.[1045] Im Rahmen der Verhältnismäßigkeit ist hier zu beachten, dass mit der Beschlagnahme nicht nur in das Recht auf informationelle Selbstbestimmung eingegriffen wird, sondern auch in das Eigentumsrecht am Fahrzeug selbst, sofern das Fahrzeug beschlagnahmt wird.

[1042] Siehe Abschnitt 3.3.2.2.
[1043] Vgl. BGH wistra 2007, 28; BeckOK-StPO-*Hegmann*, § 102 StPO Rn. 12; Meyer-Goßner/Schmitt-*Köhler*, § 102 Rn. 10.
[1044] Vgl. Meyer-Goßner/Schmitt-*Köhler*, § 102 Rn. 7; BeckOK-StPO-*Hegmann*, § 102 StPO Rn. 8.
[1045] LG Bremen StV 2006, 571; MüKo-StPO-*Hauschild*, § 102 StPO Rn. 25.

4.1.9.2.2 Durchsuchung und Sicherstellung beim Fahrzeughersteller

Häufig bietet sich auch ein unmittelbarer Zugriff auf die Daten beim Fahrzeughersteller an. Dies ist nicht nur dann angezeigt, wenn der Standort des Fahrzeuges unbekannt ist, sondern auch, wenn sich beim Hersteller größere Datenmengen erhofft werden, insbesondere von Daten, die weiter in die Vergangenheit reichen. Der Zugriff auf die Daten beim Fahrzeughersteller kann dabei auf unterschiedliche Art und Weise erfolgen.

Unter anderem könnten die Ermittlungsbehörden einen physischen Zugriff auf die Datenträger in den Rechenzentren der Fahrzeughersteller anstreben. Sofern sich die Rechenzentren in Deutschland befinden, können die Ermittlungsbehörden unmittelbar auf die Daten zugreifen, bei ausländischen Rechenzentren ist entsprechend der Rechtshilfeweg zu beachten.[1046]

Grundsätzlich ist für das konkrete Rechenzentrum, in dem die Daten vermutet werden, ein Durchsuchungsbeschluss notwendig. Dabei ist besonders darauf zu achten, dass die Daten so konkret wie möglich zu bezeichnen sind, um die Intensität des Eingriffes für den Fahrzeughersteller wie auch für alle anderen Kunden so gering wie möglich zu halten. Eine vollständige Beschlagnahmung aller Datenträger im Rechenzentrum wird regelmäßig bereits aus den Grundsätzen der Verhältnismäßigkeit unzulässig sein, auch wenn eine

---

[1046] Zu den Schwierigkeiten von im Ausland gespeicherten Daten und deren hier eingeschränkten Berücksichtigung siehe auch Abschnitt 2.3.2.

Konkretisierung der gesuchten Daten schwierig sein kann.[1047] Zum Teil ist eine konkrete physische Bestimmung der gespeicherten Daten gar nicht möglich, da einzelne Datensätze über mehrere Rechenzentren verteilt sind.[1048]

In der Regel ist ein Durchsuchungsbeschluss gegen den Fahrzeughersteller jedoch nicht notwendig und nach dem Verhältnismäßigkeitsprinzip auch nicht angezeigt. Da es sich beim Fahrzeughersteller, beziehungsweise dessen Mitarbeiter, regelmäßig nicht selbst um Beschuldigte im Strafverfahren handelt, trifft den Hersteller nach § 95 StPO eine Herausgabepflicht der Daten. Für den Fall, dass der Hersteller die Daten nicht freiwillig herausgibt, können Zwangsmittel nach §§ 95 i.V.m. 70 StPO verhängt werden. In der Regel wird daher eine tatsächliche Durchsuchung im Sinne des § 103 StPO beim Hersteller nicht notwendig sein. Die Sicherstellung von Daten beim Hersteller ähnelt viel mehr regelmäßig der Postbeschlagnahme nach § 99 StPO, bei der ebenfalls nicht beim Postunternehmen durchsucht wird und auch kein entsprechender Durchsuchungsbeschluss notwendig ist.[1049] Für die anschließende Sichtung dieser Daten ist dann jedoch immer ein gesonderter Durchsuchungsbeschluss für den Datenträger und deren Daten – dann nach § 102 StPO – notwendig sowie die Beachtung des § 110 StPO.

Der § 110 Abs. 1 StPO schreibt vor, dass die Durchsicht von Papieren grundsätzlich der Staatsanwaltschaft zusteht. Der Begriff der Papiere ist aufgrund des Schutzes der Geheimsphäre weit auszulegen, und es sind auch

---

[1047] Vgl. BVerfGE 113, 29; *Basar/Hiéramente*, NStZ 2018, 681 (682).
[1048] Siehe dazu auch Abschnitt 2.3.2.
[1049] So auch *Wicker*, MMR 2013, 765 (768).

Unterlagen unter dem Begriff der Papiere im Sinne des § 110 Abs. 1 StPO zu verstehen, die nicht in Papierform vorhanden sind, sondern in elektrischen Systemen gespeichert sind, wie auf Festplatten, DVDs, USB-Sticks oder anderen Datenträgern.[1050] Maßgeblich kommt es darauf an, dass es sich um Dokumente handelt, welche aufgrund ihres Gedankeninhalts Bedeutung haben.[1051] Die Durchsicht muss nicht am Ort der Durchsuchung stattfinden, sondern erlaubt auch die vorläufige Sicherstellung zur anschließenden Durchsicht.[1052]

4.1.9.2.3 Durchsicht mittels Fernzugriffs

Das Durchsichtsrecht nach § 110 StPO beschränkt sich aber nicht nur auf physisch vorhandene Datenträger, sondern § 110 Abs. 3 StPO erlaubt auch die Durchsicht von räumlich getrennten Speichermedien, soweit deren Datenverlust ansonsten zu befürchten wäre. Eine Gefahr des Verlustes der Daten ist regelmäßig zu bejahen, da spätestens mit Abschluss der räumlichen Durchsuchung eine Löschung der Daten durch den Beschuldigten zu befürchten ist.[1053] Die Onlinesichtung nach § 110 Abs. 3 StPO setzt voraus, dass ein Zugriff auf den räumlich getrennten Datenträger von einem Speichermedium am Durchsuchungsort aus möglich ist.

[1050] BVerfG NStZ 2002, 377; BGH NStZ 2003, 670; KK-StPO-*Heinrichs/Weingast*, § 110 StPO Rn. 2.
[1051] MüKo-StPO-*Hauschild*, § 110 StPO Rn. 6; KK-StPO-*Heinrichs/Weingast*, § 110 StPO Rn. 2.
[1052] BVerfGE 124, 43; BGH NStZ 2003, 670; Meyer-Goßner/Schmitt-*Köhler*, § 110 Rn. 2a.
[1053] Vgl. *Mielchen*, SVR 2014, 81 (86).

Bei Daten intelligenter Fahrzeuge ist das Fahrzeug häufig selbst das zugriffserlaubende IT-System. Viele Hersteller erlauben aber den Zugriff auf Daten des Fahrzeuges, oder gar auf das Fahrzeug selbst, auch über externe Software, insbesondere mittels Apps für Smartphones.[1054] Mit den richtigen Zugangsdaten kann sich so auf die Server des Herstellers eingeloggt werden und so eine Vielzahl an Daten abgerufen werden wie zum Beispiel Standort des Fahrzeuges oder letzte Navigationsziele.

Auch aus dem Fahrzeug direkt können eine Vielzahl an insbesondere historischen Daten vom Server der Hersteller heruntergeladen werden. In vielen Fällen handelt es sich um Daten, die möglicherweise auch selbst im Fahrzeug gespeichert werden, aber viel schneller und deutlich übersichtlicher aufbereitet auf den Servern der Hersteller liegen, weil dieser Zugriffsweg auch für den Kunden selbst vorgesehen ist. Schon aus diesem Grund kann es sich anbieten, mittels Onlinedurchsicht nach § 110 Abs. 3 StPO die gespeicherten Daten zu sichten, anstatt die Daten selbst physisch auszulesen und zeitaufwendig aufzubereiten.

Der Zugriff auf diese Daten ist entweder mittels Zugangsdaten gesichert oder unmittelbar mit dem Schlüssel des Fahrzeuges verbunden. Am Durchsuchungsort aufgefundene Passwörter dürfen genutzt werden, um Zugangshindernisse und Verschlüsselungen auf dem räumlich getrennten Speichermedium zu umgehen.[1055] Sofern ein Fahrzeugschlüssel für den

---

[1054] Vgl. zum Beispiel https://www.tesla.com/de_DE/support/tesla-app zuletzt abgerufen am 21.03.2024.
[1055] KK-StPO-*Heinrichs/Weingast*, § 110 StPO Rn. 8.

Zugang notwendig ist, darf auch solch ein gefundener Schlüssel verwendet werden. Der Beschuldigte darf aber nach dem nemo-tenetur-Grundsatz nicht zur Bekanntgabe von Zugangsdaten oder Aufbewahrungsorten von Schlüsseln gezwungen werden.[1056]

Telekommunikationsanbieter können jedoch über § 100j Abs. 1 S. 2 StPO zur Herausgabe von Zugangsdaten verpflichtet werden. Dabei ist aber zu beachten, dass die Fahrzeughersteller als Service- und Dienstanbieter regelmäßig keine Telekommunikationsanbieter im Sinne des TKG sind. Stattdessen sind die Fahrzeughersteller als Telemedienanbieter einzustufen. Eine entsprechende Herausgabepflicht für Telemedienanbieter findet sich seit dem 01.12.2021 aber auch für Telemediendienstanbieter in § 23 TTDSG. In der Praxis wird diese Herausgabepflicht, egal ob beim Telekommunikationsanbieter oder bei Anbietern von Telemedien, jedoch ins Leere gehen, da Art. 32 Abs. 1 lit. a DSGVO die Dienstanbieter verpflichtet, die personenbezogenen Daten zu pseudonymisieren und zu verschlüsseln. Die Schutzmaßnahme ist gemäß Art. 32 DSGVO jeweils nach dem aktuellen Stand der Technik zu ergreifen. Für Zugangsdaten und Passwörter bedeutet dies, dass diese heutzutage meist nur in modifizierter Form (als sogenannter „Hash") vorliegen. Vereinfacht gesagt, wird das Passwort mittels kryptographischer Hashfunktion (zum Beispiel BLAKE oder SHA-2) in einen Hash-Wert umgewandelt.[1057] Jedes Passwort generiert jedes Mal wieder den gleichen Hash-Wert, aus dem Hash-Wert kann aber nicht auf das Passwort zurückgeschlossen werden. Beispielsweise können die zwei Primzahlen 99859 und 88007 multipliziert

---

[1056] Siehe dazu insbesondere Abschnitt 3.3.6.
[1057] *Erbguth*, MMR 2019, 654 (655).

werden und ergeben den Hash-Wert 8788291013.[1058] Aus dem Ergebnis kann jedoch nicht wieder zurück auf die einzelnen Primzahlen geschlossen werden. Ein Hash ist daher keine Verschlüsselung im klassischen Sinne, sondern dient vielmehr nur der Identifizierung und ist daher eher mit einem Fingerabdruck zu vergleichen.[1059] Bei der Passworteingabe durch den Benutzer wird das Passwort in einen Hash-Wert umgewandelt und mit dem hinterlegten Hash-Wert verglichen. Sind die beiden Werte identisch, kann mit an Sicherheit grenzender Wahrscheinlichkeit davon ausgegangen werden, dass das richtige Passwort eingegeben wurde. Durch den Umstand, dass ein Hash-Wert mehrere Passwörter darstellen kann, ist eine Rückumwandlung technisch jedoch nicht möglich. In früherer Zeit wurden daher ganze Wörterbücher gehasht (sogenannten „Rainbow Tables"), um anhand des Vergleiches der Hashwerte auf das richtige Passwort schließen zu können.[1060] In modernen Hashverfahren werden die Passwörter daher mit individuellen zusätzlichen Zeichenfolgen versehen (sogenannten „Salts"), wodurch die Hash-Werte für jeden Benutzer einzigartig sind und auch mittels „Rainbow Tables" nicht mehr zu erahnen sind.[1061]

Da die Passwörter somit nur noch als Hash-Wert hinterlegt sind, kennt auch der Anbieter selbst das Passwort des Benutzers nicht mehr. Er kann daher auch über § 100j Abs. 1 S. 2 StPO lediglich den, für die Ermittlungsbehörden unbrauchbaren, Hash-Wert herausgeben. Die Herausgabepflicht von

---

[1058] Beispiel nach *Erbguth*, MMR 2019, 654 (655).
[1059] *Erbguth*, MMR 2019, 654 (655).
[1060] *Stapleton*, S. 101.
[1061] *Stapleton*, S. 102.

Zugangsdaten geht in der Praxis somit fehl, da ein DSGVO-konformer Anbieter die Zugangsdaten selbst gar nicht im Klartext gespeichert hat.

Sofern eine Herausgabe der Zugangsdaten nicht möglich ist, ist strittig, inwieweit die Ermittlungsbehörden auch selbstständig Passwörter durch Ausprobieren erraten dürfen (sogenanntes „Brute-Forcing"). Teilweise wird darin ein gravierender, verdeckter Eingriff in die Integrität des externen informationstechnischen Systems – hier das des Herstellers – gesehen.[1062] Demnach sei bei § 110 Abs. 3 StPO über den Wortlaut hinaus die Einschränkung angezeigt, dass es sich um einen rechtmäßigen oder befugten Zugriff handeln muss, da die Maßnahme sonst nicht mehr als offene Ermittlungsmaßnahme angesehen werden könne.[1063] Von solch einem befugten Zugriff könne nicht gesprochen werden, wenn die Zugangsdaten mittels „Brute-Forcing" erraten werden, sondern nur dann, wenn der Berechtigte diese freiwillig herausgibt.[1064] Darüber hinaus würde § 100j Abs. 1 S. 2 StPO die Herausgabe der Zugangsdaten durch den Anbieter abschließend regeln und ein „Brute-Forcing"-Angriff würde die Voraussetzungen der Norm umgehen.[1065]

Gegen solch eine Einschränkung spricht jedoch, dass das Erraten von Zugangsdaten auch bei einer physischen Sicherstellung rechtmäßig wäre.[1066] Das Überwinden von Zugangshindernissen macht die offene Durchsicht noch

---

[1062] *Brodowski/Eisenmenger*, ZD 2014, 119 (123).
[1063] Vgl. *Brodowski/Eisenmenger*, ZD 2014, 119 (123).
[1064] Vgl. *Brodowski/Eisenmenger*, ZD 2014, 119 (123).
[1065] BeckOK StPO-*Graf*, § 100j StPO Rn. 16.
[1066] BeckOK-StPO-*Hegmann*, § 110 StPO Rn. 18; *Zerbes/El-Ghazi*, NStZ 2015, 425 (431).

nicht zu einer geheimen Durchsuchung.[1067] Das Überwinden des Zugangshindernisses entspricht viel mehr einem unmittelbaren Zwang zur Durchsetzung der Durchsuchung. Die Durchsuchungskräfte würden einen physisch abgesperrten Raum innerhalb des Durchsuchungsobjektes ebenfalls notfalls mit Gewalt aufbrechen.[1068] Es macht hier keinen Unterschied, ob ein Zugangshindernis eines physischen Raumes oder eines virtuellen Raumes im Rahmen der rechtmäßigen Durchsuchung überwunden wird.[1069] Sofern auf die Herausgabepflicht nach § 100j Abs. 1 S. 2 StPO verwiesen wird, kann diese Regelung nicht als abschließend für jegliche Überwindung von Zugangsdaten angesehen werden. § 100j Abs. 1 S. 2 StPO regelt ausschließlich das Anfordern von Zugangsdaten beim Anbieter und trifft keine Aussage zur sonstigen Umgehung der Zugangsdaten. Würde dies anders gesehen werden, dürften beispielsweise auch sonstige gefundene Zugangsdaten im Rahmen einer Durchsuchung nicht genutzt werden. Das Vorgehen über § 100j Abs. 1 S. 2 StPO regelt somit nur eine Möglichkeit, an Zugangsdaten zu gelangen, ist jedoch nicht als abschließende Regelung anzusehen.

Durch das Überwinden des Zugangssystems mittels Erratens der Zugangsdaten wird auch nicht in die Integrität des IT-System des Fahrzeugherstellers eingegriffen, da sich der Zugriff auch weiterhin ausschließlich auf die Daten beschränkt, welche demjenigen zugeordnet sind, auf dem der Durchsuchungsbeschluss lautet. Der Zugriff mit einem erratenen Passwort ist daher nicht eingriffsintensiver als mit einem gefundenen Passwort. Dieser

---

[1067] *Obenhaus*, NJW 2010, 651 (653).
[1068] So auch *Zerbes/El-Ghazi*, NStZ 2015, 425 (431); *Obenhaus*, NJW 2010, 651 (653).
[1069] *Zerbes/El-Ghazi*, NStZ 2015, 425 (431).

4.1 Erhebung der Daten

wesentliche Punkt unterscheidet auch die offen durchgeführte Onlinesichtung nach § 110 Abs. 3 StPO von der heimlichen Onlinedurchsuchung nach § 100b StPO. Während bei § 100b StPO ein IT-System vollständig übernommen und durchsucht wird, beschränkt sich der Zugriff über § 110 Abs. 3 StPO auf die Daten, auf die der Benutzer am Ort der Durchsuchung sowieso – unabhängig vom Eigentümer des IT-Systems – jederzeit zugreifen könnte. Die Durchsuchungskräfte verhalten sich bei § 110 Abs. 3 StPO nicht anders als der berechtigte Nutzer. Somit ist auch das Erlangen der Zugangsdaten mittels „Brute-Forcing" zulässig, wobei in der Praxis diese Methode keine erhebliche Relevanz mehr hat, da ein „Brute-Force"-Schutz zur Basisabsicherung eines modernen IT-Systems gehört. Ein IT-System eines Fahrzeugherstellers, welches den Zugang nicht ab einer gewissen Anzahl an Fehlversuchen sperrt, ist heutzutage kaum denkbar.

Festzuhalten bleibt, dass der Zugriff über § 110 Abs. 3 StPO auf die Daten des Fahrzeugherstellers häufig der schnellste und effektivste Weg ist, sofern es sich um Daten handelt, die der Fahrzeughersteller seinen Benutzern sowieso zur Verfügung stellt. Nicht völlig unerwähnt bleiben soll an dieser Stelle aber auch die theoretisch denkbare Möglichkeit, dass mittels Manipulation des Fahrzeuges die Ermittlungsbehörden sogar mehr Daten erhalten können als der eigentliche Fahrzeugnutzer. So wäre es denkbar, dass das Fahrzeug mittels Aufspielens von speziell angepasster Software dahingehend manipuliert wird, dass es möglichst alle Daten von den Servern des Herstellers herunterlädt, auf die es theoretisch Zugriff hat, auch wenn dem Nutzer durch die Software des Herstellers selbst der Zugriff darauf verweigert werden würde.

Zur Veranschaulichung ein vereinfachtes Beispiel: Es ist denkbar, dass dem Nutzer aufgrund der Übersichtlichkeit lediglich die letzten zehn Navigationsziele auf dem Display angezeigt werden, obwohl vom Hersteller theoretisch deutlich mehr historische Fahrten übertragen werden würden. Das Fahrzeug könnte sodann dahingehend manipuliert werden, dass es nicht nur die letzten zehn Fahrten abruft, sondern alle Fahrten, die der Server des Herstellers ihm zur Verfügung stellt. Anschließend werden die älteren Fahrten, die das Fahrzeug selbst nicht anzeigt, manuell aus dem Speicher des Fahrzeuges gelesen.

Dieses vereinfachte Beispiel kann für eine Vielzahl an Daten gelten und es ist jeweils herstellerspezifisch, inwieweit mehr Daten abgefragt werden können als eigentlich vom Hersteller vorgesehen. Solch ein Vorgehen setzt aber eine so umfassende Kenntnis der konkreten Software, sowohl der Serversoftware in den Rechenzentren als auch der Software im Fahrzeug, voraus, dass dieses Zugriffsszenario meist nur rein theoretischer Natur bleibt und sich in der Praxis nicht anbietet.[1070] Rechtsdogmatisch müsste ferner im Einzelfall betrachtet werden, wie weit das ursprüngliche zugriffsberechtigte System – hier das Fahrzeug – durch die Software manipuliert wird, und ob dies noch von § 110 Abs. 3 StPO abgedeckt ist oder ob nicht ein Fall des § 100b StPO vorliegt. Eine Umwandlung des zugriffsberechtigten Systems zu einem eigenen „Hacker-Werkzeug", um so in die IT-Infrastruktur des Herstellers zu gelangen, wird jedenfalls nicht mehr von § 110 Abs. 3 StPO abgedeckt sein.

[1070] Siehe zur Problematik der individuellen Fahrzeugsoftware auch Abschnitt 2.3.2.

4.1 Erhebung der Daten 343

In der Praxis wird sich daher darauf beschränkt werden müssen, die Daten auszulesen, die der Hersteller auch selbst seinem Kunden zur Verfügung stellt. Dies kann in vielen Fällen aber ausreichen, um einen Tatverdacht zu erhärten oder weitere Ermittlungsansätze aufzuzeigen.

4.1.9.2.4 Entschlüsselung der sichergestellten Daten

Sofern nicht auf Daten zugegriffen wird, die vom Hersteller für den Fahrzeugnutzer sowieso aufbereitet werden, sondern auf Daten, die lediglich für den internen, sei es fahrzeug- oder rechenzentren-internen, Gebrauch bestimmt sind, werden diese Daten – wie aufgezeigt – meist nur verschlüsselt vorliegen. Der Hersteller ist über § 95 StPO nur verpflichtet, die Daten so herauszugeben, wie er sie selbst vorhält. Eine Bearbeitung oder Umwandlung in eine für den Menschen lesbare Form wird nicht von § 95 StPO verlangt. Das heißt, die Beschlagnahme der Datenträger bringt den Ermittlungsbehörden in den meisten Fällen erst einmal nur verschlüsselte Daten. Höchstfraglich ist, inwieweit die Fahrzeughersteller verpflichtet sind, bei der Aufarbeitung und gegebenenfalls Entschlüsselung der Daten mitzuhelfen.

Es wird zum Teil versucht, eine solche Mitwirkungspflicht aus der Zeugenpflicht der Mitarbeiter der Fahrzeughersteller zu konstruieren.[1071] Dabei soll sich dies nicht nur auf Auskünfte zu Passwörtern beschränken, sondern auch das Bedienen von Programmen zur Auswertung umfassen.[1072]

[1071] So zum Beispiel KK-StPO-*Greven*, § 94 StPO Rn. 4c; MüKo-StPO-*Hauschild*, § 94 StPO Rn. 12.
[1072] KK-StPO-*Greven*, § 94 StPO Rn. 4c.

Dieser Ansatz geht aber weit über die vom Gesetz vorgesehenen Pflichten als Zeugen hinaus. Ein Zeuge hat nämlich grundsätzlich nur die Aufgabe und Pflicht, seine Wahrnehmungen über Tatsachen durch Aussage kundzugeben.[1073] Das aktive Helfen bei der Entschlüsselung hat keinerlei Anknüpfungspunkte mehr mit einer eigenen Wahrnehmung durch den Zeugen. Stattdessen soll hier die besondere technische Expertise des Zeugen genutzt werden, um technische Hürden zu überwinden. Dies ist jedoch eine Aufgabe, die in den Bereich des Sachverständigenbeweises fällt und nicht Aufgabe eines Zeugen sein kann.

Zum Teil wird daher auch angenommen, dass diese Problematik dadurch umgangen werden kann, dass ein unabhängiger Sachverständiger beauftragt und ein Ingenieur des Kfz-Herstellers lediglich als sachverständiger Zeuge nach § 85 StPO herangezogen wird.[1074] Diese Ansätze verkennen jedoch ebenfalls, dass es für den Ingenieur keine Pflicht gibt, die Verschlüsselung aufzuheben. Bereits die Einordnung als (sachverständiger) Zeuge erscheint fraglich, da der Ingenieur gerade keine eigenen vergangenen Wahrnehmungen kundtun soll. Im Zivilrecht wird zum Teil vertreten, dass ein Fahrzeughersteller über §§ 142, 144 ZPO zur Mitwirkung an der Entschlüsselung gezwungen werden kann.[1075] Unabhängig von der Frage, ob diese weite Auslegung der §§ 142, 144 ZPO zutreffend ist, fehlen entsprechende Normen im Strafprozessrecht. Ein unbeteiligter Dritter kann in einem Strafverfahren nicht dazu gezwungen werden, sein Fachwissen oder

---

[1073] Vgl. RGSt 52, 289; Meyer-Goßner/Schmitt-*Schmitt,* Vor. § 48 Rn. 1; MüKo-StPO-*Maier,* Vor. § 48 StPO Rn. 1.
[1074] *Schlanstein,* BZV 2016, 201 (206).
[1075] *Balzer/Nugel,* NJW 2016, 193 (199); *Brockmann/Nugel,* zfs 2015, 64 (69).

4.1 Erhebung der Daten

seine Fähigkeiten den Ermittlungsbehörden zur Verfügung zu stellen. Die Zwangsverpflichtung eines Ingenieurs des Kfz-Herstellers zur Entschlüsselung solcher Fahrzeugdaten ist daher im Strafprozess nicht möglich.[1076]

Sofern die Ermittlungsbehörden daher die Daten entschlüsseln wollen, muss dies entweder durch eigene IT-Fachkräfte versucht werden oder ein externer Sachverständiger herangezogen werden. Zur Unterstützung dürfen dabei auch die notwendige Software und Werkzeuge zum Entschlüsseln dieser Daten beim Hersteller sichergestellt werden.[1077] Darunter kann grundsätzlich auch der Schlüssel zum Entschlüsseln fallen. Regelmäßig werden diese hochsensiblen Schlüssel aber im laufenden Betrieb nur im flüchtigen Speicher der Serversysteme vorgehalten. Die Frage, ob und wo Sicherungskopien dieser Schlüssel existieren, wird meist nur schwer zu klären sein. Denkbar wäre zwar, mittels Zeugenbefragungen, zu recherchieren, wo sich die jeweiligen Schlüssel befinden, zu beachten ist aber auch hier, dass Zeugen zwar zur wahrheitsgemäßen Auskunft verpflichtet sind, aber nicht dazu verpflichtet werden können, selbst weitere Nachforschungen zu betreiben. Daher kann auch ein Vorstandsvorsitzender oder Geschäftsführer – der regelmäßig die konkreten IT-Abläufe nicht kennen wird – nicht dazu gezwungen werden, herauszufinden, wer in seinem Unternehmen diese Kenntnis hat.

Erfahrungsgemäß werden entsprechende Schlüssel aus Sicherheitsgründen auch an anderen physischen Orten aufbewahrt als die eigentlichen Daten. Da

---

[1076] So im Ergebnis auch *Schlanstein*, BZV 2016, 201 (207).
[1077] LG Trier NJW 2004, 869, 870.

es sich beim Fahrzeughersteller jedoch um einen unverdächtigen Dritten handelt, ist eine Durchsuchung nur nach § 103 Abs. 1 StPO möglich. Solch eine Durchsuchung setzt jedoch voraus, dass es tatsächliche Anhaltspunkte dafür gibt, dass sich die gesuchten Gegenstände in den zu durchsuchenden Räumen befinden. Daran scheitert es aber bereits, wenn völlig unklar ist, ob und wo entsprechende Schlüssel sich befinden können. Faktisch wird die Beschlagnahme von verschlüsselten Daten gegen den Willen des Herstellers selten Aussicht auf Erfolg haben, da eine Entschlüsselung ohne Kooperation des Herstellers nicht möglich sein wird. Der potenzielle Beweiswert der verschlüsselten Daten ergibt sich daher nur aus der vagen Hoffnung, dass der Schlüssel anderweitig erlangt oder die Verschlüsselung insgesamt umgangen werden kann. Bei der Durchsuchung bei einer nicht verdächtigen Person, die selbst keinen Anlass zu den Ermittlungsmaßnahmen gegeben hat, sind besonders hohe Anforderungen bei der Verhältnismäßigkeitsprüfung zu stellen.[1078] Bei einem solch ungewissen Beweiswert der Daten kann ein grundrechtsintensiver Eingriff bei einem Dritten nach § 103 Abs. 1 StPO nicht begründet werden. Bereits dieser Umstand kann daher die Durchsuchung und Beschlagnahme beim Hersteller im Einzelfall unverhältnismäßig erscheinen lassen.

Auf eine freiwillige Zusammenarbeit mit den Fahrzeugherstellern kann in vielen Fällen nicht gesetzt werden. Der Datenschutz ist heutzutage ein eigenes Verkaufsargument. In der Vergangenheit hat die Automobilindustrie regelmäßig, selbst bei tödlichen Verkehrsunfällen, eine Zusammenarbeit mit

---

[1078] BVerfG NJW 2007, 1804.

4.1 Erhebung der Daten

Ermittlungsbehörden abgelehnt.[1079] Sofern Hersteller oder Carsharing-Anbieter vereinzelt doch einmal Daten herausgegeben haben, führte dies regelmäßig zu kritischen Nachfragen der Datenschutzbehörden beim Hersteller und zu einer erheblich negativen Medienberichterstattung.[1080] Die Kunden erwarten heutzutage (daten-)sichere Systeme und ein Hersteller, der zu freizügig die Daten mit den Ermittlungsbehörden teilt, wird häufig nicht langfristig am Markt bestehen können. Im Smartphonebereich sind die Hersteller mittlerweile sogar dazu übergegangen, die Systeme so zu verschlüsseln, dass sie faktisch vom Hersteller selbst auch nicht mehr entschlüsselt werden können.[1081] Die Schlüssel liegen nur noch in einem speziellen Sicherheitschip auf dem Mobilgerät in einer Sicherheitsenklave.[1082] Damit entziehen sich die Hersteller auch selbst der Gefahr, dass Repressalien bei mangelnder Kooperation gegen sie ausgesprochen werden können. Datenschutz ist heutzutage ein eigenes Verkaufsargument für elektronische Konsumgüter.

4.1.9.2.5 Zwischenergebnis

Festzuhalten bleibt somit, dass die Ermittlungsbehörden nach der aktuellen Rechtslage ein umfassendes physisches Zugriffsrecht auf die gespeicherten

---

[1079] *Mielchen*, SVR 2014, 81 (83).
[1080] Vgl. zum Beispiel *Alvares de Souza Soares*, „BMW liefert Gericht Kundendaten für Bewegungsprofil" vom 21.07.2016, https://www.manager-magazin.de/unternehmen/autoindustrie/bmw-autobauer-liefert-gericht-kundendaten-fuer-bewegungsprofil-a-1104050.html zuletzt abgerufen am 21.03.2024.
[1081] Vgl. *Apple*, „Sicherheitsüberblick – iCloud", https://support.apple.com/de-de/HT202303 zuletzt abgerufen am 21.03.2024.
[1082] Vgl. *Apple*, „Secure Enclave – Übersicht", https://support.apple.com/de-de/guide/security/sec59b0b31ff/web zuletzt abgerufen am 21.03.2024.

Daten haben – sowohl was die Daten im Fahrzeug selbst als auch beim Hersteller betrifft. Da es sich um eine offene Ermittlungsmaßnahme handelt, sind die rechtlichen Voraussetzungen auch deutlich geringer als beispielsweise bei der Telekommunikationsüberwachung oder gar der Onlinedurchsuchung.

In der Praxis erlangen die Ermittlungsbehörden mittels physischen Zugriffs jedoch nur verschlüsselte Daten. Für die weiteren Ermittlungen sind die Behörden daher regelmäßig auf die Kooperation der Fahrzeughersteller angewiesen, die sich in der Vergangenheit diesbezüglich eher zurückhaltend gezeigt haben. Eine Pflicht der Fahrzeughersteller, bei der Entschlüsselung zu helfen, gibt es nicht. Durch diese Abhängigkeit von den Fahrzeugherstellern verliert der Zwangseingriff in der Praxis an Effektivität.

Für die Ermittlungsbehörden relevanter und zumeist ausreichend ist jedoch der Zugriff auf die Daten in der Cloud des Herstellers über die Onlinedurchsicht mittels § 110 Abs. 3 StPO. Eine Vielzahl an Daten wird dem Nutzer bereits selbst aus der Cloud des Anbieters zur Verfügung gestellt, insbesondere historische Daten. Gerade diese Informationen können für die Ermittlungsbehörden von bedeutender Relevanz sein. In den meisten Fällen sind diese Daten lediglich durch den Fahrzeugschlüssel gesichert, der meist bei der Durchsuchung beim Beschuldigten aufzufinden ist, oder die Zugangsdaten sind im Fahrzeug oder Computer hinterlegt.

4.1.10 §§ 161 Abs. 1 S. 1, 163 Abs. 1 StPO (Ermittlungsgeneralklausel)

Die Generalklausel nach §§ 161 Abs. 1 S. 1, 163 Abs. 1 StPO berechtigt die Staatsanwaltschaft, Ermittlungen jeder Art entweder selbst oder durch die Polizei vornehmen zu lassen, sofern die Befugnis nicht spezialgesetzlich geregelt ist. Es stellt sich daher die Frage, inwieweit mögliche weitere Daten künstlicher Intelligenz und intelligenter Fahrzeuge über die Generalklausel erhoben werden können, für die keine spezielle Ermächtigungsgrundlage existiert.

Die Ermittlungsgeneralklausel erlaubt nur Grundrechtseingriffe, die weniger intensiv sind.[1083] Erhebliche Grundrechtseingriffe benötigen dagegen immer eine spezielle Eingriffsermächtigung.[1084] Die Vorbehaltsklausel in § 161 Abs. 1 S. 1 StPO verbietet die Anwendung der Generalklausel immer dann, wenn die Befugnis spezialgesetzlich geregelt ist.[1085] Dies bedeutet, dass immer dann, wenn eine speziellere Norm einen Themenbereich abdeckt, ein Rückgriff auf die Generalklausel unzulässig ist. Nur so ist sichergestellt, dass die durch die Norm speziell aufgestellten Voraussetzungen für den Eingriff nicht unterlaufen werden. In Einzelfällen kann sich dabei jedoch die Frage ergeben, inwieweit eine spezielle Norm einen Themenbereich tatsächlich vollständig abdeckt oder noch ein Bereich für die Ermittlungsgeneralklausel besteht.[1086]

[1083] BVerfGK 15, 71; KK-StPO-*Weingarten*, § 161 StPO Rn. 1; LR-*Erb*, § 161 StPO Rn. 2; SK-StPO-*Wohlers/Deiters*, § 161 StPO Rn. 3.
[1084] BVerfGK 15, 71.
[1085] MüKo-StPO-*Kölbel/Ibold*, § 161 StPO Rn. 7.
[1086] Vgl. MüKo-StPO-*Kölbel/Ibold*, § 161 StPO Rn. 7.

Im Bereich der Erhebung von Daten hat der Gesetzgeber in den letzten Jahren insbesondere in den §§ 100a ff. StPO umfassende Regelungen getroffen, sodass zurzeit kein darüberhinausgehender Anwendungsbereich für die Generalklausel ersichtlich ist. Durch die schnelle technische Entwicklung kann es jedoch immer neuerliche technische Möglichkeiten geben, welche von den bisherigen Eingriffsermächtigungen nicht abgedeckt sind und bei denen sich gegebenenfalls die Frage stellt, ob der Einsatz dieser Möglichkeiten über die Ermittlungsgeneralklausel möglich ist.

Die Ermittlungsgeneralklausel ist aber, wie aufgezeigt, auf weniger intensive Grundrechtseingriffe beschränkt. Wie dargestellt, handelt es sich beim Zugriff auf Daten künstlicher Intelligenz und intelligenter Fahrzeuge regelmäßig um ganz erhebliche Eingriffe in die Grundrechte der Betroffenen.[1087] Sofern sich daher neue technische Möglichkeiten ergeben, die in den §§ 100a ff. StPO noch keinen Niederschlag gefunden haben, aber eine ähnliche Intensität des Grundrechtseingriffes darstellen, ist ein Rückgriff auf die Ermittlungsgeneralklausel ausgeschlossen. Der Gesetzgeber hat in diesem Fall eine spezielle Eingriffsermächtigung zu schaffen, welche der Eingriffsintensität der Maßnahme jeweils gerecht wird.

Für die Ermittlungsgeneralklausel bleibt daher beim Zugriff auf Daten künstlicher Intelligenz und intelligenter Fahrzeuge kein Raum, der über weniger intensive Eingriffe wie das Recherchieren von freizugänglichen Daten

---

[1087] Siehe Abschnitt 3.3.

im Internet oder die kurzfristige Observation des Fahrzeuges hinausgeht.[1088] In diesen Fällen haben die Ermittlungsbehörden abzuwarten, bis ihnen durch den Gesetzgeber die entsprechende Eingriffsermächtigung geschaffen wurde.

4.1.11 Zwischenergebnis

Der Gesetzgeber hat die Erhebung von Daten mittlerweile umfassend in der Strafprozessordnung geregelt. Viele dieser Normen sind technologieoffen ausgestaltet, um auch aktuelle und zukünftige technische Entwicklungen abzudecken. Vor diesem Hintergrund überrascht es auch nicht, dass diese Ermächtigungsnormen ebenfalls das Erheben von Daten der künstlichen Intelligenz und insbesondere intelligenter Fahrzeuge ermöglichen.

Für die sensiblen Inhaltsdaten kommt vor allem die Onlinedurchsuchung nach § 100b StPO und die Sicherstellung nach § 94 ff. StPO in Betracht. Besondere Bedeutung kann dabei der Onlinesichtung nach § 110 Abs. 3 StPO zukommen. Sofern es sich um Inhaltsdaten handelt, die Teil einer laufenden Kommunikation sind, kann auch die Telekommunikationsüberwachung oder Quellen-TKÜ nach § 100a StPO in Betracht kommen. Neben den Inhaltsdaten können die Ermittlungsbehörden über § 100g StPO und § 100j StPO ebenfalls auf Verkehrsdaten und Bestandsdaten zugreifen.

[1088] Vgl. zu diesen zulässigen Maßnahmen BeckOK-StPO-*Sackreuther*, § 161 StPO Rn. 11.

4.2 Verwertung der Daten

Nicht alle erhobenen Daten können im Rahmen des Strafverfahrens uneingeschränkt verwertet werden. Grundsätzlich sollen zwar alle vorhandenen Beweismittel dem Tatgericht zur Verfügung stehen, damit das Gericht sich nach § 261 StPO seine Überzeugung aus der freien Würdigung der Beweiserhebung in der Hauptverhandlung bilden kann, dies kann aber nicht grenzenlos erfolgen. Die Beweisverwertungsverbote[1089] stellen die jeweiligen Grenzen dar, in denen die Beweismittel noch verwertet werden können.

Ein Beweisverwertungsverbot kann sich dabei entweder aus einer rechtswidrigen Erhebung der Daten (unselbstständiges Beweisverwertungsverbot) oder unmittelbar aus der Intensität des verfassungsrechtlichen Eingriffs (selbstständiges Beweisverwertungsverbot) ergeben.[1090] In beiden Fällen findet nach überzeugender Ansicht eine Abwägung der widerstreitenden Interessen statt.[1091] Die Abwägung hat am konkreten Fall zu erfolgen und findet in der Regel zwischen den jeweils betroffenen Rechten des Beschuldigten[1092] und dem staatlichen Strafverfolgungsinteresse[1093] statt. Maßgeblich kommt es dabei auf den Einzelfall an. Ein Verwertungsverbot liegt grundsätzlich immer dann nahe, wenn die Abwägung ergibt, dass die verletzte Verfahrensvorschrift gerade

---

[1089] Siehe dazu Abschnitt 3.1.
[1090] Siehe dazu Abschnitt 3.1.1.
[1091] Siehe dazu Abschnitt 3.1.2.
[1092] Siehe dazu Abschnitt 3.3.
[1093] Siehe dazu Abschnitt 3.2.

4.2 Verwertung der Daten

dazu bestimmt ist, die Grundlagen der verfahrensrechtlichen Stellung des Beschuldigten zu sichern.[1094] Sind die Auswirkungen auf das geschützte Interesse dagegen unbedeutend, soll eine Verwertung nicht verhindert werden.[1095] Ist der unantastbare Kernbereich der privaten Lebensgestaltung betroffen, ist stets von einem Beweisverwertungsverbot auszugehen.[1096]

Daten künstlicher Intelligenz unterliegen wie alle Beweismittel dabei erst einmal den allgemeinen Regeln zur Verwertbarkeit im Strafprozess. Zusätzlich ergeben sich aber aufgrund der aufgezeigten Besonderheiten der Daten künstlicher Intelligenz spezielle Fragen hinsichtlich der Verwertbarkeit. Neben der Darstellung der allgemeinen Verwertungsfragen soll sich daher im Folgenden besonders auf diese speziellen Fragen konzentriert werden.

4.2.1 Verwertung unrechtmäßig erhobener Daten

Sofern es bereits bei der Erhebung von Daten zu Unregelmäßigkeiten gekommen ist, ist ein unselbstständiges Beweisverwertungsverbot zu prüfen. Das Beweisverwertungsverbot entspringt dabei aus der rechtswidrigen Beweisgewinnung. Nicht jede unrechtmäßige Beweiserhebung führt aber automatisch zu einem Beweisverwertungsverbot, da es sich nach überzeugender Auffassung bei einem Beweisverwertungsverbot um eine

---

[1094] BGHSt 38, 214; Meyer-Goßner/Schmitt-*Schmitt*, Einl. Rn. 55a.
[1095] *Rogall*, FS-Hanack, 293 (308).
[1096] Vgl. BVerfG NJW 2011, 2417; BVerfG NJW 1973, 891; BVerfGE 35, 202, 220; BGHSt 31, 296, 299; KK-StPO-*Bader*, Vor. § 48 Rn. 37; LR-*Kühne/Gössel/Lüderssen*, Einl. L Rn. 105; *Lucke*, HRRS 2011, 527 (529f.).

begründungsbedürftige Ausnahme handelt.[1097] Die Mängel bei der Beweiserhebung können dabei formeller oder sachlicher Natur sein.

4.2.1.1 Formelle Mängel

Bei der Erhebung der Daten haben die Ermittlungsbehörden die formellen Voraussetzungen der jeweils anzuwendenden Norm zu beachten. Darunter fallen insbesondere Dokumentationspflichten, der Richtervorbehalt oder bestimmte Formvorschriften.

Es stellt sich die Frage, inwieweit der reine Verstoß gegen solche formellen Voraussetzungen eine Unverwertbarkeit der Beweismittel im Strafprozess rechtfertigen kann. Dabei ist sich erneut der Sinn und Zweck der Strafrechtspflege in Erinnerung zu rufen. Dieser ist nach überzeugender Ansicht die Herstellung des Rechtsfriedens durch die formalisierte Konfliktverarbeitung.[1098] Vor dem Hintergrund dieser Staatsaufgabe ist es nicht verwunderlich, dass die Rechtsprechung den Grundsatz aufgestellt hat, dass rein formelle Mängel kein Beweisverwertungsverbot herbeiführen können, wenn eine hypothetische rechtmäßige Beweiserlangung bei Beachtung aller Formvorschriften höchstwahrscheinlich ebenfalls möglich gewesen wäre.[1099] Die hypothetische rechtmäßige Beweiserlangung wurde insbesondere am Beispiel der Missachtung des Richtervorbehalts entwickelt.

[1097] Vgl. BVerfGE 130, 1; BVerfG NJW 2011, 2417; BVerfG, 13.05.2015 - 2 BvR 616/13; BGHSt 56, 127; BGHSt 56, 138; BGH NJW 2015, 2594.
[1098] Siehe dazu Abschnitt 3.2.1.5.
[1099] Vgl. BGHSt 36, 119; BGHSt 44, 243; BGHSt 51, 285; BGH NStZ 2004, 449; BGH NJW 2016, 3797.

4.2 Verwertung der Daten

Demnach soll kein Beweisverwertungsverbot vorliegen, wenn davon auszugehen ist, dass auch ein Richter die jeweilige Maßnahme genehmigt hätte. Dies soll zumindest für den Fall gelten, dass die Formvorschrift nicht bewusst oder willkürlich missachtet wurde.[1100] Diese von der Rechtsprechung entwickelte Rechtsfigur führte in der Literatur zu einer umfassenden Diskussion über die Zulässigkeit des Heranziehens von hypothetischen Ermittlungsverläufen.[1101] Aufgrund des Umstandes, dass dieses Problemfeld kein spezifisches Problem von Daten künstlicher Intelligenz darstellt, sollen hier lediglich die wesentlichen Argumente aufgezeigt und kurz dargelegt werden, warum hypothetische Ermittlungsverläufe im Rahmen der Abwägungslehre herangezogen werden können.

Das strafrechtliche Ermittlungsverfahren beginnt in der Regel damit, dass ein noch unklarer, häufig unübersichtlicher und nicht selten auch komplexer Lebenssachverhalt aufgeklärt werden soll. Dabei bedient sich die Staatsanwaltschaft als Herrin des Verfahrens einer Vielzahl von staatlichen Ermittlungsbeamten. Schon aus der Natur der unklaren Situation und unterschiedlicher Zuständigkeiten ergibt sich eine gewisse Fehleranfälligkeit für das Ermittlungsverfahren. Aus diesem Grund wird auch von der Bevölkerung nicht grundsätzlich erwartet, dass Staatsanwälte und Polizeibeamte immer und vollständig fehlerfrei arbeiten. Trotzdem wird zurecht – auch aufgrund der immensen Auswirkungen auf den Beschuldigten

---

[1100] BGH NStZ 2007, 601; *Amelung/Mittag*, NStZ 2005, 614, 615 f.; *Hartmut Schneider*, NStZ-Sonderheft 2009, 46 (48).
[1101] Zustimmend zum Beispiel *Wolter*, NStZ 1984, 275 (277f.); *Rogall*, NStZ 1988, 385; *Roxin*, NStZ 1989, 375 (378f.); *Amelung/Mittag* NStZ 2005, 614, 615; *Störmer*, S. 242; ablehnend dagegen *Wohlers*, NStZ 1990, 245; *Jahn/Dallmeyer*, NStZ 2005, 297 (304); *Park*, Rn 438; differenzierend *Schröder*, S. 108; *Kelnhofer*, S. 200f.

– eine besondere Sorgfalt und ein erhöhtes Pflichtbewusstsein von den Ermittlungsbehörden erwartet. Letzteres führt dazu, dass bei bewussten oder willkürlichen Verstößen der Ermittler ein Beweisverwertungsverbot zwingend ist. Dies verlangt die Leitidee der Wahrung der Legitimität der Beweisführung.[1102] Gerade der Rechtsfrieden basiert auf dem Vertrauen der Bevölkerung in die Strafrechtspflege, und nur wenn die Ermittlungsbehörden die aufgestellten Regeln nicht willkürlich missachten, können die am Ende gefundenen Entscheidungen der Gerichte eine ausreichende Akzeptanz in der Gesellschaft finden.[1103] Hinzu kommt, dass im Falle einer bewussten Umgehung der formellen Voraussetzungen – und damit in der Regel von Beschuldigtenrechten – regelmäßig ein Verstoß gegen das fair-trial-Prinzip anzunehmen ist.[1104] Denn der Beschuldigte kann nicht mehr damit rechnen, dass seine weiteren Rechte aus der Strafprozessordnung geachtet werden, wenn bereits im Ermittlungsverfahren die Behörden bewusst seine Rechte missachten. Gerade die ordnungsgemäße Begegnung des Beschuldigten nach den Verfahrensregeln ist aber die Grundlage für ein faires rechtsstaatliches Verfahren. Bei einem bewussten Verstoß der formellen Voraussetzungen gibt es daher keinen Raum mehr für eine weitergehende Abwägung, sondern es ist von einer Unverwertbarkeit der erhobenen Daten auszugehen.

Sofern die Ermittlungsbehörden lediglich „fahrlässig" die Vorschriften missachtet haben, stellt sich die Situation dagegen anders dar. Denn nicht jede versehentliche Missachtung von formellen Voraussetzungen erschüttert die

---

[1102] *Hartmut Schneider*, NStZ-Sonderheft 2009, 46 (48).
[1103] Siehe dazu auch Abschnitt 3.2.1.5.
[1104] Vgl. *Roxin/Schünemann*, § 24, Rn. 27; *Wohlers*, FS-Fezer, 311 (326);

4.2 Verwertung der Daten

Akzeptanz der Ermittlungsergebnisse gleichermaßen. Gerade hier setzt der hypothetische Ersatzeingriff an, der ein Beweisverwertungsverbot verneint, sofern die Voraussetzungen der Beweiserhebung gegeben waren und lediglich versehentlich einzelne Formvorschriften missachtet wurden.[1105] In Teilen der Literatur stößt diese hypothetische Betrachtung als Abwägungskriterium jedoch auf erhebliche Ablehnung.[1106] In der Literatur wird insbesondere die fehlende Rechtssicherheit kritisiert.[1107] Durch die nachträgliche hypothetische Betrachtungsweise käme es quasi zu willkürlichen Ergebnissen.[1108] Es wird darüber hinaus befürchtet, dass durch die hypothetischen Ersatzeingriffe, die präventive Funktion der Vorschriften, insbesondere des Richtervorbehalts, unterlaufen werden würde.[1109] Auch sei eine nicht mehr kontrollierbare Gefahr der missbräuchlichen Umgehung der formellen Voraussetzungen gegeben, wenn die Verstöße ohne Konsequenzen blieben.[1110] Zusammengefasst kann daher festgehalten werden, dass die Kritiker des hypothetischen Ersatzeingriffes bereits das Handlungsunrecht der Ermittlungsbehörden – unabhängig vom Eintritt eines tatsächlichen Erfolgsunrechts – ausreichen lassen wollen, um ein Beweisverwertungsverbot zu bejahen.

[1105] Vgl. BGHSt 36, 119; BGHSt 44, 243; BGHSt 51, 285; BGH NStZ 2004, 449; BGH NJW 2016, 3797.
[1106] Vgl. insbesondere *Wohlers*, NStZ 1990, 245; *Jahn/Dallmeyer*, NStZ 2005, 297 (304); *Park*, Rn 438;
[1107] Vgl. *Jahn/Dallmeyer*, NStZ 2005, 297 (303).
[1108] Vgl. *Jahn/Dallmeyer*, NStZ 2005, 297 (303).
[1109] *Rogall*, FS-Fezer, 311 (327f.); *Kelnhofer*, S. 200f.
[1110] *Hüls*, ZIS 2009, 160 (165).

Die Rechtsprechung und Gegenmeinungen in der Literatur[1111] konzentriert sich dagegen verstärkt auf die Frage, ob auch ein informationelles Erfolgsunrecht durch die Missachtung der Vorschrift eingetreten ist. Sofern mit Sicherheit oder zumindest hochgradiger Wahrscheinlichkeit feststeht, dass der Staat diese – ihm materiellrechtlich sowieso zustehende Beweismittel – auch ordnungsgemäß hätte erlangen können, liegt in der Regel kein informationelles Erfolgsunrecht vor.[1112] Der Beschuldigte steht durch die Verwertung nicht schlechter dar, als wenn die Beamten sich an alle formellen Voraussetzungen gehalten hätte.

Die Berücksichtigung der hypothetischen Ersatzeingriffe im Rahmen der Abwägung überzeugt sowohl dogmatisch als auch systematisch. Sofern gegen die Berücksichtigung vereinzelt angeführt wird, dass es an einer ausdrücklichen Rechtsgrundlage für die Beachtung hypothetischen Kausalverläufen fehlen würde,[1113] kann dieses Argument schon deswegen nicht überzeugen, da generell der größte Teil der Beweisverwertung und dessen Verbote vom Gesetzgeber nicht normiert wurde. Sofern ferner der Verlust der präventiven Funktion des Richtervorbehalts befürchtet wird, kann auch dies nicht verfangen, da dem Ermittlungsrichter beim Vorliegen der Voraussetzungen gerade kein Ermessensspielraum zusteht.[1114] Der Ermittlungsrichter wird lediglich als neutrale Instanz eingeschaltet, um die Zulässigkeitsvoraussetzungen vorab zu prüfen und den Beschuldigten

---

[1111] Vgl. BGHSt 51, 285; *Wolter*, NStZ 1984, 275 (277f.): *Rogall*, NStZ 1988, 385; *Roxin*, NStZ 1989, 375 (378f.); *Amelung/Mittag* NStZ 2005, 614, 615; *Störmer*, S. 242.
[1112] Vgl. *Hartmut Schneider*, NStZ-Sonderheft 2009, 46 (49); *Störmer*, S. 242;.
[1113] *Jahn*, Gutachten, C1 (C77).
[1114] Vgl. *Amelung*, S. 43; *Amelung*, NJW 1991, 2533 (2537).

4.2 Verwertung der Daten

gegebenenfalls bereits im Vorfeld vor grundrechtsintensiven Eingriffen zu schützen.[1115] Dabei hat der Ermittlungsrichter zwar umfassend die entgegenstehenden Rechte und Interesse abzuwägen, ihm steht aber kein eigenes freies Ermessen zu. Die grundlegende Entscheidung, dass beim Vorliegen der Voraussetzungen der Eingriff rechtmäßig ist, hat bereits der Gesetzgeber getroffen.[1116] Sofern daher die Voraussetzungen gegeben waren, beschränkt sich die Aufgabe des Ermittlungsrichters darauf, dies festzustellen.

Auch die Befürchtung, dass die Gefahr einer missbräuchlichen Umgehung der formellen Vorschriften durch die Beweisverwertung entsteht, erscheint in der praktischen Betrachtung äußerst unwahrscheinlich. Die Ermittlungsbehörden sind in der Praxis gut beraten, auch fahrlässige Verstöße möglichst auszuschließen, da die Rechtsfigur der hypothetischen Erwägungen nur dann greift, wenn mit Sicherheit oder sehr hoher Wahrscheinlichkeit feststeht, dass die Beweismittel rechtmäßig hätten erhoben werden können. Jegliche Zweifel, auch bei fehlender Dokumentation, gehen zu Lasten der Verwertbarkeit.[1117] Dies gilt nach der Rechtsprechung auch bei einer „grob fahrlässigen" Missachtung der Vorschriften.[1118] Bereits um dieser Gefahr der Unsicherheit zu begegnen, haben die Ermittlungsbehörden allen Grund, sich an die formellen Voraussetzungen zu halten. Es ist daher nicht zu erwarten, dass die Ermittlungsbehörden aufgrund dieser Rechtsfigur ein fahrlässigeres Vorgehen an den Tag legen werden. Auch eine Disziplinierung der Beamten durch ein

---

[1115] Vgl. *Hartmut Schneider*, NStZ-Sonderheft 2009, 46 (49).
[1116] *Amelung*, NStZ 2001, 337 (341).
[1117] So auch *Hartmut Schneider*, NStZ-Sonderheft 2009, 46 (49).
[1118] Vgl. BGHSt 51, 285.

Verwertungsverbot ist in Deutschland aufgrund der alternativen Möglichkeiten im Disziplinarverfahren nicht notwendig.[1119]

Darüber hinaus darf nicht verkannt werden, dass die hypothetische rechtmäßige Erlangung der Beweismittel nicht zwingend dazu führt, dass das Beweismittel auch verwertet werden darf. Es handelt sich dabei weiterhin nur um ein einzelnes Abwägungskriterium im Rahmen der Gesamtabwägung und das Gericht kann aus anderen Gründen im Einzelfall trotz der hypothetischen Annahme noch zu einem Beweisverwertungsverbot gelangen. Daher kann auch die Kritik der fehlenden Rechtssicherheit nicht überzeugen, da dies primär nicht ein Problem des hypothetischen Ersatzeingriffes ist, sondern der gesamten Abwägungslehre immanent ist. Abwägungen von Rechtsgütern und das Anstellen von Prognoseentscheidungen kennt die Strafprozessordnung an vielen Stellen und nimmt deren Unsicherheit bewusst hin, um eine möglichst hohe Einzelfallgerechtigkeit sicherzustellen. Die Abwägungslehre enthält kein größeres Unsicherheitselement als die Verhältnismäßigkeitsprüfung, an der sich jedes staatliche Handeln messen lassen muss.

Auch ein Blick auf das Revisionsrecht zeigt, dass der Strafprozessordnung hypothetische Betrachtungen nicht fremd sind. So führen Verfahrensfehler nur dann gemäß § 337 StPO zur Urteilsaufhebung, wenn das Urteil auf diesen Fehler beruht.[1120] Nur bei besonders schweren Verfahrensfehlern sieht § 338 StPO eine unwiderlegbare Vermutung des Beruhens vor. Es werden daher auch beim Revisionsrecht Überlegungen angestellt, welche strukturell identisch mit

---

[1119] Siehe dazu Abschnitt 3.1.2.1.
[1120] *Heghmanns*, ZIS 2016, 404 (410).

denen beim hypothetischen Ersatzeingriff sind.[1121] Auch an anderer Stelle der Strafprozessordnung nutzt der Gesetzgeber die Technik der hypothetischen Betrachtung. Dies ist zum Beispiel bei § 100e Abs. 6 Nr. 3 StPO der Fall. Nach dieser Regelung dürfen polizeirechtlich erlangte Daten im Strafverfahren verwertet werden, wenn die Daten ordnungsgemäß gemäß §§ 100b oder 100c StPO hätten erlangt werden können. Da der Gesetzgeber die Fragen der Beweisverwertung nur fragmentarisch geregelt hat, erscheine eine Übertragung dieses Leitgedankens in die gesamte Abwägungslehre sachgerecht.

Es bietet sich an dieser Stelle auch ein kurzer rechtsgedanklicher Ausflug in die allgemeine Unrechtslehre des Strafrechts an. Sofern, wie hier, kein informationelles Erfolgsunrecht durch das Handlungsunrecht eintritt, entspricht dieses Unrecht im materiellen Strafrecht der Versuchsstrafbarkeit. Da der Verstoß nicht vorsätzlich begangen wurde, wäre die versehentliche Missachtung der formellen Voraussetzungen, bei ansonsten bestehenden Anordnungsgründen, materiellrechtlich als ein Fall der grundsätzlich straflosen „versuchten Fahrlässigkeit" zu klassifizieren. Nur in wenigen speziellen Ausnahmen sieht das materielle Strafrecht, dann durch entsprechende Gefährdungsdelikte, solch ein Verhalten als sanktionswürdig an. Auch wenn diese dogmatischen Parallelen zum materiellen Strafrecht nicht unreflektiert auf das hier vorliegende strafprozessuale Problem zu übertragen sind, so können sie doch das Verständnis des Problemkreises erleichtern.

[1121] Vgl. *Rogall*, NStZ 1988, 385 (392).

Die besseren Argumente sprechen daher insgesamt dafür, die hypothetischen Erwägungen im Rahmen der Abwägung zu berücksichtigen. Es muss jedoch erneut betont werden, dass diese hypothetischen Erwägungen und die Frage des Erfolgs- und Handlungsunrechts nur einen Teil der Gesamtabwägung darstellen und allein noch nicht eine umfassende Abwägung ersetzten. In vielen Fällen wird es sich aber aus den vorgenannten Gründen verbieten, einen Beschuldigten allein davon profitieren zu lassen, dass versehentlich formelle Voraussetzungen missachtet wurden.

Formelle Mängel bei der Beweiserhebung führen daher bei der Frage der Beweisverwertung zu einer Abwägung der betroffenen Rechte mit dem Strafverfolgungsinteresse. Im Rahmen dieser Abwägung ist auch der hypothetische rechtmäßige Ermittlungsverlauf zu berücksichtigen, dessen Vorliegen grundsätzlich dazu führt, dass eine Verwertung angezeigt ist. Dies bedeutet, dass in aller Regel reine formelle Mängel nicht zu einer Unverwertbarkeit der erhobenen Beweismittel führen.

4.2.1.2 Sachliche Mängel

Bei der Erhebung der Daten kann es jedoch nicht nur zu formellen Fehlern kommen, sondern die Erhebung kann auch an inhaltlichen sachlichen Mängeln leiden.

Im Falle der Erhebung von Daten kann ein solcher sachlicher Mangel insbesondere das Fehlen einer Katalogtat nach den §§ 100a ff. StPO sein. Daten künstlicher Intelligenz zeigen bei sachlichen Mängeln aber keine großen

4.2 Verwertung der Daten

Besonderheiten gegenüber sonstigen Beweismitteln. Sofern ein begründeter Tatverdacht einer Katalogstraftat fehlt, ist grundsätzlich von einem Beweisverwertungsverbot auszugehen.[1122] Mit dem abgeschlossenen Straftatkatalog hat der Gesetzgeber bereits grundsätzlich die Abwägung zwischen Eingriffsintensität und Beschuldigtenrechte vorweggenommen. Die Verfolgung von Straftaten, welche nicht im Katalog aufgenommen wurden, können einen so intensiven Eingriff daher grundsätzlich nicht rechtfertigen.[1123] Ist im Rahmen der Anordnung dagegen lediglich ein Subsumtionsfehler erfolgt und statt dem angenommenen eine andere Katalogtat einschlägig, ist dies unschädlich.[1124] Auch wenn sich der spätere Tatverdacht einer Katalogtat nicht erhärtet, bleibt die angeordnete Maßnahme rechtmäßig, und die Erkenntnisse, welche einen Bezug zum ursprünglichen Tatvorwurf haben, sind verwertbar.[1125] Auch hier sollen reine Anwendungsfehler, welche den formellen Mängeln nahe stehen, nicht zum Vorteil des Beschuldigten gereicht werden. Werden dagegen Zufallserkenntnisse über Straftaten erlangt, die selbst keine Katalogtat sind, und auch nicht im Zusammenhang mit dem ursprünglichen Tatvorwurf stehen, besteht grundsätzlich ein Verwertungsverbot.[1126] Diese unterschiedliche Behandlung überzeugt, da auch hier darauf abgezielt wird, ob ein informationelles Erfolgsunrecht eingetreten

---

[1122] BGHSt 47, 362; BeckOK-StPO-*Graf*, § 100a StPO Rn. 186; MüKo-StPO-*Rückert*, § 100a StPO Rn. 347; KK-StPO-*Heinrichs/Weingast*, § 100a StPO Rn. 50.
[1123] Ausnahmen sind höchstens bei offensichtlichen Wertungswidersprüchen in engen Rahmen möglich, zum Beispiel der fehlende § 249 StGB in § 100g Abs. 2 S. 2 StPO obwohl § 255 StGB beinhaltet ist.
[1124] So auch BGHSt 48, 24; MüKo-StPO-*Rückert*, § 100a StPO Rn. 347.
[1125] BGHSt 28, 122.
[1126] Vgl. BGH NStZ 1998, 426; BGH StV 2001, 545; KK-StPO-*Heinrichs/Weingast*, § 100a Rn. 54; BeckOK-StPO-*Graf*, § 100a StPO Rn. 197.

ist.[1127] Der reine formelle Verstoß stellt lediglich ein Handlungsunrecht dar, wenn auch bei Beachtung aller formellen Voraussetzungen, das Beweismittel hätte erhoben werden dürfen.

Neben dem Fehlen einer Katalogtat kann es auch im Rahmen der Begründungspflichten zu sachlichen Mängeln kommen. Die Eingriffsermächtigungen zur Erhebung der Daten sehen in der Regel eine Begründung der jeweiligen Anordnungsentscheidungen voraus. Fehler im Rahmen dieser Begründungspflicht können unterschiedlich ausfallen. Die Begründung kann entweder gänzlich fehlen, lediglich formelhaft niedergelegt sein oder inhaltlich falsch erfolgen. Auch bei solchen Mängeln zeigt sich die Bemühung der Rechtsprechung, die Verwertbarkeit der erhobenen Daten zu sichern und damit dem Ausnahmecharakter der Beweisverwertungsverbote gerecht zu werden. Bei der Frage der Verwertbarkeit in der Hauptverhandlung nach Begründungsmängeln hat das Tatgericht den Ermittlungsstand zum Zeitpunkt der Entscheidung über die Anordnung zu rekonstruieren und auf dieser Grundlage die Vertretbarkeit der Anordnung zu untersuchen.[1128] Daher kann das Tatgericht die Mängel der Begründung nachträglich beheben und so sicherstellen, dass die Beweisverwertung nicht allein wegen einer mangelhaften Begründung scheitert. Auch hier werden wieder die Parallelen zu den rein formellen Mängeln gezogen.[1129] Kommt das Tatgericht dagegen zum Ergebnis, dass erhebliche Zweifel an der Vertretbarkeit der Anordnung

---

[1127] Siehe dazu die Argumentation in Abschnitt 4.2.1.1.
[1128] BGHSt 47, 362; BGHSt 53, 64; BGH NStZ-RR 2009, 142.
[1129] Siehe dazu ebenfalls Abschnitt 4.2.1.1.

4.2 Verwertung der Daten

bestanden, oder ist der damalige Ermittlungsstand nicht ausreichend zu rekonstruieren, sind die erhobenen Beweise im Zweifel nicht verwertbar.[1130]

Bei den Beweisverwertungsverboten aus sachlichen Mängeln ist ferner zu berücksichtigen, dass der Verstoß meist nur die eigene Sphäre des Beschuldigten betrifft und er daher in der Regel über das Verwertungsverbot frei disponieren kann.[1131] Sofern der Beschuldigte daher mit einer Verwertung einverstanden ist, zum Beispiel weil die angefallenen Informationen auch Entlastendes enthalten, sind die Erkenntnisse im Rahmen des Strafprozesses voll verwertbar.[1132] Eine Ausnahme besteht nur in den Fällen, bei denen auch Sphären von Dritten betroffen sind. Dies gilt beispielsweise bei einem Belehrungsverstoß im Rahmen des zeugnisverweigerungsberechtigten Angehörigen nach § 52 StPO. Der Verstoß gegen die Belehrungspflicht aus § 52 StPO führt zwar zu einer Unverwertbarkeit der Zeugenaussage,[1133] der Zeuge selbst hat jedoch die Möglichkeit diesen Fehler zu heilen, in dem er nach einer nachgeholten Belehrung erklärt, dass er auch bei einer rechtzeitigen Belehrung von seinem Weigerungsrecht keinen Gebrauch gemacht hätte.[1134]

Erkennbar ist daher auch bei den sachlichen Mängeln, dass die Rechtsprechung bemüht ist, die Unverwertbarkeit der Beweismittel nur in Ausnahmefällen anzunehmen. Auch hier muss jedoch erwähnt werden, dass die von der Rechtsprechung entwickelten Fallgruppen nur Grundsätze darstellen. Die

---

[1130] LG Kiel StV 2006, 405; LG Rostock StV 2008, 461.
[1131] Vgl. BGH NStZ 2005, 700; BGH StV 2001, 545.
[1132] BGH NStZ 2005, 700; BGH StV 2001, 545.
[1133] BGHSt 12, 235; BGHSt 14, 159 (160); KK-StPO-*Bader*, § 52 Rn. 39; Meyer-Goßner/Schmitt-*Schmitt*, § 52 StPO Rn. 32.
[1134] BGHSt 20, 234; KK-StPO-*Bader*, § 52 Rn. 36.

Entwicklung dieser Fallgruppen darf nicht darüber hinwegtäuschen, dass es auch in diesen Fällen bei einer Abwägung der jeweiligen Interessen bleibt. Dem Tatgericht kommt hier ein weiter Beurteilungsspielraum zu, in dem alle konkreten Besonderheiten des Einzelfalles zu berücksichtigen sind. Eine schematische Lösung verbietet sich hier, wie bei allen Fragen der Beweisverwertungsverbote.

4.2.1.3 Zwischenergebnis

Bei der Frage der Verwertung von strafprozessual unrechtmäßig erhobenen Daten zeigen sich bei den Daten künstlicher Intelligenz und intelligenter Fahrzeuge keine großen Besonderheiten. Für die Frage der Verwertbarkeit hat die Rechtsprechung entsprechende Fallgruppen und Lösungen entwickelt, welche aber nicht darüber hinwegtäuschen dürfen, dass es letztendlich bei einer Abwägung der betroffenen Rechte bleibt.

Kernpunkt der Verwertungsfrage ist – egal ob formelle oder sachliche Mängel –, ob ein informationelles Erfolgsunrecht durch die Verwertung eintritt. Sofern durch die Verwertung keine Vertiefung der Rechtsverletzung beim Beschuldigten eintritt, insbesondere da eine rechtmäßige Erhebung hypothetisch möglich gewesen wäre, ist in der Regel eine Verwertbarkeit der Beweismittel angezeigt.

4.2.2 Verwertung rechtmäßig erhobener Daten

Wurden Beweismittel rechtmäßig erhoben, kommt nur ein selbstständiges Beweisverwertungsverbot aus den verfassungsrechtlichen Grundsätzen in Betracht. Es bedarf hier nach überzeugender Auffassung einer strengen Abwägung der betroffenen Rechte des Beschuldigten mit dem staatlichen Strafverfolgungsinteresse.[1135]

Abgewogen wird an dieser Stelle, wie intensiv der Eingriff durch die Verwertung (beispielsweise die Bekanntgabe persönlicher Daten, Untergrabung der Selbstbelastungsfreiheit oder Missachtung der Menschenwürde) im Verhältnis zum Strafverfolgungsinteresse[1136] den Beschuldigten trifft. Dies unterscheidet die Abwägung im Rahmen der selbstständigen Beweisverwertungsverbote von der Verhältnismäßigkeitsprüfung im Rahmen der Datenerhebung, in der die Ermittlungshandlung als solche (beispielsweise das Betreten der Wohnung, die Sicherstellung der Festplatte oder die Durchsicht von Daten) mit dem Strafverfolgungsinteresse abgewogen wird. Es darf daher nicht der unterschiedliche Maßstab bei der Verhältnismäßigkeitsprüfung im Rahmen der Erhebung und der Abwägung im Rahmen der Beweisverwertung verkannt werden. Die verhältnismäßige Erhebung der Daten impliziert noch nicht automatisch, dass auch bei der Verwertung im Rahmen der Abwägung das Strafverfolgungsinteresse überwiegen wird. Dies ergibt sich bereits daraus, dass bei der Verhältnismäßigkeitsprüfung im Rahmen der Beweiserhebung

---

[1135] Siehe Abschnitt 3.1.
[1136] Siehe zum Strafverfolgungsinteresse Abschnitt 3.2.

lediglich antizipiert werden kann, welche Daten aufgefunden werden, während bei der späteren Frage eines selbstständigen Beweisverwertungsverbotes die tatsächliche Sensibilität der Daten umfassend berücksichtigt werden kann. Somit liegt, obwohl bereits eine Verhältnismäßigkeitsprüfung im Rahmen der Erhebung erfolgte, der Schwerpunkt der selbstständigen Beweisverwertungsverbote in einer erneuten umfassenden Abwägung der betroffenen Rechte.

Daten künstlicher Intelligenz und intelligenter Fahrzeuge werfen bei der Verwertbarkeit besondere Fragen auf, welche insbesondere ihre Wurzeln in der erhöhten Sensibilität der Daten haben. So tangieren die Daten künstlicher Intelligenz häufig den Kernbereich der privaten Lebensgestaltung[1137], werden unbewusst vom Benutzer generiert[1138] oder entstehen unter datenschutzrechtlich problematischen Umständen,[1139] Gerade auf diese speziellen Punkte soll im Rahmen dieses Kapitels besonders eingegangen werden.

4.2.2.1 Verletzung des Kernbereichs privater Lebensgestaltung

Ein Verbot der Beweisverwertung kann sich daraus ergeben, dass der Kernbereich privater Lebensgestaltung durch die Verwertung verletzt werden würde. Die Unantastbarkeit der Menschenwürde aus Art. 1 Abs. 1 GG gebietet

---

[1137] Siehe dazu sogleich Abschnitt 4.2.2.1.
[1138] Siehe dazu sogleich Abschnitt 4.2.2.2.
[1139] Siehe dazu Abschnitt 2.3.1 sowieso sogleich Abschnitt 4.2.2.3.

4.2 Verwertung der Daten

es, dass es einen absolut geschützten Kernbereich privater Lebensgestaltung geben muss.[1140] Dieser Kernbereich ist staatlicher Beobachtung absolut entzogen.[1141] Es handelt sich beim unantastbaren Kernbereich privater Lebensgestaltung weder um ein eigenes Grundrecht noch um überhaupt ein eigenes Recht, welches dem Beschuldigten zusteht. Es ist vielmehr eine absolute Grenze im Rahmen der Abwägung möglicher Grundrechtseingriffe. Der Grundsatz des unantastbaren Kernbereichs privater Lebensgestaltung findet dabei seine verfassungsrechtliche Grundlage im jeweils betroffenen Grundrecht in Verbindung mit Art. 1 Abs. 1 GG.[1142]

4.2.2.1.1 Schutzumfang des Kernbereichs der privaten Lebensgestaltung

Der Kernbereich der privaten Lebensgestaltung schützt die Möglichkeit, innere Vorgänge wie Empfindungen und Gefühle sowie Überlegungen, Ansichten und Erlebnisse höchstpersönlicher Art zum Ausdruck zu bringen, und zwar ohne Angst, dass staatliche Stellen diese überwachen.[1143] Ob ein Sachverhalt dem unantastbaren Kernbereich zuzuordnen ist, hängt davon ab, ob er nach seinem Inhalt höchstpersönlichen Charakters ist.[1144] Kernidee ist es, dass dem Einzelnen ein „Innenraum" als Rückzugsort bleiben muss, auf den

---

[1140] BVerfGE 6, 32; BVerfGE 109, 279; BVerfGE 120, 274; BGHSt 58, 301; BGH NJW 2018, 1986; BeckOK-GG-*Hillgruber*, Art. 1 GG, Rn. 27; Meyer-Goßner/Schmitt-*Schmitt*, Einl. Rn. 56; MAH Strafverteidigung-*Trüg*, § 24 Rn. 94; Schantz/Wolff-*Schantz*, Rn. 171; *Eisenberg*, Rn. 387.
[1141] BVerfGE 109, 279; BVerfGE 130, 1.
[1142] Vgl. BVerfGE 141, 220.
[1143] BVerfGE 109, 279.
[1144] BVerfGE 80, 367.

die Umwelt – und damit auch die Ermittlungsbehörde – keinen Zugriff hat.[1145] Daher sind grundsätzlich auch Selbstgespräche[1146] in privaten Räumlichkeiten oder Tagebuchaufzeichnungen[1147] vom Kernbereichsschutz umfasst. Aber auch kommunikative Akte mit anderen Personen können dem Kernbereich zugeordnet werden, da der Kernbereich auch ein soziales und kommunikatives Element enthält.[1148] Bei der Frage, ob etwas den Kernbereich privater Lebensgestaltung betrifft, kommt es daher primär auf den Inhalt und weniger auf die Art und Weise des Ausdrucks an. Zugleich können jedoch nicht gänzlich die konkreten Umstände des Gesprächs oder der Handlung ausgeblendet werden. Öffnet der Betroffene freiwillig den Kernbereich der privaten Lebensgestaltung, entfällt dieser absolute Schutz.[1149] Dies kann zum Beispiel der Fall sein, wenn er freiwillig an der Produktion professionell hergestellter und kommerziell zu verwertender Pornofilme als Darsteller teilnimmt und damit seine Sexualität – welche grundsätzlich dem Kernbereich privater Lebensgestaltung unterfällt – der Öffentlichkeit zugänglich macht.[1150] Letztendlich ist die Frage, was in den Kernbereich fällt, somit eine Einzelfallentscheidung, welche auch dem Wertewandel der Zeit unterliegt.

[1145] BVerfGE 27, 1.
[1146] BGHSt 50, 206; BGHSt 57, 71.
[1147] BVerfGE 80, 367.
[1148] *Schulz*, S. 107; *Gusy*, JuS 2004, 457 (458).
[1149] BGH NJW 2012, 767.
[1150] BGH NJW 2012, 767.

4.2.2.1.2 Das zweistufige Schutzkonzept des Bundesverfassungsgerichts

Bei nahezu jeder staatlichen Ermittlungsmaßnahme besteht grundsätzlich die Gefahr, dass der Kernbereich der privaten Lebensgestaltung der betroffenen Person verletzt wird. Aus diesem Grund kann nicht jedes Tangieren dieses Kernbereichs der privaten Lebensgestaltung gleich zu einer absoluten Unverwertbarkeit der erlangten Beweismittel führen. Eine Verletzung des Achtungsanspruchs der Menschenwürde aus Art. 1 Abs. 1 GG kann vielmehr nur dann angenommen werden, wenn sich im Gesamtkontext das konkrete staatliche Handeln so darstellt, dass es tatsächlich den Achtungsanspruch der Menschenwürde in Frage stellt.[1151] Es handelt es sich dabei um die konsequente Fortführung der vom Bundesverfassungsgericht vertretenen Objektformel, um den Inhalt der von Art. 1 Abs. 1 GG geschützten Menschenwürde näher zu bestimmen.[1152] Danach darf der Mensch vom Staat nicht zum bloßen Objekt herabgewürdigt werden.[1153] Der Staat kann die Anerkennung dieses Achtungsanspruchs aus der Menschenwürde vor allem dadurch zum Ausdruck bringen, dass er bereits im Vorfeld entsprechende Schutzvorrichtungen trifft, um ein zielgerichtetes Erfassen von Kernbereichsdaten zu verhindern.

[1151] BVerfGE 109, 279; BVerfGE 144, 20.
[1152] Zur Objektformel siehe zum Beispiel BVerfGE 27, 1; BVerfGE 45, 187.
[1153] BVerfGE 27, 1.

Das Bundesverfassungsgericht hat diesbezüglich ein zweistufiges Schutzkonzept entwickelt.[1154] Dieses Konzept unterscheidet die Stufe der Datenerhebung von der Stufe der Datenverwertung.[1155] Auf der ersten Stufe, der Datenerhebung, hat der Staat dafür Sorge zu tragen, dass ein Eindringen in den Kernbereich möglichst vermieden wird.[1156] Es ist bereits im Vorfeld durch bestimmte Vermutungsreglungen zu ermitteln, ob die Maßnahme den Kernbereich voraussichtlich betreffen wird. So ist zum Beispiel ein Abhören von höchstpersönlichen Vertrauenspersonen – beispielsweise Eheleuten – in höchstpersönlichen Vertrauenssituationen – etwa in der eigenen Wohnung – unzulässig, da die allgemeinen Vermutungsregelungen dafür sprechen, dass Themen aus dem höchstpersönlichen Kernbereich privater Lebensgestaltung zur Sprache kommen werden.[1157] Lediglich wenn die Vermutungen widerlegt werden, beispielsweise wenn Erkenntnisse vorliegen, dass die höchstpersönliche Vertrauenssituation gezielt herbeigeführt wird, um Überwachungsmaßnahmen zu verhindern, darf in diesen Fällen eine Überwachungsmaßnahme durchgeführt werden. Wird im Rahmen einer Überwachungsmaßnahme festgestellt, dass der Kernbereich privater Lebensgestaltung unerwartet betroffen ist, muss die Maßnahme umgehend abgebrochen werden.[1158]

Vor diesem Hintergrund ist auch zwischen der unmittelbaren Überwachung und der automatisierten Überwachung zu unterscheiden. Im ersten Fall wird

---

[1154] BVerfGE 120, 274.
[1155] BVerfGE 120, 274.
[1156] BVerfGE 120, 274; BVerfGE 109, 279; BVerfGE 113, 348.
[1157] BVerfGE 109, 279; BVerfGE 129, 208; BVerfGE 141, 220.
[1158] BVerfGE 109, 279; BVerfGE 141, 220.

4.2 Verwertung der Daten

die Überwachungsmaßnahme unmittelbar durch einen Beamten überwacht. Bei einer automatisierten Überwachung werden die Daten dagegen aufgezeichnet und erst im Anschluss durch einen Menschen ausgewertet. Die unmittelbare Überwachung ist als kernbereichsschonender anzusehen, da die Überwachung jederzeit unterbrochen werden kann, wenn festgestellt wird, dass der Kernbereich doch betroffen sein sollte.[1159]

Auf der zweiten Stufe, der Datenverwertung, verlangt das Bundesverfassungsgericht eine Sichtung nach Datenerhebung auf kernbereichsrelevante Daten. Diese sind sodann unmittelbar zu löschen und jede weitere Verwendung oder Verwertung ist auszuschließen.[1160] Diese Sichtung und Aussonderung soll in der Regel von einer unabhängigen Stelle erfolgen.[1161]

Das Bundesverfassungsgericht verlangt ferner bei verletzungsgeneigten Befugnissen – das sind solche, die typischerweise zur Erhebung kernbereichsrelevanter Daten führen –, dass bereits im jeweiligen Gesetz ein klar formuliertes Kernbereichsschutzkonzept normiert ist. Fehlt es daran, ist die Ermächtigungsgrundlage bereits als verfassungswidrig anzusehen.[1162] Als verletzungsgeneigte Befugnisse hat das Bundesverfassungsgericht insbesondere die Wohnraumüberwachung[1163], Onlinedurchsuchung[1164],

---

[1159] Vgl. BVerfGE 141, 220.
[1160] BVerfGE 120, 274.
[1161] Vgl. BVerfGE 109, 279; BVerfGE 141, 220.
[1162] BVerfGE 120, 274; BVerfGE 141, 220.
[1163] BVerfGE 141, 220.
[1164] BVerfGE 120, 274.

Telekommunikationsüberwachung[1165] und die längerfristige Überwachung des nichtöffentlich gesprochenen Wortes außerhalb von Wohnräumen[1166] eingestuft.

4.2.2.1.3 Kernbereichsschutz in der Praxis

In erster Linie hat das Bundesverfassungsgericht mit der ersten Stufe der Legislative die Pflicht auferlegt, für einen präventiven Kernbereichsschutz zu sorgen. Der Gesetzgeber ist für die verdeckten Maßnahmen nach §§ 100a bis 100c StPO seiner Pflicht durch Schaffung des § 100d StPO nachgekommen. Gemäß § 100d StPO sind Maßnahmen, bei denen tatsächliche Anhaltspunkte die Annahme zulassen, dass allein Erkenntnisse aus dem Kernbereich privater Lebensgestaltung erlangt werden, unzulässig. Dabei handelt es sich um einen Schutz auf der ersten Stufe. In der Regel wird jedoch in der Praxis die Annahme bestehen, dass zumindest auch Informationen erlangt werden, welche nicht zum Kernbereich privater Lebensgestaltung gehören. In diesen Fällen ordnet § 100d Abs. 2 S. 1 StPO als geschriebenes Beweisverwertungsverbot die Unverwertbarkeit der Informationen, welche den Kernbereich betreffen – also als Maßnahme auf der zweiten Stufe – an. § 100d Abs. 2 S. 1 StPO ordnet zusätzlich die unverzügliche Löschung der erlangten Informationen an. Für die Onlinedurchsuchung nach § 100b StPO müssen die Ermittlungsbehörden ferner nach § 100d Abs. 3 S. 1 StPO sicherstellen, dass – sofern technisch möglich – keine Daten erhoben werden, die den Kernbereich privater Lebensgestaltung betreffen. Werden mittels

---

[1165] BVerfGE 113, 348
[1166] BVerfGE 141, 220.

4.2 Verwertung der Daten

Onlinedurchsuchung doch Daten aus diesem Bereich erhoben, sind diese nach § 100d Abs. 3 S. 2 StPO ebenfalls unverwertbar und unverzüglich zu löschen. Hat die Staatsanwaltschaft Zweifel, ob die erhobenen Daten den Kernbereich betreffen, hat sie dem anordnenden Gericht die Daten zur Entscheidung über dessen Verwertbarkeit vorzulegen.

Für die Durchsuchung und Sicherstellung nach §§ 94 ff.; §§ 102 ff. StPO gibt es keine ausdrücklichen gesetzlichen Regelungen hinsichtlich des Kernbereichs der privaten Lebensgestaltung, da es sich um offene Maßnahmen handelt und somit die Gefahr der Verletzung im Vergleich zu den verdeckten Maßnahmen geringer ausfällt. Sofern jedoch Daten beschlagnahmt werden, welche den Kernbereich privater Lebensgestaltung betreffen, unterliegen diese ebenfalls einem Beweisverwertungsverbot.[1167] Aufgrund der Abwägungsfestigkeit des Art. 1 Abs. 1 GG kann das Strafverfolgungsinteresse nie einen Eingriff in diesen absolut geschützten Kernbereich rechtfertigen.

4.2.2.1.4 Kernbereichsrelevante Daten bei künstlicher Intelligenz und intelligenten Fahrzeugen

Künstliche Intelligenz wird in immer mehr Bereichen des täglichen Lebens eingesetzt. Aus diesem Grund verwundert es auch nicht, dass die künstliche Intelligenz immer tiefere Einblicke in die engste Intimsphäre der Benutzer erhält. Dieser tiefe Einblick erfolgt ganz unterschiedlich, sei es durch dauerhaft zuhörende intelligente Assistenzsysteme im Haushalt wie Alexa oder Siri oder

---

[1167] BVerfGE 80, 367.

intelligente Fahrzeuge mit all ihren Sensoren. Die Systeme überwachen den Benutzer nahezu durchgehend und damit auch in den intimsten Momenten. Die Systeme verfügen in der Regel über dauerhaft aktive und zuhörende Mikrofone, die dadurch zwangsweise auch die intimsten Gespräche mit Vertrauenspersonen erfassen. Selbst wenn in den meisten Fällen eine dauerhafte Speicherung nur beim Fallen von gewissen Schlüsselwörtern erfolgt, besteht immer die Gefahr, dass bewusst oder unbewusst auch intime Gespräche aus dem Kernbereich aufgezeichnet und gegebenenfalls übertragen werden.

Gerade bei intelligenten Fahrzeugen wird nicht nur der Innenraum regelmäßig von Mikrofonen und Kameras überwacht, sondern das Fahrzeug erlaubt auch in vielen Fällen die Erstellung eines vollständiges Bewegungsprofils. Selbst wenn einzelne sensible Standortdaten, wie zum Beispiel Besuche von Ärzten oder von anderen Berufsgeheimnisträgern im Sinne des § 53 StPO, noch nicht automatisch den Kernbereich der privaten Lebensgestaltung verletzen, so stellt eine lückenlose und dauerhafte Überwachung der Mobilität einen massiven Eingriff dar und raubt dem Bürger jeglichen Rückzugsort außerhalb seiner eigenen Wohnung. Die Bestimmung, was genau im Einzelfall in den Kernbereich privater Lebensgestaltung fallen soll, hat der Gesetzgeber ausdrücklich in die Einzelfallentscheidung der Gerichte gestellt.[1168]

Dabei sind Gespräche im eigenen Fahrzeug, welches keinen Wohnraum darstellt,[1169] bei der Frage der Kernbereichsrelevanz grundsätzlich mit

---

[1168] Vgl. BT-Drs. 18/12785, 57.
[1169] Siehe Abschnitt 3.3.2.1.

4.2 Verwertung der Daten

Gesprächen in der eigenen Wohnung zu vergleichen.[1170] Es handelt sich um einen abgegrenzten Raum, der in der Regel nach außen akustisch, wie auch zum großen Teil optisch, abgeschottet ist. Daher gelten zu Gesprächen in Fahrzeugen die entwickelten Regelungen zu Gesprächen in privaten Räumlichkeiten. Demnach kommt es primär darauf an, ob die Personen im Gespräch „ihr Innerstes nach außen kehren".[1171] Dies bedeutet, dass sowohl Gespräche über Sexualität und intime Beziehungsprobleme in den Kernbereichsschutz fallen als auch Gespräche über Krankheit, Religion oder sonstige existenzielle Fragen. Auch Beratungsgespräche mit Berufsgeheimnisträgern wie Rechtsanwälten oder Ärzten zählen zum Kernbereich persönlicher Lebensgestaltung.[1172] Ebenfalls unterfallen Selbstgespräche, die intimste Details beinhalten, diesem Schutz.[1173]

Nicht jedes Gespräch mit Vertrauenspersonen in vertraulicher Umgebung unterfällt aber dem Kernbereichsschutz. Insbesondere, wenn die Personen sich über begangene Straftaten äußern, verlassen sie den Bereich der Intimsphäre und gelangen in die schwächere geschützte Privatsphäre.[1174] Anders sieht es jedoch bei Selbstgesprächen aus, bei denen auch Gespräche und Geständnisse über begangene Straftaten weiterhin dem unantastbaren Kernbereich zuzuordnen sind.[1175] Dieser Schutz, der für private Räumlichkeiten gewährt wird, ist wie bereits erwähnt, entsprechend auch auf Fahrzeuge anzuwenden.

[1170] Vgl. BGHSt 57, 71.
[1171] MüKo-StPO-*Rückert*, § 100d StPO Rn. 5.
[1172] Vgl. BVerfGE 129, 208.
[1173] BGHSt 57, 71.
[1174] BVerfGE 109, 279.
[1175] Vgl. BGHSt 50, 206; BGHSt 57, 71.

Ein besonderes Augenmerk ist auch auf Maßnahmen zu richten, welche entweder Berufsgeheimnisträger nach § 53 StPO oder zeugnisverweigerungsberechtigte Personen nach § 52 StPO, in der Regel Angehörige, betreffen. Der § 100d Abs. 5 S. 1 StPO erklärt im Hinblick auf den Schutz des Kernbereichs privater Lebensgestaltung Maßnahmen nach § 100b und 100c StPO in den Fällen des § 53 StPO für unzulässig. Erkenntnisse, die trotzdem erlangt wurden, sind unverwertbar und unverzüglich zu löschen. Für zeugnisverweigerungsberechtigte Angehörige ordnet § 100d Abs. 5 S. 2 StPO ein eingeschränktes Verwertungsverbot an. Danach dürfen nach den §§ 100b und 100c gewonnene Erkenntnisse nur verwertet werden, wenn dies unter Berücksichtigung der Bedeutung des zugrunde liegenden Vertrauensverhältnisses nicht außer Verhältnis zum Interesse an der Erforschung des Sachverhalts oder der Ermittlung des Aufenthaltsortes eines Beschuldigten steht. Dies betrifft jedoch nur Erkenntnisse, welche nicht dem Kernbereich selbst zuzuordnen sind. Betreffen die Erkenntnisse den Kernbereich, sind diese gemäß § 100d Abs. 2 StPO unverzüglich zu löschen und unterliegen einem absoluten Verwertungsverbot, für eine Abwägung im Sinne des § 100d Abs. 5 S. 2 StPO besteht dann kein Raum.[1176]

Bei Gesprächen in intelligenten Fahrzeugen kommt erschwerend hinzu, dass mit diesen intimen Gesprächen auch weitere Informationen verknüpft werden können, insbesondere Standortdaten. Die Sensoren und Technik in den Fahrzeugen erlauben häufig sogar noch sensiblere Daten als die sowieso schon sensiblen Standortdaten. Denkbar wäre zum Beispiel der Zugriff auf Daten,

---

[1176] BeckOK-StPO-*Graf*, § 100d StPO Rn. 27;

4.2 Verwertung der Daten

um den Gemütszustand des Fahrers zu bestimmten Zeitpunkten zu erfassen. Bereits heute überwachen Fahrzeuge den Herzschlag über das Lenkrad[1177], die Mimik über die Innenraumkamera[1178] und die Stimme über die eingebauten Mikrofone[1179]. Diese Vitalwerte des Fahrers[1180] können ausreichen, um mit einer relativen hohen Wahrscheinlichkeit die Stimmung und Gemütslage einer Person zu ermitteln.[1181] Für Ermittlungsbehörden kann es zum Beispiel interessant sein, mit welcher Stimmung eine verdächtige Person eine gewisse Nachricht, beispielsweise die Mitteilung über den Tod einer Person, aufgenommen hat. Ebenfalls können gewisse Erkrankungen, zum Beispiel psychische Krankheiten, allein über die Stimme erkannt werden.[1182] Bereits diese Beispiele zeigen, was für tiefe Einblicke die intelligenten Technologien in den Alltag erlangen und was für intime Rückschlüsse aus den erhobenen Daten geschlossen werden können. Dabei ist der Kernbereich nicht nur durch den kurzfristigen intimen Einblick gefährdet, sondern insbesondere durch die permanente und nahezu lückenlose Überwachung durch die eingesetzten Technologien. Gerade diese häufige Kombination aus Tiefe und Dauer des Eingriffes in die Intimsphäre macht den Einsatz von künstlicher Intelligenz so kernbereichsrelevant, dass bei jeder Auswertung Daten künstlicher Intelligenz und insbesondere intelligenter Fahrzeuge eine besonders gründliche Prüfung der Daten auf Kernbereichsrelevanz zu erfolgen hat. Diese ist jeweils am

---

[1177] Vgl. *Lüdemann*, ZD 2015, 247 (248).
[1178] Vgl. *Lüdemann*, ZD 2015, 247 (248).
[1179] Vgl. *Chellappa/Ezhilarasie*, International Journal of Pure and Applied Mathematics 2017, 503; *Hansen*, DuD 2015, 367 (368).
[1180] Siehe konkretes zur Abwägungsfragen bei Vitalwerten des Fahrers insbesondere Abschnitt 4.3.3.
[1181] *Wittpahl*, S. 274
[1182] Vgl. *Tasnim/Stroulia*, S. 472ff..

Einzelfall vorzunehmen unter Berücksichtigung der aufgezeigten besonderen Sensibilität der Daten künstlicher Intelligenz.

4.2.2.1.5 Zwischenergebnis

Künstliche Intelligenz und intelligente Fahrzeuge erheben und verarbeiten viele Daten der Benutzer und das fast rund um die Uhr. Damit werden nicht nur automatisch auch intime Gespräche erfasst, sondern auch viele weitere Daten erhoben, welche tiefe Einblicke und Rückschlüsse aus dem Kernbereich der privaten Lebensgestaltung erlauben. Gerade aufgrund der Unantastbarkeit dieses Kernbereichs als Ausfluss der Menschenwürde ist daher bei der Verwertung von Daten künstlicher Intelligenz eine besonders kritische Würdigung vorzunehmen, ob der Kernbereich betroffen ist. Dabei darf insbesondere nicht der Fehler gemacht werden, lediglich die einzelnen erhobenen Daten auf die Kernbereichsrelevanz zu überprüfen, sondern es ist der Gesamtkomplex inklusive des Umstandes, dass eine dauerhafte Überwachung der künstlichen Intelligenz erfolgt und bei einer Verwertung dieser Daten ein massiver Überwachungsdruck auf den Bürger entstehen kann, zu berücksichtigen.

4.2.2.2 Unbewusste Datengenerierung

Auch außerhalb des Kernbereichs kann es zu erheblichen Eingriffen in die Privatsphäre kommen. Die Daten, die bei der Nutzung von modernen Technologien anfallen, können in bewusst und unbewusst generierte Daten unterteilt werden. In Teilen der Literatur werden die Daten bei intelligenten

4.2 Verwertung der Daten

Fahrzeugen – angelehnt an die Überwachungsmaßnahmen – auch als „geheime" und „nicht geheime" Daten eingestuft.[1183] Die Bezeichnung „geheim" ist hier jedoch irreführend, da die Daten meist nicht absichtlich unbemerkt erhoben oder verarbeitet werden. Vielmehr ist die unbemerkte Erhebung lediglich Folge des Umfangs der Datenerhebung und der eingesetzten Technologie. Von einem bewussten Geheimhaltungsinteresse ist daher regelmäßig weder beim Fahrer noch beim Fahrzeughersteller auszugehen. Daher sollte an dieser Stelle stattdessen von bewusst und unbewusst generierten Daten gesprochen werden.

Eine Maxime des Datenschutzes ist die Transparenz der Datenerhebung und Datenverarbeitung für den Betroffenen.[1184] Ein Fehlen dieser Transparenz, zum Beispiel durch das unbewusste Generieren von Daten, kann zu einer erhöhten Eingriffsintensität bei Daten künstlicher Intelligenz gegenüber sonstigen Daten führen. Die Intensität des Eingriffes ist ein wesentlicher Umstand im Rahmen der Abwägung der betroffenen Rechtsgüter bei der Frage der Verwertbarkeit. Nur wenn der Bürger weiß, welche Daten über ihn anfallen und wie diese verarbeitet werden, kann er über diese auch die Kontrolle ausüben.

Diese erhöhte Intensität des Eingriffes durch die unbewusste Datengenerierung ist zumeist der grundlegenden Technologie der künstlichen Intelligenz geschuldet. Der Einsatz komplexer Technologie führt häufig dazu, dass der

---

[1183] *Wolf/Eslami*, in: Oppermann/Stender-Vorwachs, Autonomes Fahren. Rechtsfolgen, Rechtsprobleme, technische Grundlagen, S. 455 (460); *Schlanstein*, BZV 2016, 201 (203); *Mielchen*, SVR 2014, 81 (82).
[1184] So auch *Buchner*, DuD 2015, 372 (372).

Benutzer die genauen technischen Abläufe nicht vollständig durchdringen kann. In vielen Fällen erkennt der Benutzer daher gar nicht, welche Daten anfallen und wie diese verarbeitet werden. Teilweise ist zum Beginn der Nutzung technischer Geräte, insbesondere von künstlicher Intelligenz, auch noch gar nicht absehbar, welche konkreten Daten während der Benutzung anfallen werden. Aber selbst wenn der Nutzer tatsächlich über alle potenziell anfallenden Daten aufgeklärt werden würde, würde allein dadurch bereits jegliche Transparenz aufgrund des „information overloads"[1185] verloren gehen. Es ist daher der komplexen Technologie immanent, dass ein großer Teil der Daten vom Benutzer unbewusst generiert wird. Dies ist in den meisten Fällen technisch nicht zu verhindern und daher im Rahmen der Abwägung besonders zu berücksichtigen.

4.2.2.2.1 Abgrenzung von bewusst und unbewusst generierten Daten bei intelligenten Fahrzeugen

Es ist bei komplexen Systemen nicht immer einfach zu unterscheiden, ob Daten bewusst oder unbewusst generiert wurden. Die komplexen technischen Gegebenheiten führen auch bei intelligenten Fahrzeugen dazu, dass in vielen Fällen eine konkrete Abgrenzung von bewusst und unbewusst generierten Daten schwierig ist. Daten, die dauerhaft im Sichtfeld des Fahrers gespeichert sind, zum Beispiel Kilometerstand oder die letzten Navigationsziele, sind relativ eindeutig als bewusst generierte Daten einzustufen. Dagegen werden insbesondere technische Daten häufig unbewusst vom Fahrer erhoben und

---

[1185] Siehe zum „information overload" auch Abschnitt 2.3.1.2.3.2.

gespeichert. Dies gilt beispielweise für Daten der Sicherheitssysteme wie ABS oder ESP, bei denen der Fahrer lediglich bei deren Eingreifen daran erinnert wird, dass diese überhaupt existieren. Selbst dann ist dem Fahrer aber zumeist unklar, welche Daten diese Systeme in dem Moment genau erheben und speichern. Erst recht ist dem Fahrer meist der Zugriff, und damit auch eine Löschmöglichkeit, auf diese Teile des Fahrzeuges verwehrt.[1186] Die Daten werden häufig unmittelbar in die Cloud des Herstellers geladen und sind dem Zugriff des Nutzers spätestens dann vollständig entzogen. Selbst wenn die Daten aber im Einzelfall im Fahrzeug verbleiben, sind diese zumeist verschlüsselt und nur durch die Hersteller oder deren Fachwerkstätten auszulesen.

Für die Frage, ob die Daten bewusst vom Fahrer generiert werden, kommt es maßgeblich auf den Wissensstand des jeweiligen Nutzers an. Ein technisch versierter Nutzer ist sich über viel mehr erzeugte Daten bewusst als ein technischer Laie. Aus diesem Grund kann eine Abgrenzung, so schwierig sie im Einzelfall auch sein mag, nur dadurch erfolgen, dass das Bewusstsein eines durchschnittlichen objektiven Dritten herangezogen wird und darauf aufbauend die Daten entsprechend klassifiziert werden. Dies entspricht auch dem Vorgehen bei geheimen Überwachungsmaßnahmen, bei denen es gerade nicht darauf ankommt, ob sich der Beschuldigte im konkreten Einzelfall der Überwachungsmaßnahme bewusst ist oder nicht, sondern die Einstufung erfolgt danach, ob die Maßnahme grundsätzlich offen oder verdeckt erfolgt. Entsprechend ist auch bei der Datenerhebung zu prüfen, ob die Daten offen

---

[1186] Vgl. *Hansen*, DuD 2015, 367 (369).

oder verdeckt erhoben werden und inwieweit sich ein durchschnittlicher Benutzer dieser Datenerhebung bewusst sein musste.

In der Regel wird der größte Teil der Daten intelligenter Fahrzeuge als unbewusst generiert anzusehen sein. Moderne Kraftfahrzeuge sind eines der komplexesten Systeme, welche der Bürger im Alltag einsetzt. Erschwerend kommt bei intelligenten Fahrzeugen hinzu, dass sich das sowieso schon komplexe System des Kraftfahrzeuges mit einem hochtechnologischen System der Informationstechnik vermengt. Durch die Kombination aus klassischer Fahrzeugingenieurkunst mit modernster Informationstechnik ist für das vollständige Durchdringen des technischen Ablaufs umfangreiches Wissen in beiden Bereichen notwendig. Gerade diese Kombination aus Maschinenbau und Informationstechnik macht das intelligente Fahrzeug für viele Menschen zu einer wahren Black Box. Dazu kommt, dass – wie aufgezeigt – gerade die künstliche Intelligenz einen erheblichen Beitrag dazu leistet, dass die Datenerhebung vor dem Nutzer verdeckt erfolgt. Für Betroffene ist es daher aufgrund der Komplexität äußerst schwierig, die technischen und rechtlichen Rahmenbedingungen der Datenverarbeitungsvorgänge im Einzelnen zu verstehen.[1187] Darin liegt beispielsweise auch der wesentliche Unterschied zum vorgeschriebenen Fahrtschreiber nach § 57a StVZO für Lastkraftwagen, der ausschließlich Daten mit Kenntnis des Fahrers erhebt. Daher ist die Abgrenzung zwischen bewusst und unbewusst generierten Daten zu objektivieren und auf den Bewusstseinshorizont eines objektiven Dritten abzustellen.

[1187] So auch *Forgó*, in: Oppermann/Stender-Vorwachs, Autonomes Fahren. Rechtsfolgen, Rechtsprobleme, technische Grundlagen, S. 353 (354).

4.2.2.2.2 Die besondere Sensibilität von unbewusst generierten Daten

Unbewusst generierte Daten sind als besonders sensibel einzustufen. Wie aufgezeigt kann der Bewusstseinshorizont des einzelnen Benutzers bei der Nutzung von neuen Technologien sehr unterschiedlich sein und hängt maßgeblich vom konkreten technischen Verständnis des Einzelnen ab. Vor allem die hohe Anzahl an Daten, die bei der Verwendung von künstlicher Intelligenz anfallen, macht es für einen durchschnittlichen Benutzer nahezu unmöglich, den Überblick über seine Daten zu behalten. Schon bei der reinen Internetnutzung an normalen Computern sind die meisten Nutzer nicht in der Lage, die von ihnen preisgegebenen Daten zu überblicken.[1188] Die anfallenden Daten bei der Nutzung von künstlicher Intelligenz und insbesondere intelligenter Fahrzeuge betragen ein Vielfaches im Vergleich zur üblichen Internetnutzung. Aber nicht nur die große Anzahl an Daten erschwert die Übersicht über die Daten, sondern auch die komplexen technischen Zusammenhänge. Schon bei dem Verschicken einer einfachen E-Mail ist vielen Nutzern nicht bewusst, welche Informationen sie damit über sich preisgeben. Viele Internetnutzer sind der Ansicht, dass lediglich die sichtbaren Informationen wie Absender, Empfänger, Betreff, Uhrzeit und Nachrichteninhalt gespeichert und übermittelt werden. Was die meisten Nutzer dagegen nicht wissen, ist, dass zugleich auch umfassende Metadaten beim Verschicken gespeichert und übermittelt werden. Neben der IP-Adresse und

---

[1188] *Kutscha*, ZRP 2010, 112 (113).

Informationen über den Mailserver können zum Beispiel auch Informationen über das eingesetzte Gerät und dessen Software ermittelt werden.[1189] Das gleiche Phänomen existiert beispielsweise auch bei digitalen Fotos. Durch das Speichern und möglicherweise Übertragen von Fotos ist sich der Benutzer zumeist bewusst, dass die bildlichen Informationen des Fotos gespeichert werden. Was die wenigsten Nutzer jedoch wissen, ist, dass die Fotodatei nicht nur speichert, wann das Foto mit welchem Gerätetypen erstellt wurde, sondern auch den genauen Standort als GPS-Daten.[1190] Dieses Problem ist bei der Nutzung künstlicher Intelligenz noch präsenter als bei bisherigen vernetzten Technologien, da diese nicht nur autonom Daten generieren, sondern diese häufig auch selbstständig übertragen. Gerade intelligente vernetzte Fahrzeuge transportieren dabei erhebliche Mengen an Daten unbemerkt nach außen.[1191] In vielen Fällen weiß der Fahrzeugnutzer noch nicht einmal, dass sein Auto gerade kommuniziert.[1192] Diese unbewusste Datenübertragung kann auch Daten betreffen, die ursprünglich „offen" generiert wurden. Die unbewusste Übertragung von Daten ist diesbezüglich der unbewussten Datengenerierung gleichzustellen, da in beiden Fällen der Benutzer keine Kontrolle über seine Daten ausüben kann. Dies führt zum Folgeproblem, dass beim Einsatz von Technologien mit künstlicher Intelligenz nicht nur unvorhersehbar ist, welche Daten von der künstlichen Intelligenz übertragen und interpretiert werden, sondern auch, zu welchen Einschätzungen die künstliche Intelligenz am Ende gelangt.[1193] Dies bedeutet im Endeffekt, dass selbst wenn der Benutzer weiß,

---

[1189] *Bhowmick/Hazarika*, arXiv:1606.01042 [cs] 2016, (3).
[1190] Vgl. *Prat/Baker u. a.*, International Journal of Digital Crime and Forensics (IJDCF) 2015, 53.
[1191] Vgl. *Lüdemann*, ZD 2015, 247 (247).
[1192] Siehe zur autonomen Kommunikationsfähigkeit insbesondere Abschnitt 2.2.2.3.1.
[1193] *Spindler*, CR 2015, 766 (766).

4.2 Verwertung der Daten

welche Daten er der künstlichen Intelligenz zur Verfügung gestellt hat, er nicht zwingend weiß, welche Zwischenergebnisse oder gar Endergebnisse die künstliche Intelligenz ermittelt und gespeichert hat. Weder dem Benutzer noch dem Hersteller ist bekannt, welche Verknüpfungen sich im Laufe der Zeit in der künstlichen Intelligenz gebildet haben und welche Zwischeninterpretationen der Daten erfolgen.[1194] Bei einer genaueren Betrachtung moderner intelligenter Fahrzeuge muss daher festgehalten werden, dass der durchschnittliche Autofahrer heute nicht mehr wissen kann, welche Daten sein Fahrzeug speichert und überträgt und wie die künstliche Intelligenz mit diesen Daten umgeht.[1195]

Diese unbewusst generierten, beziehungsweise unbewusst übertragenen Daten haben eine deutlich erhöhte Sensibilität. Denn Datenerhebungen, die verdeckt vom Benutzer erfolgen, führen regelmäßig zu einer Erhöhung der konkreten Eingriffsintensität.[1196] Die verdeckt vom Benutzer entstanden Daten stehen bei der Frage der Eingriffsintensität geheimen Ermittlungsmaßnahmen gleich.[1197] Während der Benutzer sich bei bewusst generierten Daten regelmäßig der Gefahr bewusst ist, dass die generierten Daten später möglicherweise gegen ihn verwendet werden können, fehlt ihm dieses Bewusstsein bei unbewusst generierten Daten. Der Betroffene hat bei bewusst generierten Daten die Möglichkeit, entweder bereits die Generierung dieser Daten zu verhindern oder zumindest die Daten nachträglich wieder zu löschen. Diese

---

[1194] Siehe zum technischen Hintergrund des „deep learnings" insbesondere Abschnitt 2.1.3.
[1195] Vgl. *Hansen*, DuD 2015, 367 (369).
[1196] So auch OLG Stuttgart NJW 2016, 2280.
[1197] Vgl. *Lüdemann*, ZD 2015, 247 (250).

Möglichkeiten sind ihm bei unbewusst generierten Daten genommen, da er von dessen Entstehung und Existenz keine Kenntnis hat.

Gerade wenn der Bürger gar nicht mitbekommt, dass in seine verfassungsrechtlich verbürgten Rechte eingegriffen wird, ist er besonders zu schützen, da er dann keine entsprechenden Schutzmaßnahmen ergreifen kann. Dies hat der Gesetzgeber bereits frühzeitig bei den Überwachungsmaßnahmen der StPO erkannt und die Voraussetzungen für verdeckte Maßnahmen deutlich enger als bei offenen Maßnahmen gefasst. Auch das Bundesverfassungsgericht hat sich zum Verhältnis der verdeckten Maßnahmen positioniert und eine regelmäßig deutlich intensivere Eingriffsintensität in die Grundrechte des Betroffenen bei verdeckten Maßnahmen im Verhältnis zu offenen Ermittlungshandlungen konstatiert.[1198] Diese Position ist auch konsequent, da der Staat bei der Nutzung von personenbezogenen Daten der Bürger dem Grundsatz der Offenheit zu folgen hat.[1199] Die diffuse Bedrohlichkeit, welche durch heimliche Überwachung entsteht, verletzt regelmäßig das Grundrecht auf Freiheit von Einschüchterungen.[1200] Die konkrete dogmatische Einordnung des Rechts auf Freiheit von Einschüchterung ist bisher noch ungeklärt und stark umstritten.[1201] Überwiegend wird das Grundrecht auf Freiheit von Einschüchterung aus der Menschenwürde aus Art. 1 Abs. 1 GG[1202] oder dem

---

[1198] Vgl. BVerfGE 120, 260; BVerfGE 141, 220.
[1199] BVerfGE 125, 260.
[1200] Vgl. BVerfGE 125, 260.
[1201] Vgl. *Zanger*, S. 109ff.
[1202] *Roßnagel*, Grundrechte und Kernkraftwerke, S. 42 ff; *Hermes*, S. 143; *Roth-Stielow*, EuGRZ 1980, 386 (387).

4.2 Verwertung der Daten

allgemeinen Persönlichkeitsrecht aus Art. 2 Abs. 1 i.V.m. Art. 1 Abs. 1 GG[1203] hergeleitet.

Das Bundesverfassungsgericht hält eine Gesellschaftsordnung, in der Bürger nicht mehr wissen können, wer, was, wann und bei welcher Gelegenheit über sie weiß, für nicht mehr mit dem Grundgesetz vereinbar.[1204] Aus diesem Grund sind heimliche Maßnahmen des Staates nur unter strengen Voraussetzungen zu gestatten. Im Rahmen der Verhältnismäßigkeitsprüfung ist jeweils zu beachten, dass verdeckte Überwachungen stärker grundrechtsbelastend sind als offene Maßnahmen.[1205] Heimliche Maßnahmen, vor denen sich der Bürger nur schwer schützen kann, sind somit nur zulässig, wenn sie dem Schutz hinreichend gewichtige Rechtsgüter dienen und im Einzelfall belastbare tatsächliche Anhaltspunkte für deren Gefährdung bestehen.[1206]

Ähnliches muss für unbewusst generierte Daten gelten. Immer dann, wenn der Bürger seine Daten – und damit die Außenwirkung seiner Person – nicht selbst effektiv schützen und kontrollieren kann, müssen besondere rechtliche Schutzinstrumente greifen, um die verfassungsrechtlich verbürgten Rechte zu garantieren. Das Problem von Daten, die sich außerhalb der unmittelbaren Kontrolle des Bürgers befinden, war bereits dem Verfassungsgeber bewusst, wie am Beispiel der Festsetzung des Fernmeldegeheimnisses im Grundgesetz zu erkennen ist.[1207] Aber auch schon in der Weimarer Reichsverfassung von

---

[1203] *Hasso Hofmann*, S. 308; *Mastronardi*, S. 244f. und 283.
[1204] BVerfGE 65, 1.
[1205] *Bode*, S. 241.
[1206] BVerfGE 141, 220.
[1207] Siehe zum Fernmeldegeheimnis insbesondere Abschnitt 3.3.1.

1919 findet sich der besondere Schutz des anfälligen Transportweges von Daten und Informationen in Art. 117. Noch älter ist das Briefgeheimnis, welches sich bereits in Art. XXXIVV der Josephinischen Wahlkapitulation aus dem Jahr 1690 befindet.[1208] Daten und Informationen sollen immer dann einen erhöhten Schutz genießen, wenn sie außerhalb der persönlichen Kontrolle des Einzelnen sind. Dadurch soll der Bürger von der diffusen Bedrohung befreit werden, sich jederzeit einer Überwachung durch den Staat ungeschützt ausgesetzt zu sehen.

Bei Daten intelligenter Fahrzeuge kommt erschwerend hinzu, dass es sich fast durchgehend um äußerst sensible Daten handelt, die Rückschlüsse auf Standorte und Bewegungsverläufe erlauben.[1209] Daher unterscheiden sich die unbewusst generierten Daten von intelligenten Fahrzeugen stark von den soeben erwähnten unbewusst übermittelten Daten beim Versenden von E-Mails oder Bilddateien. Die Daten intelligenter Fahrzeuge erlauben die Erzeugung eines vollständigen Profils des Nutzers. Ebenfalls ist es – anders als bei den meisten anderen Geräten – so, dass die Datenerhebung und Datenverarbeitung nicht nur unmerklich, sondern auch allgegenwärtig, stattfindet.[1210] Es handelt sich um einen durchgehenden unsichtbaren Datenstrom, der das Fahrzeug verlässt.[1211] Gerade dies unterscheidet die Eingriffsintensität noch einmal erheblich von der üblichen Internetnutzung. Es besteht eine viel größere Gefahr, dass ein andauernder Überwachungsdruck

---

[1208] Abgedruckt in *Burgdorf*, S. 263.
[1209] *Forgó*, in: Oppermann/Stender-Vorwachs, Autonomes Fahren. Rechtsfolgen, Rechtsprobleme, technische Grundlagen, S. 353 (354).
[1210] *Lüdemann*, ZD 2015, 247 (249).
[1211] *Lüdemann*, ZD 2015, 247 (253).

4.2 Verwertung der Daten

auf den einzelnen Bürger entsteht, der mit den Grundsätzen unserer freiheitlichen demokratischen Grundordnung nicht zu vereinbaren ist.

Diese Kombination aus Sensibilität, Umfang, Unbewusstheit und Allgegenwärtigkeit grenzt die Daten von künstlicher Intelligenz von den bisher üblichen erzeugten persönlichen Daten ab. Es handelt sich um eine neue Dimension des Eingriffs in das allgemeine Persönlichkeitsrecht des Einzelnen. Daher ist unbewusst generierten Daten eine erhöhte Sensibilität zu attestieren und sie sind entsprechend zu schützen.

4.2.2.2.3 Unbewusst generierte Daten im Rahmen der Abwägung

Der Umstand, dass der Nutzer mangels Bewusstheit der Erzeugung dieser sensiblen Daten die Generierung nicht unterbinden und die nachträgliche Löschung nicht veranlassen kann, zwingt zu einer besonderen Betrachtung der Frage, inwieweit diese Daten im Rahmen eines Strafprozesses verwertet werden können. Die durch künstliche Intelligenz erzeugten Daten stellen, wie aufgezeigt, einen besonderen und bisher in dieser Intensität noch nie dagewesenen Eingriff in die Rechte des Bürgers dar. Bereits einzelne Überwachungsmaßnahmen dieser Daten ermöglichen das Erfassen aller Neigungen, Interessen und Tätigkeiten eines Bürgers, wodurch sie einen besonderen Schutz bedürfen.[1212] Der Staat hat somit in besonderem Maße dafür Sorge zu tragen, dass der Einzelne durch die neue Technologie nicht zu

---

[1212] Vgl. BVerfGE 116, 166; *Schantz*, KritV 2007 310 (326).

einem gläsernen Objekt wird und im schlimmsten Fall unbewusst das wichtigste Beweismittel – und sei es nur mittelbar durch seine generierten Daten – gegen sich selbst wird. Müsste der Bürger dies bei der Nutzung von künstlicher Intelligenz befürchten, würde dies die Bürger gegebenenfalls dazu veranlassen, ihre Freiheit selbst zu beschränken, wenn sie sich nicht mehr sicher sein können, welche Daten generiert und später verwendet werden.[1213]

Neben der Intensität der einzelnen Daten, ist an dieser Stelle auch die Problematik des „additiven Grundrechteingriffes" zu berücksichtigen.[1214] Wie aufgezeigt, wird durch den Zugriff auf die Daten bei künstlicher Intelligenz zugleich in mehrere Grundrechte eingegriffen, und dies in einer erheblichen Tiefe.[1215] Vor diesem Hintergrund wird die isolierte Betrachtung der Verwertung der einzelnen Daten der Gesamtbelastung dieser Verwertung nicht gerecht.[1216] Beim Einsatz moderner Informationstechnologien muss daher auf das „additiven Grundrechtseingriffen" innewohnende Gefährdungspotenzial Rücksicht genommen werden und darauf geachtet werden, dass das Ausmaß der Überwachung insgesamt beschränkt bleibt.[1217] An diesem Punkt ist sodann auch das Schwergewicht der Abwägung der betroffenen Rechte zu sehen. Das Strafverfahren verfolgt nach überzeugender Ansicht den Zweck der formellen Konfliktbeseitigung, bei dem das Strafverfolgungsinteresse des Staates das

---

[1213] Vgl. BVerfGE 65, 1; BVerfGE 100, 313; BVerfGE 113, 20; *Schantz*, KritV 2007 310 (327).
[1214] Vgl. zum „additiven Grundrechtseingriff" insbesondere BVerfGE 112, 304; BVerfGE 141, 220; *Lücke*, DVBl 2001, 1469; *Braun/Brühl*, VR 2017, 151 (152); *Ruschemeier*, S. 1ff.
[1215] Siehe dazu insbesondere Abschnitt 3.3.
[1216] *Kirchhof*, NJW 2006, 732.
[1217] Vgl. BVerfG, Beschluss vom 01.12.2020, 2 BvR 916/11, 2 BvR 636/12.

4.2 Verwertung der Daten

Untermaß der notwendigen Strafrechtspflege darstellt.[1218] Die Idee der effektiven Strafrechtspflege[1219] kann eine zwingende Verwertung der unbewusst generierten Daten der künstlichen Intelligenz daher nicht gebieten. Dies zeigt bereits ein Blick in die nahe Vergangenheit, in der solche Daten – mangels technischer Gegebenheiten – gar nicht existierten. Eine effektive und funktionierende Strafrechtspflege bestand, dies dürfte im Kern unstreitig sein, in den letzten Jahren auch ohne Zugriff auf solche Daten. Das Schaffen und Verbreiten neuer Technologien kann das Strafverfolgungsinteresse nicht per se erhöhen. Es muss sich an dieser Stelle bewusst gemacht werden, dass eine effektive Strafverfolgung nicht verlangt, dass jede Möglichkeit der Strafverfolgung auch tatsächlich vom Staat genutzt wird; gerade diese Maxime grenzt eine freiheitlich demokratische Gesellschaft von einem Polizeistaat ab.

Das Ausspähen und Überwachen durch neue technische Fortschritte in der Gesellschaft kann nur dann durch das Strafverfolgungsinteresse geboten sein, wenn der technische Fortschritt bisherige Ermittlungsmaßnahmen erschwert oder gar unmöglich macht. Ein Beispiel für solch einen Fall wäre der Umstand, dass sich in der Gesellschaft die verschlüsselte Telekommunikation immer weiter durchsetzt. Dadurch verliert die seit Jahrzehnten geübte Praxis der Telekommunikationsüberwachung ihre Effektivität und der Einsatz einer Quellen-TKÜ[1220] kann angezeigt sein, um den Verlust bisheriger Ermittlungsmaßnahmen zu kompensieren und eine effektive Strafrechtspflege aufrechtzuerhalten.

[1218] Siehe dazu auch Abschnitt 3.2.1.5..
[1219] Siehe zur effektiven Strafrechtspflege insbesondere Abschnitt 3.2.1.
[1220] Siehe zur Quellen-TKÜ insbesondere Abschnitt 4.1.3.

Solch eine Substitution bisheriger Ermittlungsansätze ist in der Breite weder bei unbewusst generierten Daten künstlicher Intelligenz noch bei intelligenten Fahrzeugen zu erkennen. Ein intelligentes Fahrzeug kann weiterhin genauso mit klassischen Ermittlungsmaßnahmen überwacht werden, wie es bei Fahrzeugen vergangener Zeiten üblich war. Auch intelligente Fahrzeuge können weiterhin mit GPS-Sendern oder akustischen Wanzen versehen werden.

Ein Zugriff auf die spezifischen und zumeist unbewusst generierten Daten künstlicher Intelligenz stellt viel mehr ein „Plus" zu den bisherigen Ermittlungsansätzen dar. Gerade hier zeigt sich die Gefahr der Addition der unterschiedlichen Ermittlungsmaßnahmen, welche den Gesamtüberwachungsdruck auf den Bürger immer weiter erhöhen. Diese Betrachtung ist erneut ein Beleg dafür, dass das Strafverfolgungsinteresse richtigerweise tatsächlich nur das Untermaß der staatlichen Strafverfolgung darstellen kann,[1221] da es ansonsten mit immer fortschreitender technischer Entwicklung zu einer immer stärkeren Überwachung und damit Abnahme der Freiheit der Gesellschaft kommen würde.

Zu beachten ist aber, dass das Strafverfolgungsinteresse gerade nur das Untermaß darstellt und eben noch nicht die Grenze des Übermaßverbotes aufzeigt. Das heißt, nicht alles, was dieses Untermaßgebot übersteigt, ist zugleich auch als Ermittlungsmaßnahme abzulehnen. Stattdessen ist die Grenze des Übermaßverbotes erst dann erreicht, wenn die Verwertung dieser

---

[1221] Siehe dazu auch Abschnitt 3.2.1.5.

4.2 Verwertung der Daten

unbewusst generierten Daten solch eine Schwere erreicht, dass es mit den verfassungsrechtlich verbürgten Rechten der Bürger nicht mehr in Einklang zu bringen ist. Mangels rechtlicher Regelungen bleibt dies zurzeit der freien richterlichen Abwägung im Einzelfall vorbehalten.[1222]

Nach dem zuvor Gesagten, ist zu konstatieren, dass eine Verwertung von unbewusst generierten Daten künstlicher Intelligenz in der Regel nicht zulässig ist. Dies ist schon deswegen geboten, da durch die unbewusste Generierung der Daten dem Beschuldigten jegliche Möglichkeit genommen wurde, die Datengenerierung zu verhindern oder zumindest die nachträgliche Löschung dieser Daten zu beantragen. Gerade bei schweren Kapitalverbrechen – deren Schwere das Gericht im Rahmen einer Abwägung im Einzelfall heranziehen könnte – ist davon auszugehen, dass bei einem Bewusstsein der Datengenerierung der Beschuldigte die Generierung verhindert oder zumindest dessen nachträgliche Löschung veranlasst hätte. Es muss dem Beschuldigten daher nachträglich im Strafprozess die Möglichkeit eingeräumt werden, darüber zu entscheiden, ob er diese Daten in den Strafprozess einbringen möchte oder nicht. Daher bietet sich hier an, dass dem Beschuldigten ein umfassendes Widerspruchsrecht eingeräumt wird, damit er nachträglich die Kontrolle über seine Daten ausüben kann.

Wie aufgezeigt, ist die Abgrenzung, welche Daten bewusst oder unbewusst generiert wurden, – trotz aller Schwierigkeiten – aus der Sicht eines verständigen objektiven Dritten vorzunehmen. Die Frage der Verwertbarkeit wird sich daher an rein objektiven Umständen orientieren müssen. Eine

---

[1222] Zu den Kriterien der Abwägungslehre siehe insbesondere Abschnitt 3.1.2.2.

Ausnahme dieses objektivierten Ansatzes wird dann zu erfolgen haben, wenn es sich zwar um objektiv unbewusst generierte Daten handelt, der Beschuldigte aber nachweislich Kenntnis von der Erhebung der Daten hatte, bevor diese Daten von den Ermittlungsbehörden erhoben wurden. Denn die unbewusst generierten Daten verlieren in der Regel spätestens dann ihre besondere Sensibilität, wenn der Beschuldigte Kenntnis von der Generierung erlangt hat und die tatsächliche Möglichkeit erhielt, Kontrolle über die Daten – insbesondere die Löschung – auszuüben. Sofern der Beschuldigte von dieser Möglichkeit anschließend keinen Gebrauch gemacht hat, sind die Daten genauso zu behandeln, als seien sie im Bewusstsein des Beschuldigten erzeugt worden.

Abgesehen von dieser Ausnahme gebietet sich aber aus den vorstehenden Gründen eine besondere Beachtung dieses Kriteriums im Rahmen der Abwägung, welches regelmäßig zu einer Widerspruchsmöglichkeit des Beschuldigten führt. Der Widerspruch führt sodann zu einer Unverwertbarkeit der erhobenen Daten.

4.2.2.2.4 Zwischenergebnis

Unbewusst generierte Daten von künstlicher Intelligenz und intelligenten Fahrzeugen sind durch ihren Umfang und der Verknüpfung mit Standortdaten deutlich sensibler als bisher anfallende Daten aus Computern, Smartphones oder sonstigen technischen Geräten. Die Kombination aus unbewusster Generierung und hoher Sensibilität führt zu einem erhöhten Schutzbedarf dieser Daten, um den Bürger von einem permanenten potenziellen

4.2 Verwertung der Daten

Überwachungsdruck zu befreien. Solch ein Überwachungsdruck kann einen erheblichen Einschüchterungseffekt auf den Einzelnen haben und dazu führen, dass sich Bürger selbst in ihrer Freiheit beschränken, aus Sorge davor, dass sie Daten generieren, die der Staat zu ihren Lasten verwenden kann.

Vor diesem Hintergrund sind die Daten einem besonderen Schutz zu unterstellen. Mangels rechtlicher Regelungen ist eine Unverwertbarkeit im Rahmen der Abwägung zu prüfen. Nachdem festgestellt wurde, dass es sich um objektive unbewusst generierte Daten handelt, ist zugleich zu prüfen, ob der Beschuldigte entweder zum Zeitpunkt der Generierung oder nachträglich positive Kenntnis von diesen erlangt hat. Sofern dies nicht der Fall ist, muss dem Beschuldigten ein Widerspruchsrecht hinsichtlich der Verwertung eingeräumt werden. Nur auf diese Art und Weise kann der Bürger die neuen Technologien unbeschwert verwenden, ohne Angst haben zu müssen, dass er dadurch zum gläsernen Bürger wird und keinerlei Kontrolle mehr über seine Daten hat. Für eine weitere Abwägung wird hier in der Regel kein Raum sein, da insbesondere bei schweren Straftaten davon auszugehen ist, dass der Beschuldigte die Daten bei Kenntnis zuvor gelöscht hätte.

4.2.2.3 Verstoß gegen Datenschutzgesetze

Ein weiteres Problem im Rahmen des Einsatzes von künstlicher Intelligenz sind Daten, die unter Missachtung der Datenschutzgesetze entstanden sind. Die Rechtspraxis stellt sich aktuell so dar, dass erhebliche Mengen an persönlichen Daten durch die Fahrzeughersteller von intelligenten Fahrzeugen datenschutzwidrig erhoben, verarbeitet und gespeichert werden.[1223] Sofern daher auf diese Daten im Fahrzeug oder beim Hersteller zugegriffen werden soll, handelt es sich in der Regel um Beweismittel, die unter Verstoß der Datenschutzbestimmungen rechtswidrig durch Private generiert wurden. Auch wenn die Ermittlungsbehörden selbst diese Daten nicht rechtswidrig erheben, stellt sich die Frage, ob der Verstoß gegen die Datenschutzbestimmung bei der Verarbeitung durch eine Privatperson nicht auch einer Verwertung im Strafprozess entgegenstehen kann.

Obwohl in den letzten zwei Jahrzehnten die Datenmenge immer weiter anstieg, hat sich bisher sowohl die Wissenschaft als auch die Rechtsprechung sehr zurückhaltend zum Thema der rechtswidrigen Datenerhebung durch Private und deren Verwertbarkeit verhalten. Die Frage wurde, wenn überhaupt, meist nur im Rahmen von Zivilprozessen diskutiert. Zumeist geht es dabei um die Aufnahme des Straßenverkehrs mittels Dashcams. Unter Dashcams werden am Fahrzeug installierte Kameras verstanden, die den vor oder hinter sich gerichteten Straßenverkehr aufzeichnen, um im Falle eines Unfalles als Beweismittel zu dienen.

4.2.2.3.1 Allgemeines zur Verwertung von rechtswidrig erhobenen Beweismitteln durch Private

Die wesentliche Frage dieses Themenkomplexes ist, in welcher Art und Weise der Staat im Rahmen eines Gerichtsverfahrens mit Beweismitteln umzugehen

---

[1223] Siehe dazu Abschnitt 2.3.1.2.3.2.

4.2 Verwertung der Daten

hat, welche eine Privatperson unter Missachtung der geltenden Gesetze – insbesondere der Datenschutzgesetze – erlangt hat.

Vorab ist festzustellen, dass sich die prozessualen Beweiserhebungsregelungen ausschließlich an den Staat richten, und daher diese Regeln Privatpersonen nicht unmittelbar binden können. Vor diesem Hintergrund kann die rechtswidrige Beweismittelerhebung durch Privatpersonen auch kein unselbstständiges Beweisverbot hervorbringen. In Betracht kommt lediglich ein selbstständiges Beweisverwertungsverbot. Inwieweit jedoch tatsächlich solch ein selbstständiges Beweisverwertungsverbot dadurch zu begründen ist, dass Privatpersonen die Beweismittel rechtswidrig erhoben haben, ist in vielen Einzelfragen umstritten. Die allgemeinen Grundsätze zu dieser Frage haben sich insbesondere an heimlichen Tonbandaufnahmen entwickelt, die unter Verstoß von § 201 StGB entstanden sind.[1224] Vergleichbare Fragen haben sich in der Vergangenheit aber auch bezüglich des Ankaufes von sogenannten „Steuerdaten-CDs" gestellt.[1225]

Wohl unstreitig ist, dass bei „extremer Menschenrechtswidrigkeit" – insbesondere der Anwendung von Folter – uneingeschränkt ein Beweisverwertungsverbot auch bei der Erhebung durch Private greifen muss.[1226] Der Staat muss all sein Handeln an Art. 1 Abs. 1 GG messen lassen

---

[1224] Vgl. BVerfGE 34, 238; BGHSt 14, 358.
[1225] Vgl. BVerfG NJW 2011, 2417; Wabnitz/Janovsky/Schmitt-*Pflaum,* 21. Kapitel Rn. 273ff.
[1226] Alsberg-*Güntge,* 5. Kapitel Rn. 247; *Krey,* S. 100. *Frank,* S. 68; *Rogall,* JZ 1996, 944 (949); *Roxin/Schünemann,* § 24 Rn. 65; Meyer-Goßner/Schmitt-*Schmitt,* § 136a Rn. 3, *Jahn,* Gutachten, C1 (C102).

und darf weder direkt noch indirekt davon profitieren, dass Dritte diesen höchsten Verfassungsgrundsatz missachten.[1227]

Zum Teil wird sodann weiter vertreten, dass alle anderen Beweismittel, die nicht unter Missachtung der Menschenwürde erlangt wurden, uneingeschränkt verwertet werden können, solange der Staat sich selbst rechtmäßig verhält.[1228] Dieses Argument fußt auf der strikten Trennung zwischen materiellem und formellem Recht. Ein Verstoß gegen das materielle Recht – hier insbesondere die Datenschutzgesetze – soll demnach keinen Einfluss auf den Strafprozess selbst haben.[1229] Es bedürfe nach dieser Ansicht daher eines ausdrücklichen Verwertungsverbotes, damit der materielle Verstoß zu einer prozessualen Unverwertbarkeit führen kann.[1230]

Demgegenüber wird von der Rechtsprechung und einem Teil der Literatur solch eine strikte Verwertbarkeit abgelehnt und stattdessen eine Lösung über die Abwägungslehre favorisiert.[1231] Demnach würde nur bei einer Verletzung des Kernbereichs privater Lebensgestaltung[1232] automatisch ein Beweisverwertungsverbot greifen und in allen anderen Fällen das Strafverfolgungsinteresse mit den betroffenen Rechten des Angeklagten abgewogen werden. Im Rahmen dieser Abwägung ist sodann insbesondere zu

---

[1227] Vgl. SSW-StPO-*Beulke*, Einleitung Rn. 303; *Eisenberg*, Rn. 401.
[1228] Vgl. *Rogall*, JZ 1996, 944 (949); *Störmer*, S. 118.
[1229] Vgl. *Olaf Werner*, NJW 1988, 993 (1000).
[1230] *Frank*, S. 67.
[1231] Vgl. BVerfGE 34, 238; BGHSt 14, 358; BGH JR 2016, 542; *Wohlers*, JR 2016, 509 (512); *Cornelius*, NJW 2016, 2280 (2283); *Roxin/Schünemann*, § 24 Rn. 66; SSW-StPO-*Beulke*, Einleitung Rn. 307; *Eisenberg*, Rn. 399.
[1232] Siehe dazu Abschnitt 4.2.2.1.

4.2 Verwertung der Daten

prüfen, inwieweit eine Verwertung die Rechtsverletzung weiter vertiefen würde, was zu einer Unverwertbarkeit führen könnte.[1233]

Diesem letzten Ansatz ist der Vorzug zu geben. Es gibt keine Notwendigkeit, die Abwägungslehre an dieser Stelle zu modifizieren oder gar aufzugeben, da gerade die Schwere des Verstoßes durch die Privatperson am besten im Einzelfall durch eine Abwägung berücksichtigt werden kann. Die Gegenansicht, welche eine uneingeschränkte Verwertung mit dem Argument bejaht, dass der Staat sich selbst rechtmäßig verhalten hätte, verkennt, dass der Profiteur eines rechtswidrigen Handelns dem Rechtsbrecher meist in nichts nachsteht. Dieser Grundsatz zeigt sich auch im materiellen Strafrecht. So wird die Hehlerei nach § 259 StGB mit dem gleichen Strafrahmen bedroht wie der eigentliche Diebstahl aus § 242 StGB. Auch die Datenhehlerei nach § 202d StGB sieht den gleichen Strafrahmen wie das Ausspähen von Daten nach § 202a StGB vor. Dies ist auch konsequent, da der Hehler nicht nur das Diebstahlsopfer schädigt, sondern zugleich auch Dritte zu rechtswidrigen Verhalten verleitet, beziehungsweise motiviert. Hinzu kommt, dass bei Daten die anschließende Verwertung der einmal rechtswidrigen erlangten Daten sogar häufig schwerwiegender als die eigentliche rechtswidrige Erhebung ist. Daher ist Kern des Datenschutzes auch nicht nur die Verhinderung von Datenerhebung, sondern auch die Verarbeitung zu regeln, um den Bürger in die Lage zu versetzen, selbst zu entscheiden, wer, wie und wann seine Daten verarbeiten darf.[1234] Dieser Schutzzweck geht nicht dadurch verloren, dass die Daten einmal rechtswidrig erhoben wurden, sondern wirkt auch für die weitere

---

[1233] Vgl. BVerfGE 34, 238; BGHSt 14, 358; *Roxin/Schünemann*, § 24 Rn. 66.
[1234] Vgl. BVerfGE 141, 186.

Verarbeitung und Verwertung der Daten fort. Dies bedeutet, dass auch die Verwertung in einem Gerichtsprozess durch das Gericht erneut und eigenständig die Rechte des Bürgers, über seine Daten frei zu verfügen, verletzen kann. Es muss daher im Einzelfall geschaut werden, inwieweit gerade die weitere Verwertung im Prozess die Rechte des Bürgers beeinträchtigt. Es bietet sich daher auch in diesen Fällen – auch, um dem Ausnahmecharakter der Beweisverwertungsverbote gerecht zu werden – eine Abwägung der betroffenen Rechtsgüter mit dem Strafverfolgungsinteresse an.[1235] Eine darüberhinausgehende Sonderbehandlung dieses Problemkreises ist weder notwendig noch zweckdienlich.

4.2.2.3.2 Bisherige Behandlung von datenschutzrechtlich problematischen Beweismitteln in Zivilverfahren

Mit der konkreten Frage der Verwertung von datenschutzrechtlich bedenklichen Beweismitteln in Gerichtsverfahren haben sich bisher zumeist die Zivilgerichte beschäftigt. Anders als bei den Beweisverwertungsfragen im Strafrecht erfolgt die Abwägung im Zivilrecht nicht zwischen dem Strafverfolgungsinteresse und den Rechten des Bürgers, sondern es werden im Rahmen einer Güterabwägung die verfassungsrechtlich geschützten Rechte einer Partei mit den Interessen der beweisführenden Partei abgewogen.[1236]

Zumeist haben sich die Zivilgerichte mit der Frage der Verwertung von Dashcam-Aufzeichnungen beschäftigt. Dabei stellt sich in erster Linie die

---

[1235] Siehe dazu Abschnitt 3.1.
[1236] Vgl. BVerfG NJW 2011, 2417; BGHZ 166, 283.

4.2 Verwertung der Daten

konkrete Frage, ob das Beweisinteresse der aufzeichnenden Partei den Eingriff in die informationelle Selbstbestimmung rechtfertigen kann.[1237] Gegen das Zulassen der Beweismittel wird in erster Linie angeführt, dass dadurch einer Verbreitung von Kameras von Privaten in der Öffentlichkeit Vorschub geleistet werden würde und dies zu einem permanenten Überwachungsdruck auf alle Verkehrsteilnehmer führen würde.[1238] Die Befürworter einer Verwertung verweisen diesbezüglich aber zu Recht darauf hin, dass dies die Frage der Zulässigkeit von Dashcams per se betreffe, und nicht die Frage der Verwertung.[1239] Ob Kameras im öffentlichen Raum zugelassen sind oder nicht, müsse der Gesetzgeber per Gesetz regeln. Es könne nicht Aufgabe der Gerichte sein, über die Beweisverwertungsfrage das Verbreiten von Kameras im öffentlichen Raum einzuschränken.[1240]

Uneinig ist sich die zivilrechtliche Rechtsprechung bei der Beurteilung, wie schwer die anlasslose und großflächige Überwachung des öffentlichen Straßenverkehrs durch Dashcams zu gewichten ist. Zum Teil wird betont, dass die dauerhafte und permanente Überwachung einen schwerwiegenden Eingriff darstellen würde, da es eine große Anzahl an Personen in ihrem Persönlichkeitsrecht betreffen würde.[1241] Insbesondere die Dauerhaftigkeit der Speicherung wird dabei als problematisch angesehen, da für die reine

---

[1237] Vgl. AG München, Urteil vom 30.11.2015, 335 C 13895/15.
[1238] LG Rottweil, Urteil vom 20.02.2017, 1 O 104/16; LG Heilbronn NJW-RR 2015, 1019; LG Memmingen, CR 2016, 240.
[1239] Vgl. AG München, Urteil vom 30.11.2015, 335 C 13895/15; *Löffelmann*, JR 2018, 628 (639).
[1240] Vgl. BGHZ 218, 348; OLG Nürnberg NJW 2017, 3597; LG Landshut, Beschluss vom 01.12.2015, 12 S 2603/15; AG München, Urteil vom 30.11.2015, 335 C 13895/15.
[1241] Vgl. LG Magdeburg, Urteil vom 05.05.2017, 1 S 15/17; *Bachmeier*, DAR 2014, 15 (18).

Beweisführung eine anlassbezogene Speicherung ausreichen würde und daher das Material in kurzen Abständen immer wieder überschrieben werden könnte.[1242] Im Gegenzug wird jedoch angeführt, dass in der Regel lediglich Fahrzeuge und nicht die Fahrzeugführer zu erkennen seien und ausschließlich ein öffentlicher Verkehrsraum überwacht wird.[1243] Im Zivilprozess seien ferner meist auch nur anlassbezogene Filmsequenzen interessant und gerade nicht die datenschutzrechtlich besonders sensible anlasslose generelle Überwachung des Verkehrsraumes.[1244] Dies führe auch dazu, dass durch die reine Verwertung gerade nicht in das allgemeine Persönlichkeitsrecht einer Vielzahl von Personen eingegriffen werde, sondern ausschließlich von denen, die auf der zu verwertenden Sequenzen zu sehen sind.[1245] Letztlich wird für eine grundsätzliche zivilrechtliche Verwertbarkeit auch angeführt, dass das Recht auf rechtliches Gehör aus Art. 103 Abs. 1 GG die Gerichte gerade dazu verpflichte, die vorhandenen Filmaufnahmen für ihre Entscheidung zu berücksichtigen, da insbesondere Unfallgegner sonst häufig in erheblichen Beweisnöten seien.[1246] Im zivilrechtlichen Bereich überzeugt daher die Annahme der grundsätzlichen Verwertbarkeit von Aufzeichnungen durch Dashcams.

Abseits von diesen Entscheidungen bezogenen auf Dashcams gibt es kaum Entscheidungen, die sich mit sonstigen datenschutzrechtswidrigen

---

[1242] Vgl. LG Magdeburg, Urteil vom 05.05.2017, 1 S 15/17.
[1243] Vgl. OLG Nürnberg NJW 2017, 3597; LG Landshut, Beschluss vom 01.12.2015, 12 S 2603/15.
[1244] Vgl. OLG Nürnberg NJW 2017, 3597; *Löffelmann*, JR 2018, 628 (639).
[1245] Vgl. OLG Nürnberg NJW 2017, 3597.
[1246] AG München, Urteil vom 30.11.2015, 335 C 13895/15; AG Nürnberg MDR 2015, 977; *Greger*, NZV 2015, 114 (116).

4.2 Verwertung der Daten

Beweismitteln beschäftigen. Mit einer entsprechend ähnliche Frage hatte sich lediglich das Oberlandesgericht Düsseldorf zu beschäftigten. Das Oberlandesgericht hatte über die Verwertbarkeit einer festinstallierten Überwachungskamera in einer Grundstücksauffahrt zu entscheiden, welche eine Körperverletzung aufgezeichnet hatte.[1247] Das Gericht bejahte die Verwertbarkeit nach einer durchgeführten Abwägung der jeweiligen Interessen der Parteien.[1248]

Beim Bundesgerichtshof hat sich – soweit ersichtlich – bisher lediglich der VI. Zivilsenat mit dieser Thematik beschäftigt. Der Senat betonte in seiner Entscheidung – die ebenfalls eine Dashcam zum Thema hatte – noch einmal ausdrücklich die Notwendigkeit der Güterabwägung im Einzelfall.[1249] Das Gericht schreibt im Rahmen der Abwägung insbesondere der Frage der betroffenen Sphäre[1250] ein erhebliches Gewicht zu. Gerade wenn nur die Sozialsphäre und nicht die Intimsphäre betroffen ist, kann eine Verwertung geboten sein. Wer seine Persönlichkeit innerhalb der sozialen Gemeinschaft entfaltet, müsse es nach der Entscheidung des Zivilsenats hinnehmen, dass seine Daten auch von anderen entsprechend wahrgenommen werden.[1251] Bei einer Dashcam-Aufzeichnung hat der Bundesgerichtshof lediglich die Betroffenheit der Sozialsphäre erkannt, da sich das Ereignis im öffentlichen Straßenraum ereignete, an dem der Bürger freiwillig teilgenommen habe. Er habe sich damit selbst der Wahrnehmung und Beobachtung durch andere

---

[1247] OLG Düsseldorf NJW-RR 1998, 241.
[1248] OLG Düsseldorf NJW-RR 1998, 241.
[1249] BGHZ 218, 348.
[1250] Siehe zur Sphärentheorie des Bundesverfassungsgerichts auch Abschnitt 4.2.2.3.4.1.
[1251] BGHZ 218, 348.

Verkehrsteilnehmer ausgesetzt und es wurden lediglich Vorgänge aufgezeichnet, die grundsätzlich für jedermann wahrnehmbar seien.[1252] Im konkreten Einzelfall überwog nach Ansicht des Bundesgerichtshofs daher das Interesse des Beweisführers, der sich – wie so häufig bei schnelllebigen Verkehrsgeschehen – ansonsten in Beweisnot befunden hätte.[1253]

Die Auswertung der hier angeführten zivilrechtlichen Entscheidungen zeigt jedoch, dass die Argumente sehr stark auf den konkreten Einzelfall abzielen und bereits leichte Abwandlungen zu anderen Ergebnissen führen könnten; insbesondere, da künstliche Intelligenz heutzutage – anders als Dashcam-Aufnahmen – immer mehr in Bereichen der engsten Intimsphäre eingesetzt wird. Auch die Zivilgerichte werden sich daher in naher Zukunft mit den in der hiesigen Arbeit behandelten Fragen verstärkt auseinandersetzen müssen, da bei künstlicher Intelligenz gerade die Intensität des Eingriffes deutlich schwerer wiegen kann als bei den bisherigen Dashcam-Entscheidungen.

4.2.2.3.3 Bisherige Behandlung von datenschutzrechtlich problematischen Beweismitteln im Straf- und Ordnungswidrigkeitenverfahren

Ist die zivilrechtliche Rechtsprechung und Literatur zum Thema der Verwertung von datenschutzrechtlich bedenklichen Beweismitteln schon

---

[1252] BGHZ 218, 348.
[1253] BGHZ 218, 348.

4.2 Verwertung der Daten

überschaubar, zeigt sich im Bereich des Straf- und Ordnungswidrigkeitenrecht bisher eine noch dünnere Entscheidungslage.

Das Amtsgericht Nienburg (Weser) bejaht eine Verwertung von Dashcam-Aufnahmen im Rahmen eines Strafverfahrens mit dem Argument, dass die Aufzeichnung nach § 28 Abs. 1 S. 1 Nr. 1 BDSG (a.F.) analog[1254] rechtmäßig erfolgt sei, da sie für die Begründung, Durchführung oder Beendigung eines rechtsgeschäftlichen oder rechtsgeschäftsähnlichen Schuldverhältnisses mit dem Betroffenen erforderlich gewesen wäre. Das Amtsgericht wendete die Norm nur entsprechend an, da der vom Zeugen verfolgte Geschäftszweck – Beweissicherung für den Fall des Unfalls – in der Norm planwidrig fehlen würde.[1255] Hauptargument für die Zulässigkeit der Aufzeichnung durch das Gericht war, dass die kurze, anlassbezogene Aufzeichnung nur die Fahrzeuge, aber nicht die Insassen der Fahrzeuge abgebildet hatte und nur Vorgänge erfasste, die sich im öffentlichen Straßenverkehr ereigneten.[1256] Besonderheit im Verfahren des Amtsgericht Nienburg (Weser) war, dass der Fahrer die Kamera aktiv kurz vor dem Unfall aktivierte und diese nicht – wie sonst üblich – dauerhaft den Straßenverkehr aufzeichnete. Daher sei laut dem Amtsgericht der Eingriff in das Recht des Angeklagten denkbar gering, während das Interesse des Zeugen an einem effektiven Rechtsschutz besonders hoch war.[1257] An dieser Stelle ist zu beachten, dass bei dieser vorgeschalteten datenschutzrechtlichen Betrachtung nicht auf das Strafverfolgungsinteresse abgestellt werden kann, sondern – ähnlich wie im Zivilprozess – die Interessen

---

[1254] § 28 Abs. 1 BDSG (a.F.) ist nunmehr in Art. 6 Abs. 1 S. 1 DSGVO aufgegangen.
[1255] AG Nienburg (Weser), Urteil vom 20.01.2015, 4 Ds 155/14.
[1256] AG Nienburg (Weser), Urteil vom 20.01.2015, 4 Ds 155/14.
[1257] AG Nienburg (Weser), Urteil vom 20.01.2015, 4 Ds 155/14.

der Bürger gegeneinander abzuwägen sind. Damit wären die Daten laut Amtsgericht nach dem damals geltenden § 28 Abs. 1 S. 1 Nr. 1 BDSG (a.F.) analog rechtmäßig erhoben worden. Die anschließende Frage der Verwertung hatte daher keine Bedeutung mehr, da das Amtsgericht einen Verstoß gegen die Datenschutzbestimmungen abgelehnt hatte und damit einer Verwertung nichts im Wege stand.

Anders war dies in einem Sachverhalt, den das Landgericht Hagen zu entscheiden hatte, bei dem die Dashcam dauerhaft den Verkehrsraum aufzeichnete.[1258] Das Landgericht ließ die Frage offen, ob die Erhebung datenschutzkonform erfolgte und bejahte stattdessen die Verwertung selbst für den Fall, dass ein Verstoß gegen die Datenschutzbestimmungen erfolgt sein sollte.[1259] Die Kammer unternahm eine Abwägung des Strafverfolgungsinteresse mit dem allgemeinen Persönlichkeitsrecht des Angeklagten. Dabei überwog laut Kammer das Strafverfolgungsinteresse. Hauptargument war der Umstand, dass die Dashcam nur flüchtige Verkehrsvorgänge aufzeichnete und die Aufzeichnungen weder die Privat- noch Intimsphäre betroffen hätten.[1260] Im Rahmen der erhobenen Revision hob der Bundesgerichtshof das Urteil nur im Rechtsfolgenausspruch auf; mit der Frage der Verwertbarkeit der Dashcam-Aufzeichnung setzte sich der Bundesgerichtshof nicht weiter auseinander.[1261] Die fehlende Auseinandersetzung dieser Frage durch den Bundesgerichtshof wird jedoch

---

[1258] LG Hagen, Urteil vom 03.07.2017, 46 KLs 25/16.
[1259] LG Hagen, Urteil vom 03.07.2017, 46 KLs 25/16.
[1260] LG Hagen, Urteil vom 03.07.2017, 46 KLs 25/16.
[1261] Vgl. BGHSt 63, 121.

4.2 Verwertung der Daten

darin begründet sein, dass keine entsprechende Verfahrensrüge erhoben wurde.

Anders war dies bei einer Entscheidung des Oberlandesgericht Stuttgart, bei dem die Verwertung der Dashcam-Aufzeichnungen zulässig mittels Verfahrensrüge angegriffen wurde.[1262] Die Verfahrensrüge wurde aber nicht im Rahmen einer Revision, sondern einer Rechtsbeschwerde erhoben. Auch das Oberlandesgericht Stuttgart ließ, ähnlich wie das Landgericht Hagen, die Frage offen, ob tatsächlich ein Verstoß gegen die Datenschutzgesetze bestand. Selbst wenn dies der Fall gewesen wäre, würde laut Senat eine Abwägung der Interessen zu einer Verwertbarkeit der Aufzeichnung führen, da lediglich Verkehrsvorgänge dokumentiert werden und die Aufzeichnung nicht auf staatliche Veranlassung erfolgte.[1263] Obwohl es sich lediglich um die Verfolgung einer Ordnungswidrigkeit handelte, bejahte das Oberlandesgericht Stuttgart die Verwertbarkeit, da gerade die Verkehrsüberwachung eine erhebliche Bedeutung für die Allgemeinheit hätte.[1264]

Die Strafsenate des Bundesgerichtshofes haben sich bisher mit der Frage der Verwertbarkeit von Daten, welche von Privatpersonen unter Missachtung der Datenschutzbestimmungen erhoben wurden, nicht tiefergehend beschäftigt. Lediglich der 5. Strafsenat hat sich in einem Mord-Verfahren mit der Verwertung eines spontan aufgenommenen Tatvideos obiter dictum beschäftigt, in dem der Senat ausführt, dass, selbst wenn das Video unter

---

[1262] OLG Stuttgart NJW 2016, 2280.
[1263] OLG Stuttgart NJW 2016, 2280.
[1264] OLG Stuttgart NJW 2016, 2280.

Missachtung von Datenschutzbestimmungen aufgezeichnet worden wäre, dies nicht zwingend zu einem Beweisverwertungsverbot führen würde.[1265] Der 5. Strafsenat beruft sich dabei ausdrücklich auf die bereits angeführte Entscheidung des VI. Zivilsenats.

In den nächsten Jahren ist zu erwarten, dass diese Frage der Verwertbarkeit von datenschutzrechtlich bedenklichen Beweismitteln eine immer größere Rolle in Straf- und Ordnungswidrigkeitenverfahren einnehmen wird und sich auch eine Linie in der obergerichtlichen Rechtsprechung herauskristallisieren wird. Bisher wurden lediglich einige wenige Teilbereiche – insbesondere die Frage der Dashcams – von der Rechtsprechung behandelt. Die Rechtsprechung zu Dashcams ist aber nicht unreflektiert auf den Bereich der Daten intelligenter Fahrzeuge und künstlicher Intelligenz zu übertragen.

4.2.2.3.4 Übertragung auf Daten künstlicher Intelligenz und intelligenter Fahrzeuge

Technologien mit künstlicher Intelligenz und insbesondere intelligente Fahrzeuge erhalten in vielen Fällen tiefen Einblick in das intimste Privatleben seines Benutzers. Dies ergibt sich nicht nur aus dem Umstand, dass äußerst sensible Daten erhoben werden, sondern auch, dass uns diese technischen Mittel den gesamten Tag über begleiten und dadurch eine vollständige Profilerstellung erlauben. Wie aufgezeigt, basiert die bisherige Behandlung der unter Datenschutzgesichtspunkte rechtswidrig erhobenen Daten primär auf

---

[1265] BGH, Beschluss vom 18.08.2020, 5 StR 175/20.

4.2 Verwertung der Daten

Aufnahmen von Dashcams. Bei Dashcam-Aufzeichnungen handelt es sich im Grundsatz um die immer gleiche Art von Daten, und zwar um die Videoaufzeichnung vom vorausfahrenden oder nachfolgenden Verkehr. Auch die eigentliche Art und Weise der Erhebung ist im Grunde immer ähnlich und variiert lediglich in Einzelfragen, wie zum Beispiel ob eine dauerhafte oder ereignisbasierte Aufzeichnung erfolgt und ob eine vollständige Speicherung oder lediglich eine Ringspeicherung durchgeführt wird.

Bei Daten künstlicher Intelligenz und intelligenter Fahrzeuge ist die Variation der anfallenden Daten dagegen deutlich breiter.[1266] Dies betrifft nicht nur die Art und Weise der Erhebung, sondern insbesondere auch den Inhalt der erhobenen Daten. Ebenfalls ist auch der Urheber zu berücksichtigen. Während bei Dashcam-Aufzeichnungen regelmäßig ein Zeuge die Beweismittel aufnimmt, handelt es sich bei den Daten künstlicher Intelligenz zumeist um Daten, welche der Beschuldigte selbst generiert hat.

Aufgrund dieser Varianz an Daten und Lebenssachverhalten bedarf es grundlegender Regelungen bezüglich des Umganges mit Daten im Strafprozess, die unter Missachtung der Datenschutzgesetze durch Dritte erhoben wurden. Hierfür bietet sich insbesondere die Rückbesinnung auf den Ursprung des Datenschutzes an. Der Datenschutz ist Ausfluss des Rechts auf informationelle Selbstbestimmung[1267] und damit des allgemeinen Persönlichkeitsrechts aus Art. 2 Abs 1 i.V.m. Art. 1 Abs. 1 GG. Der Schutz des allgemeinen Persönlichkeitsrechts variiert je nach dem, wie intensiv der

---

[1266] Siehe dazu insbesondere die Abschnitte 2.2 und 2.3.
[1267] Siehe dazu Abschnitt 3.3.3.

konkrete Eingriff die Menschenwürde aus Art. 1 Abs. 1 GG tangiert. Der stärkste Schutz besteht bei Eingriffen nahe der Intimsphäre und nimmt nach außen mit zunehmendem sozialem Bezug ab.[1268] Bei der Frage der Verwertbarkeit ist daher zu schauen, inwieweit die konkreten Daten die Menschenwürde tangieren.

4.2.2.3.4.1 Die Sphärentheorie

Das Bundesverfassungsgericht entwickelte auf diesem Grundgedanken für das allgemeine Persönlichkeitsrecht die sogenannte Sphärentheorie[1269], welche auch in der Literatur[1270] breite Zustimmung fand. Die Sphärentheorie unterscheidet drei Sphären, welche fließend ineinander übergehen: Die Intimsphäre, die Privatsphäre und die Sozialsphäre.

Die Intimsphäre bezeichnet den bereits dargestellten Kernbereich privater Lebensgestaltung[1271] und ist durch Art. 1 Abs. 1 GG absolut geschützt. Die Intimsphäre ist dem staatlichen Zugriff vollständig entzogen, so dass ein Eingriff in diese Sphäre nie gerechtfertigt werden kann.

[1268] *Badura*, C 35.
[1269] BVerfGE 27, 344; BVerfGE 32, 373; BVerfGE 33, 367; BVerfGE 34, 238; BVerfGE 35, 35; BVerfGE 35, 202; BVerfGE 38, 312; BVerfGE 44, 353; BVerfGE 80, 367; BVerfGE 89, 69; BVerfG, NJW 2000, 2189.
[1270] Vgl. Dürig/Herzog/Scholz-*Di Fabio*, Art. 2 Abs. 1 GG [Stand: 07/2001] Rn. 157ff.; *Geis*, JZ 1991, 112 (117).; *Küpper*, JZ 1990, 416 (418); *Degenhart*, JuS 1992, 361 (363 f.); *Scholz/Konrad*, AöR 123 (1998), 60 (64 f.).
[1271] Siehe dazu Abschnitt 4.2.2.1.

4.2 Verwertung der Daten

Der Intimsphäre nachgelagert ist die Privatsphäre, die zum Teil auch als „Geheimsphäre"[1272] bezeichnet wird. Dabei handelt es sich um Informationen, welche der Betroffene grundsätzlich privat und geheim halten möchte. Die Privatsphäre soll einen Raum darstellen, in dem der Einzelne unbeobachtet sich selbst überlassen ist oder mit Personen seines besonderen Vertrauens ohne Rücksicht auf gesellschaftliche Verhaltenserwartungen und ohne Furcht vor staatlichen Sanktionen verkehren kann.[1273] Es soll daher alle Angelegenheiten umfassen, die typischerweise als „privat" eingestuft werden,[1274] oder durch eine räumliche Privatheit geprägt sind.[1275] Diese Informationen sind vor staatlichen Eingriffen nicht generell geschützt, ein Eingriff kann aber nur nach besonders strengen Vorgaben erfolgen.[1276] Es müssen überwiegende Belange des Gemeinwohls vorliegen, damit ein Eingriff verfassungsgemäß sein kann.[1277] Der reine Verweis auf das Strafverfolgungsinteresse[1278] genügt nicht.[1279] Es muss eine umfassende Abwägung der betroffenen Rechte stattfinden.[1280]

Die dritte Sphäre ist die Sozialsphäre, welche teilweise auch als „Öffentlichkeitsbereich"[1281] bezeichnet wird, und tangiert das Persönlichkeitsrecht nur im Randbereich. Es handelt sich in der Regel um

---

[1272] Vgl. Dürig/Herzog/Scholz-*Di Fabio*, Art. 2 Abs. 1 GG [Stand: 07/2001] Rn. 159.
[1273] BVerfGE 90, 255.
[1274] BVerfGE 101, 361.
[1275] BVerfG NJW 2018, 1744.
[1276] Vgl. BVerfGE 27, 344; BVerfGE 33, 367; BVerfGE 34, 238; BVerfGE 44, 353; BVerfGE 80, 367.
[1277] Vgl. BVerfGE 32, 373; BVerfGE 80, 367.
[1278] Siehe zum Strafverfolgungsinteresse insbesondere Abschnitt 3.2.
[1279] BVerfGE 32, 373; BVerfGE 44, 353.
[1280] BVerfGE 44, 353.
[1281] Vgl. Dürig/Herzog/Scholz-*Di Fabio*, Art. 2 Abs. 1 GG [Stand: 07/2001] Rn. 160.

Informationen, die ohnehin nicht von der Umwelt abgeschirmt werden können, und wo entsprechende Eingriffe nur eine geringe Belastungsintensität aufweisen.[1282] Der Schutz vor staatlichen Eingriffen in diese Sphäre ist daher entsprechend schwach.

Die Zuordnung zu den jeweiligen Sphären erfolgt nicht nach rein formellen Gesichtspunkten, sondern anhand einer umfassenden allgemeinen Berücksichtigung der Umstände im Einzelfall.[1283] Die Übergänge sind dabei fließend und eine Zuordnung im Einzelfall nicht immer eindeutig möglich. Die Anforderungen an die entgegenstehenden Rechte – hier das Strafverfolgungsinteresse – sind im Rahmen der Abwägung aber umso strenger zu stellen, je stärker die fragliche Maßnahme sich der Intimsphäre annähert.

4.2.2.3.4.2 Daten aus der Intimsphäre

Im Rahmen der Nutzung von künstlicher Intelligenz und intelligenter Fahrzeuge fallen eine Vielzahl an unterschiedlichen Daten an. Einige Daten – zum Beispiel intime Gespräche mit dem Ehepartner im Innenraum – unterliegen dem Kernbereich privater Lebensgestaltung[1284] und sind dem staatlichen Zugriff vollständig entzogen. Sofern daher die Intimsphäre betroffen ist, kommt es auf die datenschutzwidrige Erhebung nicht weiter an, da sich selbst bei Beachtung jeglicher Datenschutzbestimmungen eine

---

[1282] Dürig/Herzog/Scholz-*Di Fabio*, Art. 2 Abs. 1 GG [Stand: 07/2001] Rn. 160.
[1283] Vgl. BVerfGE 34, 238; Dürig/Herzog/Scholz-*Di Fabio*, Art. 2 Abs. 1 GG [Stand: 07/2001] Rn. 161.
[1284] Siehe dazu insbesondere Abschnitt 4.2.2.1.

4.2 Verwertung der Daten

Verwertung verbietet. Der Umstand, dass der Betroffene die Daten mit der künstlichen Intelligenz eines Dritten – hier dem Fahrzeughersteller – geteilt hat, ändert an der Einstufung der Daten zur Intimsphäre nichts, da zur Intimsphäre auch ein sozialer und kommunikativer Akt gehören kann.[1285] Sofern ein Benutzer seine intimsten Daten – zum Beispiel Krankenakten – mit einer künstlichen Intelligenz teilt, bringt er damit nicht automatisch zum Ausdruck, dass er kein Geheimhaltungsinteresse mehr hat. Erst wenn diese Daten bewusst vom Benutzer einer breiten Öffentlichkeit zugänglich gemacht werden, verschieben sich die Daten aus der Intimsphäre in die Sozialsphäre.[1286] An solch eine Verschiebung sind äußerst strenge Anforderungen zu stellen, da der Schutz der Menschenwürde auch nicht zur Disposition des einzelnen Trägers steht.[1287] Daten aus der Intimsphäre, die mit der künstlichen Intelligenz geteilt werden und gegebenenfalls auch in die Cloud des Herstellers dafür hochgeladen werden, unterliegen daher uneingeschränkt einem Verwertungsverbot.

4.2.2.3.4.3 Daten außerhalb der Intimsphäre

Der größte Teil der anfallenden Daten wird jedoch Sphären außerhalb der Intimsphäre zugeordnet werden müssen. Ein Teil der Daten – wie zum Beispiel das Kfz-Kennzeichen oder die Fahrzeugidentifikationsnummer – wird der Sozialsphäre zuzuordnen sein. Auch die Überwachung des umliegenden Verkehrsraum mittels Kameras ist in der Regel lediglich der Sozialsphäre

---

[1285] Vgl. *Schulz*, S. 107; *Gusy*, JuS 2004, 457 (458).
[1286] Vgl. BGH NJW 2012, 767.
[1287] Vgl. BVerfGE 45, 187.

zuzurechnen.[1288] In diesen Fällen wird das Strafverfolgungsinteresse in der Regel überwiegen und eine Verwertung – auch bei Missachtung des Datenschutzes – angezeigt sein.

Die meisten Daten werden aber der Privatsphäre zuzuordnen sein. Dies betrifft insbesondere die Sensordaten[1289] sowie den größten Teil der Kommunikation[1290] des Fahrzeuges. Sofern der Fahrzeughersteller diese Daten unter Missachtung der Datenschutzbestimmungen erhoben hat, stellt sich die Frage, inwieweit sich bereits daraus ein Beweisverwertungsverbot ergeben kann.

Die hier aufgezeigten datenschutzrechtlichen Fragen bei künstlicher Intelligenz unterscheiden sich von der zuvor skizzierten Dashcam-Problematik in mehreren entscheidenden Punkten. Auf der ersten Ebene erfolgt die Datenerhebung der künstlichen Intelligenz nicht zur Sicherung von Beweismitteln, sondern der Fahrzeughersteller speichert die Daten aus rein kommerziellen Zwecken, beziehungsweise, um die entsprechende Dienstleistung anbieten und gegebenenfalls verbessern zu können. Auf der zweiten Ebene ist der Verarbeiter der Daten auch nicht derjenige, der diese zu seinen Gunsten in das Verfahren einführen möchte. Im Gegenteil sind es gerade die Fahrzeughersteller, die regelmäßig eine Zusammenarbeit mit den Ermittlungsbehörden ablehnen.[1291] Es steht somit allein das

---

[1288] Siehe zur konkreten Behandlung von Kameradaten sogleich Abschnitt 4.3.4.
[1289] Siehe dazu Abschnitt 2.2.2.1.
[1290] Siehe dazu Abschnitt 2.2.2.3.1.
[1291] Siehe dazu Abschnitt 4.1.9.2.4.

4.2 Verwertung der Daten

Strafverfolgungsinteresse des Staates den Rechten des Beschuldigten gegenüber, wenn es um die Frage der Verwertbarkeit geht.

An dieser Stelle ist sich auch erneut die besondere Stellung und Sensibilität der Daten künstlicher Intelligenz vor Augen zu führen. Anders als in einem Tagebuch, einem Smartphone oder einem Computer ist es nicht der Beschuldigte selbst, der darüber entscheidet, welche Daten von der künstlichen Intelligenz dauerhaft gespeichert werden. Allein der Fahrzeughersteller ist faktisch derjenige, der festlegt, welche Daten erhoben und gegebenenfalls für welchen Zeitraum diese gespeichert werden. In vielen Fällen ist es mittlerweile sogar so, dass selbst der Hersteller nicht mehr mit Sicherheit sagen kann, welche Daten die künstliche Intelligenz speichert.[1292] Dies führt nicht nur dazu, dass der Benutzer häufig gar nicht weiß, welche Daten erhoben werden,[1293] sondern er auch – aufgrund des mangelnden Bewusstseins von deren Existenz – keinerlei Möglichkeiten hat, diese Daten nachträglich zu löschen.

Besonders kritisch ist, dass diese Daten in vielen Fällen die Erstellung eines umfassenden Profils des Benutzers erlauben.[1294] Insbesondere intelligente Fahrzeuge haben eine Vielzahl an Informationen, die miteinander verknüpft und verbunden werden und dadurch eine besondere Eingriffsintensität entstehen lassen können. Selbst vermeintlich wenig relevante Daten wie Uhrzeit, Wetter oder Fahrzeugzustand werden mit hochsensiblen Daten wie

---

[1292] Vgl. *Knight*, „The Dark Secret at the Heart of AI" vom 11.04.2017, https://www.technologyreview.com/2017/04/11/5113/the-dark-secret-at-the-heart-of-ai/ zuletzt abgerufen am 21.03.2024.
[1293] Siehe zur unbewussten Datengenerierung Abschnitt 4.2.2.2.
[1294] Vgl. *Kinast/Kühnl*, NJW 2014, 3057 (3059).

physische Zustände des Fahrers (Puls, Stimme, Lidschlagfrequenz und ähnliches)[1295] oder Standorten[1296] verknüpft. Vor diesem Hintergrund verbietet sich auch eine isolierte Betrachtung der einzelnen Daten, da die besondere Sensibilität und Gefahren der Daten künstlicher Intelligenz sich gerade erst aus der Möglichkeit dieser umfassenden Profilbildung ergeben. Gerade diese Profilbildung ist jedoch die größte Gefahr auf dem Weg zum vollständig gläsernen Menschen.[1297]

Besteht die Gefahr der Profilbildung auch bereits bei klassischen Technologien wie Mobiltelefonen, kommt beim Einsatz künstlicher Intelligenz hinzu, dass die Daten häufig nicht in der Rohfassung vorliegen, sondern die Speicherung ausschließlich nach der erfolgten Interpretation durch die künstliche Intelligenz erfolgt. So werden in vielen Fällen nach einem Unfallgeschehen nicht mehr die Rohdaten der Pupillenreaktion und Herzfrequenz vorliegen, sondern stattdessen häufig nur vermerkt sein, dass der Fahrer vor dem Unfall mehrfach von der künstlichen Intelligenz als übermüdet eingestuft wurde. Stellt sich bereits die Frage, inwieweit diese Einstufung tatsächlich zutrifft, sind die Verteidigungsmöglichkeiten des Beschuldigten zusätzlich dadurch stark eingeschränkt, dass ihm mangels Rohdaten keine entgegenstehende nachträgliche Interpretation – gegebenenfalls unter Zuhilfenahme eines Sachverständigen – der Daten ermöglicht wird.[1298] Selbst die Entwickler müssen immer häufiger zugeben, dass es für sie nachträglich nicht mehr zu

---

[1295] Siehe zur konkreten Behandlung von Vitalwerten Abschnitt 4.3.3.
[1296] Siehe zur konkreten Behandlung von Standortdaten Abschnitt 4.3.1.
[1297] Vgl. BVerfGE 65, 1.
[1298] Vgl. dazu die Entscheidung zum Zugriff auf Rohmessdaten von Geschwindigkeitsmessungen BVerfG NVwZ 2021, 327.

4.2 Verwertung der Daten

rekonstruieren ist, warum die künstliche Intelligenz in einem konkreten Fall so entschieden hat, wie sie entschieden hat.[1299]

Der Benutzer künstlicher Intelligenz und intelligenter Fahrzeuge steht daher unter dauerhafter Überwachung der Technologie, welche umfassend sensible Daten sammelt und speichert. Dem Benutzer muss ein umfassendes Kontrollrecht über diese Daten eingeräumt werden, ohne dass er Angst haben muss, sich allein durch die Nutzung der neuen Technologien zum gläsernen Bürger zu machen. Sofern dies weder tatsächlich noch rechtlich sichergestellt ist, besteht die Gefahr, dass Bürger vollständig auf den Einsatz der Technologie verzichten, was zugleich ein Teilverzicht auf die Ausübung ihrer verfassungsrechtlichen Freiheiten bedeuten würde.[1300]

Eine entsprechende Kontrolle ist möglich, soweit diese Daten datenschutzkonform erhoben und verarbeitet werden. In diesen Fällen hat der Benutzer Kenntnis über die erhobenen Daten und kann eine entsprechende Kontrolle über seine Daten ausüben. Diese Kontrolle geht so weit, dass der Benutzer eine vollständige Löschung seiner Daten gemäß Art. 17 DSGVO verlangen kann. Sofern die Datenschutzgesetze bei der Verarbeitung der Daten jedoch nicht eingehalten wurden, wird dem Benutzer diese zwingend notwendige Kontrolle über seine Daten genommen. Es besteht sodann eine erhebliche Missbrauchsgefahr bezüglich dieser Daten, welche außerhalb des Blickfeldes und der Kontrolle des Benutzers verarbeitet werden.

[1299] Vgl. *Knight*, „The Dark Secret at the Heart of AI" vom 11.04.2017, https://www.technologyreview.com/2017/04/11/5113/the-dark-secret-at-the-heart-of-ai/ zuletzt abgerufen am 21.03.2024.
[1300] So im Ergebnis auch *Löffelmann*, JR 2018, 628 (640).

Gerade die Begegnung dieser Missbrauchsgefahr ist Kern des immer stärker werdenden Datenschutzes in Europa, damit die Angst vor der Nutzung der neuen Technologie abnimmt.[1301] Die Nutzung der neuen Technologien verlangt, dass der Benutzer immer mehr private Details von sich und seinem Leben preisgibt und der künstlichen Intelligenz anvertraut. Datenschutz bedeutet dabei nicht nur, dass der Bürger vor der Erhebung von persönlichen Daten geschützt wird, sondern auch anschließend das Bestimmungsrecht über seine Daten behält.[1302] Dazu ist einerseits wichtig, dass der Benutzer weiß, welche Daten für was, von wem und für welchen Zeitraum gespeichert werden, andererseits muss der Benutzer aber auch darauf vertrauen, dass die Daten so aufbewahrt und geschützt sind, dass sie nur für exakt diese Nutzung verwendet werden können und ein Missbrauch möglichst ausgeschlossen ist.

Die künstliche Intelligenz führt daher zu einer – wenn auch grundsätzlich freiwilligen – totalen potenziellen Überwachung. Dieser Überwachungsgefahr – welche in einer gesellschaftlichen „Gesamtüberwachungsrechnung"[1303] zu berücksichtigen ist – kann nur dadurch effektiv begegnet werden, indem der Benutzer jederzeit die vollständige Kontrolle über die Verarbeitung seiner Daten hat. Der Benutzer erlangt so die Möglichkcit zu vcrhindern, dass verdeckt Informationen von ihm an Dritte – wozu auch die Ermittlungsbehörden gehören – gelangen. Mit der Möglichkeit der Kontrolle über die Daten ist dem Datenschutz auch ausreichend Rechnung getragen, da

---

[1301] Vgl. Erwägungsgrund 2 der VO 2016/679 (DSGVO).
[1302] BeckOK-Datenschutz-*Worms*, Art. 17 DSGVO Rn. 2.
[1303] Näheres zur Gesamtüberwachungsrechnung siehe *Braun/Brühl*, VR 2017, 151 (152); *Roßnagel*, NJW 2010, 1238 (1242).

4.2 Verwertung der Daten

der Datenschutz den Bürger nur in die Situation bringen soll, dass er über seine Daten bestimmen kann.[1304] Ein umfassender Schutz vor jeglichen staatlichen Zugriffen auf Daten ist dagegen nicht Sinn und Zweck der Datenschutzgesetze.

Für diese Frage der Verwertbarkeit der Daten künstlicher Intelligenz kommt es daher maßgeblich darauf an, ob die Daten datenschutzkonform – und damit unter Kontrolle des Benutzers – entstanden sind oder nicht. Sind die Daten datenschutzkonform entstanden und hat der Benutzer diese Daten bewusst vorgehalten, spricht nichts dagegen, dass die staatlichen Behörden auf diese Daten, wie auf alle anderen Beweismittel, zugreifen. Sind die Daten dagegen außerhalb der gesetzlich geregelten Kontrollmechanismen entstanden und verarbeitet worden, kommt ein Zugriff auf diese Daten von der Eingriffsintensität einer heimlichen Überwachungsmaßnahme nahe. Anders als bei heimlichen Überwachungsmaßnahmen ist diese Datenerhebung jedoch verdachtsunabhängig erfolgt. Allein dieser latente Überwachungsdruck kann dazu führen, dass der Bürger sein Verhalten anpasst und gegebenenfalls sogar auf die Ausübung seiner Grundrechte verzichtet.[1305]

Dies führt zum Ergebnis, dass eine Missachtung der Datenschutzgesetze auch bei Daten künstlicher Intelligenz aus der Privatsphäre zu einem Beweisverwertungsverbot führen muss. Dafür spricht neben der Sensibilität der Daten insbesondere auch die mangelnde vorherige Kontrollmöglichkeit des Benutzers über seine Daten. Eine gesetzlich fundierte Kontrolle kann

---

[1304] Vgl. BeckOK-Datenschutz-*Worms*, Art. 17 DSGVO Rn. 2.
[1305] Vgl. BVerfGE 125, 260; OLG Köln NJW 2017, 835; LG Bonn NJW-RR 2005, 1067.

nämlich nur da ausgeübt werden, wo sich der Datenverwender auch an die gesetzlichen Vorgaben hält. Missachtet ein Verwender die gesetzlich vorgegebenen Schutz- und Kontrollmechanismen bei solch hochsensiblen Daten, ist dem Betroffenen die nachträgliche Kontrolle über seine Daten zu ermöglichen. Zu beachten ist jedoch, dass ein einmaliger Datenschutzverstoß nicht ins Unendliche fortwirkt, sondern geheilt werden kann. Erlangt der Beschuldigte nachträglich Kenntnis von den Daten, und erhält die tatsächliche Möglichkeit seine datenschutzrechtlichen Ansprüche durchzusetzen, kann der datenschutzrechtliche Verstoß, zumindest was die strafprozessuale Verwertbarkeit betrifft, geheilt werden. Abgesehen von dieser Ausnahme sind die datenschutzwidrig erhobenen Daten – zumindest für den Fall, dass der Beschuldigte im Strafverfahren der Verwertung widerspricht – der Verwertung durch das Gericht entzogen. Nur auf diese Art und Weise wird dem Beschuldigten die nachträgliche Kontrolle über seine Daten – inklusive seines Löschanspruchs – ermöglicht. Die Schwere der Tat kann an dieser Stelle keine Rolle spielen. Das Strafverfolgungsinteresse darf selbst bei schwersten Straftaten diese nachträgliche Kontrolle durch den Betroffen nicht unterlaufen, da gerade bei schweren Straftaten anzunehmen ist, dass der Beschuldigte bei vorheriger Kenntnis der Daten deren Löschung veranlasst hätte.

An dieser Stelle ist ebenfalls zu berücksichtigen, dass derjenige, der die Daten erhoben hat – hier der Fahrzeughersteller – keinerlei berechtigtes Interessen daran hat, dass diese Daten gespeichert bleiben dürfen. Anders als bei einer Dashcam im Zivilverfahren besteht kein Beweisinteresse des Datenverwenders, welches einem Löschanspruch des Betroffenen entgegenstehen könnte. Konkret hätte der Betroffene daher jederzeit –

4.2 Verwertung der Daten

zumindest vor Sicherstellung der Daten durch die Ermittlungsbehörden – die Löschung beim Verwender verlangen können.

Eine hypothetische Betrachtung[1306] dahingehend, dass die Daten auch datenschutzkonform hätten erhoben werden können, verbietet sich an dieser Stelle. Wichtig ist nämlich nicht nur, ob die Daten hätten erhoben werden können, sondern auch, ob der Betroffene anschließend die tatsächliche Kontrolle über seine Daten hatte. Selbst wenn eine hypothetische Betrachtung ergeben würde, dass die Daten rechtmäßig hätten erhoben werden können, hätte der Betroffene jederzeit vor dem Zugriff der Ermittlungsbehörden eine Löschung seiner persönlichen Daten durchsetzen dürfen. Da ihm dies aufgrund der datenschutzwidrigen Erhebung nicht möglich war, ist ihm diese Möglichkeit nachträglich im Strafverfahren über die Widerspruchsmöglichkeit einzuräumen.

4.2.2.3.5 Zwischenergebnis

Es zeigt sich, dass in dem Problemfeld der datenschutzwidrigen Erhebung von Beweismitteln durch Private noch viele Fragen ungeklärt sind. Eine Übertragung der bisherigen Rechtsprechung zu heimlichen Tonbandaufnahmen und Dashcam-Aufzeichnungen verbietet sich aufgrund der besonderen Sensibilität der Daten künstlicher Intelligenz und intelligenter Fahrzeuge.

[1306] Siehe allgemein zur hypothetischen Betrachtung auch Abschnitt 4.2.1.1.

Unproblematisch ist der Fall, wenn die Daten der Intimsphäre unterfallen, da diese sodann den unantastbaren Kernbereich der privaten Lebensgestaltung betreffen und sich bereits aus der Menschenwürde ein absolutes Verwertungsverbot ergibt. Ebenfalls zu wenig Kontroversen werden die Daten der Sozialsphäre führen, da mangels besonderer Sensibilität der Daten eine Abwägung der betroffenen Rechte mit dem Strafverfolgungsinteresse regelmäßig zu einem Überwiegen des Letzteren gegenüber den Interessen des Datenschutzes führen wird, da der Eingriff in die Persönlichkeitsrechte zumeist gering ausfallen wird.

Die größten Schwierigkeiten bereiten die Daten, welche zwischen diesen beiden Polen in der Privatsphäre liegen. Nach der hier vertretenen Ansicht ist eine Verwertung dieser Daten im Strafprozess unzulässig, sofern der Beschuldigte der Verwertung widerspricht. Da die Daten entgegen, und damit außerhalb, der Datenschutzgesetze erhoben wurden, waren diese der Kontrolle des Betroffenen entzogen. Der verfassungsmäßig verbürgte Schutz aus dem allgemeinen Persönlichkeitsrecht – insbesondere bei solch sensiblen Daten – kann nur dann ausreichend gewährt werden, wenn dem Beschuldigten im Rahmen des Strafverfahrens eine nachträgliche Kontrollmöglichkeit eingeräumt wird. Verstärkt wird dies durch die Vielzahl weiterer Grundrechte, die im konkreten Einzelfall betroffen sein können.[1307] Da der Beschuldigte einen Löschungsanspruch gegenüber dem Verarbeiter bei einer datenschutzkonformen Erhebung und Verarbeitung hätte ausüben können, ist im Falle eines Widerspruchs eine Unverwertbarkeit der datenschutzrechtswidrigen erhobenen Daten anzunehmen. Nur auf diese Art

---

[1307] Siehe dazu Abschnitt 3.3.

und Weise kann sichergestellt werden, dass der Bürger nicht aufgrund eines dauerhaften potenziellen Überwachungsdruckes auf die Nutzung dieser Technologie – und damit auf die Ausübung seiner Freiheitsrechte – verzichtet.

4.2.2.4 Zwischenergebnis

Die künstliche Intelligenz und intelligente Fahrzeuge haben ein erhöhtes Potenzial, sensible Daten aus dem Kernbereich der privaten Lebensgestaltung hervorzubringen. Dieser Kernbereich wird von der Verfassung absolut geschützt. Daten künstlicher Intelligenz unterliegen diesem absoluten Schutz genauso wie Daten aus anderen Quellen.

Bei der Nutzung künstlicher Intelligenz und intelligenter Fahrzeuge fallen ferner eine Vielzahl an sensiblen Daten außerhalb des unmittelbaren Sichtfeldes des Benutzers an. Zum großen Teil werden diese Daten nicht nur unbewusst, sondern auch unter Missachtung der datenschutzrechtlichen Regelungen generiert. Damit werden gerade diese hochsensiblen Daten, die nicht nur Auskunft über jegliche Handlung und Neigungen geben, sondern auch ein vollständiges Bewegungsprofil erlauben, der Kontrolle des Bürgers entzogen. Der Bürger darf nicht zum gläsernen Objekt der Ermittlungsbehörden werden. Es ist in naher Zukunft mit einer starken Zunahme von künstlicher Intelligenz in dem Alltag aller Menschen zu rechnen und damit die Entstehung der Gefahr der Möglichkeit der Totalüberwachung. Gerade, um den Bürgern diese Angst – vor der vollständigen Überwachung ihrer privaten Lebensgestaltung – zu nehmen, sind die Daten deutlich stärker zu schützen als Daten, die bei der Nutzung von bisherigen Technologien anfallen. Kann der Schutz dieser Daten nicht immer technisch erfolgen, so ist er jedoch zumindest rechtlich sicherzustellen. Ähnlich wie bei der Missachtung von Datenschutzregelungen ist auch bei den unbewusst generierten Daten künstlicher Intelligenz dem Bürger eine größtmögliche Kontrolle über seine Daten einzuräumen. Kann diese Kontrolle mangels Kenntnis nicht vor Zugriff durch die Ermittlungsbehörden erfolgen, ist dem Bürger die nachträgliche Möglichkeit einzuräumen, darüber zu entscheiden, ob er die Daten als Beweismittel in einem Strafverfahren zulassen will. Mangels bisheriger rechtlicher Regelung ist diese Frage im Rahmen der Abwägungslehre zu behandeln, wobei ein Widerspruch des Beschuldigten bei unbewusst generierten Daten oder Daten, die unter Missachtung der Datenschutzbestimmung entstanden sind, regelmäßig zu einer Unverwertbarkeit zu führen hat. Der Beschuldigte ist durch den Widerspruch so zu stellen, als hätte er die Daten zuvor löschen lassen.

4.3 Abwägungsfragen bei typischen Fallgruppen von Daten intelligenter Fahrzeuge

In den vorherigen Kapiteln wurde herausgearbeitet, dass es sowohl bei der Erhebung als auch bei der Verwertung von Daten künstlicher Intelligenz maßgeblich auf die Abwägung der betroffenen Rechte ankommt. Zumeist steht das Strafverfolgungsinteresse[1308] und der Zweck des Strafverfahrens[1309] den

---

[1308] Siehe zum Strafverfolgungsinteresse insbesondere Abschnitt 3.2.
[1309] Siehe zum Zweck des Strafverfahrens insbesondere Abschnitt 3.2.1.

Grundrechten des Beschuldigten[1310] gegenüber. Die Abwägung hat dabei am Einzelfall und unter Beachtung aller Gesamtumstände zu erfolgen.

Wie ebenfalls aufgezeigt, handelt es sich bei Beweisverwertungsverboten um begründungsbedürftige Ausnahmen vom Grundsatz, dass alle verfügbaren Beweismittel zur Urteilsfindung herangezogen werden dürfen.[1311] Daraus ist der dogmatische Grundsatz abzuleiten, dass die methodische Umsetzung der Abwägung daraus besteht, zu prüfen, ob im konkreten Einzelfall die Beschuldigteninteressen ausnahmsweise überwiegen.[1312] Aus diesem Grundsatz-Ausnahme-Verhältnis darf jedoch nicht der Schluss gezogen werden, dass ausschließlich die für die Beschuldigtenrechte streitenden Interessen zu berücksichtigen sind. Für eine Gesamtschau sind auch all diejenigen Umstände heranzuziehen, die in besonderem Maße für das Strafverfolgungsinteresse in der konkreten Fallkonstellation sprechen, da diese gegebenenfalls einen tiefergehenden Eingriff in die Rechte des Beschuldigten rechtfertigen können.

Die große Anzahl an unterschiedlichen Arten von Daten intelligenter Fahrzeuge und der nahezu endlosen Möglichkeit der Analyse und Verwertung jener führt dazu, dass eine erschöpfende Darstellung aller Abwägungsfragen nicht möglich ist. Aus diesem Grund sollen in den folgenden Unterkapiteln für die gängigsten Fallgruppen, unter Berücksichtigung der besonderen Herkunft und Sensibilität der Daten, allgemeine Präferenzregeln für den

---

[1310] Siehe zu den in Betracht kommenden Grundrechten insbesondere Abschnitt 3.3.
[1311] Siehe dazu Abschnitt 3.1.
[1312] Vgl. *Neuber*, NStZ 2019, 113 (116).

Abwägungsvorgang herausgearbeitet werden. Methodisch soll dafür die Exemplifikationsmethode herangezogen werden, welche auch bei der Exemplifizierung von Regelbeispielen im Rahmen der Gesetzgebung Anwendung findet.[1313] Die Exemplifikationsmethode stellt einen Mittelweg zwischen abstrakten generellen Ausführungen und einer engen starren Kasuistik dar, indem ein weiter Oberbegriff, welcher einen allgemeinen Rechtsgedanken darstellt, durch Beispiele erläutert und dadurch konkretisiert wird.[1314] Dies ermöglicht es, aufgrund der gebildeten Beispiele, die allgemeinen Rechtsgedanken auch auf andere Fälle analog anzuwenden.[1315] Dies bietet sich im hier vorliegenden Fall an, da aus den einzelnen Beispielen auf eine Vielzahl weiterer Anwendungsfälle geschlossen werden kann.

Ebenfalls ist zu berücksichtigen, dass nicht ausschließlich intelligente Fahrzeuge eine Vielzahl an sensiblen Daten generieren. Auch sonstige moderne Fahrzeuge erzeugen bereits heute eine große Menge an Daten. Es gilt jedoch der Grundsatz, dass je intelligenter das Fahrzeug ist, die Anzahl der anfallenden Daten umso höher ist. Dabei bildet gerade der umfassende Datenbestand und deren intelligente Vernetzung die Grundlage für die besondere Sensibilität der Daten, da erst dadurch überhaupt ein umfassendes Profil des Nutzers möglich ist. Diesem Umstand ist bei der Abwägung und der Bildung von exemplarischen Fallgruppen gesondert Rechnung zu tragen.

[1313] Siehe zur Exemplifikationsmethode insbesondere *Eisele*, S.14ff; *Wach*, VDA, AT, Bd., 6, 41ff.
[1314] *Eisele*, S.14.
[1315] Vgl. *Haft*, JuS 1975, 477 (483).

4.3 Abwägungsfragen bei typischen Fallgruppen von Daten ...

Nahezu alle Daten, welche in unmittelbaren Zusammenhang oder Nutzung von künstlicher Intelligenz stehen, können einer der fünf Fallgruppen Standortdaten, Telemetriedaten des Fahrverhaltens, Vitalwerte des Fahrers, Video- und Audioaufzeichnungen oder Kommunikation mit der Umwelt zugerechnet werden. Aus diesem Grund soll sich auf diese fünf Fallgruppen konzentriert werden und anhand von Beispielen die gängigsten Abwägungsfragen erläutert werden.

4.3.1 Standortdaten

Standortdaten spielen in der strafprozessualen Praxis eine erhebliche Rolle. Personen selbst können nicht unmittelbar geortet werden, daher müssen die Ermittlungsbehörden auf die Standortdaten technischer Geräte zurückgreifen, welche sich regelmäßig bei der zu überwachenden Person befinden.

Neben dem Mobiltelefon handelt es sich insbesondere um das Kraftfahrzeug, dessen Standortdaten relevant sein können. Während das Mobiltelefon jedoch zumeist höchstpersönlich ist, und in der Regel nur von einer Person genutzt wird, muss bei Kraftfahrzeugen immer eine gesonderte Zuordnung zu der jeweiligen Person durch weitere Parameter erfolgen. Dies kann einerseits durch externe Parameter wie zum Beispiel optische Observation nach § 163f StPO oder auch durch interne Parameter wie das Auswerten der Innenraumkameras[1316] des Fahrzeuges geschehen. Denkbar ist aber auch eine

---

[1316] Siehe zur Verwertung der Innenraumkamera sogleich Abschnitt 4.3.4.

Auswertung des Fahrverhaltens[1317] oder der Vitalwerte[1318], um den Fahrer zu identifizieren.

Bereits hier zeigt sich, dass in der praktischen Polizeiarbeit Daten aus dem Fahrzeug häufig nicht isoliert, sondern kumuliert ausgewertet werden. Erst aus der Gesamtschau mehrerer Daten ergibt sich so ein klares Überwachungsbild. Diese kumulierten Daten können auch Standortdaten mehrerer technischer Geräte sein. Hat die tatverdächtige Person beispielsweise das Mobiltelefon im Tatzeitraum ausgeschaltet, können die Standortdaten des Fahrzeuges in vielen Fälle diese Lücke an Standortdaten schließen. Ist ferner erkennbar, dass vor und nach dem Tatzeitraum das Mobiltelefon mit einem Kraftfahrzeug synchrone Standortdaten generiert hat, so sprechen zumindest erhebliche Anhaltspunkte dafür, dass die Person, welche dem Mobiltelefon zugeordnet werden kann, sich auch im Tatzeitraum mittels dieses Kraftfahrzeuges bewegt hat. Die Ermittlungsbehörden können so häufig relevante Lücken bei der Standortüberwachung schließen, indem Standortdaten mehrerer technischer Geräte verglichen und kombiniert werden. Dies zeigt erneut, dass sich der Gesamtüberwachungsdruck auf den Bürger häufig erst durch eine Gesamtschau aller Überwachungsmaßnahmen zeigt. Die Standortdaten bilden einen relevanten Anteil an diesem Überwachungsdruck.

[1317] Siehe zur Verwertung des Fahrverhaltens sogleich Abschnitt 4.3.2.
[1318] Siehe zur Verwertung der Vitalwerte sogleich Abschnitt 4.3.3.

4.3.1.1 Anfallen von Standortdaten

Ein intelligentes Fahrzeug generiert regelmäßig zwei unterschiedliche Arten von Standortdaten. Auf der einen Seite speichert das Fahrzeug selbst seine Standortdaten als Geo-Daten, welche es mittels Satellitentechnologie ermittelt hat.[1319] Die so generierten Daten sind auf wenige Meter genau zu orten. Die Daten werden in der Regel im Fahrzeug selbst gespeichert und eine gewisse Zeit vorgehalten. Aus diesem Grund ist ein Zugriff auf die Daten möglich, sofern ein Zugriff auf das Fahrzeug besteht. In Betracht kommt hier einerseits die Onlinedurchsuchung des Fahrzeuges nach § 100b StPO,[1320] andererseits aber auch die physische Durchsuchung und Beschlagnahme des Fahrzeuges beziehungsweise von dessen Daten.[1321] Sofern die Standortdaten vom Fahrzeug an den Fahrzeughersteller übertragen wurden, sind diese Daten grundsätzlich auch dort einem entsprechenden physischen Zugriff ausgesetzt.[1322] Durch die Übertragung ist auch ein Zugriff auf die Kommunikation zwischen Fahrzeug und Hersteller mittels Telekommunikationsüberwachung nach § 100a StPO denkbar.[1323] Die Geo-Daten sind in diesem Fall Inhaltsdaten der Kommunikation und auch entsprechend zu behandeln.[1324]

[1319] Siehe dazu auch Abschnitt 2.2.2.1.1.
[1320] Siehe zur Onlinedurchsuchung Abschnitt 4.1.4.
[1321] Siehe zur Durchsuchung und Beschlagnahme Abschnitt 4.1.7.
[1322] Siehe dazu auch Abschnitt 2.3.2.
[1323] Siehe zur Telekommunikationsüberwachung Abschnitt 4.1.3.
[1324] Siehe dazu Abschnitt 2.2.2.3.1.

Daneben entstehen zusätzlich Standortdaten im Mobilfunknetz dadurch, dass moderne Fahrzeuge eine dauerhafte Verbindung zu den jeweiligen Funkmasten der Mobilfunkanbieter aufrechterhalten. Der Einbau einer SIM-Karte ist dabei seit dem Jahr 2018 aufgrund der eCall-VO für Neufahrzeuge verpflichtend.[1325] Das Fahrzeug verhält sich diesbezüglich wie ein Mobiltelefon und wählt sich in die jeweils signalstärkste Funkzelle ein. Es ist dadurch zu ermitteln, in welcher Funkzelle sich das Fahrzeug zu einem bestimmten Zeitraum befand. Anders als bei Geo-Daten ist jedoch eine Ortung nur funkzellengenau möglich, wobei eine Funkzelle je nach umliegender Bebauung und anderen Störquellen stark in der Größe schwanken kann und von wenigen Metern bis hin zu 35 Kilometern groß sein kann.[1326] Gegenüber sattelitengestützten Navigationssystemen hat die Funkzellenauswertung jedoch den Vorteil, dass kein Sichtkontakt mit Satelliten bestehen muss und daher eine Ortung auch in Tiefgaragen erfolgen kann. Auf diese Verkehrsdaten beim Mobilfunkanbieter kann unter den Voraussetzungen des § 100g Abs. 1 StPO[1327] zugegriffen werden. Von besonderem Interesse ist hierbei die Echtzeitüberwachung nach § 100g Abs. 1 S. 4 StPO. Sofern auf Standortdaten aus der Vergangenheit zugegriffen werden soll, können die Ermittlungsbehörden auf die Standortdaten der Provider in der Vorratsdatenspeicherung gemäß § 100g Abs. 2 StPO zugreifen.[1328]

[1325] Siehe dazu insbesondere Abschnitt 2.3.1.1.2.
[1326] Vgl. *Bundesamt für Strahlenschutz*, „GSM-Standard" vom 19.04.2021, https://www.bfs.de/DE/themen/emf/mobilfunk/basiswissen/gsm/gsm_node.html zuletzt abgerufen am 21.03.2024.
[1327] Siehe zu den genauen Voraussetzungen auch Abschnitt 4.1.6.
[1328] Zur Problematik der Rechtmäßigkeit der Vorratsdatenspeicherung siehe Abschnitt 4.1.6.

4.3.1.2 Abwägungsfragen bei Standortdaten

Hinsichtlich einer Verwertung von Standortdaten im Strafprozess ist das Interesse an einer effektiven Strafverfolgung[1329] mit den jeweiligen Rechten des Betroffenen abzuwägen. Standortdaten weisen darauf einige Besonderheiten auf, welche im Rahmen der Abwägung gesondert zu berücksichtigen sind.

4.3.1.2.1 Besondere Sensibilität von Standortdaten

Bezüglich der Abwägung bei der Erhebung und Verwertung von Standortdaten ist zum Beginn eine Besonderheit von Standortdaten herauszustellen. Die Intensität bezüglich des Zugriffs auf Standortdaten wird maßgeblich durch die Anzahl der vorhandenen Daten bestimmt. Ein einzelnes zufällig ausgewähltes Standortdatum, stellt meist nur eine sehr geringe Eingriffsintensität in die Rechte des Betroffenen dar. Liegen jedoch mehrere Standortdaten vor, addiert sich die Eingriffsintensität nicht nur, sondern es findet eine Multiplikation der Eingriffsintensität statt. Liegen für eine Person umfangreiche Standortdaten vor, kann ein vollständiges Bewegungsprofil erstellt werden.[1330] Dieses Bewegungsprofil zeigt nicht nur, wann sich eine Person an welchem Ort aufgehalten hat, sondern lässt auch tiefergehende Rückschlüsse auf die Lebensgewohnheiten einer Person zu. Die Eingriffsintensität eines Bewegungsprofils ist daher viel mehr als lediglich die Addition der Intensität der einzelnen Standortdaten. Aus diesem Grund ist im Rahmen der Abwägung

---

[1329] Siehe zum Strafverfolgungsinteresse Abschnitt 3.2.
[1330] Vgl. *Kinast/Kühnl*, NJW 2014, 3057 (3059).

von Standortarten insbesondere die Gefahr durch die Erstellung eines vollständigen Bewegungsprofils zu berücksichtigen.

4.3.1.2.2 Kernbereichsrelevanz von Standortdaten

Es stellt sich dabei insbesondere die Frage, ob durch solch ein Bewegungsprofil eine so starke Überwachung des privaten Lebensbereiches erfolgt, dass es den Kernbereich der privaten Lebensgestaltung berührt und diese Daten daher einer Abwägung aufgrund der Menschenwürdegarantie vollständig entzogen sind.[1331] Dazu müsste die Auswertung und Verwertung der Standortdaten jedoch im Gesamtkontext den staatlichen Achtungsanspruch der Menschenwürde in Frage stellen.[1332]

Grundsätzlich ist zu berücksichtigen, dass die Standortdaten erst einmal nur Informationen über das jeweilige Fahrzeug wiedergeben und keine unmittelbaren Standortinformationen über eine Person. Es hängt von der konkreten Nutzung des Fahrzeuges ab, wie zuverlässig Rückschlüsse auch auf eine Person geschlossen werden können und wie intensiv der Eingriff sich im konkreten Fall gestaltet. Wird ein Fahrzeug von wechselnden Personen und jeweils nur gelegentlich genutzt, sind die Standortdaten dieser Personen vermengt und zusätzlich auch für jede einzelne Person nur fragmentarisch vorhanden. Die Gefahr einer Profilerstellung ist hier nur für die Dauer der unmittelbaren Nutzung des Fahrzeuges gegeben und auch nur dann, wenn zusätzliche Identifikationsmerkmale erhoben werden können. Anders sieht es

---

[1331] Vgl. BVerfGE 109, 279; BVerfGE 130, 1.
[1332] Vgl. BVerfGE 109, 279; BVerfGE 144, 20.

4.3 Abwägungsfragen bei typischen Fallgruppen von Daten ...

jedoch bei einem Fahrzeug aus, welches als einziges Fortbewegungsmittel von einer einzelnen Person genutzt wird. Es wird dadurch nicht nur jegliche Bewegung der Person dokumentiert, sondern selbst aus dem Fehlen von Standortdaten kann zumindest die begründete Vermutung herrühren, dass die Person sich vom letzten bekannten Standort nicht fortbewegt hat.

Erschwerend zu der Gefahr einer Totalüberwachung mittels Bewegungsprofils kommt hinzu, dass die Standortdaten des Fahrzeuges auch Aufschluss über Lebensumstände geben können, welche unzweifelhaft der Intimsphäre zuzuordnen sind. Dazu zählen beispielsweise die Aufenthalte bei Berufsgeheimnisträgern im Sinne des § 53 StPO wie Rechtsanwälten oder Ärzten. Fahrten, die regelmäßig zu einer gewissen Arztpraxis führen, und die zusätzliche Dokumentation der Aufenthaltsdauer am besagten Ort, erlauben gegebenenfalls Rückschlüsse auf den Gesundheitszustand des einzelnen Bürgers. Dabei kann gerade der Gesundheitszustand und konkrete Krankeninformationen zum unantastbaren Kernbereich des privaten Lebensgestaltung zählen.[1333]

Dem entgegen ist jedoch zu berücksichtigen, dass Standortdaten selbst keinen unmittelbaren Rückschluss auf den Inhalt der Gespräche oder Ergebnisse von Untersuchungen bei den Berufsgeheimnisträgern erlauben. Gerade dies ist jedoch Kern der Verschwiegenheitspflicht und dem Zeugnisverweigerungsrecht der Berufsgeheimnisträger und begründet überhaupt erst die Zuordnung zur Intimsphäre. Dem Bürger soll durch die Schaffung der Berufsgeheimnisträger die Furcht genommen werden, dass der

---

[1333] Vgl. KK-StPO-*Heinrichs/Weingast*, § 100d Rn. 4.

Berufsträger als Zeuge das Anvertraute preisgibt.[1334] Zwar fällt bereits der Umstand des Bestehens eines Mandats- oder Patientenverhältnisses unter die Verschwiegenheitspflicht,[1335] jedoch lässt sich aus der reinen Anwesenheit an einem Ort auch noch nicht unmittelbar auf ein Anbahnungsverhältnis schließen. Die Anwesenheit an einem Ort kann sich auch aus anderen Gründen ergeben, zum Beispiel lediglich das Begleiten einer Person oder Termine im unmittelbaren Umfeld der Arztpraxis. Aus diesem Grund greift auch das Beweisverwertungsverbot aus § 100d Abs. 5 S. 1 StPO nicht, da die reine Standortermittlung beim Beschuldigten selbst nicht das Zeugnisverweigerungsrecht aus § 53 StPO betrifft, welches in erster Linie Gespräche des Beschuldigten mit dem Berufsgeheimnisträger oder Datenübertragungen, Dateien oder Dokumente beim Berufsgeheimnisträger schützt.[1336] Zu berücksichtigen ist ferner, dass selbst ärztliche Krankenunterlagen nicht immer dem unantastbaren Kernbereich privater Lebensgestaltung, sondern viele Anamnesen, Diagnosen oder therapeutische Maßnahmen lediglich der Privatsphäre zuzuordnen sind.[1337]

Vor diesem Hintergrund sind die reinen Standortdaten von Fahrzeugen in der Regel nicht dem Kernbereich zuzuordnen, auch dann nicht, wenn sie Informationen beinhalten, welche Rückschlüsse auf Kontakte mit Berufsgeheimnisträgern ermöglichen. Die Daten erlauben jedenfalls keinen so tiefen Einblick in das Vertrauensverhältnis zum Berufsgeheimnisträger, dass es den absolut geschützten Kernbereich privater Lebensgestaltung verletzen

---

[1334] Vgl. BVerfGE 32, 373.
[1335] Vgl. BGHSt 33, 148; BGHSt 45, 363; LG Dresden NJW 2007, 2789.
[1336] Vgl. BeckOK-StPO-*Graf*, § 100d Rn. 24.
[1337] Vgl. BVerfGE 32, 373.

kann. Aufgrund der Gefahr der Bildung eines vollständigen Profils des Nutzers, sind die Daten jedoch der Privatsphäre zuzuordnen. Je konkreter die Gefahr der Profilbildung besteht, was insbesondere dann der Fall ist, wenn das Fahrzeug das alleinige oder hauptsächliche Fortbewegungsmittel ist und lediglich von einer Person genutzt wird, desto näher besteht ein Bezug zur Intimsphäre und desto eher ist eine Unverwertbarkeit anzunehmen. Dies stellt im Rahmen der Abwägung jedoch nur eines von vielen Kriterien dar.

4.3.1.2.3 Unbewusste Generierung von Standortdaten

Ein weiteres wichtiges Abwägungskriterium ist der Umstand, ob die Daten bewusst oder unbewusst generiert wurden.[1338] Dabei ist nicht auf die subjektive Kenntnis des Einzelnen abzuzielen, sondern auf das Bewusstsein eines durchschnittlichen objektiven Dritten.[1339] Bei der Frage, wie weit die Standortdaten von intelligenten Fahrzeugen bewusst generiert werden, hilft ein Vergleich mit Smartphones. Smartphones und deren Navigationsfunktion sind bereits seit einigen Jahren in der Mitte der Gesellschaft angekommen. Auch wenn den meisten Leuten das genaue technische Hintergrundwissen bezüglich dieser Technologie fehlt, sind sich die Nutzer von Navigations-Applikationen auf Smartphones durchaus bewusst, dass das Mobiltelefon den eigenen Standort in irgendeiner Form ermitteln können muss, um die gebotene Funktion anbieten zu können. Auch gehört es heutzutage zum Allgemeinwissen, und sei es auch nur aus Krimis, dass Mobiltelefone von den Ermittlungsbehörden zu orten sind. Selbst wenn der Bürger daher die genauen

---

[1338] Siehe dazu insbesondere Abschnitt 4.2.2.2.
[1339] Siehe dazu auch Abschnitt 4.2.2.2.1.

technischen Abläufe nicht kennt, ist bei Smartphones und der Nutzung der Navigation-Funktion daher von bewusst generierten Daten hinsichtlich der anfallenden und auf dem Smartphone gespeicherten Geo-Daten auszugehen.

Dies gilt grundsätzlich auch für die Navigationssysteme in intelligenten Fahrzeugen. Dem Nutzer ist bewusst, dass das Fahrzeug seine Position, ähnlich wie ein Smartphone, dauerhaft bestimmen können muss und dies in der Regel durch ein satellitengestütztes System erfolgt. Das Anfallen von Standortdaten ist daher dem Nutzer grundsätzlich bewusst. Die Frage, ob der Nutzer darüber informiert ist, dass die Daten längerfristig in seinem Fahrzeug gespeichert bleiben oder dass die Daten sogar an den Hersteller übermittelt werden, ist keine unmittelbare Frage der Bewusstheit der Datengenerierung, sondern stellt viel mehr eine Frage der notwendigen Aufklärung im Rahmen des Datenschutzes dar.

4.3.1.2.4 Datenschutzrechtliche Fragen zu Standortdaten

Die Standortdaten sind datenschutzrechtlich als personenbezogene Daten einzuordnen, da sie Informationen bezüglich einer identifizierbaren natürlichen Person beinhalten.[1340] Solange die Daten ausschließlich im Fahrzeug selbst gespeichert bleiben und der Fahrer darüber informiert wurde, ist diese Art der Speicherung datenschutzrechtlich zumeist ohne weitere Schwierigkeiten zulässig, da keine Verarbeitung durch einen Dritten erfolgt. Der Fahrer beziehungsweise Nutzer hat grundsätzlich den alleinigen Zugriff

---

[1340] Siehe zur Einordnung der Personenbezogenheit von Daten auch Abschnitt 2.3.1.2.1.

auf diese Daten und hat, wie aufgezeigt, auch ein grundsätzliches Bewusstsein hinsichtlich des Anfallens dieser Daten.

Anders kann dies jedoch aussehen, wenn die Geo-Daten das Fahrzeug verlassen und an den Hersteller übertragen werden.[1341] Dabei ist es irrelevant, ob die Daten lediglich zur Speicherung beim Hersteller hinterlegt werden oder dort von einer künstlichen Intelligenz für die Routennavigation verarbeitet werden. Sowohl bezüglich der Übertragung als auch hinsichtlich der Speicherung ist der Benutzer zu informieren und eine entsprechende Einwilligung einzuholen.[1342] Fehlt es an einer informierten Einwilligung hinsichtlich der Datenverarbeitung, liegt, nach der hier vertretenen Ansicht, im Falle eines Widerspruchs des Beschuldigten ein Verwertungsverbot vor.[1343] Sind die Daten jedoch datenschutzkonform erhoben, können die Daten grundsätzlich im Strafverfahren verwertet werden.

4.3.1.2.5 Echtzeitüberwachung von Standortdaten

Schwieriger stellt sich die Situation bei der Echtzeitüberwachung der Standortdaten – unabhängig ob per Funkzellenauswertung oder Direktzugriff auf das Fahrzeug – dar. Werden aus dem Fahrzeug in Echtzeit Standortdaten abgefangen, hat der Nutzer keine Möglichkeit, das Anfallen dieser Daten zu unterbinden oder gar die angefallenen Daten nachträglich zu löschen. In den meisten Fällen ist dem Benutzer gar nicht bewusst, dass die Unterbindung der

---

[1341] Siehe dazu auch Abschnitt 2.2.2.3.3.
[1342] Siehe dazu auch Abschnitt 2.3.1.2.3.2.
[1343] Siehe diesbezüglich Abschnitt 4.2.2.

dauerhaften Speicherung von Standortdaten in diesen Fällen nicht ausreicht, sondern er einer Echtzeitüberwachung unterliegen könnte. Da es sich bei der Echtzeitüberwachung jedoch um eine verdeckte Maßnahme handelt, fehlt dieses Bewusstsein in der konkreten Situation naturgemäß. Der Bürger müsste sich daher wieder proaktiv und dauerhaft gegen die theoretische Möglichkeit der staatlichen Überwachung schützen, was vom Überwachungsdruck auf den einzelnen Bürger einer verdachtsunabhängigen Speicherung der Daten entsprechen würde. Dies wäre eine Situation, welche im ersten Moment der verfassungsrechtlich äußerst bedenklichen Vorratsdatenspeicherung[1344] nahekommt. Anders als bei der Vorratsdatenspeicherung erfolgt hier jedoch eine Ausleitung und gegebenenfalls Speicherung der Standortdaten nur nach einem qualifizierten Anfangsverdacht. Das Fahrzeug wird bei solch einer Echtzeitüberwachung lediglich als technisches Hilfsmittel genutzt, da der Fahrer unter den gleichen Voraussetzungen auch nach § 163f StPO observiert oder mittels § 100h StPO mit einem staatlichen GPS-Sender versehen werden könnte. Der Bürger hat zwar ein Recht auf eine freie und ungestörte Entfaltung seiner Persönlichkeit, was den Schutz vor einer verdachtsunabhängigen vollständigen Überwachung beinhaltet, ist jedoch nicht vor jeglicher rechtsstaatlichen Überwachungsmaßnahme geschützt. Vor diesem Hintergrund ist eine Echtzeitüberwachung der generierten Standortdaten, unabhängig ob Geo-Daten oder Funkzellendaten, grundsätzlich rechtmäßig und im Strafverfahren auch verwertbar.

[1344] Zur verfassungsrechtlichen Problematik der Vorratsdatenspeicherung siehe auch Abschnitt 4.1.6.

4.3.1.3 Zwischenergebnis

Standortdaten können bei intelligenten Fahrzeugen auf zwei unterschiedliche Arten anfallen. Einerseits die vom Fahrzeug selbst generierte Geo-Daten mittels Satellitentechnolog und andererseits die im Mobilfunknetz erzeugten Verbindungsdaten, aus welchen sich ergibt, in welcher Funkzelle das Fahrzeug jeweils angemeldet war.

Auf die gespeicherten Geo-Daten kann entweder mittels Onlinedurchsuchung des Fahrzeuges nach § 100b StPO oder aber physisch zugegriffen werden. Sofern die Daten an den Hersteller über das Telekommunikationsnetz übermittelt werden, kommt auch ein Abfangen dieser Daten mittels Telekommunikationsüberwachung nach § 100a StPO in Betracht. Auf Standortdaten aus dem Mobilfunknetz kann gemäß § 100g StPO zugegriffen werden.

Bei der Abwägung im engeren Sinne sind alle relevanten Punkte individuell zu würdigen. Werden datenschutzkonforme retroperspektive Standortdaten aus dem Fahrzeug oder aus der Cloud beim Hersteller ausgelesen, überwiegt regelmäßig das Strafverfolgungsinteresse. Der Bürger ist sich dem Anfallen dieser Daten bewusst und kann diesen auch aktiv entgegensteuern. Er kann entweder durch die Verwendung alternativer Navigationsgeräte, welche zumeist datensparsamer und zum Teil auch anonym agieren, den Anfall von Standortdaten bereits dem Grunde nach verhindern oder aber zumindest anschließend diese Daten aktiv löschen. Zu beachten ist ferner, dass der staatliche Zugriff auf diese Daten, anders als bei der Vorratsdatenspeicherung, auch ausschließlich verdachtsabhängig erfolgt. Der Bürger steht somit nicht dauerhaft unter staatlicher Überwachung, sondern muss lediglich im Falle eines Anfangsverdachtes gegen sich den Eingriff in die von ihm selbst aufgezeichneten Daten erdulden.

Sofern es um anfallende Verkehrsdaten von Mobilfunkanbietern geht, verhält sich das Fahrzeug nicht anders als ein Smartphone. Der Umstand, dass sich SIM-Karten in intelligenten Fahrzeugen befinden, ist dem Benutzer in der Regel bekannt. Moderne Fahrzeuge empfangen für den Benutz erkennbar Daten aus dem Internet. Aus diesem Grund gilt für das Anfallen von Verkehrsdaten bei intelligenten Fahrzeugen dasselbe wie bei Smartphones, dass dem Benutzer das Anfallen der Daten regelmäßig bewusst ist. Zu beachten ist jedoch, dass auch die anfallenden Verkehrsdaten persönliche Daten sind und daher das Datenschutzrecht zu beachten ist. Sind diese Voraussetzungen gegeben, darf auf die Verkehrsdaten von Mobilfunkanbietern unter den gleichen Voraussetzungen wie bei Verkehrsdaten, die unter der Nutzung von Mobiltelefonen angefallen sind, zugegriffen und verwertet werden. Auch die Echtzeitüberwachung von Standortdaten ist regelmäßig als rechtmäßig anzusehen, da das Fahrzeug lediglich als technisches Hilfsmittel genutzt wird.

Letztendlich ist daher festzuhalten, dass die Abwägung der betroffenen Rechtsgüter des Beschuldigten, insbesondere das Recht auf informationelle Selbstbestimmung, mit dem Strafverfolgungsinteresse regelmäßig dazu führt, dass hinsichtlich der Standortdaten von keinem Beweisverwertungsverbot auszugehen ist. Die besondere Sensibilität der Daten ergibt sich allein aus dem

Umfang und der Dauer der anfallenden Standortdaten. Sofern diese Standortdaten jedoch verdachtsabhängig und unter Achtung der Datenschutzgesetze erhoben werden, um besonders schwere Straftaten aufzuklären, was Voraussetzung aller aufgezeigten Ermächtigungsnormen ist, müssen die Rechte des Beschuldigten regelmäßig hinter dem staatlichen Interesse zurücktreten.

4.3.2. Telemetriedaten des Fahrverhaltens

Unter dem Begriff der Telemetriedaten wird der Einsatz von im Hintergrund laufenden Diensten verstanden, deren Aufgabe das Sammeln und Übertragen von Messwerten ist. Grundsätzlich kann jeder Messwert Gegenstand von Telemetriedaten sein, sodass der Begriff sehr weitläufig zu verstehen ist.

Beim Einsatz intelligenter Fahrzeuge sind unter der Bezeichnung von Telemetriedaten zumeist aber ausschließlich die Messwerte gemeint, welche sich auf das Fahrverhalten beziehen und übertragen werden. Sofern daher in den folgenden Abschnitten verkürzt von Telemetriedaten gesprochen wird, sind damit ausschließlich jene Daten im Bezug zum Fahrverhalten gemeint.

4.3.2.1 Anfallen von Telemetriedaten des Fahrverhaltens

Die in intelligenten Fahrzeugen anfallenden Telemetriedaten können sowohl nach Ursprung als auch nach Ziel unterschieden werden. Ihren Ursprung können Telemetriedaten grundsätzlich in allen Sensoren des Fahrzeuges haben. Dabei kann es sich einerseits um Rohdaten aus den internen Sensoren direkt handeln, wie zum Beispiel Kraftstoffverbrauch, Beschleunigung oder Geschwindigkeit, andererseits aber auch um bereits vom Fahrzeug bewertete Informationen, wie zum Beispiel eine Einschätzung des Fahrstils oder die Anzahl der Geschwindigkeitsüberschreitungen auf den letzten 100 Kilometern.

Gerade letzteres Beispiel zeigt, dass die Telemetriedaten nicht ausschließlich Daten des Fahrzeuges sein müssen, sondern auch mit externen Informationen abgeglichen werden können. So ist es zum Beispiel denkbar, dass ein Fahrzeug über das Navigationsgerät oder durch eine Verkehrsschilderkennung das jeweilige Tempolimit ermittelt und dokumentiert, wann der Fahrer diese Geschwindigkeiten überschritten hat. Auch kann sonstiges Fehlverhalten im Straßenverkehr, wie die Unterschreitung des Mindestabstands, oder sonstiges auffälliges Fahrverhalten, zum Beispiel häufiges starkes Beschleunigen, ermittelt werden. Aus diesen ganzen Daten kann – zumeist unter Zuhilfenahme einer weiteren künstlichen Intelligenz – ein sogenannter „Bewertungsscore" ermittelt werden, welcher dem Fahrverhalten des konkreten Fahrers einen Zahlenwert zuweist und damit das Fahrverhalten vergleichbar und bewertbar macht.

Welche Telemetriedaten erhoben werden und zu welchen Ergebnissen diese jeweils kumuliert werden, entscheidet zumeist der Empfänger der Telemetriedaten. Zurzeit sind das häufig die Fahrzeughersteller, die möglichst viele Informationen über ihre Kunden erlangen wollen. Auf dem Vormarsch sind aber auch sogenannte „Telematik-Versicherungen", in denen Versicherer rabattierte Versicherungstarife im Tausch gegen die Telemetriedaten anbieten.[1345] Der Versicherer bildet unterschiedliche Bewertungskriterien und gewichtet diese zu einem Gesamtbewertungsscore, aus dem sich dann die Höhe des Versicherungsbeitrages ermittelt. Die Allianz-Versicherung führt zum Beispiel als Bewertungskriterien Beschleunigung, Bremsverhalten, Kurvenverhalten, Straßenart und Zeitpunkt der Fahrt sowieso überhöhte Geschwindigkeit auf.[1346] Die Telematik-Tarife haben vor allem für Fahranfänger den Vorteil, dass durch die Übermittlung der Telemetriedaten der Versicherer auch ohne langjährige Schadensfreiheit das individuelle Schadensrisiko ermitteln kann. Im Gegenzug wird dem Versicherer aber ein erheblicher Einblick in das eigene Fahrverhalten ermöglicht.

Mit diesen gesammelten Daten können anschließend eine Vielzahl an Berechnungen durchgeführt werden, um unterschiedliche Informationen daraus abzuleiten. Während sich der Versicherer in erster Linie dafür interessiert, das Schadenseintrittsrisiko zu errechnen, können sich für strafrechtliche Ermittlungsbehörden daraus eine Vielzahl weiterer Ansatzpunkte ergeben. Im Falle eines Unfalles können die Telemetriedaten zum Beispiel Informationen über das Unfallgeschehen geben. So kann es häufig bei der Klärung der Schuldfrage von Interesse sein, ob der Fahrer zuvor gebremst oder gar beschleunigt hat. Ebenfalls können eine zuvor festgestellte Übermüdung oder eine fehlende Achtsamkeit ein Indiz für die Unfallursache darstellen.

[1345] MAH IT-Recht-*Eul*, Teil 10.2 Rn. 41.
[1346] *Allianz*, „Telematik-Tarif: BonusDrive", https://www.allianz.de/auto/kfz-versicherung/telematik-versicherung/ zuletzt abgerufen am 21.03.2024.

Aber auch abseits von diesen offensichtlichen Informationen in den Telemetriedaten, beinhalten diese Daten auch viele verborgene Informationen. Jeder Fahrer hat eine individuelle Art und Weise der Fahrzeugführung und ist bereits dadurch identifizierbar. Nutzen mehrere Fahrer ein Fahrzeug und sind die Telemetriedaten aller Fahrten bekannt, ist es für eine künstliche Intelligenz ein leichtes, festzustellen, welche Fahrten vom selben Fahrer unternommen wurden. In diesem Fall würde die Zuweisung einer einzelnen Fahrt zu einer Person ausreichen, um ihr auch alle anderen von ihr getätigten Fahrten zurechnen zu können.

Der weitere technische Fortschritt, insbesondere der künstlichen Intelligenz, wird immer komplexere Analysen ermöglichen. Der Wert von Telemetriedaten und die damit verbundenen Gefahren können kaum überschätzt werden. Es ist zum Beispiel denkbar, dass bei Auswertung ausreichender Telemetriedaten durch künstliche Intelligenz gewisse psychologische Eigenschaften oder Charaktermerkmale bestimmten Mustern im Fahrverhalten zugerechnet werden können. Dies birgt beispielsweise die Gefahr, dass aus dem Fahrverhalten auf das allgemeine Risikoverhalten geschlossen werden könnte, was wiederum für den Abschluss einer Kranken- oder Lebensversicherung für den Versicherer interessant sein könnte.

Ebenfalls können Telemetriedaten auch dazu genutzt werden, um vorauszusagen, mit welcher Wahrscheinlichkeit eine Person gewisse Straftaten oder Ordnungswidrigkeiten begeht. Klingt dies für die meisten Menschen noch nach Dystopie, wird an genau solch einer Technologie zurzeit unter dem

4.3 Abwägungsfragen bei typischen Fallgruppen von Daten ...

Begriff „Crime forecasting" geforscht.[1347] In nicht allzu ferner Zukunft kann die Technologie so weit sein, dass die Telemetriedaten für die Entscheidung der Entziehung der Fahrerlaubnis nach § 69 StGB oder deren Wiedererlangung herangezogen werden. Daher bedarf es bereits jetzt einer ausreichenden Grundlage, um diese Daten entsprechend zu schützen. Dazu muss geprüft werden, an welcher Stelle diese Telemetriedaten überhaupt konkret anfallen.

Der Ursprung dieser Daten liegt im Fahrzeug selbst und erst in einem zweiten Schritt werden die Daten an den Empfänger übermittelt. Die Daten liegen daher in der Regel sowohl im Fahrzeug als auch beim Empfänger vor. Der Zugriff unmittelbar im Fahrzeug kann ähnlich wie bei allen anderen Daten physisch in Form der Sicherstellung[1348] oder mittels Onlinedurchsuchung gemäß § 100b StPO[1349] durch Fernzugriff erfolgen. Ebenfalls können die Daten – sofern sie nicht verschlüsselt übertragen werden – mittels Telekommunikationsüberwachung nach § 100a StPO[1350] erlangt werden.

In vielen Fällen bietet sich jedoch der Zugriff beim Empfänger der Telemetriedaten an. Aufgrund von Begrenzungen der Rechenkapazität werden die Fahrzeuge in der Regel die Telemetriedaten als Rohdaten übermitteln und erst im Rechenzentrum des Empfängers werden die Daten verknüpft und ausgewertet. Ein Zugriff beim Empfänger hat für die Ermittlungsbehörden daher den Vorteil, dass sie nicht nur die Rohdaten erhalten, sondern möglicherweise zugleich auch bereits die Daten aufbereitet und ausgewertet

---

[1347] *Shah/Bhagat u.a.*, Visual Computing for Industriy, Biomedicine, and Art 2021, 4:9.
[1348] Siehe zur physischen Sicherstellung Abschnitt 4.1.9.
[1349] Siehe zur Onlinedurchsuchung Abschnitt 4.1.4.
[1350] Siehe zur Telekommunikationsüberwachung Abschnitt 4.1.3.

erhalten, was in vielen Fällen weitere Informationen beinhalten kann. Dieser Zugriff muss aber – aufgrund der strengen Subsidiaritätsklausel in § 100b Abs. 3 S. 2 Nr. 2 StPO – regelmäßig durch eine physische Sicherstellung erfolgen.

4.3.2.2 Abwägungsfragen bei Telemetriedaten des Fahrverhaltens

Die Telemetriedaten sind personenbezogene Daten und unterliegen dem Recht auf informationelle Selbstbestimmung. Die Daten sind ferner der Privatsphäre zuzuordnen. Eine Kernbereichsrelevanz weisen die Daten in der Regel nicht auf, da sie lediglich den Status des Fahrzeuges wiedergeben und keine innere Gedanken- oder Gefühlswelt offenbaren. Die Telemetriedaten erlauben jedoch eine solch tiefergehende Analyse und Interpretation, dass diese nicht ausschließlich der wenig geschützten Sozialsphäre zuzuordnen sind. Zwar sind die meisten erhobenen Werte, wie Beschleunigung, Verzögerung oder Kurvenverhalten, auch für Außenstehende erkennbar, aber erst durch die dauerhafte Speicherung und eine Gesamtbetrachtung aller Telemetriedaten entsteht die Möglichkeit, konkrete und umfassendere Rückschlüsse auf den Fahrer und dessen Verhalten zu ziehen. Sofern die Daten mittels Telekommunikationsüberwachung im Sinne des § 100a StPO[1351] erlangt werden, ist ferner das Fernmeldegeheimnis des jeweiligen Fahrers betroffen.

[1351] Siehe zur Telekommunikationsüberwachung Abschnitt 4.1.3.

4.3.2.2.1 Telemetriedaten als bewusst generierte Daten

Telemetriedaten fallen in der Praxis bei intelligenten Fahrzeugen, wie aufgezeigt, zumeist in zwei Szenarien an. Auf der einen Seite gibt es die Daten, welche vom Hersteller zur Verbesserung ihres Produktes gesammelt werden und auf der anderen Seiten Daten, welche der Fahrer gezielt mit einem Dritten, zum Beispiel seinem Versicherer, teilt. Bei der Abwägung ist gerade letzterer Umstand, die freiwillige Generierung und das Teilen mit Dritten, ein erheblicher Abwägungsfaktor. Sofern der Fahrer sich bewusst ist, dass diese Daten anfallen und diese auch bewusst übermittelt, ist ihm bekannt, dass er Spuren und eigene mögliche Beweismittel zu seinen Lasten generiert. Sinn und Zweck des Strafverfahrens ist es, in einem formalisierten Verfahren die schwersten gesellschaftlichen Konflikte zu beseitigen, um so einen dauerhaften Rechtsfrieden herzustellen.[1352] Das Beweisverwertungsverbot, als Einschränkung des vorstehenden Sinn und Zwecks der Strafrechtspflege, soll dabei die verfassungsrechtliche Stellung des Beschuldigten im Strafprozess sichern.[1353] Gerade wenn der Bürger aber bewusst und selbstverantwortlich Beweismittel generiert und diese freiwillig aus der Hand gibt, muss er sich diese Beweise auch in einem späteren Strafverfahren vorhalten lassen. Es gibt kein verfassungsrechtlich verbürgtes Recht darauf, vor jeglicher Selbstbelastung befreit zu sein. Der nemo-tenetur-Grundsatz schützt die Willensfreiheit des Einzelnen sich selbst belasten zu müssen, verhindert aber nicht die Beweismittel auszuwerten, welche unabhängig vom Willen des

---

[1352] Siehe zum Sinn und Zweck des Strafverfahrens insbesondere Abschnitt 3.2.1.
[1353] BGHSt 38, 214; Meyer-Goßner/Schmitt-*Schmitt*, Einl. Rn. 55a.

Beschuldigten bestehen.[1354] Der Beschuldigte muss bei der Auswertung von Telemetriedaten lediglich die passive Verwertung seiner selbst erzeugten Daten dulden.[1355]

Auch die engere Abwägung des Einzelfalles wird regelmäßig zu einer Verwertbarkeit der an Dritte übermittelten Telemetriedaten führen. Die Daten sind zwar der Privatsphäre zuzuordnen, beinhalten aber, wie bereits erwähnt, lediglich Informationen, die von jedermann von außen zu erblicken wären. Lediglich durch die Speicherung und die spätere Interpretationsmöglichkeit erlauben diese Daten einen privateren Einblick. Aus diesem Grund liegen die Telemetriedaten innerhalb der Privatsphäre näher an der Sozial- als an der Intimsphäre. Entsprechend eingeschränkt ist auch der konkrete Schutz vor einem staatlichen Eingriff.

4.3.2.2.2 Bewusst generierte Telemetriedaten und Datenschutz

Aufgrund der freiwilligen Übermittlung der Daten bestehen in der Regel auch aus datenschutzrechtlicher Sicht keine Schwierigkeiten bei der Verwertung von Telemetriedaten. Der Fahrer übermittelt die Daten aktiv, um sein Fahrverhalten beim Dritten, zum Beispiel dem Versicherer, analysieren und beurteilen zu lassen. In den Verträgen und Datenschutzerklärungen ist in der Regel genau aufgeführt, welches Verhalten analysiert wird und in welcher

---

[1354] Siehe zum Nemo-tenetur-Grundsatz insbesondere Abschnitt 3.3.6.
[1355] Vgl. BVerfG NJW 1982, 568; EGMR NJW 2002, 499.

4.3 Abwägungsfragen bei typischen Fallgruppen von Daten ...

Form es in die Bewertung einfließt.[1356] Bei Telemetriedaten sind die meisten Anbieter sich auch dem Umstand bewusst, dass die Daten sensibel sein können. Insbesondere wenn Geschwindigkeitsverstöße dokumentiert werden, besteht die naheliegende Sorge, dass diese Informationen an die Behörden übermittelt werden. In der Regel verpflichten sich die Versicherer, diese Informationen nicht mit Ermittlungsbehörden zu teilen.[1357] Dabei handelt es sich jedoch um eine rein privatrechtliche Vereinbarung zwischen Fahrer und Versicherer, welche keine Grundlage für ein strafprozessuales Beweisverbot darstellen kann. Ebenfalls kann sich der Fahrer nicht darauf berufen, dass die Einwilligung zur Datenverarbeitung[1358] nicht die Übermittlung an Strafbehörden umfasst. Die Sicherstellung der Daten oder gar das Ausleiten mittels Telekommunikationsüberwachung stellt keine Datenverarbeitung im Sinne des Datenschutzrechtes dar, sondern ist eine strafprozessuale Maßnahme der Ermittlungsbehörde eigener Art.[1359]

Im Rahmen der Abwägung kann ein datenschutzrechtlicher Verstoß in diesen Fällen nur dann zu einem Beweisverwertungsverbot führen, sofern Telemetriedaten aufgezeichnet oder ausgeleitet wurden, welche vertraglich nicht vereinbart waren. Der Bürger hat in diesem Fall gerade nicht aktiv die Kontrolle über seine Daten aufgegeben, sondern der Dritte hat unter

---

[1356] Vgl. beispielhaft *Allianz*, „Telematik-Tarif: BonusDrive", https://www.allianz.de/auto/kfz-versicherung/telematik-versicherung/ zuletzt abgerufen am 21.03.2024.
[1357] Vgl. *Allianz*, „Telematik-Tarif: BonusDrive", https://www.allianz.de/auto/kfz-versicherung/telematik-versicherung/ zuletzt abgerufen am 21.03.2024.
[1358] Siehe. zur Einwilligung in die Datenverarbeitung insbesondere Abschnitt 2.3.2.3.2.
[1359] Vgl. dazu insbesondere die Anwendungsbeschränkung in Art. 2 Nr. 2 lit. d) DSGVO.

Missachtung des Datenschutzes mehr Informationen erlangt, als er hätte verarbeiten dürfen. In diesen Fällen ist der Beschuldigte so zu behandeln, als hätte es keinerlei vertragliche oder datenschutzrechtliche Einwilligung in der Erhebung und Verarbeitung der Telemetriedaten gegeben. Dies führt dazu, dass im Falle eines Widerspruchs die so erlangten Daten unverwertbar sind.[1360]

4.3.2.2.3 Der Umgang mit unbewusst generierten Telemetriedaten

Neben diesen vom Beschuldigten freiwillig an Dritten herausgegeben Telemetriedaten, gibt es jedoch auch noch die Telemetriedaten, welche der Fahrzeughersteller selbst erhebt. Maßgeblich ist auch hier, ob die Daten bewusst und unter Beachtung der datenschutzrechtlichen Regelungen verarbeitet wurden. Eine Speicherung und Übertragung von Telemetriedaten sind für den Fahrzeughersteller zwar häufig nützlich, jedoch weder technisch notwendig noch üblich. Aus diesem Grund muss ein Fahrer auch nicht damit rechnen, dass sein Fahrzeug diese Daten speichert oder gar an den Hersteller unbewusst übermittelt. Es ist aus diesem Grund bei diesen Telemetriedaten grundsätzlich von unbewusst generierten Daten[1361] auszugehen, welche das Potenzial haben, einen allgemeinen Überwachungsdruck auf den Einzelnen auszuüben. Es stellt sich daher die Frage, ob der Überwachungsdruck so stark

---

[1360] Siehe. zur Unverwertbarkeit beim Widerspruch des Beschuldigten Abschnitt 4.2.2.2.
[1361] Siehe zu den unbewusst generierten Daten auch Abschnitt 4.2.2.2.

4.3 Abwägungsfragen bei typischen Fallgruppen von Daten ...

ist, dass die Gefahr besteht, dass der Bürger sein Verhalten anpasst und möglicherweise sogar auf die Ausübung seiner Grundrechte verzichtet.[1362]

Sofern das Fahrzeug alle Telemetriedaten erhebt, speichert und gegebenenfalls sogar überträgt, kann lückenlos das gesamte Fahrverhalten des Fahrers aufgedeckt werden. Es ist aufgrund der Telemetriedaten möglich, jeglichen Geschwindigkeitsverstoß und eine Vielzahl weiterer Verkehrsverstöße im Nachhinein aufzudecken. Der Fahrer würde unter einem permanenten Überwachungsdruck stehen und müsste Sorge haben, dass jeglicher, und sei es auch nur fahrlässig erfolgter, Verstoß zu einer staatlichen Sanktion führt. Erschwert wird dieser Umstand dadurch, dass der Fahrer weder weiß, welche Daten erhoben werden, noch wann der Staat auf diese zugreift. Er muss durchgehend mit einer entsprechenden Auswertung rechnen. Mangels konkreter Kenntnis der Datengenerierung kann der Bürger auch keine Maßnahmen zum Schutz seiner Daten ergreifen.

Der Fahrer hat zwar kein Recht auf das Begehen von Verkehrsverstößen, jedoch besteht ein Recht auf ein Leben frei von staatlicher Einschüchterung.[1363] Eine Gesellschaftsordnung, in der ein dauerhafter diffuser Überwachungsdruck herrscht und dadurch die Bürger nicht mehr wissen können, wer, was, wann und bei welcher Gelegenheit über sie weiß, ist mit dem Grundgesetz nicht vereinbar.[1364] Der Bürger muss daher die Gewissheit haben, dass er nicht heimlich und dauerhaft durch sein intelligentes

---

[1362] Vgl. zum latenten Überwachungsdruck BVerfGE 125, 260; OLG Köln NJW 2017, 835; LG Bonn NJW-RR 2005, 1067.
[1363] Vgl. BVerfGE 125, 260.
[1364] Vgl. BVerfGE 65, 1.

Fahrzeug überwacht wird, und diese Informationen später vom Staat gegen ihn verwendet werden können. Sofern der Fahrer daher nicht über die Erhebung und Übermittlung dieser Daten informiert wurde und in diese freiwillig und informiert eingewilligt hat, wird eine Abwägung der betroffenen Rechte regelmäßig zum Ergebnis kommen, dass eine Unverwertbarkeit der Daten gegeben ist, sofern der Beschuldigte der Verwertung widerspricht.[1365]

4.3.2.2.4 Die Zukunft der Auswertung von Telemetriedaten

Bezüglich der Abwägung von Telemetriedaten muss jedoch auch ein Blick in die Zukunft gerichtet werden. Es zeigt sich bereits jetzt, dass das Potenzial der Telemetriedaten in Verbindung mit der Auswertung durch künstliche Intelligenz ein erheblich sensiblerer Datenschatz werden kann, als es bisher der Fall ist. Die Versuche des „Crime forecasting" wurden bereits angesprochen[1366] und stellen nur ein Beispiel dar. Im Falle einer Abwägung im konkreten Einzelfall ist daher nicht nur ausschließlich auf die Rohdaten abzuzielen. Auch die bereits interpretierten Daten können für die Ermittlungsbehörden interessant sein und zum Beispiel für die Frage einer Entziehung der Fahrerlaubnis nach § 69 StGB eine Rolle spielen. Für die Zukunft ist damit zu rechnen, dass immer genauere und umfassendere Schlüsse aus den erhobenen Telemetriedaten geschlossen und ganze Risikoprofile erstellt werden können. Sofern sich daraus eine stärkere Intensität des Eingriffes in die Grundrechte des Beschuldigten ergibt, müssen diese

---

[1365] Siehe dazu Abschnitt 4.2.2.2.
[1366] Siehe dazu Abschnitt 4.3.2.1.

4.3 Abwägungsfragen bei typischen Fallgruppen von Daten ... 455

Umstände im Rahmen der Abwägung ebenfalls zukünftig stärker berücksichtigt werden.

4.3.2.3 Zwischenergebnis

Bei der Nutzung intelligenter Fahrzeuge fallen eine Vielzahl an Telemetriedaten an. Diese Telemetriedaten sind nicht nur für Hersteller und Versicherer von erheblichem wirtschaftlichem Interesse, sondern können den Ermittlungsbehörden auch bei der Rekonstruktion von Unfällen und Straftaten nützlich sein.

Die Telemetriedaten finden sich regelmäßig sowohl im Fahrzeug als auch beim Hersteller gespeichert als Rohdaten. Neben diesen Rohdaten erlaubt die weitere Analyse dieser Telemetriedaten des Fahrverhaltens aber auch immer häufiger weitergehende Rückschlüsse auf den Charakter des Fahrzeugführers. Erste Technologien erstellen sogar Wahrscheinlichkeitsprognosen aus vorhandenen Telemetriedaten.

Auf die Telemetriedaten im Fahrzeug selbst können mittels Onlinedurchsuchung gemäß § 100b StPO oder einer physischen Sicherstellung erfolgen. Sofern die Daten an den Hersteller übertragen werden, kommt regelmäßig das Abfangen mittels Telekommunikationsüberwachung nach § 100a StPO oder die physische Sicherstellung in Betracht. Eine Onlinedurchsuchung im Rechenzentrum des Herstellers scheitert zumeist an der Subsidiaritätsklausel in § 100b Abs. 3 S. 2 Nr. 2 StPO.

Viele Telemetriedaten werden bewusst durch den Fahrer erhoben und übermittelt, zum Beispiel an den Versicherer, um einen günstigeren Telematik-Tarif zu erhalten. Der Fahrer ist sich diesbezüglich bewusst, dass er die Daten erzeugt und zu einem gewissen Grad aus der Hand gibt. Sofern der Fahrer daher – auch datenschutzkonform – über die Erhebung seiner Telemetriedaten aufgeklärt wurde, sind die Daten regelmäßig in einem Strafverfahren verwertbar.

Anders sieht es jedoch bei unbewusst generierten Telemetriedaten aus. Werden Daten ohne Kenntnis des Fahrers erhoben, birgt eine Verwertung im Rahmen von Strafverfahren die Gefahr, einen hohen allgemeinen Überwachungsdruck auf den Einzelnen auszuüben. Dies kann dazu führen, dass der Bürger sein Verhalten anpasst und auf die Ausübung von verfassungsrechtlich gesicherten Grundrechten verzichtet. Die Abwägung im Rahmen der Frage einer Beweisverwertung im Strafverfahren muss bei Telemetriedaten, die unbewusst und ohne Einwilligung des Fahrers erzeugt wurden, regelmäßig zum Ergebnis kommen, dass eine Verwertung unzulässig ist. Dies gilt zumindest dann, wenn der Beschuldigte der Verwertung widerspricht.

4.3.3 Vitalwerte des Fahrers

Sofern intelligente Fahrzeuge auch autonomes Fahren beherrschen, müssen die Fahrzeuge auf den Stufen 1 bis 3 des autonomen Fahrens jederzeit sicherstellen, dass der Fahrer wieder die Kontrolle über das Fahrzeug übernehmen kann.[1367] Das Fahrzeug muss daher einerseits sicherstellen, dass der Fahrer aufmerksam ist und andererseits, dass er körperlich in der Lage ist, die Kontrolle über das Fahrzeug wieder zu übernehmen. Aus diesem Grund erheben intelligente Fahrzeuge eine Vielzahl an Vitalwerten des Fahrers („Driver Monitoring Systems"), um dessen Anwesenheit und Einsatzbereitschaft zu überprüfen.

Unter Vitalwerten werden Messwerte verstanden, welche die grundlegenden Lebenszeichen eines Menschen betreffen. Dazu gehören insbesondere Atmung, Herztätigkeit, Bewusstsein und Körpertemperatur. Ein intelligentes Fahrzeug kann grundsätzlich alle diese Lebenzeichen messen und auswerten. Durch die Berührung mit dem Lenkrad können Herzfrequenz, Körpertemperatur, Sauerstoffsättigung und Hautwiderstand ermittelt werden.[1368] Durch den Einsatz von Bio-Sensoren, welche Mikrovibrationen und Mikroschwingungen wahrnehmen können, erhält das Fahrzeug sogar Werte über Blutdruck und Blutzucker.[1369] Hinzu kommt die Nutzung von Innenraumkameras, welche insbesondere die Pupillen des Fahrers auswerten und so das Bewusstsein überwachen.[1370] Diese Werte werden vom System erfasst und dahingehend ausgewertet, ob der Fahrer in der Lage ist, den

---

[1367] Siehe zu den Stufen des autonomen Fahrens Abschnitt 2.2.1.
[1368] Vgl. *Köllner* „Wenn das Auto zum Gesundheitsmanager wird" vom 04.09.2019 https://www.springerprofessional.de/ergonomie---hmi/gesundheitsmanagement/wenn-das-auto-zum-gesundheitsmanager-wird-/15507094 zuletzt abgerufen am 21.03.2024.
[1369] Vgl. *Eschment,* „MWC: Mercedes holt den Arzt ins Auto" vom 26.02.2019, https://edison.media/erleben/mwc-mercedes-holt-den-arzt-ins-auto/24040308.html zuletzt abgerufen am 21.03.2024.
[1370] Vgl. *Chellappa/Ezhilarasie*, International Journal of Pure and Applied Mathematics 2017, 503; *Hansen*, DuD 2015, 367 (368).

Straßenverkehr zu überwachen, und allzeit bereit ist, in Gefahrensituation die Steuerung wieder zu übernehmen.

4.3.3.1 Anfallen von Vitalwerten

Die Vitalwerte werden unmittelbar im Fahrzeug erhoben und haben in ihrer reinen Eigenschaft als Vitalwert für das Fahrzeug zumeist keinen unmittelbaren Nutzen. Erst die Auswertung und Interpretation dieser Daten sind für das Fahrzeug und dessen Funktion von Bedeutung.

Auf der einen Seite überwacht das Fahrzeug so die Anwesenheit des Fahrers auf dem Fahrersitz und in der Regel auch, ob der Fahrer die Hände am Lenkrad hat. Dazu eignen sich Vitalwerte insbesondere deswegen, da diese deutlich schwerer zu täuschen sind als zum Beispiel ein reiner Drucksensor am Sitz oder Lenkrad. Auf der anderen Seite erhält das Fahrzeug so auch Informationen über die Aufmerksamkeitsfähigkeit des Fahrers. Bereits aus Puls und Blutdruck kann geschlossen werden, ob der Fahrer bei Bewusstsein ist. In Kombination mit der Innenraumkamera kann ferner (Sekunden-)Schlaf festgestellt werden. Schließlich kann mittels Überwachung der Pupillen des Fahrers zusätzlich überprüft werden, ob der Fahrzeugführer tatsächlich seine Aufmerksamkeit auf den Verkehr gerichtet hat oder nicht.

4.3.3.1.1 Vitalwerte als Gesundheitsdaten

Für die Vitalwerte ist zu beachten, dass es sich hierbei um Gesundheitsdaten im Sinne des Art. 9 Abs. 1 DSGVO und damit um „besondere" personenbezogene Daten handelt. Der Begriff der Gesundheitsdaten ist in Art. 4 Nr. 15 DSGVO legaldefiniert als personenbezogene Daten, die sich auf die körperliche oder geistige Gesundheit einer natürlichen Person beziehen und aus denen Informationen über deren Gesundheitszustand hervorgehen. Der Begriff der Gesundheitsdaten ist daher weit zu verstehen.[1371] Wie ausgeführt, erlauben die Vitalwerte Auskunft über Atmung, Herztätigkeit, Bewusstsein und Körpertemperatur und damit insgesamt über den Gesundheitszustand des Fahrers. Auch die Pupillenüberwachung des Fahrers dient nicht ausschließlich der Feststellung von Schlaf, sondern auch des allgemeinen Bewusstseins und fällt daher in die weit auszulegenden Gesundheitsdaten im Sinne des Art. 9 Abs. 1 DSGVO.

Der Art. 9 Abs. 1 DSGVO untersagt dabei die grundsätzliche Verarbeitung solcher Daten. Die allgemeinen Rechtfertigungsgründe für die Verarbeitung von personenbezogenen Daten[1372] gelten für Gesundheitsdaten nicht. Stattdessen ist eine Verarbeitung nur unter den in Art. 9 Abs. 2 DSGVO abschließend aufgeführten Gründen zulässig. Dabei kommen für die hier in Frage stehenden Vitalwerte von intelligenten Fahrzeugen lediglich die freiwillige Einwilligung nach Art. 9 Abs. 2 lit. a DSGVO in Betracht.

4.3.3.1.2 Ausdrückliche Einwilligung zur Datenverarbeitung

Nach Art. 9 Abs. 2 lit. a DSGVO kann die betroffene Person in die Verarbeitung für einen oder mehrere festgelegte Zwecke ausdrücklich

---
[1371] BeckOK-Datenschutz-*Albers/Veit*, Art. 9 DSGVO Rn. 51.
[1372] Siehe dazu Abschnitt 2.3.2.3.2.

einwilligen. Die Einwilligung im Sinne des Art. 9 Abs. 2 lit a DSGVO unterscheidet sich von der allgemeinen Einwilligung im Sinne des Art. 6 Abs. 1 lit. a DSGVO dahingehend, dass die Einwilligung ausdrücklich für einen oder mehrere festgelegte Zwecke zu erfolgen hat. Die „ausdrückliche Einwilligung" stellt daher sowohl an den Gegenstand der Einwilligung als auch an die vorangegangenen Informationen der betroffenen Person erhöhte Anforderungen.[1373] Daher sind an die Informationspflicht der Fahrzeughersteller deutlich erhöhte Anforderungen zu stellen und es scheidet eine konkludente oder stillschweigende Zustimmung aus.[1374] Da auch für diese Einwilligung nach Art. 9 Abs. 2 lit. a DSGVO die Anforderungen des Art. 7 DSGVO gelten, muss insbesondere das Kopplungsverbot aus Art. 7 Abs. 4 DSGVO beachtet werden, wonach die Erbringung der Dienstleistung nicht von einer Einwilligung abhängig gemacht werden darf, die für die Vertragserfüllung nicht erforderlich ist.[1375]

Diese hohen Anforderungen an die Einwilligung führen dazu, dass in der Regel nur eine wirksame Einwilligung in die Verarbeitung der Daten unmittelbar im Fahrzeug selbst erfolgen kann. Eine Übertragung an den Hersteller zu Marketingzwecken oder sonstiger wirtschaftlicher Auswertung ist zwar theoretisch denkbar, erscheint aber kaum realistisch umsetzbar zu sein. Aufgrund des Kopplungsverbots darf die Funktionsfähigkeit des Fahrzeuges nicht von einer Übertragung dieser Daten abhängig gemacht werden. Das Fahrzeug muss lediglich in Echtzeit überwachen, ob der Fahrer in der Lage ist,

---

[1373] BeckOK-Datenschutz-*Albers/Veit*, Art. 9 DSGVO Rn. 60.
[1374] BeckOK-Datenschutz-*Albers/Veit*, Art. 9 DSGVO Rn. 61.
[1375] Siehe zum Kopplungsverbot auch Abschnitt 2.3.2.3.2.

4.3 Abwägungsfragen bei typischen Fallgruppen von Daten ... 461

das Fahrzeug im Notfall sicher zu übernehmen. Dies bedeutet auch, dass bereits eine Speicherung der Vitalwerte im Fahrzeug selbst nicht notwendig ist, sondern wenn überhaupt das Endergebnis in Form einer booleschen Variablen („wahr" oder „falsch" beziehungsweise hier: „in der Lage, das Fahrzeug zu übernehmen" oder „nicht in der Lage, das Fahrzeug zu übernehmen") gespeichert werden kann. Sofern systembedingt eine Speicherung notwendig sein sollte, kann diese jedoch nur kurzfristig erfolgen und muss spätestens beim Ausschalten des Fahrzeuges zu einer Löschung der Speicherung führen. Aufgrund dieser Umstände muss dem Fahrer, im Hinblick auf die Wertung von Art. 7 und 9 DSGVO, diese datensparsame Verarbeitungsoption zur Einwilligung angeboten werden. Jede Verarbeitung, die über diese Minimalanforderungen hinausgeht, bedarf einer vorherigen ausdrücklichen Information, welche Daten für welchen Zweck verarbeitet werden und dass die Funktionsfähigkeit des Fahrzeuges von dieser erweiterten Einwilligung nicht betroffen ist. Aufgrund dieser hohen gesetzlichen Informationsanforderungen ist es kaum denkbar, dass ein Benutzer dieser weitergehenden Verarbeitung zustimmen wird. In der Praxis wird dies dazu führen, dass die Hersteller solch eine weitergehende Einwilligung gar nicht erst anfragen.

Diese Ausgangslage hat in der Praxis die Folge, dass retroperspektive Vitalwerte weder beim Hersteller noch im Fahrzeug datenschutzkonform vorhanden sein sollten. Lediglich in der seltenen Ausnahme, dass tatsächlich ein Benutzer informiert und ausdrücklich in die weitere Verarbeitung eingewilligt hat, können solche Daten überhaupt vorliegen. Denkbar wäre dies bei den bereits angesprochenen Telematik-Tarifen bei Versicherern, um durch das zur Verfügung stellen der Vitalwerte günstigere Tarife zu erhalten.[1376] In diesen Ausnahmefällen wäre ein Zugriff auf die Vitalwerte im Fahrzeug oder beim Versicherer möglich.

4.3.3.1.3 Zugriffsmöglichkeiten auf die Vitalwerte

In der Regel sind die Vitalwerte daher lediglich flüchtig vorhanden und werden nicht dauerhaft im Fahrzeug oder einem Dritten gespeichert. Aus diesem Grund sind die Vitalwerte regelmäßig nur mittels Echtzeitüberwachung zu erheben. Da es sich bei den Vitalwerten nicht um gesprochene Wörter handelt, sondern um Daten, kommt ein Zugriff auf diese Vitalwerte in Echtzeit nur durch die Onlinedurchsuchung nach § 100b StPO in Betracht.[1377] Während ein Livezugriff auf die Kameras und Mikrofone im Fahrzeug nicht über § 100b StPO zulässig ist,[1378] muss dies für Vitalwerte differenzierter betrachtet werden. Sofern die Sensoren des Fahrzeuges aktiviert werden, um Vitalwerte zu generieren, die das System eigentlich nicht erzeugen würde, so handelt es sich um eine unzulässige Datenerhebung durch das IT-System.[1379] Der § 100b StPO erlaubt jedoch aufgrund seines eindeutigen Wortlautes lediglich die Datenerhebung aus dem IT-System.[1380] Sofern die Daten jedoch aus anderem

---

[1376] Siehe dazu Abschnitt 4.3.2.
[1377] Siehe zur Echtzeitüberwachung mittels Onlinedurchsuchung Abschnitt 4.1.4.2.
[1378] Siehe Abschnitt 4.1.4.2 und so auch *Großmann*, JA 2019, 241 (244); *Roggan*, StV 2017, 821 (826); *Singelnstein/Derin* NJW 2017, 2646 (2647); *Soiné*, NStZ 2018, 497 (502).
[1379] Siehe Abschnitt 4.1.4.2 und so auch *Roggan*, StV 2017, 821 (826); Meyer-Goßner/Schmitt-*Köhler*, § 100b StPO Rn. 2; *Singelnstein/Derin* NJW 2017, 2646 (2647); *Großmann*, GA 2018, 439 (442 f.).
[1380] Vgl. *Großmann*, JA 2019, 241 (244); *Roggan*, StV 2017, 821 (826); *Singelnstein/Derin* NJW 2017, 2646 (2647); *Soiné*, NStZ 2018, 497 (502).

Grund im IT-System generiert und dort, und sei es auch nur für kurze Zeit im Zwischenspeicher, gehalten werden, ist ein Zugriff über § 100b StPO möglich. Der Zugriff auf die Vitaldaten in Echtzeit über die Onlinedurchsuchung stellt jedoch einen erheblichen Eingriff in die Rechte des Beschuldigten dar und bedarf daher einer besonders kritischen Abwägung der betroffenen Rechte.

4.3.3.2 Abwägungsfragen bei Vitalwerten

Bei den Vitalwerten handelt es sich wie aufgezeigt um Gesundheitsdaten, welche besonders sensibel sind. Sie erlauben nicht nur die Feststellung, ob eine Person gerade bei Bewusstsein ist, sondern ermöglichen auch Aussagen zum allgemeinen Gesundheitszustand der Person.

Gerade der Gesundheitszustand und mögliche Krankheiten sind Daten mit einer engen Verbindung zum Kernbereich der privaten Lebensgestaltung.[1381] Zugleich sind aber nicht alle medizinischen Daten automatisch dem Kernbereich zuzuordnen, sondern können auch lediglich Teil der Privatsphäre sein.[1382] Es kommt für die Einordnung maßgeblich auf den konkreten Inhalt der Gesundheitsdaten an. Die Besonderheit bei Vitalwerten ist, dass es sich um sonst nicht wahrnehmbare, unwillkürliche körperliche Reaktionen handelt. Diese Vitalwerte erlauben nicht nur die Feststellung der Vitalität als solches, sondern können auch weitere Rückschlüsse zum inneren Seelenleben und Gemütszustand des Untersuchten liefern.

[1381] Vgl. KK-StPO-*Heinrichs/Weingast*, § 100d Rn. 4.
[1382] Vgl. BVerfGE 32, 373.

4.3.3.2.1 Die Kernbereichsrelevanz von Vitalwerten

In der Rechtsprechung wurde die Auswertung von Vitalwerten insbesondere im Rahmen der Frage des Einsatzes von Polygraphen, sogenannten „Lügendetektoren", diskutiert. Der Bundesgerichtshof hatte bereits im Jahr 1954 festgestellt, dass der Einsatz eines Polygraphen, selbst mit Zustimmung des Beschuldigten, gegen die Menschenwürde aus Art. 1 Abs. 1 GG verstoßen würde.[1383] Der Senat erkannte zwischen den unbewussten Körpervorgängen einer Person einen engsten Zusammenhang mit dem Seelenzustand.[1384] In den folgenden Jahren war dies bundesweit ganz herrschende Rechtsprechung.[1385] Das Bundesverfassungsgericht hat diese Rechtsprechung gebilligt und ebenfalls in der Verwertung von Erkenntnissen aus Polygraphen einen Verstoß gegen das nach Art. 2 Abs. 1 in Verbindung mit Art. 1 Abs. 1 GG geschützte Persönlichkeitsrecht gesehen.[1386] In der Literatur führte diese Rechtsprechung zu einer umfassenden Auseinandersetzung mit der Frage der Zulässigkeit des Lügendetektors und der Frage der Validität des Testverfahrens.[1387]

Diese lange Zeit geltende Einschätzung der Rechtsprechung der Unzulässigkeit von Polygraphen hat der Bundesgerichtshof mittlerweile stark eingeschränkt. In einer Entscheidung aus dem Jahr 1998 wurde vom

---

[1383] Vgl. BGHSt 5, 332.
[1384] Vgl. BGHSt 5, 332.
[1385] So zum Beispiel OLG Karlsruhe StV 1998, 530; LG Düsseldorf StV 1998, 647; LG Wuppertal NStZ-RR 1997, 75.
[1386] BVerfG NStZ 1981, 446.
[1387] Vgl. *Undeutsch*, Kriminalistik, 1977, 193; *Schwabe*, NJW 1979, 576; *Klimke*, NStZ 1981, 433; *Achenbach*, NStZ 1984, 350; *Steinke*, MDR 1987, 535; *Jaworski*, Kriminalistik 1990, 123; *Schünemann*, Kriminalistik 1990, 131.

Bundesgerichtshof ausdrücklich ein Verstoß gegen die Menschenwürde beim Einsatz eines Polygraphen verneint, solange die Untersuchung freiwillig erfolgt.[1388] Es handele sich zwar um die Messung willentlich nicht unmittelbar beeinflussbare körperliche Vorgänge, jedoch sei ein Einblick in die Seele des Beschuldigten dadurch nicht möglich.[1389] Der Senat stützt sich in dieser Entscheidung vor allem auf das Argument, dass nach einhelliger wissenschaftlicher Auffassung kein eindeutiger Zusammenhang zwischen spezifischen Reaktionsmustern im vegetativen Nervensystem mit bestimmten kognitiven oder emotionalen Zuständen möglich sei.[1390] Ferner wurde angeführt, dass auch sonstige psychiatrische und psychologische Explorationsmethoden darauf abzielen würden, dass aus unbewussten Reaktionen weitere Informationen über den Menschen geschlossen werden.[1391] Der Bundesgerichtshof lehnte aber die Zulassung des Polygraphen trotzdem ab, da es die Zuverlässigkeit des Ergebnisses verneinte.[1392]

Die jüngeren Argumente des Bundesgerichtshofes hinsichtlich der Frage des Einsatzes von Polygraphen sind im Hinblick auf die hier im Raum stehenden Vitalwerte kritisch zu prüfen. Bei Vitalwerten aus intelligenten Fahrzeugen stellt sich die Situation deutlich anders dar als bei den Werten aus einer polygraphischen Untersuchung. Einerseits liegt bei der heimlichen Auswertung von Vitalwerten intelligenter Fahrzeuge bereits keine Freiwilligkeit des Beschuldigten vor, sondern die Daten werden mittels einer

---

[1388] Vgl. BGHSt 44, 308.
[1389] Vgl. BGHSt 44, 308.
[1390] Vgl. BGHSt 44, 308.
[1391] Vgl. BGHSt 44, 308; so auch *Putzke/Scheinfeld u.a.*, ZStW 2009, 607 (632).
[1392] Vgl. BGHSt 44, 308; sehr kritisch dazu *Putzke/Scheinfeld u.a.*, ZStW 2009, 607 (622).

verdeckten Ermittlungsmaßnahme aus dem Fahrzeug vom Beschuldigten unbemerkt abgeleitet. Was jedoch viel schwerer wiegt, ist der Umstand, dass die Einschätzung, dass kein eindeutiger Zusammenhang zwischen spezifischen Reaktionsmustern und des kognitiven Zustandes möglich sei, durch den Fortschritt der Wissenschaft und dem vermehrten Einsatz künstlicher Intelligenz so nicht mehr aufrechterhalten werden kann.[1393] Es ist gerade Sinn und Zweck der Messung der Vitalwerte durch das Fahrzeug, dass daraus weitergehende Schlüsse über die Person gezogen werden. Insbesondere durch Big Data und den Einsatz künstlicher Intelligenz ist es immer zuverlässiger möglich, Zusammenhänge zwischen den unbewussten Körperreaktionen und des allgemeinen kognitiven Zustandes herzustellen. Daher ist auch das Argument, die Vitalwerte seien nur Hilfswerte für eine Auswertung durch einen Sachverständigen,[1394] nicht zielführend. Bereits aus dem Umstand, dass aus Daten sensible und möglicherweise kernbereichsrelevante Schlüsse gezogen werden können, kann sich das besondere Schutzbedürfnis ergeben. Durch den Fortschritt der Auswertungstechnik, und sei es nur die statistische Ermittlung einer Korrelation, rücken die Vitalwerte immer mehr in den Kernbereich der privaten Lebensgestaltung vor. Es ist im Hinblick auf diese Entwicklung besonders kritisch zu beobachten, ob diese Daten nicht allein durch den technischen Fortschritt zukünftig dem Kernbereich zuzuordnen sind.

[1393] Zum Fortschritt in der psychologischen Wissenschaft *Putzke/Scheinfeld u.a.*, ZStW 2009, 607 (625).
[1394] Vgl. *Achenbach*, NStZ 1984, 350 (351).

4.3.3.2.2 Erhöhter Überwachungsdruck durch Erhebung der Vitalwerte

Selbst wenn aber davon auszugehen sei, dass heutzutage solch eine zuverlässige und tiefergehende Analyse noch nicht möglich wäre, und die Daten daher nur der Privatsphäre zuzuordnen wären, muss der Umstand der durchgehenden Überwachung der Vitalwerte durch das Fahrzeug berücksichtigt werden. Anders als beim Polygraphen werden die Werte nämlich nicht nur für einen kurzen Überwachungszeitraum, sondern dauerhaft im Hintergrund für die gesamte Fahrt aufgezeichnet. Dies sorgt für einen weit höheren Überwachungsdruck auf den einzelnen Bürger. Selbst wenn die Informationen nicht genutzt werden, um in das Seelenleben zu blicken, so können die Vitalwerte bereits ausreichen, sonstige Indizien gegen den Fahrer zu sammeln. Ein naheliegendes Beispiel wäre der Nachweis des Vorsatzes bei einem unerlaubten Entfernen vom Unfallort nach § 142 StGB. Sofern der Unfallzeitpunkt bekannt ist, kann aufgrund möglicherweise auffälliger Vitalwerte des Fahrers, zum Beispiel ein kurzzeitig deutlich erhöhter Puls, geschlossen werden, dass der Fahrer diesen Unfall bemerkt und vorsätzlich den Unfallort verlassen hat. Da es sich um rein passive Werte des Fahrers handelt, liegt hier zwar kein Verstoß gegen den nemo-tenetur-Grundsatzes vor,[1395] jedoch wird das Innenleben des Bürgers, grundsätzlich für die gesamte Fahrtdauer, für den Staat transparent gemacht. Dies gilt auch nicht nur für intelligente Fahrzeuge, sondern zum Beispiel auch für Vitalwerte von

---

[1395] Siehe dazu Abschnitt 3.3.6.

Smartwatches oder Fitness-Trackern, welche sogar rund um die Uhr eine Überwachung der Vitalwerte erlauben.

Die Vitalwerte sind daher als äußerst sensible Daten einzustufen und dies auch dann, wenn alle Datenschutzbestimmungen eingehalten wurden. Selbst wenn der Fahrer nämlich ausdrücklich und bewusst diese Daten generiert oder möglicherweise der Verarbeitung sogar zugestimmt hat, so vertraut er zugleich darauf, dass diese Daten tatsächlich nur für diesen Zweck gebraucht werden. In der Regel handelt es sich dabei darum, dass die Sicherheit seines Fahrzeuges erhöht wird. Mit der Nutzung dieser Sicherheitsfunktion ist jedoch eine freiwillige Offenbarung dieser sehr intimen Daten über seinen jeweiligen körperlichen und seelischen Zustand mit dem Staat nicht verbunden.

4.3.3.2.3 Vitalwerte im Bezug zur allgemeinen Verkehrssicherheit

Das Strafverfolgungsinteresse des Staates kann diesen intensiven Eingriff in das allgemeine Persönlichkeitsrecht des Bürgers selbst bei schweren Straftaten nicht rechtfertigen. In der Abwägung von Vitalwerten ist nicht nur das Interesse der Allgemeinheit an der Strafverfolgung mit den Grundrechten des Bürgers abzuwägen, sondern es sind auch weitere überstaatliche Interessen zu berücksichtigen. Dies betrifft insbesondere das Interesse der Gesellschaft, dass die Bürger der modernen Technik sensible Daten zur Verfügung stellen und damit die allgemeine Verkehrssicherheit erhöhen. Insbesondere Fahrzeuge der

4.3 Abwägungsfragen bei typischen Fallgruppen von Daten ...

autonomen Fahrstufe 2 und 3[1396] sind zwingend darauf angewiesen, dass der Fahrer in Notsituationen die Kontrolle wieder übernehmen kann. Für den gesamten Straßenverkehr ist es daher essenziell, dass ein Fahrzeug nur dann autonom fährt, wenn es sicher überprüfen kann, dass sein Fahrer aufmerksam und auch körperlich in der Lage ist, die Kontrolle über das Fahrzeug wieder zu übernehmen. Dies gelingt nur dann, wenn der Bürger nicht nur Vertrauen in die Fehlerfreiheit der Technik hat, sondern zusätzlich auch seine sensiblen Vitalwerte für ausreichend geschützt erachtet. Das Ausnutzen jeder denkbaren Überwachungsmöglichkeit bei intelligenten Fahrzeugen kann zur Folge haben, dass bereits die Datenerhebung immer strenger und restriktiver geregelt werden muss. Sofern die Bürger Angst haben, dass ihre persönlichen Vitalwerte gegen sie selbst missbraucht werden, wird die logische Konsequenz sein, dass bereits die Erhebung dieser Daten gesellschaftlich und politisch nicht mehr akzeptiert wird und den Fahrzeugherstellern das Erheben genau solcher, bereits nach der DSGVO besonders zu schützenden, Daten politisch untersagt wird. Es wird sodann gänzlich auf eine Überwachung des Fahrers verzichtet oder auf deutlich weniger effektive Sensoren, zum Beispiel Gewichtssensoren auf dem Fahrersitz, zurückgegriffen werden müssen.

Der kurzfristige Zugriff auf diese äußerst sensiblen Daten birgt daher nicht nur die Gefahr, dass zukünftig die intelligenten Fahrzeuge insgesamt unsicherer werden, sondern auch, dass diese Daten zukünftig gar nicht mehr erhoben und damit auch nicht mehr verwertet werden können. Auch aus diesem Grund sind die Vitalwerte des Fahrers besonders zu schützen und eine Abwägung der

---

[1396] Siehe zur Einstufung des autonomen Fahrens Abschnitt 2.2.1.

Rechte wird regelmäßig zu dem Ergebnis kommen, dass die Vitalwerte aufgrund ihrer erhöhten Sensibilität nicht verwertet werden dürfen.

4.3.3.2.4 Vitalwerte und Disposition des Einzelnen

Über diese besondere Sensibilität kann auch eine Zustimmung des Beschuldigten zur Verwertung nicht hinweghelfen.[1397] Sofern der Kernbereich betroffen ist, kann eine wirksame Zustimmung der Verwertung bereits deswegen nicht erfolgen, da der Schutz der Menschenwürde nicht zur Disposition des Einzelnen steht.[1398] Selbst wenn die Daten heutzutage jedoch lediglich als Teil der Privatsphäre anzusehen wären, ist die Nähe zum Kernbereich bereits so nah, dass es sich verbietet, einen Verwertungsdruck auf den Beschuldigten auszuüben.[1399] Eine wirksame Einwilligung kann nur dann erfolgen, wenn Beschuldigte ein tatsächliches Wahlrecht haben. Dies ist jedoch nicht der Fall, wenn dem Beschuldigten eine empfindliche Freiheitsstrafe droht und die Auswertung seiner Vitalwerte, dessen Ergebnis er zumeist noch nicht kennt, sich als günstige Gelegenheit darstellt, um seine Freiheit zu wahren, die er nicht ausschlagen kann.[1400] Dies ist hier der Fall, da der Beschuldigte im Zweifel darauf hoffen muss, dass die Vitalwerte seine Unschuld belegen. Es darf jedoch nicht sein, dass der Staat in einen solch grundrechtssensiblen Bereich allein deswegen eingreifen darf, weil der Beschuldigte noch die Hoffnung hat, seine Unschuld beweisen zu können. Von einer freien Einwilligung hinsichtlich der Auswertung der Vitalwerte kann nur

---

[1397] Anders *Klimke*, NStZ 1981, 433 (433f.).
[1398] Vgl. BVerfGE 45, 187.
[1399] Vgl. zum Offenbarungsdruck bei Polygraphen BVerfG NStZ 1981, 446.
[1400] Vgl. BVerfG NStZ 1981, 446.

gesprochen werden, wenn der Beschuldigte das Ergebnis dieser Auswertung bereits kennt. Nur dann liegt eine freie Willensbildung vor, und es wird nicht allein die vage Hoffnung des Beschuldigten ausgenutzt, das Ergebnis werde schon zu seinen Gunsten sein. Dies unterscheidet den Fall auch vom Schweigerecht, über das der Beschuldigte disponieren kann. Beim Recht zu Schweigen weiß der Beschuldigte, was er sagen würde. Bei der Auswertung von Vitalwerten ist ihm das Ergebnis jedoch zum Zeitpunkt der Entscheidung noch unbekannt. Die Hoffnung auf Entlastung ist das, was seine Einwilligung trägt.[1401] Denkbar wäre daher ausschließlich eine Einwilligung über die Verwertung des Auswerteergebnis der Vitalwerte, nachdem das Ergebnis feststeht.[1402] Dies wäre für die hier relevanten Vitalwerte aus Fahrzeugen jedoch nur schwer möglich, da die Vitalwerte auch im Nachhinein mit unterschiedlichen Fragestellungen und Techniken ausgewertet werden könnten, ohne dass ein erneutes Mitwirken des Beschuldigten – anders als beim Polygraphen – notwendig wäre. Denkbar wäre zum Beispiel, dass gewisse Vitalwerte, wie Blutdruck oder Herzschlag, ursprünglich in das Verfahren eingebracht wurden, um zu belegen, dass der Fahrer bei Bewusstsein war. Später könnten aber genau diese Vitalwerte herangezogen werden, um beispielsweise zu analysieren, ob der Fahrer zu einem bestimmten Zeitpunkt besonders erregt oder aufgebracht war. Festzuhalten bleibt daher, dass eine Verwertung der Vitalwerte als solche, selbst mit Einwilligung des Beschuldigten, regelmäßig unzulässig ist. Eine wirksame Einwilligung kann

---

[1401] Diesen Unterschied verkennt *Klimke*, NStZ 1981, 433 (433f.).
[1402] Für Polygraphen *Schwabe*, NJW 1979, 576 (580); *Delvo*, S. 374; Anders jedoch *Wegner*, S. 186.

höchstens für die Verwertung konkreter Auswerteergebnisse von Vitalwerten für einen bestimmten Zweck erteilt werden.

4.3.3.3 Zwischenergebnis

Die Vitalwerte des Fahrers sind Gesundheitsdaten im Sinne des Art. 9 Abs. 1 DSGVO und setzen für die Verarbeitung eine ausdrückliche Einwilligung voraus. Aufgrund dieser hohen Anforderungen an die Einwilligung können die Vitalwerte regelmäßig datenschutzkonform nur flüchtig im Fahrzeug gehalten werden. Vor diesem Hintergrund kommt meist in der Praxis nur ein Zugriff auf die Daten mittels Onlinedurchsuchung des Fahrzeuges gemäß § 100b StPO in Betracht.

Wegen der erhöhten Sensibilität aufgrund der Einstufung als Gesundheitsdaten ist bei der Frage der Verwertbarkeit eine besonders kritische Abwägung geboten. Die Vitalwerte erlauben, insbesondere beim Einsatz von Big Data und künstlicher Intelligenz, sehr intime Einblicke in das Gefühlsleben des Beschuldigten. Zwar ist ein Lesen der Gedanken selbst mit moderner Technologie nicht möglich, jedoch können statistische Wahrscheinlichkeiten berechnet werden, mit der die Gefühlsregung der betroffenen Person abgeschätzt werden können. Der Beschuldigte kann sich bei der Nutzung intelligenter Fahrzeuge weder gegen die Gefühlsregung als solche noch gegen die Erhebung der verräterischen Vitalwerte insgesamt wehren.

Es ist zu erwarten, dass der technische Fortschritt dazu führt, dass immer mehr Informationen aus diesen Vitalwerten erlangt werden können. Bereits

4.3 Abwägungsfragen bei typischen Fallgruppen von Daten ... 473

heutzutage sind die Vitalwerte nah am absolut geschützten Kernbereich anzusiedeln. Daher bleibt kritisch zu beobachten, ob der technische Fortschritt bei der Auswertung nicht dafür sorgt, dass die Daten immer näher an den geschützten Kernbereich rücken, und gegebenenfalls ab einem gewissen Zeitpunkt absolut geschützt werden müssen.

Bereits heute sind die Vitalwerte jedoch als äußerst sensible Daten einzustufen und entsprechend zu schützen. Zu berücksichtigen ist ferner, dass die dauerhafte Überwachung der Vitalwerte für die allgemeine Verkehrssicherheit essenziell ist und für eine deutlich erhöhte Sicherheit im Straßenverkehr sorgt. Den Fahrern kann solch eine dauerhafte Überwachung jedoch nur dann zugemutet werden, wenn ihm zugleich ein besonderer Schutz dieser sensiblen Daten zugesichert wird. Aus diesem Grund führt die Abwägung hinsichtlich der Frage der Verwertbarkeit von Vitalwerten regelmäßig zum Ergebnis, dass diese Daten aufgrund ihrer erhöhten Sensibilität nicht verwertet werden dürfen.

Auch eine Einwilligung des Fahrers in die Verwertung dieser Daten ist kritisch zu sehen. Selbst wenn diese Daten nicht dem Kernbereich – welcher der Disposition des Einzelnen entzogen ist – zuzuordnen sind, sind Vitalwerte bereits heutzutage so nah am Kernbereich, dass einer generellen Verwertung der Vitalwerte nicht zugestimmt werden kann. Lediglich in die Verwertung von konkreten Auswertungsergebnisse, die auf den Vitalwerten basieren, kann der Beschuldigte wirksam einwilligen.

4.3.4 Video- und Audioaufzeichnungen des Fahrzeuges

Während die meisten technischen Sensoren im Fahrzeug ausschließlich Zahlenwerte ermitteln, sind die Kameras und Mikrofone in der Lage, ein exaktes optisches und akustisches Abbild der Umgebung darzustellen und zu konservieren. Die Kameras halten den Sachverhalt exakt in Bild und Ton fest. Diese Konservierung des Sachverhalts in dieser Form, erlaubt zu einem späteren Zeitpunkt völlig neue Interpretationen des Materials. Dadurch unterscheiden sich die Kameras und Mikrofone von den meisten anderen Sensoren im Fahrzeug, da sich bei diesen Aufzeichnungen der Wert erst aus der späteren Auswertung ergeben kann. Gerade dies kann die Daten besonders sensibel machen.

4.3.4.1 Anfallen von Video- und Audioaufzeichnungen

Bei der Video- und Audioaufzeichnung durch intelligente Fahrzeuge sind insbesondere zwei Szenarien zu unterscheiden. Als Erstes zeichnet das Fahrzeug seine direkte Umgebung mit einer Vielzahl an Kameras auf, wobei diese Außenkameras in der Regel aber nicht über Mikrofone verfügen. Ebenfalls erfolgt aber auch immer häufiger eine Innenraumüberwachung mittels Kameras und Mikrofone und hält so das Geschehen im Fahrzeug selbst fest.[1403] Die Eingriffsintensität dieser beiden Szenarien unterscheiden sich erheblich. Während die Außenkameras lediglich den öffentlichen Straßenverkehr aufzeichnen und damit das festhalten, was für jedermann

---

[1403] Siehe dazu auch Abschnitt 2.2.2.1.

4.3 Abwägungsfragen bei typischen Fallgruppen von Daten ...

sichtbar ist,[1404] zeichnet die Innenraumüberwachung einen Bereich auf, der zumindest teilweise von der Außenwelt abgeschirmt ist.

Die Daten selbst, egal ob aus der Umwelt oder dem Innenraum des Fahrzeuges, werden in der Regel aktiv im Fahrzeug gespeichert.[1405] Viele nützliche Funktionen eines intelligenten Fahrzeuges werden gerade erst durch diese Speicherung ermöglicht. So ist es zum Beispiel möglich, dass beim Betätigen der Hupe die letzten Minuten vor der Auslösung automatisch gespeichert werden.[1406] Auch gibt es Hersteller, welche einen sogenannten „Wächter-Modus" anbieten, der bei einem abgestellten Fahrzeug die Kameras aktiviert, sobald sich etwas dem Fahrzeug nähert.[1407] Der Fahrer kann sich sodann bei seiner Rückkehr die aufgezeichneten Aktivitäten anschauen, welche beispielsweise im Falle von Vandalismus bei der Tataufklärung hilfreich sein können.

Diese Aufzeichnungen werden regelmäßig auch an die Fahrzeughersteller über das Mobilfunknetz übertragen. Die Fahrzeughersteller haben ein großes Interesse an diesen Daten, da sich gerade die Kameraaufzeichnungen dafür eignen, die künstliche Intelligenz für das autonome Fahren zu trainieren. Für das Fahrzeug sind die Kameras das, was für den menschlichen Fahrer seine

---

[1404] Vgl. zu Dashcams OLG Nürnberg NJW 2017, 3597; LG Landshut, Beschluss vom 01.12.2015, 12 S 2603/15 und auch Abschnitt 3.2.2.2.
[1405] Zur internen Speicherung siehe auch Abschnitt 2.2.2.3.2.
[1406] Siehe zum Beispiel bei Tesla https://www.tesla.com/ownersmanual/modely/de_at/GUID-3BCC07CE-5EA2-4F40-99D1-27690898FF3C.html zuletzt abgerufen am 21.03.2024.
[1407] Siehe zum Beispiel den Wächter-Modus von Tesla siehe dazu https://www.tesla.com/ownersmanual/model3/de_de/GUID-56703182-8191-4DAE-AF07-2FDC0EB64663.html zuletzt abgerufen am 21.03.2024.

Augen sind, und damit das wichtigste Hilfsmittel zum selbstständigen Fahren.[1408] Die Kameras verfolgen unter anderen die Leitlinien auf den Straßen, erkennen Verkehrsschilder oder identifizieren andere Objekte im Straßenverkehr. Sie sind damit eine der wichtigsten Informationsquellen für die künstliche Intelligenz beim autonomen Fahren.

Die Kameraaufzeichnungen sind auch für das Lernen aus Fehlern essenziell. Dabei geht es in erster Linie nicht nur um das selbstständige Lernen der künstlichen Intelligenz, sondern auch um die menschlichen Ingenieure hinter der Software. Intelligente Fahrzeuge zeichnen, dies ist bereits gesetzlich in § 63a StVG geregelt, jeden Wechsel zwischen manueller und automatisierter Fahrzeugführung auf.[1409] Gerade die Zeitpunkte, an denen ein Fahrer die automatische Fahrzeugführung manuell übersteuert hat, sind für die Ingenieure interessant, um zu erfahren, warum der Fahrer meinte, eingreifen zu müssen. Durch eine Auswertung der Kameraaufzeichnungen kann häufig bereits erkannt werden, welches Verhalten des Fahrzeuges oder welche Verkehrssituation den Fahrer zum Eingreifen verleitet hat. Die Auswertung der Kameraaufzeichnungen dürfte für die menschlichen Ingenieure meist deutlich einfacher und aufschlussreicher sein, als wenn lediglich Zahlen aus den übrigen Sensoren zur Verfügung stehen würden. Aus diesem Grund stehen häufig eine Vielzahl an Aufzeichnungen der Kameras nicht nur unmittelbar im Fahrzeug zur Verfügung, sondern sind auch beim Hersteller selbst gespeichert. Die Audioaufzeichnung erfolgt dagegen in erster Linie für Sprachbefehle, um Funktionen des Fahrzeuges zu steuern. Die Auswertung der Sprachbefehle

---

[1408] Siehe zum technischen Hintergrund insbesondere Abschnitt 2.2.2.1.2.1.
[1409] Siehe hierzu insbesondere Abschnitt 2.3.1.1.1.

erfolgt in der Regel durch eine künstliche Intelligenz und kann sowohl im Fahrzeug selbst als auch im Rechenzentrum des Anbieters erfolgen. Dies bedeutet, dass sowohl die Video- als auch die Audioaufzeichnung sowohl im Fahrzeug selbst als auch beim Hersteller des Fahrzeuges gespeichert sein können. Sowohl im Fahrzeug als auch beim Hersteller sind die Daten grundsätzlich sowohl dem physischen Zugriff mittels Sicherstellung[1410] als auch dem Fernzugriff mittels Onlinedurchsuchung[1411] ausgesetzt. Hinzu kommt das Abfangen der Daten während der Übertragung aus dem Fahrzeug zum Hersteller mittels Telekommunikationsüberwachung.[1412]

Ebenfalls denkbar wäre eine Aktivierung der Kameras und Mikrofone mittels Fernzugriffs, um so in Echtzeit den Innenraum eines Fahrzeuges zu überwachen. Solch ein massiver Eingriff in die Privatsphäre des Bürgers ist aber nach der hier vertretenen Ansicht weder nach § 100b StPO noch nach § 100f StPO zulässig.[1413]

4.3.4.2 Abwägungsfragen bei Video- und Audioaufzeichnungen

Bei der Abwägung von Daten aus den Video- und Audioaufzeichnungen kommt es maßgeblich darauf an, welchen Bereich die Kameras und Mikrofone aufgezeichnet haben. Gerade bei der Innenraumüberwachung kann schnell der

---
[1410] Siehe zur physischen Sicherstellung Abschnitt 4.1.9.
[1411] Siehe zur Onlinedurchsuchung Abschnitt 4.1.4.
[1412] Siehe. zur Telekommunikationsüberwachung Abschnitt 4.1.3.
[1413] Siehe dazu insbesondere die Ausführungen in Abschnitt 4.1.4.2 und Abschnitt 4.1.5.

absolut geschützte Kernbereich der privaten Lebensgestaltung und damit die Menschenwürde betroffen sein.[1414]

4.3.4.2.1 Verwertung der Innenraumaufzeichnung

Der Innenraum eines Fahrzeuges ist zwar kein Wohnraum im Sinne von Art. 13 GG, das Handeln darin kann jedoch die gleiche Intensität hinsichtlich der Kernbereichsrelevanz erreichen.[1415] Dies kann insbesondere Gespräche betreffen, die im Innenraum geführt werden. Da selbst ohne Mikrofonaufzeichnung aus den aufgezeichneten Lippenbewegungen der Gesprächsinhalt erfasst werden kann, ist bereits eine reine Kameraaufzeichnung problematisch. Damit fallen alle Gespräche mit Vertrauenspersonen über Sexualität, intime Beziehungsprobleme, Krankheit, Religion oder sonstige existenzielle Fragen in diesen absoluten Schutzbereich. Auch Gespräche mit Rechtsanwälten oder Ärzten, welche geführt werden, unterfallen diesem absoluten Schutz.[1416] Sofern durch die Onlinedurchsuchung Video- und Audioaufzeichnungen von Gesprächen mit Berufsgeheimnisträgern im Sinne des § 53 StPO oder zeugnisverweigerungsberechtigten Angehörigen nach § 52 StPO erlangt werden, ist insbesondere auch an § 100d Abs. 5 StPO zu denken, sofern die Daten nach § 100b StPO erhoben werden. Danach unterliegen Erkenntnisse hinsichtlich Berufsgeheimnisträgern einem absoluten Verwertungsverbot nach § 100d Abs. 5 S. 1 StPO und Erkenntnisse die ein Gespräch mit einem

---

[1414] Siehe Abschnitt 3.3.2.1.
[1415] Vgl. BGHSt 57, 71.
[1416] Vgl. BVerfGE 129, 208.

zeugnisverweigerungsberechtigten Angehörigen betreffen, einem eingeschränkten Beweisverwertungsverbot. Ist durch den Inhalt des Gesprächs der Kernbereich der privaten Lebensgestaltung betroffen, unterliegt dies uneingeschränkt nach § 100d Abs. 2 StPO einem Beweisverwertungsverbot.

Neben Gesprächen können in Fahrzeugen jedoch auch sonstige Handlungen erfolgen, welche dem absolut geschützten Kernbereich zugerechnet werden. Zwar ist ein Fahrzeug nicht vollständig von der Außenwelt abgeschottet, jedoch bietet ein Fahrzeug in einer abgelegenen Umgebung einen gewissen geschützten Rückzugsraum. Insbesondere wenn im Fahrzeug Handlungen aus der Intimsphäre – zum Beispiel sexuelle Handlungen – vorgenommen werden, würde die Kameraüberwachung den absolut geschützten Kernbereich der privaten Lebensgestaltung verletzen. Sofern es daher um solche kernbereichsrelevanten Aufzeichnungen geht, sind die Daten unverwertbar, da die Menschenwürde keiner Abwägung zugänglich ist.[1417]

Auch bei allen anderen Aufzeichnungen aus dem geschützten Innenraum ist die besondere Sensibilität und der dadurch entstehende Überwachungsdruck zu berücksichtigen. Anders als bei der Kameraüberwachung im öffentlichen Personennahverkehr betrifft diese Überwachung einen eigenen Rückzugsbereich des Menschen, in dem er sich häufig einen wesentlichen Teil seines Tages aufhält. Dies unterscheidet auch die Nutzung dieser Daten von der langfristigen Observation nach § 163f StPO oder der Anfertigung von Bildaufzeichnungen nach § 100h Nr. 1 StPO, welche jeweils nur verdachtsabhängig erfolgen darf. In diesen Fällen werden Daten nur von

---

[1417] Vgl. BVerfGE 109, 279; BVerfGE 130, 1.

einzelnen Bürgern erhoben, gegen die ein konkreter Verdacht besteht. Die Innenraumüberwachung erfolgt dagegen durchgehend und verdachtsunabhängig. Ähnlich wie bei der Vorratsdatenspeicherung[1418] entsteht so ein Datenvorrat, welcher eine optische Überwachung der Bevölkerung über einen großen Teil des Tages beinhaltet. Sofern diese Daten nicht gesondert geschützt werden, auch vor staatlichem Zugriff, entsteht ein weiterer Überwachungsdruck auf die Bürger. Die Bürger müssten Sorge haben, dass diese Daten gegen sie verwendet werden könnten. Daraus könnte der naheliegende Schluss gezogen werden, dass die Bürger auf die Ausübung ihrer Grundrechte zumindest zum Teil verzichten, sofern sie von einem Fahrzeug überwacht werden. Dies könnte dazu führen, dass Gespräche über gewisse Themen wie Politik, Sexualität oder Gesundheit nicht mehr in Fahrzeugen geführt werden könnten. Solch eine Einschränkung der verfassungsrechtlich gewährten Grundrechte, aufgrund eines immer weiter steigenden Überwachungsdrucks, ist mit der freiheitlich demokratischen Grundordnung jedoch nicht zu vereinbaren.[1419]

Eine Abwägung der betroffenen Rechte, hier insbesondere des allgemeinen Persönlichkeitsrechts, mit dem Strafverfolgungsinteresse kann konsequenterweise nur zum Ergebnis führen, dass die Daten aus der Innenraumüberwachung für ein strafrechtliches Verfahren unverwertbar sind. Die Eingriffsintensität dieser Daten kommt – auch wenn das Fahrzeug nicht als Wohnraum einzustufen ist –[1420] gerade bei der Verwertung von

---

[1418] Siehe zur Vorratsdatenspeicherung insbesondere Abschnitt 4.1.6.
[1419] Vgl. zu den Folgen des Überwachungsdrucks insbesondere BVerfGE 125, 260; OLG Köln NJW 2017, 835; LG Bonn NJW-RR 2005, 1067.
[1420] Siehe dazu Abschnitt 3.3.2.

Kameraaufzeichnungen einer optischen Wohnraumüberwachung nahe, da in einem Fahrzeug häufig Gespräche geführt und Handlungen vorgenommen werden, die ansonsten nur im geschützten Wohnraum erfolgen. Eine optische Wohnraumüberwachung wäre für die präventive Gefahrenabwehr nur in strengen verfassungsrechtlichen Grenzen möglich.[1421] Für die repressive Strafverfolgung lässt Art. 13 Abs. 3 GG jedoch ausschließlich die akustische Wohnraumüberwachung zu. Diese verfassungsrechtliche Würdigung darf auch nicht dadurch umgangen werden, dass Daten aus einer präventiv polizeirechtlichen optischen Überwachung den Strafverfolgungsbehörden zugänglich gemacht werden.[1422] Dies muss gleichermaßen auch für den Datenfundus gelten, der durch Dritte mittels Einsatzes künstlicher Intelligenz in geschützten Räumen, sei es Wohnraum im Sinne von Art. 13 Abs. 3 GG oder ähnlich eingriffsintensiven Rückzugsräumen wie privaten Kraftfahrzeugen, entstanden ist.

4.3.4.2.2 Verwertung der Außenkameras

Anders kann es jedoch für die Kameradaten aussehen, welche lediglich das Umfeld des Fahrzeuges aufzeichnen. Die Außenkameras verfügen in der Regel nicht über Mikrofone, sodass es sich meist ausschließlich um eine optische Aufzeichnung handelt. Die Kameras zeichnen den umliegenden öffentlichen Straßenverkehr auf und haben in der Regel keine Kernbereichsrelevanz. Für die Strafverfolgungsbehörden sind diese Daten jedoch trotzdem von großem Interesse, da nicht nur Informationen der Umwelt, sondern auch Interaktionen

---

[1421] Vgl. BVerfGE 141, 220.
[1422] Vgl. BVerfGE 141, 220.

des filmenden Fahrzeuges erfasst werden. Die Aufzeichnungen können zum Beispiel bei Verkehrsstraftaten aufklären, welcher Fahrzeugführer möglicherweise Verkehrsregeln missachtet hat. Aber auch darüber hinaus können die Kameras von erheblichem Interesse sein, zum Beispiel wenn Straftaten in der Nähe des Fahrzeuges aufgezeichnet werden, zum Beispiel eine körperliche Auseinandersetzung der Fahrzeugführer in unmittelbarer Nähe des Fahrzeuges.

Anders als bei den Aufzeichnungen des Innenraums betreffen diese Aufzeichnungen jedoch keinen Rückzugsraum des Fahrers, sondern haben immer einen Bezug zum öffentlichen Verkehrsraum. Sobald der Fahrer sein Fahrzeug verlässt, und von den Außenkameras aufgezeichnet werden könnte, ist er sich des Umstandes bewusst, dass er grundsätzlich von jedermann beobachtet werden könnte. Ähnlich wie bei Dashcams geht es also lediglich um die Aufzeichnung eines Verkehrsraum, der sowieso von jedermann wahrnehmbar ist.[1423]

Die Kameraaufzeichnung erlaubt aber auch während der Fahrt Rückschlüsse auf das Fahrverhalten. Dies führt zwar zu einer Überwachung des eigenen Fahrverhaltens, umfasst aber ebenfalls lediglich ein Verhalten, welches auch sonst für jedermann im Straßenverkehr sichtbar wäre. Der zusätzliche Überwachungsdruck für den Fahrer ist äußerst gering, da er sich im öffentlichen Straßenverkehr sowieso einem Überwachungsdruck ausgesetzt sieht. Im Straßenverkehr ist jeder Verkehrsteilnehmer sowohl durch andere

---

[1423] Vgl. dazu OLG Nürnberg NJW 2017, 3597; LG Landshut, Beschluss vom 01.12.2015, 12 S 2603/15.

Verkehrsteilnehmer als auch durch die allgemeine staatliche Verkehrsüberwachung jederzeit einer Überwachung ausgesetzt. Die Aufzeichnungen der Außenkameras sind hinsichtlich des allgemeinen Persönlichkeitsrechts daher in der Regel der Sozialsphäre zuzuordnen und genießen aus diesem Grund auch nur einen untergeordneten Schutz.[1424]

Hinsichtlich der weiteren Abwägung im engeren Sinne ist ferner zu berücksichtigen, dass es sich bei Außenaufnahmen der Kameras für den Fahrer in der Regel um bewusst generierte Daten handelt. Die intelligenten Fahrzeuge verfügen meist über Funktionen, welche dem Fahrer deutlich machen, dass die Kamerabilder auch aufgezeichnet werden. Dies ist zum Beispiel bei einer integrierten Dashcam-Funktion oder einem Wächter-Modus der Fall. Dass der Fahrer sich in diesen Fällen möglicherweise nicht in allen Einzelheiten darüber bewusst ist, welche Kamera in genau welchem Moment die Daten aufzeichnet, speichert oder überträgt, ist dagegen eine rein datenschutzrechtliche Frage.

Bei den Außenkameras ist datenschutzrechtlich sicherzustellen, dass der Fahrer weiß, welche Daten das Fahrzeug aufzeichnet und wohin diese übermittelt werden. Gerade wenn Funktionen wie die Dashcam-Funktionalität oder der Wächter-Modus erstmalig aktiviert werden, besteht in der Regel die Möglichkeit, den Fahrer darüber zu informieren, dass für diese Funktionalität eine Aufzeichnung erfolgt. An dieser Stelle ist jedoch erneut auf das Kopplungsverbot aus Art. 7 Abs. 4 DSGVO hinzuweisen.[1425] Die Benutzung des Fahrzeuges darf nicht von einer Zustimmung zur Aufzeichnung und

---

[1424] So bereits zu Dashcams auch BGHZ 218, 348.
[1425] Siehe zum Kopplungsverbot auch Abschnitt 2.3.2.3.2.

Übertragung dieser Daten abhängig gemacht werden. Im Falle einer Ablehnung der Einwilligung, dürfen lediglich die Funktionen deaktiviert werden, die zwingend eine Aufzeichnung oder Übertragung voraussetzen. Wird gegen diese Informationspflicht verstoßen, oder werden über die Einwilligung hinaus Daten gespeichert oder übertragen, liegt ein Verstoß gegen die Datenschutzgesetze vor, da auch die Überwachung des Verkehrsraums relative Schlüsse auf das aufzeichnende Fahrzeug zulassen und daher als personenbezogene Daten im Sinne des Art. 4 Nr. 1 DSGVO einzustufen sind. So kann zum Beispiel aufgrund der Umgebungsobjekte die Geschwindigkeit des aufzeichnenden Fahrzeuges mathematisch berechnet werden.

Wie aufgezeigt, führt nach der hier vertretenen Ansicht ein Verstoß gegen die Datenschutzgesetze in der Regel zu einer Unverwertbarkeit im Strafverfahren, sofern der Beschuldigte der Verwertung widerspricht.[1426] Dies gilt jedoch in erster Linie für Daten, welche zumindest der Privatsphäre zuzuordnen sind. Die hier in Frage stehenden Außenkameraaufzeichnungen sind jedoch der Sozialsphäre zuzuordnen und zeichnen ausschließlich den öffentlichen Straßenverkehr auf. Dies unterscheidet diese Kameradaten auch von allen anderen bisher angesprochenen Daten. Auch wenn auf das eigene Fahrverhalten geschlossen werden kann, nehmen die Außenkameras lediglich den allgemeinen Straßenverkehr auf. Vor diesem Hintergrund wäre es wenig überzeugend, dass Dashcam-Aufzeichnungen anderer Verkehrsteilnehmer

---

[1426] Siehe dazu insbesondere Abschnitt 4.2.2.

zuzulassen wären,[1427] aber die Daten, die der Beschuldigte selbst mit seinem Fahrzeug über die Umwelt generiert hat, als unverwertbar betrachtet werden würden. Denn auch bei fremden Dashcams hat der Fahrer weder Kenntnis noch Kontrolle über die Aufzeichnung. Dabei ist die Eingriffsintensität bei fremden Dashcams in der Regel sogar höher, da der Fahrer, beziehungsweise sein Fahrzeug, hier tatsächlich selbst im Bild festgehalten wird. Da die externen Kameras lediglich den flüchtigen öffentlichen Verkehrsraum aufzeichnen, der Fahrer sich in der Regel der Existenz der Kameras bewusst ist und der öffentliche Verkehrsraum sowieso staatlich überwacht wird, überwiegt selbst im Falle eines Datenschutzverstoßes in diesen Fällen ausnahmsweise das staatliche Strafverfolgungsinteresse. Dies gilt grundsätzlich unabhängig von der Schwere der vorgeworfenen Tat, da die Überwachung des öffentlichen Verkehrsraum sogar regelmäßig zur Aufdeckung und Ahndung von Ordnungswidrigkeiten erfolgt. Der Fahrer ist sich bei der Teilnahme am Straßenverkehr bewusst, dass er sich im öffentlichen Verkehrsraum einer Überwachung durch den Staat aussetzt, sofern es das wahrnehmbare Verhalten seines Fahrzeuges betrifft. Es ist daher nicht ersichtlich, warum die im öffentlichen Verkehrsraum erhobenen Daten besonders geschützt werden sollten.

4.3.4.2.3 Zwischenergebnis

Zu den wichtigsten Sensoren in intelligenten Fahrzeugen zählen die Kameras und Mikrofone. Die Fahrzeuge verfügen über eine Vielzahl von Kameras, die

---

[1427] Nach überzeugender Ansicht sind Dashcam-Aufzeichnungen im Strafverfahren verwertbar siehe dazu Abschnitt 4.2.3.2.

sowohl den Innenraum als auch den Außenbereich überwachen. Der Innenraum wird in der Regel zusätzlich durch Mikrofone aufgezeichnet, insbesondere um Strafbefehl entgegenzunehmen. Die Aufzeichnungen dieser Kameras und Mikrofone werden regelmäßig – zumindest für einen gewissen Zeitraum – im Fahrzeug selbst gespeichert, aber häufig zusätzlich auch an den Hersteller übertragen.

Die gespeicherten Daten im Fahrzeug oder beim Hersteller sind mittels Onlinedurchsuchung nach § 100b StPO oder physischer Sicherstellung dem Zugriff der Ermittlungsbehörden ausgesetzt. Während der Übertragung aus dem Fahrzeug zum Hersteller kommt auch ein Zugriff mittels Telekommunikationsüberwachung nach § 100a StPO in Betracht. Eine Aktivierung der Kameras und Mikrofone mittels Fernzugriffs, um so in Echtzeit den Innenraum eines Fahrzeuges zu überwachen, ist dagegen unzulässig.

Bei der Frage der Verwertbarkeit dieser Aufzeichnungen muss zwischen der Innenraumüberwachung und den Außenkameras unterschieden werden. Bei der Innenraumüberwachung wird ein abgrenzbarer Rückzugsort des Einzelnen, der Innenraum seines Fahrzeuges, überwacht. Selbst ohne gleichzeitige Erhebung der Sprache mittels Mikrofone können die Gesprächsinhalte anhand der Lippenbewegung auch durch rein optische Kamerabilder rekonstruiert werden. Fahrzeuge sind zwar kein Wohnraum im Sinne von Art. 13 GG, kommen hinsichtlich der Privatsphäre aber Wohnräumen sehr nah, so dass eine Abwägung des Strafverfolgungsinteresses mit dem allgemeinen Persönlichkeitsrecht der Insassen regelmäßig zu einer Unverwertbarkeit kommen wird.

Die Außenkameras nehmen dagegen lediglich den öffentlichen Verkehrsraum auf. Es handelt sich dabei um einen Bereich, der von jedermann wahrnehmbar ist. Hinzu kommt, dass der öffentliche Verkehrsraum sowieso einer potenziellen dauerhaften Überwachung durch den Staat – sowohl mittels stationärer Geschwindigkeitskontrollen als auch durch den Einsatz ziviler Polizeibeamte – beinhaltet. Hinzu kommt, dass die Daten meist bewusst vom Fahrzeugführer erhoben werden. Die von Außenkameras erfassten Daten sind daher lediglich der Sozialsphäre zuzuordnen. Diese Umstände sind auch bei einer Abwägung im engeren Sinne zu berücksichtigen, was dazu führt, dass selbst bei Verstößen gegen Datenschutzgesetze, die Aufzeichnungen von Außenkameras regelmäßig so niedrigschwellig in das allgemeine Persönlichkeitsrecht eingreifen, dass in der Regel das Strafverfolgungsinteresse überwiegen wird und eine Verwertbarkeit anzunehmen ist.

4.3.5 Daten aus der Kommunikation mit der Umwelt

Intelligente Fahrzeuge nehmen ihre Umgebung nicht nur wahr, sondern interagieren auch mit dieser. Dies beginnt bei einfachen Kommunikationsvorgängen wie dem Anzeigen des Richtungswechsels durch den Blinker, und endet bei hochkomplexen lokalen Netzwerken mit anderen Fahrzeugen, in denen sicherheitsrelevante Informationen über die Umgebung ausgetauscht werden.[1428] Die Kommunikation kann dabei entweder wechselseitig oder einseitig erfolgen. Ferner kann das Fahrzeug bei jeder Kommunikation Sender oder Empfänger der Information sein. Auch können Informationen entweder an das gesamte Umfeld oder aber an einzelne Empfänger weitergegeben werden.[1429]

In vielen Fällen erfolgt dieser Informationsaustausch unbemerkt vom Fahrer, da es häufig um Informationen geht, welche ausschließlich das Fahrzeug benötigt. Gerade wenn das Fahrzeug vollständig autonom fährt, sind viele Informationen aus der Umwelt für die Insassen irrelevant. Die Informationen, welche für die Insassen von Relevanz sein können, werden dagegen meist erst in aufbereiteter oder interpretierter Form mitgeteilt. Erfährt das Fahrzeug zum Beispiel von erwartetem zähfließendem Verkehr auf der noch zu fahrenden Strecke, ist für die Insassen meist lediglich die Information interessant, um welche Zeitspanne sich die Ankunftszeit aufgrund des höheren Verkehrsaufkommens verschiebt.

Die Arten der anfallenden Kommunikation können so unterschiedlich sein, wie es auch die alltäglichen Verkehrssituationen sind. Grundsätzlich muss das Fahrzeug in der Lage sein, mit einer Vielzahl an Objektiven auf unterschiedliche Art und Weise zu kommunizieren. Entsprechend umfassend und umfangreich erfolgt auch die Kommunikation mit der Umwelt.

[1428] Vgl. *Johanning/Mildner*, S. 15.
[1429] Siehe zur Kommunikationsmöglichkeiten insbesondere Abschnitt 2.2.2.3.1.

4.3.5.1 Anfallen von Kommunikationsdaten aus der Umwelt

Der Kommunikation der intelligenten Fahrzeuge sind grundsätzlich keine Grenzen gesetzt. Je fortgeschrittener die eingesetzte künstliche Intelligenz ist, desto umfassender und vielschichtiger kann die Kommunikation mit der Umwelt erfolgen. Dabei haben künstliche Intelligenzen den Vorteil, dass sie nicht auf natürliche Sprache angewiesen sind, sondern auch große Mengen an Daten in kürzester Zeit übermitteln, auswerten und interpretieren können. Viele Informationen, die einen durchschnittlichen Fahrzeugführer überfordern könnten, können von intelligenten Fahrzeugen in wenigen Millisekunden nebenbei verarbeitet werden. Die Kommunikation kann grundsätzlich in drei Kategorien, je nach Kommunikationspartner, eingeteilt werden: Car2i, Car2c und Car2x.[1430]

Bei der Car2i-Kommunikation[1431] erfolgt ein Austausch von Informationen mit der Verkehrsinfrastruktur. In der Regel teilt die Infrastruktur, zum Beispiel Ampeln oder Leitpfosten, aktuelle Informationen über die Umgebung mit. Dies können zum Beispiel aktuelle Witterungsbedingungen, die optimale Geschwindigkeit für eine „grüne Welle" oder aber eine geänderte Verkehrsführung sein. In der Regel handelt es sich um eine passive Kommunikation, bei der das Fahrzeug ausschließlich Informationen erhält, welche für alle Fahrzeuge in der näheren Umgebung bestimmt sind.

[1430] Siehe zur Kategorisierung Abschnitt 2.2.2.3.1.
[1431] Siehe zur Car2i-Kommunikation Abschnitt 2.2.2.3.1.1.

Die Car2c-Kommunikation[1432] beschreibt dagegen die Kommunikation zwischen den verschiedenen intelligenten Fahrzeugen. Hier ist jedes Fahrzeug zugleich Empfänger und Sender von Informationen. Die Car2c-Kommunikation ist weiter zu unterteilen in allgemeine Kommunikation und persönliche Kommunikation. Das heißt, die Information kann entweder an alle Fahrzeuge in der näheren Umgebung verbreitet werden oder gezielt an einzelne Fahrzeuge. In der Praxis überwiegt jedoch die Information an alle Fahrzeuge, da selbst Informationen, die nur für ein einzelnes Fahrzeug gedacht sind, auch für die umliegenden Fahrzeug hilfreich sein können. Auch technisch ist die Verbreitung an alle Fahrzeuge in der Nähe deutlich einfacher zu bewerkstelligen, als wenn zuvor erst der richtige Kommunikationspartner identifiziert werden müsste. Auch im Flugverkehr hat sich die offene Kommunikation mit allen umliegenden Flugzeugen als überlegene Technik durchgesetzt.[1433] Bei intelligenten Fahrzeugen kommt hinzu, dass die Fahrzeuge in Millisekunden die Informationen verarbeiten und daher auch nicht die Gefahr besteht, dass wichtige Informationen aufgrund der Anzahl an Informationen untergehen.

Schließlich gibt es noch die Car2x-Kommunikation[1434], die alle anderen Kommunikationspartner abdeckt. Auch hier gibt es zwei Arten von Nachrichten, die ausgestrahlt werden. Einmal die CAM-Nachrichten, welche an die gesamte unmittelbare Umgebung gesendet werden und zum Beispiel Position, Geschwindigkeit und Fahrtrichtung beinhalten, und zusätzlich noch

---

[1432] Siehe zur Car2c-Kommunikation Abschnitt 2.2.2.3.1.2.
[1433] Vgl. Anhang 10 zum Abkommen über die Internationale Zivilluftfahrt.
[1434] Siehe zur Car2x-Kommunikation Abschnitt 2.2.2.3.1.3.

4.3 Abwägungsfragen bei typischen Fallgruppen von Daten ...

die ereignisbezogenen DENM-Nachrichten. Letztere können zum Beispiel Informationen über einen Unfall, ein Stauende oder Aquaplaning beinhalten. Das Fahrzeug kann hier aber auch Informationen von anderen Verkehrsteilnehmern erhalten, zum Beispiel von Mobilfunkgeräten von Fußgängern oder Radfahrern, um deren Position besser zu erfassen. Schließlich kann das Fahrzeug auch selbstständig Bezahlvorgänge durchführen, beispielsweise das Bezahlen an Tank- oder Ladesäulen.

Ob und wo diese Kommunikationsdaten gespeichert werden, hängt maßgeblich von dem Informationsgehalt ab. Für die Car2i-Kommunikation gibt es kaum einen Bedarf, diese Informationen dauerhaft zu speichern, da die Information örtlich und zeitlich limitiert ist und eine spätere Verwendung zumeist nicht notwendig ist. Der § 1g Abs. 1 Nr. 13 StVG sieht jedoch die Speicherung von extern an das Kraftfahrzeug gesendete Befehle und Informationen zumindest dann vor, wenn ein Ereignis im Sinne des § 1g Abs. 2 StVG vorgefallen ist. Nicht geregelt ist jedoch, wie lange diese Daten vom Halter im Fahrzeug vorgehalten werden müssen. Dies hat der Gesetzgeber offenbar übersehen.

Ähnlich sieht es bei der Car2c-Kommunikation aus, hier bietet sich, auch unter Berücksichtigung des § 1g Abs. 1 Nr. 13 StVG in Verbindung mit § 1g Abs. 2 StVG, lediglich eine kurze interne Datenspeicherung in Form einer Ringspeicherung an, um im Falle eines Unfalls oder sonstiger besonderer Vorkommnisse die Kommunikation rekonstruieren zu können. Ähnliches gilt bei der Car2x-Kommunikation, wobei sich hier eine deutlich längere Speicherung je nach Informationsinhalt anbieten kann. Dies gilt insbesondere für Transaktionsdaten, bei denen Leistungen ausgetauscht wurden. Insbesondere wenn Verträge, sofern dies in der Zukunft zivilrechtlich einmal möglich sein wird, autonom von der künstlichen Intelligenz geschlossen wurden, bietet sich eine längere Speicherung zur Beweissicherung an. Auf diese Daten kann anschließend mittels Sicherstellung im Fahrzeug selbst zugegriffen werden.[1435] In Betracht kommt auch ein Zugriff auf den internen Speicher des Fahrzeuges mittels Onlinedurchsuchung nach § 100b StPO.[1436] Dabei kann jeweils sowohl ein Zugriff beim Fahrzeug des Beschuldigten als auch bei seinem Kommunikationspartner erfolgen. Ebenfalls kann auch die Kommunikation als solche mittels Telekommunikationsüberwachung nach § 100a StPO abgeleitet werden, wenn die Kommunikation über das Mobilfunknetz erfolgt und das Fahrzeug entsprechend überwacht wird.[1437]

4.3.5.2 Abwägungsfragen hinsichtlich Kommunikationsdaten aus der Umwelt

Bei der Abwägung im Rahmen der Verwertung von Kommunikationsdaten stellt sich als Erstes die Frage, welche Rechte des Beschuldigten konkret betroffen sein können. Im Rahmen der konkreten Abwägung ist primär zwischen ausgehender und eingehender Kommunikation zu unterscheiden. Die ausgehende Kommunikation kann deutlich stärker vom jeweiligen Fahrzeugführer beeinflusst werden als die eingehende Kommunikation.

[1435] Siehe. zur physischen Sicherstellung Abschnitt 4.1.9.
[1436] Siehe. zur Onlinedurchsuchung Abschnitt 4.1.4.
[1437] Siehe. zur Telekommunikationsüberwachung Abschnitt 4.1.3.

4.3.5.2.1 Betroffene Rechtsgüter bei ausgehender Kommunikation

Bei der ausgehenden Kommunikation ist zu beachten, dass es sich bei der autonomen Kommunikation des Fahrzeuges in der Regel nicht um eine Individualkommunikation handelt, sondern um das Aussenden der Information an alle empfangsbereiten Kommunikationsteilnehmer im näheren Umfeld.[1438] Das Fernmeldegeheimnis aus Art. 10 Abs. 1 GG schützt jedoch nur die Vertraulichkeit von Geheimnissen.[1439] Werden Informationen, wie hier, jedoch breit verteilt, fehlt es an der Eigenschaft der Vertraulichkeit. Das heißt, selbst wenn unmittelbar die Kommunikation mittels Telekommunikationsüberwachung ausgeleitet wird, liegt kein Eingriff in Art. 10 Abs. 1 GG vor, da es sich um öffentliche Kommunikation handelt.

In Betracht kommt jedoch das Recht auf informationelle Selbstbestimmung. Dies gilt zumindest für die Nachrichten, welche das eigene Fahrzeug aussendet, da diese regelmäßig als personenbezogenen Daten einzustufen sind. Dies gilt einerseits für Informationen, welche das Fahrzeug über sich selbst preisgibt, wie Geschwindigkeit und Fahrtrichtung, aber auch allgemeine Informationen wie Verkehrsdichte oder Straßenverhältnisse sind als personenbezogene Daten anzusehen, da das Fahrzeug sich als Urheber der Nachricht zu erkennen geben muss und daher auch seinen eigenen Standort dadurch verrät. Die Personenbezogenheit ist auch nicht deswegen zu verneinen, weil diese Informationen selbstständig mit der Umgebung geteilt

---

[1438] Siehe dazu auch die Ausführungen zum Fernmeldegeheimnis in Abschnitt 3.3.1.
[1439] BeckOK-GG-*Ogorek*, Art. 10 GG Rn. 40.

werden. Diese bewusste Verbreitung hat lediglich zur Folge, dass die Daten der schwächer geschützten Sozialsphäre zugeordnet werden.

4.3.5.2.2 Betroffene Rechtsgüter bei eingehender Kommunikation

Schwieriger ist die Einordnung bei lediglich passiv empfangenen Daten. Auf dem ersten Blick ist nicht ersichtlich, warum Daten, die das Fahrzeug von anderen Fahrzeugen oder der Infrastruktur erlangt, als persönliche Daten des Fahrers einzustufen sein sollten. Tatsächlich sind die Daten, so wie das Fahrzeug sie empfangen hat, nicht als persönliche Daten des empfangenden Fahrzeuges einzustufen. Dies ändert sich jedoch zu dem Zeitpunkt, zu dem das empfangende Fahrzeug diese Informationen verarbeitet und mit Zeitstempel abspeichert. Mit diesem zusätzlichen Zeitstempel erhalten die Daten eine weitere Information, und zwar wann das eigene Fahrzeug diese empfangen hat, woraus sich Rückschlüsse ziehen lassen, dass das Fahrzeug zu diesem Zeitpunkt in der Nähe des kommunizierenden Fahrzeuges oder der Infrastruktur gewesen sein muss. Mit einer ausreichenden Anzahl dieser Daten lässt sich so der Weg eines Fahrzeuges genau bestimmen und ein entsprechendes Bewegungsprofil erstellen. Die besondere Sensibilität dieser Daten ergibt sich daher insbesondere aus dem Umstand, dass sich im Fahrzeug viele dieser Datenpunkte befinden und nicht, wie beim jeweiligen Kommunikationspartner, nur ein einzelner Informationspunkt. In vielen Fällen sind die passiv empfangenen und anschließend gespeicherten Daten daher viel kritischer und sensibler zu sehen als die selbst ausgesendeten Daten. Diese empfangenen Daten können durch die Zeitstempel eine ähnliche Sensibilität erreichen wie Standortdaten aus der satellitengestützten Navigationssystemen oder der Funkzellenauswertung und sind daher der Privatsphäre zuzuordnen.[1440]

4.3.5.2.3 Datenschutz bei der Kommunikation mit der Umwelt

Diese Problematik stellt sich jedoch nur dann, wenn die Daten auch tatsächlich für eine gewisse Zeit im Fahrzeug selbst oder woanders gespeichert werden. Dies wird regelmäßig technisch weder notwendig noch sinnvoll sein, aus diesem Grund ist ein besonderes Augenmerk auf die datenschutzrechtlich notwendige Einwilligung zu werfen.[1441] Sofern das Fahrzeug diese Daten speichert oder gar überträgt, ist der Benutzer darüber zu informieren, dass diese Daten anfallen, und er muss zusätzlich in diese Speicherung und Verwertung der Daten informiert einwilligen. Fehlt es an solch einer Einwilligung, sind im Falle eines Widerspruchs die so entgegen den Datenschutzgesetzen erlangten Daten unverwertbar.[1442] Dies gilt insbesondere für Daten, welche örtliche Informationen gemeinsam mit einem Zeitstempel enthalten und so eine Profilbildung erlauben.

Erschwerend kommt bei all diesen Daten, egal ob gespeichert oder direkt aus der Kommunikation ausgeleitet, hinzu, dass die Kommunikation außerhalb der

---

[1440] Siehe zu den Standortdaten insbesondere Abschnitt 4.3.1.
[1441] Siehe zur informierten Einwilligung auch Abschnitt 2.3.1.2.3.2.
[1442] Siehe zur Unverwertbarkeit bei datenschutzrechtlichen Verstößen insbesondere Abschnitt 4.2.2.3.

Kontrolle des Benutzers erfolgt. Allein das intelligente Fahrzeug entscheidet, mit wem es wann und wie kommuniziert. Selbst wenn der Fahrer sich grundsätzlich darüber bewusst ist, dass sein Fahrzeug mit den umliegenden Fahrzeugen kommuniziert, ist dem Fahrer die Generierung des konkreten Inhalts meist nicht bewusst.[1443] Insbesondere die passive Kommunikationsteilnahme stellt hier ein erhebliches Problem dar, da das Fahrzeug dauerhaft auf Empfangsbereitschaft sein muss, aber weder der Fahrer noch das Fahrzeug beeinflussen kann, welche Nachrichten ihn erreichen. Aber auch bei der aktiven Kommunikation des eigenen Fahrzeuges sind die möglichen Kommunikationsinhalte so umfassend und individuell, dass eine Aufklärung des Benutzers zuvor nicht vollumfassend möglich ist. Gerade hier liegt die Besonderheit der künstlichen Intelligenz, welche mit dem Voranschreiten der Technologie immer stärker selbst den Inhalt der Kommunikation bestimmen wird.

Betrachtet auf die einzelnen Nachrichten liegt daher eine unbewusste Datengenerierung vor, da allein die künstliche Intelligenz entscheidet, wann, wo, wie und mit wem kommuniziert wird. Zugleich weiß der Benutzer aber, dass sein Fahrzeug in der Lage ist, diese Kommunikation durchzuführen, da nur so umfangreiche Funktionen, wie das autonome Fahren, überhaupt möglich sind. Um bei dieser schwierigen Abwägungsfrage zu einem sachgerechten Ergebnis zu gelangen, ist zu prüfen, auf welche konkreten Umstände die erhöhte Eingriffsintensität bei unbewusst generierten Daten

---

[1443] Siehe zur Abgrenzung der bewussten und unbewussten Datengenerierung insbesondere Abschnitt 4.2.2.2.2.

basiert.[1444] Der Bürger soll vor einem permanenten Überwachungsdruck durch sein eigenes Fahrzeug geschützt werden, der dadurch entstehen könnte, dass der Staat Informationen über den Bürger sammelt, die dieser unbewusst, und damit außerhalb seiner Kontrolle, generiert. Denn nur wenn der Bürger Kenntnis von der Datengenerierung hat, kann er deren Entstehung verhindern oder zumindest nachträglich löschen.

Diese Gefahr besteht bei den hier diskutierten Kommunikationsdaten mit der Umwelt aber nur zum Teil. Wie bereits aufgezeigt, hat der Benutzer zumindest ein generelles Bewusstsein über die Kommunikationsfähigkeit seines Fahrzeuges. Der Benutzer nimmt aktiv am Straßenverkehr mit seinem Fahrzeug teil und ermöglicht dem Fahrzeug die Kommunikation mit der Infrastruktur und weiteren Fahrzeugen. Es werden keine geheimen oder gar höchstpersönlichen Daten übertragen, sondern grundsätzlich nur Informationen übertragen und gespeichert, welche umliegende Personen zur Kenntnis nehmen dürfen und sogar sollen.

Genau hier liegt der Unterschied zu den meisten anderen unbewusst generierten Daten des Fahrzeuges. Der Inhalt der hiesigen Daten ist gerade für die Kenntnis von Dritten erzeugt worden. Damit erzeugt das Fahrzeug, und dies vom Benutzer bewusst, Daten bei Dritten, auf welche der Staat auch grundsätzlich und unproblematisch zugreifen darf. Ein erhöhtes Schutzniveau beim Empfänger solcher öffentlichen Nachrichten ist nicht erkennbar. Aus diesem Grund wäre es auch nicht konsequent, wenn diese beim Absender gespeicherten Daten, nach dem Übertragen, einen höheren Schutz als beim

---

[1444] Siehe dazu insbesondere Abschnitt 3.2.2.3.

Empfänger genießen würden. Daten, welche zuvor bereits umfassend mit der Umwelt geteilt wurden, genießen ganz allgemein einen deutlich niedrigeren Schutz. Dies gilt insbesondere für den hier wohl häufigsten Fall, dass diese Daten während des eigentlichen Kommunikationsvorganges durch den Staat ausgeleitet werden. Theoretisch könnten die Ermittlungsbehörden sich auch in der Nähe des Fahrzeuges als Verkehrsteilnehmer ausgeben und so die Daten erlangen und dies sogar gänzlich ohne spezielle Ermächtigungsgrundlage. Das Auffangen dieser öffentlichen Kommunikation unterliegt nicht dem Fernmeldegeheimnis und entspricht viel mehr dem Mithören eines Radiosenders, des CB-Funks oder eines öffentlichen Internetstreams.

Sofern die Beamten daher auf Daten zugreifen, welche das Fahrzeug von sich aus in seinem Betrieb generiert, ist die Eingriffsintensität in die Rechte des Betroffen so gering, dass das generelle Generierungsbewusstsein des Betroffenen ausreicht, um hier im Regelfall eine Verwertbarkeit anzunehmen.[1445] Die Gestattung eines technischen Gerätes, in zuvor technisch definiertem Rahmen mit der Außenwelt zu kommunizieren, birgt immer die Gefahr, dass Dritte diese Informationen erlangen und speichern. Als Dritte können in diesem Fall auch Ermittlungsbehörden angesehen werden. Daher erscheint in diesem Fall ein besonderer Schutz dieser Daten nicht angezeigt, hinter dem das Strafverfolgungsinteresse der Gesellschaft zurücktreten müsste.

[1445] Vgl. dazu BVerfGE 120, 274; *Kudlich*, StV 2012, 560 (566); *Eisenberg*, Rn. 2841b; Meyer-Goßner/Schmitt-*Köhler*, § 100a Rn. 7.

4.3.5.2.4 Missbrauch der Kommunikationsfähigkeit durch staatliche Ermittler

Dies kann jedoch nur für die Daten gelten, die das Fahrzeug in seinem normalen Betrieb generiert. Anders sind die Situationen zu beurteilen, in denen sich die Ermittlungsbehörden bewusst die Fähigkeit der Kommunikation zu Nutze machen, um die Technik für andere Zwecke zu missbrauchen. Denkbar wäre zum Beispiel die Möglichkeit, eine fingierte Information durch eine manipulierte Infrastruktur auszusenden und so vorbeifahrende Fahrzeuge zu „markieren", um diese anschließend wiederzuerkennen. Möglich wäre dies beispielsweise bei Grenzübergängen, indem an diesen Grenzstellen automatisch alle Fahrzeuge eine ansonsten unnütze Information erhalten, mit der Hoffnung, dass bei einer späteren Kontrolle diese Information im Fahrzeugspeicher gefunden werden kann und die Beamten dadurch eine Grenzüberschreitung nachweisen können. Genauso wäre ein Missbrauch in die andere Richtung möglich, dass die Infrastruktur gezielt die Information des Fahrzeuges aufnimmt und dessen Anwesenheit speichert. Wird diese Speicherung im Abstand von mehreren hundert Metern wiederholt durchgeführt, kann durch die Zeitdifferenz zum Beispiel die Durchschnittsgeschwindigkeit des Fahrzeuges für den Streckenabschnitt generiert werden (sogenannte „Section Control"[1446]) und so eine Geschwindigkeitsüberschreitung nachgewiesen werden. Hierbei handelt es sich jedoch nicht um die Auswertung der jeweils öffentlich kommunizierten Inhalte, sondern um eine verdeckte Standortermittlung des Fahrzeuges. Dies

---

[1446] Vgl. zur „Section Control" *Dieter Müller*, NZV 2019, 279.

bildet einen Eingriff mit einer eigenen Grundrechtsrelevanz und bedürfte daher einer speziellen Ermächtigungsgrundlage.

Erst recht gilt dies für den Fall, dass die Polizei mit gezielten Falschinformationen das Fahrzeug manipulieren möchte und zum Beispiel eine Umleitung oder gar ein Anhalten des Fahrzeuges erzwingen möchte. In diesem Fall geht es nicht darum, dass Daten erhoben oder ausgewertet werden, sondern es wird mit falschen Informationen die Kontrolle über das IT-System des Fahrzeuges ausgeübt. Auch für diesen Fall wäre eine eigene Ermächtigungsgrundlage notwendig.

4.3.5.3 Zwischenergebnis

Intelligente Fahrzeuge sind darauf angewiesen, mit ihrer Umwelt zu kommunizieren. Die Fahrzeuge kommunizieren mit der Verkehrsinfrastruktur (Car2i), anderen Fahrzeugen (Car2c) oder sonstigen Kommunikationspartnern (Car2x). Je nach Informationsgehalt bietet es sich an, die Daten unterschiedlich lange im Fahrzeug oder beim Kommunikationspartner zu speichern. Die Daten können sowohl beim Sender als auch beim Empfänger mittels Onlinedurchsuchung nach § 100b StPO oder physisch mittels Sicherstellung erhoben werden. Ebenfalls kann die Kommunikation als solches mittels Telekommunikationsüberwachung nach § 100a StPO abgeleitet werden.

Bei der Frage der Verwertbarkeit erhobener Daten ist im Rahmen der Abwägung insbesondere zwischen ausgehender und eingehender Kommunikation zu unterscheiden. Das Fernmeldegeheimnis aus Art. 10 Abs.

4.3 Abwägungsfragen bei typischen Fallgruppen von Daten ...

1 GG ist regelmäßig nicht betroffen, da es sich in der Regel um eine öffentliche Kommunikation handelt. Übrig bleibt daher regelmäßig nur das Recht auf informationelle Selbstbestimmung. Dieses ist auch bei eingehender Kommunikation dann betroffen, wenn der Empfänger die empfangenen Daten mit zusätzlichen eigenen Informationen, zum Beispiel einem Zeitstempel, versieht.

Bezüglich der Frage der Verwertbarkeit kommt es maßgeblich darauf an, ob die gespeicherten Daten datenschutzkonform erhoben und verarbeitet wurden. Ein besonderes Augenmerk ist dabei auf die datenschutzrechtliche Einwilligung zu legen, da die Kommunikation zumeist autonom durch das Fahrzeug beziehungsweise durch die künstliche Intelligenz erfolgt. Die Kommunikation des eigenen Fahrzeuges ist stark situationsbedingt, sodass eine individuelle Einwilligung in jede Nachricht weder technisch möglich noch praktikabel ist. Trotz dieses Umstandes liegt beim Fahrer jedoch ein generelles Bewusstsein vor, dass das Fahrzeug Kommunikationsinhalte generiert und versendet. Es handelt sich ausschließlich um Daten, welche speziell für die Kommunikation mit Dritten erzeugt wurden. Gerade Daten, die für den Zweck der Verbreitung erzeugt wurden und möglicherweise auch bereits verbreitet wurden, genießen einen deutlich niedrigeren Schutz als sonstige Daten. Aufgrund dieser niedrigen Eingriffsintensität in die einzelnen Rechte wird regelmäßig eine Verwertbarkeit anzunehmen sein, auch wenn es an einer individuellen und konkreten Einwilligung für jede einzelne Nachricht fehlt.

Eine Ausnahme ist jedoch dann anzunehmen, wenn die Ermittlungsbehörden die Kommunikationsfähigkeit des Fahrzeuges gezielt missbrauchen. Dies wäre zum Beispiel der Fall, wenn Nachrichten an ein Fahrzeug nur gesendet werden, um dieses Fahrzeug später identifizieren zu können oder gar die Fahrtstrecke zu überwachen.

4.3.6 Zwischenergebnis

Es zeigt sich, dass die Fallgruppen von Daten bei intelligenten Fahrzeugen und künstlicher Intelligenz im Rahmen der einzelnen Abwägung differenziert zu betrachten sind. Dies ist vor allem dem Umstand geschuldet, dass die Eingriffsintensität in die Rechte des Fahrers jeweils sehr unterschiedlich sein kann.

Die Standortdaten des Fahrzeuges sind zwar sensibel, dies gilt aber gleichermaßen auch für Standortdaten von Smartphones oder sonstigen technischen Geräten. Der Bürger ist sich regelmäßiger dieser Datenerzeugung bewusst und ein Zugriff auf diese Daten ist de lege lata nur für die Aufklärung von schweren Straftaten zulässig. Aus diesem Grund müssen die Rechte des Beschuldigten regelmäßig hinter dem staatlichen Strafverfolgungsinteresse zurücktreten.

Bei Telemetriedaten ist zu unterscheiden, ob die Daten datenschutzkonform oder unter Missachtung der Datenschutzgesetze entstanden sind. Sofern der Fahrer die Daten bewusst erzeugt hat und diese datenschutzkonform verarbeitet wurden, spricht nichts gegen eine Verwertung dieser Daten im Strafverfahren. Werden die Telemetriedaten dagegen unbewusst und unter Missachtung der Datenschutzgesetze erzeugt, ist eine Verwertung im

Strafverfahren regelmäßig ausgeschlossen, sofern der Beschuldigte der Verwertung widerspricht.

Vitalwerte, welche vom Fahrzeug erhoben werden, stellen besonders sensible Gesundheitsdaten im Sinne des Art. 9 Abs. 1 DSGVO dar. Die modernen Analysemethoden, insbesondere auch durch den weiteren Einsatz von künstlicher Intelligenz, erlauben die immer zuverlässige Auswertung solcher vom Körper unbewusst generierten Daten. Eine Verwertung dieser äußerst sensiblen Daten, die sich häufig an der Grenze zum Kernbereich privater Lebensführung befinden, kann regelmäßig nicht mit dem staatliche Strafverfolgungsinteresse gerechtfertigt werden. Gerade weil die Überwachung dieser Vitalwerte auch für die Erhöhung der Verkehrssicherheit notwendig ist, muss der Bürger die Sicherheit haben, dass diese Daten besonders stark geschützt sind. Aus diesem Grund sind die vom Fahrzeug erhobenen Vitalwerte regelmäßig als unverwertbar anzusehen.

Sofern es um die Verwertung von Audio- und Videoaufzeichnungen des Fahrzeuges geht, muss zwischen der Innenraumüberwachung und den Außenkameras unterschieden werden. Die Aufzeichnung des Innenraums kommt hinsichtlich der Eingriffsintensität einer Wohnraumüberwachung so nahe, dass regelmäßig von einer Unverwertbarkeit auszugehen ist. Bei den Außenkameras, die lediglich den umliegenden Verkehr aufzeichnen, ist dagegen meist lediglich die Sozialsphäre betroffen. Es wird der Verkehrsraum überwacht, der sowieso einer potenziellen dauerhaften Überwachung durch den Staat unterliegt. Daher sind Aufzeichnungen von Außenkameras regelmäßig im Strafprozess verwertbar.

Schließlich fallen auch noch Daten aus der Kommunikation des Fahrzeuges mit der Umwelt an. Die so getätigte Kommunikation, unabhängig davon, ob es sich um eingehende oder ausgehende Kommunikation handelt, weist in der Regel keine erhöhte Sensibilität auf. Die Nachrichten werden an alle umliegenden Verkehrsteilnehmer ausgesendet und stellen daher keine individuelle Kommunikation dar. Sofern diese Kommunikation nicht gezielt ausgenutzt wird, zum Beispiel um die Fahrtstrecke des Fahrzeuges zu überwachen, überwiegt regelmäßig das staatliche Strafverfolgungsinteresse und eine Verwertung der Daten ist zulässig.

5 Erhebung und Verwertung von Daten künstlicher Intelligenz de lege ferenda

Die vorherigen Kapitel haben aufgezeigt, dass Daten, die für die Verwendung durch künstliche Intelligenz gesammelt werden, häufig eine besonders hohe Sensibilität aufweisen und zugleich für den Bürger besonders schwer zu schützen sind. Gerade durch diese äußerst gefahrenträchtige Kombination von Sensibilität und Angreifbarkeit bedürfen die Daten von künstlicher Intelligenz eines besonderen Schutzes.

Die Erhebung von Daten, auch aus Quellen künstlicher Intelligenz, ist in der Strafprozessordnung umfassend geregelt. Da die Ermächtigungsnormen technologieoffen ausgestaltet sind, besteht hinsichtlich der neuen Technologie kein besonderer Handlungsbedarf, sofern es um die reine Datenerhebung geht. Hier unterscheiden sich die Daten künstlicher Intelligenz nicht grundlegend von sonstigen Daten. Sofern eine höhere Sensibilität gegeben ist, ist dies im Rahmen der Verhältnismäßigkeitsprüfung zu berücksichtigen.

Anders sieht es jedoch bei der Frage aus, ob alle erhobenen Daten tatsächlich auch verwertet werden dürfen. Gerade rechtmäßig erhobene Daten, welche jedoch unbewusst oder gegen Datenschutzbestimmungen entstanden sind, sind nach aktueller Rechtslage nicht ausreichend vor einer Verwertung geschützt. De lege lata sind die entwickelten allgemeinen Beweisverwertungsverbotsgrundsätze auch auf diese Daten anzuwenden und gegen das staatliche Strafverfolgungsinteresse abzuwägen. Nach hiesiger Ansicht überwiegt bei Daten künstlicher Intelligenz, die entweder unter

© Der/die Autor(en), exklusiv lizenziert an
Springer Fachmedien Wiesbaden GmbH, ein Teil von Springer Nature 2024
M. Schult, *Erhebung und Verwertung von Daten künstlicher Intelligenz zu Lasten des Beschuldigten im Strafprozess*,
https://doi.org/10.1007/978-3-658-45534-7_5

Umgehung der Datenschutzbestimmungen oder vom Beschuldigten unbewusst generiert wurden, regelmäßig das Interesse des Beschuldigten an der Nichtverwertung dem Strafverfolgungsinteresse des Staates. Die Daten sind daher in diesen Fällen als unverwertbar anzusehen, sofern der Beschuldigte der Verwertung widerspricht.[1447]

Wie aber ebenfalls aufgezeigt, bietet die Abwägungslehre einen breiten Korridor für das erkennende Gericht, wenn es um die Verwertung im Einzelfall geht. Bereits kleine Sachverhaltsänderungen können über die Verwertbarkeit oder Unverwertbarkeit entscheiden. Das heißt, selbst bei dieser zu favorisierenden Lösung de lege lata muss der Bürger die Sorge haben, dass er sich bei der Nutzung der neuen Technologie unfreiwillig zum gläsernen Bürger macht. Bereits dieser Umstand kann dazu führen, dass der Bürger auf seine Freiheit, diese neuen Technologien zu nutzen, verzichtet, da er Angst vor einer totalen Überwachung hat. Dies ist aber gerade eine Atmosphäre der Angst, welche in einem freiheitlich demokratischen Staat nicht zu akzeptieren ist.[1448]

Es stellt sich somit die Frage, wie diese Problematik de lege ferenda entschärft werden kann, um den Bürgern die angstfreie Nutzung dieser zukunftsträchtigen Technologie der künstlichen Intelligenz – insbesondere im Einsatz bei intelligenten Fahrzeugen – zu ermöglichen.

Es bieten sich hier zwei Ansätze für den Gesetzgeber an, welche im Optimalfall kombiniert werden. Auf der ersten Ebene muss dem Grundsatz der Datenminimierung ein höheres Gewicht zugemessen werden und dieser

---

[1447] Siehe diesbezüglich insbesondere Abschnitt 4.2.2.2 und 4.2.2.3.
[1448] Vgl. BVerfGE 150, 244.

Grundsatz auch im nationalen Recht stärker normiert werden. Auf der zweiten Ebene ist sodann für die Daten, welche unter datenschutzrechtlicher Missachtung entstanden sind, ein geschriebenes Beweisverwertungsverbot zu kodifizieren.

5.1 Der Grundsatz der Datenminimierung

Die erste Ebene – der Grundsatz der Datenminimierung – folgt der einfachen Weisheit, dass nur diejenigen Daten überhaupt verarbeitet werden können, die auch angefallen sind. Es ist daher dafür Sorge zu tragen, dass möglichst wenig Daten anfallen und diejenigen Daten, die zwingend anfallen, durch technische Maßnahmen geschützt sind. Diesbezüglich haben sich die Ansätze des „Privacy by Design" und „Privacy by Default" etabliert.

5.1.1 „Privacy by Design"

Der „Privacy by Design"-Grundsatz besagt, dass bereits bei der Entwicklung von Produkten und Programmen darauf geachtet wird, dass nur die Daten erhoben und gespeichert werden, die notwendig sind, und diese notwendigen Daten dann besonders geschützt werden.[1449] Dieser Grundsatz findet sich im Ansatz in Art. 25 Abs. 1 DSGVO wieder, wobei die Formulierung in der DSGVO den Grundsatz nur in abgeschwächter Form beinhaltet.[1450] Hauptkritik ist insbesondere, dass Art. 25 Abs. 1 DSGVO nur den für die Datenverarbeitung Verantwortlichen in die Pflicht nimmt, aber nicht bereits

---
[1449] Vgl. Specht/Mantz-*von Bodungen*, § 16 Rn. 42.
[1450] Vgl. *Jochen Schneider*, S. 272.

den Hersteller entsprechender Produkte zu einer datensparsamen Produktentwicklung zwingt.[1451] Vor diesem Hintergrund verwundert es auch nicht, dass das Schutzniveau von Hersteller zu Hersteller erheblich abweicht. Wie stark ein Hersteller „Privacy by Design" verfolgt, hängt dabei auch vom konkreten Geschäftsmodell ab. Ein Technologieunternehmen wie beispielsweise Apple, welches seinen Hauptumsatz mit dem Verkauf von Hardware erzielt, kann seine Produkte deutlich datensparsamer konstruieren als Unternehmen wie zum Beispiel Google oder Facebook, welche in erster Linie durch personalisierte Werbung aufgrund der Auswertung der Kundendaten Umsatz und Gewinn generieren. Alle Hersteller – unabhängig ihrer konkreten Geschäftsmodelle – werden sich aber zukünftig stärker mit „Privacy by Design" beschäftigen müssen, da gerade der Datenschutz ein immer stärkeres Verkaufsargument sein wird. Auch der Verband der Automobilindustrie hat in seinen Datenschutz-Prinzipien für vernetzte Fahrzeuge festgelegt, dass die Hersteller und Zulieferer, die Mitglied im Verband der Automobilindustrie sind, sich zum Grundsatz des „Privacy by Design" verpflichten.[1452] Auch die vom Bundesminister für Verkehr und digitale Infrastruktur eingesetzte Ethik-Kommission kam in ihrem Bericht zum automatisierten und vernetzten Fahren zum Ergebnis, dass der Bürger jederzeit die Datenhoheit besitzen muss und dass einer Totalüberwachung durch Förderung von „Privacy by Design" bereits frühzeitig entgegengewirkt werden muss.[1453]

[1451] NK-DSGVO-*Sydow* (2. Auflage), Einl. Rn. 96.
[1452] *VDA*, Datenschutz-Prinzipien, S. 1.
[1453] *Ethik-Kommission*, Automatisiertes und vernetztes Fahren, Bericht Juni 2017, S. 24.

5.1 Der Grundsatz der Datenminimierung

Der Grundsatz des „Privacy by Design" kann in unterschiedlicher Art und Weise im Produkt umgesetzt werden und erschöpft sich nicht darin, dass nur möglichst wenig Daten erhoben werden. Es ist insbesondere zusätzlich sicherzustellen, dass die Daten, die erhoben und verarbeitet werden, gesondert vor Missbrauch geschützt werden. Auf der einen Seite kommt dafür die Anonymisierung und Pseudonymisierung von Daten in Betracht. Sofern Daten vollständig anonymisiert werden, unterfallen diese bereits nicht mehr dem Datenschutz, da sie keiner Person mehr zugeordnet werden können.[1454] Wichtig sind aber auch transparente Löschungsroutinen, zum Beispiel beim Abstellen des Motors oder dem Öffnen der Fahrertür, die Bestandteile von „Privacy by Design" sein können.[1455]

Gerade diese Bemühungen der Hersteller führen jedoch zu einem häufig vom Gesetzgeber übersehenem Datenschutzparadoxon. Aufgrund des stärkeren Bewusstseins der Hersteller hinsichtlich „Privacy by Design" kommen die Ermittlungsbehörden immer schwerer an entsprechende Datensätze. Aus diesem Grund neigt der Gesetzgeber in jüngster Zeit dazu, dass er sich immer tiefgreifendere Ermächtigungsgrundlagen schafft oder versucht, die Hersteller zur Herausgabe von Daten zu verpflichten. Genannt seien hier nur die Vielzahl an Versuchen, die Vorratsdatenspeicherung zu normieren,[1456] oder die Verpflichtung zur Herausgabe von Kennwörtern.[1457] Dies führt aber wiederum

---

[1454] Siehe dazu Abschnitt 2.3.1.2.1.
[1455] *Hornung*, DuD 2015, 359 (366).
[1456] Siehe dazu auch Abschnitt 4.1.6.
[1457] Siehe dazu auch Abschnitt 4.1.9.2.3.

dazu, dass die Systemhersteller immer stärkere Schutzmaßnahmen ergreifen, um sich gerade diesem Zugriff zu entziehen.[1458]

Sofern Fahrzeughersteller rechtlich zur Herausgabe von Daten und Schlüsseln verpflichtet sein sollten, werden sie immer mehr dazu übergehen, dass sie sich selbst nicht mehr in Kenntnis der Schlüssel setzen. Herausgegeben werden können nämlich nur diejenigen Informationen, welche sich auch im eigenen Besitz befinden. Ähnlich wie bei Mobiltelefonen könnte der Schlüssel für jeden einzelnen Nutzer sicher in einer abgetrennten Sicherheitsenklave auf einem physischen Chip im Fahrzeug hinterlegt sein. Die Daten können dann nur entschlüsselt werden, sofern das Fahrzeug selbst den – möglicherweise sogar zeitlich begrenzten – Schlüssel den Servern des Fahrzeugherstellers zur Verfügung stellt. Dieser Schlüssel wird vom Fahrzeughersteller nur für die Dauer der Datenverwendung im flüchtigen Speicher gehalten und ist spätestens nach Ablauf seiner Gültigkeit nicht mehr zu verwenden. In diesen Fällen könnte der Hersteller nicht mehr – auch nicht, wenn er wollte – bei der Entschlüsselung der Daten helfen.

Dieses bereits in der Realität zu entdeckende Datenschutzparadoxon kann seitens der Ermittlungsbehörden nur dadurch durchbrochen werden, indem der Gesetzgeber die (sichere) Verschlüsselung untersagt. Dies ist ein Vorgehen, welches bisher nur aus autokratischen Staaten bekannt ist. Als Beispiel sei hier China genannt, in welchem am 01.01.2020 beispielsweise das „Chinese

---

[1458] Vgl. *Kremp*, „Apple widersetzt sich FBI-Forderung" vom 17.02.2016, https://www.spiegel.de/netzwelt/gadgets/apple-fbi-will-hilfe-beim-iphone-knacken-konzern-wehrt-sich-a-1077769.html zuletzt abgerufen am 21.03.2024.

5.1 Der Grundsatz der Datenminimierung

Cryptography Law" in Kraft trat.[1459] Dieses Gesetz schreibt vor, dass jeglicher Import von Produkten, welche im Zusammenhang mit Verschlüsselung stehen, einer Genehmigung bedarf. Es ist nicht viel Fantasie notwendig, um zu erkennen, dass der chinesische Staat auf diese Art sicherstellen möchte, dass nur Verschlüsselungsprodukte verwendet werden dürfen, auf die der Staat Zugriff hat. Bereits im Jahr 2017 hat China die Nutzung von VPN-Diensten – welche den Internetverkehr verschlüsseln – unter Strafe gestellt.[1460] In den letzten Jahren erwägen aber auch immer mehr westliche Demokratien entsprechende Einschränkungen. Nachdem im Jahr 2019 die US-Regierung bereits offen erwog, sichere Verschlüsselungen zu verbieten,[1461] haben auch EU-Staaten eine entsprechende Gesetzgebung für die EU gefordert.[1462] Wie sehr sich die EU selbst im Zwiespalt bei dieser Frage befindet, zeigt eine entsprechende Entschließung des Rates zur Verschlüsselung vom 24.11.2020.[1463] In dieser Entschließung bestärkt der Verschlüsselungs-Rat die Notwendigkeit und Unterstützung für eine starke Verschlüsselung.[1464] Sogleich heißt es jedoch auf der gleichen Seite dieser Entschließung:

[1459] *Chen*, International Cybersecurity Law Review 2020, 73.
[1460] Siehe die Reise- und Sicherheitshinweise des Auswärtigen Amtes (Stand 02.02.2023) https://www.auswaertiges-amt.de/de/ReiseUndSicherheit/chinasicherheit/200466 zuletzt abgerufen am 21.03.2024.
[1461] *Geller*, "Trump officials weigh encryption crackdown" vom 27.06.2019 https://www.politico.com/story/2019/06/27/trump-officials-weigh-encryption-crackdown-1385306/ zuletzt abgerufen am 21.03.2024.
[1462] *Moechel*, „Auf den Terroranschlag folgt EU-Verschlüsselungsverbot" vom 08.11.2020, https://fm4.orf.at/stories/3008930/ zuletzt abgerufen am 21.03.2024.
[1463] Entschließung des Rates zur Verschlüsselung vom 24.11.2020 – Sicherheit durch Verschlüsselung und Sicherheit trotz Verschlüsselung (13084/1/20 REV 1).
[1464] Entschließung des Rates zur Verschlüsselung vom 24.11.2020 – Sicherheit durch Verschlüsselung und Sicherheit trotz Verschlüsselung (13084/1/20 REV 1) S. 4.

„Die zuständigen Behörden müssen unter uneingeschränkter Achtung der Grundrechte und der einschlägigen Datenschutzgesetze rechtmäßig und gezielt auf Daten zugreifen können und gleichzeitig die Cybersicherheit wahren. Technische Lösungen für den Zugang zu verschlüsselten Daten müssen den Grundsätzen der Rechtmäßigkeit, Transparenz, Notwendigkeit und Verhältnismäßigkeit – einschließlich des Schutzes personenbezogener Daten durch Technikgestaltung und Voreinstellungen – entsprechen."[1465]

Es ist kaum in Einklang zu bringen, dass dem Bürger einerseits eine starke Verschlüsselung zur Verfügung stehen soll und andererseits die Behörden Zugang zu diesen verschlüsselten Daten haben sollen. Eine starke Verschlüsselung ist gerade dadurch geprägt, dass außer den berechtigten Kommunikationspartnern niemand – auch nicht der Staat – Zugriff auf die Daten hat. Es ist diesbezüglich sowieso nicht vorstellbar – weder im Hinblick auf die europäischen Grundrechte noch auf das deutsche Grundgesetz – wie in einer rechtsstaatlichen freiheitlichen Demokratie den Bürgern untersagt werden soll, dass sie ihre Daten vor dem Staat schützen. Es ist gerade der absolute Kern einer aufgeklärten Gesellschaft, dass der Bürger sich vor staatlichen Zugriffen schützen darf. Insbesondere die deutsche Vergangenheit, mit gleich zwei Überwachungsstaaten im letzten Jahrhundert sollte Grund genug sein, den Anspruch des Bürgers auf Privatsphäre vor dem Staat ausreichend zu respektieren. Ein Verbot von sicherer Verschlüsselung ist daher nicht nur rechtspolitisch abzulehnen, sondern auch mit dem Grundgesetz nicht

---

[1465] Entschließung des Rates zur Verschlüsselung vom 24.11.2020 – Sicherheit durch Verschlüsselung und Sicherheit trotz Verschlüsselung (13084/1/20 REV 1) S. 4.

5.1 Der Grundsatz der Datenminimierung

zu vereinbaren.[1466] Zu begrüßen ist daher, dass sich im Koalitionsvertrag 2021 – 2025 von SPD, Bündnis 90 / Die Grünen und FDP ein klares Bekenntnis zum Recht auf verschlüsselte Kommunikation findet.[1467]

Vor diesem Hintergrund, dass eine stärkere Verschlüsselung in Deutschland den Bürgern nicht untersagt werden kann, würde ein weiterer Druck auf die Hersteller zur Herausgabe von Daten nur dazu führen, dass die Ermittlungsbehörden es, aufgrund der erhöhten Schutzvorrichtungen der Hersteller, immer schwerer haben werden, an Daten zu gelangen. Selbst wenn die bestehenden Eingriffsermächtigungen immer weiter ausgebaut würden, werden die kurzfristigen Erfolge der Ermittlungsbehörden in der Breite der Internetkriminalität schnell dazu führen, dass bei schwersten Delikten faktisch kein Zugriff auf die Daten mehr möglich sein wird. Es darf sich hier keiner Illusion hingegeben werden: Je transparenter die gängigen Kommunikationswege für die Ermittlungsbehörden werden, desto eher weicht die organisierte Kriminalität – um die es bei solch schwerwiegenden Überwachungsmaßnahmen nur gehen kann – auf alternative Wege der Kommunikation aus.

Stattdessen sollte sich der Gesetzgeber sowohl auf nationaler als auch auf europarechtlicher Ebene dafür einsetzen, dass der „Privacy by Design"-Ansatz konsequent verfolgt wird. Dabei sind die technischen und organisatorischen

---

[1466] So auch *Meyn*, S. 140.
[1467] Koalitionsvertrag zwischen *SPD, Bündnis 90 / Die Grünen und FDP* vom 24.11.2021, S. 13, https://www.spd.de/fileadmin/Dokumente/Koalitionsvertrag/Koalitionsvertrag_2021-2025.pdf zuletzt abgerufen am 21.03.2024.

Maßnahmen, welche der Hersteller jeweils treffen muss, anhand des Einzelfalls und insbesondere dem Stand der Technik zu bestimmen.[1468] Die EU-Staaten könnten sich dadurch auch einen enormen wirtschaftlichen Standortvorteil gegenüber asiatischen oder amerikanischen Staaten verschaffen und die EU insbesondere für Technologie-Unternehmen, welche sich heutzutage primär in den USA befinden, interessanter machen.

Mit der Verankerung in Art. 25 Abs. 1 DSGVO hat die EU einen ersten wichtigen Schritt gemacht. Nunmehr muss die EU jedoch konsequent diesen Ansatz weiterverfolgen und die Daten ihrer Bürger schützen. Dieser Schutz darf nicht durch Zugriffe von Ermittlungsbehörden geschwächt werden, da zur Freiheit der Bürger in erster Linie auch der Schutz vor staatlicher Überwachung gehört.

5.1.2 „Privacy by Default"

Flankiert wird der Grundsatz „Privacy by Design" durch die Idee des „Privacy by Default", welche in Art. 25 Abs. 2 DSGVO – ebenfalls jedoch mit Einschränkungen –[1469] normiert ist. Hinter der Idee „Privacy by Default" steckt der Grundsatz, dass die technischen Geräte so voreingestellt sein müssen, dass sie nur diejenigen Daten erheben, die zwingend erforderlich sind.[1470]

[1468] Vgl. MultimediaR-Hdb-*Guggenberger*, Teil. 13.7 [Stand: 04/2010] Rn. 88.
[1469] Vgl. *Jochen Schneider*, S. 272.
[1470] Vgl. Specht/Mantz-*von Bodungen*, § 16 Rn. 46.

5.1 Der Grundsatz der Datenminimierung

Für intelligente Fahrzeuge kann dies insbesondere bedeuten, dass auf Werkseinstellungen die meisten Funktionen des Fahrzeuges deaktiviert sind und erst wenn eine Funktion erstmalig genutzt werden soll, eine aktive Einwilligung in die Datenübermittlung eingeholt wird. Sofern ein Nutzer beispielsweise das fest eingebaute Navigationsgerät seines Fahrzeuges nicht nutzen möchte, gibt es keinen Grund, warum das Fahrzeug bereits selbstständig die Navigationsdaten erhebt oder gar übermitteln sollte. Dies gilt für alle Zusatzfunktionen eines intelligenten Fahrzeuges, welche nicht zwingend für den Betrieb notwendig sind.

Mit der Einführung des § 1g Abs. 3 S. 2 StVG wurden die Hersteller von Kraftfahrzeugen mit autonomer Fahrfunktion bereits dazu verpflichtet, den Halter präzise, klar und in leichter Sprache über die Einstellungsmöglichkeiten zur Privatsphäre zu informieren, und dem Halter Wahlmöglichkeiten zur Art und Weise der Speicherung und Übermittlung der Daten zu ermöglichen. Mit dem zusätzlichen „Privacy by Default"-Ansatz kann auch dem Problem der informierten Einwilligung und des „information overloads" bei intelligenten Fahrzeugen weiter begegnet werden.[1471] Indem der Nutzer nicht mit dem kompletten, unübersichtlichen Potenzial der Datenspeicherung und Datenübertragung konfrontiert wird, sondern nach und nach im direkten Zusammenhang mit einzelnen Funktionen aufgeklärt wird, kann der Benutzer viel bewusster und informierter eine entsprechende Einwilligung erteilen oder bewusst auf einzelne Funktionen verzichten. Trotz der immer weiter ansteigenden Komplexität moderner Technologie wird dem Bürger auf diese

---

[1471] Siehe zur informierten Einwilligung und „information overload" auch Abschnitt 2.3.1.2.3.2.

Art ermöglicht, die Hoheit über seine Daten effektiv auszuüben. An dieser Stelle hat der Gesetzgeber sodann aber besonders darauf zu achten, dass die Hersteller das Kopplungsverbot aus Art. 7 DSGVO achten. Dem Nutzer dürfen keine Funktionen vorenthalten werden, nur weil er einer Datenverarbeitung nicht zugestimmt hat, welche für die konkrete Funktion aber gar nicht notwendig war. Die Nutzung jeder einzelnen Zusatzfunktion darf nur von der Einwilligung abhängig gemacht werden, welche tatsächlich für die Funktion essenziell ist. Der Nutzer darf nicht zu einer generellen Einwilligung genötigt werden.

An dieser Stelle nicht unerwähnt bleiben soll der, eigentlich selbstverständliche, Hinweis, dass der Benutzer jederzeit das Recht haben muss, seine Einwilligung zu widerrufen und die Löschung seiner angefallenen persönlichen Daten zu verlangen. Es bietet sich in diesem Rahmen an, dass der Nutzer einen Rechtsanspruch erhält, durch den der Hersteller, beziehungsweise Serviceanbieter, verpflichtet ist, den einzelnen Nutzer in einer übersichtlichen und informierten Form über seine aktuellen Einwilligungen zu informieren. Der Nutzer muss auf einem Blick erkennen können, welche Einwilligungen er erteilt hat und wie er diese widerrufen kann. Der Widerruf muss dabei auf der gleichen Art und Weise wie die Zustimmung – in der Regel unmittelbar im System – erfolgen können. Flankiert wird dies mit dem bereits bestehenden Auskunftsanspruch aus Art. 15 DSGVO.

Insgesamt hat hier sowohl der europäische als auch der nationale Gesetzgeber noch erhebliches Regelungspotenzial, um die Anbieter und Hersteller von künstlicher Intelligenz und intelligenten Fahrzeugen zum Einsatz datensparsamer Technologien – auch bei Verwendung von Big Data – zu bewegen. Gerade durch diese Ansätze kann sichergestellt werden, dass trotz der fortschreitenden technologischen Entwicklung der Bürger weiterhin Herr über seine Daten bleibt.

5.1.3 Zwischenergebnis

Bereits mit einer konkreten Förderung der Grundsätze „Privacy by Design" und „Privacy by Default" würde der Gesetzgeber nicht nur viele datenschutzrechtliche, sondern auch strafprozessuale Fragen rund um die sensiblen Daten künstlicher Intelligenz lösen. Eine Vielzahl von sensiblen Daten würden dann gar nicht erst anfallen.

Sofern zum Teil bei den Ermittlungsbehörden und auch mancher EU-Organe anklingt, dass die umfassend anfallenden Daten der Bürger gar nicht so ungelegen für die Strafverfolgung kommen, kann dies kein valides Gegenargument sein. Es spricht zwar im Grundsatz nichts dagegen, dass Ermittlungsbehörden moderne Technologien und die dadurch anfallenden Daten für ihre Ermittlungsarbeiten nutzen, die freiheitlich demokratische Grundordnung verbietet es jedoch, gezielt Schutzmaßnahmen zu Gunsten seiner Bürger zu unterlassen, nur weil der Staat sich selbst dadurch Vorteile verspricht. Dies unterscheidet gerade den freiheitlichen Rechtsstaat von autokratischen Überwachungsstaaten, welche gezielt die gesamte Bevölkerung überwachen, um normabweichendes Verhalten aufzudecken.

Vor diesem Hintergrund hat sich der Staat dafür einzusetzen, dass den Daten der Bürger der bestmögliche Schutz zukommt. Sofern der Staat im Einzelfall ein Überwachungsinteresse bezüglich einzelner Bürger hat, darf dies nicht dazu führen, dass die Daten all seiner Bürger ungeschützt bleiben. Die Ermittlungsbehörden in einem Rechtsstaat haben es hinzunehmen, dass ihnen gerade nicht alles, was technisch möglich ist, auch tatsächlich gestattet wird. Denn der Rechtsstaat unterscheidet sich vom Überwachungsstaat in erster Linie nicht nur dadurch, welche Ziele er verfolgt, sondern auch, mit welchen Mitteln er versucht, diese Ziele zu erreichen.

Vor diesem Hintergrund kann es nur konsequent sein, dass der Gesetzgeber bereits bei der Entstehung der Daten – unabhängig vom eigenen Vorteil für die Ermittlungsbehörden – den Bürgern einen größtmöglichen Schutz garantiert. Dies kann konsequent nur durch eine Verpflichtung der Hersteller von künstlicher Intelligenz und sonstiger hochentwickelten Technologien zu „Privacy by Design" und „Privacy by Default" erfolgen.

Insgesamt ist daher festzuhalten, dass eine konsequente Umsetzung von „Privacy by Design" und „Privacy by Default" anzustreben ist, um einer Vielzahl der aufgezeigten Probleme von künstlicher Intelligenz bereits im Kern zu begegnen. Im Optimalfall sind die Systeme so vom Hersteller angelegt, dass diese möglichst datensparsam arbeiten. Sofern Datenerhebung und Datenverarbeitung für gewisse Funktionalitäten notwendig sein sollten, sollten diese Daten erst dann erhoben werden, wenn die konkrete Funktion auch genutzt wird. Dadurch wird nicht nur die Menge an unbewusst generierten Daten minimiert, sondern der gesamte Datenfundus im Fahrzeug nimmt erheblich ab. Durch die konsequente Umsetzung von „Privacy by Design" und „Privacy by Default" können auch die datenschutzrechtlichen Regelungen, insbesondere die Aufklärung und Einwilligung, effektiver umgesetzt werden, da die Gefahr vom „information overload"[1472] abnimmt, und viel gezielter eine informierte Einwilligung eingeholt werden kann.

Dies hat zur Folge, dass die trotz „Privacy by Design" und „Privacy by Default" noch entstehenden Daten zum größten Teil bewusst generiert und unter Achtung der geltenden Datenschutzgesetze entstanden sind. Diese Daten unterscheiden sich – auch wenn sie durch eine künstliche Intelligenz erzeugt sind – nicht mehr erheblich von sonstigen Daten. Bereits mit diesen frühen Ansätzen bei der Entwicklung und Nutzung künstlicher Intelligenz können daher vielen spezifische Probleme bei der Entstehung von Daten von Künstlicher Intelligenz im Vorhinein begegnet werden. Die Daten unterfallen dann den allgemeinen Datenschutzgesetzen und sind, sofern nicht der Kernbereich privater Lebensgestaltung betroffen ist, grundsätzlich im Strafprozess verwertbar. Die im Einzelfall doch erhöhte Sensibilität der Daten kann sodann noch im Rahmen der Abwägungslehre Berücksichtigung finden.

5.2 Normiertes datenschutzrechtliches Beweisverwertungsverbot

Trotz aller Bemühungen, die anfallenden Daten zu minimieren, wird es weiterhin dazu kommen, dass persönliche Daten anfallen und gespeichert

---

[1472] Siehe zum „information overload" auch Abschnitt 2.3.1.2.3.2.

werden. Für diese Daten muss es das Ziel sein, dass der Bürger die vollständige Kontrolle über seine Daten erhält.

Sofern die Daten bewusst und unter Achtung der Datenschutzgesetze erhoben wurden, bietet der Datenschutz grundsätzlich ausreichend Möglichkeiten, die Kontrolle über diese Daten auszuüben. Die Datenschutzgesetze stellen sicher, dass der Bürger darüber informiert ist, welche Daten anfallen. Der Bürger kann sodann das Anfallen der Daten entweder verhindern oder aber zumindest nachträglich die Löschung verlangen.

Anders sieht es jedoch aus, wenn trotz einer möglichen Stärkung von „Privacy by Design" und „Privacy by Default" unter Umgehung der Datenschutzgesetze Daten anfallen. In der Regel hat der Bürger keine Kenntnis über die Daten und kann daher auch sein Kontrollrecht nicht ausüben. De lege lata ist in diesen Fällen im Rahmen der Abwägungslehre regelmäßig von einem Verbot der Beweisverwertung auszugehen.[1473] Es bietet sich daher an, dieses Beweisverwertungsverbot ausdrücklich zu normieren.

5.2.1 Notwendigkeit eines datenschutzrechtlichen Beweisverbotes

Die ausdrückliche Anordnung eines Beweisverbotes wäre kein datenschutzrechtliches Novum. Denn sowohl der europäische als auch der nationale Gesetzgeber haben in neuerer Gesetzgebung bereits mehrfach

---

[1473] Siehe dazu Abschnitt 4.2.2.3.4.3.

5.2 Normiertes datenschutzrechtliches Beweisverwertungsverbot

gewisse Zweckbindungen für die Verwertung von Daten festgelegt. Genannt sei hier nur zum Beispiel die Festlegung des Zwecks in Art. 6 Abs. 2 eCall-VO[1474] oder § 63a Abs. 2 StVG[1475]. Dies zeigt, dass der Gesetzgeber die besondere Sensibilität der Daten intelligenter Fahrzeuge erkannt hat. Die Schaffung eines normierten Beweisverwertungsverbots wäre daher konsequent.

Ein normiertes Beweisverwertungsverbot bei Missachtung der Datenschutzgesetze würde nicht nur zeigen, dass der Staat den Datenschutz, sondern auch das individuelle Entscheidungsrecht des einzelnen Bürgers über seine Daten ernst nimmt. Sofern eine Erschwerung der Strafverfolgung befürchtet wird, kann dieser Einwand nicht verfangen. Den Strafbehörden wird durch die Stärkung des Datenschutzes keine bisherige Ermittlungsmöglichkeit genommen, sondern ihnen wird lediglich der Zugriff auf solche Daten verwehrt, die ihnen bisher schon faktisch – da es die Daten vor Einführung dieser Technologien gar nicht gab – nicht zur Verfügung standen. Darüber hinaus kann es für einen Rechtsstaat auch nicht rühmlich sein, wenn er davon profitieren möchte, dass seine Bürger mangels Kenntnis ihre Rechte nicht effektiv ausüben können. Vor diesem Hintergrund liegt das hier befürwortete normierte Beweisverwertungsverbot auch nicht weit entfernt vom Grundgedanken der verbotenen Beweisverwertung bei einer durch Täuschung erfolgten Beeinträchtigung der freien Willensentscheidung nach § 136a Abs. 1 S. 1 Var. 6 StPO. Anders als in § 136a Abs. 3 StPO bietet es sich beim zu schaffenden datenschutzrechtlichen Beweisverwertungsverbot jedoch an, dass

---

[1474] Siehe zur eCall-VO Abschnitt 2.3.1.1.2.
[1475] Siehe zum § 64a StVG Abschnitt 2.3.1.1.1.

der Beschuldigte über die Verwertbarkeit der Daten frei entscheiden kann. Dies ist der Grundidee des Datenschutzes geschuldet, welcher dem Bürger gerade die Möglichkeit einräumen soll, selbst zu entscheiden, wer, wann und wie die eigenen Daten verarbeiten darf.[1476] Es kann daher keinen Unterschied machen, ob der Beschuldigte zuvor der Datenerhebung zugestimmt hat oder nachträglich die rechtswidrige Datenerhebung billigt. Dies ist auch aus praktischen Gründen geboten. Insbesondere die Pflicht der Ermittlung des wahren Sachverhalts gebietet es, dass der Beschuldigte die Möglichkeit erlangen muss, entlastende Beweismittel, welche unter Missachtung des Datenschutzes entstanden sind, in den Prozess einzubringen.[1477]

Die Schaffung eines normierten Beweisverwertungsverbot hinsichtlich Daten, welche unter Missachtung der Datenschutzgesetze entstanden sind, bietet auch die notwendige Flexibilität, um zukünftigen Technologien begegnen zu können. Die moderne Gesellschaft wird in den nächsten Jahren immer weiterentwickelte Technologien mit künstlicher Intelligenz einsetzen. Die anfallenden Daten werden – selbst bei Beachtung der Datenminimierung – in den nächsten Jahren weiter erheblich ansteigen. Gerade um die Freiheit des Einzelnen – wozu auch die Nutzung dieser Technologien zählt – zu ermöglichen, führt kein Weg daran vorbei, die anfallenden Daten des Bürgers entsprechend zu schützen. Der Schutz der Daten endet dabei nicht beim Schutz vor Kenntnisnahme durch andere Bürger, sondern betrifft auch den Schutz vor staatlichem Zugriff. Ein normiertes Beweisverwertungsverbot würde daher

---

[1476] Vgl. BVerfGE 141, 186.
[1477] Siehe zur Ermittlung der Wahrheit im Strafprozess insbesondere Abschnitt 3.2.1.2.

nicht nur für Rechtssicherheit im Strafverfahrensrecht sorgen, sondern auch die Freiheitsrechte der Bürger langfristig schützen.

5.2.2 Systematische und inhaltliche Ausgestaltung eines normierten Beweisverwertungsverbots

Nachdem die Notwendigkeit eines entsprechenden normierten Beweisverwertungsverbots festgestellt wurde, stellt sich die Frage nach der systematischen Verortung und inhaltliche Ausgestaltung solch eines Verbotes.

5.2.2.1 Systematische Verortung

Es stellt sich als Erstes die Frage, an welcher Stelle ein datenschutzrechtliches Beweisverwertungsverbot systematisch zu verorten sein sollte. Einerseits könnte solch ein Verbot unmittelbar in den Datenschutzgesetzen, zum Beispiel im BDSG, normiert werden. Andererseits könnte sich aber auch eine unmittelbare Kodifizierung in der StPO anbieten.

Für eine Normierung im BDSG spricht unter anderem der abschließende thematische Bezug zum Datenschutz. Ebenfalls ist es nicht unüblich, entsprechende Zweckbindungen und Verwendungsregelungen von Daten unmittelbar in die jeweiligen Einzelgesetze niederzuschreiben.[1478] Bei den bisherigen Verwendungsregelungen in den Einzelgesetzen handelt es sich in der Regel jedoch um Normen, dessen Inhalt sich in der Regelung der

---

[1478] Siehe zum Beispiel Art. 6 Abs. 2 eCall-VO oder § 63a StVG.

Verwendung erschöpft, ohne unmittelbare strafprozessuale Folgen festzulegen. Sofern wie hier jedoch ein normiertes Beweisverwertungsverbot vorgesehen ist, liegt der Schwerpunkt viel stärker in der strafprozessualen Folge und nicht in dem Ursprung des Beweisverwertungsverbots. Gerade dieser Fokus auf diese zentrale und elementare Folge für das Strafverfahren lässt eine Normierung in der StPO attraktiver erscheinen. Hinzu kommt, dass sich ein datenschutzrechtlicher Verstoß nicht nur aus einem Verstoß gegen das BDSG ergeben kann, sondern grundsätzlich aus allen Normen, welche dem Schutz der Daten des Beschuldigten dienen. Auch vor diesem Hintergrund ist eine unmittelbare Norm in der StPO vorzuziehen.

Innerhalb der StPO bieten sich systematisch mehrere Stellen an, in denen eine entsprechende Norm eingefügt werden könnte. Aufgrund des Umstandes, dass die Daten als Beweismittel mittels einer Ermittlungsmaßnahme erhoben werden, könnte sich eine Normierung im Ersten Buch und dort im Achten Abschnitt (Ermittlungsmaßnahmen §§ 94ff. StPO) der StPO anbieten. In diesem Abschnitt finden sich bereits andere naheliegende Beweisverwertungsverbote, wie zum Beispiel § 100d Abs. 2 StPO oder § 108 Abs. 2 StPO. Die im Achten Abschnitt befindlichen Beweisverwertungsverbote haben ihren Ursprung aber in der konkreten Erhebung der Beweismittel. Das hier vorgesehene datenschutzrechtliche Beweisverwertungsverbot zieht seinen Ursprung jedoch nicht aus einer möglicherweise rechtswidrigen Erhebung durch die Ermittlungsbehörden, sondern aus einer rechtswidrigen Verarbeitung durch einen Dritten. Die Erhebung durch die Ermittlungsbehörden selbst erfolgt dagegen zumeist

5.2 Normiertes datenschutzrechtliches Beweisverwertungsverbot

rechtmäßig. Vor diesem Hintergrund scheint eine Normierung im Rahmen der Ermittlungsmaßnahmen nicht sachgerecht.

Ebenfalls könnte über eine Normierung im Zweiten Buch und dort im Sechsten Abschnitt (Hauptverhandlung §§ 226 ff.) der StPO nachgedacht werden. Dies liegt darin begründet, dass es sich um ein Verwertungsverbot handelt, welches den Amtsermittlungsgrundsatz aus § 244 Abs. 2 StPO und die freie richterliche Beweiswürdigung aus § 261 StPO einschränkt. Zu berücksichtigen ist aber auch hier, dass die Frage eines möglichen Verwertungsverbots zwar in erster Linie im Rahmen der Schuldfrage im Rahmen der Hauptverhandlung eine Rolle spielt, jedoch auch bereits im Ermittlungsverfahren relevant ist. Bereits bei der Prüfung des hinreichenden Tatverdachts für eine Anklage nach § 170 Abs. 1 StPO ist zu antizipieren, ob eine Verurteilung mit den verwertbaren Beweismitteln erreicht werden kann.[1479] Ist bereits zu diesem Zeitpunkt erkennbar, zum Beispiel weil der Beschuldigte eine Einwilligung ausdrücklich verweigert hat, dass gewisse Beweismittel nicht zur Verfügung stehen, müssen diese bei der Beurteilung des Tatverdachts außer Betracht bleiben.[1480] Vor diesem Hintergrund scheint eine Verortung im Rahmen der §§ 226 ff. StPO ebenfalls nicht sachgerecht.

Es bleibt daher das Achte Buch (Schutz und Verwendung von Daten §§ 474 ff. StPO) als weitere Möglichkeit. Dabei kommt insbesondere der Erste Abschnitt in Betracht, der bereits in § 479 Abs. 2 StPO ein Verwertungsverbot für Daten aus Maßnahmen normiert, die nur bei Verdacht bestimmter

---

[1479] Vgl. BGHSt 15, 155.
[1480] Vgl. BeckOK-StPO-*Gorf*, § 170 StPO Rn. 5.

Straftaten zulässig sind. Der § 479 Abs. 2 StPO regelt jedoch ausschließlich die Verwertung erlangter Daten in anderen Strafverfahren.[1481] Aus diesem Grund bietet sich keine Eingliederung in den bisher bestehenden § 479 StPO an. Das neu zu schaffende Beweisverwertungsverbot betrifft hinsichtlich der Erhebung und Verwertung nämlich gerade die gleiche strafprozessuale Tat und unterscheidet sich daher erheblich vom Inhalt des bisherigen § 479 StPO.

Vor diesem Hintergrund bietet sich das Einfügen eines § 479a StPO mit der amtlichen Überschrift „Verwertungsverbot bei datenschutzrechtlichen Verstößen" an, welcher ein Beweisverwertungsverbot bei datenschutzrechtlichen Verstößen hinsichtlich der gleichen strafprozessualen Tat anordnet. In diesem Zuge wäre jedoch auch die Bezeichnung des Ersten Abschnittes dahingehend anzupassen, dass der Zusatz „für verfahrensübergreifende Zwecke" zu streichen wäre, sodass der Erste Abschnitt lediglich noch „Erteilung von Auskünften und Akteneinsicht, sonstige Verwendung von Daten" heißen würde, um dem Umstand Rechnung zu tragen, dass nunmehr auch die Verwertung innerhalb einer strafprozessualen Tat in diesem Abschnitt geregelt wird.

5.2.2.2 Inhaltliche Ausgestaltung

Es stellt sich sodann die Frage nach der konkreten inhaltlichen Ausgestaltung eines datenschutzrechtlichen Beweisverwertungsverbotes. Es bietet sich an, die hier herausgearbeiteten Punkte, welche de lege lata im Rahmen der

---

[1481] Vgl. BeckOK-StPO-*Wittig*, § 479 StPO Rn. 5;

5.2 Normiertes datenschutzrechtliches Beweisverwertungsverbot

Abwägung zu berücksichtigen wären, in eine entsprechende Norm zu kodifizieren.[1482]

Es stellt sich als Erstes die Frage, an welches Merkmal das Beweisverwertungsverbot gekoppelt sein sollte. Ein Anknüpfen an die Eigenschaft der künstlichen Intelligenz oder gar der Einstufung als intelligentes Fahrzeug scheitert in der Praxis an der schwierigen Definition und Abgrenzung der Technologien.[1483] Bereits heute wird vieles als künstliche Intelligenz bezeichnet, was sich bei genauerer Betrachtung lediglich als komplexer Algorithmus ohne eigene Lernfähigkeit herausstellt. Hinzu kommt, dass regelmäßig künstliche Intelligenz mit normaler Informationstechnologie verknüpft wird und es daher in der Praxis häufig nicht möglich ist, festzustellen, ob ein konkreter Datensatz aus der künstlichen Intelligenz stammt oder aus einer sonstigen Datenverarbeitung des Systems. Vor diesem Hintergrund bietet es sich an, das Beweisverwertungsverbot unmittelbar am Verstoß gegen den Datenschutz festzumachen, und zwar unabhängig von der Quelle der erlangten Informationen. Dies ermöglicht auch eine technologieoffene und zukunftssichere Normierung.

Eine weitere Zukunftstauglichkeit der Norm kann dadurch sichergestellt werden, dass grundsätzlich ein Verstoß gegen jegliche datenschutzrechtliche Norm, unabhängig in welchem Gesetz jene normiert ist, das Beweisverwertungsverbot begründen kann. Als auslösende Verstoßhandlung

---

[1482] Siehe zur Behandlung datenschutzrechtlicher Verstöße de lege lata Abschnitt 4.2.2.3.4.
[1483] Siehe dazu Abschnitt 2.1.1.

sollte auf jegliche Verarbeitung im Sinne des Art. 4 Nr. 2 DSGVO abgestellt werden, welches nahezu jeglichen Umgang mit personenbezogenen Daten umfasst.

Eine Beschränkung auf einzelne Gesetze wie dem BDSG oder der DSGVO bietet sich nicht an, da bereits heute eine Vielzahl an datenschutzrechtlichem Normen in den Einzelgesetzen aufgeführt werden und in Zukunft die Frage des Datenschutzes immer häufiger explizit geregelt werden wird. Im Einzelfall kann dies zwar zu Abgrenzungsfragen führen, ob es sich bei einer entsprechenden Norm tatsächlich um eine datenschutzrechtliche Norm handelt, es ist dem deutschen Rechtssystem aber nicht fremd, Normen nach ihrem Schutzzweck einzustufen, so sei zum Beispiel nur an die Schutzgesetze aus § 823 Abs. 2 BGB gedacht.

Einschränkend ist jedoch zu fordern, dass es sich um eine datenschutzrechtliche Norm handeln muss, welche gerade dem Schutz des Beschuldigten dient. Die teleologische Grundlage des hier zu normierenden Beweisverwertungsverbot ist es nämlich, dem Beschuldigten die Entscheidungshoheit über seine persönlichen Daten im Strafprozess zurückzugeben. Zugleich soll den Bürgern der Überwachungsdruck genommen werden, der dadurch entsteht, dass diese Sorge haben müssen, dass ihr Handeln dauerhaft und unkontrolliert überwacht wird und anschließend gegen sie in einem Strafprozess verwertet werden könnte. Der Beschuldigte soll aber nicht in die Lage versetzt werden, dass er über die Verwertbarkeit von Daten Dritter entscheiden kann. Sofern daher zwar Daten vom Beschuldigten erhoben wurden, jedoch datenschutzrechtlich nur gegen drittschützende

5.2 Normiertes datenschutzrechtliches Beweisverwertungsverbot

Normen verstoßen wurde, besteht kein Bedarf, dem Beschuldigten ein entsprechendes Entscheidungsrecht im Strafverfahren einzuräumen.

Ebenfalls besteht keine Notwendigkeit, Zeugen oder sonstige Verfahrensbeteiligte eine Entscheidungshoheit über die Verwertung ihrer Daten in einem Strafprozess gegen jemand anderen einzuräumen. Es handelt sich auch bei normierten Beweisverwertungsverboten um eine begründungsbedürfte Ausnahme, warum das gesellschaftliche Interesse an einer formalen Konfliktbeseitigung zurückzutreten hat.[1484] Mag der Zeuge im Einzelfall zwar ein Interesse haben, dass seine datenschutzwidrig erhobenen Daten nicht im Rahmen eines Strafverfahrens eingeführt werden, überwiegt dieses persönliche Interesse dem gesellschaftlichen Interesse jedoch nicht so sehr, dass in jedem Fall eine Unverwertbarkeit der Daten das Resultat sein sollte. Dies gilt vor allem für den Fall, dass es sich um Daten handelt, die den Beschuldigten entlasten. Ein Beschuldigter darf nicht deswegen verurteilt werden, weil ein Dritter von seinem datenschutzrechtlichen Ansprüchen Gebrauch macht. Sofern Daten von Dritten betroffen sind, ist viel mehr im Rahmen einer Abwägung zu entscheiden, ob diese Daten im Rahmen des Strafprozesses verwertbar sind oder nicht. Das hier diskutierte normierte Beweisverwertungsverbot sollte dagegen nur Verstöße gegen datenschutzrechtliche Normen umfassen, welche dem Schutz des Beschuldigten dienen.

Die grundsätzliche Folge solch eines Verstoßes sollte die Unverwertbarkeit der Daten sein. Sofern in der Literatur teilweise neben einem

---

[1484] Siehe dazu insbesondere Abschnitt 3.2.1.5.

Beweisverwertungsverbot die Existenz eines weitergehenden Beweisverwendungsverbots diskutiert wird,[1485] mit der Folge, dass bereits im Ermittlungsverfahren diese Daten nicht als Spurenansatz verwendet werden dürfen,[1486] bietet sich solch eine Lösung hier aus mehrerlei Gründen nicht an. Als erstes ist zu beachten, dass die Daten von den Ermittlungsbehörden selbst rechtskonform erhoben werden und lediglich ein vorheriger datenschutzrechtlicher Verstoß eines Dritten vorliegt. Eine vollständige Untersagung der weiteren Verwendung dieser von den Behörden grundsätzlich rechtmäßig erhobenen Daten, würde dazu führen, dass der Behörde weitere, grundsätzlich rechtmäßig erfolgende, Datenerhebung untersagt wird. Diese Untersagung erfolgt, obwohl das rechtmäßige Handeln der Behörde selbst noch gar keine weitere Intensivierung des datenschutzrechtlichen Verstoßes bedeuten würde. Erst im Falle eine Verwertung gegen den Willen des Beschuldigten würde ein intensiverer Eingriff vorliegen.

Noch wichtiger ist jedoch, dass solch ein frühzeitiges Verwendungsverbot zur Folge hätte, dass die Ermittlungsbehörden im Strafverfahren keine umfassende Sachverhaltsaufklärung mehr betreiben könnten. Dies würde aber gerade das sogleich zu erörternde Wahlrecht des Beschuldigten ins Leere laufen lassen. Sinn und Zweck der Norm soll es gerade sein, den Beschuldigten in die Lage zu versetzen, dass er nachträglich die Hoheit über seine Daten ausüben kann und über dessen Verwertung entscheiden darf. Dieses Ziel würde aber gerade

---

[1485] Siehe zum „Verwendungsverbot" auch Abschnitt 3.1.1.
[1486] So vertreten von MüKo-StPO-*Schuhr,* Vor. § 133 StPO Rn. 99; Meyer-Goßner/Schmitt-*Schmitt,* Einl. Rn. 57d; *Rogall,* FS-Kohlmann, 465 (482); *Dencker,* FS-Meyer-Goßner, 237 (243); *Hengstenberg,* S. 44.

5.2 Normiertes datenschutzrechtliches Beweisverwertungsverbot

unterlaufen werden, wenn bereits im Ermittlungsverfahren, bevor der Beschuldigte sein Wahlrecht ausüben kann, den Behörden eine Verwendung, und damit eine weitere möglicherweise entlastende Datenerhebung, vollständig untersagt wird. Aus diesem Grund bietet sich, unabhängig ob einem Verwendungsverbot eine Fernwirkung zugestanden wird oder nicht, im hiesigen Fall lediglich ein Beweisverwertungsverbot an.

Das prozessuale Wahlrecht über die Verwertbarkeit der unter Missachtung von datenschutzrechtlichen Normen entstandenen Daten soll den Umstand kompensieren, dass der Beschuldigte im Vorfeld seine datenschutzrechtlichen Ansprüche, insbesondere einen möglichen Löschungsanspruch, mangels Kenntnis nicht durchsetzen konnte. Dieser Kompensierungsbedarf entfällt jedoch, sofern der Beschuldigte vor Erhebung der Daten als Beweismittel durch die Ermittlungsbehörden Kenntnis von der rechtswidrigen Verarbeitung erlangt hat. In diesen Fällen hätte der Beschuldigte nämlich die Möglichkeit gehabt, seinen Anspruch nachträglich gegenüber dem Verwender durchzusetzen. Sofern der Beschuldigte davon keinen Gebrauch gemacht hat, erscheint es nicht sachgerecht, dem Beschuldigten im späteren Strafverfahren eine erneute Ausübung seiner Rechte zu ermöglichen. Der Beschuldigte ist in diesen Fällen so zu stellen, als seien die Daten von Anfang an datenschutzkonform verarbeitet worden. Für diese Ausnahme vom Beweisverwertungsverbot muss der Beschuldigte aber auch die tatsächliche Möglichkeit gehabt haben, seine datenschutzrechtlichen Ansprüche durchzusetzen. Die reine Kenntnis von der Existenz der Daten reicht noch nicht aus, um ihm die gleiche Position einzuräumen, welche er gehabt hätte, wenn der Verarbeiter sich an die datenschutzrechtlichen Regelungen gehalten hätte. An dieser Stelle kann aber keine abstrakte Zeitspanne festgelegt werden, welche zwischen Kenntnis und Erhebung als Beweismittel durch die Ermittlungsbehörden verstrichen sein muss. Die zuzustehende Zeitspanne für eine tatsächliche Anspruchsdurchsetzung kann von wenigen Stunden, zum Beispiel bei selbstständig löschbaren Daten im Internet, bis hin zu einigen Wochen oder Monaten, wenn der Verarbeiter zum Beispiel im Ausland sitzt, reichen. Ergibt sich aus den konkreten Umständen, zum Beispiel fehlende Kenntnis über den Verarbeiter oder mangelnde Rechtsschutzmöglichkeit am Gerichtsstandort des Verarbeiters, dass eine tatsächliche Anspruchsdurchsetzung nicht möglich ist, sind die Daten trotz Kenntnis weiterhin als unverwertbar anzusehen.

Das eingeräumte Hoheitsrecht des Beschuldigten bedeutet jedoch nicht nur, dass eine Verwertung verhindert werden kann, sondern der Beschuldigte kann über seine Daten auch dahingehend verfügen, dass er diese als Beweismittel in das Strafverfahren eingeführt haben möchte. In diesem Fall spricht nichts gegen eine vollständige Verwertbarkeit der Daten, und zwar unabhängig ob sie zu Gunsten oder zu Lasten des Beschuldigten vom Gericht anschließend verwertet werden.

Solch eine freiwillige Einwilligung des Beschuldigten kann jedoch nur dann erfolgen, wenn der Beschuldigte umfassend über sein Wahlrecht informiert ist. Aus diesem Grund ist der Beschuldigte qualifiziert darüber zu belehren, dass er über ein Wahlrecht verfügt und, sofern er in eine Verwertung nicht einwilligt, diese Daten im Strafverfahren nicht verwertet werden dürfen.

5.2 Normiertes datenschutzrechtliches Beweisverwertungsverbot

Die Einwilligung des Beschuldigten muss sich jedoch nicht auf alle im Ermittlungsverfahren erhobenen Daten gleichermaßen beziehen. Sinn und Zweck der Norm ist gerade die Kompensierung des zuvor vereitelten Löschungsanspruch des Beschuldigten. Da der Beschuldigte zuvor auch seinen Löschungsanspruch nur für einzelne Daten hätte durchsetzen können, muss ihm auch bei der Einwilligung die Möglichkeit eingeräumt werden, die Einwilligung auf bestimmte Teile der erhobenen Daten beschränken zu können. Über diese Möglichkeit ist der Beschuldigte ebenfalls zu belehren, um eine umfassend informierte Einwilligung zu garantieren. Eine Beschränkung kann jedoch nur für abgrenzbare Teile von Daten erfolgen, weitere innerprozessuale Beschränkungen kann der Beschuldigte dagegen nicht aufstellen. Insbesondere kann der Beschuldigte eine Einwilligung nicht unter die Bedingung stellen, dass das Gericht die Daten im Rahmen der Beweiswürdigung in einer gewissen Art und Weise würdigt.

Ebenfalls ist die Einwilligung als unwiderruflich anzusehen. Dem Beschuldigten gegenüber soll allein der fehlende Löschanspruch kompensiert werden. Dazu genügt das einmalige Wahlrecht des Beschuldigten, ob seine Daten verwertet werden dürfen oder nicht. Stimmt der Beschuldigte nach einer qualifizierten Belehrung einer Verwertung zu, ist diese Einwilligung mit einem Verzicht auf seinen Löschanspruch gleichzustellen. Durch diese informierte Einwilligung wird der datenschutzrechtliche Makel, welcher den Daten als Beweismittel anhängt, zumindest strafprozessual geheilt. Anschließend sind diese Daten so zu behandeln, als seien sie unter Achtung aller datenschutzrechtlicher Normen entstanden. Es besteht keine Notwendigkeit, dem Beschuldigten die Möglichkeit einzuräumen, die so geheilten Daten nachträglich wieder mit dem Makel behaften zu können.

5.2.3 Formulierungsvorschlag eines normierten Beweisverwertungsverbotes

Aus den vorherstehenden Ausführungen bietet sich das Einfügen eines § 479a StPO an. Die Norm sollte aus zwei Absätze bestehen, wobei der erste Absatz in Satz 1 das grundsätzliche Verwertungsverbot normiert und Satz 2 die Ausnahme regelt, wenn der Beschuldigte zuvor die tatsächliche Möglichkeit gehabt hat, seine datenschutzrechtlichen Ansprüche geltend zu machen.

Im zweiten Absatz ist sodann in Satz 1 die Einwilligung nach einer qualifizierten Belehrung festzulegen. Ferner kann durch die Vorgabe des Inhalts der Belehrung zugleich deutlich gemacht werden, dass die Einwilligung auf bestimmte Teile der erhobenen Daten beschränkt werden kann. In Satz 2 des zweiten Absatzes kann sodann normiert werden, dass die Einwilligung nur unwiderruflich erteilt werden kann. Es bietet sich daher folgender Normtext an:

§ 479a StPO Verwertungsverbot bei datenschutzrechtlichen Verstößen

(1) Daten, die unter Missachtung von datenschutzrechtlichen Normen, welche zum Schutze des Beschuldigten dienen, im Sinne des Art. 4 Nr. 2 DSGVO verarbeitet wurden, dürfen nicht verwertet werden. Dies gilt nicht, falls der Beschuldigte vor der Erhebung der Daten als Beweismittel durch die

Ermittlungsbehörden oder eines Gerichts Kenntnis von den rechtswidrig verarbeiteten Daten erlangt hat und die tatsächliche Möglichkeit gehabt hat, seine datenschutzrechtlichen Ansprüche geltend zu machen.

(2) Absatz 1 Satz 1 findet keine Anwendung, sofern der Beschuldigte in die Verwertung der Daten ausdrücklich einwilligt. Der Beschuldigte ist vor seiner Einwilligung darüber zu belehren, dass die Daten ohne seine Einwilligung nicht verwertet werden dürfen und er die Einwilligung auf bestimmte Teile der erhobenen Daten beschränken kann. Die Einwilligung ist unwiderruflich

5.3 Zwischenergebnis

Daten künstlicher Intelligenz und intelligenter Fahrzeuge sind am besten dadurch zu schützen, dass diese gar nicht erst anfallen. Daher ist der in der DSGVO bereits zum Teil verankerte Grundsatz der Datenminimierung weiter zu verfolgen. Die Hersteller und Anbieter von moderner Technologie müssen gesetzlich verpflichtet werden, bereits bei der Entwicklung der Produkte dafür Sorge zu tragen, dass nur diejenigen Daten erhoben und dauerhaft gespeichert werden, welche für die Technologie tatsächlich zwingend notwendig sind. Darüber hinaus sind die Produkte so zu gestalten, dass sie standardmäßig möglichst datensparsam funktionieren. Lediglich wenn für eine konkrete Nutzung entsprechende Daten notwendig sind, ist vom Benutzer die konkrete Einwilligung einzuholen. Auf diese Art und Weise kann auch verhindert werden, dass der Benutzer mit der Einholung der datenschutzrechtlichen Einwilligung überfordert wird. Trotzdem wird es nicht zu verhindern sein, dass erhebliche Mengen an Daten durch diese neuen Technologien anfallen. Sofern die Daten jedoch unter Missachtung der Datenschutzgesetze erhoben oder verwertet wurden, muss ein normiertes Beweisverwertungsverbot greifen. Nur auf diese Art und Weise kann das Vertrauen der Bevölkerung in neue Technologien gestärkt werden. Es muss dem Bürger die Angst genommen werden, dass er zum gläsernen Bürger wird, wenn er die neuen Technologien nutzt. Dieses normierte Beweisverwertungsverbot ist am sinnvollsten unmittelbar an den Datenschutzverstoß zu koppeln, um einerseits die Definitionsschwierigkeiten bei der Einordnung als künstliche Intelligenz zu vermeiden und andererseits, da auf diese Art und Weise sichergestellt ist, dass das Beweisverwertungsverbot mit den jeweiligen Datenschutzgesetzen mitwächst.

Sofern Daten anfallen, welche zwar nicht die Datenschutzgesetze missachten, trotzdem aber besonders sensibel sind, ist jedoch auch zukünftig auf die Abwägungslehre zurückzugreifen. Dies betrifft vor allem Daten, welche weiterhin unbewusst vom Benutzer generiert werden.

6 Fazit

Diese Arbeit zeigt, dass sich Daten künstlicher Intelligenz und insbesondere intelligenter Fahrzeuge von bisher anfallenden Daten erheblich unterscheiden. Die Daten sind nicht nur deutlich sensibler, sondern der Bürger kann in der Regel auch nicht selbstbestimmt darüber entscheiden, welche Daten anfallen und wie diese verarbeitet werden. In den letzten Jahren hat der Gesetzgeber diese Gefahr zwar erkannt und datenschutzrechtlich – auch im Hinblick des Einsatzes von künstlicher Intelligenz – nachgebessert, strafprozessual hat der Gesetzgeber die neuen Möglichkeiten zur Überwachung jedoch gleichwohl dankend angenommen.

Die technologieoffenen Ermächtigungsgrundlagen zur Datenerhebung finden grundsätzlich auch auf die Daten der künstlichen Intelligenz Anwendung.[1487] Dem Umstand, dass diese so erhobenen Daten aber deutlich sensibler als bisherige Daten sind, hat der Gesetzgeber jedoch noch keine Beachtung geschenkt. Wie sich gezeigt hat, kann zwar auch mit den bisherigen Instrumenten der Beweisverbotslehre, insbesondere der Abwägungslehre, de lege lata zu überzeugenden Ergebnissen gelangt werden.[1488] Aufgrund der erheblichen Grundrechtsrelevanz[1489] der anfallenden Daten und dem deutlichen Potenzial, die Bürger bereits durch die theoretische Möglichkeit der Verwertung einzuschüchtern, zeigt sich jedoch ein erheblicher

---

[1487] Siehe dazu Abschnitt 4.1.
[1488] Siehe dazu Abschnitt 4.2.2.
[1489] Siehe dazu Abschnitt 4.3.

© Der/die Autor(en), exklusiv lizenziert an
Springer Fachmedien Wiesbaden GmbH, ein Teil von Springer Nature 2024
M. Schult, *Erhebung und Verwertung von Daten künstlicher Intelligenz zu Lasten des Beschuldigten im Strafprozess*,
https://doi.org/10.1007/978-3-658-45534-7_6

gesetzgeberischer Bedarf, im Rahmen der Beweisverwertung nachzusteuern.[1490]

Es darf auch nicht verkannt werden, dass es in Zukunft kaum möglich sein wird, die Nutzung von künstlicher Intelligenz zu vermeiden. Kann der Einzelne möglicherweise heutzutage noch auf persönliche Assistenten oder auch intelligente Fahrzeuge verzichten, wird dies bei – bereits in Entwicklung befindlichen – intelligenten Prothesen oder Herzschrittmachern bald nicht mehr möglich sein.[1491] Eine vollständige Vermeidung dieser neuen Technologie in der Zukunft ist utopisch, da künstliche Intelligenz in allen Bereichen des täglichen Lebens Einzug halten wird.

Der Gesetzgeber wird daher sowohl datenschutzrechtlich als auch strafprozessual auf diese neuen Gefahren reagieren müssen, damit die Bürger ihre verfassungsrechtlich verbürgten Freiheitsrechte auch im Bereich der neuen Technologien angstfrei ausüben können. Datenschutzrechtlich müssen bereits die Hersteller und Anbieter in die Pflicht genommen werden, ihre Produkte nicht nur unter Achtung der Datenschutzgesetze zu entwickeln, sondern in allen Stadien der Datenerhebung und Datenverarbeitung dem Grundsatz der Datensparsamkeit zu folgen. Darüber hinaus sind Daten, welche unter Missachtung der Datenschutzgesetze entstanden sind, konsequent einem strafprozessualen Beweisverwertungsverbot zu unterstellen. Konkret ist in der Strafprozessordnung ein Beweisverwertungsverbot durch die Schaffung eines § 479a StPO zu kodifizieren. Die Missachtung datenschutzrechtlicher

---

[1490] Siehe dazu Kapitel 5.
[1491] *Gless*, StV 2018, 671.

6 Fazit

Vorschriften durch Dritte muss grundsätzlich ein Beweisverwertungsverbot nach sich ziehen, es sei denn, dass der Beschuldigte zuvor aus anderem Grund die Gelegenheit hatte, den datenschutzrechtlichen Verstoß zu heilen oder aber in eine Verwertung einwilligt.[1492] Der Staat darf nicht davon profitieren, dass dem Bürger mangels Wissens das Kontrollrecht über seine Daten vorenthalten wurde.

Der Zweck des modernen Staates ist die Wahrung der Freiheit seiner Bürger. Diese Aufgabe darf der Staat nie aus den Augen verlieren, wenn in die Freiheitsrechte des Einzelnen eingegriffen wird. Auch das Interesse an einer „effektiven Strafrechtspflege"[1493] ist lediglich ein Ausfluss der Freiheitsrechte der Allgemeinheit. Denn die „effektive Strafrechtspflege", wie auch immer der Topos letztendlich eingeordnet wird, dient dazu, dass das einzelne Mitglied der Gesellschaft in Freiheit leben kann, ohne sich Sorgen machen zu müssen, von anderen Personen in strafrechtlicher Art und Weise beeinträchtigt zu werden. Die Strafrechtspflege darf daher nie dazu führen, dass Bürger auf ihre Freiheitsrechte verzichten, weil sie Angst haben, sich damit zum gläsernen Bürger zu machen.

Die Aufgabe des modernen Verfassungsstaates hat bereits im Jahr 1670 der niederländische Philosoph *Baruch de Spinoza* in seinem „Theologisch-politischen Traktat" wie folgt zutreffend zusammengefasst:

[1492] Siehe dazu Abschnitt 5.2.2.
[1493] Siehe dazu Abschnitt 3.2.

„Der letzte Zweck des Staates ist nicht, zu herrschen noch die Menschen in Furcht zu halten oder sie fremder Gewalt zu unterwerfen, sondern vielmehr den einzelnen von der Furcht zu befreien, damit er so sicher als möglich leben und sein natürliches Recht zu sein und zu wirken ohne Schaden für sich und andere vollkommen behaupten kann. [...] Der Zweck des Staates ist in Wahrheit die Freiheit."[1494]

Es bleibt daher abzuwarten, ob der Gesetzgeber der Verlockung der neuen Überwachungsmöglichkeiten widerstehen kann und den Bürgern eine freie und angstfreie Nutzung von künstlicher Intelligenz ermöglicht. Die hier vorliegende Arbeit soll einen Beitrag zu dieser uns in der Zukunft noch häufiger zu beschäftigenden Herausforderung leisten.

[1494] *de Spinoza*, theologisch-politischen Traktat, S. 301.

7 Zusammenfassung in Thesen

1. Nahezu alle Daten von intelligenten Fahrzeugen sind als personenbezogene Daten im Sinne der DSGVO anzusehen.

2. Die Komplexität von künstlicher Intelligenz in intelligenten Fahrzeugen überfordert an vielen Stellen die geltenden Datenschutzgesetze. Es ist daher nach geltender Rechtslage häufig für die Fahrzeughersteller und Dienstanbieter schwierig, Daten datenschutzkonform zu erheben.

3. Ein strafprozessuales Beweisverwertungsverbot stellt eine begründungsbedürftige Ausnahme dar. Bei der Frage des Vorliegens eines Beweisverwertungsverbots ist das staatliche Strafverfolgungsinteresse gegen die betroffenen Rechte des Beschuldigten im Einzelfall abzuwägen.

4. Das staatliche Strafverfolgungsinteresse fußt auf dem übergeordneten Ziel der Strafrechtspflege. Das Ziel der Strafrechtspflege ist weder die Ermittlung der Wahrheit noch das Herstellen von Gerechtigkeit, sondern ausschließlich die Herstellung des Rechtsfriedens durch die formalisierte Konfliktverarbeitung der schwersten gesellschaftlichen Grenzüberschreitungen. Das staatliche Strafverfolgungsinteresse stellt für den erkennenden Richter das Untermaß im Rahmen der Abwägung bei der Frage des Vorliegens eines Beweisverwertungsverbots dar.

5. Die Erhebung und Verwertung von Daten intelligenter Fahrzeuge stellt regelmäßig einen Eingriff in die Rechte des Beschuldigten aus dem

© Der/die Herausgeber bzw. der/die Autor(en), exklusiv lizenziert an
Springer Fachmedien Wiesbaden GmbH, ein Teil von Springer Nature 2024
M. Schult, *Erhebung und Verwertung von Daten künstlicher Intelligenz zu Lasten des Beschuldigten im Strafprozess*,
https://doi.org/10.1007/978-3-658-45534-7

Fernmeldegeheimnis (Art. 10 Abs. 1 GG), dem Recht auf informationelle Selbstbestimmung (Art. 2 Abs. 1 i.V.m. Art. 1 Abs. 1 GG) und dem Recht auf Gewährleistung der Vertraulichkeit und Integrität informationstechnischer Systeme (Art. 2 Abs. 1 i.V.m. Art. 1 Abs. 1 GG) dar.

6. Die Daten von intelligenten Fahrzeugen können insbesondere mittels Telekommunikationsüberwachung (§ 100a StPO), Onlinedurchsuchung (§ 100b StPO), Erhebung von Verkehrsdaten (§ 100g StPO i.V.m. § 9 TTDSG und §§ 175 ff. TKG) sowieso mittels Durchsuchung, Sicherstellung und Beschlagnahme (§§ 94ff; §§ 102 ff. StPO) erhoben werden.

7. Fahrzeughersteller können nicht dazu verpflichtet werden, bei der Entschlüsselung von aufgefundenen Daten intelligenter Fahrzeuge zu helfen.

8. Intelligente Fahrzeuge erzeugen im großen Umfang äußerst sensible Daten. Diese Kombination aus Sensibilität, Umfang, Unbewusstheit und Allgegenwärtigkeit grenzt die Daten von künstlicher Intelligenz von den bisher üblichen erzeugten persönlichen Daten ab. Es handelt sich um eine neue Dimension des Eingriffs in das allgemeine Persönlichkeitsrecht. Daher ist unbewusst generierten Daten eine erhöhte Sensibilität zu attestieren und diese Umstände sind im Rahmen der Abwägung, bei der Frage einer Verwertbarkeit im Strafprozess, besonders zu berücksichtigen.

9. Bei Daten künstlicher Intelligenz und intelligenter Fahrzeuge, die datenschutzwidrig durch Dritte erhoben wurden und in die Privatsphäre fallen, überwiegen regelmäßig die schutzwürdigen Rechte des Beschuldigten das

staatliche Strafverfolgungsinteresse und die Daten dürfen grundsätzlich nicht im Strafprozess verwertet werden. Eine Übertragung der bisherigen Rechtsprechung zu heimlichen Tonbandaufnahmen und Dashcam-Aufzeichnungen auf Daten künstlicher Intelligenz verbietet sich aufgrund der besonderen Sensibilität der Daten künstlicher Intelligenz.

10. Von intelligenten Fahrzeugen datenschutzkonform generierte retroperspektive Standortdaten dürfen regelmäßig in Strafverfahren verwertet werden. Beim Mobilfunkanbieter anfallende Verkehrsdaten der SIM-Karte von intelligenten Fahrzeugen sind vergleichbar mit Verkehrsdaten von SIM-Karten in Smartphones, und sind ebenfalls regelmäßig verwertbar.

11. Vom Fahrer bewusst generierte Telemetriedaten seines Fahrverhaltens sind regelmäßig in einem Strafverfahren verwertbar. Vom Fahrer unbewusst generierte Telemetriedaten sind dagegen, im Falle eines Widerspruchs der Verwertung durch den Beschuldigten, grundsätzlich unverwertbar.

12. Gemessene Vitalwerte von intelligenten Fahrzeugen stellen Gesundheitsdaten dar. Vitalwerte sind zwar nicht per se dem Kernbereich zuzuschreiben, aufgrund der Einstufung als Gesundheitsdaten sind diese aber als besonders sensibel anzusehen. Die Abwägung hinsichtlich der Frage der Verwertbarkeit von Vitalwerten wird daher regelmäßig zum Ergebnis führen, dass die Daten unverwertbar sind.

13. Die Daten der Innenraumüberwachung intelligenter Fahrzeuge per Kamera und Mikrofone sind regelmäßig unverwertbar. Der Innenraum eines

Fahrzeuges stellt zwar keinen Wohnraum im Sinne des Art. 13 Abs. 1 GG dar, bei der Frage der Kernbereichsrelevanz ist der Innenraum jedoch mit dem eigenen Wohnraum vergleichbar. Daten der Außenkameras betreffen dagegen lediglich die Sozialsphäre. Bei der Frage der Verwertbarkeit von Aufzeichnungen durch Außenkameras überwiegt in diesen Fällen zumeist das staatliche Strafverfolgungsinteresse.

14. Sowohl die ausgehende als auch die eingehende Kommunikation intelligenter Fahrzeuge generiert personenbezogene Daten. Eine Verwertbarkeit dieser Daten im Strafprozess ist jedoch regelmäßig zu bejahen, da sich die Nachrichten in der Regel an die Allgemeinheit richten.

15. De lege ferenda ist, neben der Stärkung des Grundsatzes der Datenminimierung, ein normiertes Beweisverbot für unter Missachtung der datenschutzrechtlichen Normen entstandene Daten notwendig. Nur mit ausdrücklicher Einwilligung des Beschuldigten dürfen dann Daten, die datenschutzrechtswidrig erhoben oder verarbeitet wurden, im Strafprozess eingebracht werden

Literaturverzeichnis

Achenbach, Hans: Polygraphie pro reo, in: NStZ 1984, 350 – 352.

ADAC: „Leichte Beute: Autos und Motorräder mit Keyless" vom 19.08.2019, https://www.adac.de/rund-ums-fahrzeug/ausstattung-technik-zubehoer/assistenzsysteme/keyless/ zuletzt abgerufen am 21.03.2024.

AI HLEG: A Definition of AI: Main Capabilities and Disciplines, Brüssel 2019.

Albrecht, Jan Philipp: Das neue EU-Datenschutzrecht – von der Richtlinie zur Verordnung, in: CR 2016, 88 – 98.

Allgayer, Peter: Die Verwendung von Zufallserkenntnissen aus Überwachungen der Telekommunikation gem. §§ 100af. StPO (und anderen Ermittlungsmaßnahmen) – Zugleich eine Anmerkung zu den Entscheidungen des BVerfG vom 3.3.2004 (NJW 2004, 999) und vom 29.6.2005 (NJW 2005, 2766) sowie des OLG Karlsruhe vom 3.6.2004 (NStZ 2004, 2687), in: NStZ 2006, 603 – 608.

Allianz: „Telematik-Tarif: BonusDrive", https://www.allianz.de/auto/kfz-versicherung/telematik-versicherung/ zuletzt abgerufen am 21.03.2024.

Alvares de Souza Soares, Philipp: „BMW liefert Gericht Kundendaten für Bewegungsprofil" vom 21.07.2016, https://www.manager-magazin.de/unternehmen/autoindustrie/bmw-autobauer-liefert-

---

© Der/die Herausgeber bzw. der/die Autor(en), exklusiv lizenziert an
Springer Fachmedien Wiesbaden GmbH, ein Teil von Springer Nature 2024
M. Schult, *Erhebung und Verwertung von Daten künstlicher Intelligenz zu Lasten des Beschuldigten im Strafprozess*,
https://doi.org/10.1007/978-3-658-45534-7

gericht-kundendaten-fuer-bewegungsprofil-a-1104050.html zuletzt abgerufen am 21.03.2024.

Amazon: „Was ist künstliche Intelligenz?", https://aws.amazon.com/de/machine-learning/what-is-ai/ zuletzt abgerufen am 21.03.2024.

Amelung, Knut: Informationsbeherrschungsrecht im Strafprozeß, Berlin 1990.

Amelung, Knut: Grundfragen der Verwertungsverbote bei beweissichernden Haussuchungen im Strafverfahren, in: NJW 1991, 2533 – 2540.

Amelung, Knut: Die Entscheidung des BVerfG zur „Gefahr im Verzug" i.S. des Art. 13 II GG, in: NStZ 2001, 337 – 343.

Amelung, Knut/*Mittag*, Matthias: Beweislastumkehr bei Haussuchungen ohne richterliche Anordnung gemäß § 105 StPO, in: NStZ 2005, 614 – 617.

American Bar Association: ABA Standards for Criminal Justice: Prosecutorial Investigations, 3. Auflage Washington D.C. (USA) 2014.

Apple: "Secure Enclave – Übersicht", https://support.apple.com/de-de/guide/security/sec59b0b31ff/web zuletzt abgerufen am 21.03.2024.

Apple: "Sicherheitsüberblick – iCloud", https://support.apple.com/de-de/HT202303 zuletzt abgerufen am 21.03.2024.

Arloth, Frank: Dogmatik in der Sackgasse - Zur Diskussion um die Beweisverwertungsverbote, in: GA 2006, 258 – 261.

Literaturverzeichnis

Arnold, Norbert/*Burchardt*, Aljoscha u.a.: Künstliche Intelligenz – Häufig gestellte Fragen, Sankt Augustin/Berlin 2018.

Arzt, Clemens/*Kleemann*, Steven u.a.: Datenverarbeitung und Cybersicherheit in der Fahrzeugautomatisierung, in: MMR 2022, 593 – 614.

Auer-Reinsdorff, Astrid/*Conrad*, Isabell (Hrsg.): Handbuch IT- und Datenschutzrecht, 3. Auflage München 2019 [zitiert: Auer-Reinsdorff/Conrad-*Bearbeiter*].

Avati, Anand/*Jung*, Kenneth u.a.: Improving palliative care with deep learning, in: BMC Med Inform Decis Mak 2018, 55 – 64.

Bachmeier, Werner: Dash-Cam & Co. – Beweismittel der ZPO?, in: DAR 2014, 15 – 22.

Bäcker, Matthias: Die Vertraulichkeit der Internetkommunikation, in: Hartmut, Rensen/Brink, Stefan (Hrsg.), Linien der Rechtsprechung des Bundesverfassungsgerichts - Band 1, Berlin 2009, 99 – 137.

Badura, Peter: Staatsrecht: systematische Erläuterung des Grundgesetzes für die Bundesrepublik Deutschland, 7. Auflage München 2018.

Balzer, Thomas/*Nugel*, Michael: Das Auslesen von Fahrzeugdaten zur Unfallrekonstruktion im Zivilprozess, in: NJW 2016, 193 – 199.

Baomar, Haitham/*Bentley*, Peter J.; An Intelligent Autopilot System that learns piloting skills from human pilots by imitation, in: International Conference on Unmanned Aircraft Systems (ICUAS) 2016, 1023 – 1032 [zitiert: ICUAS 2016].

Bär, Wolfgang: Transnationaler Zugriff auf Computerdaten, in: ZIS 2011, 53 – 59.

Barthe, Christoph/*Gericke*, Jan: Karlsruher Kommentar zur Strafprozessordnung, 9. Auflage München 2023 [zitiert KK-StPO-*Bearbeiter*].

Basar, Eren/*Hiéramente*, Mayeul: Datenbeschlagnahme in Wirtschaftsstrafverfahren und die Frage der Datenlöschung, in: NStZ 2018, 681 – 687.

Baumann, Jürgen: Sperrkraft der mit unzulässigen Mitteln herbeigeführten Aussage, in: GA 1959, 33 – 44.

Becker, Jörger-Peter/*Erb*, Volker u.a. (Hrsg.): Die Strafprozessordnung und das Gerichtsverfassungsgesetz, Band 1, 27. Auflage Berlin 2016 [zitiert: LR-*Bearbeiter*].

Beling, Ernst: Die Beweisverbote als Grenzen der Wahrheitserfoschung im Strafprozess, in: Strafrechtliche Abhandlungen 1903, 1 – 41.

Berger, Daniel: „Microsoft Dictate: Freihändig schreiben dank Spracherkennung" vom 22.06.2017, https://www.heise.de/newsticker/meldung/Microsoft-Dictate-Freihaendig-schreiben-dank-Spracherkennung-3751788.html zuletzt abgerufen am 21.03.2024.

Bernsmann, Klaus: Hörfalle, in: StV 1997, 116 – 119.

Berz, Ulrich: 28. Deutscher Verkehrsgerichtstag 1990, in: NZV 1990, 102 – 104.

Beukelmann, Stephan: Die Online-Durchsuchung, in: StraFo 2008, 1 – 8.

Beukelmann, Stephan: Surfen ohne strafrechtliche Grenzen, in: NJW 2012, 2617 – 2621.

Beukelmann, Stephan: Neues von der Vorratsdatenspeicherung, in: NJW-Spezial 2020, 696.

Beulke, Werner: Die Vernehmung des Beschuldigten – Einige Anmerkungen aus der Sicht der Prozeßrechtswissenschaft, in: StV 1990, 180 – 184.

Beulke, Werner: Hypothetische Kausalverläufe im Strafverfahren bei rechtswidrigem Vorgehen von Ermittlungsorganen, in: ZStW 1991, 657 – 680.

Beulke, Werner: Beweiserhebungs- und Beweisverwertungsverbote im Spannungsfeld zwischen den Garantien des Rechtsstaates und der effektiven Bekämpfung von Kriminalität und Terrorismus, in: JURA 2008, 653 – 666.

Beulke, Werner/*Swoboda*, Sabine: Strafprozessrecht, 16. Auflage Heidelberg 2022.

Beulke, Werner/*Meininghaus*, Florian: Heimliche Online-Durchsuchung eines PC, in: StV 2007, 63 – 65.

Bhowmick, Aley/*Hazarika*, Shyamanta M.: „Machine Learning for E-mail Spam Filtering: Review, Techniques and Trends" vom 03.06.2016, arXiv: arXiv:1606.01042, http://arxiv.org/abs/1606.01042 zuletzt abgerufen am 21.03.2024.

Bijelic, Mario/*Gruber*, Tobias u.a.: „Seeing Through Fog Without Seeing Fog: Deep Multimodal Sensor Fusion in Unseen Adverse Weather" vom 30.06.2020, arXiv:1902.08913, https://arxiv.org/abs/1902.08913 zuletzt abgerufen am 21.03.2024.

Bitkom: „Positionspapier, Cyber-Sicherheit und Wirtschaftsschutz mit Verschlüsselung. Strafverfolgung und Gefahrenabwehr trotz Verschlüsselung" vom 22.09.2017, https://www.bitkom.org/sites/default/files/file/import/Positionspapier-Crypto-Wars.pdf zuletzt abgerufen am 21.03.2024.

Bitkom/DFKI: „Künstliche Intelligenz: Wirtschaftliche Bedeutung, gesellschaftliche Herausforderung, menschliche Verantwortung", https://www.bitkom.org/sites/default/files/file/import/FirstSpirit-1496912702488Bitkom-DFKI-Positionspapier-Digital-Gipfel-AI-und-Entscheidungen-13062017-2.pdf zuletzt abgerufen am 21.03.2024.

Blechschmitt, Lisa: Strafverfolgung im digitalen Zeitalter, in: MMR 2018, 361 – 365.

BMVI: „Eigentumsordnung für Mobilitätsdaten?", Berlin 2017.

Literaturverzeichnis

BMW: „Allgemeinen Geschäfts- und Nutzungsbedingungen von BMW ConnectedDrive" Stand September 2021, abrufbar unter https://www.bmw.de/content/dam/bmw/marketDE/bmw_de/new-vehicles/pdf/01_BMW_TermsConditions_D1_09122021.pdf.asset.1639057464388.pdf zuletzt abgerufen am 21.03.2024.

BMW: „BMW i ConnectedDrive Dienste Informationen/Datenschutz", Stand: Dezember 2017.

Böckenförde, Thomas: Auf dem Weg zur elektronischen Privatsphäre, in: JZ 2008, 925 – 939.

Bode, Thomas A.: Verdeckte strafprozessuale Ermittlungsmaßnahmen, Berlin/Heidelberg 2012.

Bosch: „Parken neu erleben: Mit vernetzten und automatisierten Parklösungen", https://www.bosch-mobility-solutions.com/de/mobility-themen/vernetztes-und-automatisiertes-parken/ zuletzt abgerufen am 21.03.2024.

Böse, Martin: Die verfassungsrechtlichen Grundlagen des Satzes "Nemo tenetur se ipsum accusare", in: GA 2002, 98 – 128.

Bosesky, Pino/*Hoffmann*, Christian u.a.: Datenhoheit im Cloud-Umfeld, in: DuD 2013, 95 – 100.

Braun, Frank/*Brühl*, Albrecht: Der Freiheit eine Gasse? Anmerkungen zur "Überwachungsgesamtrechnung" des Bundesverfassungsgerichts, in: VR 2017, 151 – 155.

Brenner, Michael: Der Einsatz von Unfalldatenspeichern im Lichte der Vorgaben des Verfassungsrechts, in: NZV 2003, 360 – 366.

Bretthauer, Sebastian/*Schmitt*, Amancaya Andrea: Privatsphärengerechte intelligente Mobilitätssteuerung im Straßenverkehr, in: ZD 2020, 341 – 347.

Brink, Stefan/*Wolff*, Heinrich Amadeus (Hrsg.): BeckOK Datenschutzrecht, 42. Edition München 2022 [zitiert: BeckOK-Datenschutz-*Bearbeiter*].

Brisch, Klaus/*Müller-te Jung*, Marco: Autonomous Driving – Von Data Ownership über Blackbox bis zum Beweisrecht, in: CR 2016, 411 – 416.

Britz, Gabriele: Vertraulichkeit und Integrität informationstechnischer Systeme, DÖV 2008, 411- 414.

Brockmann, Oliver/*Nugel*, Michael: Unfallrekonstruktion mithilfe des EDR - eine interdisziplinäre Betrachtung, in: zfs 2015, 64 – 69.

Brodowski, Dominik: Strafprozessualer Zugriff auf E-Mail-Kommunikation, in: JR 2009, 402 – 412.

Brodowski, Dominik/*Eisenmenger*, Florian: Zugriff auf Cloud-Speicher und Internetdienste durch Ermittlungsbehörden Sachliche und zeitliche Reichweite der „kleinen Online-Durchsuchung" nach § 110 Abs. 3 StPO, in: ZD 2014, 119 – 126.

Bruns, Hans-Jürgern: Der "Verdächtige" als schweigeberechtigte Auskunftsperson und als selbstständiger Prozessbeteiligter neben dem Beschuldigten und Zeugen?, in: Hamm, Rainer/Matzke, Walter (Hrsg.), Festschrift für Erich Schmidt-Leichner zum 65. Geburtstag, München 1977, 1- 15 [zitiert: FS-Schmidt-Leichner].

BSI: „Empfehlungen – Verschlüsselte Kommunizieren im Internet", https://www.bsi.bund.de/DE/Themen/Verbraucherinnen-und-Verbraucher/Informationen-und-Empfehlungen/Onlinekommunikation/Verschluesselt-kommunizieren/verschluesselt-kommunizieren_node.html zuletzt abgerufen am 21.03.2024.

Buchner, Benedikt: Datenschutz im vernetzten Automobil, in: DuD 2015, 372 – 377.

Buermeyer, Ulf: Die "Online-Durchsuchung". Verfassungsrechtliche Grenzen des verdeckten hoheitlichen Zugriffs auf Computersysteme, in: HRRS 2007, 329 – 337.

Buermeyer, Ulf: Gutachterliche Stellungnahme im Ausschuss für Recht und Verbraucherschutz des Deutschen Bundestages am 31.5.2017, Berlin 2017 [zitiert: Gutachterliche Stellungnahme].

Bundesamt für Strahlenschutz: „GSM Standard", Stand: 19.04.2021, https://www.bfs.de/DE/themen/emf/mobilfunk/basiswissen/gsm/gsm_node.html zuletzt abgerufen am 21.03.2024.

Bundesministerium der Justiz: „Vorratsdatenspeicherung und „Quick-Freeze-Verfahren"", https://www.bmj.de/DE/themen/digitales/digitale_buergerrechte/quick_freeze_artikel.html zuletzt abgerufen am 21.03.2024.

Bundesregierung: „Strategie Künstlicher Intelligenz der Bundesregierung", Stand: Dezember 2020, https://www.ki-strategie-deutschland.de/files/downloads/201201_Fortschreibung_KI-Strategie.pdf zuletzt abgerufen am 21.03.2024.

Bundesverband Deutscher Leasing-Unternehmen, „Marktbericht 2022", https://jahresbericht.leasingverband.de/leasing-markt-und-umfeld/marktbericht-2022/ zuletzt abgerufen am 21.03.2024.

Bünte, Claudia: Künstliche Intelligenz – die Zukunft des Marketing: Ein praktischer Leitfaden für Marketing-Manager, Wiesbaden 2018.

Burgdorf, Wolfgang: Die Wahlkapitulationen der römisch-deutschen Könige und Kaiser 1519-1792, Göttingen 2015.

Burhoff, Detlef: Handbuch für das strafrechtliche Ermittlungsverfahren, 9. Auflage Bonn 2022.

CDU, CSU und SPD: „Ein neuer Aufbruch für Europa. Eine neue Dynamik für Deutschland. Ein neuer Zusammenhalt für unser Land. Koalitionsvertrag zwischen CDU, CSU und SPD." Koalitionsvertrag für die 19. Wahlperiode des Bundestages vom 12.03.2018, https://www.bundesregierung.de/breg-de/themen/koalitionsvertrag-zwischen-cdu-csu-und-spd-195906 zuletzt abgerufen am 21.03.2024.

Chellappa, Akalya/ *Ezhilarasie*, Rajapackiyam: Fatigue Detection Techniques: A Review, in: International Journal of Pure and Applied Mathematics 2017, 503 – 510.

Chen, Jihong: Regulation and deregulation: understanding the evolution of the Chinese cryptography legal regime from the newly released Cryptography Law of China, in: International Cybersecurity Law Review 2020, 73 – 86.

Condliffe, „Jamie: Facial Recognition Is Getting Incredibly Powerful – and Ever More Controversial" vom 27.09.2020, https://www.technologyreview.com/f/608832/facial-recognition-is-getting-incredibly-powerful-and-ever-more-controversial/ zuletzt abgerufen am 21.03.2024.

Cornelius, Kai: Verwertung privat gefertigter Dashcam-Videos im Verkehrs-Bußgeldverfahren, in: NJW 2016, 2280 – 2283.

Curry, Sam: „Web Hackers vs. The Auto Industry: Critical Vulnerabilities in Ferrari, BMW, Rolls Royce, Porsche, and More" vom 03.01.2023, https://samcurry.net/web-hackers-vs-the-auto-industry/ zuletzt abgerufen am 21.03.2024.

Dahs, Hans: Handbuch des Strafverteidigers, 8. Auflage Köln 2015.

Dallmeyer, Jens: Wiedergeburt der "Funktionstüchtigkeit der Strafrechtspflege"?, in: HRRS 2009, 429 – 433.

Dannecker, Christoph: Der nemo tenetur-Grundsatz – prozessuale Fundierung und Geltung für juristische Personen, in: ZStW 2015, 370 – 409.

deAgonia, Michael: „Apple's Face ID [The iPhone X's facial recognition tech] explained" vom 01.11.2017, https://www.computerworld.com/article/3235140/apples-face-id-the-iphone-xs-facial-recognition-tech-explained.html zuletzt abgerufen am 21.03.2024.

Degenhart, Christoph: Das allgemeine Persönlichkeitsrecht, Art. 2 I i.V. mit Art. 1 I GG, in: JuS 1992, 361 – 368.

Delvo, Matthias: Der Lügendetektor im Strafprozess der U.S.A: eine Auswertung und kritische Würdigung der U.S.-amerikanischen Fachliteratur zum Thema "Wissenschaft der Polygraphie", der Rechtsprechung und der juristischen Literatur in Hinblick auf eine mögliche Verwertbarkeit des Polygraphen im Strafverfahren der Bundesrepublik Deutschland, Königstein/Ts. 1981.

Dencker, Friedrich: Verwertungsverbote im Strafprozeß, Köln/Berlin u.a. 1977.

Dencker, Friedrich: Verlesung ausländischer Vernehmungsniederschriften über ein Geständnis, Verwertung von Angaben ohne Belehrung, in: StV 1995, 231 – 236.

Dencker, Friedrich: Verwertungsverbote und Verwendungsverbote im Strafprozeß, in: Eser, Albin (Hrsg.), Strafverfahrensrecht in Theorie und Praxis: Festschrift für Lutz Meyer-Goßner zum 65. Geburtstag, München 2001, 237 – 256 [zitiert: FS-Meyer-Goßner].

Denga, Michael: Gemengelage privaten Datenrechts, in: NJW 2018, 1371 – 1376.

Derksen, Roland: Besprechung des Beschlusses des BGH vom 13.05.1996 - GSSt. 1/19 (BGHSt. 43, 139), in: JR 1997, 163 – 170.

Determann, Lothar: Warum Gedanken und andere Informationen frei sind und es bleiben sollten, in: ZD 2018, 503 – 508.

Dettling, Uwe/*Krüger*, Stefan: Erste Schritte im Recht der Künstlichen Intelligenz - Entwurf der „Ethik-Leitlinien für eine vertrauenswürdige KI", in: MMR 2019, 211 – 217.

Deutschlandfunk: „Innenministerin Faeser zur Vorratsdatenspeicherung" vom 21.09.2022, https://www.deutschlandfunk.de/bundesinnenministerin-faeser-zur-vorratsdatenspeicherung-100.html, zuletzt abgerufen am 21.03.2024.

Ding, Yiming/*Sohn*, Jae u.a.: A Deep Learning Model to Predict a Diagnosis of Alzheimer Disease by Using 18F-FDG PET of the Brain, in: Radiology 2018, 456 – 464.

Dingeldey, Thomas: Das Prinzip der Aussagefreiheit im Strafprozeßrecht, in: JA 1984, 407 – 414.

Dörr, Oliver/*Grote*, Rainer u.a. (Hrsg.): EMRK/GG Konkordanzkommentar zum europäischen und deutschen Grundrechtsschutz, 3. Auflage Tübingen 2022 [zitiert: Dörr/Grote/Marauhn-*Bearbeiter*].

Dreier, Horst (Hrsg.): Grundgesetz Kommentar, Band I, 3. Auflage Tübingen 2013 [zitiert: Dreier-*Bearbeiter*].

Drozhzhin, Alex: "Tesla Model S wurde aus dem Remote gehackt" vom 20.09.2016, https://www.kaspersky.de/blog/tesla-remote-hack/8739/ zuletzt abgerufen am 21.03.2024.

Eckhardt, Jens: Wie weit reicht der Schutz des Fernmeldegeheimnisses (Art. 10 GG)? Zugleich Anmerkung zu BVerfG, Urt. v. 2.3.2006, 2 BVR 2099/04, in: DuD 2006, 365 – 368.

Eckstein, Ken: Ermittlungen zu Lasten Dritter, Tübingen 2013.

Eichenberger, Michael: Rechte an Daten, in: VersR 2019, 709 – 714.

Eidam, Lutz: Die strafprozessuale Selbstbelastungsfreiheit am Beginn des 21. Jahrhunderts, Frankfurt am Main 2006.

Eifert, Martin: Informationelle Selbstbestimmung im Internet. Das BVerfG und die Online-Durchsuchungen, in: NVwZ 2008, 521, 523.

Eisele, Jörg: Die Regelbeispielsmethode im Strafrecht: zugleich ein Beitrag zur Lehre vom Tatbestand, Tübingen 2004.

Eisenberg, Ulrich: Beweisrecht der StPO, 10. Auflage München 2017.

Eisenberg, Ulrich/*Singelnstein*, Tobias: Zur Unzulässigkeit der heimlichen Ortung per „stiller SMS", in: NStZ 2005, 62 – 67.

Eisenhardt, Urte: Das nemo tenetur-Prinzip: Grenze körperlicher Untersuchungen beim Beschuldigten am Beispiel des § 81a StPO, Frankfurt am Main 2007.

Engländer, Armin: Das nemo-tenetur-Prinzip als Schranke verdeckter Ermittlungen, in: ZIS 2008, 163 – 167.

Epping, Volker/*Hillgruber*, Christian (Hrsg.): BeckOK Grundgesetz, 57. Edition München 2024 [zitiert: BeckOK-GG-*Bearbeiter*].

Erb, Volker/*Graalmann-Scheerer*, Kirsten u.a. (Hrsg.): Die Strafprozeßordnung und das Gerichtsverfassungsgesetz, Band 5/2, 27. Auflage Berlin 2018 [zitiert: LR-*Bearbeiter*].

Erbguth, Jörn: Datenschutzkonforme Verwendung von Hashwerten auf Blockchains, in: MMR 2019, 654 – 660.

Eschment, Wolfgang: „MWC: Mercedes holt den Arzt ins Auto" vom 26.02.2019, https://edison.media/erleben/mwc-mercedes-holt-den-arzt-ins-auto/24040308.html zuletzt abgerufen am 21.03.2024.

Eser, Albin: Aussagefreiheit und Beistand des Verteidigers im Ermittlungsverfahren, in: ZStW 1967, 565 – 623.

Eser, Albin: Funktionswandel strafrechtlicher Prozeßmaximen: Auf dem Weg zur "Reprivatisierung" des Strafverfahrens?, in: ZStW 1992, 361 – 397.

Eser, Albin: Strafjustiz im Spannungsfeld von Fairness und Effizienz, in: Eser, Albin/Rabenstein, Christiane (Hrsg.), Strafjustiz im Spannungsfeld von Effizienz und Fairness, Berlin 2004, 433 – 437 [zitiert: Strafjustiz].

Esser, Robert: Grenzen für verdeckte Ermittlungen gegen inhaftierte Beschuldigte aus dem europäischen nemo-tenetur-Grundsatz, in: JR 2004, 98 – 107.

Ethik-Kommission: Automatisiertes und vernetztes Fahren, Berlin 2017.

Etsi: „GSM-Technical-Specification 03.50 Version 5.3.0: July 1996", https://www.etsi.org/deliver/etsi_gts/03/0340/05.03.00_60/gsmts_03 40v050300p.pdf zuletzt abgerufen am 21.03.2024.

Europäische Kommission: „Fragen und Antworten – Datenschutzreform" vom 21.12.2015, http://europa.eu/rapid/press-release_MEMO-15-6385_de.htm zuletzt abgerufen am 21.03.2024.

European Union Agency for Cybersecurity, ENISA good practices for the security of smart cars, November 2019.

Fahl, Christian: Relative Beweisverwertungsverbote, in: NStZ 2021, 261 – 264.

Fezer, Gerhard: Verwertung eines von der Polizei veranlaßten Telefongesprächs, in: NStZ 1996, 289 – 290.

Fezer, Karl-Heinz: Dateneigentum - Theorie des immaterialgüterrechtlichen Eigentums an verhaltensgenerierten Personendaten der Nutzer als Datenproduzenten, in: MMR 2017, 3 – 5.

Fischer, Johannes: „Als Deep Blue das Genie Garri Kasparow schlug" vom 11.03.2016, https://blog.zeit.de/schach/als-deep-blue-das-genie-garry-kasparow-schlug/ zuletzt abgerufen am 21.03.2024.

Forgó, Nikolaus: Datenschutzrechtliche Fragestellungen des autonomen Fahrens, in: Oppermann, Bernd/Stender-Vorwachs, Jutta (Hrsg.), Autonomes Fahren. Rechtsfolgen, Rechtsprobleme, technische Grundlagen, 2. Auflage München 2020, 353 – 369.

Frank, Peter H.: Die Verwertbarkeit rechtswidriger Tonbandaufnahmen Privater: Überlegungen zu einem einheitlichen Schutz des Rechts am gesprochenen Wort im Straf- und Strafverfahrensrecht, Baden-Baden 1996.

Franke, Ulrich: Rechtsprobleme beim automatisierten Fahren – ein Überblick, in: DAR 2016, 61 – 66.

Frankfurter Allgemeine Zeitung: "Merkel: Daten sind die Rohstoffe des 21. Jahrhunderts" vom 12.03.2016, https://www.faz.net/aktuell/wirtschaft/cebit/vor-der-cebit-merkel-daten-sind-die-rohstoffe-des-21-jahrhunderts-14120493.html zuletzt abgerufen am 21.03.2024.

von Freier, Friedrich: Selbstbelastungsfreiheit für Verbandspersonen?, in: ZStW 2010, 117 – 156.

Frisch, Wolfgang: Zur Bedeutung des Beweisrechts und des Rechtsmittelrechts für die Revisibilität von Verfahrensmängeln, in: Wolter, Jürgen (Hrsg.), Zur Theorie und Systematik des Strafprozeßrechts, Niewied/Kriftel u.a. 1995, 173 – 204.

Gaede, Karsten: Der grundrechtliche Schutz gespeicherter E-Mails beim Provider und ihre weltweite strafprozessuale Überwachung, in: StV 2009, 96 – 102.

Gasser, Tom/*Schmidt*, Eike A. u.a.: „Runder Tisch Automatisiertes Fahren" vom 31.07.2015, https://www.bmvi.de/SharedDocs/DE/Anlage/DG/Digitales/bericht-zum-forschungsbedarf-runder-tisch-automatisiertes-fahren.pdf?__blob=publicationFile zuletzt abgerufen am 21.03.2024.

Geis, Max-Emanuel: Der Kernbereich des Persönlichkeitsrechts, in: JZ 1991, 112 – 117.

Geller, Eric: "Trump officials weigh encryption crackdown" vom 27.06.2019 https://www.politico.com/story/2019/06/27/trump-officials-weigh-encryption-crackdown-1385306/ zuletzt abgerufen am 21.03.2024.

Gercke, Marco: Heimliche Online-Durchsuchung: Anspruch und Wirklichkeit, in: CR 2007, 245 – 253.

Gercke, Marco: Strafrechtliche und strafprozessuale Aspekte von Cloud Computing und Cloud Storage, in: CR 2010, 345 – 348.

Gersdorf, Hubertus/*Paal*, Boris P. (Hrsg.): BeckOK Informations- und Medienrecht, 38. Edition München 2022 [zitiert: BeckOK-InfoMedienR-*Bearbeiter*].

Glaser, Julius: Handbuch des Strafprozesses, Leipzig 1883.

Gless, Sabine: Wenn das Haus mithört: Beweisverbote im digitalen Zeitalter, in: StV 2018, 671 – 678.

Gless, Sabine/*Weigend*, Thomas: Intelligente Agenten als Zeugen im Strafverfahren?, in: JZ 2021, 612 – 620.

Gollwitzer, Walter: Gerechtigkeit und Prozeßwirtschaftlichkeit, in: Gössel, Heinz/Kauffmann, Hans (Hrsg.), Strafverfahren im Rechtsstaat. Festschrift für Theodor Kleinknecht zum 75. Geburtstag am 18. August 1985, München 1985, 147 – 171 [zitiert: FS-Kleinknecht].

Google: „Google Rechenzentren – Daten und Sicherheit", https://www.google.com/about/datacenters/inside/data-security/index.html?hl=de zuletzt abgerufen am 21.03.2024.

Gössel, Karl Heinz: Die Beweisverbote im Strafverfahrensrecht der Bundesrepublik Deutschland, in: GA 1991, 483 – 511.

Graf, Jürgen (Hrsg.): BeckOK StPO mit RistBV und MiStra, 50. Edition München 2024 [zitiert: BeckOK-StPO-*Bearbeiter*].

Greger, Reinhard: Kamera on board – Zur Zulässigkeit des Video-Beweises im Verkehrsunfallprozess, in: NZV 2015, 114 – 117.

Greis, Friedhelm: „Autonomes Fahren: Die neue S-Klasse übernimmt im Stau das Lenkrad" vom 30.08.2020, https://www.golem.de/news/autonomes-fahren-die-neue-s-klasse-uebernimmt-im-stau-das-lenkrad-2008-150544.html zuletzt abgerufen am 21.03.2024.

Greis, Friedhelm: „Bosch und Mercedes erhalten Zulassung für Level-4-System" vom 30.11.2022, https://www.golem.de/news/autonomes-einparken-bosch-und-mercedes-erhalten-zulassung-fuer-level-4-system-2211-170142.html zuletzt abgerufen am 21.03.2024.

Großmann, Sven: Zur repressiven Online-Durchsuchung, in: GA 2018, 439 – 456.

Großmann, Sven: Telekommunikationsüberwachung und Online-Durchsuchung: Voraussetzungen und Beweisverbote, in: JA 2019, 241 – 248.

Grünwald, Gerald: Beweisverbote und Verwertungsverbote im Strafverfahren, in: JZ 1966, 489 – 501.

Grünwald, Gerald: Probleme der Gegenüberstellung zum Zwecke der Wiedererkennung, in: JZ 1981, 423 – 429.

Günther, Ralf: Zur strafprozessualen Erhebung von Telekommunikationsdaten - Verpflichtung zur Sachverhaltsaufklärung oder verfassungsrechtlich unkalkulierbares Wagnis?, in: NStZ 2005, 485 – 492.

Gusy, Christoph: Lauschangriff und Grundgesetz, in: JuS 2004, 457 – 462.

Guttenberg, Ulrich: Die heimliche Überwachung von Wohnungen – Zur verfassungsrechtlichen Problematik des § 9 II, III BVerfgSchG und verwandter Vorschriften, in: NJW 1993, 567 – 676.

Haft, Fritjof: Generalklauseln und unbestimmte Begriffe im Strafrecht, in: JuS 1975, 477 – 485.

Hansen, Marit: Das Netz im Auto & das Auto im Netz: Herausforderungen für eine datenschutzgerechte Gestaltung vernetzter Fahrzeuge, in: DuD 2015, 367 – 371.

Hansen, Markus/*Pfitzmann*, Andreas: Techniken der Online-Durchsuchung: Gebrauch, Missbrauch, Empfehlungen, in: Roggan, Fredrik (Hrsg.), Online-Durchsuchungen: Rechtliche und tatsächliche Konsequenzen des BVerfG-Urteils vom 27. Februar 2008, Berlin 2008, 131 – 154.

Hanssen, Anders Braarud/*Nichele*, Stefano: „Ethics of Artificial Intelligence Demarcations" vom 16.05.2019, arXiv:1904.10239 [cs], http://arxiv.org/abs/1904.10239 zuletzt abgerufen am 21.03.2024.

Harris, Karen: „Magic Flying Carpets: The Historic Version, Not The Disney Version" vom 08.02.2019, http://curioushistorian.com/magic-flying-carpets-the-historic-version-not-the-disney-version zuletzt abgerufen am 21.03.2024.

Härtel, Ines: Digitalisierung im Lichte des Verfassungsrechts – Algorithmen, Predictive Policing, autonomes Fahren, in: LKV 2019, 49 – 60.

Hassemer, Winfried: Die "Funktionstüchtigkeit der Strafrechtspflege" – ein neuer Rechtsbegriff?, in: StV 1982, 275 – 280.

Hassemer, Winfried: Legalität und Opportunität im Strafverfahren, in: Ostendorf, Heribert (Hrsg.), Strafverfolgung und Strafverzicht - Festschrift zum 125jährigen Bestehen der Staatsanwaltschaft Schleswig-Holstein, Köln/Berlin u.a. 1992, 529 - 540 [zitiert: FS StA-SH].

Hassemer, Winfried/*Topp*, Cornelia: Datenschutz und Verkehrsrecht, in: NZV 1995, 169 – 173.

Hau, Wolfgang/*Poseck*, Roman (Hrsg.): BeckOK BGB, 68. Edition München 2023 [zitiert: BeckOK-BGB-*Bearbeiter*].

Hauf, Claus-Jürgern: Ist die "Rechtskreistheorie" noch zu halten? Eine neue Konzeption zur Frage von Verfahrensfehlern und Beweisverwertungsverboten, in: NStZ 1993, 457 – 462.

Haupt, Tino: Auf dem Weg zum autonomen Fahren, in: NZV 2021, 172 – 177.

Hauser, Markus: Das IT-Grundrecht. Schnittfelder und Auswirkungen, Berlin 2015.

Hefendehl, Roland: Der fragmentarische Charakter des Strafrechts, in: JA 2011, 401 – 406.

Hegel, Georg Wilhelm Friedrich: Grundlinien der Philosophie des Rechts, Hrsg. Von Klaus Grotsch, Hamburg 2017.

Heghmanns, Michael: Beweisverwertungsverbote, in: ZIS 2016, 404 – 415.

Heinemann, Marcus: Grundrechtlicher Schutz informationstechnischer Systeme. Unter besonderer Berücksichtigung des Grundrechts auf Gewährleistung der Vertraulichkeit und Integrität informationstechnischer Systeme, Berlin 2015.

von Heintschel-Heinegg, Bernd (Hrsg.): Münchener Kommentar zum StGB, Band 2, 4. Auflage München 2020 [zitiert: MüKo-StGB-*Bearbeiter*].

Hellmann, Uwe: Strafprozessrecht, 2. Auflage Berlin 2006.

Hengstenberg, Achim: Die Frühwirkung der Verwertungsverbote: eine Untersuchung der Bedeutung der Beweisverwertungsverbote für die strafprozessualen Verdachtsbeurteilungen, Hamburg 2007.

Henkel, Heinrich: Strafverfahrensrecht, Stuttgart/Berlin u.a. 1968.

Hermes, Georg: Das Grundrecht auf Schutz von Leben und Gesundheit – Schutzpflicht und Schutzanspruch aus Art. 2 Abs. 2 Satz 1 GG, Heidelberg 1986.

Herzog, Roman/*Scholz*, Rupert u.a. (Hrsg.): Grundgesetz Kommentar, Band I, 102. Ergänzungslieferung München August 2023 [zitiert: Dürig/Herzog/Scholz-*Bearbeiter*].

Herzog, Roman/*Scholz*, Rupert u.a. (Hrsg.): Grundgesetz Kommentar, Band II, 102. Ergänzungslieferung München August 2023 [zitiert: Dürig/Herzog/Scholz-*Bearbeiter*].

Heun, Sven-Erik: Der Referentenentwurf zur TKG-Novelle 2011, in: CR 2011, 152 – 163.

Hilger, Hans: Verdeckte Ermittler, V-Leute, in: Ebert, Udo/Roxin, Claus u.a. (Hrsg.), Festschrift für Ernst-Walter Hanack zum 70. Geburtstag am 30. August 1999, Berlin 1999, 207 - 220 [zitiert: FS-Hanack].

Hill, Hermann: Gewährleistungen gegenüber der staatlichen Strafgewalt, in: Isensee, Josef/Kirchhof, Paul (Hrsg.), Handbuch des Staatsrechts der Bundesrepublik Deutschland, Band VI, 2. Auflage Heidelberg 2001 [zitiert: HStR VI (2. Auflage)].

Hintemann, Ralph: Update 2017: Rechenzentren in Deutschland: Eine Studie zur Darstellung der wirtschaftlichen Bedeutung und der Wettbewerbssituation, Berlin 2017.

Hoeren, Thomas: Was ist das „Grundrecht auf Integrität und Vertraulichkeit informationstechnischer Systeme"?, in: MMR 2008, 365 – 366.

Hoeren, Thomas: Datenbesitz statt Dateneigentum, in: MMR 2019, 5 – 8.

Hoeren, Thomas/*Sieber*, Ulrich u.a. (Hrsg.): Handbuch Multimedia-Recht, 60. Ergänzungslieferung München Oktober 2023 [zitiert: MultimediaR-Hdb-*Bearbeiter*].

Hoffmann-Riem, Wolfgang: Der grundrechtliche Schutz der Vertraulichkeit und Integrität eigengenutzter informationstechnischer Systeme, in: JZ 2008, 1009 – 1022.

Hofmann, Hasso: Rechtsfragen der atomaren Entsorgung, Stuttgart 1981.

Hofmann, Manfred: Die Online-Durchsuchung - staatliches "Hacken" oder zulässige Ermittlungsmaßnahme?, in: NStZ 2005, 121 – 125.

Holland, Martin: „Angriff auf WhatsApp & Co.: Seehofer will Messenger zur Entschlüsselung zwingen" vom 24.05.2019, https://www.heise.de/newsticker/meldung/Angriff-auf-WhatsApp-Co-Seehofer-will-Messenger-zur-Entschluesselung-zwingen-4431634.html zuletzt abgerufen am 21.03.2024.

Hornung, Gerrit: Ermächtigungsgrundlage für die „Online-Durchsuchung"?: Verfassungsrechtliche Anforderungen an und Grenzen für den heimlichen Zugriff auf IT-Systeme im Ermittlungsverfahren, in: DuD 2007, 575 – 580.

Hornung, Gerrit: Ein neues Grundrecht. Der verfassungsrechtliche Schutz der „Vertraulichkeit und Integrität informationstechnischer Systeme", in: CR 2008, 299 – 306.

Hornung, Gerrit: Verfügungsrechte an fahrzeugbezogenen Daten: Das vernetzte Automobil zwischen innovativer Wertschöpfung und Persönlichkeitsschutz, in: DuD 2015, 359 – 366.

Huber, Peter M./*Voßkuhle*, Andreas (Hrsg.): Grundgesetz, Band 1, 7. Auflage München 2018 [zitiert: v. Mangoldt/Klein/Starck-*Bearbeiter*].

Hubmann, Heinrich: Wertung und Abwägung im Recht, Köln/Berlin u.a. 1977.

Hüls, Silke: Der Richtervorbehalt – seine Bedeutung für das Strafverfahren und die Folgen von Verstößen, in: ZIS 2009, 160 – 169.

Isabelle, Pierre/*Kuhn*, Roland: „A Challenge Set for French --> English Machine Translation" vom 15.06.2018, arXiv:1806.02725 [cs], http://arxiv.org/abs/1806.02725 zuletzt abgerufen am 21.03.2024.

Jäger, Christian: Beweiserhebungs- und Beweisverwertungsverbote als prozessuale Regelungsinstrumente im strafverfolgenden Rechtsstaat, in: GA 2008, 473 – 499.

Jahn, Matthias: "Konfliktverteidigung" und Inquisitionsmaxime, Baden-Baden 1998 [zitiert: "Konfliktverteidigung" und Inquisitionsmaxime].

Jahn, Matthias: Beweiserhebungs- und Beweisverwertungsverbote im Spannungsfeld zwischen den Garantien des Rechtsstaates und der effektiven Bekämpfung von Kriminalität und Terrorismus, in: Deutscher Juristentag (Hrsg.), Verhandlungen des Siebenundsechzigsten Deutschen Juristentages: Erfurt 2008. Bd. 1: Gutachten, München 2008, C1 – C128 [zitiert: Gutachten].

Jahn, Matthias: Strafverfolgung um jeden Preis? Die Verwertbarkeit rechtswidrig erlangter Beweismittel, in: StraFo 2011, 117 – 128.

Jahn, Matthias/*Dallmeyer*, Jens: Zum heutigen Stand der beweisrechtlichen Berücksichtigung hypothetischer Ermittlungsverläufe im deutschen Strafverfahrensrecht, in: NStZ 2005, 297 – 304.

Jahn, Matthias/*Kudlich*, Hans: Die strafprozessuale Zulässigkeit der Online-Durchsuchung, in: JR 2007, 57 – 61.

Jähnke, Burkhard/*Laufhütte*, Heinrich Wilhelm u.a. (Hrsg.): Strafgesetzbuch Leipziger Kommentar, Erster Band, 11. Auflage Berlin 2003 [zitiert: LK-*Bearbeiter* (11. Auflage)].

Jandt, Silke/*Steidle*, Roland: Datenschutz im Internet, Baden-Baden 2018 [zitiert: Jandt/Steidle-*Bearbeiter*].

Janovsky, Thomas/*Goger*, Thomas: Das Smart Car im Fokus – Automotive-IT und Strafverfolgung, in: RAW 2019, 99 – 104.

Jarass, Hans/*Kment*, Martin: Grundgesetz für die Bundesrepublik Deutschland – Kommentar, 17. Auflage München 2022 [zitiert: Jarass/Pieroth-*Bearbeiter*].

Jaworski, Ryszard: Der Lügendetektor auf dem Prüfstand, in: Kriminalistik 1990, 123 – 130.

Joecks, Wolfgang/*Miebach*, Klaus: Münchener Kommentar zum StGB, Band 4, 4. Auflage München 2021 [zitiert: MüKo-StGB-*Bearbeiter*].

Johanning, Volker/*Mildner*, Roman: Car IT kompakt: das Auto der Zukunft - vernetzt und autonom fahren, Wiesbaden 2015.

Jordan, Michael/*Mitchell*, Tom: Machine learning: Trends, perspectives, and prospects, in: Science 2015, 255 – 260.

Jourdan, Frank/*Matschi*, Helmut: Wie weit kann die Technik den Fahrer ersetzen? Entwickler oder Gesetzgeber, wer gibt die Richtung vor?, in: NZV 2015, 26 – 29.

Justizministerkonferenz: Arbeitsgruppe „Digitaler Neustart" Bericht vom 15. Mai 2017.

Kant, Immanuel: Kant's gesammelte Schriften. Hrsg. von der königlich preußischen Akademie der Wissenschaften, Berlin 1914.

Kasiske, Peter: Die Selbstbelastungsfreiheit im Strafprozess, in: JuS 2014, 15 – 20.

Kelnhofer, Evelyn: Hyothetische Ermittlungsverläufe im System der Beweisverbote, Berlin 1994.

Kemper, Martin: Die Beschlagnahmefähigkeit von Daten und E-Mails, in: NStZ 2005, 538 – 544.

Kinast, Karsten/*Kühnl*, Christina: Telematik und Bordelektronik – Erhebung und Nutzung von Daten zum Fahrverhalten, in: NJW 2014, 3057 – 3060.

Kindhäuser, Urs/*Neumann*, Ulfrid u.a. (Hrsg.): NomosKommentar Strafgesetzbuch, Band 1, 6. Auflage Baden-Baden 2023 [zitiert: NK-StGB-*Bearbeiter*].

Kirchhof, Gregor: Kumulative Belastung durch unterschiedliche staatliche Maßnahmen, in: NJW 2006, 732 – 736.

Kirn, Stefan/*Müller-Hengstenberg*, Claus: Intelligente (Software-)Agenten: Von der Automatisierung zur Autonomie? Verselbstständigung technischer Systeme, in: MMR 2014, 225 – 232.

Kleinschmidt, Sebastian P./*Wagner,* Bernardo: Technik autonomer Fahrzeuge – Eine Einführung, in: Oppermann, Bernd/Stender-Vorwachs, Jutta (Hrsg.), Autonomes Fahren. Rechtsfolgen, Rechtsprobleme, technische Grundlagen, 2. Auflage München 2020, 7 – 30.

Klimke, Olaf: Der Polygraphentest im Strafverfahren, in: NStZ 1981, 433 – 434.

Knauer, Christoph: Zur Wahrheitspflicht des (Revisions-)Verteidigers, in: Schöch, Heinz/Satzger, Helmut u.a. (Hrgs.): Strafverteidigung, Revision und die gesamte Strafrechtswissenschaften. Festschrift für Gunter Widmaier zum 70. Geburtstag, Köln/München 2008, 291 – 309 [zitiert: FS-Widmaier].

Knauer, Christoph: Münchener Kommentar zur StPO, Band 3/2, München 2018 [zitiert: MüKo-StPO-*Bearbeiter*].

Knauer, Christoph: Münchener Kommentar zur StPO, Band 3/1, München 2019 [zitiert: MüKo-StPO-*Bearbeiter*].

Knie, Andreas/*Canzler,* Weert u.a.: „Autonomes Fahren im Öffentlichen Verkehr – Chancen, Risiken und politischer Handlungsbedarf" vom April 2019, https://www.gruene-hamburg.de/wp-content/uploads/2019/04/Autonomes_Fahren_Gutachten_030419.pdf zuletzt abgerufen am 21.03.2024.

Knight, Will: „The Dark Secret at the Heart of AI" vom 11.04.2017, https://www.technologyreview.com/2017/04/11/5113/the-dark-secret-at-the-heart-of-ai/ zuletzt abgerufen am 21.03.2024.

Koch, Hans-Joachim: Gibt es ein Grundrecht auf Mobilität?, in: ZfV 1994, 545 – 552.

Kochheim, Dieter: Cybercrime und Strafrecht in der Informations- und Kommunikationstechnik, 2. Auflage München 2018.

Kölbel, Ralf: Selbstbelastungsfreiheit, Berlin 2006.

Köllner, Christiane: „Wenn das Auto zum Gesundheitsmanager wird" vom 04.09.2019, https://www.springerprofessional.de/ergonomie---hmi/gesundheitsmanagement/wenn-das-auto-zum-gesundheitsmanager-wird-/15507094 zuletzt abgerufen am 21.03.2024.

Krause, Benjamin: Sicherung von ausländischen E-Mail-Postfächern durch heimliches einloggen - innovativ oder unzulässig?, in: Kriminalistik 2014, 213 – 217.

Kremp, Matthias: „Apple widersetzt sich FBI-Forderung" vom 17.02.2016, https://www.spiegel.de/netzwelt/gadgets/apple-fbi-will-hilfe-beim-iphone-knacken-konzern-wehrt-sich-a-1077769.html zuletzt abgerufen am 21.03.2024.

Krey, Volker: Zur Problematik privater Ermittlungen des durch eine Straftat Verletzten: Zulässigkeit und Schranken privater Straftataufklärung durch den Verletzten, seinen Rechtsanwalt und durch Detektive zum Zwecke der Strafverfolgung, Berlin 1994.

Krüger, Christine: Die sogenannte „stille SMS" im strafprozessualen Ermittlungsverfahren, in: ZJS 2012, 606 – 613.

Kudlich, Hans: Straftaten und Strafverfolgung im Internet, in: StV 2012, 560 – 566.

Kudlich, Hans: Die Lehre von der objektiven Zurechnung als Vorbild für die Argumentationslastverteilung bei der Entstehung unselbstständiger Beweisverwertungsverbote, in: Zöller, Mark/Hilger, Hans u.a. (Hrsg.), Gesamte Strafrechtswissenschaft in internationaler Dimension - Festschrift für Jürgen Wolter zum 70. Geburtstag am 7. September 2013, Berlin 2013, 995 - 1008 [zitiert: FS-Wolter].

Kudlich, Hans: Münchener Kommentar zur StPO, Band 1, 2. Auflage München 2023 [zitiert: MüKo-StPO-*Bearbeiter*].

Kühl, Kristian: Freie Beweiswürdigung des Schweigens des Angeklagten und der Untersuchungsverweigerung eines angehörigen Zeugen, in: JuS 1986, 115 – 122.

Küpper, Georg: Tagebücher, Tonbänder, Telefonate: zur Lehre von den selbständigen Beweisverwertungsverboten im Strafverfahren, in: JZ 1990, 416 – 424.

Kutscha, Martin: Verdeckte „Online-Durchsuchung" und Unverletzlichkeit der Wohnung, in: NJW 2007, 1169 – 1172.

Kutscha, Martin: Mehr Datenschutz - Aber wie?, in: ZRP 2010, 112 – 114.

Kutzner, Lars: Die Beschlagnahme von Daten bei Berufsgeheimnisträgern, in: NJW 2005, 2652 – 2654.

Kwong, Katherine: The Algorithm Says You Did It: The Use of Black Box Algorithms to Analyze Complex DNA Evidence, in: Harvard Journal of Law & Technology 2017, 275 – 301.

Landau, Herbert: Die Pflicht des Staates zum Erhalt einer funktionstüchtigen Strafrechtspflege, in: NStZ 2007, 121 – 129.

Landau, Herbert: Strafrecht nach Lissabon, in: NStZ 2011, 537 – 546.

Landau, Herbert: Strafrecht in seinen europäischen Bezügen – Gemeinsamkeiten, Diskrepanzen, Entscheidungen und Impulse, in: NStZ 2013, 194 – 199.

Landau, Herbert: Die jüngere Rechtsprechung des Bundesverfassungsgerichts zu Strafrecht und Strafverfahrensrecht, in: NStZ 2015, 665 – 671.

Lange, Ulrich: Automatisiertes und autonomes Fahren – eine verkehrs-, wirtschafts- und rechts- politische Einordnung, in: NZV 2017, 345 – 352.

Le, Quoc/*Ranzato*, Marc Aurelio u.a.: Building High-level Features Using Large Scale Unsupervised Learning, in: ICML'12: Proceedings of the 29th International Conference on Machine Learning, 507 – 514 [zitiert: ICML'12].

Lepsius, Oliver: Das Computer-Grundrecht: Herleitung, Funktion, Überzeugungskraft, in: Roggan, Fredrik (Hrsg.), Online-Durchsuchung, Berlin 2008, 21 - 56.

Leupold, Andreas/*Wiebe*, Andreas u.a.: Münchener Anwaltshandbuch IT-Recht, 4. Auflage München 2021 [zitiert: MAH IT-Recht-*Bearbeiter*].

Li, Yang/*Cha*, Sangwhan: „Face Recognition System" vom 08.01.2019, arXiv: 1901.02452, http://arxiv.org/abs/1901.02452 zuletzt abgerufen am 21.03.2024.

Limbach, Jutta: Die Funktionstüchtigkeit der Strafrechtspflege im Rechtsstaat, in: Strafverteidigervereinigungen (Hrsg.), Aktuelles Verfassungsrecht und Strafverteidigung / 20. Strafverteidigertag vom 22. – 24. März 1996 in Essen, Köln 1996, 35 – 43.

Löffelmann, Markus: Zur Zulässigkeit der Verwertung von Dashcam-Aufzeichnungen im Zivilprozess und strafprozessuale Konsequenzen aus dieser Entscheidung, in: JR 2018, 628 – 640.

Lorenz, Frank Lucien: "Operative Informationserhebung" im Strafverfahren, "Unverfügbares" und Grundrechtsschutz durch "institutionelle Kontrolle", in: JZ 1992, 1000 – 1011.

Lucke, Ole-Steffen: Das Beweisverwertungsverbot von Verfassungswegen, in: HRRS 2011, 527 – 531.

Lücke, Jörg; Der additive Grundrechtseingriff sowie das Verbot der übermäßigen Gesamtbelastung des Bürgers, in: DVBl 2001, 1469 – 1478.

Ludwig, Jürgen: Electronic Horizon - Forward-Looking Safety Systems, in: Auto Tech Review 2013, 44 – 46.

Lüdemann, Volker: Connected Cars – Das vernetzte Auto nimmt Fahrt auf, der Datenschutz bleibt zurück, in: ZD 2015, 247 – 254.

Lüdemann, Volker/*Sengstacken*, Christin: Lebensretter eCall: Tür öffnet für neue Telematik-Dienstleistungen, in: RDV 2014, 177 – 182.

Lutz, Lennart S.: Autonome Fahrzeuge als rechtliche Herausforderung, in: NJW 2015, 119 – 124.

Mahlstedt, Tobias: Die verdeckte Befragung des Beschuldigten im Auftrag der Polizei. Informelle Informationserhebung und Selbstbelastungsfreiheit, Berlin 2011.

Mansdörfer, Marco: Münchener Kommentar zum StGB, Band 7, 4. Auflage München 2022 [zitiert: MüKo-StGB-*Bearbeiter*].

Marosi, Johannes/*Skobel*, Eva: Von Menschen und Maschinen, in: DÖV 2018, 837 – 845.

Martini, Mario, Das allgemeine Persönlichkeitsrecht im Spiegel der jüngeren Rechtsprechung des Bundesverfassungsgerichts, in: JA 2009, 839 – 845.

Mastronadi, Philippe, Der Verfassungsgrundsatz der Menschenwürde in der Schweiz, Berlin 1978.

McCarthy, John/*Minsky*, Marvin u.a.: A Proposal for the Dartmouth Summer Research Project on Artificial Intelligence, in: AI Magazine 2006, 12 – 14.

Merten, Detlef: Rechtsstaat und Gewaltmonopol, Tübingen 1975.

Metzger, Axel: Digitale Mobilität – Verträge über Nutzerdaten, in: GRUR 2019, 129 – 136.

Meyer, Stephan: Künstliche Intelligenz und die Rolle des Rechts für Innovation. Rechtliche Rationalitätsanforderungen an zukünftige Regulierungen, in: ZRP 2018, 233 – 238.

Meyn, Christian: Verschlüsselung und Innere Sicherheit: die verfassungsrechtliche Zulässigkeit eines Verschlüsselungsverbots bei elektronischer Datenkommunikation, Wiesbaden 2003.

Michael, Lothar/*Morlok*, Martin: Grundrechte, 8. Auflage Baden-Baden 2023.

Michaelis, Oliver: Beweiserhebungs- und Verwertungsverbote bei durch Hacks erlangter Daten, in: MMR 2020, 586 – 591.

Michl, Fabian: Sicherstellung von Daten durch die Polizei, in: NVwZ 2019, 1631 – 1637.

Miebach, Klaus: Die freie Beweiswürdigung der Zeugenaussage in der neueren Rechtsprechung des BGH, in: NStZ-RR 2022, 1 – 5.

Mielchen, Daniela: Verrat durch den eigenen PKW - wie kann man sich schützen?, in: SVR 2014, 81 – 87.

Mirowski, Piotr/*Grimes*, Matthew Koichi u.a.: Learning to Navigate in Cities Without a Map, in: Neural Information Processing Systems 2018, 2424 – 2435.

Moechel, Erich: „Auf den Terroranschlag folgt EU-Verschlüsselungsverbot" vom 08.11.2020, https://fm4.orf.at/stories/3008930/ zuletzt abgerufen am 21.03.2024.

Möstl, Markus/*Kugelmann*, Dieter (Hrsg.): BeckOK Polizei- und Ordnungsrecht Nordrhein-Westfalen, 27. Edition München 2023 [zitiert: BeckOK-PolR NRW-*Bearbeiter*].

Müller, Dieter: „Section Control" – eine neue Überwachungstechnik im verkehrsrechtlichen Zwielicht?, NZV 2019, 279 – 285.

Müller, Eckhart/*Schlothauer*, Reinhold, u.a. Münchener Anwaltshandbuch Strafverteidigung, 3. Auflage München 2022 [zitiert: MAH Strafverteidigung-*Bearbeiter*].

Müller, Ingo: Rechtsstaat und Strafverfahren, Frankfurt am Main 1980.

Müller, Rudolf: Neue Ermittlungsmethoden und das Verbot des Zwanges zur Selbstbelastung, in: EuGRZ 2002, 546 – 559.

Müller-Broich, Jan D.: NomosKommentar Telemediengesetz, Baden-Baden 2012. [zitiert: NK-Telemedien-*Bearbeiter*].

Müller-Glöge, Rudi/*Preis*, Ulrich u.a.: Erfurter Kommentar zum Arbeitsrecht, 24. Auflage 2024 [zitiert: ErfK-*Bearbeiter*].

Müssig, Bernd: Grenzen der Beweisverwertung beim Einsatz "Verdeckter Ermittler" gegen den Verdächtigen, in: GA 2004, 87 – 103.

Nachbaur, Andreas: Standortfeststellung und Art. 10 GG - Der Kammerbeschluss des BVerfG zum Einsatz des „IMSI-Catchers", in: NJW 2007, 335 – 337.

Neuber, Florian: Unselbstständige Beweisverwertungsverbote im Strafprozess – Die Abwägungslehre auf dem methodischen Prüfstand, in: NStZ 2019, 113 – 123.

Neumann, Ulfried: Mitwirkungs- und Duldungspflichten des Beschuldigten bei körperlichen Eingriffen im Strafverfahren, in: Zaczyk, Rainer (Hrsg.), Festschrift für E.A. Wolff zum 70. Geburtstag am 1.10.1998, Berlin 1998, 373 – 393 [zitiert: FS-Wolff].

Niemöller, Martin/*Schuppert*, Gunnar Folke: Die Rechtsprechung des Bundesverfassungsgerichts zum Strafverfahrensrecht, in: AöR 107 (1982), 387 – 498.

Nothhelfer, Martin: Die Freiheit von Selbstbezichtigungszwang: verfassungsrechtliche Grundlagen und einfachgesetzliche Ausformungen, Heidelberg 1989.

Nüse, Karl-Heinz: Zu den Beweisverboten im Strafprozeß, in: JR 1966, 281 – 289.

Nüse, Karl-Heinz/*Meyer*, Karlheinz (Hrsg.): Der Beweisantrag im Strafprozess, 8. Auflage Köln 2022 [zitiert: Alsberg-*Bearbeiter*].

Obenhaus, Nils: Cloud Computing als neue Herausforderung für Strafverfolgungsbehörden und Rechtsanwaltschaft, in: NJW 2010, 651 – 655.

Osmer, Jan-Dierk: Der Umfang des Beweisverwertungsverbotes nach § 136a StPO, Hamburg 1966.

Ott, Konrad: Grundrecht auf Automobilität oder zielorientierte Mobilitätspolitik?, in: Rodi, Michael (Hrsg.), Recht auf Mobilität – Grenzen der Mobilität, Berlin 2006, 23 – 57.

Otto, Thomas: Kooperative Verkehrsbeeinflussung und Verkehrssteuerung an signalisierten Knotenpunkten, Kassel 2011.

Paal, Boris P./*Hennemann*, Moritz: Big Data im Recht, in: NJW 2017, 1697 – 1701.

Paal, Boris P./*Pauly*, Daniel A.: Beck'sche Kompakt-Kommentare Datenschutzgrundverordnung, 3. Auflage München 2021 [zitiert: Paal/Pauly-*Bearbeiter*].

Paeffgen, Hans-Ullrich: Vorüberlegungen zu einer Dogmatik des Untersuchungshaft-Rechts, Köln 1986.

Papier, Hans-Jürgen: Grundrechtsschutz für Verkehrsteilnehmer, in: DAR 2002, 532 – 539.

Park, Tido: Durchsuchung und Beschlagnahme, 5. Auflage München 2022.

Patz, Martin: Die Effektivität der Strafrechtspflege, Frankfurt am Main 2009.

Paul, Tobias: Unselbstständige Beweisverwertungsverbote in der Rechtsprechung, in: NStZ 2013, 489 – 497.

Pfeiffer, Gerd: Strafprozessordnung, 5. Auflage München 2005.

Pokutnev, Anna/*Schmid*, Uwe Frank: Die TKG-Novelle 2012 aus datenschutzrechtlicher Sicht, in: CR 2012, 360 – 366.

Polestar: „Infotainmentsystem", https://www.polestar.com/at/polestar-2/infotainment/ zuletzt abgerufen am 21.03.2024.

Popp, Martin: Polizeilich veranlaßtes Telefongespräch mit dem Tatverdächtigen, in: NStZ 1998, 95 – 96.

Pötters, Stephan/*Werkmeister*, Christoph: Der verfassungsrechtliche Konflikt zwischen Freiheit und Sicherheit im Zeitalter des Internets, in: JURA 2013, 5 – 12.

Prat, Lionel/*Baker*, Cheryl u.a.: MapExif: An Image Scanning and Mapping Tool for Investigators, in: International Journal of Digital Crime and Forensics (IJDCF) 2015, 53 – 78.

Puppe, Ingeborg: List im Verhör des Beschuldigten, in: GA 1978, 289 – 306.

Puppe, Ingeborg: Strafrecht als Kommunikation – Leistungen und Gefahren eines neuen Paradigmas in der Strafrechtsdogmatik, in: Samson,

Erich/Dencker, Friedrich u.a. (Hrsg.), Festschrift für Gerald Grünwald zum siebzigsten Geburtstag, Baden-Baden 1999, 469 – 494 [zitiert: FS-Grünwald].

Putzke, Holm/ *Scheinfeld*, Jörg u.a.: Polygraphische Untersuchungen im Strafprozess. Neues zur faktischen Validität und normativen Zulässigkeit des vom Beschuldigten eingeführten Sachverständigenbeweises, in: ZStW 2009, 607 – 644.

Ransiek, Andreas/*Winsel*, André: Die Selbstbelastung im Sinne des "nemo tenetur se ipsum accusaare"-Grundsatzes, in: GA 2015, 620 – 638.

Reichwald, Julian/*Pfisterer*, Dennis: Autonomie und Intelligenz im Internet der Dinge, in: CR 2016, 208 – 212.

Reiß, Wolfram: Besteuerungsverfahren und Strafverfahren: zugleich ein Beitrag zur Bedeutung des Grundsatzes von nemo tenetur se ipsum prodere im Besteuerungsverfahren, Köln 1987.

Riehle, Eckart: Funktionstüchtige Strafrechtspflege contra strafprozessuale Garantien, in: KJ 1980, 316 – 324.

Rieß, Peter: Polizeilich veranlaßtes Telefongespräch mit dem Tatverdächtigen, in: NStZ 1996, 502 – 506.

Rieß, Peter: Über die Aufgaben des Strafverfahrens, in: JR 2006, 269 – 277.

Rogall, Klaus: Der Beschuldigte als Beweismittel gegen sich selbst. Ein Beitrag zur Geltung des Satzes 'Nemo tenetur seipsum prodere' im Strafprozeß, Berlin 1977 [zitiert: Beschuldigte].

Rogall, Klaus: Gegenwärtiger Stand und Entwicklungstendenzen der Lehre von den strafprozessualen Beweisverboten, in: ZStW 1979, 1 – 44.

Rogall, Klaus: Hypothetische Ermittlungsverläufe im Strafprozeß. Ein Beitrag zur Lehre der Beweiserhebungs- und Beweisverwertungsverbote, in: NStZ 1988, 385 – 393.

Rogall, Klaus: Über die Folgen der rechtswidrigen Beschaffung des Zeugenbeweises im Strafprozeß, in: JZ 1996, 944 – 955.

Rogall, Klaus: Die Vergabe von Vomitivmitteln als strafprozessuale Zwangsmaßnahme, in: NStZ 1998, 66 – 68.

Rogall, Klaus: "Abwägung" im Recht der Beweisverbote, in: Ebert, Udo/Roxin, Claus u.a. (Hrsg.), Festschrift für Ernst-Walter Hanack zum 70. Geburtstag am 30. August 1999, Berlin 1999, 293 - 309 [zitiert: FS-Hanack].

Rogall, Klaus: Grundsatzfragen der Beweisverbote, in: Höpfel, Frank/Huber, Barbara. (Hrsg.), Beweisverbote in Ländern der EU und vergleichbaren Rechtsordnungen, Freiburg im Beisgau 1999, 119 - 148 [zitiert: Grundsatzfragen der Beweisverbote].

Rogall, Klaus: Das Verwendungsverbot des § 393 II AO, in: Hirsch, Hans Joachim/Wolter, Jürgen u.a. (Hrsg.), Festschrift für Günter Kohlmann zum 70. Geburtstag, Köln 2003, 465 - 498 [zitiert: FS-Kohlmann].

Rogall, Klaus: Beweiserhebungs- und Beweisverwertungsverbote im Spannungsfeld zwischen den Garantien des Rechtsstaates und der effektiven Bekämpfung von Kriminalität und Terrorismus, in: JZ 2008, 818 – 830.

Roggan, Fredrik: Die strafprozessuale Quellen-TKÜ und Online-Durchsuchung: Elektronische Überwachungsmaßnahmen mit Risiken für Beschuldigte und die Allgemeinheit, in: StV 2017, 821 – 829.

Ronellenfitsch, Michael: Mobilität: Vom Grundbedürfnis zum Grundrecht?, in: DAR 1992, 321 – 325.

Ronellenfitsch, Michael: Verfassungs- und verwaltungsrechtliche Betrachtung zur Mobilität mit dem Auto Antrittsvorlesung zum 11. Januar 1994, Tübingen 1994 [zitiert: Betrachtung zur Mobilität mit dem Auto].

Ronellenfitsch, Michael: Die Verkehrsmobilität als Grund- und Menschenrecht, in: JöR 1996, 167 – 203.

Ronellenfitsch, Michael: Begründung und Tragweite eines Grundrechts auf Mobilität, in: Rodi, Michael (Hrsg.), Recht auf Mobilität - Grenzen der Mobilität, Berlin 2006, 73 – 116 [zitiert: Recht auf Mobilität].

Roßnagel, Alexander: Grundrechte und Kernkraftwerke: Anhang: Beschluß des Bundesverfassungsgerichtes vom 8. August 1978, Heidelberg 1979 [zitiert: Grundrechte und Kernkraftwerke].

Roßnagel, Alexander: Datenschutz in der künftigen Verkehrstelematik, in: NZV 2006, 281 – 288.

Roßnagel, Alexander: Datenschutz in einem informatisierten Alltag, Berlin 2007.

Roßnagel, Alexander: Die „Überwachungs-Gesamtrechnung" – Das BVerfG und die Vorratsdatenspeicherung, in: NJW 2010, 1238 – 1242.

Roßnagel, Alexander: Fahrzeugdaten – wer darf über sie entscheiden?, in: SVR 2014, 281 – 287.

Roßnagel, Alexander: Die neue Vorratsdatenspeicherung, in: NJW 2016, 533 – 539.

Röthel, Anne: Individuelle Mobilität in der Interessenabwägung, in: NZV 1999, 63 – 69.

Rothfuß, Holger: Heimliche Beweisgewinnung unter Einbeziehung des Beschuldigten, in: StraFo 1998, 289 – 294.

Roth-Stielow, Klaus: Grundrechtsverständnis des Parlamentarischen Rates und der Grundrechtsschutz beim Betrieb von Kernkraftwerken, in: EuGRZ 1980, 386 – 391.

Roxin, Claus: Anwesenheit von Fernsehen und Rundfunk; Durchsuchung ohne richterliche Anordnung, in: NStZ 1989, 375 – 579.

Roxin, Claus: Nemo tenetur: die Rechtsprechung am Scheideweg, in: NStZ 1995, 465 – 469.

Roxin, Claus/*Schünemann*, Bernd: Strafverfahrensrecht, München 2017.

Rudolphi, Hans-Joachim: Die Revisibilität von Verfahrensmängeln im Strafprozeß, in: MDR 1970, 93 – 100.

Ruhmannseder, Felix: Strafprozessuale Zulässigkeit von Standortermittlungen im Mobilfunkverkehr, in: JA 2007, 47 – 55.

Rüping, Hinrich/*Dornseifer*, Gerhard: Dysfunktionales Verhalten im Prozeß, in: JZ 1977, 417 – 420.

Ruppert, Felix*:* Erhebung von Standortdaten als Nutzungsdaten bei Telemediendiensten (»Mercedes-me-connect«), in: StV Spezial 2022, 66 – 73.

Ruschemeier, Hannah: Der additive Grundrechtseingriff, Berlin 2019.

Rüscher, Daniel: Alexa, Siri und Google als digitale Spione im Auftrag der Ermittlungsbehörden?, in: NStZ 2018, 687 – 692.

Rux, Johannes: Ausforschung privater Rechner durch die Polizei- und Sicherheitsbehörden, in: JZ 2007, 285 – 295.

Sachs, Michael/*Krings*, Thomas: Das neue „Grundrecht auf Gewährleistung der Vertraulichkeit und Integrität informationstechnischer Systeme", in: JuS 2008, 481 – 486.

Sachs, Michael: Grundgesetz Kommentar, 9. Auflage München 2021 [zitiert: Sachs-*Bearbeiter*].

Sächsische Staatskanzlei: „Innenministerkonferenz in Leipzig" vom 08.12.2017, https://medienservice.sachsen.de/medien/news/215004 zuletzt abgerufen am 21.03.2024.

SAE International: „Taxonomy and Definitions for Terms Related to Driving Automation Systems for On-Road Motor Vehicles" vom 15.06.2018, https://www.sae.org/standards/content/j3016_201806 zuletzt abgerufen am 21.03.2024.

Sander, Günther M./*Hollering*, Jörg: Strafrechtliche Verantwortlichkeit im Zusammenhang mit automatisiertem Fahren, in: NStZ 2017, 193 – 206.

Satzger, Helmut/*Schluckebier*, Wilhelm (Hrsg.): Strafprozessordnung. Mit GVG und EMRK Kommentar, 5. Auflage Köln 2023 [zitiert: SSW-StPO-*Bearbeiter*].

Sauerbrey, Susanne: „Diese Systeme kriechen in unseren Alltag" vom 13.03.2019, https://www.tagesspiegel.de/gesellschaft/social-scoring-diese-systeme-kriechen-in-unseren-alltag/24098020.html zuletzt abgerufen am 21.03.2024.

Sautter, Bruno: Die Pflicht zur Duldung von Körperuntersuchungen nach § 372a ZPO, in: AcP 1962, 215 – 269.

Schaar, Peter: Datenschutzrechtliche Einwilligung im Internet, in: MMR 2001, 644 – 648.

Schantz, Peter: Verfassungsrechtliche Probleme von "Online-Durchsuchungen", in: KritV 2007, 310 – 329.

Schantz, Peter/*Wolff*, Heinrich Amadeus: Das neue Datenschutzrecht, München 2017 [zitiert: Schantz/Wolff-*Bearbeiter*].

Scheurle, Klaus-Dieter/*Mayen*, Thomas: Telekommunikationsgesetz – Kommentar, 3. Auflage München 2018 [zitiert: Scheurle/Mayen-*Bearbeiter*].

Schlanstein, Peter: Nutzung von Fahrzeugdaten zur Optimierung der Verkehrsunfallaufnahme, in: BZV 2016, 201 – 209.

Schlegel, Stephan: Warum die Festplatte keine Wohnung ist – Art. 13 GG und die "Online-Durchsuchung", in: GA 2007, 648 – 663.

Schmid, Alexander/*Wessels*, Ferdinand: Event Data Recording für das hoch- und vollautomatisierte Kfz – eine kritische Betrachtung der neuen Regelungen im StVG, in: NZV 2017, 357 – 364.

Schmidhuber, Jürgen: Deep Learning in Neural Networks: An Overview, in: Neural Networks 2015, 85 – 117.

Schmidt, Eberhard: Der Strafprozeß, in: NJW 1969, 1137 – 1146.

Schmidthäuser, Eberhard: Zur Frage nach dem Ziel des Strafprozesses, in: Bockelmann, Paul/Gallas, Wilhelm (Hrsg.): Festschrift für Eberhard Schmidt zum 70. Geburtstag, Göttingen 1961, 511 – 524 [zitiert: FS-Schmidt].

Schmitt, Bertram (Hrsg.): Beck'sche Kurz-Kommentare Strafprozessordnung, 65. Auflage München 2022 [zitiert: Meyer-Goßner/Schmitt-*Bearbeiter*].

Schneider, Hartmut: Überlegungen zur Zulässigkeit des Aushorchens von Inhaftierten durch V-Leute unter Einsatz technischer Hilfsmittel, in: JR 1996, 401 – 408.

Schneider, Hartmut: Zur Berücksichtigung hypothetischer Ermittlungsverläufe in Fällen grob fehlerhafter Annahme von Gefahr im Verzug bei Wohnungsdurchsuchungen, in: NStZ-Sonderheft 2009, 46 – 52.

Schneider, Hartmut.: Münchener Kommentar zur StPO, Band 2, 2. Auflage München 2024 [zitiert: MüKo-StPO-*Bearbeiter*].

Schneider, Jochen: Datenschutz: nach der EU-Datenschutz-Grundverordnung, 2. Auflage München 2019.

Scholz, Rupert/*Konrad*, Karl-Heinz: Meinungsfreiheit und allgemeines Persönlichkeitsrecht, in: AöR 123 (1998), 60 – 121.

Schöneborn, Christian: Verwertungsverbot bei nichtärztlicher Blutentnahme?, in: MDR 1971, 713 – 715.

Schreyögg, Georg/*Geiger*, Daniel: Wenn alles Wissen ist, ist Wissen am Ende nichts?!, in: DBW 2003, 7 – 18.

Schröder, Svenja: Beweisverwertungsverbote und die Hypothese rechtmäßiger Beweiserlangung im Strafprozess, Berlin 1992.

Schulz, Sönke: Änderungsfeste Grundrechte: die grundrechtsrelevante Ausstrahlungswirkung des Art. 79 Abs. 3 GG i. V. m. der Menschenwürdegarantie, dem Menschenrechtsbekenntnis und den

Staatsstrukturprinzipien des Art. 20 GG, Frankfurt am Main/New York 2008.

Schulz, Thomas/*Roßnagel,* Alexander u.a.: Datenschutz bei kommunizierenden Assistenzsystemen – Wird die informationelle Selbstbestimmung von der Technik überrollt?, in: ZD 2012, 510 – 515.

Schünemann, Bernd: Entformalisierung des Ermittlungsverfahrens, in: Kriminalistik 1990, 131 – 152.

Schwabe, Jürgen: Rechtsprobleme des "Lügendetektors", in: NJW 1979, 576 – 582.

Schwabenbauer, Thomas: Kommunikationsschutz durch Art. 10 GG im digitalen Zeitalter, in: AöR 137 (2012), 1 – 41.

Schwichtenberg, Simon: „Pay as you drive" – neue und altbekannte Probleme, in: DuD 2015, 378 – 382.

Secunet: „Die Entwicklung der sicheren inter-Netzwerk Architektur SINA", https://www.secunet.com/loesungen/bsi zuletzt abgerufen am 21.03.2024.

Secunet: „FAQ zur E-Mail-/Telekommunikations-Überwachung und SINA", https://www.secunet.com/fileadmin/user_upload/Presse/Backgrounder/FAQ_E-Mail-_und_Telekommunikationsueberwachung_und_SINA.pdf zuletzt abgerufen am 21.03.2024.

Sendler, Horst: Wundersame Vermehrung von Grundrechten – insbesondere zum Grundrecht auf Mobilität und Autofahren, in: NJW 1995, 1468 – 1469.

Shah, Neil/*Bhagat*, Nandish u.a.: Crime forecasting: a machine learning and computer vision approach to crime prediction and prevention, in: Visual Computing for Industry, Biomedicine, and Art 2012 4:9.

Sieber, Ulrich: Straftaten und Strafverfolgung im Internet, Gutachten C zum 69. Deutschen Juristentag, München 2012.

Sievers, Malte: Der Schutz der Kommunikation im Internet durch Artikel 10 des Grundgesetzes, Baden-Baden 2003.

Simitis, Spiros/*Hornung*, Gerrit u.a.: NomosKommentar Datenschutzrecht, Baden-Baden 2019 [zitiert: Simitis/Hornung/Spiecker gen. Döhmann-*Bearbeiter*].

Singelnstein, Tobias: Möglichkeiten und Grenzen neuerer strafprozessualer Ermittlungsmaßnahmen – Telekommunikation, Web 2.0, Datenbeschlagnahme, polizeiliche Datenverarbeitung & Co, in: NStZ 2012, 593 – 606.

Singelnstein, Tobias/*Derin*, Benjamin: Das Gesetz zur effektiveren und praxistauglicheren Ausgestaltung des Strafverfahrens, in: NJW 2017, 2646 – 2652.

Singler, Philipp: Die Kfz-Versicherung autonomer Fahrzeuge, in: NZV 2017, 353 – 356.

Soiné, Michael: Kriminalistische List im Ermittlungsverfahren, in: NJW 2010, 596 – 602.

Soiné, Michael: Die strafprozessuale Online-Durchsuchung, in: NStZ 2018, 497 – 504.

Sommer, Ulrich: Das Märchen von der Funktionsuntüchtigkeit der Strafrechtspflege, in: StraFo 2014, 441 – 444.

Sowada, Christoph: Beweisverwertungsverbote im Spannungsfeld zwischen nemo-tenetur-Grundsatz und fair-trial-Prinzip, in: Geisler, Claudius/Kraatz,Erik u.a. (Hrsg.), Festschrift für Klaus Geppert zum 70. Geburtstag am 10. März 2011, Berlin, New York 2911, 689 – 722 [zitiert: FS-Geppert].

SPD, Bündnis 90 / Die Grünen und FDP: „Mehr Fortschritt wagen – Bündnis für Freiheit, Gerechtigkeit und Nachhaltigkeit. Koalitionsvertrag zwischen SPD, Bündnis 90 / Die Grünen und FDP" Koalitionsvertrag für die 20. Wahlperiode des Bundestages vom 24.11.2021, https://www.spd.de/fileadmin/Dokumente/Koalitionsvertrag/Koaliti onsvertrag_2021-2025.pdf zuletzt abgerufen am 21.03.2024.

Specht, Louisa/*Mantz*, Reto (Hrsg.): Handbuch Europäisches und deutsches Datenschutzrecht, München 2019 [zitiert: Specht/Mantz-*Bearbeiter*].

Spendel, Günter: Beweisverbote im Strafprozeß, in: NJW 1966, 1102 – 1108.

Spindler, Gerald: Roboter, Automation, künstliche Intelligenz, selbststeuernde Kfz – Braucht das Recht neue Haftungskategorien?, in: CR 2015, 766 – 776.

Spindler, Gerald/*Schuster*, Fabian (Hrsg.): Recht der elektronischen Medien, 4. Auflage München 2019 [zitiert: Spindler/Schuster-*Bearbeiter*].

Spinoza, Benedictus de: Theologisch-Politischer Traktat, Hamburg 1976.

Stapleton, James J.: Security without Obscurity: A Guide to Confidentiality, Authentication, and Integrity, Boca Raton (USA) 2014.

Steege, Hans: Gesetzesentwurf zum autonomen Fahren (Level 4), in: SVR 2021, 128 – 137.

Steege, Hans: Das (vorerst) letzte Puzzlestück – das autonome Fahren nimmt Fahrt auf!, in: SVR 2022, 161 – 168.

Steinke, Wolfgang: Lügendetektor zugunsten des Beschuldigten?, in: MDR 1987, 535 – 537.

Stender-Vorwachs, Jutta/*Steege,* Hans: Wem gehören unsere Daten?, in: NJOZ 2018, 1361 – 1367.

Stender-Vorwachs, Jutta/*Steege,* Hans: Kleine SIM-Karte – große Konsequenz: Automobilhersteller als TK-Anbieter?, in: MMR 2018, 212 – 217.

Stögmüller, Thomas: Vertraulichkeit und Integrität informationstechnischer Systeme in Unternehmen, in: CR 2008, 435 – 439.

Störmer, Rainer: Dogmatische Grundlagen der Verwertungsverbote, Marburg 1992.

Sydow, Gernot: Europäische Datenschutzgrundverordnung, 2. Auflage Baden-Baden 2018 [zitiert: NK-DSGVO-*Bearbeiter* (2. Auflag)].

Szigetvari, András: „Algorithmus beim AMS: Welche Angebote bekommen Langzeitarbeitslose?" vom 12.10.2018, https://derstandard.at/2000089170237/Algorithmus-bewertet-Arbeitslose-Wie-Experten-den-Vorstoss-sehen zuletzt abgerufen am 21.03.2024.

Tasnim, Mashrura/*Stroulia*, Eleni: Detecting Depression from Voice, in: Meurs, Marie-Jean/Rudzicz, Frank (Hrsg.), Advances in Artificial Intelligence, Cham (Schweiz) 2019, 472 – 478.

Theile, Hans: Wahrheit, Konsens und § 257c StPO, in: NStZ 2012, 666 – 671.

Tian, Yuchi/*Pei*, Kexin u.a.: „DeepTest: Automated Testing of Deep-Neural-Network-driven Autonomous Cars" vom 20.03.2018, arXiv:1708.08559 [cs], http://arxiv.org/abs/1708.08559 zuletzt abgerufen am 21.03.2024.

Undeutsch, Udo: Die Untersuchung mit dem Polygraphen ("Lügendetektor"), in: Kriminalistik 1977, 193 – 196.

USA Today, "Black boxes' are in 96% of new cars", https://eu.usatoday.com/story/opinion/2013/01/06/black-boxes-cars-edr/1566098/ zuletzt abgerufen am 21.03.2024.

Vásquez, Sheila/*Kroschwald*, Steffen: Produktdatenschutz: Verantwortung zwischen Herstellern und Anbietern, in: MMR 2020, 217 – 221.

Vaughan-Nichols, Steven J.: „Linux is under your hood" vom 11.04.2018, https://www.zdnet.com/article/linux-is-under-your-hood/ zuletzt abgerufen am 21.03.2024.

VDA: Automatisierung - Von Fahrerassistenzsystemen zum automatisierten Fahren, Berlin 2015 [zitiert: Automatisierung].

VDA: Datenschutz-Prinzipien für vernetzte Fahrzeuge, Berlin 2014 [zitiert: Datenschutz-Prinzipien].

Verrel, Torsten: Nemo tenetur – Rekonstruktion eines Verfahrensgrundsatzes – 1. Teil, in: NStZ 1997, 361 – 365.

Verrel, Torsten: Nemo tenetur – Rekonstruktion eines Verfahrensgrundsatzes – 2. Teil, in: NStZ 1997, 415 – 419.

Verrel, Torsten: Die Selbstbelastungsfreiheit im Strafverfahren ein Beitrag zur Konturierung eines überdehnten Verfahrensgrundsatzes, München 2001.

Verrel, Torsten: Selbstbelastungsfreiheit und Täuschungsverbot bei verdeckten Ermittlungen, in: Paeffgen, Hans-Ullrich/Böse, Martin u.a. (Hrsg.), Strafrechtswissenschaft als Analyse und Konstruktion. Festschrift für Ingeborg Puppe zum 70. Geburtstag, Berlin 2011, 1629 – 1643 [zitiert: FS-Puppe].

Vogl, Friedrich: Verbotene Vernehmungsmethoden, in: StV 1989, 515 – 518.

Volk, Klaus: Wahrheit und materielles Recht im Strafprozess, Konstanz 1980.

Volkmann, Uwe: Anmerkung zum Urteil des BVerfG vom 27. 2. 2008, 1 BvR 370/07 und 1 BvR 595/07, in: DVBl 2008, 590 – 593.

Volkswagen AG: „Putting blockchains on the road", https://iota-news.com/putting-blockchains-on-the-road/ zuletzt abgerufen am 21.03.2024.

Wabnitz, Hein-Bernd/*Janovsky*, Thomas u.a. (Hrsg.): Handbuch Wirtschafts- und Steuerstrafrecht, 5. Auflage München 2020 [zitiert: Wabnitz/Janovsky/Schmitt-*Bearbeiter*].

Wach, Adolf: Legislative Technik: Terminologie und Definition: in: Birkmeyer, Karl von/Calker, Fritz van u.a.: Vergleichende Darstellung des Deutschen und Ausländischen Strafrechts, Allgemeiner Teil, 6. Band, Berlin 1908 [zitiert: VDA, AT, Bd. 6].

Wandtke, Artur-Axel: Ökonomischer Wert von persönlichen Daten - Diskussion des „Warencharakters" von Daten aus persönlichkeits- und urheberrechtlicher Sicht, in: MMR 2017, 6 – 12.

Warislohner, Fabian: „Dystopia wird Wirklichkeit: Was ist dran an Chinas "Social Credit System"?" vom 09.10.2015, https://netzpolitik.org/2015/dystopia-wird-wirklichkeit-was-ist-dran-an-chinas-social-credit-system/ zuletzt abgerufen am 21.03.2024.

Weber, Philipp: Dilemmasituationen beim autonomen Fahren, in: NZV 2016, 249 – 254.

Wegner, Wolfgang: Täterschaftsermittlung durch Polygraphie, Köln 1981.

Weichert, Thilo: Big Data und Datenschutz – Chancen und Risiken einer neuen Form der Datenanalyse, in: ZD 2013, 251 – 259.

Weichert, Thilo: Datenschutz im Auto – Teil 1, in: SVR 2014, 201 – 207.

Weichert, Thilo: Datenschutz im Auto – Teil 2, in: SVR 2014, 241 – 247.

Weichert, Thilo: Der Personenbezug von Kfz-Daten, in: NZV 2017, 507 – 513.

Weigend, Thomas: Deliktsopfer und Strafverfahren, Berlin 1989.

Wendt, Kai: Autonomes Fahren und Datenschutz – eine Bestandsaufnahme, in: DZ-Aktuell 2018, 06034.

Werner, Olaf: Verwertung rechtswidrig erlangter Beweismittel, in: NJW 1988, 993 – 1002.

Werner, Wibke: Schutz durch das Grundgesetz im Zeitalter der Digitalisierung, in: NJOZ 2019, 1041 – 1046.

Wick, Oliver: Künstliche Intelligenz krempelt die Versicherungsbranche um, in: Cash 09/2018, 42 – 43.

Wicker, Magda: Durchsuchung in der Cloud Nutzung von Cloud-Speichern und der strafprozessuale Zugriff deutscher Ermittlungsbehörden, in: MMR 2013, 765 – 769.

Winkle, Thomas: Sicherheitspotenzial automatisierter Fahrzeuge: Erkenntnisse aus der Unfallforschung, in: Maurer, Markus/Gerdes, Christian J. u.a.

(Hrsg.), Autonomes Fahren. Technische, rechtliche und gesellschaftliche Aspekte, Berlin 2015, 351 – 376.

Winther, Kathy: "For Self-Driving Cars, There's Big Meaning Behind One Big Number: 4 Terabytes" vom 14.04.2017, https://www.businesswire.com/news/home/20170414005225/en/Intel-Editorial-For-Self-Driving-Cars-There's-Big-Meaning-Behind-One-Big-Number-4-Terabytes zuletzt abgerufen am 21.03.2024.

Wittpahl, Volker: Künstliche Intelligenz: Technologie, Anwendung, Gesellschaft, Berlin/Heidelberg 2019.

Wohlers, Wolfgang: Alkoholbefund aus Operationsvorbereitung; Absehen von Strafe, in: NStZ 1990, 245 – 246.

Wohlers, Wolfgang: Die Hypothese rechtmäßiger Beweiserlangung – ein Instrument zur Relativierung unselbständiger Verwertungsverbote?, in: Wessla, Edda/Wohlers, Wolfgang (Hrsg.), Festschrift für Gerhard Fezer zum 70. Geburtstag am 29. Oktober 2008, Berlin 2008, 311 – 329 [zitiert: FS-Fezer].

Wohlers, Wolfgang: Zur (Un-)Verwertbarkeit strafrechtswidrig erhobener Bild- und Audioaufzeichnungen des Tatgeschehens, in: JR 2016, 509 – 514.

Wolf, Christian/*Eslami*, Nassim: Autonomes Fahren - Autonome Rechtsprechung?, in: Oppermann, Bernd/Stender-Vorwachs, Jutta (Hrsg.), Autonomes Fahren. Rechtsfolgen, Rechtsprobleme, technische Grundlagen, 2. Auflage München 2020, 455 – 466.

Wolff, Heinrich Amadeus: Selbstbelastung und Verfahrenstrennung, Berlin 1997.

Wolff, Johanna: Der finale Rettungsschuss setzt sich durch, in: NVwZ 2021, 695 – 699.

Wolfslast, Gabriele: Beweisführung durch heimliche Tonbandaufzeichnung - Besprechung des BGH-Urteils vom 9. 4. 1986 - 3 StR 551/85 (NStZ 1987, 133) -, in: NStZ 1987, 103 – 106.

Wolter, Jürgen: Fernwirkung von Beweisverwertungsverboten, in: NStZ 1984, 275 – 278.

Wolter, Jürgen: Aspekte einer Strafprozessreform bis 2007, München 1991 [zitiert: Aspekte einer Strafprozessreform bis 2007].

Wolter, Jürgen: Beweisverbote und Umgehungsverbote zwischen Wahrheitserforschung und Ausforschung, in: Canaris, Claus-Wilhelm/Heldrich, Andreas u.a. (Hrsg.), 50 Jahre Bundesgerichtshof, München 2000, 963 – 1009 [zitiert: FS-BGH].

Wolter, Jürgen (Hrsg.): SK-StPO, Band VII, 5. Auflage 2016 [zitiert: SK-StPO-*Bearbeiter*].

Yadron, Danny/*Tynan*, Dan: „Tesla driver dies in first fatal crash while using autopilot mode" vom 01.06.2016, https://www.theguardian.com/technology/2016/jun/30/tesla-autopilot-death-self-driving-car-elon-musk zuletzt abgerufen am 21.03.2024.

Zachariä, Heinrich Albert: Die Verbrechen und die Reform des deutschen Strafverfahrens dargestellt auf der Basis einer consequenten Entwicklung des inquisitorischen und des accusatorischen Prinzips, Göttingen 1846.

Zanger, Johanna: Freiheit von Furcht, Berlin 2017.

Zech, Herbert: Daten als Wirtschaftsgut – Überlegungen zu einem "Recht des Datenerzeugers", in: CR 2015, 137 – 146.

Zerbes, Ingeborg/*El-Ghazi*, Mohamad: Zugriff auf Computer: Von der gegenständlichen zur virtuellen Durchsuchung, in: NStZ 2015, 425 – 433.

Stichwortverzeichnis

Abwägungslehre 142, 149, 367, 400
AGB 101, 107, 109
Allgemeines Persönlichkeitsrecht 106, 199, 209, 218, 233, 240, 468
Anonymisierung 86, 89, 216, 509
Autonomes Fahren 25, 31, 67
BDSG 93, 114, 325, 523
Berufsgeheimnisträger 376, 378, 435
Bestandsdaten 53, 90, 321
Beweiserhebungsverbot 130
Beweisverwendungsverbot 132, 133, 530
Beweisverwertungsverbot 179, 352, 367, 374, 399, 520
Big Data 66, 95, 99
Black Box 59, 80
Car as a service 32, 100
Car2c 56, 196, 490
Car2i 55, 196, 489
Car2x 57, 196, 490
Carsharing 227, 229, 347
Cloud 62, 86, 103, 189, 190, 203, 215, 290, 297, 383, 441
Dashcam 398, 402, 407, 411, 482
Datenschutz 397, 416, 438, 450, 483, 527
Datenzugriff im Ausland 121
Deep Learning 18, 47
DSGVO 89, 93, 114, 325, 458, 507, 514
Durchsuchung 121, 204, 327, 331, 375, 431
ecall 52, 76
Echtzeitüberwachung 317, 432, 439, 462
Eigentumsrecht 233, 238
Einwilligung 94, 106, 439, 460, 470, 495, 515, 533
Elektronischen Horizont 63
Ermittlungsgeneralklausel 349
Event-Data-Recorder (EDR) 59, 60, 80
Externe Datenspeicherung 62
Externe Fahrzeugsensoren 39
Fernmeldegeheimnis 183, 448, 493
Fernwirkung 132, 531
Fernzugriff 116, 120, 201, 203, 204, 206, 207, 228, 335, 447, 477
Flüchtige Daten 86, 462
Formalisierte Konfliktverarbeitung 175, 179, 354, 392
Freiheit von Einschüchterung 388, 453

© Der/die Herausgeber bzw. der/die Autor(en), exklusiv lizenziert an
Springer Fachmedien Wiesbaden GmbH, ein Teil von Springer Nature 2024
M. Schult, *Erhebung und Verwertung von Daten künstlicher Intelligenz zu Lasten des Beschuldigten im Strafprozess*,
https://doi.org/10.1007/978-3-658-45534-7

Freiwilligkeit der Einwilligung 108, 532
Garage 200, 202, 206, 300
Gerechtigkeit 166
Gesamtüberwachungsdruck 215, 392, 394, 419, 420, 452, 467, 497
Gesundheitsdaten 458, 463
Hypothetischer Ersatzeingriff 355, 357, 423
IMSI-Catcher 124, 185
Individualkommunikation 186, 191, 196, 493
Information Overload 109, 382, 515
Informationelle Selbstbestimmung 83, 88, 188, 209, 212, 269, 411, 448, 493
Infotainmentsystem 84, 90
Inhaltsdaten 52, 91, 289, 325
Interne Datenspeicherung 59, 115
Interne Fahrzeugsensoren 35
Intimsphäre 211, 375, 412, 414, 435, 479
Kameras 39, 214, 225, 300, 376, 457, 474, 475, 478, 481
Kernbereich 180, 288, 295, 368, 371, 414, 434, 463, 470, 478
Kopplungsverbot 111, 324, 460, 483, 516
Lauschangriff 301

Leasingfahrzeug 240
LiDAR 40
Man-in-the-Middle 124
Mikrofone 225, 300, 304, 376, 379, 474
Minderjährige Personen 110
Nemo-Tenetur 241, 244, 263
Neuronales Netzwerk 20, 46, 50
Nutzungsdaten 53, 90, 322, 325
Onlinedurchsuchung 292, 294, 299, 431, 441, 447, 462, 477, 492
Onlinesichtung 335, 341
Perception Module 46
Personenbezogene Daten 53, 84, 212, 448
Privacy by Default 514
Privacy by Design 507
Privatsphäre 211, 377, 413, 416, 448, 467
Profilerstellung 106, 215, 231, 376, 390, 417, 433, 437
Pseudonymisierung 89, 337, 509
Quellen-TKÜ 224, 285, 286, 290, 393
Radar 41
Recht auf Mobilität 263
Rechtsfrieden 170, 177
Rechtskreistheorie 143
Ringspeicherung 60, 491

Stichwortverzeichnis

Rohdaten 50, 418
Schichtmodell 92
Schutzzwecklehre 145
Schwache Künstliche Intelligenz 15, 278
Sensorfusion 44
Sicherheitslücken 117
Sicherstellung 121, 260, 327, 330, 331, 375, 448, 477
Sozialsphäre 211, 413, 415, 484
Sphärentheorie 211, 412
Spionagesoftware 117, 120, 223, 286
Staatliches Strafverfolgungsinteresse 83, 156, 258, 367, 394, 433
Standortdaten 36, 54, 92, 320, 322, 325, 429, 433, 439
Starke Künstliche Intelligenz 14, 280
Stille SMS 318
Stufen des autonomen Fahrens 28
Telekommunikationsüberwachung 283, 286, 431, 447, 448, 492
Telemetriedaten 430, 443, 444, 449
TKG 91, 93, 323
TMG 90, 93, 323
Transparenzgebot 95
TTDSG 91, 324, 337

Ultraschall 42
Unbewusste Daten 90, 380, 382, 385, 389, 437, 452, 496
Unfalldatenspeicher (UDS) 59
Untermaßverbot 176
Unverletzlichkeit der Wohnung 199, 202
Verbindungsdaten 195
Verbrauchsdaten 79
Verkehrsdaten 53, 305, 313, 432, 442
Verschlüsselung 284, 291, 336, 343, 510
Vertraulichkeit und Integrität informationstechnischer Systeme 217, 221, 232, 239
Vitalwerte 379, 430, 456, 458
Vorratsdatenspeicherung 305, 306, 432
Wahrheitsermittlung 164
Widerspruch 396, 439
Wohnung 200, 225, 290, 327
Zeugenvernehmung 274
Zugangsdaten 54, 90, 229, 262, 337, 339
Zweckbindung 94

Milton Keynes UK
Ingram Content Group UK Ltd.
UKHW020344200824
1314UKWH00019B/308